数据赋能

数字化营销与运营新实战

宋星 / 著

电子工业出版社

Publishing House of Electronics Industry

北京·BEIJING

内 容 简 介

本书围绕数据为企业数字化营销和业务增长赋能的两大主线——数据驱动和数据分析展开，详细介绍了企业应该如何利用目前先进的数字化技术，合规获取消费者在数字世界中的各种数据，并将这些数据应用于更前沿的数字广告投放、消费者的个性化触达、数字渠道效果的评估与优化、消费者数字体验优化、消费者转化优化、消费者深度运营等领域的诸多关键方法，同时辅以近几年在中国企业界实际应用的真实案例进行生动讲解。

图书在版编目（CIP）数据

数据赋能：数字化营销与运营新实战 / 宋星著. —北京：电子工业出版社，2021.1

ISBN 978-7-121-40007-0

Ⅰ.①数… Ⅱ.①宋… Ⅲ.①企业管理－网络营销 Ⅳ.①F274-39

中国版本图书馆CIP数据核字（2020）第234118号

责任编辑：张月萍   特约编辑：田学清
印　　刷：北京七彩京通数码快印有限公司
装　　订：北京七彩京通数码快印有限公司
出版发行：电子工业出版社
　　　　　北京市海淀区万寿路173信箱　　　邮编：100036
开　　本：720×1000　　1/16　　印张：33　　字数：702千字
版　　次：2021年1月第1版
印　　次：2024年3月第8次印刷
定　　价：168.00元

凡所购买电子工业出版社图书有缺损问题，请向购买书店调换。若书店售缺，请与本社发行部联系，联系及邮购电话：（010）88254888，88258888。

质量投诉请发邮件至zlts@phei.com.cn，盗版侵权举报请发邮件到dbqq@phei.com.cn。

本书咨询联系方式：010-51260888-819，faq@phei.com.cn。

/前 言/

我一直觉得人们对于"数据"二字，有莫名的喜好。

应用数据，似乎总是能够带来很多神奇的改变，把那些隐秘的角落里面藏着的东西展现出来，颠覆人们的认知，或是如同魔法，让一个眼看就要行将就木的事情重新焕发新生。

"化腐朽为神奇"，这往往是人们渴望数据又仰慕数据的原因。

各种数据解决方案的提供商则尽力渲染了这种氛围，毕竟，创造一种神通广大的数据"观感"，对自己很有利。

可是，与之相对的，当企业真的想要用数据做些事情，却发现与自己一直以来的数据感觉，有着天渊之别。

2010年，我在犹他州的Orem——一个风光旖旎的小城，Adobe Omniture当时的总部——接受关于商业咨询业务的培训。我的导师，一个刚刚到了40岁却已经升级为外公的热情洋溢的家伙，告诉我与客户打交道的十个"诀窍"，其中一个我深深记得。

"不要询问你的客户在数据上的需求。"然后，他故弄玄虚地说："永远询问他们在业务上的需求，永远。"

那时我认为他不过是在故弄玄虚。

但随着时间的推移，我很快意识到这句话背后真切的现实。在这之后，反映企业种种数据困惑的问题不断向我涌来。比如，我怎样才能获得自己电子商务旗舰店里面的数据？我手上有几亿设备ID，我要怎么用它？我应该如何用数据找到潜在消费者或者生意机会？我应该采用什么样的数据战略？我应该用什么解决方案或选什么数据供应商？我该配置什么样的团队，以及到哪里找人才？

我忽然意识到，无论是企业，还是企业中的营销与运营的从业者，可能还远远没有准备好，还不能够用数据创造新的数字化的生意，甚至很可能无法描述自己具体的数据问题，因此也就无法准确提出自己的数据需求。

一方面，与数据相关的技术和方法在不断地被革新；另一方面，企业对 3 个层面的数据理解非常薄弱。这 3 个层面分别是：对数据本身的理解、对数据和业务之间关系的理解、对应用数据的理解。

阻碍因素有很多，但常见的阻碍是如下一些根本性的问题。

第一个问题，你真的拥有数据吗？

例如，那些常常认为自己手握上亿数据的企业，当你凑近查看，就会发现他们几乎并没有拥有什么数据。这亿万规模的数据，往往只是单纯的数据条目的数量，但每个条目下所包含的属性极少，甚至根本就是"光杆数据"，这样的数据除了徒占存储空间，其他的作用就太少了。

第二个问题，你对数据的理解客观吗？

数据究竟是什么，一千个人心中有一千个哈姆雷特。"数据"二字不过两个音节，但每个人对它具体代表什么的理解却千差万别。这些不一致的理解，充斥在每天的业务工作中，造成了诸多误解、困扰，甚至摩擦。

阻碍我们对数据客观理解的因素是数据的多样性和复杂性：什么是数据？什么是可获得的数据？什么是可利用的数据？什么是可分析的数据？这些数据又有什么结构和具体类型，以及从哪里获得……

完全就是一门专业的科学，很多人难免望而却步。

第三个问题，你是否了解数据得以应用必需的前提？

例如，过去服务商"忽悠"甲方客户说，我们能搞定阿里的数据。但他没告诉你前提条件——数据的应用都必须且只能在阿里的生态内。这个条件其实是很"严苛"的。

今天大家都明白了围墙花园这种"自然现象"，不至于再被上面的说法所迷惑，但新的"迷惑"仍然不断萌生。最典型的，数据连接和打通。很多数据工具都有这个功能。

但数据的打通需要条件，而不只是靠技术。条件具备了，技术不会成为阻碍，但若条件不具备，光靠技术直接去搞定，今天没有这样的可能了。

例如，基于数据打通的"全链路"营销是当下的"时髦"。但前提是，营销环节的全部链路上都需要有一个统一的数据获取解决方案，并且每个链路上用户都得留下电话号码。

又比如，标榜自己的推荐算法（推荐引擎）如何智能，如何"天下无敌"。其实，这个功能今天也很成熟，但是也需要在一定的条件下才能工作。其背后是监督学习，要"喂给"机器靠谱的数据，并且要认真告诉机器哪些是正确的结果（正样本），哪些是不正确的结果（负样本）。这些条件，都得靠企业自己去创造，而与数据系统和算法无关。

这些看起来似乎都是"常识"。但要掌握的常识太多了，却又缺乏一个系统的让人们能够掌握这些常识的渠道和方法。

第四个问题，上马了很多工具，但驾驭工具的人在哪儿？

这恐怕也是最常见的问题之一了。

前两年是 DMP（数据管理平台）火了，这两年 CDP（客户数据平台）火了，还有让人感觉"可远观不可亵玩"的数据中台也火了。但是赶着潮流上工具的，可能会惊慌发现，"车"都造好了，但似乎没有几个人会"开车"。

一种解决方法是，让工具供应商也顺便提供"开车的司机"。但问题来了，造车，可以是流水线，可以复用代码，或者直接用 SaaS，但"开车"，却得实打实地靠人。

供应商也没有那么多人。况且，供应商派来的"司机"，虽然懂"车"，却未必懂你的"路"，也不懂你的"交通规则系统"，所以，这"车"很不容易开好。

企业迟早总会意识到，培养自己的人学会"开车"是最可靠的方法。但招什么样的人，以及如何培养，仍然是难以得到答案的问题。

第五个问题，如何将数据匹配于业务？

这或许是最核心的一个问题。如果我有了数据，或者有了应用数据的工具，我该如何将它匹配于业务呢？

比如，一种乐观的想法是：有了 CDP 和 MA（营销自动化）系统，就能让我实现过去从不曾有过的"千人千面"或"One on One（一对一定制化）"的消费者沟通与运营。

但企业期待的变化似乎完全没有随着数据和工具的丰富而发生。例如，我们发现，就算一个企业有极好的 CDP 系统，并且拥有可以熟练操作 CDP 的员工或服务商，"千人千面"之类的好事也并未随之实现。

究竟给什么人以什么面，或者对不同的人传达什么信息，以及在什么时机和场合下传达，都不是工具能自动实现的，而需要靠企业自己，基于自己的目标和约束条件进行设计。CDP 或 MA 不可能预知这些设计，也不会自动产生这些设计。而在执行所谓"千人千面"的过程中，也需要不断调整优化，这一过程只有在企业自己的运营团队的主导下才能实现。

换句话说，将数据匹配于业务，企业欠缺的是靠谱的营销策划和深入的客户运营，而这些都需要依赖靠谱的团队和个人。团队和个人要做到这一点，要具备两方面的能力：一方面，要能够熟练掌握数据和工具能够为企业赋予的新能力，并将这些能力运用在营销或者运营的策划中，创造出新的玩法和效果；另一方面，也要能够在策划营销活动的过程中，把引导消费者主动提供数据以及获取、处理、治理、保存这些数据纳入策划之中。

这两个能力对团队和个人来说，都很不容易具备。

因此，这本书，希望针对上面的问题给出答案，无论是知识上的，还是方法或经验上的。我觉得，唯有给出直接的、不含糊的，并且与业务实战真正结合的答案，才是真正能够为读者朋友们，以及为那些真正希望利用数据实现数字化营销和运营转型的企业们起到帮助的内容。

因此，撰写这本书，我不想有什么保留。虽然学识难言精专，才华可能有限，视野未必广阔，但我想为读者朋友们尽绵薄之力！

不过决心虽大，当真的开始写这样一本书时，却着实感到不容易。因为这个领域所包含的知识太广，所用到的方法太多，而我也不敢说自己的经验足够。

为了迎接这个挑战，我给自己定下了几个要求：

- 这本书必须我一个人撰写，每一段都要是我亲身的思考，每一个字都得是我亲自打出。让公司的小伙伴代为捉刀之类的，我绝不会做。
- 不能用我过去写好的现成的内容，如果确实跟我博客或者课堂里的内容重合的，我也会重新更新内容，重新行文。
- 要非常有系统性：从基础到前沿，都要涉及，且章节和章节之间，也要丝丝入扣。

或者，根本只有一个要求——我要尽我最大的努力。

　　我紧张地期待着读者朋友们看出这本书的诚意，但，或许我的能力永远无法跟上读者朋友们的期望，因此不足和疏漏难免。这么说不是俗套的开脱，而是真诚的自省。殷切地希望读者朋友们多多批评指正。

　　这或许不是一本能带给大家轻松欢愉的书。但一定是一本能够带给大家系统知识的书。这本书里没有耸人听闻的东西，也没有要故意炫耀的技巧，只是平实地，记录并复述我认为重要的那些东西。

　　我只是希望，当有一天，人们回想这个行业有什么书值得读的时候，会想到，有这么一个"家伙"，还曾经挺认真地写过一本书。

　　那于我便是最大的慰藉和胜利。

　　如果你想加入我们的读者群，或者跟我交流，欢迎扫描以下二维码添加我的个人微信：

　　如果你也想参加我的大课堂，欢迎扫描下方二维码了解最近一期：

/目 录/

/ 第 1 章 /
从正确的数据观开始

很多互联网从业者都面临着巨大的压力，无论他们过去有多么成功，新的一天开始，新的挑战也随之开始。在这新的一天中，他们不仅要花费金钱，还要投入智力和精力，并且花费大量的时间，只为了确保他们的互联网生意最终能够收获让自己欣慰的结果。

可惜，在任何尝试最终尘埃落定之前，你都无法 100% 地确保这一点，压力随之而来。能帮你减压的事情绝对有很多，但没有任何事情像数据那样容易被你忽视却又如此重要。数据，几乎是互联网一切产品和营销的出发点，又是二者的归宿。数据，帮助我们洞悉互联网产品和营销的奥秘，甚至使我们在山穷水尽之后又柳暗花明，在绝地之后又重获新生。数据，看似唾手可得却又变化莫测，看似新鲜可口却又常常味同嚼蜡。我们想要更好的互联网生意，就应该更好地掌握和利用数据。没有捷径，但有窍门。

1.1 数据的两个核心价值：优化与驱动

今天谈数据的价值，没有人会质疑，但回想一下 10 年前，数据不也是这么被认为很有价值吗？但在 10 年前数据为什么似乎没有得到足够多的重视，也似乎没有发挥那么大的作用呢？

一个重要的原因是彼时数据更多地用在优化上，而很少用在驱动上。尽管我们不能说优化没有驱动重要，但是吸引人眼球的仍然是驱动。

这本书，本质上始终在介绍数据在优化和驱动上的应用，优化和驱动是两种截然不同的方式，却交织在数字化运营的全过程中。缺少二者中的任何一个，数字化运营都无法真正达成，但不同的企业在不同的情况下，对二者的倚重有所不同，本书也会介绍这些不同。

1.1.1 数据优化

数据优化是数据与生俱来的价值。数据本身反映了现象，而分析数据则能发现现象背后本质的东西，从而帮助我们实现对营销与运营的优化。

但你也可以看到，数据优化有点"事后诸葛亮"的味道，即我们只可能在事情发生的当时或者之后收集数据，而不可能在事情发生之前就准确预言未来事情的数据。因此，数据优化的主要工作是收集当前及历史的数据，加以分析、获取洞察，并做出改进的决策。

这也就是我们通常所说的，数据是用来复盘的。拥有数据的复盘，是更客观的、有说服力的复盘，也只有这种复盘，才有可能带来真正的优化。

互联网及更广阔的数字世界，为数据优化创造了诸多条件。与传统世界相比，数字世界中发生的一切都有数字化的记录，企业可以获得其中的部分记录，也可以主动利用技术手段去捕捉一部分与其消费者相关的数据。本书会介绍用于优化的数据的相关获取方式。

一个常常被人关心的问题是，数据优化是否真的能起到作用。

你可能会认为很多人在强调数据优化的重要性，可能完全是站在他们个人的立场。不过，如果你愿意亲自尝试一下，你就会发现其中的神奇之处。

我曾经的一个客户，一家世界著名的计算机芯片制造商，几乎每个月都要花费数百万美元的互联网营销费用。如此巨大的金额造成了一种紧张氛围，无论是花费这些钱的营销负责人还是他们的老板，都需要证明这些钱是值得花费的。要解决这个问题并不比解决商学院中的案例问题简单，你不仅需要提出方法，还要证明这种方法的合理性，以及需要利用这种方法解决这个问题。

在没有引入互联网营销分析的系统方法前，这家计算机芯片制造商也懂得通过一些常用的指标去衡量自己花钱的效果，如广告被展示和被点击的次数、有多少人访问过为营销活动准备的网站。

但这显然不够，数量多少并不能说明成败。

但是，在引入互联网营销分析的系统方法后，如对通过受众的行为进行剖析，这家计算机芯片制造商知道了自己花钱想影响的受众中大概有多少可能永远不会受到影响；通过对流量的质量进行剖析，这家计算机芯片制造商知道了自己花钱购买的巨大流量中哪些本身存在巨大的问题。更有意思的是，这家计算机芯片制造商设立了新部门，尝试与过去单纯投放广告相比更为新奇的互联网营销方式，如通过社交媒体与受众进行互动，建立用户参与的 UGC（User Generation Content，由用户提供的内容）的竞赛，创建社交传播体系，利用新的消费者数字平台与消费者进行沟通和互动，甚至尝试和互联网上与自身相关的舆论进行互动，以便更好地掌握消费者的心理并直接倾听消费者的声音。新部门的工作完全基于对每种营销方式效果的评估，并且在评估的同时，更加动态地调整策略与执行。

或者说，因为数字领域的数据分析与优化的存在，这家计算机芯片制造商在互联网营销领域内的尝试变得大胆和超脱。这个变化，其实早在 2008 年就已经发生。

一个旅行类垂直搜索网站希望提升其在线酒店预订的转化率。我们并不能一眼就看出哪里影响了转化率，因此搞清楚什么因素会影响人们对在线酒店预订的意愿成为解决问题的途径。通过对网站上的用户行为进行追踪，然后判断用户对哪些元素更感兴趣并查看这些元素之后的转化情况，我们就能很快定位那些对转化率影响最大的因素。随后，我们就可以着手优化这些因素。目前，这个网站的在线酒店预订转化率已经提高了一倍之多。

电子商务网站同样大量受益于此。在某个电子商务项目中，通过分析，只是在一次营销活动中对促销商品的列表页面做了一些小的调整，就可以将营销活动的转化率提高 50%，并为营销活动带来超过百万元的日销售额。

对在互联网上进行的运营工作而言，我们对于数据优化的态度始终是正面的。我们始终相信，尽管有一些立竿见影的方法，但通过对基本面的分析、优化及持续优化，能够带来更为长久、可靠的改进和提升。我更愿意相信后者能为大家带来更多的惊喜。

1.1.2　数据驱动

数据驱动与数据优化有本质的区别。数据驱动是指在数字化营销与运营的过程中，直接用数据对广告投放及与消费者的沟通进行干预。

如同打靶练习。数据优化是在事后统计哪些上靶了、上了几环，哪些没有上，然后根据这些数据加以改进。数据驱动则是红外制导或者激光制导，直接指挥作战部去命中目标。

为了能够直接作用于投放干预及与消费者沟通，数据驱动所用的主要数据都是与人（消费者）相关的数据，这些数据被应用在"选人"上，即对哪些人进行投放及沟通，以及用何种方式进行投放及沟通。

举个例子，当一个消费者在互联网上看到一个展示类广告时，在 10 年前，他可以相信，他在这个页面上看到的这个广告，其他消费者也会在同样的位置看到同样的广告。如今，这种情况已经有很大概率不会发生：即使在同一时刻，在同样的位置上，两个消费者看到的广告也可能是完全不同的。

那么，什么决定了消费者会看到哪个广告？有很多决定因素：技术因素、价格因素，还有一些随机性因素，但是最重要的因素显然是数据。是关于消费者的数据被告诉了广告的发布商（在英语中被称为 Publisher 的广告资源拥有者）适合让消费者看到的广告的类型，从而驱使它们将这个广告推送给消费者。后面的章节会介绍这种数据驱动方式。

在这种数据驱动方式下，你也可以看到数据是直接作用于营销与运营的，数据需要在营销与运营发生前就准备好，这与数据优化需要在事情发生后进行复盘是截然不同的。

当然，你可能会说，有了高级制导方式（数据驱动），就不需要事后统计（数据优化）了。事实并非如此。制导方式可能有效，也可能不太有效，可能准确，也可能不准确。事后肯定还需要回顾和统计有没有命中目标、准确度如何等。二者不是相互取代的，而是相辅相成的。

可以认为，数据优化是更基础的数据应用场景，是不管做什么运营都会涉及的；数据驱动则是随着近几年技术水平的提高而开始逐渐普及的新数据应用领域。二者同等重要，都值得我们熟练掌握。

1.2 如何开始行动

1.2.1 实现数据赋能最重要的是什么

那么，我们应该如何开始行动，以掌握这两种数据应用方式，从而实现高水平的数字化运营呢？

在回答这个问题之前，我想问：要实现数据赋能，最重要的是什么？

数据当然很重要，但是最重要的是人。你可以说，数据很重要、技术很重要、工具很重要、模型很重要、经验很重要……但是，这一切都需要有聪明的头脑去组织、去构造，只有这样，才能利用合适的工具得到必要的数据，并采用合适的手段和方法来应用这些数据。

尽管人工智能在突飞猛进地发展，但至少现在，智能系统或者某些复杂的模型，都还达不到我们运营要求的聪明程度——人工智能很有前景，但此刻仍然不是最重要的，没有人的大脑指挥它们，它们就会一文不值。大家看了电影《少数派报告》（2002 年出品，由斯皮尔伯格导演，汤姆克鲁斯主演）吗？电影一开始就给我们展现了一个非常具有象征意义的场景——最牛的计算机，其实是天赋异禀的人的大脑与它连接而发挥的作用。数据优化和数据驱动其实本质上也是这么一回事。

因此，如果你是新人，心里胆怯，觉得自己不懂数据、不懂技术、不懂工具、不懂模型……那么我要说，完全不懂这些当然不行，但这些都不是问题，因为这些你都能很快学会。唯独有如福尔摩斯般对未知的探究欲望，以及探究过程中所利用的敏锐的嗅觉、缜密的思维和他脑中存储的生活经验才是最重要的。这就如同一个不世出的画家，不给他 Photoshop、Illustrator 等软件，也不给他油画笔，他照样能够用粉笔在激情的催化下创作出好的作品。但是，如果他没有艺术的天赋，也缺乏艺术创造的锻炼，那么给他最好的软件和油笔，他也不可能创作出惊世骇俗的作品。学会用数据去做好数字世界中的生意也是如此。

那么，你应该问问自己，你有探究未知的欲望吗？你对新鲜事物和异常情况有敏锐的嗅觉吗？你是否有较为缜密的思维（既不是天马行空没有边界，又不会被某种现象束缚而钻牛角尖，而是大胆假设、小心求证）吗？你有足够的生活和工作的积淀能让你充满分析的感觉吗？

如果答案是肯定的，那么请你继续看下面的内容，下面将更细致地探讨哪些是你应该掌握的知识和技能。可是，如果你觉得上面所说的并不是你擅长的，那么没关系，你可以有意识地培养和训练——没有人天生就是福尔摩斯，但人人都有机会和可能被训练成一个好的侦探。

用我的博客（www.chinawebanalytics.cn）上一个叫 Hai 的读者朋友给我的回信来做这个问题的结尾：

"看到一部优秀的电影，要知道这名导演除了是艺术天才，还有卓越的技术功底，如情节构建、场景设计、剪辑技术、光影特效，但最重要的还是他的艺术天赋。

"看到一名优秀的足球运动员的精湛表演，要知道他除了具有敏锐的嗅觉，还有艰辛的锻炼过程，以及高超、娴熟的球技，但最重要的还是他的嗅觉和意识。

"看到一部优秀的文学作品，要知道这位作家除了具有深沉动人的哲思，还有着高深的笔力，如人物表现的手法、故事结构的组织等，但最重要的还是他的思辨。"

1.2.2 商业意识

如果数字化运营最重要的要素是人，那么人应该具备什么能力呢？显然，技术、工具、模型、相关知识和经验等都是重要的，这也是这本书将要涵盖的内容。但有一项内容，在书中虽不会重点体现，却是做好数字化运营不可或缺的素质，那就是商业意识。

无论是数据优化，还是数据驱动，都需要运营从业者具备相当敏锐的商业嗅觉和较强的商业思考能力。以数据优化为例，我们透过数据进行分析，再基于这些分析实现业务上的优化，其目的毫无例外，都是要获得更好的商业表现。用于优化的数据不仅是在描述运营活动本身，更是在描述这些运营活动所代表的商业行为。如果你的分析不是由实现某种清晰的商业目标所统领的，那么你的分析的最终价值会大打折扣，甚至可能变得毫无意义。

商业意识的第一项内容是你要对你所在的行业有全面、清晰且深入的了解。例如，如果你身处零售行业，那么你需要知道零售行业常见的商业模式是什么、其消费者运营模式是什么、供应链的上下游的模式是什么等；你还需要知道零售行业的很多业务指标，不能仅限于知道你的一亩三分地上的指标，而要知道各个业务线上的指标，以及这些指标都是由谁（哪个部门，甚至是哪个人）负责的。除此之外，你肯定还想了解整个行业的趋势：这个行业正在面临什么样的挑战，自己所在的企业和竞争对手正在进行什么样的变革以迎接这样的挑战。你也不会拒绝关于这个行业的八卦，以及那些在这个行业中叱咤风云的"英雄人物"的分享与故事。

商业意识的第二项内容是你需要和各业务部门的同事发生直接的联系。千万不要认为运营部门自己就是一个业务部门，而不需要跟其他业务部门进行互动。事实上，数据优化或者数据驱动的工作很容易成为一个"闷在罐子中"的工作，没有各业务部门同事对商业相关信息的输入，你不可能具有全面的商业理解，你也就无法把这些商业理解应用到你的数字化运营过程中。结果可能是，你的数据很正确，却没有应用场景，或者离真正的业务场景还很有距离，而成为正确的废话。业务部门的人既是你的客户，又是你的帮手，你要了解他们的工作，并且倾听他们的需求，然后攫取他们的精神财富。

总体来讲，工具、模型乃至技术都重要，但最根本的还是你的头脑。你是否具有敏锐的商业嗅觉？你是否具备缜密的思维？你是否能够从现象中抽象出核心的问题？你能否分清重点，避免在一些无谓的问题上钻牛角尖耗费精力？你是否既具有宏观的思维，又能在微观层面上进行有条理的分析和挖掘？你能否把你所获得的见解和结论以最好的故事和讲法呈现出来？这些才真正决定了差异。而这些也是体现一个专业的数字化运营从业者的特质所在。

1.2.3　建立数据能力

数字化营销与运营离不开数据，如果你准备在这个领域中大干一场，你就必须具备数据能力，这些数据能力具体包括 4 种：对数据本质的认知能力、将业务问题转化为数据问题的能力、数据模型和分析的能力，以及掌握数据分析工具和数据应用工具的能力（见图 1.1）。

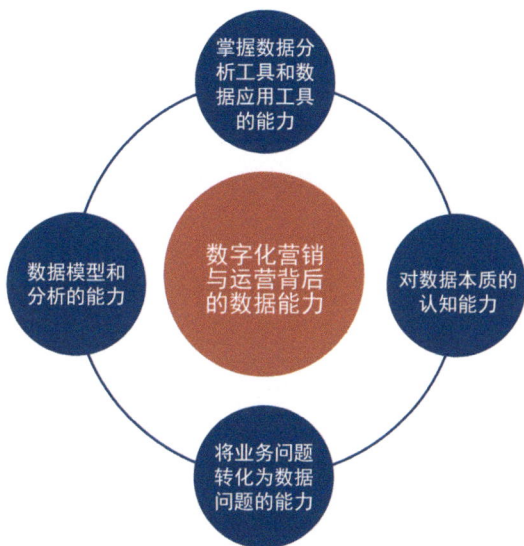

图 1.1　数字化营销与运营背后的数据能力

对数据本质的认知能力是指需要掌握如下内容：用在数字化营销与运营上的数据是哪些数据，这些数据有什么类型、具有何种数据结构等相关知识。将业务问题转化为数据问题的能力在于能够看到业务问题背后的数据逻辑，并为业务建立数据化的模型，以及匹配数据化的工具。数据模型和分析的能力主要是指通过将数据与业务相结合，对数据进行分析和建模，从而得出正确洞察的能力。掌握数据分析工具和数据应用工具的能力是为了能够让数据发挥价值而必须具备的，这就如同一个赛车手必须了解自己的赛车一般。

这 4 种能力也是本书撰文的一条暗线，一个隐藏在各章节中的脉络。

1.2.4　勇敢去做

除了上面的要求，是否还需要其他的技能才能开始行动？

你可能还需要一些其他的技能。除了前面讲到的了解自己的行业、了解业务、了解数据，你还需要了解数据化的基础设施，无论是互联网，还是其上所承载的各种服务与应用。

但是，无论你对以上这些需要了解的知识有多么重视和投入，都还不够，除非你勇敢去做。

数字化营销与运营工作并不是理论，恰恰相反，它是一个实践性极强的科学体系。换句话说，如何开始行动这个问题的答案就是行动本身。去做，大胆地尝试，别怕摔坏了金刚钻，更别怕碰坏了瓷器。要有这样的勇气。不过，勇气不代表蛮干，你要兼备知识和细心，并且在谨慎实践中不断总结经验。这本书，包含了大量的知识，以及一些我自己总结的经验，相信这些内容有助于你提升勇气、增加运营的方法，但它无论如何都不能代替你自己的思考，更不可能代替你自己的行动。这本书对"伸手党"而言可能没什么作用，因为它不是一本标准答案书，它更像一本解题思路集，但如何解题，终归要由你自己完成。

因此，学习知识，勇于尝试，在遇到困难时，再回到本书中，看看能不能受到启发或者找到思路，然后继续尝试，唯有如此，本书的价值才能得到发挥。

1.2.5　警惕"伪数据主义倾向"

最后，我想提醒立志于在数字化营销与运营领域中大干一场的朋友们，一定要注意在认知上的一些常见的"坑"——那些看起来很华美，但可能有"毒"的东西。

警惕"伪数据源"

我们可能在意识中并没有真正形成数据从何而来的正确思想。我们可能会认为，数据是唾手可得的，或者只要我们愿意付出金钱，我们就能获得数据。而一些技术也在不断鼓吹：有了我们，数据将唾手可得！

但事实并非如此！钱和技术并不是获取真正有价值的数据的充分条件。

在许多年后，我才意识到"无运营，不数据"的真正含义。这并不是说运营都需要数据（虽然你也可以这么理解），而是反过来，真正有价值的数据，只有通过两手沾满泥、脚踏实地的运营才能获得。

想要打通不同消费者平台（微信、网站、App、小程序、CRM、电商）上的数据？没有技术可以帮你直接解决。你只能通过运营手段为实现技术性的打通创造条件，最起码的，你得让更多的消费者愿意注册并登录，这不是光靠钱和技术就能解决的。

想要搞清楚细分流量的来源？无论是网站端、App 端还是小程序端，都有成熟的技术解决方案，但问题是，你仍然需要通过运营人员手工做好标记并交给技术工具才能让技术工具按照你的标记进行数据抓取。这虽然跟技术有关，但是必须靠人动手去做。

想要获得消费者细致入微的行为？依靠无埋点（全埋点）的方法存在风险，手动在每个具有监测价值的交互点上做好事件监测（埋点）才能获得准确、可靠的数据，这是既需要研究业务需求，又需要耐心、仔细才能做好的工作。关于事件监测（埋点），在 2.6.4 节中有详细的介绍。

还有，机器能自动帮我们画好人群画像？不靠细致的事件监测（埋点），不靠费心费力建立标签，不靠基于业务实际情况而建立的细致规则，是不可能获得一个真正的消费者画像的。

这不是一项在工具上用一个漂亮的图生成可视化的数据这样的工作（虽然很多人认为这就是数据工作的样子）。数据工作常常毫不起眼，但仅收集数据就需要大量的时间、专业的精神和很多技巧与智慧。

要注意数据和数据是不同的

很多时候，那些看似被你拥有的数据，有可能害惨了你。

数据有真有假，而即使是真实的数据，也是千差万别的，即使是你自己拥有的数据，也是如此。数据之间最主要的差异是质量的好坏、口径的不同，以及其背后业务含义的区别。

要让这些形态、性状各异的数据能够真正为你所用，你必须对这些数据进行清洗。

数据清洗是一项几乎没有服务商会主动提及并且愿意提供的服务，因为它是一项极为耗费时间、人力，而又充满风险的工作。关键是，消费者数据背后的口径，以及这些数据背后的业务含义，也不是一个外部的服务商能够在短时间内搞清楚的。

我对自己曾经经历过的数据清洗项目仍然记忆犹新，只是清理同一个事物的不同名称的重复数据，就得忙上好几天，不是数据本身清洗有多难，而是沟通同一事物的不同名称这一事项就耗费了巨大的心力；而有些看似同样的指标，其含义可能不同，于是又得排查一遍；各种数据记录的随意性和不一致性、各种系统之间同名字段定义的不一致性，你看到之后真的要"跺脚骂娘"！其工作的复杂、烦琐、无奈，以及"脱发指数"都在各类工作中名列前茅。

于是，我们看到很多数据系统架构和数据整合是在没有做可靠的数据清洗的情况下完成的。

这样的数据，泥沙俱下，藏污纳垢，可靠性令人发指！这样的系统，不过是表面上把外包装搭好了，而根本不管这包装里面装的是何种洪水猛兽！

这样的数据和系统，质量不佳用不上反而是最好的结果，要是真的拿着这些数据做决策，那比没有数据凭着经验还要糟糕。

在理解数据孤岛时，我意识到，数据孤岛有它存在的理由。这并不意味着我认为数据孤岛是好的，但若不经过可靠的数据清洗，那些看似在各个系统中拥有的数据，真的把它们弄出来揉在一起后，你就会发现，要么根本用不了，要么根本用不上，甚至还不如过去的数据孤岛好使！

这就是令人心痛的现实。这也是为什么我总是建议不要一口吃个大胖子，能够在局部数据和应用上做出改善，已经非常不容易了。

因为，少有中国的企业存在"数据治理（Data Governance）"一说，只有在"痛过之后"，才会幡然醒悟，而代价却是又增加了一个耗资巨大的烂尾工程。

本书并不会专门介绍数据治理，但我提醒读者，数据治理非常重要，在互联网上有很多数据治理的资料值得阅读。

概念并不是最重要的，更要小心伪概念

"伪数据主义者"的一个特征是迷恋华丽的概念，而忽视朴实无华的规律与实实在在的分析。他们制作了大量充斥着华丽概念的鸡汤，摆在你面前，然后对你说，干了这碗汤，一切就都成了！

要真是这么简单就好了！

不像别的科技，数据本身和数据应用的方法没有太多华丽的转身，也不该有太多花哨概念的装点。可因为数据本身透露着神秘，所以数据更容易被添油加醋地包装。

一个很有趣的例子——把关键指标用一个更诗意、更魔幻的名词"北极星指标"来表达，这确实给人增添了很多遐想，数据似乎光芒万丈起来，但仔细一想，它究竟和关键指标有多么巨大的差别呢？

我们可以迷恋"北极星指标"这样华丽的概念，但它究竟应该是什么指标、如何发现它？并没有出现任何可以作为规律的方法论，包装一个概念不难，可以撕开包装切实落地的方法论则很难。显然，一个关键指标只能在业务中产生，甚至它并非一个数字世界中的指标。业务是变化的、流动的，因此关键指标也在随着业务的变化而改变，这是我们要适应的必然的商业逻辑。至少现在的工具都没有办法直接揭示更深层次的商业逻辑，尤其是运营角度的逻辑。不，我不是在否定"北极星指标"本身，而是提醒大家要小心，不要以为它就是我们运营工作所追求的数据核心。

增长是否要如同"黑客"般犀利，我很难评判，其中的思维方式强调不断尝试、流量和产品共同优化，以及更加合理的消费者运营方式等，这些是非常可取的。但增长不太可能通过简单的一些灵光乍现的调整获得，也不可能像真正的黑客那样仅靠技术完成。我是"老旧保守派"，我始终坚持认为，唯有商业模型和产品本身才靠谱，以及在实际的运营中两手沾满泥，才能创造实实在在的可维持的增长。而且，随着流量红利的枯竭，产品本身比过去任何时候都更加重要，换句话说，今天留给迷恋华丽的概念的空间越来越小，"能打"才是唯一的评判指标。

我想，当"伪数据主义者"创造了这么多抬高期望的"高大上"的东西之后，这些期望万一被拍在地下摔得粉碎，会不会让数据消费者对数据的希望也一同被粉碎？如果是这样，就真的是得不偿失了。

在数据源层面，数据也被用成了更加"高大上"的皇帝的新衣。

例如，有人言之凿凿地跟你说："我们能拿到（或拥有）BAT[①]的数据。"

能拿到 BAT 的数据不假，但几乎每个做与 BAT 相关的投放的广告主都能拿到很多 BAT 的数据，如自己的广告展示和点击数据、阿里巴巴的品牌数据银行中的数据或者各 DMP（Data Management Platform，数据管理平台）给你生成的营销效果报告等数据。

此数据非彼数据，数据的概念和种类太多了，到底拿到的是 BAT 的什么数据？难不成真的是淘宝用户的设备 ID，以及他们的行为和交易数据？

什么，这些数据都能拿到？不过数据是以"包状物"的形式呈现的？多大的包？几亿呀，这么多？！而且可以用于广告投放？还可以拿着阿里巴巴的数据到腾讯投放？

[①] 从业者都很熟悉 BAT 这种说法，BAT 代表百度、阿里巴巴和腾讯，但如今，BAT 的队伍可能要扩展，还应该加上字节跳动、京东、美团等。BAT 指代目前极为强势的头部互联网企业。

这些话语都属于模棱两可的话语，你既可以说它有道理，又可以说它不可能，但当你真的购买这些数据时，你可能会发现你用不上这些数据，尤其是在目前媒体普遍"围墙花园"化和个人信息保护日趋强化的情况下。

如今的数据生态跟过去完全不同了，并且用户数据的保质期越来越短，拥有外部数据和拥有鲜活的数据是两个概念。如今的主旋律是企业一方面向内看，保持自有用户的实时数据的捕获，另一方面则通过应用外部数据或者与外部数据连接提高自己的数据能力。

成本问题

无论是对数据，还是对运营，该花的钱都要花，节约没有错，但是不能过度。

你不可能用一套 SaaS（Software-as-a-Service，软件即服务）的钱来做一个私有部署，也不可能用一个标准套件的钱来做定制化开发。所有承诺给你愿意这么做的人都是别有用心的，毕竟，所有你希望占到的便宜，都在暗中标好了价格，甚至不是价格，而是代价，而且来得总是特别迅速。

并且，你也不要妄想让供应商帮你做完所有工作，即使你出了高价钱，你也必须明白有大量的工作需要自己做。毕竟，数据是你自己的数据，数据背后的业务是你自己的业务，如同我前面所讲的，运营上的细节、需求的分析、数据的清洗，没有哪一项是供应商能帮你完成的。不是他们不帮你，是压根在你给定的成本下，他们无论如何都帮不起。更何况，最了解情况的永远都是你自己。

所有想在前期偷懒省事的，都会在后面给你不断爆雷。

如果成本有限，就从小处开始，获得一点进步，实现一些落地，一个混凝土的小楼房绝对比纸糊的官殿靠谱。

坚持正确的数据理念

尽管大部分企业认为数据是最有价值的资产之一，但也请你注意，数据本身并无意义，除非我们善用它。何为善用？机械地套用数据和模型，不是善用；鼓吹概念，却故意忽略或矮化那些不够华丽却真实可靠的工具和方法，不是善用；强调技术和工具才能解决问题，尤其是强调机器智能的强大却忽视人在其中的作用，不是善用；唯数据是瞻，不与业务和场景相结合的解读数据，不是善用。

还有，尽管本书不会涉及，但也请大家注意"数据自身也是有原罪的"，因为数据既不是答案，又不是结果，并且在很多时候不代表真相。它可以被操纵、被捏造、被误读、被曲解、被粉饰，我们怀着美好的意愿跟它打交道，却很有可能得到与我们意愿相反的结果，所以我们不可以无条件地信任它。

数据是我们的工具（但不是唯一的工具）、我们的手段、我们要经历的过程，但绝对不是结果，也绝对不是答案本身。数据不会让事情变得更简单，除非我们能真正懂得如何与之相处，否则可能比没有数据造成的情况更糟。我们也要警惕数据成为不断堆积的垃圾、纸上谈兵的口号、隐瞒现实的遮羞布。

我们要警惕一个倾向，即在缺乏真正业务理解和业务场景的情形下让数据穿凿附会，还为此建立一系列的指标、工具和模型。例如，任何一个企业在某一时段应该采用何种KPI(Key Performance Indicator, 关键绩效指标)指导自己的业务方向，绝无一个定式，它绝对不是由某个工具利用某种具备"慧眼"的算法就能做出的，也不是仅仅凭数据本身的增长或减少就能判定的，而一定是从业务需求出发，通过对业务和效能之间的对应关系做出不断的拆解才能达成的。在这个过程中，数据不是主角，数据本身也不产生洞察，最终形成的KPI，不是数据推演的结果，而是业务推演的结果。

数据总是倾向于让我们变得更加机械，并压缩我们的眼界，也正因此，我们必须非常小心，而且必须要付出更多的努力，在真正的商业环境和场景中去挖掘数据真正的价值，以契合不断变化的业务。

1.3　企业组织维度上的匹配

1.3.1　经验还是数据

数据驱动，这4个字中的"驱动"二字直指企业的核心。所谓驱动，是指发号施令。因此，数据驱动的本质就是用数据来发号施令。

发号施令的决策通常来自3种不同的方式：感觉、经验和洞察。相对而言，由于感觉和经验虽然模糊却来得容易，因此决策者常常不由自主地利用这两种方式做出判断。但感觉和经验并非数据，有时候人们虽然也通过数据来形成感觉和经验，但更多时候人们倾向于选择那些与感觉和经验一致的数据进行研究和推导，而不愿相信那些与感觉和经验不相符的数据。

我没有贬低感觉和经验的意思。但如今，如果我们要成为具有更高运营水平的组织，我们就必须依靠数据，这是由如今的数字生态所决定的，因为这个数字生态本身就是建立在数据基础之上的。原因如下。

第一，企业驱动外部能力和资源，越来越需要依靠自有的私域数据及基于私域数据的企业数据能力。这一情况在如今的数字化营销革命和企业的消费者深度运营上已经体现得非常明显。

第二，所有新的企业营销与运营管理的技术和软件，都必须基于更广泛及更深的数据获取才能实现功能或者产生效果。传统的管理方式正在被基于数据的新管理方式和技术取代。

第三，互联网世界中的企业构建自己的数据"护城河"和数据"围墙花园"成为常态，因此企业越来越难以拥有别人的数据。尽管数据所有权和使用权的分离可以让企业在各种限制下使用合作方的数据，但企业的运营不可能完全依托于别人的数据。企业必须建立自己的数据能力。这也是阿里巴巴等企业建立企业数据中台的原因——它们最能看到企业在数据战略上急于弥补短板的迫切心理。

第四，人工智能技术向企业渗透是不可逆转的趋势，尤其是在数字化营销领域（皆因数字化营销领域有相对闭环的场景和大量结构化的数据，以及企业对市场营销费用作为主要支出项具有迫切的效率和效果优化方面的需求）。但人工智能技术不只包括技术和算法本身，它还包括企业能够提供的机器学习的数据的数量和质量。GIGO 原则（Garbage In，Garbage Out，指输入的是垃圾，得到的仍然是垃圾）对于人工智能极为重要，即使是非结构数据，人工智能也需要在确保数据质量的前提下提供功能。

第五，个人信息安全保护立法不断强化，企业必须以更好的数据管理能力和数据应用技术加以应对。

整个数字世界的变化速度正超越大部分人的预估，这些变化不仅重新划分了互联网世界中的商业势力范围，还重新划分了它的数据势力范围。在很快就要到来的很长一段时间内，获得更大的数据优势是中国所有企业都不得不正视的首要问题，甚至是首要生存问题。

但是，即使决心和意识都很到位，企业也仍将面临另一个困难，这个困难来自组织自下而上的阻力。从组织架构的角度来讲，数据并不是只拿给 CEO（Chief Executive Officer，首席执行官）看的，它必须被各个组织层级使用。因此，有朋友问我，CEO 或者管理层的态度对推进数据驱动型组织的形成是否具有关键性的作用？我认为，如果 CEO 或者管理层不认可数据驱动型组织，数据驱动当然就无从谈起。但是，CEO 或者管理层支持数据驱动型组织的建立，这一组织也未必能够建立。

我这么说可能并不会让你太吃惊。管理层可能有很多想做的事情未必能够真正实现，或者未必能够按照原先的设想实现。数据的意义不在于仅仅提供给 CEO 一个报告或者参考，数据如果不渗透至每个执行层面，其意义就会大打折扣。数据驱动型组织一定是宏观和微观结合的组织。在宏观层面上，它要提供供管理层使用的策略型数据，不致让这个组织进退失据；在微观层面上，它必须指导业务乃至驱动业务，让业务无论在策略上还是执行上都能够左右逢源、融通有序，不用通过不断地试错才能知晓真正有用的下一步是什么。宏观的确重要，但微观更加致命，尤其是对那些强运营型组织而言。

强运营型组织需要快速的反应能力和强大的执行力，否则管理层发起的那些自上而下的推动，在真正推动起来的时候，往往已经错过了时机。强运营型组织的很多时机并非管理层发现的，而是来自执行层面的敏锐的嗅觉，这些嗅觉在一些场合下甚至直接影响组织的成败。另外，无论管理层的推动多么强悍，所有最终的实现都必须依靠执行团队，因此执行团队（他们是否能够实现管理层的想法）才真正决定这个组织的成败。

回到我们上面的问题，即使 CEO 或者管理层特别支持数据驱动型组织的建立，如果执行团队没有真正数据驱动的意识和需求，那么数据驱动型组织也毫无建立的可能。

数据驱动型组织能否建立，要看需求方。真正的需求方是执行团队。执行团队是依赖感觉和经验，还是依赖数据，这才是数据驱动型组织能否建立的关键。如果执行团队渴望数据、利用数据、依赖数据，这个组织的数据驱动文化就很容易实现。CEO 和管理层要做的，是建立这样的执行团队，而不是生硬地、自上而下地推动所谓的某种以前并不存在的数据驱动文化。

从这个角度来看，大部分执行团队都或多或少需要数据，执行团队对数据依赖程度的高低，便是这个组织数据驱动程度的高低。

因此，建立数据驱动型组织，基础性的第一步是建立真正的来自执行层面的对数据的旺盛需求。这个需求不是 CEO 或者管理层有一天忽然觉得数据无比重要而风风火火地下的命令，而是发自自然的，如同人们衣食住行般的需求。没有这样的需求，无论是正处于数字化转型期的传统企业，还是拥有数字化基因的互联网企业，又或是其他任何组织，都不存在真正的所谓数据驱动。

1.3.2 企业数据化成熟度模型

任何企业的数字化营销与运营的背后，都是数据能力在支撑，而数据能力是 3

个层次共同作用、共同驱动的结果。

企业数据能力的 3 个层次分别是组织层（企业从组织与文化角度对数据能力的构建）、治理层（企业从数据资产管理的角度对数据能力的构建，一般包括数据资产管理的策略、数据安全与数据治理等）和应用层（企业从数据实际落地应用的角度对数据能力的构建，包括数据获取能力、技术实现能力、评价指标体系、数据实际应用的能力），如图 1.2 所示。这 3 个层次，组织层最为基础，治理层最为关键，应用层最具价值。

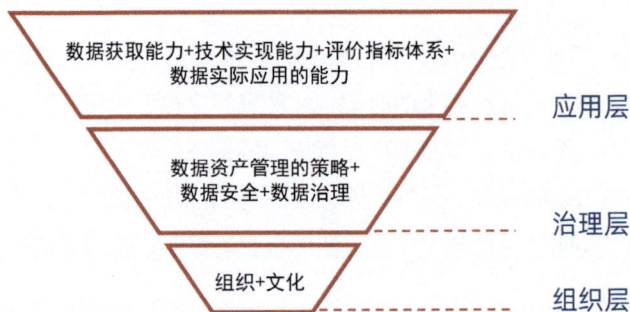

图 1.2　企业数据能力的 3 个层次

表 1.1 是企业数据化成熟度模型。你或许无法完全看懂这个表，里面有不少专有名词，并且其中的表述可能对你来说也是陌生的。但没关系，在读完本书之后，你再来看这个表，一定能够理解它。

表 1.1　企业数据化成熟度模型

细分项目	层级1 初始	层级2 起步	层级3 初级内部整合	层级4 嵌入外部能力	层级5 全面的内部整合	层级6 内外能力协同	层级7 智能化
数据源	业务数据	业务数据、营销监播数据	业务数据+监播数据+网站用户行为数据	业务数据+监播数据+多触点用户行为数据	业务数据+私域数据（经过打通整合后的下载）：监播数据+私域数据+第二、第三方数据+多触点用户行为数据+客户数据	私域数据+第二、第三方数据+非结构化数据	
数据技术方案	碎片化：Excel、个人计算机、云盘共享等	企业BI + 监播工具	企业BI + 监播工具 + 单一平台（如网站或App）的用户行为分析工具	企业BI + 监播工具 + 跨平台用户分析工具	企业BI + 监播工具 + CDP	企业BI + 监播工具 + CDP + DMP	企业BI + 监播工具 + CDP + DMP + AI
度量与指标	企业绩效指标	以企业绩效指标为主，兼顾部分市场营销专用指标	以市场营销专用指标为主，并兼顾企业绩效指标	市场营销专用的产出结果指标	市场营销专用的产出结果指标，并兼顾过程指标或细分指标	市场营销与运营四个领域专用的产出结果、过程与细分指标，并兼顾企业业绩指标	指标预测
数据应用	应用于个人工作	简要效果评估	较深度的效果评估	消费者洞察、较深度的效果评估	消费者洞察、消费者洞察、更全面的效果评估	营销自动化、更全面的效果评估营销自动化企业可控程度的新一代程序化	前瞻性洞察或策略、智能化营销广告
数据策略	数据孤岛、响应偶发临时的数据需求	满足部分子部门内的业务需求，消除子部门的数据孤岛	消除市场营销部门内的数据孤岛	销售转化数据与市场营销数据的连接，并且可以实现过程组分，但在应用外部时的过程中，新的数据孤岛产生	市场营销和客户运营的相关数据全部打通，形成企业关于人（受众、用户、潜在客户、客户）的全方位私域数据	企业私域数据与外部市场和营销资源的打通	企业私域数据进一步完善，以满足机器学习的要求
数据安全	无专门管理	定期检查	角色权限管理	数据多级安全管理	数据脱敏、私有数据专门安全维护	个人信息保护合规治理	全方位的数据安全治理
数据治理	不存在	子部门内统一的数据读方法和口径	部门内统一的数据解读方法和口径	建立数据治理体系和管理规范	数据负责人制	CDO	CDO + AI科学家
数据组织	个人	营销各子部门	市场营销部门	市场营销部门+外部数据技术服务商	市场营销部门+客户运营部门+外部数据技术服务商	市场营销部门+客户运营部门+外部数据技术服务商+外部营销资源	市场营销部门+客户运营部门+外部数据技术服务商+外部营销资源方
文化	领导或个人数据习惯支配数据文化	部门内尝试依赖数据进行业务，部门间则数据沟通乏力	市场营销部门依赖数据指导业务	CMO依赖数据做决策，利用外部服务商完善与其他部门的沟通	CMO和COO/CIO基于数据实现工作协同	企业基于私域资源，调动和控制外部资源	企业战略和数据智能相结合

在展开本书后面的内容前，简单解释一下表 1.1。

企业数字能力的构建是从内部数据的简单整合起步的。例如，广告投放的效果衡量需求，必然要求广告端和效果端的数据打通。

在初步整合之后，随之而来的是企业内部的数据能力很快遭遇瓶颈。例如，为运营提供关键支持的更深层次的数据需求变得迫切，这些数据需求包括消费者行为的分析、消费者画像、转化优化等方面的数据。大多数企业单靠自己的力量难以获取这些数据，而必须嵌入外部的技术解决方案和工具。因此，嵌入外部能力作为层级 4，标志着企业开始进入更高层级的数据化成熟度。

在嵌入外部能力获得更多可供驱使的数据的同时，新的需求也将产生：企业需要以消费者（个体或者群体）为维度打通企业的内外数据资源，从而为更细致、深入的运营提供支持。企业因此需要进入更高层级的数据化成熟度，即全面的内部整合、内外能力协同（层级 5、6）。

最终，当企业拥有足够多高质量的结构化数据，以及具备了非结构化数据的处理和应用能力时，企业会到达目前最具象征性的智能化层级（层级 7）。

当然，这并不意味着所有企业都要沿着企业数据化成熟度模型的层级攀登。由于不同的业态和企业的目标，任何企业都可能停留在自己足以保证业务高效开展的层级上。例如，仅依赖单一数字渠道或触点的市场部门是存在的，它们可能处于这个模型中的层级 3 或略高于层级 3 的状态便已经足够"舒适"。同样，一些受众范围极为广泛的快消品（如普通饮料）企业保持在层级 2 也不会在短期内"拖累"它们的生意。事实上，尽管我们认为 DMP 和 CDP（Customer Data Platform，客户数据平台）是攀登到这个模型更高层级的标志，但绝对不是所有的企业都有必要采用它。关于 DMP 和 CDP，后面的章节会介绍。

纷析智库所做的调研显示了一个有趣的事实：目前，中国大多数品牌企业（或称品牌广告主）正处于层级 3 和层级 4 向层级 5 过渡的阶段。考虑到当前的互联网营销大环境的变化，这样的变迁耐人寻味，它体现了企业在数字世界中强烈的危机感和求生欲。帮助这些企业更好地向更高层级的成熟度前进，也是本书期望实现的一个目标。

1.4　不变的基本逻辑：从前到后的营销与运营

在本章的最后一节中，我有必要陈述一下本书的行文逻辑，本书的行文逻辑和营销与运营的逻辑是完全一致的，虽然简单，但极为重要。

我们都知道，实现商业目标是遵循因果定律的，不会有无缘无故的成功和失败，所有的最终结果都可以倒推到此前各种营销与运营的策略、计划和执行上。

无论这些策略、计划和执行是什么类型，在手法上显得多么五花八门，它们实际上都会按照图 1.3 所示的链路前进。

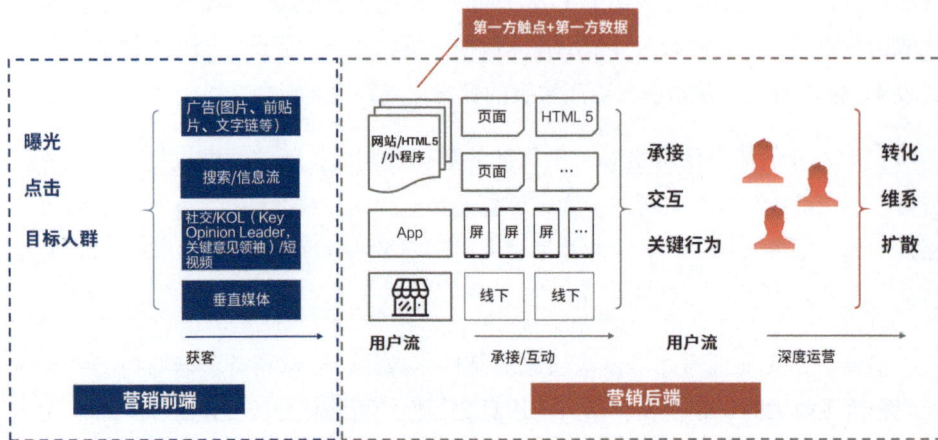

图 1.3　数字化营销与运营的链路

企业用大规模宣传的方式告诉受众它有好东西在卖，以引起受众的注意。这是营销前端。如今，无论是直播带货、内容传播，还是视频广告、搜索引擎竞价排名广告、信息流广告，都是这个目的。这是营销与运营的起始端。

好的开始是成功的一半，但对营销前端而言，它作为开始，对商业结果成败的影响甚至不止一半，并且在很多年内，它几乎就是互联网营销的全部（这一状况直到近几年才慢慢改变），不仅因为大量的费用是在这个阶段被消耗的，还因为营销前端对资源的争夺也是最为激烈的。但是，随着对数字化营销的认识的加深，以及数字化营销相关技术的不断涌现，再加上营销前端的效率不断下滑，营销后端（也称营销后链路）慢慢开始受到重视。

事实上，营销后端已经不能再简单地归为营销部分，而更应该归为运营部分，这部分实际上又分为两个小部分：第一，对流量的运营，解决的是与流量背后的消费者互动及转化的相关问题；第二，对消费者的进一步运营，即消费者深度运营，解决的是更长周期内的与消费者的转化与持续转化、忠诚与忠诚的延续和扩展等相关的问题。近几年营销后端越来越受到重视，并成为企业获取竞争优势的一个新的战场。

本书也是按照这个逻辑来行文的。除了本章和介绍数据获取相关知识的第 2 章，从第 3 章开始的其他章节都聚焦于如何在营销前端实现数据驱动、如何利用数据优化营销前端的效果，以及如何利用数据实现更优、更有效的营销后端的运行。

我希望读者在读完本书后，对于数字化营销与运营有更清晰、全面且系统的理解。

|第2章|
数据从何而来——数据的获取

数字化营销、数据优化、数据驱动等概念的落地，需要实实在在数据的支撑。而数据既不可能凭空而来，又不可能仅依靠花钱和引入技术就能获得。

在数字化运营这一细致而又系统的工作中，数据的获取是最基础的环节，也是最需要专业性的工序之一。

在数字化运营中，需要获取的数据通常包括识别用户唯一性的数据、用户的行为数据、用户的兴趣数据、用户人口属性（社会属性）方面的数据、竞争情报数据、与交易相关的数据等。

在这些数据中，用户的行为数据是我们接触最多的数据，也是我们玩转数据赋能要面对的最主要的数据。原因有4个：第一，这些数据能够直接反映用户使用产品的体验，也能够直接体现用户对运营的反馈；第二，这些数据可以以我们较为满意的精确度获取；第三，这些数据覆盖的范围贯穿用户运营的始终；第四，有数量庞大的工具和方法帮助我们获取、组织、利用这些数据。

本章带大家了解哪些数据是数字化营销与运营工作必须获取的，以及如何获取。

2.1 数据的"方"

数据是一个很大的概念，即使使用在消费者运营上的数据，也是种类繁多、浩如烟海的。不同类型的数据的获取方式大不相同。因此，若要搞清楚数据如何获取，就要先搞清楚数据的类型。

以应用数据的主体（在数字化运营中，应用数据的主体一般是企业）为视角，我们把数据的类型按照"某方数据"进行区分，即我们常说的第一方数据、第二方数据和第三方数据。

2.1.1　第一方数据

第一方数据是企业自有的数据，包括企业在经营活动过程中产生并记录下来的所有数据。这些数据不仅包括企业的客户和潜在客户的数据，还包括企业的供应链、生产、财务、人事等各种经营和后勤上的数据。

第一方数据中与数字化营销与运营相关的数据主要是企业自己在业务过程中获得的受众、用户或客户的相关数据，分为以下两类。

- 客户数据，尽管不一定必须由 CRM（Customer Relationship Management，客户关系管理）系统提供（因为很多企业没有 CRM 系统，其客户数据写在 Excel 表格中），但 CRM 系统中的数据是最典型的，如客户或潜在客户的个人信息、与购买或购买意向相关的数据等。
- 企业可以获得的各消费者触点上的数据，如广告展示和点击数据，网站、App 及小程序上的用户数据，公众号、HTML5 页面上与用户相关的数据等。

这里提到了一个名词：消费者触点。消费者触点是消费者数字触点的简称，在很多情况下也简称为触点，它是指消费者跟企业在数字世界中接触的各种媒介平台，如企业的网站、HTML5 页面、App、小程序、公众号、微博等。后面的章节还会专门介绍这个概念。

与一些读者的理解不同，第一方数据并不一定必须由企业亲自获取，也可以由企业的合作伙伴甚至第三方来获取，但这些数据都是关于企业的受众、用户或者客户的数据，并都为企业所有，因此它们不能被认为是第二方数据或者第三方数据。

此外，由于第一方数据有不同的数据源头，因此它可能也与大家的理解不同：在第一方数据中，即使是描述同一个人的数据，因为分布在不同的系统中，对人进行标记的方式也不相同，在很多情况下需要做 ID 映射（Mapping），才能实现属于同一个人的相关数据的打通。

2.1.2　第二方数据

第二方数据是由企业的合作伙伴提供的数据，这些数据仍然是关于企业的受众和用户的，但这些数据不再只是企业自有的，而是由合作方提供的数据。

企业的合作方不是指任意合作方，而是指如下几类。

- 广告/受众监测服务商。
- 广告/营销/运营代理商。
- 广告/营销/运营技术解决方案提供商。
- 合作媒体。
- 上、下游合作企业。

第二方数据包括第一方数据的全部类型，但增加了一些其他的数据。

- 受众数据（主要是受众的人口属性）。
- 合作媒体上的用户行为数据。
- 社交关系数据。

第二方数据一般比第一方数据的数据量级要大很多，并且其中可能包含企业第一方数据中同样的受众、用户或者客户，但是，同样因为数据存储在不同的系统中，对人进行标记的方式一般也不相同，所以在有些情况下也需要做 ID 映射才能实现数据打通。

2.1.3 第三方数据

第三方数据是指没有直接合作关系的第三方为企业提供的数据。当然，这些数据往往需要进行采购，而在商业环境中，采购、买卖或者资源互换也常用委婉的用语——合作来代替。

第三方数据的来源非常广泛，包括以下几类。

- 媒体。
- 广告/营销代理商。
- 广告/营销技术解决方案提供商。
- 互联网服务提供商。
- 网络通信运营商及其合作企业。
- 支付网关、线上支付服务商。
- 第三方 App 或者网站监测公司。
- 数据交易平台。

数据的类型也包括第二方数据的全部类型，并且有所扩充，即还包括更广泛的网民互联网行为数据。

第三方数据的范围在理论上比第二方数据的范围更大，很多第三方数据几乎能够涵盖大部分的中国网民。

因此，不精确的理解：第一方数据所涵盖的受众、用户或者客户是第二方数据所涵盖的受众、用户或者客户的子集，而第二方数据所涵盖的这些受众、用户或者客户又是第三方数据所涵盖的受众、用户或者客户的子集。不过，这里的子集关系指的是人的范围，而不是描述人的数据本身。虽然各方数据中的数据类型差别不大，但是第一方数据中的绝大部分数据是第二方数据中不可能包含的，而第二方数据中的大部分数据也是第三方数据中不可能包含的。企业的三方数据如图 2.1 所示。

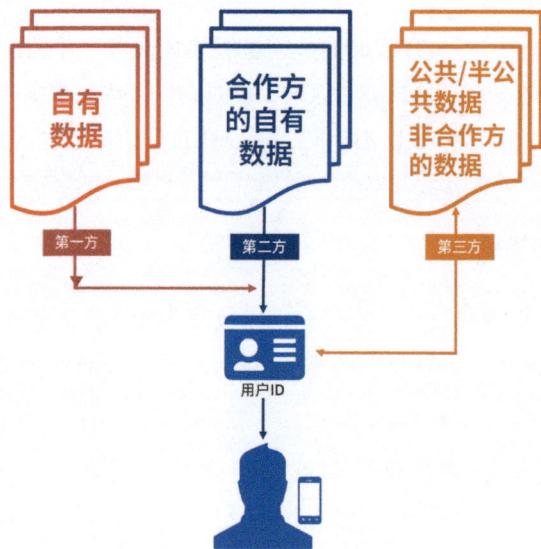

图 2.1 企业的三方数据

2.2 公域数据与私域数据

2.2.1 定义

由于第二方数据和第三方数据都是企业外部的数据，因此二者经常混淆，也就是说，几乎没有太多人提及第二方数据，而且第二方数据常常直接被误称为第三方数据。为了避免出现这样的问题，另外一种区分数据的方法是按照企业自己拥有的数据和企业外部的数据来进行区分。

对企业之外的数据，也就是第二方数据和第三方数据，不再加以区分，而是统称为公域数据或者外部数据。所谓公域数据，是指企业无法获得的外部的数据，它不能直接转移到企业。但企业无法获得不代表企业无法使用，事实上，公域数据的特点是可用，但不可得。

私域数据是企业在与其产品或服务的消费人群进行接触、沟通、互动与交易时产生并收集的个人数据（行为数据和人口属性数据），以及这些数据的打通与整合。消费人群包括但不限于营销推广中被企业广告或推广触达的人群、在企业的各消费者触点上进行交互的人群、表现出转化意向的潜在消费者，以及发生转化的实际消费者。

私域数据与第一方数据有颇多相似之处，但它与第一方数据的不同之处在于，私域数据的范围比第一方数据的范围要小，它是第一方数据的子集，或者说，它是第一方数据中与企业的消费者相关的数据：私域数据强调消费人群数据及由企业与消费者互动引发的数据，是关于人的数据。

2.2.2　私域数据的重要性

私域数据的重要性随着数字产业的剧烈动荡和策略变化而不断被推高，已经成为企业数字化生存的最重要的数据资产和企业数字化营销更为成熟的表现。

数字产业自 2018 年开始就呈现出鲜明的营销运营化趋势，美国也提出了 Marketing Ops（营销运营）的概念，这绝非偶然——前端引流随着流量价格的上升而急剧抬升，但消费者的注意力越来越缺乏专注，从而让传统的"引流—转化"模式走入绝境，而不断积累和深度运营已经获得的流量则成为大部分企业数字化营销的新的也是唯一的可选项。

运营需要数据支撑，企业自有流量的运营需要私域数据的支撑。这是私域数据必然成为企业在选择营销战略时最为倚重的内生资源的最根本原因。

除此之外，还有如下一些技术性驱动力。

- 消费者追踪，尤其是消费者行为追踪始终是互联网的根本特征，企业获取与消费者相关的数据的能力不断提升，尤其是在获取消费者与企业自有数字平台进行交互所产生的数据方面。这些数据资产，企业不仅过去有、现在有，未来还会更加丰富。

- 消费者碎片化导致消费者视角的唯一性和生命周期管理受到了空前的挑战。如今，互联网生态的显著变化就是消费者触点多样化。这一变化虽然增加了企业消费者数据资产的积累，但是造成了严重的数据孤岛问题。打通数据孤岛，对与消费者相关的数据进行统一视角的管理的需求变得迫切。建立和完善私域数据，是对抗消费者碎片化的有效手段。

- 不断的"围墙花园"化造成的公域数据难以被拥有。这也是私域数据不得不被重视的原因。随着媒体端寡头化倾向日益严重，媒体关上数据分享的大门，因此可为企业提供的营销数据也逐渐消失。在这种情况下，企业必须回过头来从自有的数据中挖掘机会与价值。所谓的"围墙花园"，是指数据只进不出的数据拥有者，尤其是大型媒体。

- 数据所有权和使用权显著分离，数据应用开始强调内外结合。例如，"围墙花园"媒体普遍倾向于开放数据应用接口，以帮助广告主在媒体生态内应用更广泛的媒体资源和数据资源，整个行业生态也通过构建应用接口服务于企业。因此，对外部资源的应用和管控能力成为企业的新课题。最大化这些外部资源价值的前提是，企业拥有自己的私域数据，并以这些数据为基础对外部资源进行引导、管理或控制。几乎所有的"围墙花园"媒体都接受来自企业的第一方数据，以帮助企业实现更好的人群触达效果。对企业而言，拥有管理良好的私域数据也意味着"一次人群细分，多次人群定向"的便利，即能够实现该人群在诸多媒体与服务资源上的复用。

- 通过私域数据形成的数据集中化管理，既增加了数据本身的安全性，又有助于合作方和服务商的数据应用。

私域数据的价值如图 2.2 所示。

通过私域数据形成的数据集中化管理，可以避免数据安全风险和与个人信息保护相关的法律风险。数据集中化管理有利于更有效的数据安全治理、更完全的数据脱敏（将在 3.7.3 节中介绍），或者更完善的个人信息保护的合规治理。

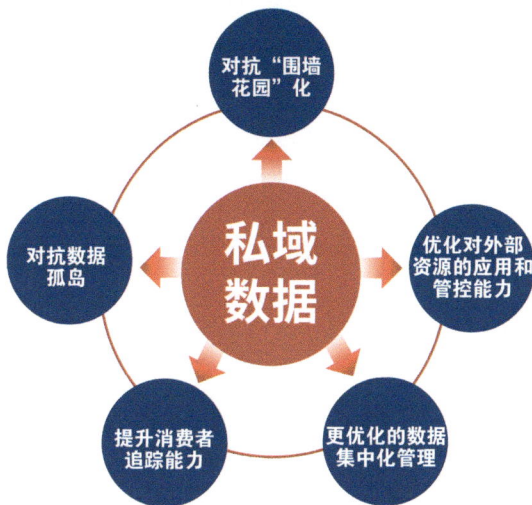

图 2.2　私域数据的价值

2.3　前端数据与后端数据

按照另外一种分类方法，可以把数字化运营中的各类数据分为前端数据与后端数据。

什么是前端数据？什么是后端数据？这个分类是由营销前端与营销后端引申而来的。

在数字化运营中，企业接触最多的是流量和消费者，而且流量和消费者的背后都是人，流量是物化了的人，消费者是流量中有可能买企业的产品的人。

流量的流动是从人们看到某一个流量源头，并且点击这个流量源头开始的。一个网站上的 Banner 广告、在搜索引擎上进行搜索后的一个结果、一个帖子中的 URL（Uniform Resource Locator，统一资源定位符）、一个微博中分享的链接，乃至你自己输入浏览器中的网址，都是流量源头。在一个人点击流量源头之后，他可能会进入下一个步骤，即进入这个流量源头所指向的网站，并可能在其中探究一番。这个流量源头也被称为流量入口。

在这个过程中，我们把流量区分为点击流量源头之前（Pre-Click）的阶段和点击流量源头之后（Post-Click）的阶段。

我们按照流量流动的逻辑，以点击（Click）这个行为为标志性事件，把流量区分为 Pre-Click 和 Post-Click[1] 两个阶段的流量。为了分析的方便，把 Click 本身也归于 Pre-Click。

那么，与前端相关的数据，就被称为前端数据，与后端相关的数据，就被称为后端数据。

前端数据主要是与广告或入口链接的展示及点击相关的数据，也包括广告展示和点击对应的受众的数据，以及广告所在的页面或者 App 等的相关数据（即与广告所处的环境相关的数据）。

后端数据要复杂得多，包括在点击广告之后，进入着陆页及其后的环节的所有相关的人的数据、行为的数据及相关联的场景的数据等。后端数据是企业在数字化运营中主要接触的数据。

2.4 数字化运营中个体数据的结构

个体数据是数字化运营的基础数据，人群数据也来源于个体数据的集合之后的统计变换。个体数据还可以进一步细化为一个二元结构体，即 "ID+ 属性" 的数据结构。

2.4.1 标定个体的 ID

ID 用来标定个体的人，属性则用来描述这个 ID 的情况。例如，一个电话号码为 1369999××××（书中不能显示实际的电话号码，而不得不用 × 表示，但实际上请读者把这里看成一个实际的实名电话号码）的人的性别是男（见表 2.1）。这里的 ID 是电话号码，而属性则是 "男"。任何可以用来标定一个个人的信息都可以算作 ID，如一个人的 DNA 序列，但是，这种 ID 用于数字化运营既不实用，又违背了个人信息保护的法规。常用的 ID 必须是较为简洁的，并且在数字世界中可以获取并轻易流转的。

表 2.1　标定个体的 ID 示例

ID	属性
1369999××××	男

在同一种 ID 类型下，在理论上两个不同的个体不可能有相同的 ID。因此，用户昵称、姓名之类的不能保证唯一性的 ID 一般不用于标定个体。但同一个体有可

---

① Pre-Click 和 Post-Click，国内分别称之为营销或运营的前端和后端，也有叫前链路和后链路的。当然，前链路相对用得少，而后链路的说法因为常常被阿里巴巴采用，所以使用的人多一些。

能有多个 ID。这并不难理解，一个人可以有多个类型的 ID，如身份证号码、电话号码。一个人手机里的硬件的识别号码被称为设备 ID 或者硬件 ID，也可以作为标定他的 ID。甚至，在一定的时间内，网站中的 Cookie 也可以用于区分不同的个体。不仅如此，一个人还可以拥有多个同一类型的 ID，如一个人拥有多个电话号码。这是 ID 的一个特征。

ID 的另一个重要特征是不同 ID 的覆盖范围不同。以 Cookie 为例。我们常说的 Cookie 其实有两种类型，一种是第一方 Cookie，另一种是第三方 Cookie。第一方 Cookie（也是 Cookie 中普遍被使用的一种）基本上只在一个网站内（更准确地说，是在一个域名范围内）生效，同样一个人，他换了一个网站，他在另一个网站上的第一方 Cookie 就一定会和他在之前那个网站上的第一方 Cookie 不同，并且二者没有任何关联性。第三方 Cookie 可以跨网站（更准确地说应该是跨域）生效，这意味着不同的网站可以拥有共同的第三方 Cookie。很显然，第三方 Cookie 的覆盖范围比第一方 Cookie 广，但是第三方 Cookie 更容易受到浏览器的隐私控制影响而被禁用，并且生成第三方 Cookie 的条件也更苛刻。

但设备 ID 则与 Cookie 的情况不同，如手机端的 IMEI 号，虽然手机上的 App 各有不同，但每个 App 获取的都是这个手机的 IMEI 号。同样，一个终端上的网卡 MAC 地址也不会发生变化，这个终端上的所有应用，如果都用 MAC 地址来标定用户的 ID，那么同一个用户在不同应用上的 ID 也会一致。这样，设备 ID 就比 Cookie 有更大的覆盖范围。

因此，那些具有更大覆盖范围的、能够实现跨域的 ID，如设备 ID 或者用户登录用的电话号码具有更大的价值。而能够跨设备的 ID，如电话号码，则具有更巨大的价值。

ID 还有一个重要的特征，那就是不同 ID 的寿命不同。没有任何事物是永恒的，ID 也同样。不同 ID 的寿命不同，如身份证号码一般会伴随一个人的一生，但一个 Cookie 则有可能在很短的时间内就消失或者被更新。

长寿命的 ID 还包括前面提到的电话号码和设备 ID，它们虽然没有身份证号码的寿命长，但往往也有数月至数年的寿命。

显然，长寿命的 ID 对数字化运营而言具有更大的价值——能够维持更长时间地收集关于同一个人的数据，所以对这个人的了解就会更加准确、深入。但是，侵犯个人隐私的风险也会增大。国家已经非常重视个人信息的保护，而 ID，由于它用于识别不同的人，因此它成为个人信息保护中非常重要的部分。也就是说，ID 的获取和收集，对于数字化运营很重要，但必须遵守国家法规的要求。

目前，标定个体的常用 ID 如表 2.2 所示。

表 2.2 标定个体的常用 ID

类型	ID	举例	准确性	覆盖范围	应用要求
与设备无关的ID	电话号码		高	极为广泛	必须征得消费者的明示同意才能使用
	身份证号码		高	狭窄	
	邮箱		高	广泛	
	用户名		高	一般	
	昵称		一般	狭窄	
与设备绑定的ID	设备ID	IMEI、UDID、Android ID、MAC等	高	极为广泛	需要消费者明示同意，并且在使用时必须加密
	匿名化设备ID	IDFA、OAID	高	极为广泛	尚不明确
与浏览器绑定的ID	Cookie	第一方Cookie、第三方Cookie	一般	狭窄	尚不明确
与媒体平台绑定的ID	媒体平台或者小程序提供的ID	OpenID、UnionID、UserID	高	狭窄	尚不明确

2.4.2 个体的属性数据

个体的属性数据包含三类。第一类是描绘个体的人口学、社会学的属性，如年龄、性别、收入等，这些属性在短期内不会发生变化，所以这些属性属于静态属性。

第二类是描绘个体更为个性的属性，主要是他们的行为，以及行为反映出的兴趣，这些属性容易发生变化，甚至发生突然的变化，所以这些属性属于动态属性。

在很多具体的应用场景中，我们会把行为和兴趣分开来应用。例如，找出在过去 3 天内查看了某产品的人群（查看产品是一种行为）。而兴趣则属于已经给一个个体贴好的标签，如找出标签为某产品的人群，并定义这类人群具有对该产品的兴趣。因此，实际上在几乎所有情形和数据工具下，直接给个体打的兴趣标签其实都来自个体的行为，也就是说，兴趣的背后仍然是行为，只是有些系统和工具帮助使用者把行为数据抽象为兴趣而已。

第三类是个体所处的环境属性，如个体在某个时刻所在的位置、当时的天气情况和温度、他使用的终端的信息、他浏览的网页或者使用的 App 的信息、与他相关的场景（如驾驶途中）等。这些属性描述了与个体紧密关联的自然、地理和虚拟世界三类环境。

综上，个体的属性数据如表 2.3 所示。

表 2.3　个体的属性数据

属性分类	静态属性	动态属性	环境属性
含义	人口学、社会学的属性，不容易发生变化	行为、兴趣等，容易发生变化，有效期很短	人所处的环境
举例	性别、年龄、收入	一天查看某小程序 3 次	在某个时刻所在的位置、当时的天气情况和温度、驾驶途中

一个人相关的属性集合，或者在属性集合之上的数据的进一步处理与抽象，称为这个人的画像。有一种说法是"360°消费者画像"，是指拥有的消费者的属性数据非常齐全，但这更多的是一种商业宣传的说法，一个企业不可能拥有一个消费者完整、全面的画像，这在技术上很难实现，也与消费者隐私保护的一些要求相悖。

2.5　个体数据与人群数据

在了解了数字化运营中个体数据的结构之后，我们发现，除了按照"方"和"域"对数据进行分类，还可以用另外一种分类方法对消费者的数据进行分类，按照这种分类方法可以将消费者的数据分为个体数据与人群数据。这种分类方法特别重要，使用颇多。

所谓个体数据，是指颗粒度能够具体到某个个体的数据，这个个体可以是实名的，也可以是匿名的，但无论是实名的还是匿名的，数据都是与这个个体相关的。在数据结构上，就是我们前面所讲的，个体的 ID+ 每个 ID 对应的属性。

人群数据是一群人的数据，如这群人的区域、性别、行为、兴趣等。人群数据不能精确到其中的某个人的属性，如你想知道这个人群中某个人的性别、兴趣，是不可能通过人群数据的下钻获得的。

不过，人们对人群数据存在一些误解，一种典型的误解是，人群数据中没有每个个体的 ID。

实际上，很多人群数据中都存在每个个体的 ID，否则这些人群数据就无法使用了，因为如果没有个体的 ID，是无法做定向的（对一群人的定向，本质上还是要定向到个体）。

人群数据中被人群化的数据不是 ID，而是 ID 背后的属性。例如，某个人群数据的集合（俗称人群包）中有 1 万人，原本每个人都有自己的属性，我们通过数据统计的方法，按人的属性由高到低排序，发现这 1 万人中 67% 的人是女性，77%的人没有汽车，45% 的人喜欢吃冰激凌，52% 的人在北京等，于是，我们将这个人群包中的每个人原本的属性抹去，而是都加上统一的标签：女性（67%）、没有汽车（77%）、喜欢冰激凌（45%）、在北京（52%）等（见图 2.3）。

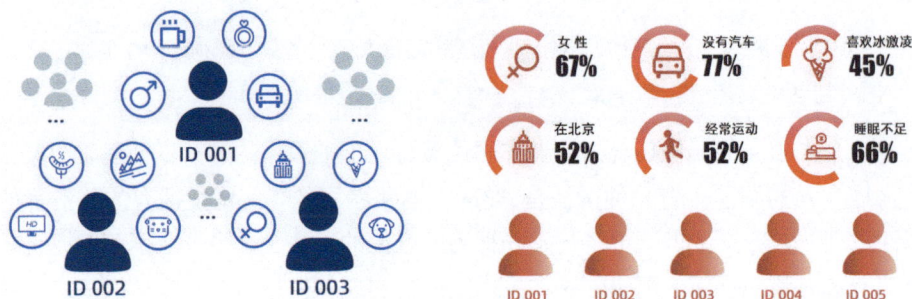

图 2.3　人群数据

这里的百分比，实际上是这群人整体的属性的概率。在这个人群包中，虽然每个人的属性不同，但是都统一化为这个群体共同的概率属性。也就是说，他们的个人属性被"抹杀"，每个人都只拥有这个群体共同的属性。在这个人群包中，个人属性和人群包的人群属性并无区别。这样，在应用这些数据时，肯定没有基于每个人各自原本的属性那么精准，但是也比在毫不了解这群人的情况下对他们直接进行推广或者运营要好得多。

你可能认为个体数据的颗粒度更小，所以一定是更好的数据。但是，事实并非如此，个体数据和人群数据各有优势。

个体数据的优势显而易见，由于能具体到个体，因此个体数据在应用时能够定向得更为精准。但是它的问题是，大量的个体数据，在很多时候的离散程度非常高，不利于统计，而且涉及保护个人隐私方面的限制。

　　个体数据的缺点是人群数据的优点，其优点则是人群数据的缺点。例如，人群数据往往是一群人的统计状况，所以其精确程度比个体数据要差，但相对而言，人群数据很少有保护个人隐私方面的限制。

　　当然，人群数据的基础是个体数据，它是由个体数据的集合经过统计变换而来的。企业在获取自己的私域数据时，一般获取的是个体数据。而公域数据，尽管也来自个体数据，但往往都以人群数据的形式提供。我们在后面还会不断接触这两类数据的概念和应用。

2.6　私域数据的获取

　　本节要介绍数字化运营中最重要的一些数据的获取。由于获取这些数据必须通过一定的工具，因此本节会包含一些技术内容。但请不要担心，这本书并不是给技术开发者准备的，而是给从事营销或运营工作的读者准备的，因此，相关的技术内容都会以通俗的语言说明原理，但不会聚焦在具体技术细节上。

2.6.1　私域数据的来源：消费者触点

　　消费者触点这个概念尽管看起来很抽象，但非常重要。消费者触点是指消费者与企业在数字世界中接触的各种媒介平台，主要包括以下几类。

- 推广，如广告、软文、E-mail、短信。
- 网站端，如网站、普通网页、HTML 5 页面。
- App 端，如原生 App、以 WebView 为主的 App。
- 社交平台，如微信、微博。
- 内容平台，如公众号、今日头条、百度知道、小红书、知乎。
- 服务平台，如小程序、企业微信。
- 可以与线上连接（关联）的线下推广，如线下扫描二维码。

　　对企业而言，消费者触点尤其重要，原因有两个：第一，消费者触点是消费者与企业品牌/产品发生直接沟通的界面；第二，这些触点大部分是企业自有且可控的，尤其是其上的数据是企业自有且可获取的。

　　消费者触点看起来很多，但是总体来看有以下几类。

　　第一类是企业所有的，如网站、App、小程序、服务号等。这类消费者触点的共同特点是，它们都必须由企业自己负责创建并在自己可管理的服务器上托管（Host），企业能够在其中加入自己的监测脚本代码或 SDK（Software

Development Kit，软件开发工具包）。简单地讲，这类消费者触点是企业自有的消费者触点。

第二类是那些不能完全为企业所有的，主要是社交平台、内容平台上的各种企业自建的号，如微信上默认的订阅号、今日头条的头条号、抖音蓝 V、小红书企业号、百度百家号等。它们的共同特点是，它们是在这些平台给企业开的一个冠以企业自己名字的"房间"，这个"房间"连同里面的设施都是企业租用的，企业当然不能在这些"房间"里安装"摄像头"拍摄"房客"。因此，这类消费者触点的共同点是，不能在其中添加企业的监测脚本代码或 SDK，企业也就无法获得其上消费者的绝大部分数据，更不可能获得个体级别的数据。

因此，从数字化运营的角度来看，第一类消费者触点对企业的意义更加重大，而其上产生的数据也构成了企业大部分的私域数据。

第三类消费者触点很特殊，即数字广告。数字广告一般不属于典型的消费者触点，而是作为消费者进入消费者触点的入口。广告上的消费者数据主要包括两类：广告的统计数据（也就是曝光数据）和广告的点击数据。企业能否自行获取这些数据，取决于广告发布商是否同意企业在广告上放置监测代码。大部分广告发布商和媒体同意让企业放置监测代码，这些代码都能统计广告的曝光和点击数据，但请注意，很多广告发布商和媒体不允许企业收集关于个体级颗粒度的广告的曝光和点击数据。

2.6.2　消费者触点上的私域数据的获取（1）：广告端

广告端的数据主要记录各个消费者（在广告面前的消费者，通常有专用的名词：受众）观看和点击广告行为的发生次数。

为什么要追踪与广告相关的数据呢？

一个主要的原因是对广告投放的考核，也就是行业中所说的监播，即记录广告被消费者看到的次数和被消费者点击的次数。

消费者有没有看到广告，其实不可能真正精确地统计——广告在屏幕上出现了，我就偏偏没有注意到它，这种情况太常见了，因此退而求其次，对于监测广告，我们用广告被载入到页面中的次数，或者广告真正出现在屏幕中的次数来统计。前者被称为曝光（Impression），其准确的定义是，只有当广告的物料已经被载入客户端并至少已经开始渲染（Begin to Render，BtR）时，才应称之为曝光事件。后者被称为有效曝光或可见曝光（Viewable Impression）。二者的差异在哪里呢？曝光仅衡量广告被载入到客户端的次数，也就是说，哪怕它在页面的底端，用户压根没有翻到页面底端看到它，也仍然算一次曝光。而有效曝光不同，它要求广告必须被展示在屏幕中，并且停留一段时间。

关于有效曝光，2015 年 1 月，美国的互动广告局（IAB）定义了一套标准，这个标准被大多数国家效仿。其具体的标准如下。

- PC 端展示类广告有大于等于 50% 的像素面积在可视空间内，且连续展示时间大于等于 1 秒。

- PC 端视频广告有大于等于 50% 的像素面积在可视空间内，且连续展示时间大于等于 2 秒（不要求一定是视频广告的前 2 秒）。

- 移动端展示类广告有大于等于 50% 的像素面积在可视空间内，且连续展示时间大于等于 1 秒。此标准同样适用于信息流广告。

- 移动端视频广告有大于等于 50% 的像素面积在可视空间内，且连续展示时间大于等于 2 秒（不要求一定是视频广告的前 2 秒）。

曝光和点击数量的监测

曝光是怎么被监测到的呢？虽然广告发布商和媒体可以直接给我们提供数据，但这样相当于他们自己既是运动员，又是裁判，大部分广告主都不乐意接受这些数据，而更坚持自己来监测。由于自己监测广告需要用到第三方工具，因此这种监测在业内被称为第三方监测。

关于广告曝光的第三方监测，目前主要采用两种方法：一种是 API（Application Programming Interface，应用程序接口）方法，可用在网页端，也可用在 App 端；另一种是 SDK 方法，只能用在 App 端。

API 方法

API 方法是指媒体以 API 的方式向第三方监测工具传递相关监测参数，使得第三方监测工具可以据此进行曝光统计。例如，通过嵌入在广告中的脚本代码[①]（见图 2.4），在用户的客户端的网页上，以 API 方式将曝光数据传给第三方监测工具，或者对物料的 URL 进行跳转链接的操作，传递数据信息。

---

① 脚本代码在这里特指监测脚本代码，一般是一段 JavaScript 或类似的脚本程序语句，随广告被载入而运行，用于监测广告被曝光和被点击等相关的数据，在 2.6.3 节中会详细介绍。

图 2.4　在广告中嵌入脚本代码的示意图

不过，加监测脚本代码的方法虽然好，但是很多广告（如图片广告）无法采用这种方法，另外，很多广告发布商和媒体也不允许广告主这么做。因此，我们只能选择另外一种方法，也就是利用 URL 跳转的方法来监测广告的曝光和点击数据。

以监测某个广告的曝光数据为例。例如，这个广告的物料本来的 URL 是 <IMG SRC="www.chinawebanalytics.cn/wuliao.gif" BORDER="0" HEIGHT="1" WIDTH="1" ALT="Advertisement">。为了统计它的曝光数据，我们把它的 URL 改成：

<IMG SRC="https://ad.doubleclick.net/ddm/trackimp/Nxxxx.site-keyname/Byyyyyyy.n;dc_trk_aid={ad_id};dc_trk_cid={creative_id};ord=[timestamp];dc_lat=N;dc_rdid=Czzzz;tag_for_child_directed_treatment=I?http://www.chinawebanalytics.cn/wuliao.gif" BORDER="0" HEIGHT="1" WIDTH="1" ALT="Advertisement">

在这样做之后，受众在用自己的终端打开某个包含这个广告的页面时，这个广告的物料并不是从该物料的真实地址 www.chinawebanalytics.cn/wuliao.gif（此处仅用于示意，读者不用访问相关网站，下同）直接被下载到受众的终端的，而是会先访问 ad.doubleclick.net 这个地址。这个 URL 实际上指向的是谷歌 DCM[①] 的服务器。当受众的终端访问 ad.doubleclick.net 时，该广告的相关信息会随着这个 URL 后面的一系列参数传送给谷歌 DCM，谷歌 DCM 也会同时记录这个广告新增加了一次曝光。

随后，谷歌 DCM 会继续解析这个 URL 后面的参数，即 tag_for_child_directed_treatment=I?http://www.chinawebanalytics.cn/wuliao.gif，当它解析到这一段时，它会立即"意识到"这里要跳转，并且需要跳转到问号后面的 URL，也就是跳转到广告物料存放的真正的 URL（http://www.chinawebanalytics.cn/wuliao.gif）那

---

① DCM 是 DoubleClick Campaign Manager 产品的缩写，是常用的数字广告的监播工具，中国厂商也提供类似的工具，如"秒针"。

里。于是，谷歌 DCM 让受众的终端去访问 http://www.chinawebanalytics.cn/wuliao. gif，这样广告就能出现在受众的终端上。整个过程非常迅速，在一瞬间完成，终端用户几乎感受不到这一过程的存在。

通过这次跳转，谷歌 DCM 收集到了这个广告的一次曝光，而广告的物料在受众终端的载入和显示也没有受到影响。类似这种通过 API 借由 URL 后面的参数传递数据的方法，是一种被普遍采用的方法，在很多场景中都会用到。

有效曝光的监测是在曝光监测的基础上增加了一个检验广告是否出现在屏幕上的环节。在中国，有效曝光的应用很少，这里不再赘述。

监测广告的点击数据也很简单，同样可以利用跳转链接的 API 方法，与监测广告的曝光数据的跳转方法的原理相同，区别在于，监测点击的跳转发生在点击广告之后，也就是跳转的 URL 不是广告的物料存放的 URL，而是广告的链出 URL。

SDK 方法

SDK 方法是一种只能用在 App 端的广告监播方法。简单地讲，需要在投放广告的 App 媒体上嵌入 SDK。例如，我要在墨迹天气上做一个广告，并且要监测广告的曝光和点击数据，如果用 SDK 方法，就需要在墨迹天气上放一个 SDK[1]。SDK 类似于一个可以运行的程序，不同的 SDK 的作用不同，这里的 SDK 用来监测广告的曝光和点击数据，以及广告受众的 ID 等信息。

SDK 方法并不是一种被普遍接受的方法。SDK 是一段来自广告主或其代理人的程序，且要被置入媒体的 App 中，这等于在 App 自己的“地盘”上安放了一个别人的“摄像头”，所以 App 媒体基本上都不愿意接受这种方法。但 SDK 对广告主来说有很多好处，SDK 能够收集到的信息比通过 URL 跳转方式收集到的多。你想想，URL 跳转，只能在 URL 的尾部参数中写入有限的信息，但 SDK 可是一段程序呀！因此，即使同意 SDK 方法，媒体方也会想办法对 SDK 能够收集到的信息做限制。同理，前面讲到的 API 方法中利用脚本程序的方法，也会面临类似的问题。

与运营相关的广告数据的获取

获取广告监播数据所采用的技术方法并不复杂，但对不接触技术的朋友而言，可能难以理解。不过，对运营而言，广告的曝光和点击数据有一定的价值，但价值相对较小，因为广告监播一般并不在意个体与广告互动的情况，而运营需要了解每个个体或者多个个体组成的细分群体的情况。

---

[1] 可以将 SDK 理解为一段可以嵌入在 App 或者小程序中运行的程序，不同的 SDK 实现的功能不同。

因此，运营角度上对广告数据获取的需求，不仅是统计广告的曝光和点击数据，还要能看到曝光面向的是哪些人，以及点击广告的又是哪些人。具体来讲，我们很在意两类数据。

第一类，广告的行为，尤其是点击行为。这些数据表现了受众的兴趣，这是一类有标志性的行为，对运营很有价值。

第二类，如果能够记录广告行为发生的环境（如受众在媒体的什么页面上看到的这个广告），那么即使受众没有发生点击行为，我们也能大致了解他对什么方面的内容感兴趣。

为了运营的需要，这两类数据通常都需要具体到个体级颗粒度。

如何能够获得个体级颗粒度的广告数据呢？要做到两点：其一，要抓取每个受众的 ID；其二，要抓取每个受众与广告交互相关的数据。

以 App 端的广告为例。App 有一个特性——只要用户下载并且打开了它，App 就能获得这个用户的终端设备的设备 ID（Device ID），而这个 ID，如果 App 不愿意提供给广告主，广告主就不能通过其他合法方法获得。同理，如果网站的所有者不愿意提供网站用户的 Cookie，广告主就不能获得。

因此，在投放广告后，获得广告受众的 ID 的前提只有一个，媒体愿意向广告主提供这些 ID。这看起来首先是一个商业问题，而不是技术问题。

现在，假设你和媒体达成了协议，媒体愿意为你提供广告受众的 ID，你该如何准确地拿到这些 ID 呢？

原来，在技术的实现上，是前面所说的曝光和点击 API 监测方式的扩展，即在追踪曝光和点击数据相关技术的基础上，增加了一个获取个人 ID 的过程。常用的方法被称为宏替换。

宏替换不仅可以用在 App 端，还可以用在网站端，不过网站端的 ID 不是设备 ID，而是 Cookie。如果是第一方 Cookie，就更为复杂，因为需要进行 Cookie 映射（Cookie Mapping）[①]，才能实现数据在不同方的流转。

---

① Cookie 映射：Cookie Mapping，一种同步同一个人在不同网站上的 Cookie 的技术方式。对第一方 Cookie 而言，同一个人在不同网站上的 Cookie 一定是不同的，因此在网站端涉及第三方对人进行的定向时，要么使用第三方 Cookie，要么利用 Cookie Mapping。但二者都有缺陷，第三方 Cookie 受到个人隐私保护的限制很大，很多浏览器开始默认关闭第三方 Cookie。而 Cookie Mapping 的匹配率通常较低。

宏替换

所谓的宏替换，是指在跳转的方法的基础上，由媒体将这个跳转链接中的某个参数，按照规则替换为这个人的 ID 及相关信息的过程。

一个典型的宏替换的例子如下。

> http://g.cn.miaozhen.com/x/k=2008872&p=6vJR8&dx=0&ni=_IESID_&mo=_OS__&ns=_IP__&m0=__OPENUDID__&m0a=__DUID__&m1=__ANDROIDID1_&m1a=_ANDROIDID_&m2=_IMEI_&m4=_AAID_&m5=_IDFA__&m6=__MAC1__&m6a=__MAC__&rt=2&nd=__DRA__&np=__POS_&nn=_App_&o=

这是秒针监测工具的宏替换格式，URL 中各个参数之间以"&"分隔，每个参数由参数名和参数值组成，以"="连接。如果媒体愿意提供受众的 IMEI 号，那么当这个广告被载入用户的浏览器或者 App 上时，媒体就会探测到这个广告的 URL 中有一个"&m2=__IMEI__"的字段，然后就会把"__IMEI__"替换为这个用户实际的手机设备的 IMEI 号。在替换完毕之后，这个链接才会被释放并链向监测工具的服务器，这样就能把这个用户的 IMEI 号转送给监测工具，进而被广告主获得。

无论是监测广告的曝光数据还是点击数据，宏替换的原理都没有差别，只是具体的 URL 不同。

至于宏替换有没有固定的格式，实际上是有标准的。中国广告协会有一个规范，大家一般会按照这个规范来定义自己的宏替换中各个参数的名字和规则。

中国广告协会的广告追踪参数宏替换规范如表 2.4 所示。

表 2.4　中国广告协会的广告追踪参数宏替换规范

参数的含义	参数名	宏名称	宏替换参数的规范与取值
操作系统	mo	__OS__	1位数字，取值为0-3。 0表示Android，1表示iOS，2表示Windows Phone，3表示其他
IP地址	ns	__IP__	投放系统服务器观察到的用户远程IP
IDFA（iOS设备ID）	m5	__IDFA__	IDFA原始值。32位十六进制数字+4位连接符"-"。iOS 6及以上使用
OpenUDID（iOS设备ID）	m0	__OPENUDID__	OpenUDID原始值。40位十六进制数字。iOS 6以下使用
IMEI（Android设备ID）	m2	__IMEI__	15位IMEI取MD5摘要
AndroidID（Android设备ID）	m1a m1	__ANDROIDID__ __ANDROIDID1__	ANDROIDID：AndroidID取MD5摘要 ANDROIDID1：AndroidID原始值
MAC地址（设备硬件地址）	m6 m6a	__MAC1__ __MAC__	MAC1：保留分隔符"："的大写MAC地址取MD5摘要 MAC：去除分隔符"："的大写MAC地址取MD5摘要
DUID（Windows Phone设备ID）	m0a	__DUID__	Windows Phone DUID，取MD5摘要
App名称	nn	__APP__	如果为中文请使用UTF-8编码并进行URL Encode(百分号转码)

宏替换方法很重要。除了用于传递 ID，它也可以用于传递其他的动态信息，包括受众在看到广告时所处的环境信息。例如，可以在广告的 URL 中用某个参数代表广告所在页面的 Title（标题）或者 URL，然后在广告被载入时，用宏替换方法将这些参数替换为 Title 或者 URL 的实际信息。这样广告主就能够了解到投放的这些广告所处的页面信息。作为一种重要的数据转移手段，我们在后面还会遇到这种方法。

除了宏替换，SDK 方法或者监测脚本代码方法（尤其是网页端的 JavaScript 语言）也可以用来传递受众的 ID 和环境数据。但前提都是媒体愿意提供受众的 ID 和相关数据。

有了 ID、环境数据和具体的行为（曝光和点击）数据，就有了用户画像的雏形了。

例如，一个 IMEI 号为 357320000000000（这个 IMEI 号并不真实存在，只是示意）的用户，他在一个 URL 为 "http://www.chinawebanalytics.cn/do-we-have-any-misunderstanding-about-cdp/"、Title 为 "我们对 CDP 是不是有什么误解" 的页面上点击了某个广告，这个广告是关于 "宋星大课堂" 的。

这些数据，其实已经体现了很多有价值的信息，并且意味着我们未来有进一步触达这个用户的可能，因为很多广告投放平台是支持 IMEI 号定向的。

广告端数据的优缺点

广告端数据有显著的优势，那就是规模宏大，广告的曝光量极大。如果这些数据都能以个体级颗粒度获取，那么其价值非常大。

但广告端数据也有明显的短板，那就是不容易获取到个体级颗粒度的数据。不是技术不行，而是愿意这么做的媒体越来越少。

媒体有自己的担忧，如果他们开放个体级的 ID 和数据，那么广告主有可能将这些数据用在其他媒体上。另外，开放个体级的 ID 也有个人隐私保护方面的隐忧。

因此，总体来看，广告端数据在运营上不是没有价值，而是受限于实际情况，其价值难以释放。

正是因为这个原因，数字化运营才越来越依赖真正能被企业控制的消费者触点，因为只有在这些消费者触点上，广告主才能真正不被媒体限制地获得自己所需的 ID 和数据。这些消费者触点包括网站（含 HTML5 页面）、App、小程序等。下面，我们从网站端开始介绍。

2.6.3　消费者触点上的私域数据的获取（2）：网站端

网站是成熟的消费者触点，有几十年的历史，但在 2008 年之后的几年受到了移动化的猛烈冲击，彼时 App 发展迅猛。但近几年，网站及网页因具有更易实现且终端适应性更灵活的特点，以及技术革新增加了网页新的互动能力（以 HTML5 为典型代表）而再次受到企业的青睐。例如，如今各大媒体上承载的小程序，虽然看似 App，但其本质是网站。

从数据运营的角度来看，获取网站上的用户行为数据很容易实现，技术成熟，通用性好，而且网站上用户数据的价值也很高。与广告端数据做一个比较：广告的曝光数据并不等于消费者交互，广告只是被动地展示，消费者是否注意到它，很难说得清楚；而网站端数据，以及 App 等自有消费者触点上的数据则不同，这些数据来自消费者点击广告（或者链接）之后，显然对企业的产品或者服务感兴趣的消费者才会这么做（排除作弊的情况），因此这群消费者的运营价值远远高于广告被动地展示给的那些消费者。

当然，我并非说广告没有价值，而是指数据在运营的价值方面，越靠近营销后端的，价值就越大。

那么，学会从网站端获取用户数据的方法就同样很有价值了。获取网站端数据通常有几种方法，其中最常用的是客户端脚本监测方法。

客户端脚本监测方法

暴雪公司有一个 StarCraft I（星际争霸 I）的游戏。游戏中虫族的女王有一个特殊的能力，把一个寄生虫喷在敌人的某个行动单位的身上，这样无论这个行动单位走到哪里，他身边的情况都能被虫族看得一清二楚。

银行里安装的摄像头可以将场所内人员的一举一动都拍摄下来，然后传递到硬盘中保存起来。

在网站端收集用户的行为信息，采用的就是"喷寄生虫"或者"安装摄像头"的方法，把用户在页面上的一举一动都记录下来，然后传递给监测系统的服务器。

这个"寄生虫"或者"摄像头"其实是一段在页面上可以被客户端浏览器执

行的 JavaScript 代码，JavaScript 是一种脚本语言，这也是这种数据获取方法被称为客户端脚本监测方法的原因。而用于获取网站数据的 JavaScript 代码也被称为网站端数据的监测代码。JavaScript 代码是在客户端被执行并起作用的（即收集和传递数据），因此这种方法属于客户端监测方法。前面讲到的对广告相关数据的监测其实也属于客户端监测方法[①]。

客户端脚本监测方法示意图如图 2.5 所示。

图 2.5　客户端脚本监测方法示意图

用于监测的 JavaScript 代码被执行之后，就会如实地把用户在页面上的互动访问行为不间断地发送给这个页面标记所对应的网站分析工具的服务器，这与摄像头把拍摄到的图像传送给图像存储服务器是一样的。网站分析工具的服务器在收到数据后，会进一步处理这些数据，并且把这些数据翻译成人们能够阅读和分析的图形、表格及数据文件，然后呈现在一个用户界面上。大多数网站分析工具都采用这种数据收集方法。

JavaScript 代码如果正常工作，就会源源不断地给网站分析工具的服务器提供数据，这些数据的结构属于我们前面所讲的典型的个体数据的结构。在这个结构中，个体的 ID 是 Cookie，属性则是这个 ID 的流量来源、终端设备相关信息（如分辨率、IP、网络属性）、打开页面的 URL、打开该页面的时间、这个页面的 Title 等。客户端监测的 Cookie 及对应的属性数据示例如表 2.5 所示。

表 2.5　客户端监测的 Cookie 及对应的属性数据示例

Cookie	流量来源	IP	浏览器	操作系统	语言	页面1打开的时间	页面1的URL	页面1的Title	页面2打开的时间	页面2的URL	页面2的Title	……
c12345678	百度	202.0.0.1	Chrome	Windows 10	CN	……	……	……	……	……	……	……

---

① 与客户端监测方法相对应的是服务器端监测方法，最典型的是日志文件数据分析方法。日志文件是由服务器端记录的与用户访问行为相关的数据所构成的文件。这种方法在如今的数字化营销与运营中已经很少使用了。

　　客户端脚本监测方法是一种简单易行的方法，极为普及，是凡互联网运营者皆必须掌握的方法。只要是自己的网站或者网页，无论是 PC 端的还是移动端的，无论是一个推广页面还是高互动性的 HTML5 页面，这种方法都适用。但初学这种方法的朋友常常有一个疑问：如果一个网站有 100 个页面，那么一个网站只需要添加一个 JavaScript 代码，还是每个页面都需要添加 JavaScript 代码？

　　答案是，如果没有特殊原因，那么必须每个页面都添加。如果无法保证每个页面都添加 JavaScript 代码，部分报告的数据就会不正确，尤其是关于流量来源和用户访问路径的数据。另外，没有添加 JavaScript 代码的页面上的相关数据也就不会被自动收集到了。

　　除了客户端脚本监测方法，还有一种方法是日志文件（Log File）分析方法。这种方法是用工具对网站服务器的日志文件进行分析，并反推出网站用户的行为。这种方法在搜索引擎优化（Search Engine Optimization，SEO）中有很重要的意义，但在消费者的数字化运营中，客户端脚本监测方法几乎是唯一被使用的方法。

客户端脚本监测方法获取数据的过程

　　如果你对利用客户端脚本监测方法收集数据的过程感兴趣，那么下面的内容值得阅读；如果你不感兴趣，那么直接忽略也不会影响学习后面的内容。

　　下面我们介绍利用客户端脚本监测方法是如何实现数据的收集、传递并最终将数据报告呈现在我们面前的（见图 2.6）。了解这个过程，对于我们理解网站端数据获取的具体实施会有帮助。

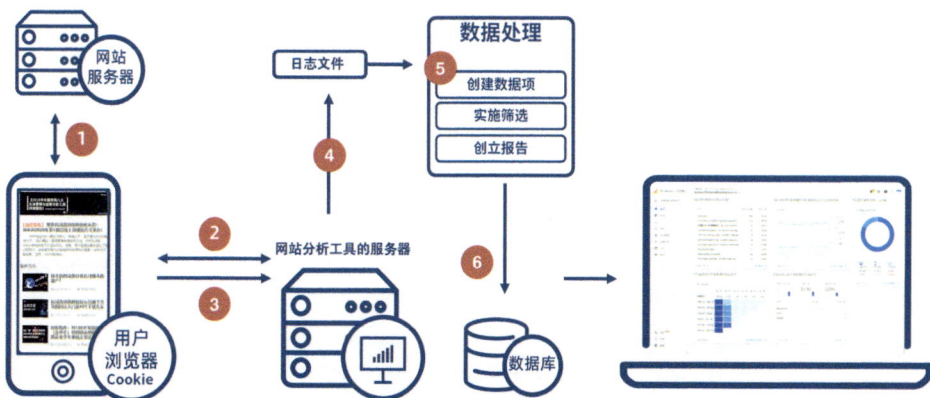

图 2.6　客户端脚本监测方法获取数据的过程

第 1 步，页面监测代码被浏览器载入并执行。

客户端脚本监测方法能够正常工作的前提是在网站中需要监测的每个页面中都添加一段 JavaScript 监测代码。当用户在浏览器中打开这个页面时，网站服务器会响应用户的请求，然后把页面连同 JavaScript 监测代码一起下载到用户的浏览器上。当用户的浏览器接收到 JavaScript 监测代码时，它就会开始自动执行该代码。

第 2 步，执行完整的 JavaScript 监测代码。

页面上的 JavaScript 监测代码被执行后，并不能实现全部的监测功能，而是转而向它所对应的网站分析工具的服务器请求完整的 JavaScript 监测代码。完整的 JavaScript 监测代码语句量较大，因此被集合成一个 ".js" 文件（也就是将 JavaScript 监测代码存放在一个以 ".js" 为后缀的文件中）存放在网页的外部。外部代码一旦收到页面 JavaScript 监测代码的请求，就会把请求传递给浏览器，浏览器就会执行该请求。这样，完整的监测功能就能得以实现。

在完整的 JavaScript 监测代码被执行的过程中，会发生以下几件事。

- 探测客户端的各种属性，包括操作系统、浏览器、屏幕的分辨率等，并且记录页面访问具体发生的时间及访问的来源等。
- 在客户端浏览器上建立一个 Cookie。在这里，Cookie 的作用是把用户这次访问一个网站的相关关键情况记录下来，当下次该用户再次访问该网站时，Cookie 中的记录就会作为新的浏览记录的参考，从而能够让网站分析工具判断这次访问是否属于重复访问、该用户是否属于新用户，以及很多其他的重要数据。Cookie 在页面标记监测方法中一般都是必需的，也就是说，如果浏览器禁用了 Cookie，那么客户端脚本监测方法可能不能发挥作用。但部分工具支持 Cookie 之外的浏览器端的识别方式，如浏览器指纹或者 Flash Cookie，具体需要询问你的工具提供商。
- 如果之前已经为这个客户端浏览器建立了 Cookie，那么 JavaScript 监测代码会把旧的 Cookie 数据中需要更新的部分重写，以保证每次 Cookie 记录的都是相应的访问行为的数据。

第 3 步，传送数据给网站分析工具的服务器。

当 JavaScript 监测代码收集了全部的信息时，它就会把相关的数据传送给网站分析工具的服务器。传送的方式并不是直接把数据发过去（就是说不是用 Post 方法，如果你不了解 HTTP 中的 Post 和 Get 方法，那么这个括号中的内容你可以略过），而是通过向网站分析工具的服务器请求一个 1 像素 ×1 像素的透明 GIF 图像来完成的（也就是用 Get 方法，不懂的请略过）。这看起来可能有点奇怪，其实在发出 1 像素 ×1 像素的透明 GIF 图像这个请求时，所有收集到的数据都会作为这个请求的相关参数被一起发送给网站分析工具的服务器，这样网站分析工具就能获得并存储相关的数据。这与 2.6.2 节中介绍的 API 方法的原理相同。

因此，在英语中，为网页添加 JavaScript 监测代码的过程用一个词就表达了，这个词就是 Pixel，或者用两个词来表达——Tracking Pixel，意思更加明确。

第 4 步，网站分析工具的服务器记录数据。

网站分析工具的服务器在收到数据之后，会把这些数据存放在一个大的数据文件中，这个数据文件的记录方式是日志文件。每个网站分析工具的服务器都有日志文件，不过区别在于，这里的日志文件装的不是网站分析工具的服务器自己的运行数据，而是被监测的网站中的 JavaScript 监测代码发过来的数据。

这个日志文件中的每个数据行（一条数据条目）中都包含了某个页面在被浏览时产生的很多信息，包括但不限于如下内容（以谷歌分析的日志文件为例）。

- 访问网页的用户的 Cookie。
- 页面访问发生的日期和时间。
- 访问的页面的标题。
- 用户的来源（是从某个网站链接过来的，还是直接访问的等）。
- 该用户访问这个网站的次数。
- 用户的 IP 地址对应的地理位置。
- 用户客户端的属性，如操作系统、浏览器、屏幕的分辨率等。

这些记录一旦被记入网站分析工具的服务器的日志文件，一次数据收集的工作就结束了。下面是谷歌分析服务器中记录的一行数据（请注意，它并非真实的数据）。

123.121.215.51 www.chinawebanalytics.cn - [31/Jan/2020:20:45:26 -0600] "GET

/__utm.gif?utmwv=1&utmn=699988832&utmcs=utf-8&utmsr=1680x1050&utmsc=32-bit&utmul=enus&

utmje=1&utmfl=8.0&utmcn=1&utmdt=%E7%BD%91%E7%AB%99%E5%88%8
6%E6%9E%90%E5%9C%A8%E4%B8%AD%E5%9B%BD%E2%80%94%E2%80%9
4%E4%BB%8E%E5%9F%BA%E7%A1%80%E5%88%B0%E5%89%8D%E6%B2%B
F&utmhid=2006742654&utmr=-

&utmp=/ HTTP/1.1" 200 35 "http://www.chinawebanalytics.cn/" "Mozilla/5.0
(compatible; MSIE 6.0;

Windows NT 5.1; SV1; .NET CLR 1.1.4322; .NET CLR 2.0.50727)"

"__utma=453698521.699988832.235456888.235456888.235456888.1; __
utmb=453698521;

__utmc=453698521;

__utmz=453698521.235456888.1.1.utmccn=(direct)|utmcsr=(direct)|utmcmd=(none)"

上面的数据看似杂乱无章，实际上还是能看出一些端倪的。例如，能够看到用户的 IP 地址是 123.121.215.51，访问的域是 www.chinawebanalytics.cn，访问发起的时间是 2020 年 1 月 31 日的 20:45:26。如果继续往下看，你就能看到用户所使用的操作系统和浏览器的信息。

第 5 步，网站分析工具处理数据。

数据一旦被记录到网站分析工具的服务器的日志文件中，流水线就要继续往下走了。下一个环节是处理这些日志文件中的记录行，每个记录行都包含具体的数据元素，这些数据元素被称为字段（Field），如用户的 IP、访问时间、浏览器及其版本等。这些数据元素会被分别打散，然后存入相应的字段中，成为我们最终查看数据的半成品。

接着，半成品会进一步被网站分析工具中人为设定的标准筛选，没有通过筛选的数据会被排除，剩下的数据会被进一步安排在为生成报告而准备的项目中。所有的这些数据被存放在网站分析工具的专门数据库中，随时等待被提取和使用。

第 6 步，应用数据。

应用数据主要分成两类：一类是把数据进行组织和统计，然后生成报告，供运营人员分析和使用；另一类是将数据输出给数字化运营的相关系统工具，如输出给营销自动化（Marketing Automation，MA）系统或者输出给 CDP。

关于第二类，我们在后面会进行专门的介绍，这里介绍第一类，也就是报告是怎么生成的。

当数据都被处理完后，整个数据获取的过程就接近尾声了。如果用户使用网站分析工具请求某个特定报告，字段就会按照预定义（或者用户自定义）的格式被进一步计算、组织，然后被安排在为生成报告而准备的项目中。这个过程我们看不到，但它蕴含着一个网站分析工具算法的精妙，并且，算法的定义也影响了一些网站分析基本度量的定义，从而直接影响基本度量的实际值的输出。这也是造成不同分析工具统计同一网站却带来不同值的一个重要原因。

随后，准备好的项目被进一步前推，推送到网站分析工具的 UI（User Interface，用户界面）的服务器中生成具体的图、表和数字，然后被进一步输出到用户的浏览器或客户端上，成为用户能够轻易读懂的报告。

整个过程其实并不复杂，但是分析工具需要处理大量的数据，尤其是当一个网站的流量特别大的时候，网站分析工具会承受很大的负荷。这也是为什么很多客户端监测的分析工具会按照被监测网站的流量大小计费的原因。

虽然在 App 端所用的监测技术与网站端并不完全相同，但逻辑是完全相同的，并且数据的收集、流转和处理的过程与上面所介绍的并无二致。

网站端获取数据的具体操作

首先，选择一个能够抓取网站端用户数据的数据工具。这样的数据工具有很多，包括网站分析工具、部分 MA（营销自动化）工具，以及后面会详细介绍的 CDP 工具等。不过，如果考虑的不仅是分析数据，还要能够使用这些数据直接做消费者的运营，那么在选用数据工具时，应该注意这个数据工具要有能够输出包含实名信息的个体级颗粒度数据的能力。而谷歌分析对个人隐私保护极度关注，所以它并不能输出包含实名信息的个体级颗粒度的数据。因此，作为一个网站分析工具，谷歌分析很强大，但作为 CDP 工具的数据收集器，谷歌分析不十分合适。

当然，如果你的技术团队足够强大，那么可以自己开发一个这样的工具，但难度肯定不小。

其次，在选好的数据工具中提交你的网站的域名，然后在生成代码的界面中，让数据工具生成 JavaScript 监测代码。

最后，按照数据工具的说明，将数据工具生成的 JavaScript 监测代码嵌入网站每个页面的源码的相应位置。注意，在每个页面中都要添加 JavaScript 监测代码。

在做完这项工作后，就已经基本结束了，只要网站有流量，你打开数据工具，就能看到相关的数据。

很多时候，考虑到具体使用数据的方便或者分析的需要，也会对数据工具做一些数据收集的设置，如设置一个预置分析模型，或者设置数据过滤、数据替换，但这些都需要在给每个页面都添加 JavaScript 监测代码的基础上才能实现。

以百度统计为例，百度统计对添加代码的说明如图 2.7 所示。

图 2.7　百度统计对添加代码的说明

2.6.4　消费者触点上的私域数据的获取（3）：事件监测（埋点）

一个新难题

客户端脚本监测方法基本上能够解决大部分网站上用户行为数据的收集问题，所以它是一种很重要的基础方法，具有极大的应用范围。不过，这种方法有些"笨"。

例如，为什么一再强调要在每个页面中都添加 JavaScript 监测代码？因为如果有些页面中没有添加JavaScript监测代码，当有链接链向这些页面时，数据工具就"懵了"，它并不知道有一件点击这个链接的事情发生。

举个例子。为什么我们能够知道类似这样的行为：用户访问一个网站，在点击了 A 页面中的一个链接之后进入 B 页面？在客户端脚本监测方法下，实际上并不是真的知道有用户点击了 A 页面中的链接这个行为发生，而是因为在用户点击了这个链接之后，B 页面会被打开，而 B 页面中有 JavaScript 监测代码，在 B 页面被打开的同时，JavaScript 代码也随之运行了一次，所以数据工具才能知道 B 页面被打开了。而 B 页面刚好又是在 A 页面被打开之后打开的，所以数据工具才能"推测"出用户是在点击了 A 页面中的链接之后进入 B 页面的。

但这种推测很有可能不准确。例如，某个用户昨天在浏览器中用两个标签（Tab）打开了 A 页面和 B 页面，没有关闭它们，今天在浏览器中先刷新了 A 页面，又刷新了 B 页面，数据工具就会认为这个用户是在点击了 A 页面中的链接之后进入 B 页面的。

但是，A 页面中可能没有进入 B 页面的链接，数据工具只会机械地记录先后关系，然后"推测"出用户的行为。

因此，如果一个网站不是所有页面中都添加了 JavaScript 监测代码，问题就来了。如果用户在点击了 A 页面中的链接之后进入了 B 页面，而 B 页面中没有 JavaScript 监测代码，就意味着用户点击 A 页面中的链接的行为无法被"推测"到。

还有一个情形也存在问题：A 页面中有多个链接指向 B 页面，而只在每个页面中添加 JavaScript 监测代码并不能帮我们区分用户是在点击 A 页面中的哪个链接之后进入 B 页面的。

因此，仅在每个页面中添加 JavaScript 监测代码只能提供基本准确的监测，部分数据还是得靠"推测"来获得。对于那些并不复杂的网站，"推测"的准确度足够了，数据工具收集到的数据用于消费者的运营也没问题，但对于那些复杂度高的网站，或者在需要更加准确的场合，这种方法就不适用了。

更复杂的情况

客户端脚本监测方法除了存在上面的问题，还存在另外一个问题：对于页面中一些特殊的链接或者交互，JavaScript 监测代码感知不到它们的存在。

例如，在如图 2.8 所示的有特殊交互的页面中，用户点击视频播放按钮，视频会在当前页面中播放，请注意，是在当前页面中播放，没有打开新的页面。

如果没有打开新的页面，JavaScript 监测代码就不会进行新的载入和运行，也就不会发出任何数据给监测工具的服务器。

除了视频、音频的播放、暂停等交互，页面中还有很多不打开新页面的交互。例如，页面中有很多交互是通过使用 JavaScript 实现的，不会打开另一个页面进行交互，而是在当前页面中进行交互的，还有 Flash 和将逐步取代 Flash 的 HTML5 等。用户在这些技术手段实现的交互上发生的行为，客户端脚本监测方法感知不到，并不能将它们直接记录下来。

图 2.8　有特殊交互的页面

还有一类链接也存在同样的问题。例如，你自己网站的 A 页面中有一个链接是链向其他网站的，如淘宝。这个链接虽然在你网站的页面中，但用户在点击这个链接之后打开的是淘宝，而你不可能在淘宝的页面中添加你的 JavaScript 监测代码。这种链向外部网站的链接叫作外链（Outbound Link）。用户点击外链的行为也不可能被 JavaScript 监测代码直接记录下来。

这些交互体现了用户的行为，也反映了消费者的兴趣，也是重要的、有价值的数据，如果不能追踪到这些数据，就是一大损失。

弥补这些缺陷的方法

客户端脚本监测方法存在的缺陷可以通过"打补丁"的方法来弥补。"补丁"仍然是监测脚本代码（监测脚本代码并不一定必须是 JavaScript，例如在 App 中的监测代码就不是 JavaScript，但功能是类似的），不过它有专门的名字，叫作事件监测代码。而在行业中，它有一个更通俗的说法，叫作埋点（Event Tracking）。

事件监测代码很短，而且必须放置在交互发生的地方，如在前面视频播放的例子中，事件监测代码必须放在播放按钮那里。

为什么叫事件监测（埋点）呢？因为在数字世界中，所有互动都是一个个的事件，如用户点击了一个链接，这是一个交互，但对网站页面而言，就是在这个页面中发生了点击事件。在可以发生交互的地方（如 App、小程序等消费者触点）发生了交互，就产生了一个事件，而记录这个事件的代码就是事件监测代码。

事件监测（埋点）的原理很简单，绝大部分交互（无论是网站网页上的还是 App 上的）只要发生，就会触发一个事件，并在网站网页或者 App 上释放一个"通知"："我这里发生了一个事件。"而且这个"通知"机制是网站网页或者 App 固有的，与监测代码（包括事件监测代码[①]）无关。事件监测（埋点）就是在需要监测的交互事件上添加事件监测代码，以实现对各交互事件发出的"通知"的捕捉，并且记录事件发生时的相关属性数据。

仍以前面页面上的视频播放为例。一旦有用户点击视频播放按钮，页面就会产生一个 onClick 事件（这个 onClick 是网页固有的，不是监测工具的）。而放置在视频播放按钮这里的事件监测代码是 onClick="_gaq.push(['_trackEvent','videos','play','GFX100 是什么相机 ',]);"。

一旦 onClick 事件发生，后面引号中的语句 _gaq.push(['_trackEvent','videos','play','GFX100 是什么相机 ',]); 就会被触发，然后将单引号里面的信息提交给监测工具。

上面的事件监测代码是以谷歌分析为例的，请注意，不同监测工具的事件监测代码的语法不同，但原理是相同的。

即使是普通链接，也可以用事件监测代码追踪点击这个链接的交互行为。这样就弥补了我们前面所说的在用基础的监测脚本代码监测时，只是"推测"用户点击链接行为的缺陷。事件监测（埋点）和基础监测的对比如图 2.9 所示。简单地讲，

[①] App 上的事件监测（埋点）的实现可能并没有一个自动的通知系统，但可以通过开发实现。因此，这里笼统地认为，网页和 App 上都有一个固有的、当事件发生时自动触发通知的机制。

事件监测（埋点）是只要用户点击链接就记录点击行为，而不考虑在用户点击链接之后新页面是否被打开，所以事件监测（埋点）是监测交互行为本身的。用基础的监测脚本代码监测到的是页面被打开这件事情的结果。对同一个链接监测而言，利用两种方法的结果数据可能相近，但是监测的对象是不同的——事件监测（埋点）监测的是点击本身，普通监测代码监测的是点击之后页面的打开。

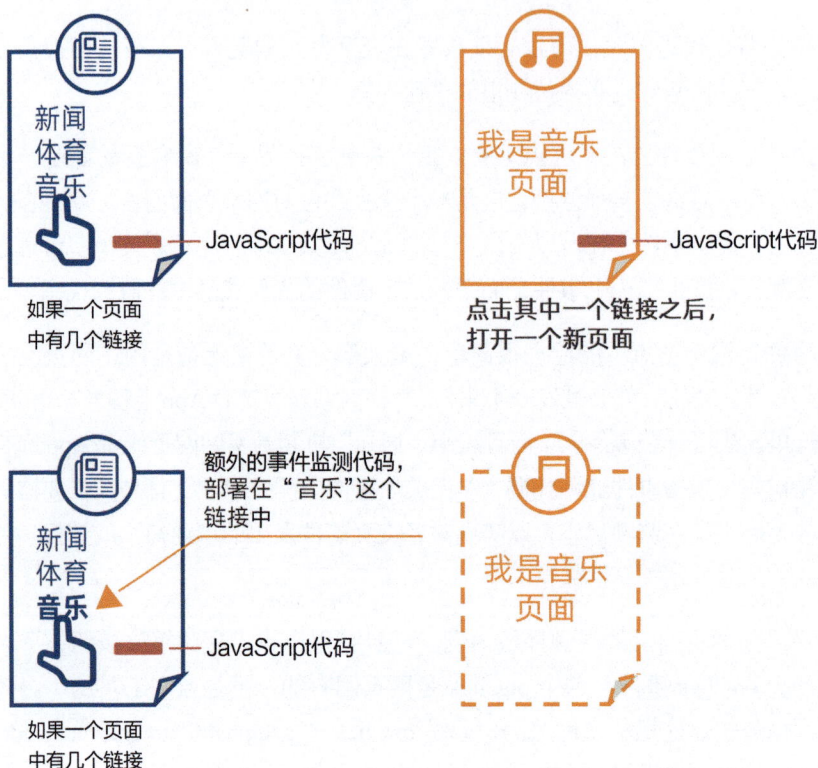

图 2.9　事件监测（埋点）和基础监测的对比

事件监测代码一般带有提前定义好的属性，用来说明这个事件具体是什么事件。例如，在上面的例子 _gaq.push(['_trackEvent','videos','play','GFX100 是什么相机',]); 中，方括号内的 'videos'、'play' 和 'GFX100 是什么相机'，这 3 个就是属性，分别说明了这个事件是一个视频类型的事件，事件的行为是"play"，视频的名字是"GFX100 是什么相机"。

因此，事件监测（埋点）要做的事情并不复杂，只要你的数据工具支持事件监测（埋点），你需要做的就是在会发生事件的地方添加事件监测代码，数据工具就能捕获这里发生的交互行为数据了。

由于事件监测代码的存在，我们之前讲过的监测脚本代码就有了一个带有定语的新名字——基础监测代码或者普通监测代码，用以与事件监测代码相区分。

每个需要被监测的交互事件发生地都被称为一个监测点。网站上的监测点不会特别多（因为大部分是 http 交互，所以基础监测代码就够用了），而 App 上布满了监测点，因为 App 很少有普通 http 交互，大多数是程序生成的交互。为了让这些监测点上的用户交互行为数据被我们收集到，我们必须在这些监测点上添加专用的事件监测代码，这些代码需要手工一个一个地添加在监测点上。

讲到这里，下面这个问题就有了答案：是不是事件监测代码只能用在网站网页中？不是，App、小程序等更需要使用事件监测代码。App、小程序等与一般意义上的网页不同，要追踪包括点击链接之类的所有交互事件，只能添加事件监测代码，因此 App、小程序等比网站网页更依赖事件监测代码。

有的读者可能会问，假如我只想监测那些交互事件，而不需要看整个网站的情况，是不是直接用事件监测（埋点）即可，而不需要添加基础监测代码了？这里涉及另外一个规律：事件监测（埋点）只有在基础监测代码工作的情况下才能发挥作用，并且各监测工具的基础监测代码只能用于它们自己的事件监测（埋点）。例如，如果你想用谷歌分析的事件监测，就必须在页面中添加谷歌分析的基础监测代码。

你可能会问另外一个问题：是不是在所有交互点上都需要做事件监测（埋点）？并不是，你只需要在你认为重要的交互点上添加事件监测代码即可，对于那些不重要的，完全可以忽略。相比之下，基础监测代码必须添加在每个页面中。

当然，还有一种情况值得注意，那就是你的网站或者 App 极为复杂、庞大，其中需要做事件监测（埋点）的交互点有几百个甚至几万个，你是否需要一个个地手动添加事件监测代码？如果需要做事件监测（埋点）的交互点不多，那么我建议手动添加事件监测代码，因为这是最准确的方法。如果需要做事件监测（埋点）的交互点实在太多，让手动添加事件监测（埋点）变得不再实际，那么只能用其他自动化的方法进行事件监测（埋点）了，当然，准确率可能有所降低。这些方法就是可视化埋点、无埋点（全埋点）。

可视化埋点

什么是可视化埋点？

这要从埋点讲起。由于埋点需要网页工程师（或者 App 开发者）将事件监测代码添加在监测点上，还需要保证这些代码和监测点一一对应（因为不同的监测点上的事件监测代码的命名和属性设定不同，在每个监测点上都要添加一个专属的事件监测代码），不能错加或者漏加，这是一项烦琐的工作，也很容易出现错误，因此有人特别想改进这种方法。

这些人想：我想监测的每个具体的事件（监测点）在网页或者 App 上都有明确的位置，那么我能不能用一种"指哪儿打哪儿"的监测，即在监测工具的界面中直接告诉监测工具，我想在页面或者 App 的什么交互点上添加事件监测代码，然后监测系统就能知道并且记录下来这个交互点？

一旦想出了好点子，技术的实现就不是问题，有些监测工具真的开发出了这项功能。

首先，添加监测工具的基础监测代码，然后在监测工具的后台开启可视化部署选项，并且在浏览器上安装一个监测工具的插件。当你开启可视化部署选项并在插件上登录后，你在浏览器中输入要监测的页面的 URL，就会发现浏览器中出现的页面会发生"神奇"的变化——你的鼠标（或者手指）点击操作变成监测工具指定监测点的操作。你用鼠标（或者手指）点击某个交互点，监测工具生成的弹窗就会弹出，在这个弹窗中你可以为这个交互点命名并保存，监测工具就会为你记录这个交互点上的用户交互数据。

这种方法不仅可以用在对事件的监测上，对普通的 http 的链接交互也同样适用。可视化埋点示意图如图 2.10 所示。

不仅在网页上可以实现可视化埋点，在 App 上也可以，具体包含两种方法：第一种是用手指取代鼠标，直接在手机上进行操作设置（见图 2.11）；第二种是在计算机浏览器端操作，类似于一个模拟器，将 App 的屏幕模拟在计算机屏幕上，然后用鼠标进行操作。第二种方法具有更好的用户友好性，所以更容易被接受。但 App 端的可视化埋点的使用限制较多，其易用性不及网页端。

图 2.10 可视化埋点示意图

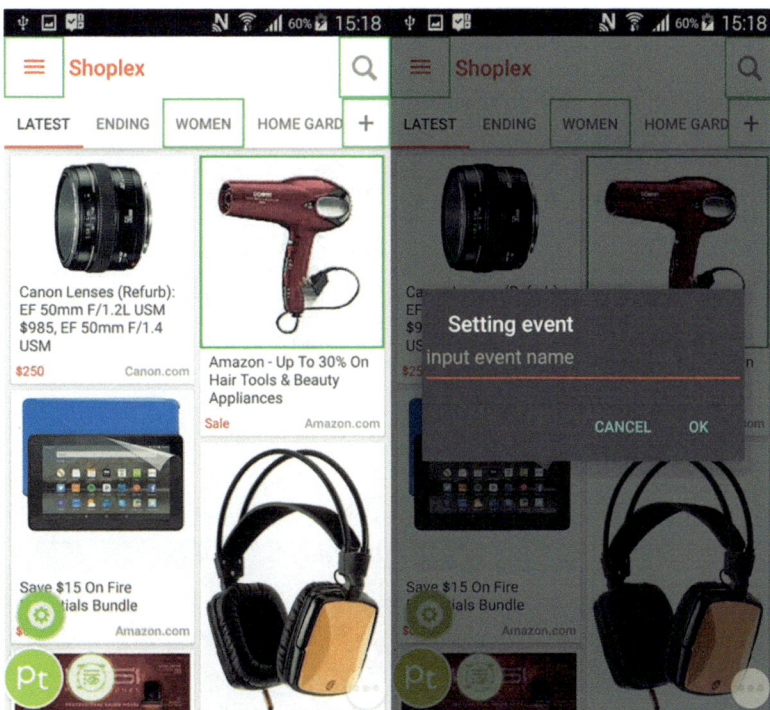

图 2.11 App 端可视化埋点设置界面

可视化埋点方法是怎么实现的呢？（下面的解释略偏技术方面，不擅长技术的读者可放心略过。）

以网页端为例。在进行事件设置时，可视化埋点工具会利用它添加在网站页面上的监测代码对页面上所有的可交互事件元素进行解析，获取它们的 DOM（Document Object Model，文档对象模型）路径。在采集用户操作行为数据时，监测工具可以通过它的基础监测代码对页面上所有 DOM 上的用户操作行为进行监听，当有操作行为（交互事件）发生时，监测工具都可以进行记录。由于并不是所有的交互事件都需要被监听，因此可视化埋点中的可视化是指你可以在监测工具界面上，通过鼠标的点击告诉监测工具你想监听的交互事件，而那些没有指定的交互事件，监测工具虽然可以监听到，但你没有在可视化界面中下达抓取数据的指令，监测工具就不会抓取它们的数据。

App 端的原理也类似，但实现起来更复杂，这里不再介绍。

还有一点要强调：可视化埋点与手动埋点一样，想要发挥功能，都必须添加监测工具的基础监测代码。准确地添加基础监测代码，是一切监测的前提。

无埋点（全埋点）

可视化埋点并不是一个很"出名"的名字，但另外一个名词——无埋点你很可能听说过。无埋点是指不需要添加事件监测代码就能自动监测到事件。

不过，很多人被"无埋点"3 个字误导了，认为无埋点就是什么代码都不需要添加。这个想法是错误的，前面已经强调，埋点是指事件监测，无论哪种事件监测，都必须基于基础监测代码被准确添加才能发挥作用。

无埋点是一种比可视化埋点更加"懒惰"的方法。在可视化埋点中，你需要告诉监测工具你需要在什么交互点上添加事件监测代码，而在无埋点中，你无须告诉监测工具你选择了哪些交互点，监测工具默认抓取网站网页或者 App 上的所有交互及与之相关的数据。

如果你选择了支持无埋点功能的监测工具，并且添加了它的基础监测代码，那么无埋点功能是默认开启的，所有的交互及与之相关的数据都会被抓取。

无埋点由于是不加区分地照单全收，因此它也有另外一个名字——全埋点。

无埋点也好，全埋点也罢，都是直接对页面中所有的交互元素的用户行为进行监听，因此对于即使你不需要监测的部分，它也照样会将用户行为数据和对应的发生地信息全部收录下来。

无埋点的优点很直观——简单、省事。但无埋点的缺点也非常"致命"——数据的全面性和准确性可能存在问题。

第一，全面性问题。

无埋点能够为交互行为设置的属性是非常有限的。所谓交互行为的属性，是指对这个交互行为背后的信息进行记录或者添加说明。一般的无埋点只能给交互行为起一个名字，然后机械地记录这个交互行为发生的次数。但是一个交互行为可能带有很多属性，如点击播放一个视频，交互行为就是播放，但在播放的背后，我们还想知道这个视频的名字、视频的类别、视频的作者等信息。如果无埋点不做额外的配置，就无法记录这些信息，而做额外的配置又比较费力，也就算不上无埋点了。相对而言，手工埋点方法（传统的事件监测方法）则可以非常好地添加事件背后的属性，如谷歌分析支持为每个事件添加 6 个属性，能够在数据维度上大大提高事件追踪的效能。

第二，准确性问题。

这个问题更麻烦一些。无埋点是一种用冗余换便利的方法。但是，如果冗余很多，就会对监测工具的服务器及其带宽带来巨大的冲击。

如果无埋点监测工具只有一个客户，那么利用无埋点方法可能不会存在问题。如果监测工具有 100 个、1000 个客户，那么无埋点所记录的数据量是手工埋点的很多倍，再加上需要实时提供这些数据，服务器和带宽很有可能无法满足这样高并发响应和大数据量的需求。

网站端不同埋点方法的对比如表 2.6 所示。

表 2.6　网站端不同埋点方法的对比

网站端的各种埋点方法	含义	实现方法	优点	缺点
手动埋点	手动进行的事件监测。对交互事件发生的位置手动进行埋点	在添加基础监测代码之后，在需要采集数据的交互点上额外添加监测脚本语句。在用户与该交互点进行交互后触发监测脚本语句，向监测工具的服务器发送相关数据	准确性高，自定义程度高，事件属性丰富	烦琐，容易出现错误，当需要埋点的位置多时，工作量大
可视化埋点	在可视化界面中进行的事件监测。在监测工具的配置界面中指定需要监测的交互点，监测工具即可自动监测交互点上的事件	在添加基础监测代码后，对页面上所有的可交互事件元素进行解析，获取它们的DOM路径，并对所有可交互事件元素的交互进行监测，但是只记录在埋点可视化配置界面中客户指定的交互元素的事件数据	使用便捷、直观，无须前端的参与，普通客户即可完成埋点	灵活性较低，准确性可能较低，并且对不可见的交互点的埋点无能为力
无埋点（全埋点）	不需要进行任何手动埋点和可视化配置，直接收集所有交互点上的所有交互事件数据	在添加基础监测代码后，对页面上所有的可交互事件元素进行解析，获取它们的DOM路径，并对所有可交互事件元素的交互进行监测，记录所有的事件交互数据	部署方便，能抓取几乎所有发生的事件，且数据可回测	极为消耗监测工具提供商的服务器和带宽资源，并造成大量数据冗余，可能导致数据不准确，同时不断记录客户端事件数据也可能导致客户计算资源和网络资源的无谓消耗。大量数据收集也可能触及用户敏感信息，导致侵犯个人隐私的风险

那么，你应该选择哪种埋点方法呢？

如果你的交互元素不多，而且需要更准确的数据，那么手工埋点是最可靠的。

如果你的交互元素很多，那么可视化埋点是一种折中的方法，尽管它的数据准确度略低于手工埋点，但它更方便。

无埋点是最省事的方法，但在你确保它能给你提供准确的数据之前，应该对它持谨慎态度。

有的监测工具提供埋点的统一管理功能，这项功能对高效管理全部埋点很有价值。易观方舟的埋点统一管理功能界面如图 2.12 所示。

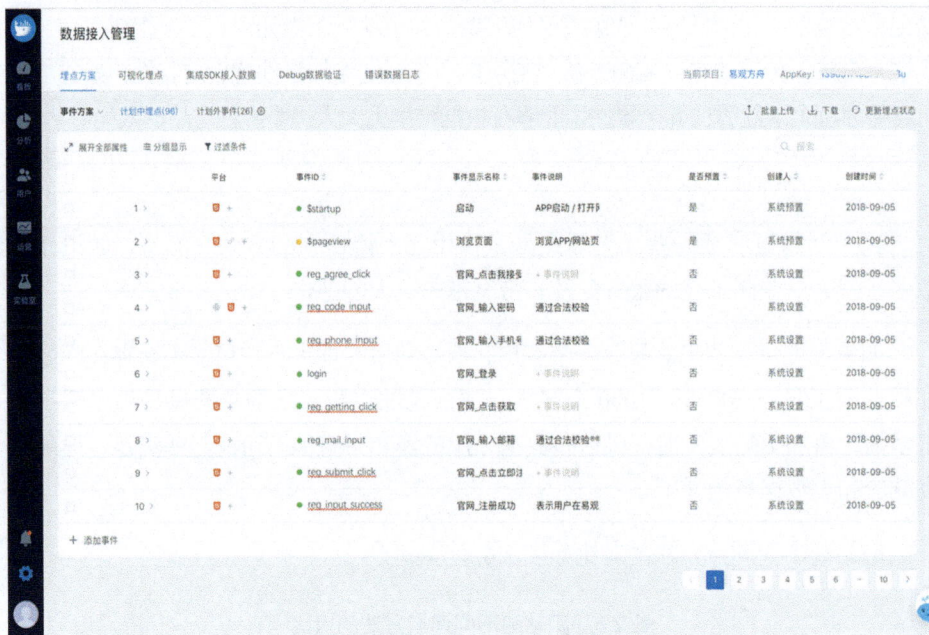

图 2.12　易观方舟的埋点统一管理功能界面

2.6.5　消费者触点上的私域数据的获取（4）：App 端

App 与网页不一样，App 是一个程序，而不是浏览器中的页面。不严谨地做一个比较：网页类似于相互链接的 Word 文件，App 则类似于 Microsoft Windows 中的 .exe 文件。

App 分为两种，一种是原生 App（Native App），另外一种是网页 App（Web App）。我们所使用的 App 大部分是原生 App，是一个系统性的应用程序，其中绝大部分内容是需要下载到手机上才能使用的。网页 App 可以理解为一个网页浏览器类型的 App，它只允许你打开它让你打开的页面。这个浏览器看起来不像浏览器，因为它打开之后似乎是一个内容界面，而没有输入网址的地方。实际上，网址已经固定在这个 App 中了，也就是说，打开这个 App 就是打开了一个浏览器，并且这个浏览器自动连接到它指定的网站上。网页 App 将网站和浏览器封装在一起，因此在使用网页 App 时，必须将它的内容通过互联网实时下载下来，其加载速度和响应速度都比原生 App 差，而且在离线时不可使用。

虽然网页 App 更容易实现，但总体而言，随着公众号和各种小程序的出现，网页 App 的应用领域在缩小。另外，很多原生 App 也会嵌入页面，因此绝对的纯原生 App 是比较少的，只要它大部分是原生的，我们就认为它是原生 App。

从数据监测的角度来看，原生 App 和嵌入在 App 中的网页需要以不同的方式进行监测，由于一个是应用程序，一个是网页，因此监测的方法有所不同。

原生 App 的情形

原生 App 上用户数据的获取与网站上用户数据的获取在逻辑上没有区别。在 App 上同样要安装一个类似于监测脚本代码的程序，不过，由于原生 App 不是网页，因此不能用网站上常用的 JavaScript，而应该用专门的监测 SDK。

关于 SDK，我们在 2.6.2 节中已经简单介绍过。而获取 App 端数据的 SDK 也是专用的，也是由数据工具提供的，这个 SDK 需要先在数据工具中生成，或者按照数据工具的要求制作，然后由 App 的开发技术人员封装在 App 中。

这个 SDK 的作用与网站的基础监测代码是类似的，因此也可以称它为 App 的基础监测 SDK，这意味着，如果要监测 App 上用户具体的交互行为，还需要在具体的交互点上额外添加事件监测代码。有些数据工具支持 Excel 表格上传事件监测（埋点）设置的方法，将每个交互点的名字和与事件监测（埋点）相关的属性按照格式填入 Excel 表格中，然后上传给数据工具，数据工具即可在 App 中找到相应的交互点并记录与事件相关的数据。

因此，App 端和网站端的监测实现是类似的，不过由于 App 端没有网页的概念，因此在 App 上所有的交互点上都需要做事件监测（埋点）才会记录数据，否则就只有笼统的数据，如这个 App 拥有多少个用户、用户的使用时长等，而缺乏细节交互数据。

App 端获取的用户数据的结构同样是典型的 "ID + 属性" 结构。但与网站端不同，App 端的用户 ID 不是 Cookie，而是用户的硬件 ID（典型的如 IMEI），或者由操作系统提供的 ID（如 iOS 提供的 IDFA 或 IDFV，以及国内 Android 系统阵营的厂商想推广的 OAID）。这些 ID 被统称为设备 ID。

属性数据则是这个用户所使用的 App 的名字、具体发生的事件、事件发生的时间、事件的属性和类型等。

表 2.7 所示为某游戏 App 的部分事件与属性设置。

表 2.7　某游戏 App 的部分事件与属性设置

事件	属性	值类型	枚举例子	采集时间
注册事件	用户ID	字符	ghan, gesgeg,geg	注册成功
	注册渠道	字符	AppStore,应用宝,360,未知	
	注册方式	字符	微信、QQ,一键登录、未知	
登录事件	用户ID	字符	ghan, gesgeg,geg	登录成功
	登录渠道	字符	AppStore,应用宝,360,未知	
	登录方式	字符	微信、QQ,一键登录、未知	
注册角色	用户ID	字符	ghan, gesgeg,geg	注册成功
	角色ID	字符	role1, role2, role3	
	服务器	字符	12服三顾茅庐、15区草船借箭	
登录事件	用户ID	字符	ghan, gesgeg,geg	登录成功
	角色ID	字符	role1, role2, role3	
	服务器	字符	12服三顾茅庐、15区草船借箭	

App 中嵌入网页的情形

App 中可以嵌入网页（HTML5 页面），这是一种被称为 WebView 的技术，这个名词值得被记住。很多 App 都会或多或少地嵌入网页以充实自己的内容，以增加自己的灵活性，因为网页的内容可以随时调整，而不用再次开发 App 然后上传至应用市场并让用户更新。因此，对 App 中嵌入的网页的用户数据追踪也是重要的课题。

讲到这里，我们可能会陷入更多的技术的讨论，为了避免这种情况，我用简短的、易于理解的语言介绍如何实现 App 中的 WebView 的数据追踪。

我们需要明确一点，凡是网站（也就是 Web），都需要用监测脚本代码（一般是 JavaScript 代码）来实现数据的获取，即使它在 App 中也不例外。因此，App 监测工具在进行 WebView 的监测时，其实也是利用监测脚本代码来实现的。

但矛盾来了，监测 App 用户行为的技术不是监测脚本代码，而是 SDK。而监测 WebView 用户行为的技术不是 SDK，而是脚本代码。二者不一致，因此需要"调用"，即 WebView 中的脚本调用 SDK 的对应接口，实现用户 ID 的传送，以及保证 WebView 中数据的标准和方法与 App 的一致性，并以 App 监测的口径传送给后台（监测工具的服务器）。

由于 App 中所有的交互都是以事件监测（埋点）的方式实现的，因此 App 中的与 WebView 相关的用户行为（无论用户是在不同网页中跳转，还是其他的交互形式）都需要以事件的数据形式提交给后台。因此，在 WebView 中，你需要对页面上的交互元素添加事件监测代码。

并不是所有的 App 监测工具都提供 WebView 监测的解决方式，如果你的 App 中嵌入了网页，并且这些网页上的行为数据对你很重要，那么你需要仔细询问监测工具提供商对这一领域的支持情况，从而选择合适的监测工具来帮你解决这个问题。

App 端的可视化埋点和无埋点（全埋点）

与网页端一样，App 端也支持可视化埋点、无埋点（全埋点）。在 App 端这几种埋点方法的意义相比于在网页端要大一些，因为 App 并不像网页那样可以较为容易地添加监测脚本代码，而必须请求 App 开发技术人员的支援。

尽管如此，手动埋点、可视化埋点和无埋点（全埋点）方法的优缺点也与在网页端的情形几乎没有区别。App 端手动埋点、可视化埋点和无埋点（全埋点）方法的对比如表 2.8 所示。

表 2.8　App 端手动埋点、可视化埋点和无埋点（全埋点）方法的对比

App端的各种埋点方法	含义	实现方法	优点	缺点
手动埋点	手动进行的事件监测。对交互事件发生的位置手动进行埋点	在添加基础监测SDK之后，在需要采集数据的交互点上额外添加监测脚本语句。在用户与该交互点进行交互后触发监测脚本语句，向监测工具的服务器发送相关数据	准确性高，自定义程度高，事件属性丰富	烦琐，容易出现错误，当需要埋点的位置多时，工作量大，并且相关工作只能由App开发技术人员完成
可视化埋点	在可视化界面中进行的事件监测。在监测工具的配置界面中指定需要监测的交互点，监测工具即可自动监测交互点上的事件	在添加基础监测SDK后，当App启动时，SDK会自动工作，对页面上所有的可交互性元素进行解析，并获取所有交互点的位置与层级关系。同时，对几乎所有可交互事件元素的交互进行监测，但是只记录在埋点可视化配置界面中客户指定的交互元素的事件数据	使用便捷、直观，无须前端页面工程师的额外参与，普通客户即可完成埋点	灵活性较低，准确性可能较低，并且对不可见的交互点的埋点无能为力
无埋点（全埋点）	不需要进行任何手动埋点和可视化配置，直接收集所有交互点上的所有交互事件数据	在添加基础监测SDK后，当App启动时，SDK会自动工作，对页面上所有的可交互性元素进行解析，并获取所有交互点的位置与层级关系。同时，对所有可交互事件元素的交互进行监测，并对所有可交互事件元素的交互进行监测，记录几乎所有的事件交互数据	部署方便，数据抓取范围广，能抓取所有发生的事件，且数据可回溯	极为消耗监测工具提供商的服务器和带宽资源，并造成大量数据冗余，可能导致数据不准确，同时不断记录客户端事件数据也可能导致客户端计算资源和网络资源的无谓消耗。大量数据收集也可能触及用户敏感信息，导致侵犯个人隐私的风险

2.6.6 消费者触点上的私域数据的获取（5）：公众号和小程序端

很多媒体都提供了企业自建公众号或者小程序的功能，我们以最早提供这项功能的微信为例，其他媒体的情况类似。

公众号比较特殊，企业并不能在所有公众号上都收集用户行为数据，只有在能够自建 HTML5 页面的公众号（一般是服务号及部分开放权限的订阅号）上才能收集用户行为数据，而在只是用微信的后台直接建立的公众号上是无法自行收集用户行为数据的，如下面的两种情况。

把公众号的文章往下拉，在手机屏幕顶部能看到"此网页由……提供"的文字（见图 2.13）。如果这个网页是由 mp.weixin.qq.com 提供的，那么其上的用户行为无法被企业监测。

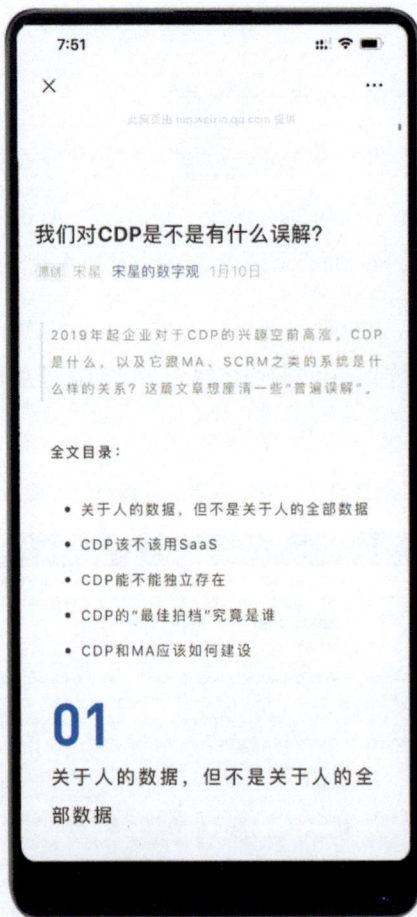

图 2.13　微信的后台公众号页面

　　如果像图 2.14 一样，这个网页不是由 mp.weixin.qq.com 提供的，而是由其他第三方提供的，就说明这个公众号页面是企业自建的，企业可以在其中添加监测脚本代码，其上的用户行为也就可以被企业监测。

　　与公众号不同，小程序由于都是需要企业自建的，因此企业可以在小程序中添加监测代码（或监测 SDK），以实现对用户行为的监测。

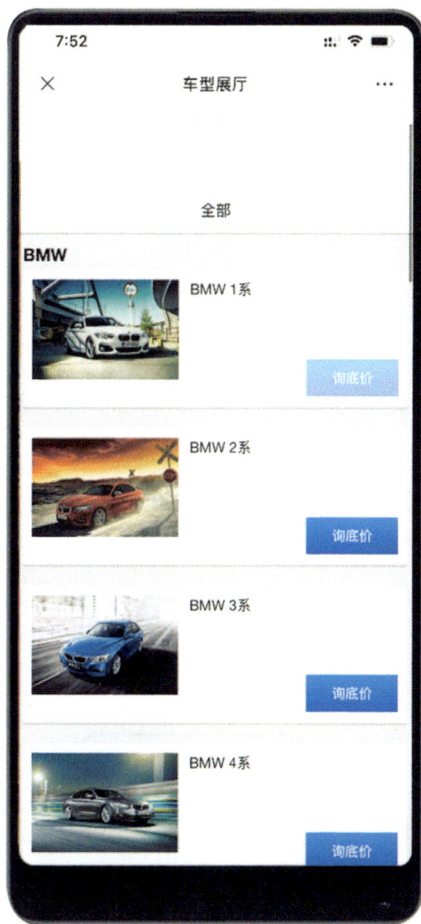

图 2.14　公众号中企业自建的页面

公众号的监测

　　公众号其实是一个网站，公众号中的文章就是网页。如前所述，如果一个公众号中的页面的 URL 是你自己的或者你的服务商的，那么你可以在其中添加监测脚本代码。

没错,这种情况就像面对一个网站一样,基础监测代码加上事件监测代码即可以解决。事实上,微信本身就是一个浏览器,一个不允许你输入 URL 的浏览器。

网站分析工具基本上都可以对自建 HTML5 页面的公众号进行监测。

小程序的监测

以微信小程序为例。

微信小程序的情况看似复杂,其实非常简单。

微信小程序并不是 App,它不是手机操作系统级别的应用,而是微信内部的应用。甚至,它也不是一个真正意义上的应用,而同样是一个网站,一个特殊的网站。

普通的网站是由 HTML 和 JavaScript 按照 CSS 定义的样式搭建起来的。

HTML 负责定义网页的结构和内容展示,JavaScript 负责实现一些高级的功能,CSS 负责定义这些结构、内容及功能的样子,你可以将 CSS 的作用理解为给一个房子做装修。

微信小程序类似于普通的网站,不过 HTML 被微信换成了需要符合微信要求的格式的 WXML(WX 是微信两个字的拼音首字母),而 CSS 也同样被替换为需要符合微信样式标准的 WXSS。由于 JavaScript 是一种非常成熟且已经成为一种标准的程序语言,因此微信小程序中沿用了 JavaScript。微信小程序的"秘密"如图 2.15 所示。

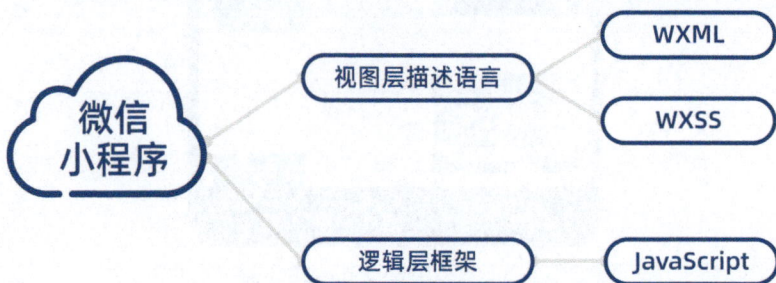

图 2.15　微信小程序的"秘密"

从这一点来看,微信小程序就是网站。既然是网站,而且是支持 JavaScript 的网站,那么用监测脚本代码的方法就能监测微信小程序。

例如，打开腾讯官方的数据监测工具 MTA[①] 的官网，可以找到用于监测微信小程序数据的 SDK，SDK 中的文件如图 2.16 所示。当你下载这个 SDK 并打开压缩文件之后，你会发现这个 SDK 就是一个包含 JavaScript 代码的 .js 文件。

名称	大小	压缩后大小	类型	修改时间	CRC32
..			文件夹		
mta_analysis.js	5,840	1,999	JavaScript 文件	2019/6/11 19...	F08717D1
MTA For 小程序SDK接入文档.pdf	762,438	704,684	Adobe Acrobat ...	2019/4/23 11...	6C828B27

图 2.16　SDK 中的文件

而对于微信小程序中的交互事件，也同样需要用埋点的方法进行，与对网站进行埋点的方法类似，甚至可以利用无埋点（全埋点）的方法进行，但与网站的无埋点（全埋点）的实现方法略有不同。微信小程序没有提供 DOM 的事件监听方法，但可以通过事件冒泡的方式进行监听，在 WXML 最外层绑定 Catchtap 事件获取点击元素的坐标，判断点击元素与监听目标的坐标是否相交，然后触发记录。这种方法与后面要讲的热力图工具捕捉用户点击行为的原理非常相似。对技术不了解的朋友，可以忽略这部分内容。

2.7　公域数据的来源、获取和接入

获取公域数据的相关知识要比获取私域数据的相关知识简单一些。前面已经讲过，公域数据是别人的数据，是你不能直接获取的数据。公域数据不一定比私域数据更可靠，而且公域数据主要用在营销前端。

2.7.1　公域数据的来源

公域数据曾经有很多来源，但目前主要来自媒体、垂直行业的大数据拥有者、广告技术服务商、数据交易平台。

媒体拥有用于数字化营销与运营最多的数据，因为媒体拥有大量用户，每个用户又做出了大量行为。

以百度为代表的搜索引擎拥有大量用户的搜索信息，反映了用户非常"新鲜"的兴趣，这种兴趣如此广泛、直接而精准，是其他媒体所不具有的，因此特别适合应用在营销前端的广告投放上。但相对而言，这些数据的保鲜期比较短，而且百度拥有的用户的持久性 ID（设备 ID）相对于腾讯、阿里巴巴、字节跳动而言要少，这是百度的劣势。

---

① MTA 是 Mobile Tencent Analyticis 的缩写，即腾讯移动分析（工具）。

你可能会奇怪为什么百度拥有的设备 ID 相对于其他几家巨头媒体平台要少，原因在于，设备 ID 只能通过 App 获得，而网站端只能以 Cookie 标定用户。Cookie 的生命周期短，并且每个媒体之间的 Cookie 完全不同，所以 Cookie 对于数字化运营的价值比设备 ID 要小很多。百度拥有大量的网站端用户，虽然百度 App 的用户量也不少，但是与微信 App、淘宝 App、今日头条 App 的用户量相比，还是要少一些。

腾讯是另外一个大量提供公域数据的媒体。腾讯的数据来源非常广泛，几乎是中国所有媒体中涵盖的人群范围和数据多样性最好的。腾讯数据的唯一弱项是它的消费者购物行为数据比阿里系要弱，但它的强项是它提供的与社交相关的数据（这些数据包含大量的消费者的社会属性与兴趣）比其他媒体都广泛和深入。腾讯的数据也来自它的生态，例如腾讯在资讯、文学、动漫、体育、游戏、音乐、影视七大领域的布局已经建立起满足用户看、听、玩、动的泛娱乐内容矩阵，这些领域的数据都能从多个角度获取消费者的数据。

阿里巴巴比较欠缺社交数据，但是其用户购物行为数据则非常强大。阿里巴巴的数据多样性也很好，因为阿里生态体系同样极为庞大，几乎覆盖所有民生行业（线上线下零售、to B 业务、O2O、物流、金融、文娱、资讯、公共事业、软件、云服务、互联网服务网、大旅游、汽车等）。因此，除了购物行为相关的数据的优势，阿里巴巴在各类网络服务中积攒的数据和线下数据上都颇为强大。另外，阿里巴巴也是最早将这些数据系统应用于为广告主的数字化营销与运营提供服务的媒体平台。

字节跳动的数据以今日头条等相关的用户资讯兴趣数据为主要数据来源，其次是抖音的相关兴趣数据。字节跳动的数据类型和范围，基本上涵盖了与资讯和短视频相关的用户交互数据。其他信息流媒体及快手等基本也是如此。

各视频网站，如爱奇艺、阿里巴巴旗下的合一影视（优酷土豆）等，主要提供与长视频兴趣相关的用户数据。

各垂直行业的媒体，如母婴行业的宝宝树、汽车行业的汽车之家、女性内容平台小红书（也有认为它是社交平台）等，则具有各垂直行业内的用户行为数据。还有一类特殊的垂直行业，它不能算媒体，但也有很多用户数据，那就是输入法工具，这类"文本数据的狂魔"容易被忽视，但拥有的数据资源却不容小觑。

在线下，通信运营商和银联拥有大量的通信数据和交易数据。但一般而言，通信运营商的数据能够精细到每个身份证号码和电话号码的用户打开某个具体的页面的 URL，以及打开了哪个 App，但是 App 内的行为则不太能探测到。银联拥有很多交易数据，但一般而言这些交易数据的颗粒度只能到销售实体，而不能到具体商品。例如，银联能看到某个用户在某个 4S 店消费了 20 万元，但银联并不知道他购买了什么型号的车。或者，可以看到某个人在某个商场消费了 1200 元，但并不知道具体购买了哪些商品，是奶粉还是尿不湿。但在各个商超和零售店的 POS 上，则收集了相关商品交易的数据。

另一部分消费者数据的来源是广告技术服务商。它们能够积累消费者数据的原因比较特殊，也各不相同。

例如，曾经红极一时的 DSP（Demand Side Platform，需求方平台）没有全部消亡，它们曾经从广告交换平台（Ad Exchange）和媒体那里获得了大量的用户数据（关于这些名词的含义，以及它们为什么能够获得这些数据，我在第 3 章就会向大家详细介绍）。从生意竞争力的角度来看，负责广告投放相关业务的技术服务商必须积累足够的用户数据才能帮助广告主进行较为有效的广告投放。这些服务商始终在从各种渠道获取用户数据。

另外一些广告技术服务商是前面已经介绍过的广告数据监播公司，它们在对广告的投放进行监播时，获得了用户与广告进行交互的相关数据，以及广告流量进入着陆页的数据。这些数据经过海量的广告监播及日积月累，成为一类重要的公域数据。

2.7.2　公域数据的获取

公域数据的获取方式与私域数据截然不同。后者是企业利用监测脚本代码或 SDK 自己收集的，数据的所有权默认是企业的，而前者则只能通过数据拥有方的"给予"才能获得。

数据交易中心

一般情况下，数据拥有方不会将它所拥有的数据直接转交给它的客户。目前，真正能够将公域数据的所有权转交给企业的，除了一些非常特殊的个案，只有数据交易市场可以做到。

请大家注意，数据交易在中国属于非常敏感的特殊领域，必须符合国家法规的要求。而符合这一要求的最简单的方法，就是到国家认可的数据交易市场进行数据交易。

从理论上来说，数据交易中心自己并不拥有数据，而是作为平台，促成并服务于数据拥有方与数据需求方的交易。数据交易中心一般利用二次加密的方法让数据得以安全的转移（二次加密可以确保数据交易中心不能得到实际的数据内容）。

中国的数据交易中心数量并不少，但是可用于数字化营销与运营的寥寥无几。

读者朋友们可能会关心，能在数据交易中心进行交易的数据的颗粒度可以到个体级吗？答案是，能够提供个体级颗粒度数据的数据交易越来越少。在 2018 年以前，大部分用于数字化营销的数据交易都可以以个体 ID 的形式转移，但随着用户个人信息保护越来越强化，个体 ID 加上其属性的相关数据售卖具有很大的风险，更多的数据被集合成人群包的形式，或者以帮助画像的方式提供。但后者仍然存在是否合规的不确定性。

数据增强

什么叫作帮助画像？

这是公域数据目前的一种典型提供方式，实际上，它严格的说法是数据增强或者数据补强。

企业在经营的过程中，收集了不少消费者的数据，尤其是他们的 ID，但企业对这些消费者的了解可能不够深入或者只是片面的。因此，企业期望有来自外部的公域数据，对这些消费者的属性进行补全。

在英语中，这个过程叫作 Data Enrichment。

数据增强的方式分为个体数据颗粒度的增强和人群包级别的增强。

个体数据颗粒度的增强针对企业的每一个需要增强的消费者 ID，一对一地提供每个消费者的属性。这种方式存在很大的违反个人信息保护法规的风险。

人群包级别的增强直接对一群人提供这群人共有的概率性的属性。这种方式比较安全，较少有侵犯个人隐私的担忧。

目前，不少服务商能够提供数据增强的服务，尤其是数字化营销技术服务提供商愿意为企业提供数据增强服务，以作为其数字化营销服务的一个有机组成部分。

数据变现

数据交易中心和数据增强都是商业服务，因此都是收费的，数据也因此得以变现。

大多数的数据交易，无论是直接交付数据，还是数据增强，收费方式都是按量收费。也就是说，按照一个数据请求或者一个数据条目的单价来计算费用。数据请求或者数据条目的最小单位是"ID + 属性"的结构。一般而言，交易费用按照 ID 的数量进行计算，如 1000 个 ID 数据的交易费用为 100 元。

行业中大致的价格从一个 ID 数据单元几分钱到几毛钱不等，具体取决于需求量的大小、数据稀缺程度及买卖双方的谈判。

另外一种数据变现方式是从数据服务的场景对象的费用中按照比例来收取。例如，数据服务于广告投放（广告投放是一个具体的场景），数据费用按照广告投放费用的一定比例（一般为 1%~10%）来收取。

在数据变现时有一个需要关注的问题——数据质量。数据质量往往由第三方数据机构来帮忙验证，通常的方法是利用已经掌握的准确的人群数据集（被称为 Panel）来验证，但这种方法需要额外的成本，而且并不是每次都有效。另外，也有第三方机构不是利用人群数据集的方法，而是与头部媒体（如腾讯、阿里巴巴等）合作。利用头部媒体的数据来进行验证的服务更准确，但数据交易中的数据质量最终还是要根据数据所能发挥的作用和价值来判断。

2.7.3 公域数据的接入

公域数据的获取并不容易，原因是大部分公域数据都不可能被交给企业（企业不能拥有这些数据的所有权）。但这些数据对企业而言又是非常有价值的。

公域数据的所有者实际上也乐意让这些数据为企业创造价值，并通过这些数据从企业那里获得更多的利益。

因此，矛盾出现了，公域数据的所有者并不能把这些数据交给企业，却又需要让这些数据为企业提供价值，而且公域数据的所有者希望将这些数据变现。

为了解决这个矛盾，公域数据的获取方式必须发生变化。公域数据的所有者不将这些数据直接交给企业，而是提供接口，让企业应用这些数据。

也就是说，企业能够应用这些数据，但不能拥有这些数据。甚至，企业根本看不到这些数据，只能看到操作这些数据的工具（系统），并用这个工具（系统）让这些数据为自己的业务创造价值。

例如，公域数据的所有者拥有 1 万个标签为"咖啡"的消费者的数据，某咖啡企业需要这些数据，这个咖啡企业就通过公域数据的所有者的广告投放系统，将自己的广告定向给这 1 万个消费者。

这是一种非常典型也是最主要的公域数据的应用方式，企业始终没有看到这 1 万个消费者的数据，但它使用这 1 万个消费者的数据指导并定向了其广告投放。

你可能会说，这样做的风险太大了，如果这些数据是假的，甚至根本没有这些数据，那么企业投放的广告不就没有效果了吗？

没错，这个风险是存在的，但是这个风险企业也能想到，或者说，企业会想办法避免这个风险。一个侧面的证明是，企业常常会为使用外部数据而付费。企业为什么愿意付费？因为它考虑了收益和风险之间的关系。

从表面上来看，企业是为这 1 万个消费者的数据付费，但归根结底企业是在为这些数据发挥的效用付费。如果为利用这些数据花费了额外的成本，那么效果是否提升、提升了多少，企业都能通过检查最终的效果数据来知晓，所以风险问题归根结底是效果问题。

不过，在付费之前企业确实无法提前预知效果。因此，公域数据的提供方的可信度就成为企业进行选择的重要依据。可信的公域数据的提供方有 3 个很有说服力的点：第一，它所拥有的数据是来源可靠的；第二，它获取这些数据的渠道或者方法是合法合规的；第三，它被授权可以应用或者分享这些数据。大型媒体，尤其是头部媒体，它们的数据更容易获得企业的认可。反过来，一些小的公域数据的提供方如果不能直接把数据交付给企业，而是以接入的方式提供数据应用，那么它们很难在数据质量、可信度和合规性上说服企业。

小的公域数据的提供方提供公域数据的接入服务还有一个重要的问题，那就是这些数据的应用出口有很多限制。如果用在广告投放上，那么这些数据最终还是要用在媒体上，尤其是腾讯、阿里巴巴这样的头部媒体。而这些媒体自身就拥有很多数据，并且乐意提供给广告主用于广告投放，那么从小的公域数据的提供方那里谋求数据应用的价值就大大降低了。因此，有些小的公域数据的提供方可能为了谋取利益而不得不出售数据，而不是只提供数据的应用接口。

这意味着，媒体在提供公域数据的接入服务这一领域中具有巨大的优势，而头部媒体的优势更为巨大，再加上它们所拥有的海量流量资源（广告资源），在为企业提供服务方面，它们具有绝对的话语权和难以撼动的优势。

企业在拥有了各种数据，或者拥有了各种数据的应用入口之后，应该如何应用这些数据呢？本书从第 3 章开始带大家了解数据在数字化营销与运营中的实际应用。

|第 3 章|
数据驱动的数字化推广

数字化营销与运营大课题之下一个最重要的问题是企业从哪里能够找到目标消费者。不夸张地说，对于很多企业，这个问题不仅决定了数字营销部门的生与死，也决定了企业的生死。

数字化营销的从业者可能有一个共同的"理想"：希望每个广告、每个推广都不会打扰到消费者，而成为能被消费者认可的有用信息。想要完全消除广告对消费者的打扰是不可能的，但我们可以想办法把广告尽量投放给那些更可能对这个广告感兴趣的消费者。例如，啤酒的广告应该尽量投放给男性，而化妆品的广告应该尽量投放给女性。

广告业者一直在这方面做着大量的努力。在互联网出现之前的实体世界中，化妆品的广告常常出现在一些综艺节目上，汽车广告常常出现在飞机上的屏幕中，新开餐厅的广告传单会在写字楼间被发放……

但在互联网出现之后，如果能够获取每个消费者的数据，并且能够基于这些数据选择消费者进行广告投放，约翰·沃纳梅克 [①] 提出的"不知道是哪一半广告费被浪费了"的问题似乎就可能有新的解决逻辑。

本章介绍如何用数据来实现更具针对性的营销投放，从而实现更好效果的引流拉新。

3.1 合约广告与非合约广告

3.1.1 合约广告

在学习数据驱动的数字化推广之前，我们先来看传统广告的投放情况。

传统的广告投放，无论是互联网广告还是线下广告，都有一个十分重要的讲究，那就是排期。

---

① 约翰·沃纳梅克（John Wanamaker），1838—1922 年，出生于美国宾夕法尼亚州费城，美国商人，被誉为"百货商店之父"。

排期本质上是一个交货单，说明在什么时候、什么地点会展示什么广告。例如，一个排期中规定 2020 年 6 月 10 日 17:56 会在某频道播放某奶粉的广告、创意是什么版本等信息，这就是排期上的一个点位。排期既是广告的买卖双方的协议，又是广告投放情况的具体说明。在互联网上也是一样，如排期规定 2020 年 × 月 × 日在“互联网分析在中国”网站首页的顶部通栏播放 24 小时的《数据赋能：数字化营销与运营新实战》的某个创意版本的广告，这也是排期中的一个点位。排期是由一系列点位构成的。排期示例如图 3.1 所示。

Media	Channel	Position	URL	Dimension	Size Limitation (optional)	Material File Format	Fixed Rotated	Spot Type
FTChinese	Homepage	PIP1	http://www.ftchinese.com/	300*250	<30K	Flash	Rotated	Paid
	Article Pages	Leaderboard	http://www.ftchinese.com/story/0010299	730*90	<30K	Flash	Rotated	Paid
	Article Pages	Leaderboard	http://www.ftchinese.com/story/0010299	730*90	<30K	Flash	Rotated	Bonus
	Dailymail	MPU2	http://www.ftchinese.com/m/email/daily.ht	300*250	<20K	Gif	Fixed	Extra bonus
	List Rental	EDM			HTML<30K	HTML	Fixed	Extra bonus
Total								
WSJ	Homepage	1st PIP	http://chinese.wsj.com/gb/index.asp	300*250	<35K	Flash	Rotated	Paid
	Daily Newsletter	1st PIP		300*250	<35K	Gif	Rotated	Bonus
Total								
ZDNet	Homepage	Leaderboard01	http://www.zdnet.com.cn/	728*90	<29K	Flash	Fixed	Paid
	Product Homepage	PIP	http://product.zdn	300*250	<29K	Flash	Fixed	Bonus
	CNETNews Biz Articlepage	PIP	http://www.cnetnews.com.cn/2009/1225	300*250	<29K	Flash	Fixed	Bonus
	CNETNews Green Homepage	PIP	http://www.cnetnews.com.cn/news/greer	300*250	<29K	Flash	Fixed	Bonus
	BNET Homepage	Leaderboard01	http://www.bnet.com.cn/	728*90	<29K	Flash	Fixed	Bonus
	EDM	EDM			HTML<100K	HTML	Fixed	Extra bonus
Total								
	Ebrun News Article	PIP	http://news.ebrun.com/wanglyx/2009-12-0	300*250	<50K	Flash	Fixed	Paid
	DZSC Homepage	Banner	http://www.dzsc.com	225*106	<50K	Flash	Fixed	Paid
	Cnele Homepage	Banner	http://www.cnele.com	760*90	<50K	Flash	Fixed	Paid
	Shoes Homepage	Banner	http://www.shoes.net.cn	400*90	<50K	Flash	Fixed	Paid
	Wool3 Homepage	Banner	http://www.wool3.com	300*90	<50K	Flash	Fixed	Paid
	JD37 Homepage	Banner	http://www.jd37.com	470*90	<50K	Flash	Fixed	Paid
	Newmaker Homepage	Banner	http://www.newmaker.com	760*90	<50K	Flash	Fixed	Paid
	XCZCW Homepage	Banner	http://www.xczcw.com	950*90	<50K	Flash	Fixed	Paid
	C-cnc Homepage	Banner	http://www.c-cnc.com	760*90	<50K	Flash	Fixed	Paid

Channel	Jan 7	8	9	10	11	12	13	14	15	16	17	18	19	20	21	22	23	24	25	26	27	28
Homepage	1	1					1	1	1			1	1								1	1
Article Pages	1	1			1	1	1							1	1	1			1	1	1	
Article Pages	1						1	1	1			1	1						1	1		
Dailymail							1															
List Rental															1							
Total																						
Homepage	1	1			1	1	1	1	1			1	1	1	1	1			1	1	1	1
Daily Newsletter	1	1			1		1	1	1			1		1	1	1			1		1	1
Total																						
Homepage					1	1															1	1
Product Homepage	1	1			1	1	1															
CNETNews Biz Articlepage												1	1	1	1							
CNETNews Green Homepage	1	1			1	1													1	1	1	
BNET Homepage					1	1	1	1	1			1	1							1	1	1
EDM															1							
Total																						
Ebrun News Article	1	1	1	1	1	1	1	1	1	1	1	1	1	1	1	1	1	1	1	1	1	1
DZSC Homepage	1	1	1	1	1	1	1	1	1	1	1	1	1	1	1	1	1	1	1	1	1	1
Cnele Homepage	1	1	1	1	1	1	1	1	1	1	1	1	1	1	1	1	1	1	1	1	1	1
Shoes Homepage	1	1	1	1	1	1	1	1	1	1	1	1	1	1	1	1	1	1	1	1	1	1
Wool3 Homepage	1	1	1	1	1	1	1	1	1	1	1	1	1	1	1	1	1	1	1	1	1	1
JD37 Homepage	1	1	1	1	1	1	1	1	1	1	1	1	1	1	1	1	1	1	1	1	1	1
Newmaker Homepage	1	1	1	1	1	1	1	1	1	1	1	1	1	1	1	1	1	1	1	1	1	1
XCZCW Homepage	1	1	1	1	1	1	1	1	1	1	1	1	1	1	1	1	1	1	1	1	1	1
C-cnc Homepage	1	1	1	1	1	1	1	1	1	1	1	1	1	1	1	1	1	1	1	1	1	1

图 3.1　排期示例

按照排期执行的广告称为合约（Guaranteed Delivery，GD）广告或者保障性投放广告。

合约广告是最传统的广告形式：在投放前谈好合约，定下排期，然后按照排期投放广告。如果出现排期执行失误，广告发布商就按照出现失误的点位，在之后对广告主进行补偿：赔钱或者在新约定的时间重新投放。

那么，合约广告是如何计费的呢？合约广告的计费方式有多种。过去最常见的计费方式是 CPD（Cost per Day，按日计费）和 CPT（Cost per Time，按时间计费）。合约广告诞生伊始就是按照约定的广告位和投放时间进行计费的，广告位越好，价格越高，同样，投放的时间越长，价格也越高。

合约广告的另外一种计费方式是 CPM（Cost per Mille，按千次展示计费）。CPM 是最初的衡量流量价格的度量，即使是 CPD 广告，也会被换算为 CPM 来衡量。Mille 是“千”的意思，这里指 1000 个广告曝光量需要花费的成本。为什么要衡量 1000 个广告曝光量的成本呢？原因很简单，因为广告曝光量通常很大，1 个广告曝光量的成本很低，不便于计算，所以业界约定俗成地把它放大了 1000 倍。

除了 CPD、CPT 和 CPM，合约广告很少使用其他的计费方式。CPC（Cost per

Click，按每次点击计费）也是极为重要的计费方式，即每获得 1 次点击需要花费的成本，但它更多用于为非合约广告（如搜索引擎竞价排名广告）计费，而较少用在合约广告上。

3.1.2　非合约广告

简单地讲，非合约广告就是不需要排期的广告。在线下，非合约广告是很难想象的（但现在这一情况可能会发生改变，在 6.5 节中我会介绍），但在互联网中很快诞生了最早的非合约广告——搜索引擎竞价排名广告。

搜索引擎竞价排名广告并不是没有合约（任何交易都需要合约），很多广告主采购搜索引擎竞价排名广告用的是一种被称为"年框"的方式，即承诺自己一年的消费金额。但是，广告本身在什么时间、在什么位置、以什么样的创意展示，没有一个预先的排期来定义。在签订了合约之后，广告主才选择自己想要竞价的关键词、投放的时间，以及上传自己的广告创意。

如今，大量的互联网广告都在采用非合约广告的方式进行投放，不只是搜索引擎竞价排名广告，还包括很多展示类广告。我在后面也会讲到，非合约广告得以存在并且不断壮大的核心的原因是数据驱动。

互联网上的推广，尤其是展示类广告从合约广告到非合约广告的变化，是数字广告生态的重大转变，这个转变的影响会持续若干年。

3.2　从合约到非合约：数字广告生态的重大转变

3.2.1　广告网络

要学习数据驱动的推广，有些概念是你必须知道的，而且知道的程度就如同你知道一年分为四季、地球围绕太阳转。

你必须对互联网广告的产业链有一个基本的了解，了解什么是广告主、什么是广告发布商、什么是广告代理商。广告主是指想为自己的品牌或者产品做广告的人，如宝马、Intel 等。媒体是提供广告位的载体，如电视台、网站、杂志、楼宇等。广告发布商是负责发布广告的机构，一般是媒体自己，因此很多时候，对广告发布商和媒体并不做严格的区分。广告代理商就是中介，帮广告主找广告位，帮媒体找广告主。

当然，互联网广告的产业链还有一个不能忽略的部分，那就是"消费"广告的人，即受众。受众都是有特点的，被分成一类类相近的人群。例如，初入职场的女性有很多相近之处，销售护肤品的企业会把她们作为同一类人群，并且认为她们是自己的目标受众 ①，因为这一类人群对美丽容貌的追求是显著的，且开始有消费能力。对企业而言，将广告传播到潜在的消费者那里是最基本也是最主要的目标。

最简化的互联网广告的产业链如图 3.2 所示。

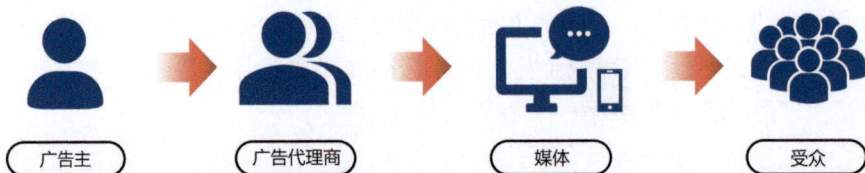

| 广告主 | 广告代理商 | 媒体 | 受众 |

图 3.2　最简化的互联网广告的产业链

图 3.2 所示的是简化的产业链，在现实世界中事情变得复杂，要把广告这个看似简单的事情做好，仅靠一个部门是不行的。例如，什么样的广告会吸引人？这涉及创意——策划、图形及文案，复杂的还涉及脚本、动画、拍摄等。如今媒体众多，将广告投放到哪些媒体上才能精准触达目标受众呢？这又涉及对营销推广渠道及受众的分析和选择。在投放广告之后，大多数目标受众并不会立即购买广告中的商品，而是会进一步了解该商品，这又需要有一个承载更多信息的平台接纳、满足他们的探索欲，并尽全力说服他们购买该商品。企业还发现，为了影响到目标受众，企业不仅需要投放广告（广告只是营销推广形式的一种），还需要利用很多其他在不同环境中同样有效的营销推广形式，如公共关系营销、社交营销等，每一种都需要专业的知识和经验。

这样，营销推广变得复杂起来，因为上面所说的每个领域都有数量庞大的服务商提供专业的细分服务。而互联网的出现又增大了这种复杂度。

互联网的海量网站和信息是它的价值之源，但也为传播广告带来了麻烦。与在电视上投放广告不同，互联网上的用户更加碎片化，要触达更多的目标受众，广告主很多时候不得不跟数量极为庞大的媒体分别谈判。这非常不现实，于是有些广告主（尤其是品牌广告主）倾向于购买大型媒体上的广告位，而对那些虽然流量不大，但质量不错的中小型媒体不再问津。

但是，凡是有供给（中小型媒体的广告位）、有需求（广告主希望扩大广告的覆盖面），就有市场。那些有广告位却不受广告主青睐的中小型媒体意识到联合

---

① 目标受众（Target Audience，TA）在行业中经常被提起，简单地讲，目标受众是广告主希望广告影响到的符合他们需要的人群。

的重要性，于是多个中小型媒体作为一个整体共同面对广告主，这不仅避免了广告主跟各个媒体分别谈判的麻烦，也为广告主增加了价值。这是一个好主意，不过，中小型媒体怎样联合、谁来与广告主谈判、如何定价等都是非常麻烦的问题。

不过，办法总比问题多，广告网络（Ad Network）应运而生。广告网络既像是一个行业协会，又像是一个中小型媒体共同的广告发布商，它为这些中小型媒体建立联合的标准和方法，并代表这些中小型媒体与广告主谈判，尤其是谈价格，并提供双方都能接受的定价。广告网络示意图如图 3.3 所示。

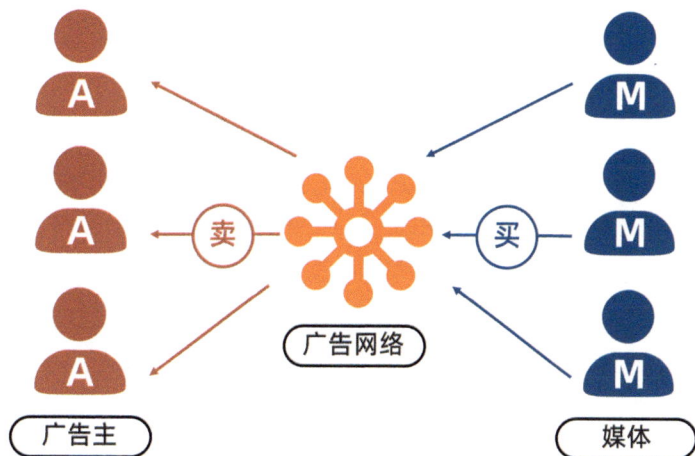

图 3.3　广告网络示意图

如果广告主有广告投放需求，广告主就会将其广告投放需求发给广告网络，然后广告网络会把这个广告投放需求散布到各个适合发布这个广告的众多中小型媒体上。广告主所付的费用部分被用于采买广告位而被分配给中小型媒体，部分被广告网络留存，作为广告网络的服务费或者佣金。

在广告网络内所做的广告也是合约广告，在中国，它基本仍然是按照广告位与广告上线时间以 CPD 方式计费的。

广告网络在出现之初就受到了欢迎，甚至一些大型媒体也纷纷加入广告网络，原因在于它们总有一些无法完全销售出去的长尾广告位。广告网络，曾经最出名的是谷歌的 AdSense（虽然并不典型），在中国也曾经有易传媒和好耶[1]。随着时间的流逝，广告网络有一些固有的弱项赶不上更快速的创新，所以它慢慢没落了。但

---

[1]　如今的易传媒和好耶已经跟过去大不相同了。易传媒于 2015 年被阿里巴巴收购而并入阿里妈妈。好耶也进行了几次转型及分拆，现在已经不再是典型的广告网络了。

在如今的中国，还有很多类似于广告网络的中小型"流量批发进零售出的经销商"活跃在市场上。

借由广告网络，我们介绍了很多与广告引流相关的概念。为什么要介绍广告网络呢？因为广告网络是最初的数据驱动的广告投放方式，也就是说，它是数据驱动的雏形。

在数字化营销领域中所谓的数据驱动，是指利用数据帮助广告主找人。广告网络也将"精准投放"（精准投放是找到合适的人进行广告投放的业内说法）作为卖点。不过，它的"精准投放"始终要打上引号，因为其实现方式是根据媒体的属性来进行的。例如，广告网络会把所有关于女性的媒体的广告位集合起来，然后销售给宝洁、欧莱雅等广告主，并告知这些广告主，这些都是精准的女性受众的广告资源。

这种精准实际上仍然是根据媒体的属性来区分的精准，是一种非常粗放的精准。再加上广告网络的广告资源也不是各个头部媒体最重要的广告资源，所以随着时间的推移，广告主对广告网络的需求在渐渐下降，一种新的方式——广告交换平台（Ad Exchange）出现了。广告交换平台是一种真正基于数据驱动的广告采买和投放方式，尽管这种方式并不是数据驱动的唯一方式，但它构建了如今各种数据驱动的数字广告的基础。

3.2.2 广告交换平台

对广告网络来说，有一件事情是极为重要的——广告网络不仅需要获得更多的媒体的认可和加入，还需要让广告主觉得在它的网络上所花的钱是值得的，同时广告网络也要能获利，这使如何进行广告的定价变得极度重要。但广告网络夹在媒体和广告主中间，媒体的广告资源总是在涨价，而广告主不希望广告资源涨价，这让广告网络很"难受"。

另外，广告主也可能抱怨广告网络提供的广告位大多数是长尾广告位，并不是高质量的广告资源，而且所谓的精准定向，实际上是很粗放的按媒体的属性来推测受众的方式，广告主很可能花了钱，但是获得的流量并不精准，获得的受众并不总是目标受众。

不仅如此，市场上往往有不止一个广告网络，有的广告网络中的部分质量不错的媒体的广告位卖不出去，因为广告网络手中的广告主与这些媒体不匹配，于是广告网络把这些媒体的广告位以更低的价格卖给另一个广告网络，而这个广告网络又可能把这些媒体的广告位转卖给其他广告网络。这个市场开始变得乱哄哄，广告主和媒体之间开始夹杂了数量太多的各种"倒卖贩子"。广告主犯愁了，本来一个广告网络的世界挺简单，但现在遍地都是，良莠不齐，该选择哪一个？媒体们也犯愁了，是否该与广告网络合作，具体又该与哪一个合作？不同广告网络的价值不同、广告格式不同、定价不同，背后的媒体和广告主的质量也不相同，这给广告主和媒体的选择都造成了很大困难。

于是，广告交换平台应运而生。很多人并不能真正地理解广告网络和广告交换平台的区别，实际上它们是完全不同的事物。广告网络与广告交换平台的对比如图 3.4 所示。

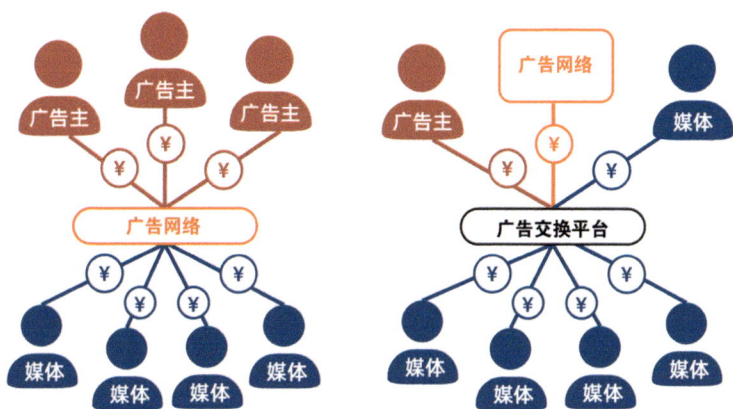

图 3.4　广告网络与广告交换平台的对比

与广告网络联合媒体不同，广告交换平台不仅联合媒体，还联合广告网络。这些拥有广告资源的媒体和广告网络被统一用供应方（Supply Side）一词来指代。广告交换平台就像一个大市场，这个市场为供应方提供了一个用于展示自己的广告资源的界面，如果一个供应方想要销售自己的广告资源，它就直接在这个界面中登记自己的广告资源即可。这种新的售卖渠道和便捷性让供应方趋之若鹜，所以广告交换平台上一时间积累了大量的供应方，广告位更是浩如烟海。你可以把广告交换平台想象成淘宝，供应方就是卖家，广告位就是卖家销售的商品。

有了广告交换平台，广告主只需跟广告交换平台打交道，在其上自主选择广告位。不过，除了广告主，广告主的广告代理商也是广告交换平台的需求方，甚至广告网络也可能是广告交换平台的需求方。这不难理解，因为广告网络为了丰富自己的"库存[1]"，在自己不具备某一类媒体广告资源时，在广告交换平台上购买该类媒体广告

---

[1] 库存是一个常见的广告术语，指媒体能够提供的广告位和广告位上承载的曝光量的多少，在这里是指广告资源。

资源也是完全有可能的。这些广告交换平台的需求方被统一用需求方（Demand Side）一词来指代。广告交换平台也为需求方提供了统一的界面，让它们能够查看广告交换平台的广告位情况，并且能够根据自己的需要任意选择这些广告位。

不过，如果只是做这些事情，那么广告交换平台的价值其实是非常有限的。广告交换平台真正先进的地方在于它的交易机制。在广告网络上，广告主和媒体都没有对广告位的定价权，对广告位的定价权掌握在广告网络手中，即广告网络实行的是"计划经济"体制。而广告交换平台实行的是按照供需关系来运转的"市场经济"体制。这是什么意思呢？原来，广告交换平台为商品(广告位)提供了价高者得的机制。对于同一个广告位，如果有多个广告主想买，那么出价最高的广告主即可获得在这个广告位投放广告的机会。对广告位的定价权被转让给了供需双方的博弈和市场。

你会发现，广告交换平台本质上是一个公开的广告交易市场——哪些广告位更有价值，会被广告主追逐的更多，它的价格也就更高。

世界上著名的广告交换平台有谷歌的 AdX，中国的大型媒体平台也都各自建立了广告交换平台，如阿里巴巴的 Tanx、腾讯的广点通、百度的百度百意等，同时还有很多专门针对 App 的广告交换平台，如字节跳动的穿山甲广告联盟。

随着技术的发展，广告交换平台变得越来越灵活，其功能也越来越强。最典型的就是广告交换平台上的广告是按照实时竞价的方式实现交易的。

3.2.3　实时竞价广告

竞价并不是一个新事物。例如，搜索引擎竞价排名广告的计价方式就是通过竞价实现的。广告在用户搜索结果中的排名总体上是由广告主愿意出的价格来决定的，如果广告主希望自己的广告有更好的排名，那么广告主需要给出更高的价格。如果你现在为搜索引擎竞价排名广告的出价是 3 元/点击（CPC=3 元），你希望提升你的广告的排名，那么你必须将出价增加到 3 元/点击以上。而对于用户的每一次搜索，你的广告的排名都是由你和其他广告主的出价综合决定的。

实时竞价

广告交换平台上的广告被称为实时竞价广告，它与搜索引擎竞价排名广告的区别在于其竞价的出价是实时的。搜索引擎竞价排名广告的竞价，在设定好价格之后，一般会延续一段时间才改变出价。但实时竞价在每次受众曝光机会来临时都需要做一次出价。

广告交换平台上的实时竞价广告与搜索引擎竞价排名广告的另一个区别在于，

实时竞价广告只是普通的展示类广告。

此外，实时竞价还意味着广告无法拥有一个按照排期执行的合约，所以实时竞价广告只能是非合约广告。

这种实时竞价的非合约广告的英文是 Real Time Bidding，简称 RTB。很多人都见过这个名词，但现在 RTB 很少被人提及了，背后的原因，我在后面会讲。不过，我必须指出，RTB 问世的意义非常重大，如今很多数字广告都是 RTB 广告的延伸，或者它本身就是 RTB 广告，只是不再叫这个名字了，因此 RTB 的重要性并没有降低。

RTB 的原理如下：广告主按照 CPM 或者 CPC 竞价模式出价，如果一个用户来到了一个网站（或者 App、HTML5 页面等）上，这里有一个广告位支持 RTB 广告的方式，这就意味着在这个用户来到这个网站（或者 App、HTML5 页面等）上时，这个广告位对这个用户是空白的，其上不会展示任何广告。

但是广告主通过某种方法（后面会讲）获得了这个用户的数据，A 广告主发现这个用户符合它的目标受众的定义，B 广告主也看到了这个用户，也认为这个用户是它的目标受众。A 广告主和 B 广告主都想在这个广告位上对这个用户展示各自的广告，于是 A 广告主和 B 广告主需要展开竞价：A 广告主为这个用户的出价是 CPM=2.6 元，而 B 广告主的出价是 CPM=2.75 元，从理论上来说，B 广告主赢得了在这个广告位上展示其广告的机会。但在 CPC 出价的竞价模式下，出价高者不一定能赢得广告展示的机会。因为在这种竞价模式下还有一些其他因素会影响广告的展示，如广告质量度。但 CPM 竞价模式一般不考虑广告质量度，就是价高者得，这在 3.2.4 节中会具体介绍。RTB 模式下的出价示意图如图 3.5 所示。

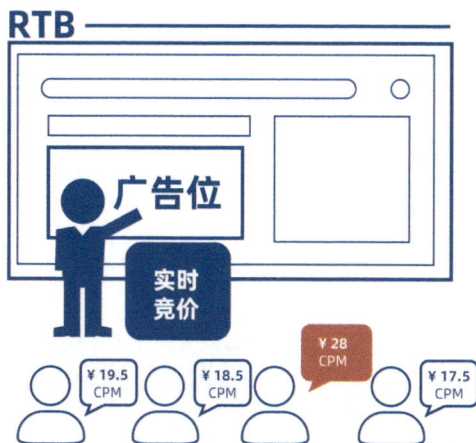

图 3.5　RTB 模式下的出价示意图

如果 B 广告主赢得了为这个用户展示广告的机会，那么 B 广告主的广告的物料会立即出现在这个广告位上，这个用户就能看到 B 广告主的广告了。用户从打开这个页面到看到广告的间隔时间不能太长，否则用户会看到这里开了一个"天窗"（这是数字广告行业中的一种投放事故，即广告位上没有出现广告）。从没有广告到广告的物料被展示在这个广告位上的最长间隔时间是多少呢？ RTB 的技术协议（OpenRTB Protocol）规定这个间隔时间不能长于 100 毫秒。这是一个非常短的时间，尤其考虑到整个时间中还要包含了解这个用户的数据和出价、竞价、竞得、广告的物料上线等一系列的过程，这个时间就显得更加短暂。

要在这么短的时间内完成这么多事情，不可能通过手工完成，必须通过大量计算机程序的相互配合，因此 RTB 广告是典型的程序化广告。

我必须强调程序化广告这个名词，因为数据驱动的引流拉新对程序化广告的依赖程度很高。如果没有程序化，数据就没有用武之地。

回到这个例子中来。A 广告主虽然失去了这次展示广告的机会，但 A 广告主没有必要太沮丧，因为还会有其他目标受众出现，A 广告主还有再次竞价的机会。更重要的是，虽然这一次竞价失败，但 A 广告主没有展示它的广告，因此广告交换平台也就不会向 A 广告主收取广告费。

在 RTB 的这种机制下，广告主能够合理分配自己的预算，也能够根据受众的数据来确定是否将广告投放给某个用户，而且在投放广告之后可以立即根据效果的好坏和竞争情况随时调整自己的出价，广告的选择和投放都是可控的。

RTB 的产生离不开广告交换平台。广告交换平台是一个交易所，而广告网络是中间商。广告网络通过直接销售广告位来获取利润，尽管广告交换平台销售的也是广告位，但是广告主不需要像在广告网络上一样购买这个广告位并按 CPT 方式付费，广告主在广告交换平台上购买的是广告位上的展示机会，而这个机会只有在目标受众出现时才需要去争取。因此，从这个意义上来讲，广告主购买的并不是广告位，甚至广告主可以完全不用知道也不用在乎是什么广告位，广告主只要确保某个广告位上有自己需要的目标受众即可——这说明在 RTB 模式下，广告主购买的实际上是目标受众。

由此，一个巨大的变革发生了，RTB 突破了只能按照广告位计算价格的传统广告方式，而让广告的标的第一次从广告位转变为目标受众。这个巨大的变革对广告主而言价值堪比只懂射箭一下子掌握了导弹制导技术。

一切似乎都很完美。但凡事都有两面，好的一面必然会带来不好的一面。功能强大的广告交换平台是一个专业的、实时的、程序化的交易所，但并不是每个广告主都是专业的"广告经纪人"。更何况，广告交换平台也有很多个。中国的广告交换平台如图 3.6 所示。

图 3.6　中国的广告交换平台

（资料来源：RTBChina）

广告主现在又犯难了，广告交换平台和 RTB 看起来很有意思，但是用起来不但技术复杂、界面烦琐，而且如何出价是一个大学问，更何况还有多个广告交换平台存在。更关键的是，广告主该如何判断一个广告位背后是否有它需要的目标受众？更可怕的是，各个广告交换平台中的广告位储量那可是天文数字，我一个一个找，一个一个出价，累死不说，时间也全部耽误了。

需求方平台

于是，需求方平台（Demand Side Platform，DSP）应运而生，DSP 是帮助广告主玩转广告交换平台的技术解决方案商。DSP 同时把主流的广告交换平台的系统与自己驳接，然后提供给广告主一个统一的更加简单的操作界面，更重要的是，DSP 把广告交换平台上的广告位的展示方式做了一个巨大的改变。在广告交换平台上，广告位就是广告位，但在 DSP 上，广告位这个概念被移除或者被淡化了，而目标受众的概念被提出。

这是什么意思呢？原来，每个广告位背后都有一部分受众，广告主购买广告位的目的是希望触达广告位背后的这群受众。既然广告主的目的明确，而广告主不能自己搞定这群受众对应的全部广告位，就需要 DSP 来帮忙。怎么帮？很简单，广告主在 DSP 的操作界面中告诉 DSP 它需要哪些受众、愿意出多少钱来获得这群受众，DSP 帮广告主在广告交换平台上进行操作。因此，对广告主而言，广告购买形式发生了翻天覆地的变化。过去，广告主是购买广告位，如今有了广告交换平台和 DSP，广告主就直接购买目标受众了。

于是，DSP 就成了一端连接广告交换平台，另外一端服务于广告主的中介，就像一群炒股散户的基金经理，帮炒股散户打理他们手中的资金，利用自己的专业知识选择股票，让这些炒股散户的获利最大化。广告主也认为 DSP 能够帮助他们实现广告精准投放的目的，所以在 DSP 问世后不久，广告主的预算开始逐渐向 DSP 倾斜。

DSP 必须通过可靠的能力帮助广告主实时决策、合理竞价，让广告主的广告花费用在刀刃上。要完成这些工作，单靠人力不行，还必须有非常准确的目标受众数据，尤其是目标受众的人口属性和兴趣信息数据，而且必须依靠一套强大的算法来进行广告位的竞价。事实上，即使如今 DSP 已经"没落"，数据和算法也依然炙手可热，依然是数据驱动的两个核心引擎。也就是说，数字化营销与运营依赖于两个重要的方面：其一，准确的、海量的目标受众数据；其二，强大的自动化算法，以保证合理的竞价。

DSP 自己可能有目标受众数据，但大部分 DSP 没有，即使有，也不够全面、不够准确。但投放 RTB 广告显然需要准确的目标受众数据。怎么办呢？又一个市场上的专业提供者出现了——DMP。DMP 拥有目标受众数据，并且能够让 DSP 驳接到它们这里而利用它们所有的数据。关于 DMP，3.4 节会专门介绍。

在 2014—2015 年两年间，中国的 DSP 厂商数量从十几个增长到上百个，甚至很多广告公司还没有搞清楚什么是 DSP 就宣称自己拥有成熟的 DSP 技术，这个市场既繁荣，又混乱。

DSP 的混乱主要体现在"道德成本"上，尤其是对品牌广告主来说。这使 DSP 的声誉迅速下降，而劣币驱逐良币，那些原本诚实的 DSP 也因此受到影响。DSP 这个名字，本来是非常中性的偏技术的名词，在短时间内火遍数字化营销界，但又在短时间内淡出数字化营销的主流话语体系，令人瞠目。

同样的原因，广告资源的供应方也有了一个被称为 SSP（Supply Side Platform，供应方平台）的东西帮助它们与各个广告交换平台进行对接，并代为管理它们在广告交换平台上的广告资源，包括对底价的管理、对广告规格和尺寸大小的管理、对广告创意的审核等。SSP 还可以提供使用体验更一致、更集成的广告位库存管理环境。但中国几乎没有真正意义上的 SSP，或者说，数字媒体自己就是互联网公司，本身就拥有能够开发 SSP 的能力，所以国内的媒体和 SSP 是很难分开的，再加上随着时间的推移，连广告交换平台都由媒体自己做了，SSP 的身影就更加难觅了。

RTB 广告的生态链结构简图如图 3.7 所示。在读了前面的内容之后，看懂这个图就不难了。不过，其中的 Trading Desk 我还没有讲到，在 3.3.7 节和 3.5.5 节中我再具体介绍它。

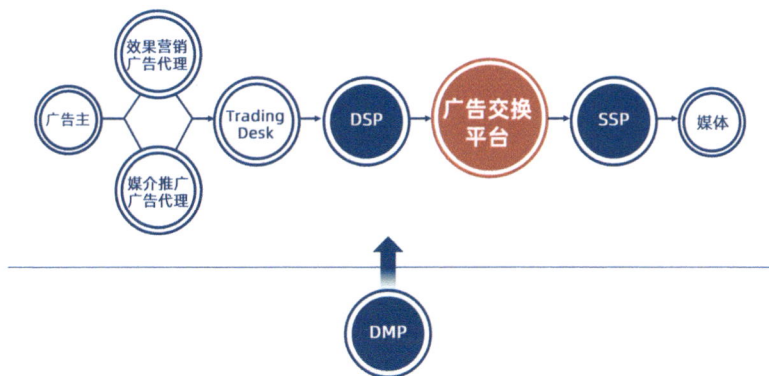

图 3.7　RTB 广告的生态链结构简图

另外，前面还提到了一个词——底价。不是说是竞价吗，为什么媒体还要设置底价呢？这就与 RTB 广告的竞价方式有关了，大家接着看。

3.2.4　RTB 广告的竞价方式

RTB 广告是以何种方式进行竞价的？这是一个有趣的话题。

这个话题其实足够复杂，甚至可以专门写一本书。对我们而言，尽管其背后复杂的编程并不是我们需要了解的，但一些常识性的问题值得我们研究清楚。

RTB 广告的竞价方式与搜索引擎竞价排名广告的竞价方式相似，广告主都要出价，然后价高者得。不过，搜索引擎竞价排名广告的出价是提前进行的，而RTB 广告的出价是实时进行的。

RTB 的计价方式

RTB 有多种计价方式，包括 CPM、CPC、CPA 和 CPS。但 CPA 和 CPS 的方

式很特殊，也很罕见，这两种计价方式一般最终都会转变为 CPM 或 CPC，我在 3.5.4 节中会解释原因。所谓 CPA（Cost per Action），是指以发生的具体事件的次数进行计价 [Event 和 Action 是同义词，被事件监测（埋点）监测到的 Action 常被称为 Event]。CPS（Cost per Sale）是指按照发生销售的次数进行计价。

CPM 是 RTB 中最常采用的计价方式，没有之一。这种计价方式的优点很明显，那就是简单、省事——广告有曝光就计费，没有曝光就不计费。这意味着，如果竞价失败，并且一直竞价失败，广告主的广告就不会有曝光，更不会花费广告费。但反过来，如果竞价成功，广告就得以展示，但不管这个广告是被用户看到还是给用户留下了印象，广告主都需要按照广告的展示量付费。

显然，对广告主而言，CPM 没有 CPC 有吸引力。在 CPC 方式下，如果广告主竞价成功，其广告得以展示，但用户没有点击这个广告，那么广告主并不需要付费。

媒体更喜欢 CPM 方式，但考虑到竞争力和广告主的需求，媒体近年来越来越多地接受 CPC 甚至 CPA 方式。不管哪种计价方式，媒体最终都要看平均每个广告位能给自己带来的收入的多少，毕竟广告资源是有限的，帮助广告主提升效果并提升自己广告资源的平均产出是两项很重要的工作，而这两项工作最好不冲突。因此，媒体采用两种方式：第一种方式，利用底价与二价竞价的价格机制保护广告资源的价值；第二种方式，用质量度确保广告主主动想办法提升自己的广告效果。

底价与二价竞价

在拍卖时，所有拍品都有底价，如果举牌价格最终没有达到底价，这个拍品就会流拍。

RTB 广告也会对每个广告位设置底价，这个底价保证了媒体的最低收入。如果广告主的出价低于底价，这个广告位就可能展示保底的广告——一种非合约但事先谈好价格的广告。

如果广告主的出价高于底价，并且有多个广告主竞拍，那么谁能获胜呢？如果按照 CPM 方式竞价，很简单，价高者得。A 广告主的出价为 CPM=10 元，B 广告主的出价为 CPM=11 元，C 广告主的出价为 CPM=20 元，那么 C 广告主会赢得这次展示广告的机会。

那么，新的问题来了，C 广告主在竞价成功之后应该付多少广告费？是按 CPM=20 元的出价付广告费吗？答案是，不是按照 CPM=20 元的出价来付广告费，而是按照比 C 广告主的出价低一位的那个广告主的出价额外增加一点来付广告费。比 C 广告主的出价低一位的是 B 广告主，B 广告主的出价是 CPM=11 元，因此 C 广告主应按照 CPM=11.01 元来付广告费，具体到一个用户的曝光上就是 11.01÷1000=0.011 01（元）。这种竞价方式被称为二价竞价。

二价竞价是竞价广告中普遍使用的一种竞价方式。对广告主来说，它能够产生一种"魔幻的麻醉心理"——反正我出高一点，也不会真的按照我的出价来付广告费，其结果是，广告主竞相出更高的价格，刺激了广告竞价的提升。

对媒体而言，二价竞价创造了一个模糊的空间。媒体一定会严格按照我们上面所说的，在 B 广告主的 CPM=11 元的基础上加一分钱的办法让 C 广告主付广告费吗？媒体会不会按照 CPM=15.01 元，甚至 CPM=19.91 元的价格让 C 广告主付广告费？媒体不会给我们答案，但这种可能性是完全存在的。参与二价竞价的广告主并不可能知道被它"打败"的其他广告主的出价，这给媒体创造了一种自由裁量权。

于是，二价竞价被诟病，因为这种方式对广告主并不友好，而对媒体更有利。一些美国的媒体，如谷歌的 GAN（谷歌广告网络）和 Facebook 的部分广告，承诺采用一价竞价的方式，以增加透明度。所谓一价竞价，是指在某个广告主胜出之后，媒体会严格按照胜出的广告主的出价收费。在中国，目前还没有一价竞价的方式，无论是搜索引擎竞价排名广告、RTB 广告，还是信息流广告，采用的都是二价竞价的方式。

采用 CPC 方式竞价，也属于二价竞价。不过采用 CPC 方式竞价的情形比采用 CPM 方式竞价更复杂，因为它涉及另外一个重要的概念——质量度。

eCPM 与质量度

对大多数广告主而言，采用 CPC 方式竞价是更加合理的方法，尤其是对追求转化效果的广告主而言。但这种方法对媒体而言存在一个很大的风险，那就是广告主可能会利用规则的漏洞"不花钱做广告"或者"花小钱做广告"。

假设 A 广告主的出价为 CPC=10 元，B 广告主的出价为 CPC=11 元，C 广告主的出价为 CPC=20 元。按照价高者得的原则，C 广告主赢得了展示广告的机会。

于是，C 广告主的广告得以展示，但是奇怪的现象发生了，或许是因为 C 广告主的广告创意实在毫无吸引力，受众都不愿意点击 C 广告主的广告，结果 C 广告主的广告收获了大量的曝光，但收获的点击寥寥无几。对媒体而言，广告是按照 CPC 方式收费的，虽然 C 广告主的 CPC 出价高，但是 C 广告主的广告少有受众点击，所以媒体并不能向 C 广告主收取很多广告费。

对媒体而言，这是不能接受的。媒体衡量自己的广告生意是有 KPI 的，而在这些 KPI 中最为重要的是 eCPM。关于 eCPM 的字母 e 代表什么，有多种定义，如 earnings of CPM、earning CPM、effective CPM。不管哪种定义，它的计算公式都是一样的：Total Earnings ÷ Impressions × 1000，即每一千次广告的曝光能够带来的广告费收入。这个指标对媒体而言尤为重要，因为广告主投放广告的效果不是媒体的最终目的，媒体的最终目的是获取利润，所以媒体对广告主投放广告效果的关心，本质上是为了让自己有更高的 eCPM。媒体应该尽力实现广告主投放广告效果和 eCPM 的共同提升，不应为了提升短期 eCPM 而涨价或者引入垃圾流量，否则会降低广告主投放广告的效果，并导致广告主流失，进而降低自己的长期 eCPM。因此，广告主投放广告的效果和媒体的 eCPM 之间是存在辩证关系的。

如果媒体仅以广告主的 CPC 出价高低来决定展示哪个广告主的广告，那么这样的决定是片面的，不能充分保证 eCPM。对媒体而言，在 CPC 方式下，eCPM 要高，必须在以下两个条件都满足的情形下才能成立。

第一，CPC 出价不能低。

第二，广告主的广告要能够尽量被受众点击，即点击率（Click-Through-Rate，CTR）不能低。

第一个条件容易满足，第二个条件不可能由媒体直接控制。但为了确保广告主的广告的 CTR 不低，媒体提出了"质量度"（质量得分）的管理概念，即广告主应该重视自己的广告质量，从而确保自己的广告是受众愿意点击的。否则，即使有更高的 CPC 出价，广告主的广告也不一定能够获得展示机会。反过来，如果一个广告主的广告的质量度很好，那么即使该广告主的 CPC 出价并不是很高，该广告主的广告也可能会获得展示机会。

质量度被媒体广泛采用，成为"倒逼"广告主的有力武器。凡是以广告受众做出行动或者进行互动来计费的竞价广告，都会被衡量质量度。除了 CPD 广告和 CPM 广告，其他广告，包括 CPC 广告、CPA 广告、CPS 广告，都存在质量度的约束。因此，不仅在 RTB 广告中存在质量度，在搜索引擎中也存在质量度，因为搜索引擎竞价排名也是典型的 CPC 广告。

理解这个逻辑对广告主而言尤为重要。广告主也需要考虑什么因素会影响质量度。很显然，与质量度关系最密切的因素是 CTR，要提高 CTR，优化广告创意很重要。另外，不少媒体也强调广告着陆页的相关性与质量。搜索引擎广告也很在意广告创意和竞价的搜索词之间的相关性。

　　有人对搜索引擎广告中的预估 CTR、着陆页相关性与体验、广告相关性这 3
个因素对质量度的影响做了一个权重排序，并得出搜索引擎竞价排名广告的质量度
经验公式，如图 3.8 所示。请注意，这是经验数据，并不一定是精确的，但它大致
描述了这 3 个因素的重要性差别。

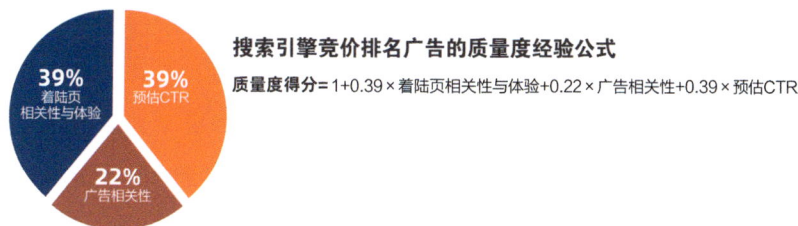

搜索引擎竞价排名广告的质量度经验公式

质量度得分= 1+0.39×着陆页相关性与体验+0.22×广告相关性+0.39×预估CTR

39%
着陆页
相关性与体验

39%
预估CTR

22%
广告相关性

图 3.8　搜索引擎竞价排名广告的质量度经验公式

3.2.5　程序化广告的特点

　　RTB 是一类重要的程序化广告，也是其他数据驱动的程序化广告的"始祖"。
前面说过，几乎所有数据驱动的广告都是非合约广告，而随着数字广告技术的发展，
有些合约广告也能够被程序化，虽然这听起来有点奇怪，但我在 3.3.3 节中会介绍
这类广告。因此，我们可以得出一个小小的"规律"：所有的非合约广告都是程序
化广告，大部分合约广告仍然不能程序化，但部分合约广告现在已经或正在被程序
化。因为有些合约广告也转变为以程序化的方式进行投放，所以程序化广告的范围
比非合约广告大，程序化广告不能再和非合约广告画等号。因此，从这里开始，我
将更加强调程序化广告，而不再强调非合约广告。

　　程序化广告，无论它是不是合约广告，都具有共同的重要特点。

　　第一个特点，程序化广告都是动态广告。

　　所谓动态广告，是指广告位上将会展示什么广告的物料，不是事先决定并上
传好的，而是在受众的终端上出现这个广告位（实际上是载入了广告位所在的页面）
之后，才在 100 毫秒甚至更短的时间内决定的。换一种说法，动态广告是广告位和
广告创意物料解耦的广告形式。

　　动态广告的实现，源于一种被称为 Ad Serving 的广告技术（Ad Serving 没有对
应的约定俗成的汉语说法）。该技术是指将存储数字广告的物料存放在一个专门的
广告物料服务器上，而不是将广告的物料提前上传到广告位上，在广告获得请求的
时候将广告的物料从广告物料服务器上实时调用出来，并展示在广告位上的相关技
术和解决方案。广告的 Ad Serving 技术一般不是由广告主自己提供的，也不是由

媒体（尽管有些媒体也提供相关服务）提供的，而更多的是由第三方服务机构提供的。一般而言，在公共广告交换平台（前面讲的那些广告交换平台都是）中，Ad Serving 基本上都是由第三方提供的；而在私有化的广告交换平台（私有化的广告交换平台在 3.5.3 节中会介绍）中，则是以媒体自己提供为主。Ad Serving 是智能化广告投放的重要基础设施，这个名词值得被记住。

第二个特点，程序化广告都需要受众的实时数据。

这个不难理解。受众的数据，特别是个体级颗粒度的数据在非合约广告的投放上非常关键。否则，无论是 DSP、广告主，还是现在主流的广告技术服务商，都无法判断是否该对这个受众投放广告，或者是否该参与竞价。

现实的情况是，并不可能在所有的时候都能获得个体级颗粒度的数据，那么退而求其次，人群包也能有效地被应用在程序化广告的投放上。

如果广告主自己没有数据，也没有来自第三方的数据，那么如今的媒体愿意提供自己的数据为广告主所用。但正如我们前面所说的，广告主无法直接接触到这些数据，更不可能拥有这些数据。

为程序化广告提供数据不可能手工进行，而需要一个技术性的解决方案，这个解决方案就是 DMP，该内容在 3.4 节中介绍。

第三个特点，程序化广告一般不支持 CPD 或者 CPT 方式。

程序化广告支持所有按量计费的方式，包括 CPM、CPC、CPA、CPS 方式，但是一般不支持 CPD 或者 CPT 方式。原因是按照时间付费的广告，必须约定广告位，而广告位一旦固定，时间也就固定了，广告主就无法选择受众。

当然，有一种情形例外，那就是不选择受众，而是根据不同的受众，广告主提供不同的素材。例如，某日化品公司在选定的广告位上，针对不同的受众，提供不同的产品的广告，如对女士提供美妆品广告、对男士提供剃须水广告、对老人提供抗过敏的护肤品广告等。这仍然是程序化广告，也是唯一支持 CPD 或者 CPT 方式的程序化广告。这样的程序化广告对广告主有较高的要求。这样的程序化广告在 3.3.3 节中介绍。

这 3 个特点是程序化广告最重要的特点。有读者可能会问，为什么竞价不是程序化广告的重要特点？答案是，并不是所有的程序化广告都需要竞价。尽管竞价的程序化广告很常见，但是在品牌广告主投放的以品牌宣传为目的的程序化广告中，不竞价的广告非常多，3.3 节就会介绍不竞价的程序化广告。

3.3　数据驱动的品牌广告投放

程序化广告投放背后是数据驱动的新的引流拉新方法。数据驱动在具体的推广场景和落地方式上各不相同。一般而言，我们会把引流拉新的场景分为两大类：品牌类营销推广及效果类营销推广。

品牌类营销推广是以品牌知名度和美誉度为目标的数字化营销活动。品牌类营销推广追求品牌相关信息的传播——让更多的目标受众能够关注到。

效果类营销推广以实现转化为核心目标，尤其以实现销售转化为核心目标。效果类营销推广一般不以追求品牌知名度和美誉度为目标。

本节研究数据驱动在品牌数字广告上的应用。

3.3.1　品牌 RTB 广告投放

品牌广告的 RTB

如果没有意外情况（后面会讲），RTB 对品牌广告而言简直称得上"天使"。如果受众数据是准确的，RTB 就意味着品牌广告主总是能够将广告展示在其目标受众面前。

这就是品牌 RTB 广告的核心，由 DMP 提供受众的数据，让 DSP 帮助广告主基于受众的数据进行广告竞价投放，从而让广告触达的受众更具针对性。

因此，品牌广告的 RTB 投放与普通投放相比，如果两种投放方式的广告格式和物料完全相同，那么理论上 RTB 投放方式下的 CTR 会更高。不仅如此，如果用一种被称为目标受众浓度[①]（Target Audience %，TA%）的指标来衡量，那么理论上 RTB 投放的效果比普通投放好得多。

不过，品牌 RTB 广告投放除了要解决受众数据和竞价的问题，还需要解决另外两个问题：一个是在创意方面可能碰到的困难；另一个是在品牌安全方面可能遇到的挑战。

动态创意

品牌广告主在 RTB 上会遇到的创意方面的困难来自 RTB 是一种动态投放的广告形式。我们知道，广告交换平台上有大量的媒体和广告位，一旦这些广告位上出现了目标受众，广告主就会在这些广告位上参与竞价。但问题在于，这些广告位的

[①]　目标受众浓度是对广告主的品牌或商品会产生兴趣的受众占广告所触达的所有受众的百分比。

格式可能五花八门，如它们是否支持动画（HTML5 或者 Flash 格式的），或者它们的尺寸不同，或者它们对物料存储大小的要求不同。

为了解决这个问题，品牌 RTB 广告投放可能会引入另外一种解决方案——动态创意。动态创意的核心在于让计算机自动根据广告位的要求，调整广告主提供的原始广告创意物料，实时生成对口的广告创意物料。

动态创意的服务可能被集成在 DSP 中，也可能被单独提供而需要广告主额外采购。虽然广告主可能需要付出额外的成本，但这个解决方案让广告主节省了大量重复劳动的人力。

不过，匹配媒体要求及节约人力并不是动态创意的唯一价值。它更大的价值在于，它可以让广告主的创意本身变得更加"动态化"。

广告主通过 DMP 拥有了受众数据，从而了解了受众的兴趣，那么广告主为什么不能根据受众的兴趣生成他们各自感兴趣的广告创意呢？这个想法没问题，而且有些技术解决方案商确实能够提供这项服务。

具体的实现方式并不像很多人想象的那样，能够直接由智能程序给出一个创意，目前人工智能在数字化营销上的应用还远远达不到这种程度（关于人工智能在数字化营销上应用的趋势，6.5.1 节会介绍）。在具体实现上，广告主需要先行提供原始的创意素材细分元素，如图片中的各种元素（商品图、背景图、装饰元素、文案等），并且根据不同受众的兴趣，制作出多套创意元素。然后，动态创意技术服务商会根据竞价成功（竞得）广告位上的受众数据，选择针对性的创意元素进行组合，并呈现给受众。

如图 3.9 所示的动态创意，看起来是一个整体，但实际上能细分为多个元素：文案、视频、图片、着陆页链接、Call to Action 元素[①]、Logo 等。广告主需要创造各个元素的多个版本，然后动态创意技术服务商会在广告投放的时候，根据受众数据、CTR，动态组合这些元素，拼合成一个完整的创意，并呈现给对应的受众。

因此，动态创意的背后其实是"组合"，而不是"生成"，更不是"创作"。因此，它的名字也只是动态创意，而不是智能创意。

---

① Call to Action 元素是指在广告或者页面上呼吁受众采取某种行动的互动元素，一般以按钮的形态出现，典型的如"立即购买""咨询客服""点我下载"按钮等。

图 3.9　动态创意

品牌安全

品牌 RTB 广告投放遇到的挑战是品牌安全。

理解品牌安全，从一个品牌"不安全"的例子开始。

一家航空公司以 RTB 的方式投放廉价机票的广告，目标受众会在一个新闻媒体上看到该广告。例如，有些受众在埃塞俄比亚航空波音 737 Max 飞机坠毁的新闻旁看到了这家航空公司的广告，如图 3.10 所示。

图 3.10　出现在埃塞俄比亚航空波音 737 Max 飞机坠毁的新闻旁的航空公司的广告

受众在读完这篇文章后毛骨悚然，然后看到了这家航空公司的广告，就可能觉得飞机旅行和这家航空公司都不安全。

RTB 广告，虽然其目标受众可能精准，但是可能出现在不合适的时机。为了避免这种情况，需要品牌安全技术的保障。这一技术主要帮助广告主在竞价之前先探测广告位所在环境的安全性，如避免负面的新闻、违法的信息等。如果存在不安全因素，品牌安全技术就会暂时屏蔽 DSP 的竞价。

3.3.2 RTB 在品牌营销上的悖论

在前面我已经提到过，RTB 在如今的数字化营销与运营领域中已经不复当年的热度。

RTB 的热度下降，主要原因是它在品牌营销领域中受困于道德风险。为什么会有道德风险？我们需要先回到 RTB 作为一种革新性广告本身的特点上。

在学习了前面的内容后，我们知道 RTB 的广告生态必须依赖于广告交换平台而存在。广告交换平台如同一个大的自由市场，也就是行业内所说的公开市场或者公共市场：媒体把自己空闲的广告位在广告交换平台上登记售卖，广告主委托 DSP 在广告交换平台上为在这些广告位上展示自己的广告而不断竞价。在这个市场中，一切都是平等的，供和需对每个人都敞开，规则对每个人都一样。如果你希望在某个广告位上展示你的广告，那么你需要记住唯一的规则——价高者得，然后确保你的出价高于其他广告主。

但问题是，RTB 广告是背对背的竞价拍卖，而且在 100 毫秒左右的时间内你只有一次出价机会。这意味着原本你看好的一个目标受众出现在了某个广告位上，你信心满满地出了高价，准备让自己的广告展示在他/她面前，却因为其他广告主的出价更高而失去了这次广告展示的机会。因此，RTB 广告具有不确定性，这种不确定性比搜索引擎竞价排名广告的不确定性更高，因为搜索引擎竞价排名广告的不确定性主要集中在排名上，而 RTB 广告的不确定在于它能否获得展示的机会。你并不能事先确保这个广告位在某时某刻一定能被你占据，你也不能事先确保一个固定的价格。竞价瞬息万变、捉摸不定、无法精确预知，支配这个世界的规则是概率和基于实时统计的干预，但无论如何我们都不可能让它如钟表般精确。

这是对互联网广告工作方式的一个颠覆，过去广告主购买的是广告位，但在 RTB 环境下，广告主购买的是给目标受众展示广告的机会，广告位反而不是那么重要了。同样，过去的互联网广告是合约广告，是对平面广告的售卖方式的继承——

事先选择广告位，确定投放时间，然后谈好价钱，展示广告。合约广告的一切都很精确，广告主事先已经知道广告会出现在哪里，也知道自己要花多少钱。不过，与RTB 刚好相反，一旦广告主花了钱，确定了广告位和时间，合约广告的效果就是"谋事在人，成事在天"了，广告主虽然仍然能够实时统计和查看广告的效果和产出，但无法实时干预广告的效果。

RTB 广告的特点是"两个不确定和一个可干预"——不确定广告位、不确定广告价格，但是广告的效果可以实时干预；传统互联网广告则是"两个确定和一个不可干预"——广告位和价格确定，但广告的效果不可实时干预。

谈到广告的效果，品牌广告的效果是一件"让人挠头的事情"。品牌广告的效果最主要的衡量指标是目标受众的触达，即有多少目标受众真正看到了这个广告。但问题是，应该如何衡量目标受众是否真正看到了品牌广告呢？行业中通常的方法是双管齐下——实际查看广告的上线情况，即到媒体上去看广告是否已经上线，以及用第三方监测工具来衡量广告的曝光量，然后出具报告。

查看广告上线这件事情，在合约广告中是没有问题的，但是在 RTB 广告这种非合约广告中不具备可行性。因为广告主不可能预知广告会在哪个广告位上出现，而且，很有可能广告主方负责检查广告上线的人不是目标受众，即使广告主方负责检查广告上线的人是目标受众，广告主也可能对他"竞价失败"。那么，RTB 广告的效果只能依靠报告来衡量了。

道德风险由此产生，如果广告主并不能知道自己的广告有没有真正上线，广告不上线却伪造为上线的可能性就会存在，因为报告可以伪造。

图 3.11 显示了 RTB 所在的象限，很好地说明了 RTB 广告的特点。RTB 广告不按照广告位进行售卖，而是根据目标受众来售卖广告，并且你的广告能否展示给目标受众，取决于你的出价。因此，RTB 广告的广告位是无法预先确定的，广告价格也不可能在竞价之前就精确知道。

但品牌营销对 RTB 的热情下降，并不仅仅来自广告主担心道德风险，很多媒体（尤其是有优质广告资源的大型媒体）也对 RTB "不太待见"。

媒体"不太待见"RTB 的原因是，RTB 是基于广告交换平台的，而广告交换平台是一个公共市场，如果这个市场是完全公共的，媒体对它的控制力就比较弱，也就意味着媒体会丧失主动权。这样，在广告交换平台上售卖自己的广告资源并不是最优选择。那些众人追捧的优质资源，如热门综艺的前贴片广告，总有广告主愿意出天价购买它，既如此，又何必把这些明星资源放到公共的自由市场（广告交换平台）去竞卖呢？

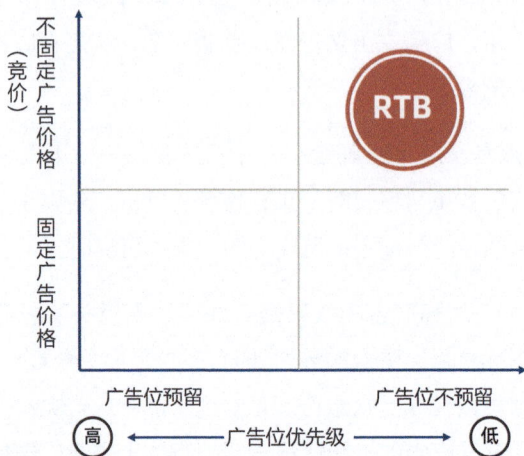

图 3.11　RTB 所在的象限

媒体的优质资源如果被放在公共市场中，受 RTB 广告的两个不确定性（不确定广告位、不确定广告价格）的影响，就很有可能不能被全部销售出去，或者即使被全部销售出去，也有可能无法达到媒体期望的价格。

因此，在这种情况下，买卖双方不再去公共市场，也就是说，他们不会去广告交换平台上"搞拍卖"，而是寻求一个私下交易的场所，这个场所就是 PMP（Private Market Place，私有交易市场）。PMP 是和广告交换平台相对应的概念，前者是私有交易场所，后者是公共交易场所。在 PMP 出现之后，品牌广告主迅速接受了它。

我们先来看在品牌营销领域内 PMP 的几种落地应用：程序化合约广告、优先交易及私有竞价。

3.3.3　品牌 PMP 之一：程序化合约广告

程序化合约（Automated Guaranteed，AG）广告是一种非常重要的品牌广告投放方式，它也有多种应用场景。

程序化合约广告是什么

程序化合约广告是合约广告的程序化形式。前文已经提到，合约广告一般是按时间购买的广告，而按时间进行购买的广告和数据驱动的广告是有"天然矛盾"

的。原因在于，按时间购买的广告都是选定固定位置的，因此也叫固定位广告，位置已经固定了，所有看到这个广告位的受众都将看到你的广告，就没有受众定向可言，数据驱动也就派不上用场了。

不过，有一类广告很特殊，它们虽然是按时间购买的，但是需要按照 CPM 方式进行结算，这类广告为程序化合约广告的存在创造了条件。

这类广告如今很常见，如视频媒体上的前贴片广告。广告主购买视频媒体上的前贴片广告，一般不能固定位置。这里的位置，跟网站或者 App 上的展示类广告的位置的意思不一样，前贴片广告的位置是跟着剧目走的，如我的广告出现在某电视剧的前面，该电视剧就是我的广告的位置。

视频媒体一般不会向广告主承诺广告出现的具体位置，也就是不会让广告和剧目捆绑。广告主购买视频媒体的前贴片广告，买的一般是美剧频道、国内热播综艺之类的更加宽泛的位置。视频媒体采取这种方法的原因很容易理解，因为不同节目受热捧的程度不同，所以不固定节目投放广告对广告主更加公平。

如果广告位不能固定在节目上，广告主为了保证自己的利益就会要求视频媒体确保每天足量投放其广告。而这个足量，只能用广告曝光的次数来约定。因此，视频媒体的前贴片广告是按照时间和固定每天的广告曝光量来签订合约的。例如，我跟腾讯视频签订合约，我购买了美剧频道的前贴片广告，每天 2 万个 CPM，为此我付出了 50 万元/天的费用。

"2 万个 CPM"是一个行话，看起来不符合我们严谨的名词说法，不过已经约定俗成了。这里的 CPM 是指 1000 次曝光，2 万个 CPM 就等于 2000 万次曝光。

腾讯视频这样的大型视频媒体的美剧频道一天的总广告曝光量不止 2000 万次，这为受众定向的投放创造了条件。

假如腾讯视频美剧频道一天的总广告曝光量是 20 亿次，那么我在其中购买的广告的 2 万个 CPM 的份额实际上约等于 1%。在正常情况下，我购买的曝光会随机地展示给受众，直到约定的曝光被展示完。既然我购买的广告曝光量只占这个频道总广告曝光量的大约 1%，那么为什么我不能选择更适合我的受众进行曝光呢？于是我要求腾讯视频："既然我购买的广告曝光量占你的美剧频道一天的总广告曝光量的 1%，那是不是意味着，你每展示 100 个广告，就有一个是我的广告？这样看来，我的广告是被随机地按照 1% 的概率展示给受众的。既然是 100 个广告中只有 1 个是我的广告，那么是否可以改变一下'玩法'，让我的广告展示不再随机，而是在 100 个人中选择 1 个最合适的人对他进行曝光？或者更准确地说，是否能让我在这 20 亿个曝光的受众中挑选合适的人来投放我这 2000 万个曝光的广告呢？"

如果腾讯视频答应了我的要求，我的广告就从普通的合约广告"升级"为程序化合约广告，就是一种典型的数据驱动的合约广告了，因为我的受众定向，所以就需要用数据选择受众了。

程序化合约广告已经成为今天视频媒体提供给品牌广告主的主流广告之一。不过，上面那个例子中所说的 1% 的比例，一般的主流视频媒体都不愿意接受。因为这意味着广告主有很大的挑选空间，这会让视频媒体的广告资源管理变得复杂，因为选择程序化合约广告的广告主有很多，如果这些广告主都对广告曝光进行任意的挑拣，那么这对视频媒体的广告资源分配机制而言是一场灾难。

例如，多个广告主都"嫌弃"一个受众，广告主都不选择对他投放广告，结果广告填充超时，这个受众没有看到广告，造成广告曝光失败，或者多个广告主争抢同一个受众，媒体又该如何分配（因为是合约广告，所以不存在竞价）？这些都非常麻烦。因此，媒体一般只允许广告主在有限的范围内进行受众的选择，如我买了每天 2 万个 CPM，视频媒体只会让我在 3 万个 CPM 中进行挑选，无论这 3 万个 CPM 中有多少是我的目标受众，我都必须消耗掉我的 2 万个 CPM。而在 3 万个 CMP 中选择 2 万个 CPM，相当于我要退还给视频媒体 1 万个我没有选中的 CPM，退还给视频媒体的比例约为 33%。这个退还的比例称为退量比，这个概念值得记住。除了在退量比上有限制，视频媒体还往往会对这类广告提高价格，因为视频媒体为实现上面的需求不得不付出额外的技术成本和服务成本。

你可能会问，你在 3 万个 CPM 中选择了 2 万个 CPM，那么剩下的 1 万个 CPM 是不是也不能展示广告而被白白浪费了？并不是，视频媒体让我从 3 万个 CPM 中先挑选 2 万个，这种方式叫作先看（First Look）。先看就意味着优先选择，但我一般必须在几十毫秒内做出要不要对这个受众投放广告的决定。如果我决定不对这个受众投放广告，那么另一个广告主的广告会在另一个几十毫秒之内出现在这个广告位上。这一切都需要数据和技术——我决定是否对这个受众投放广告需要依赖数据，无论这个数据是我自己的，还是第三方的或者媒体给我的；而在我做出决定之后，我的广告投放，或者其他广告主的广告投放，都需要一共在最多 100 毫秒内完成，这需要通过很强大的技术来实现。

因此，你可以看出，程序化合约广告是将传统广告的私有化的交易方式与程序化广告的工作方式相结合的品牌广告投放形式。程序化合约广告有一个非常大的好处，那就是广告位都是在广告上线之前就确定好的。例如，大家在电视上看到的广告是在几周甚至几个月前就被广告主预订下来的。互联网上（尤其是 PC 上）的大多数广告也是如此。这种方式保证了广告在投放前已经完全确定了时间、位置和价格，不存在不确定性，也就降低了道德风险。

另外，程序化合约广告也把类似于 RTB 广告的好处引入进来，利用计算机智能，根据受众的情况或者其他规则来动态管理和操纵广告的投放工作，从而在几乎实时的情况下随时调控广告，实现品牌广告主需要的目标受众质量的提升。

在中国，程序化合约广告常用它的另外一个名字——PDB（Private Direct Buy）。

程序化合约广告这种方式，品牌广告主很容易接受。首先，与传统采买方式一致意味着广告位资源是预先保证的，一旦排期确定，PO（Purchase Order，广告采购订单）下达，广告位资源就不可能易主。其次，不改变传统的广告采买过程意味着内部的组织和工作流程都不需要发生变化，因此就没有内部"政治"问题出现。在此基础之上还能实现程序化的好处，何乐而不为？程序化合约广告所在的象限如图 3.12 所示。

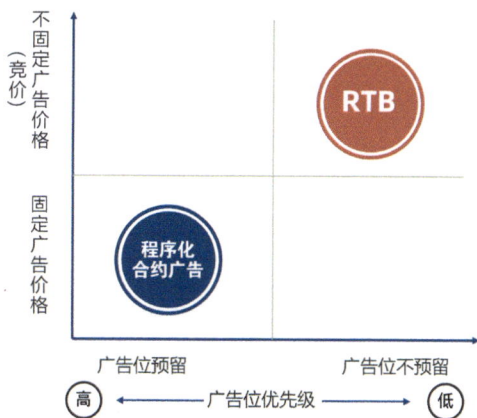

图 3.12　程序化合约广告所在的象限

凡是以 CPM 方式结算的合约广告理论上都可以以程序化合约广告的方式进行，只要媒体和广告主都有技术支持。在中国，媒体一般都开放程序化合约广告的接口，而广告主这端的投放管理、选择目标受众的数据及程序化相关的支持，则由第三方广告技术服务商提供。

程序化合约广告一般以 CPM 方式结算，但也有媒体支持以 CPD 方式结算的程序化合约广告，这种方式对于广告主有要求。

以 CPD 方式结算的程序化合约广告

在 CPD 方式下，因为广告位已经按天卖给了广告主，所以广告位必须在合约规定的时间内一直显示这个广告主的广告,除非这个广告主有面对不同受众的商品,否则程序化合约广告对它不会有额外的帮助。

但如果一个广告主确实有面对不同人群的商品,就像我们前面举例的那种拥有对男士、女生和年长人群各不相同的产品线的广告主,就可以利用程序化合约的方法让自己购买的广告位能够针对不同的人群展示不同的商品。支持 CPD 方式的程序化合约广告的应用场景示例如图 3.13 所示。

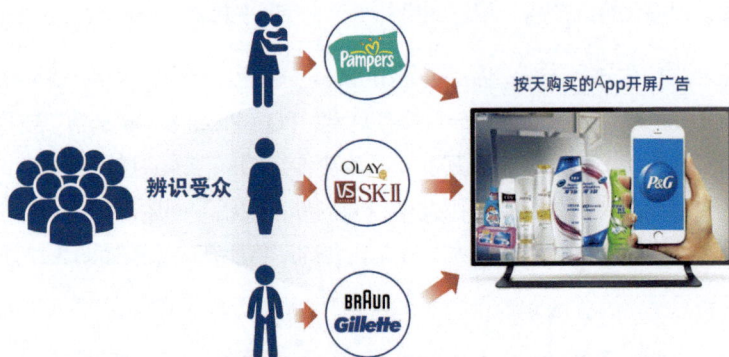

图 3.13 支持 CPD 方式的程序化合约广告的应用场景示例

通过程序化合约广告实现跨媒体投放控制

程序化合约广告的另外一个重要的应用场景是对广告在多个媒体上的投放进行实时控制。例如,最典型也是最基本的应用是广告曝光的跨媒体的频次控制(以下简称频控)。

对于同一个受众的广告展示的频控,一般媒体可以实现在其内部的频控,但跨媒体的频控不能由媒体自己实现。道理很简单,如爱奇艺可以控制自己的受众看到几次某个广告,但无法控制这个受众在腾讯视频上看到几次同样的广告。

因此,所谓跨媒体的频控,是指同一个人,在 A 媒体、B 媒体、C 媒体等全部媒体上看到的同一个广告的频次总和不超过一个预先设定的值。

程序化合约广告,如果引入第三方提供的用户 ID 的准确数据,就可以实现跨媒体的频控。

下面这个场景很典型:如果频控为每个受众曝光两次,假如某个受众在 A 媒体上看到了这个广告,又在 B 媒体上看到了这个广告,当他来到 C 媒体时,本来 C 媒体上的某个广告位也会对他展示这个广告,但是他之前在 A 媒体和 B 媒体上的广告曝光已经达到了两次,所以在 C 媒体上,他的数据显示他已经不适合再看到这个广告了，于是广告主通过程序化合约广告投放系统通知 C 媒体不再向他展示这个广告，而把展示广告的机会让给其他广告主。

除了跨媒体的频控，程序化合约广告还可以实现跨媒体的故事线投放。所谓故事线，是指多个广告像电视剧集一样，有前后衔接的情节，而把广告的每一集按顺序看一遍，就像看完了一个故事。如果我在 A 媒体上看了一个广告的第一集，那么我在 B 媒体上再看一遍这个广告的第一集就没意思了，这时，可以用程序化合约广告的方式，控制 B 媒体对我直接播放这个广告的第二集。

程序化合约广告为什么能够实现跨媒体的控制呢？原因在于程序化合约广告是由第三方技术服务商帮广告主落地实现的。第三方技术服务商需要预先跟每个媒体都进行技术和数据的对接（通过 API 方式或者 Server to Server 的方式），有了这个对接，第三方技术服务商就可以对各个媒体上广告主的广告投放进行统一调度控制。看起来程序化合约广告服务商就像坐在中军帐中的统帅，而各个媒体上的广告主的广告就像被程序化合约广告服务商指挥的军队。

广告在各个媒体上如何被统一指挥调度？既要靠外部的数据工具 DMP，又要靠从媒体端反馈回来的数据。程序化合约广告在跨媒体投放控制的应用场景中，必须用第三方 DMP 或自己的 DMP，而不能用媒体的 DMP，这样，同一个受众个体在不同媒体上才能有同一个 ID，他在不同媒体上的行为也才能被辨识，而用媒体自己的 DMP，同一个受众个体在不同媒体上很可能被认为是不同的人。从媒体端反馈回来的数据包含这个人是否看到了广告、看到了几次广告，以及看到了什么版本的广告等。基于这些数据，程序化合约广告服务商就知道应该在下次遇到这个人时向他展示什么广告。

程序化合约广告跨媒体能力的实现如图 3.14 所示。

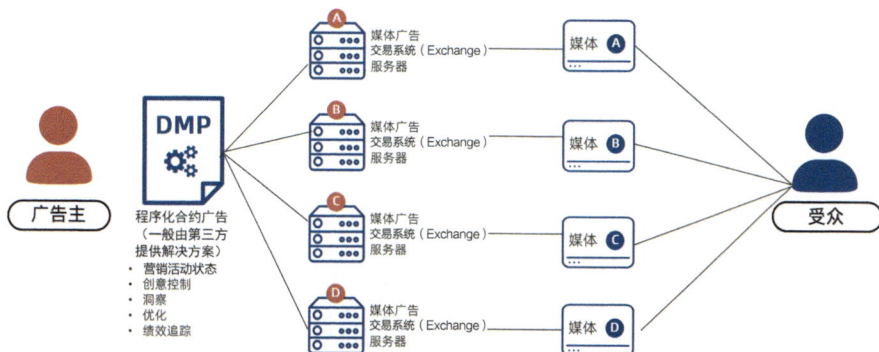

图 3.14　程序化合约广告跨媒体能力的实现

利用程序化合约广告实现广告主之间的换量

程序化合约广告还有另一个相当有趣的应用，那就是品牌广告主之间谈广告合作，实现广告换量。

例如，A 广告主是啤酒企业，其主要目标消费者是男性；B 广告主是美妆企业，其主要目标消费者是女性。A 广告主和 B 广告主都各自采购了一定数量的程序化合约广告，然后约定好：当 A 广告主购买的广告位出现在一个女性消费者的终端上时，则展示 B 广告主的广告；当 B 广告主购买的广告位出现在一个男性消费者的终端上时，则展示 A 广告主的广告。

这种广告主之间的换量操作甚至可以不限制在一个媒体上进行。其实现的方式就是前面讲过的跨媒体的投放控制。

通过程序化合约广告实现换量，两个广告主都得到了它们更喜欢的目标受众，并且广告花费没有比过去的投放有提升。这种方法在如今的品牌广告领域中并不鲜见。

程序化合约广告主要的支持媒体

并不是所有媒体都支持程序化合约广告，支持 CPM 方式的合约广告才可能支持程序化合约广告。当然，少部分支持 CPD 方式的媒体也支持程序化合约广告，但是总体来说，数量很少，几可忽略。

具体而言，支持程序化合约广告的主要媒体包括视频媒体（主要是 App 端和智能电视端）、部分 App 上的 Banner 类广告、少部分普通 Banner 类展示广告等。

3.3.4　品牌 PMP 之二：优先交易

优先交易（Preferred Deals，PD）与程序化合约广告方式相比，情况略有不同。在程序化合约广告方式下，广告位资源是在广告投放前就锁定的，但在优先交易方式下，广告位资源具有一定的不确定性。这种不确定性并不是指广告位不能被锁定，也不是指广告价格不能预先谈好，而是指这个广告位上的曝光量不能预先保证。这是什么意思呢？例如，你看中了我的博客上的某个广告位，这个广告位是按 CPM 方式出售的。由于我的博客上的流量每天都不一样，而且我要让 CPM 合约广告的广告主先消耗我的博客上的这个广告位上的曝光量，因此这个广告位上的曝光量我就无法跟你提前保证了。如果你还愿意按 CPM 方式购买我这个广告位上的曝光量，那么你必须接受这个广告位上的曝光量无法保证这个事实。此时，你在我这个广告位上投放广告的预算就不能精确预知了。

这里要强调一下，按 CPM 方式出售的广告位，常常会被卖给多个广告主，以确保这个广告位的流量能够被完全售卖出去，从而最大化广告的收益。在这种情况下，合约广告的广告主会优先消耗这个广告位上的流量。而它们没有消耗完的流量，才会让选择优先交易方式的广告主消耗。这也是选择优先交易方式的广告主无法提前确定自己能拿到多少曝光量的原因。

那么，看起来优先交易这种方式一点也不"优先"。实际上，优先交易是相对于比它更不优先的交易方式而言的。优先交易类似于 RTB，也是一个双向选择型的交易，媒体跟你先约好一些广告资源的价格，当这些广告资源出现时，你可以选择买，也可以选择不买。例如，某个广告位上出现了一个消费者，向他展示广告的机会没有被合约广告的买家先买走，于是向这个消费者展示广告的机会到了你这里，但这个消费者不属于你的目标消费者，于是你放弃了这个机会。这样，给这个消费者展示广告的机会就会被放到公共市场（也就是我们前面讲过的广告交换平台）中继续进行开放的竞价（RTB）。除了后面马上要讲到的私有竞价方式，优先交易方式几乎是非合约广告中优先级最高的了，它因此而得名。

事实上，优先交易在"历史上"的确是与 RTB 伴生的一种广告投放方式。因为有些广告主并不乐意竞价，但又想尝试 RTB 的投放方式，而另外一些媒体（或广告发布商）也乐意将它们用于 RTB 的广告资源中的部分优先让这些广告主选择。于是，它们在广告交换平台上为这些广告资源增加了一个叫作 Deal ID 的设置，以表明这些广告资源的特殊性。对这些标记了 Deal ID 的广告资源拥有采购资格的广告主都可以优先查看这些广告资源上的受众，如果广告主决定对这些受众投放广告，那么广告主不需要竞价，只需要支付事先约定好的、比这个广告资源的底价高一些的价格（一般是高 20%），即可将自己的广告展示给这些受众。如果广告主对这些受众不满意，就可以放弃购买。

随着时间的推移，优先交易方式也进入私有 RTB 中，甚至进入其他更多的非竞价的广告交易中，从而扩大了它的应用范围。关于私有 RTB，我在 3.5.3 节中会介绍。

媒体广告资源售卖优先级示例如图 3.15 所示。

从图 3.15 中可以看出来，媒体在售卖广告资源时，程序化合约广告的优先级高于优先交易，而优先交易的优先级高于完全公开竞价的 RTB。

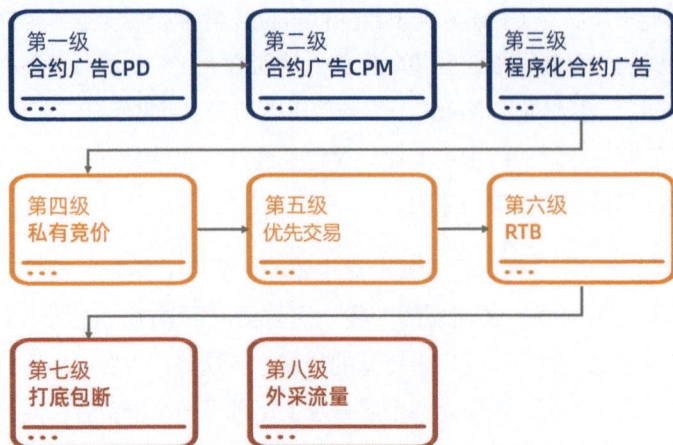

图 3.15　媒体广告资源售卖优先级示例

　　既然优先交易看起来没有合约广告的优先级高，那么为什么还有广告主选择它呢？原因有 3 个：第一，优先交易的广告价格是事先谈好的，不存在竞价；第二，优先交易的流量是合约广告之外的剩余流量，它的价格比合约广告低；第三，尽管它是剩余流量，但是其广告位相对于 RTB 这种完全不能确定的方式，至少能选择媒体，因此流量的品质相对有保障。在图 3.16 中，尽管优先交易仍然在广告位不预留的象限，但它比 RTB 更靠近广告位预留象限。

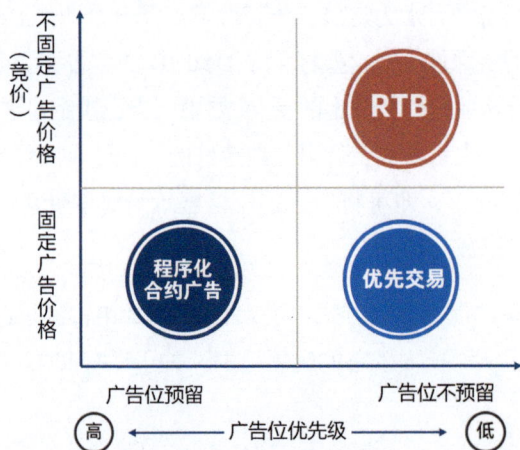

图 3.16　优先交易所在的象限

　　当然，刚刚提到了优先交易是双向选择型的交易，媒体不能保证给你固定的广告资源量，这一点与程序化合约广告是完全不同的。你同样可以在优先交易中实现数据驱动的受众定向，对受众进行选择性投放。

优先交易方式只支持 CPM 和 CPC 方式，不支持传统的 CPD 方式。为什么？这个问题留给大家思考，相信答案不难找。

3.3.5　品牌 PMP 之三：私有竞价

私有竞价（Private Auction，PA）方式比前两种方式略微复杂一些，但其实并不难理解。程序化合约广告是纯净排他的交易，优先交易则有跟其他广告主竞争广告位的可能性，只是因为优先级不够高，所以没有直接冲突。而私有竞价广告是纯粹的竞价广告，它的竞价跟 RTB 广告的竞价是不同的。

在互联网广告市场，尤其是品牌广告市场中，好的资源有限，所以几个广告主同时看中同一个广告位的情况并不罕见。在程序化广告诞生前的传统售卖方式下，决定你能否拿到这个广告位的不仅是钱，还有时机（先提出合理价格购买的，可能就拿到这个广告位了），以及一些你知道的其他因素。不过，这绝对不是最佳的资源配置方式，如果这个广告位被售出之后，又有愿意出更高价格的广告主出现，这对媒体来说就是损失。私有竞价的出现就是希望解决这个问题。

在私有竞价方式下，媒体把众多愿意出高价格的广告主喜欢的广告位专门拿出来，放到一个半公开的市场中进行售卖。说它半公开，是因为这个市场类似于白金俱乐部或者 VIP 交易室，广告主要到达一定的级别才能进入。当这个市场中的某些广告资源开始售卖时，广告主就来竞价，价高者得。这个过程类似于 RTB，不过 RTB 所依托的广告交换平台是一个公共市场，没有准入门槛，而私有竞价依托的交易场所有较高的准入门槛。

同优先交易方式一样，私有竞价方式也必须按 CPM 方式进行交易。由于私有竞价的资源一般都是优质资源（媒体内部称其为高优先级资源），因此尽管它也是竞价方式，也不能 100% 保证你能得到这些资源，但是它的广告位资源的可保证度还是比 RTB 要高，因为参与竞价的广告主数量少，所以竞得率高一些。在图 3.17 中，你可以看到私有竞价在横轴上相对于 RTB 更靠左。

在国外，私有竞价有一个更常用的说法——PMP。没错，我们这几节标题中的 PMP，其实是中国人自己扩大了它的含义，与国外所说的 PMP 并不一致。在私有竞价方式下，PMP，即私有交易市场这种说法才最能体现其本质，而程序化合约广告或者优先交易更像是私下里的直接交易，谈不上真正意义上的市场，不过，约定俗成，在国内，这 3 种方式我们都把它归入 PMP 的范畴中。但在国外，PMP 这个名词，一般仅指私有竞价。在本书中，PMP 按中国的解释来，不等同于私有竞价。

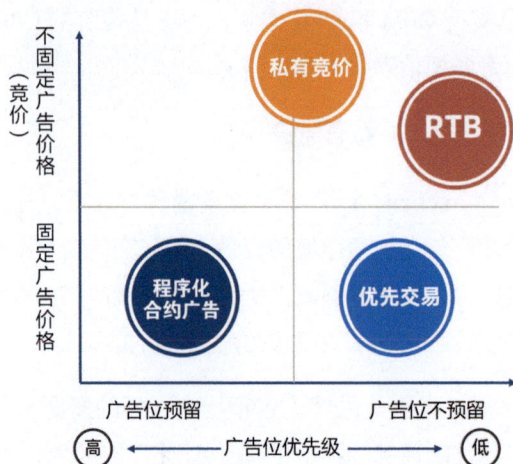

图 3.17　私有竞价所在的象限

目前，在国内，PMP 三种方式中最为常见的是程序化合约广告与优先交易，私有竞价则很罕见。不过，虽然罕见，但私有竞价并不是完全不存在。例如，百度推出的搜索引擎品牌专区广告产品"通用词时效品专"就是一个私有竞价广告产品。

在百度"通用词时效品专"的投放流程（线下）说明（见图 3.18 和图 3.19）中赫然写着 2019 年品专累计消费 ≥ 1000 万元才能参与购买这种广告。而是否获得广告位，也是需要竞价的。不过，这个产品并不是实时竞价的，所以不能算典型的程序化的私有竞价广告。

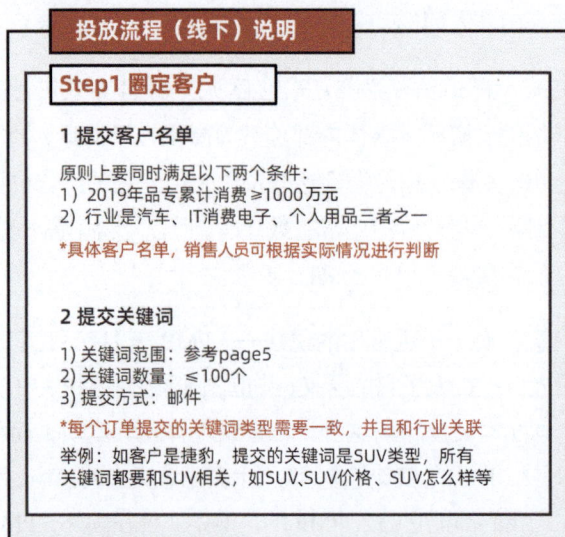

图 3.18　百度"通用词时效品专"投放流程（线下）说明（1）

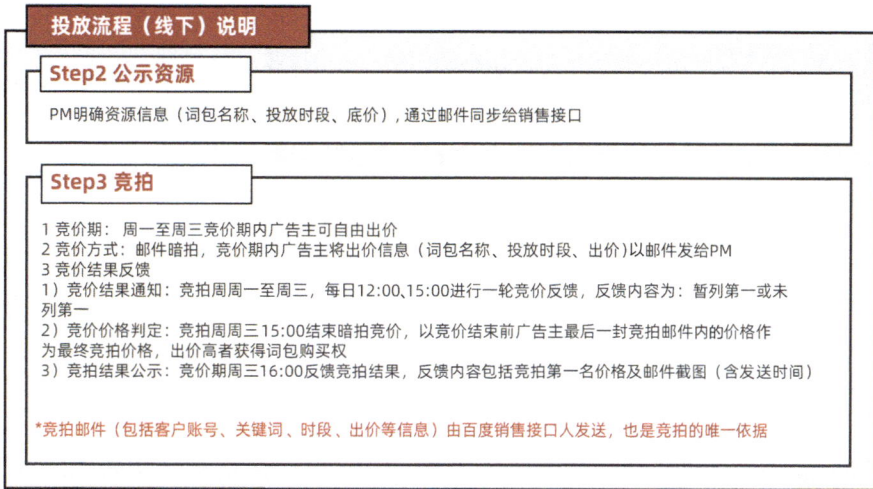

图 3.19   百度"通用词时效品专"投放流程（线下）说明（2）

在国际广告局对各种程序化广告形式的命名和解释中，我们会看到上面所说的 4 种方式（包括 RTB），如表 3.1 所示。你可以看到同一种程序化品牌广告的方式有多种说法，如 Unreserved Fixed Rate 就是优先交易，Invitation-Only Auction 就是私有竞价，Open Auction 就是 RTB。

表 3.1   国际广告局对各种程序化广告形式的命名和解释

程序化广告的形式	广告资源的类型（是否可预留）	定价的类型（是固定价格，还是需要竞价）	参与类型（一对一、一对少数人、一对所有人）	在市场上使用的其他说法
程序化合约 （Automated Guaranteed）	预留广告位	固定价格	一对一	Programmatic Guaranteed Programmatic Premium Programmatic Direct Programmatic Reserved
优先交易 （Unreserved Fixed Rate）	不能预留广告位	固定价格	一对一	Preferred Deals Private Access First Right of Refusal
私有竞价 （Invitation-Only Auction）	不能预留广告位	竞价	一对少数人	Private Marketplace Private Auction Closed Auction Private Access
公开竞价 （Open Auction）	不能预留广告位	竞价	一对所有人	Real-Time Bidding (RTB) Open Exchange Open Marketplace

3.3.6   选择合适的品牌程序化广告投放方式

一个更加重要的问题来了：如果你是品牌广告主，那么你应该选择哪种品牌程序化广告进行投放？

答案取决于你选择的标准。

如果你更希望高品质的广告位（意味着更高质量的流量）、可控的预算、可控的曝光量，那么你的第一选择是程序化合约广告。但程序化合约广告的价格比较高，尤其是头部媒体的程序化合约广告。因此，也就不奇怪这种广告投放的方式最初往往被预算充足的品牌广告主选择了。不过近几年，很多中小型媒体也跟进这种广告售卖方式，价格相对较低。总体而言，这种投放方式的质量较有保障，但价格较高。

有的读者可能会问，是不是程序化合约广告没有性价比？我不会简单地下这个结论。程序化合约广告是否有性价比，取决于你最终获得的目标受众的数量是否达到了你的期望。

例如，如果你采用非程序化合约广告方式，CPM 定价是 50 元，目标受众浓度是 20%。而在你采用程序化合约广告方式后，CPM 定价是 75 元，目标受众浓度因为你有一定的选人空间而提升到了 40%。

显然，在两种方式的预算相等的情况下，利用程序化合约广告方式收获的曝光量更少。但在程序化合约广告方式下，广告主收获的目标受众的数量会更多。非程序化合约广告与程序化合约广告的效果数据示例如表 3.2 所示（假设两种方式的预算都是 15 万元）。

表 3.2　非程序化合约广告与程序化合约广告的效果数据示例

方式	预算/万元	定价（CPM）/元	曝光量	目标受众浓度/%	目标受众的曝光量	目标人群的CPM/元
非程序化合约广告	15	50	3000个CPM	20	600个CPM	250
程序化合约广告	15	75	2000个CPM	40	800个CPM	187.5

看起来程序化合约广告的目标受众的 CPM 更低、更划算。

那么，现实世界中的程序化合约广告是否真的像上面的例子那样理想？相信你已经看出了"门道"，关键是目标受众浓度。如果程序化合约广告能够大幅度提升目标受众浓度，那么它的性价比可能会很高，否则它可能不是一种好的方法。因此，除媒体广告位本身的质量之外，DMP 的质量及退量比对程序化合约广告的效果也具有决定性的影响。

如果你的广告预算比较灵活，也不追求精确的投放量，而更希望采买一些性价比更高的广告，那么优先交易或许是个不错的选择。优先交易的价格比程序化合约广告低很多，而且广告主具有很大的"选人空间"，因此其性价比更高。

但优先交易也有弱点，其最大的问题就是我们在前面已经谈到的不确定性，在广告旺季时，合约广告已经非常多了，在轮到优先交易时，它可能已经难以获得可靠的流量。此外，优先交易总体的广告位质量不及程序化合约广告。

RTB 方式或许是品牌广告主最后选择的方式。它的优点是极为灵活，价格比较低（理论上比优先交易的价格更低），门槛也不高。但前面已经讲过，这种方式最大的问题在于道德风险，以及不太容易得到有质量保障的广告位。但我们不能因此而完全抹杀 RTB 在品牌投放上的价值。如果能够确保这种广告方式用在品牌投放时的广告位质量，这种方式就属于性价比最高的方式。

保证 RTB 方式的广告位质量，除了前面讲到的品牌安全，还有黑白名单方式。黑名单是提前将不合适的媒体排除在竞价选择之外，白名单则是优先竞价某些更好的媒体。但不得不承认，RTB 广告现在主要用于效果类营销推广。

3.3.7　品牌程序化广告投放的操作系统

品牌程序化广告投放的操作系统是帮助品牌广告主整合各种程序化投放的资源，为品牌广告主提供各种程序化广告的集中投放与管理的软件工具和系统。说它是软件工具，是因为它往往由软件工具完成各种投放平台和资源的对接；说它是系统，是因为品牌程序化广告的投放和管理过程需要专业人员作为整个系统的有机组成部分参与进来。品牌程序化广告投放的操作系统也被称为品牌程序化广告投放的 Trading Desk。

品牌程序化广告投放的 Trading Desk

尽管我在 3.2.3 节中已经提到了 Trading Desk，但读者对它可能还是很陌生。确实，它并不是所有的广告主都会采用的一种解决方案，但对具有多种程序化广告投放方式的广告主而言，Trading Desk 很有价值。

Trading Desk 常被简称为 TD，它没有数字行业中约定俗成的汉语名称，因此大家以它的英文名称称呼它。对广告主而言，程序化广告的投放往往需要包括广告交换平台、DSP、广告网络、程序化合约、私有 RTB 媒体等广告资源和投放机构的参与，因此需要非常专业的能力。与股票交易中有 Trading Desk（交易操作柜台）为投资人服务一样，程序化广告也有专门为广告主服务的 Trading Desk，帮助广告主选择合适的广告交换平台、DSP、广告网络、程序化合约等各种程序化广告资源，并进行投放操作、管理与优化。广告代理商提供的 Trading Desk 服务也被简称为 ATD。

Trading Desk 在软件工具层面常见的功能模块如图 3.20 所示。

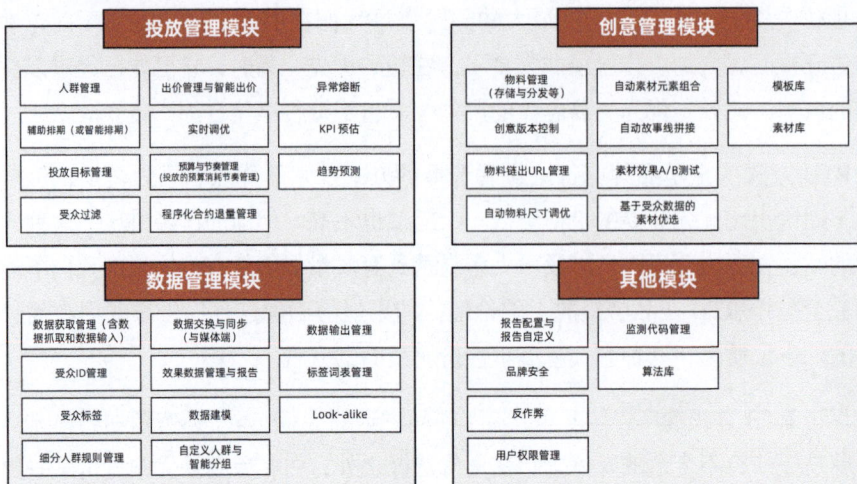

图 3.20　Trading Desk 在软件工具层面常见的功能模块

下面展示了不同的品牌程序化广告投放的 Trading Desk 的实例，可能与图 3.20 中的文字表述有所不同，并且只是截取了图 3.20 中的部分功能进行简要介绍，仅做参考。

Trading Desk 的投放管理模块

投放前智能投放计划（排期）功能［对应图 3.20 中的辅助排期（或智能排期）功能］。品牌广告主制定媒体策略更多的是依赖经验，Trading Desk 基于品牌广告主的历史投放数据进行智能媒介组合，帮助经验更好地发挥作用。例如，如果你想知道下一波投放要花多少钱才能达到 KPI，或者如何在既定预算下实现 KPI 最大化，那么你选择投放类型、输入目标受众属性定义等参数即可以使用排期工具进行预估。投放前排期管理界面示例如图 3.21 所示。

图 3.21　投放前排期管理界面示例

投放中 KPI 预警功能（对应图 3.20 中的 KPI 预估功能）。在投放中，Trading Desk 会监督投放的执行，并基于这些投放执行的数据对最终 KPI 的完成情况进行预测。品牌广告主的 KPI 一般是目标受众的数量和占总的广告触达受众的比例（目标受众浓度）。在 KPI 预警功能下，Trading Desk 会按照当前投放的状态，提示在保持该状态不变的情况下，在预算全部消耗之后的目标受众的人数和浓度。如果低于预设 KPI，系统就会报警，以提示品牌广告主需要对投放计划进行调整。KPI 管理界面示例如图 3.22 所示。

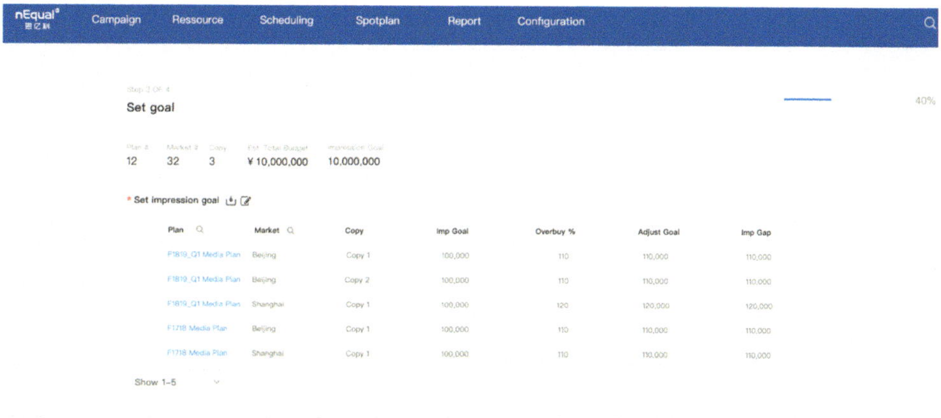

图 3.22　KPI 管理界面示例

程序化合约广告的投放控制功能。在程序化合约广告中，需要有技术服务商帮助品牌广告主选择人群进行投放，因此 Trading Desk 有可能集成程序化合约广告的投放模块，帮助广告主与 DMP 和媒体对接，使广告主在从 DMP 中获取数据后，决定是否对某个消费者进行投放。在这项功能中，Trading Desk 也会根据媒体要求的退量比制定相应的投放策略并在实际投放中实时调整。

Trading Desk 的数据管理模块

投放监测及数据沉淀功能［对应图 3.20 中的数据获取管理（含数据抓取和数据输入）功能］。在投放中，Trading Desk 可以对接第三方监测工具的数据，或者提供广告投放的监测代码，自行监测数据。这些数据可用于反映投放 KPI，也可以用于投放的优化和未来投放的复用。与受众属性相关的数据还可以用于人群洞察、人群画像、人群推送等。人群画像界面示例如图 3.23 所示。

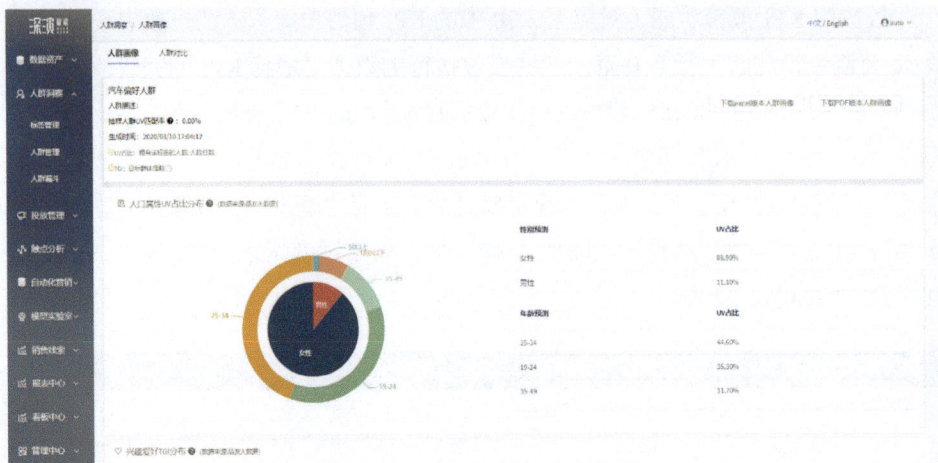

图 3.23　人群画像界面示例

数据交换与同步（与媒体端）功能。Trading Desk 需要对接各主要媒体的 DMP 及其他第三方数据平台。如果有必要，有的 Trading Desk 就提供数据打通（ID Mapping）的相关服务。部分 Trading Desk 也拥有自己的 DMP，但一般而言，DMP 和 Trading Desk 是并列的两套系统。

Trading Desk 在数据管理模块上最主要的功能仍然是对接外部 DMP 并提供一个整合的操作界面，在该界面上可以操作不同的 DMP。

以某搜索引擎为品牌广告主提供的 DMP 数据为例，Trading Desk 可以直接在自己的数据管理模块界面中选取品牌词或竞品词的词包，发送给该搜索引擎的 DMP。该搜索引擎的 DMP 在收到词包后会生成对应的人群包，并将人群包展示在 Trading Desk 的操作界面中，这些人群包可以在 Trading Desk 中的界面中被选中（见图 3.24），并通过 Trading Desk 在搜索引擎的程序化广告资源中投放相应的广告。

媒体上的受众数据除了在其自有广告资源的投放上可以使用，如果投放费用达到一定量级，部分媒体也接受将其数据输出给其他媒体进行投放。Trading Desk 也负责帮助品牌广告主实现数据在不同媒体间的流转。

Trading Desk 还可以负责完成广告主的私域数据与媒体 DMP 的对接，从而实现私域数据驱动的程序化广告投放（3.6.1 节会介绍这一内容）。

图 3.24　选择人群包

Trading Desk 的创意管理模块

Trading Desk 的创意管理模块主要包含动态创意功能。Trading Desk 并不一定要自己拥有这项功能，在自己不拥有这项功能时，Trading Desk 要能将第三方的动态创意服务整合进自己的系统中。

在创意展示方面，Trading Desk 支持自定义。例如，根据品牌故事线的创意展示创建 3 组创意，指定 3 个创意的顺序是 ABC，每个创意针对目标受众设置频控两次，从而实现 AABBCC 的展示。这个顺序可以自由设置，如将创意顺序改为 ABCABC，或者可以对一部分目标受众设定创意顺序为 AABBCC，对另外一部分目标受众设定创意顺序为 ABCABC，并进行创意组合方式的对照测试。

Trading Desk 的其他模块

Trading Desk 还包括其他模块，如报告模块、品牌安全与反作弊模块、用户权限管理等。

报告模块中比较重要的是投放效果数据的分析功能和程序化合约广告投放的退量分析功能。后者主要用于监督媒体端对约定退量比的执行情况。

品牌安全与反作弊模块对品牌广告主很有价值，Trading Desk 一般通过接入第三方服务实现相关功能。

用户权限管理模块为不同层级的广告主的操作人员实现权限管理。这是一般的企业级软件都会具有的模块。

3.4 数据的应用与 DMP

在读完了名目繁多的品牌广告投放的各种程序化场景和方式之后，我们可以总结出一个不可颠破的道理——数据贯穿所有这些投放方式的始终，是这些广告得以正常工作的必要条件。

这些数据要能发挥作用，必须通过一个数据应用系统，即 DMP。DMP 实际上是实现数据驱动的数字化营销的核心中枢。

3.4.1 DMP 的本质

DMP 的定义并不复杂，它本质上是一个"装上了输入、输出接口的数据库"。

但 DMP 的名字有"欺骗性"，因为这个名字有点大，从字面上来理解，它是管理数据的工具，但是 DMP 其实隐藏了它的定语，这个定语是数字化营销，即它是数字化营销的 DMP。在数字化营销领域中，广告投放和互联网营销的相关数据理论上都是 DMP 所涉及的范围。无论是品牌广告，还是我在后面要讲到的效果广告，只要是程序化的，就一定都需要 DMP 的支持。

DMP 的核心思想是记录每个消费者在各个消费者触点上的交互行为痕迹，基于这些痕迹，区分不同消费者的特征，并对不同特征的消费者群体提供针对性营销策略，或者输出细分人群给其他营销执行机构进行广告投放。

因此，DMP 具有几个核心特征。

第一，它能够收集不同营销触点上的数据，如果遇到不能收集数据的营销触点，那么它也能够整合第三方提供的数据。

第二，它能够通过这些数据建立不同的消费者的特征，即建立消费者属性标签。

第三，它能够依据不同的消费者属性标签及消费者触点上的数据，将具有同样特征或数据的消费者筛选出来，并组合成特定人群。

第四，它能够分析特定人群的触点数据和属性数据，进而判断已经执行的营销决策是否合理，或者为即将执行的营销提供策略支持。

第五，它能够将它生成的特定细分人群及相关数据输出给营销执行机构（如媒体、广告投放技术服务商、广告动态创意服务商等），实现相关人群营销触达（如广告投放）。

以上就是标准意义上的 DMP 的含义。简单而言，DMP 就是一个围绕人的数据的系统：收集数据—整合数据—打标签—将人群细分为群组—输出为策略（或输出为人群包）—程序化广告投放应用。

DMP 的主体部分是一个巨型的数据仓库，而这个仓库中的数据，由于要应用在程序化广告投放上，因此它所包含的数据就是消费者的 ID 及其对应的兴趣数据。消费者的数据其实就是中国网民的数据，浩如烟海，显然不是广告主的第一方数据能够覆盖的，因此 DMP 中数据的主要是公域数据，并且主要应用于营销前端，因此它也主要是前端数据（见 2.3 节）。

但 DMP 不能只是一个数据库，它还必须有数据输出的接口，无论是 API 方式的接口，还是系统对系统直接对接（Server to Server 方式）的接口。

DMP 还要具有运算功能。运算什么呢？消费者属性标签。DMP 的消费者属性标签是通过它收集到的消费者的数据主动运算生成的，这与后面要讲的 CDP 大不相同。CDP 的消费者属性标签主要依赖 CDP 使用者的手动定制。DMP 除了要做给消费者打属性标签的运算，还需要做另外一种运算——人群放大（Look-alike，这项功能我在后面会专门介绍）。

DMP 还必须有一个用户操作界面，该界面的主要作用是让数字化营销从业者能够对人群数据进行操作，而最主要的操作是根据标签选择广告想要定向的目标受众。

最后，DMP 可能还有一个报表模块，虽然不是所有的 DMP 都有这个模块，但很多广告主对此都有需求。报表模块用来统计广告投放之后的效果，其中一个非常重要的效果是广告在投放之后究竟触达到了哪些人、这些人的数据情况如何、这些人的属性标签是否跟预期的目标受众的属性标签吻合或者相近。DMP 的逻辑架构如图 3.25 所示。

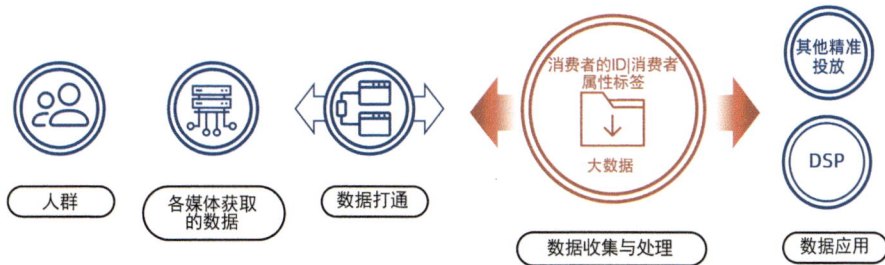

图 3.25　DMP 的逻辑架构

3.4.2　在 DMP 中选择人群

DMP 中最重要的一项功能是选择广告主希望进行定向投放的特定人群。虽然 DMP 是一个数据工具，但从应用角度来看，它的核心是选择人群，因此也可以说，DMP 是一个人群操作系统。

DMP 选择人群的核心规则是消费者的属性数据的组合。组合的运算分为四类：交集、并集、减集，以及更高级但更复杂的正则表达式[①]。

无论什么样的 DMP，都必须提供给使用者按照他的期望选择人群的界面。这个界面通常分为两个部分：消费者的属性选择部分和属性的组合运算部分。

DMP 中的消费者的属性分为多种类型（与 2.4.2 节所说的属性是完全一致的）。能够支持更多属性的 DMP 显然更具灵活性，也能够实现更加细分的人群选择。

属性的组合运算同样体现了 DMP 的品质。DMP 的人群选择界面示例如图 3.26 所示。在这个界面的左边，可以选择不同的消费者的属性（包含兴趣属性和人口属性），在这个界面的右边可以对这些属性进行交、并、减的操作。

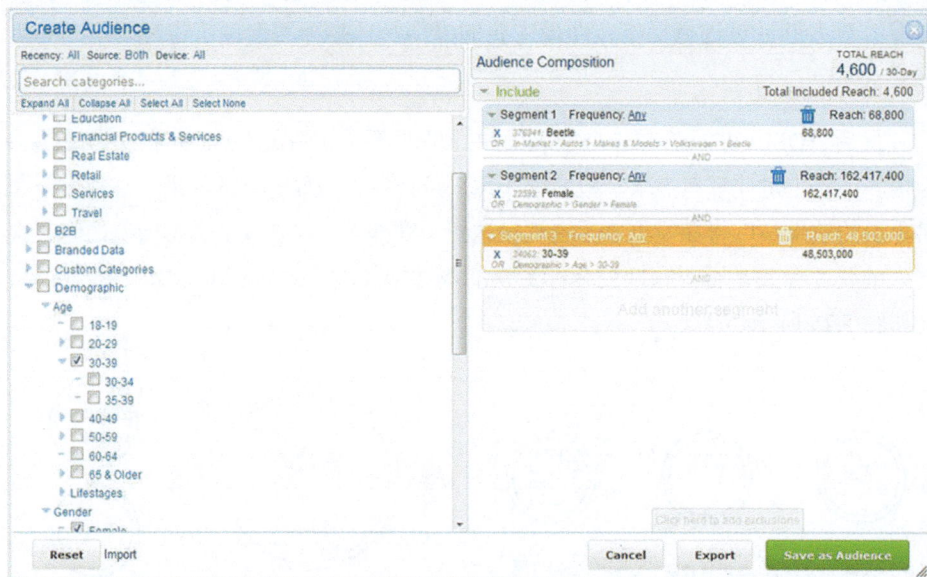

---

①　正则表达式（Regular Expression，常简写为 regex、regexp 或 RE）是对字符串操作的一种逻辑公式，就是用事先定义好的一些特定字符及这些特定字符的组合，组成一个规则字符串，这个规则字符串用来表达对字符串的一种过滤逻辑。利用正则表达式可以设定规则更为复杂的属性运算，但要求数字化营销与运营人员有一定的编程能力，对 DMP 的开发也提出了更高要求，因此大部分中国的 DMP 没有提供这项属性运算功能。

图 3.26　DMP 的人群选择界面示例

在你设定各种属性的运算操作的同时，DMP 会显示当前操作下人群中包含的个体的数量。

3.4.3　利用 DMP 衡量品牌广告的投放效果

除了作为广告投放的数据支持系统，DMP 还可以用来衡量品牌广告的投放效果。这项功能来自 DMP 所包含的人群标签及人群画像数据。

DMP 衡量品牌广告的投放效果的思想：当一次品牌广告投放结束后，广告覆盖人群的画像可以通过 DMP 得出，可以将这个画像与目标人群的画像做对比，从而判断这次投放覆盖的人群是否有效。

图 3.27 展示了母婴行业某品牌广告投放之后覆盖人群和目标人群之间的差异。

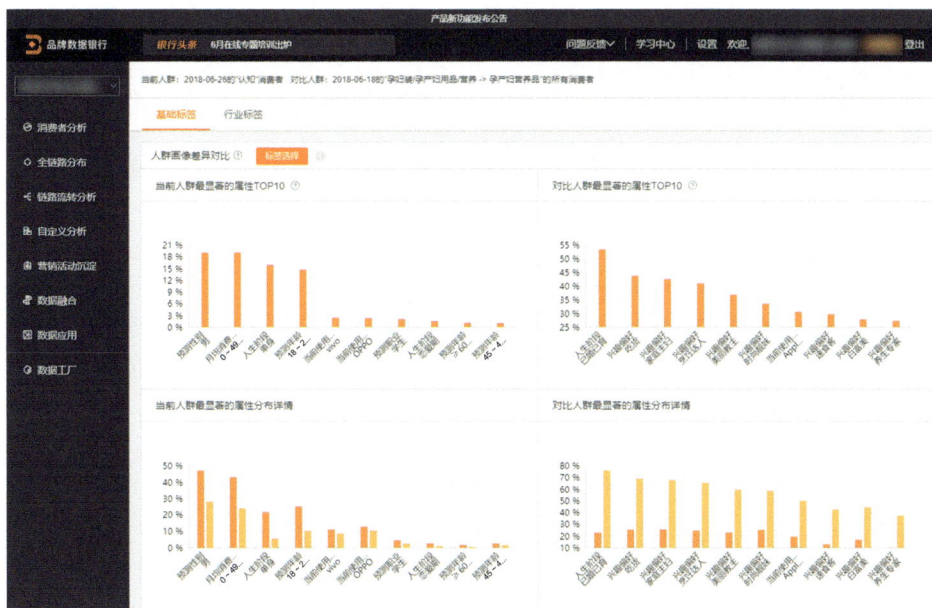

图 3.27　母婴行业某品牌广告投放之后覆盖人群和目标人群之间的差异

在图 3.27 的 4 张柱状图中，下面的柱状图中两根柱子的差值（橙色柱子的数值减去黄色柱子的数值）就是上面的柱状图中柱子的值。因此，上面的柱状图展示了投放覆盖人群和目标人群之间特征的差异显著性情况，并且按照差异显著性从大到小进行排列。

显然，上面的数据体现出这次品牌广告投放并不成功的多个迹象。例如，母婴行业的目标人群肯定以女性人群为主，但覆盖人群中的男性人群偏多，不仅如此，人生阶段为单身的人群也偏多。这样的数据对母婴行业的品牌广告投放而言不够理想。

3.4.4　真实的 DMP 案例

DMP 是一个用于广告投放的数据工具，对它最好的理解方法是看真实的 DMP 案例。下面的内容会展示一个中国的典型的 DMP，下文称该 DMP 为 A DMP。

A DMP 是一个大型电商平台基于自己的数据为广告主提供的数字化营销数据工具。对广告主而言，A DMP 是一个典型的包含大量公域数据的 DMP。A DMP 本质上是一个整合了数字化营销效果数据和消费者数据的数据呈现与应用系统。它主要应用于数字化营销领域，尤其应用在形成营销策略的帮助和进行定向投放的帮助上。

这个定义中包含了几个重要的信息。

第一，数据主要分为两类：消费者互动类数据（如兴趣程度、购物情况等）、消费者数据（如画像）。

第二，DMP 中还包含上面两类数据所构成的交叉类型的数据，即在数字化营销环境中，消费者相应的行为，典型的如购物路径（在 A DMP 中被称为链路流转分析）。这也是为什么在定义中用了"整合"二字。

第三，A DMP 的价值也分为两类：形成策略，尤其是通过基于细分行为和细分不同类型营销效果的不同人群的画像，来帮助形成营销策略；提供可供输出的，用于定向人群投放的数据。

站在广告主的角度，A DMP 的作用主要体现在衡量、策略与投放应用（如选择特定人群、第一方数据上传）3 个主要领域。

新的广告效果的衡量维度

A DMP 给了广告主一个全新的视角，通过这个视角，广告主能够增加多个此前从来没有过的、用于衡量营销效果的维度。

从图 3.28 中可以看到，A DMP 不仅提供了常见的广告投放的基础指标认知，还有提供了另外三类指标：兴趣、购买和忠诚。

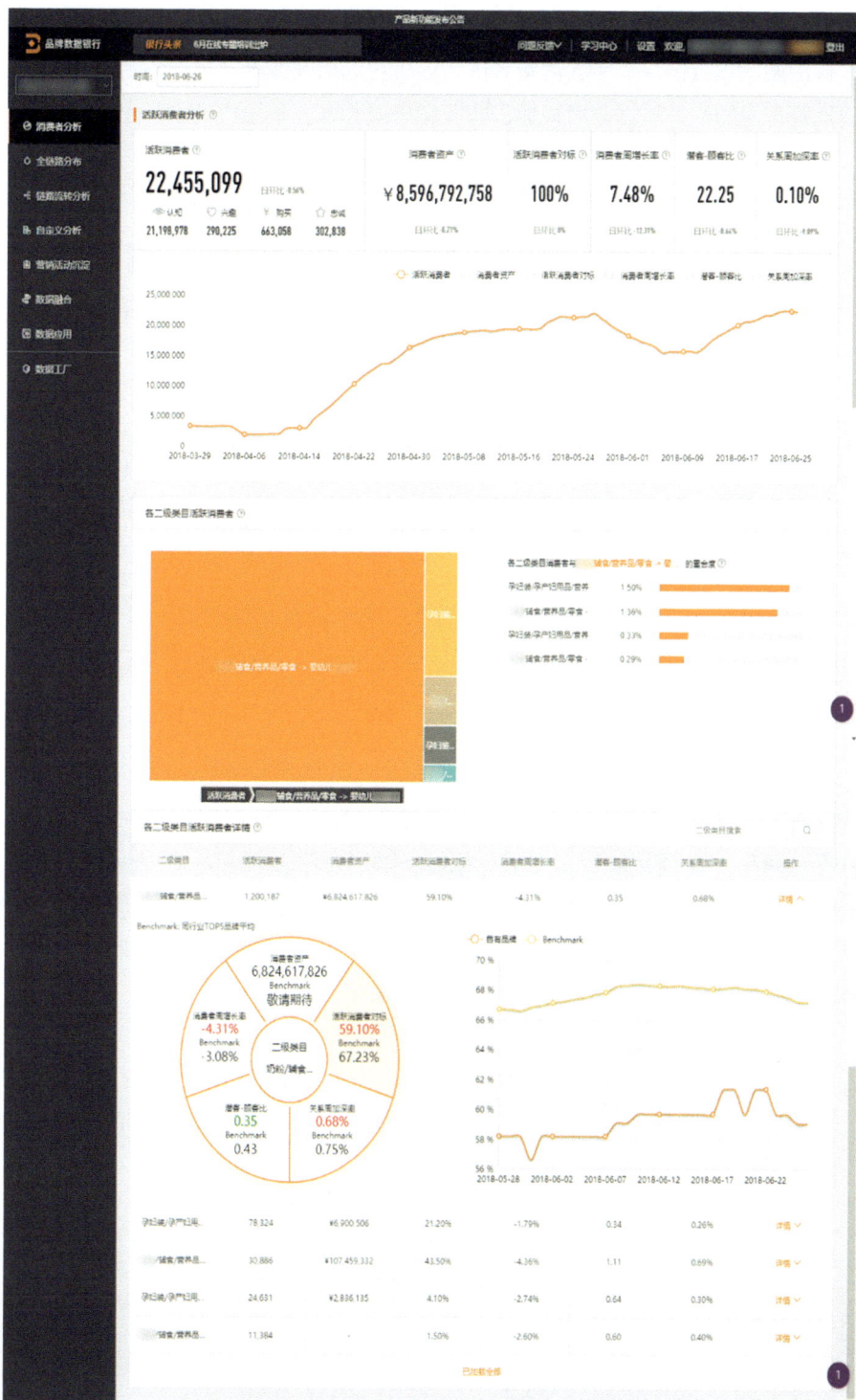

图 3.28   A DMP 人群与营销效果仪表板界面

这里的认知跟一般意义上所讲的广告的展示量不一样，它既包含一般意义上的广告的展示和点击，又包含消费者进入广告主的店铺或者在电商平台上进行品牌词搜索等行为的相关数据。而兴趣、购买和忠诚基本上是由电商平台上与消费者购买广告主商品的相关行为所定义的，这些行为包括收藏商品、向客服咨询、加入购物车、下订单等行为。

也就是说，A DMP 把前端推广（主要是广告）和推广之后消费者在电商平台上所产生的行为关联了起来，不仅能帮助广告主查看广告投放本身产生了多少曝光和认知，还能让广告主看到在这些曝光之后消费者在电商平台上的行为有没有发生变化。

例如，某次你花了 3000 万元来投放广告，但在广告投放之后，在电商平台上基本没有消费者搜索你的品牌或者进入你的品牌旗舰店，你一定会质疑你的广告投放是否有效果。

通过 A DMP，这个电商平台把前端的广告和后端的购物行为关联起来，构建起一个能够结合品牌推广和转化效果的监测机制，从而实现品牌广告投放效果的追踪。

尽管不排他，但是由于种种原因（主要是商业竞争之类的原因），A DMP 能够覆盖的广告资源主要是自己和自己生态内合作伙伴的广告资源，所以广告主看到的基本上是这个电商生态系广告投放最终在这个电商平台上所产生的转化效果。没错，这个电商平台自己也是一个大的广告媒体商，手中握有海量的广告资源，而这个电商平台的广告的价值能够通过自己的 A DMP 展示出来，广告主也能够通过 A DMP 更好地了解这个电商平台提供的广告资源的效果。

基于人群特征的营销策略

A DMP 的另外一项功能是能够基于细分条件，把消费者进行分群，并且基于不同的人群，给出人群画像，如图 3.29 所示。

A DMP 还对不同人群，如在认知—兴趣—购买—忠诚中处于不同阶段的人群进行了对比，或者做出了不同行为的人群的对比。

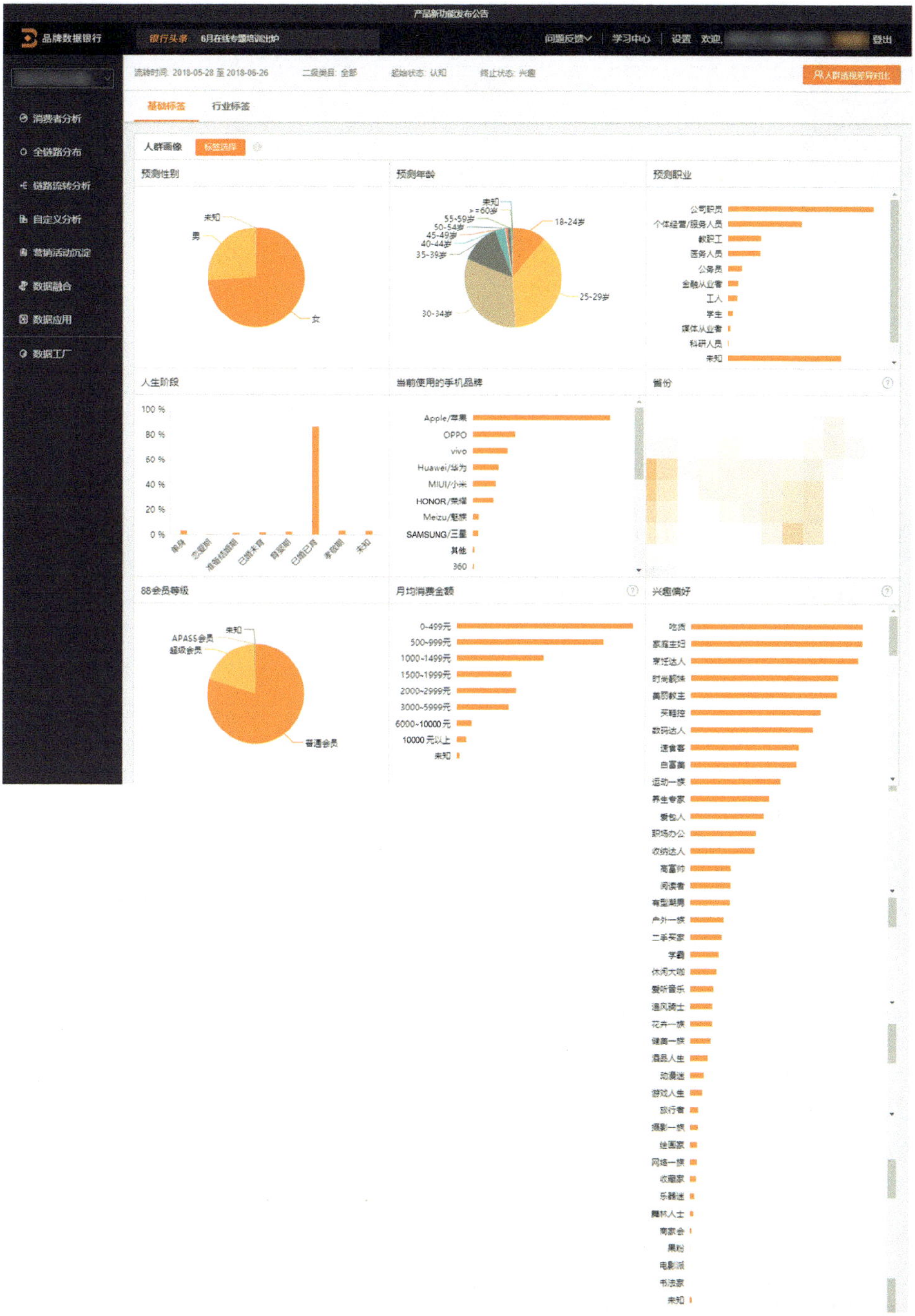

图 3.29　A DMP 的人群画像

　　人群对比如图 3.30 所示。在图 3.30 中，下面这排图表的橙色柱子和黄色柱子的百分比差值是上一排图表的百分比值，而右上图中的橙色柱子，到了右下图中变成了黄色的柱子，都是指对比人群。

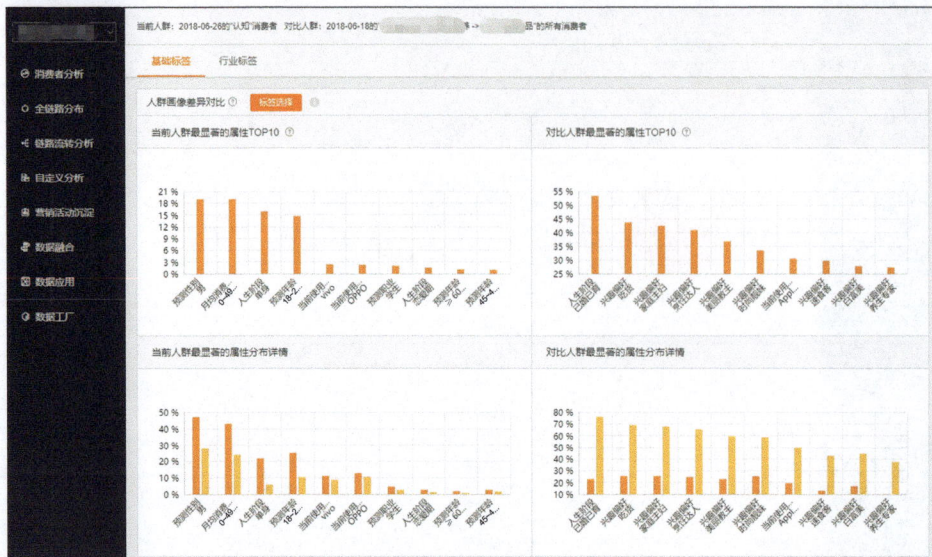

图 3.30　人群对比

这些数据理论上能够帮助广告主更好地认清现实——就如同蒙牛看到这些数据后猛然大喊一声："原来我们的购买阶段的人群并不喜欢梅西，而是喜欢 C 罗！"但这只是个玩笑，也只是理论上可能有这么精细的结论，但从 A DMP 能够提供的人群标签来看，它还是相当粗线条的。

除了人群画像，A DMP 还可以给出一些类似于营销漏斗分析（实际上应该是营销阶段的转化分析）的数据（见图 3.31）。

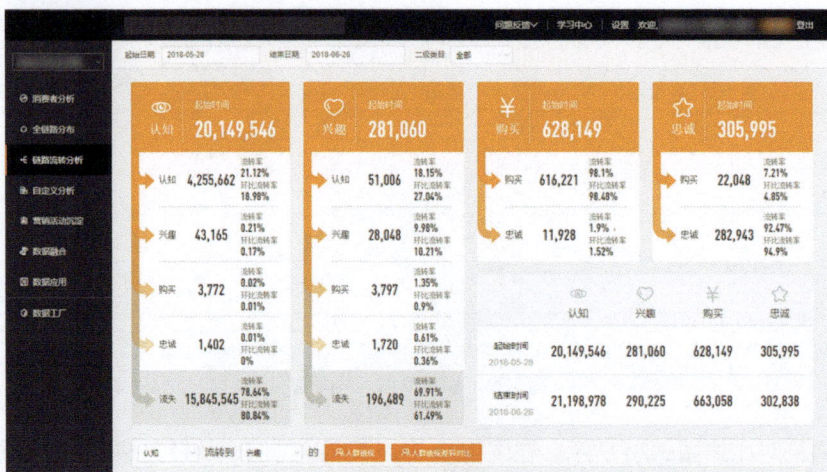

图 3.31　营销漏斗

选择特定人群

我认为选择特定人群是 A DMP 最大的价值。首先，A DMP 提供了支持非常多条件的人群选择规则，从而可以以很细致的维度来选择特定人群，如图 3.32 所示。

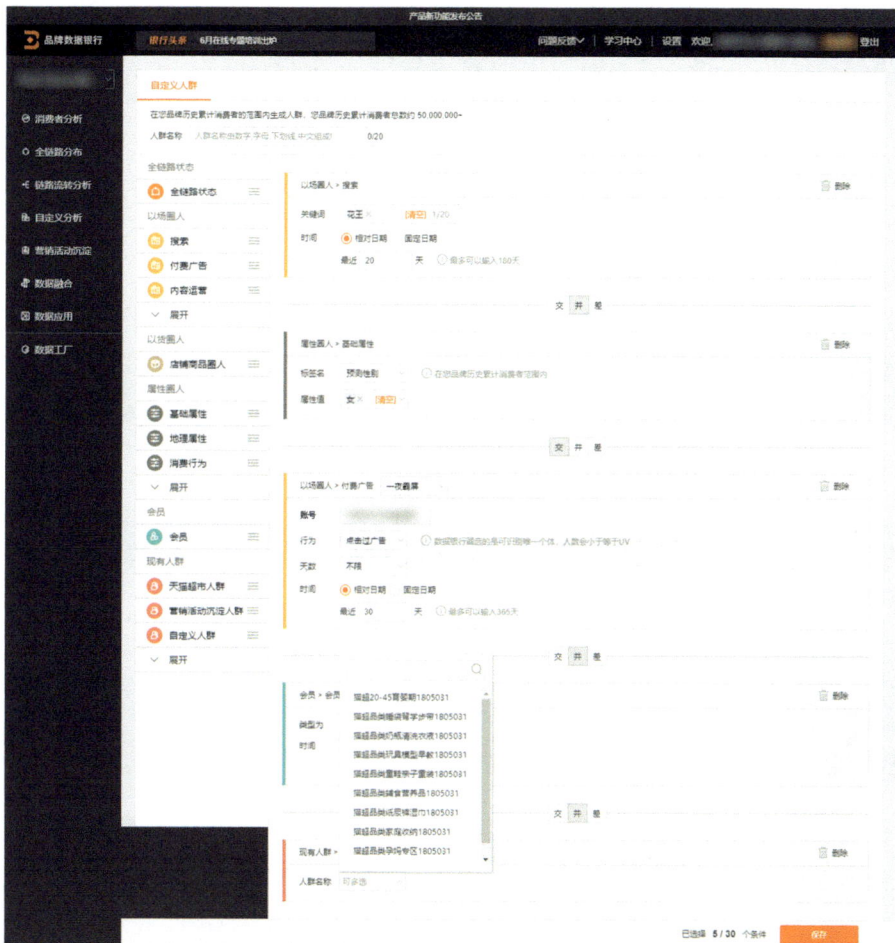

图 3.32　选择特定人群

其次，你选定的人群（也被称为特征人群，因为是你选出来的，具有某些共性特征的人群）可以转移给"数据应用"，在"数据应用"中选择可以使用这些数据进行投放的广告资源（见图 3.33），也可以放到数据挖掘后台系统内做进一步的加工，实现人群扩展。

第一方数据上传

与大部分 DMP 一样，A DMP 也支持上传广告主的第一方数据（见图 3.34），从而实现从第一方数据出发的，经过 Look-alike 的广告营销投放。

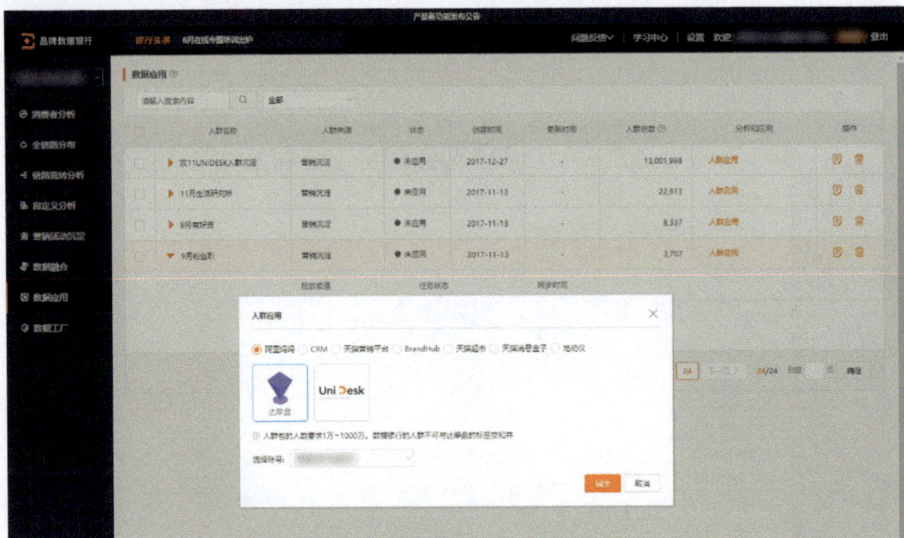

图 3.33　人群应用

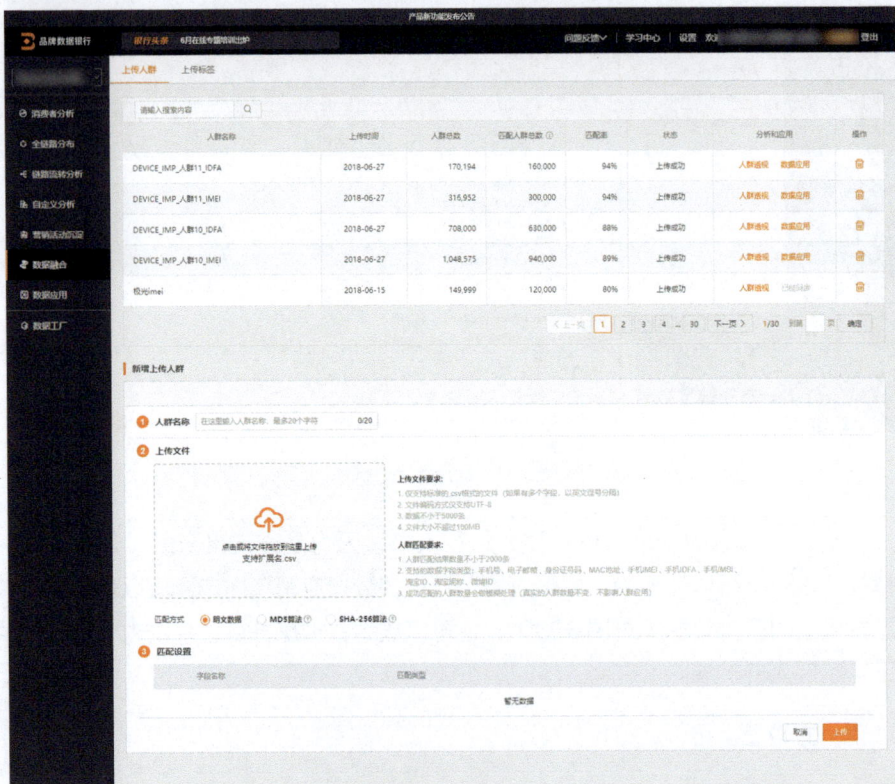

图 3.34　上传广告主的第一方数据

3.4.5　DMP 的 Look-alike 功能

Look-alike 是 DMP 中数据应用的一项重要功能，也是数据驱动的一个极为重要的应用。

Look-alike 是什么

Look-alike 的思想来源于一个营销理论：那些与已经购买我们商品的人群相近的人群，也很可能会购买我们的商品。

这个理论比较宽泛，什么是相近呢？是年龄相近、收入相近，还是兴趣爱好相近？这个理论不会给出精确的回答，但它指明了方向：人的相似度越高，商品的选择倾向就越一致。而 DMP 要给出精确的回答，要能够找出那些跟已经购买商品的人群相似的人群，并说明相似度。这些被找到的与你既有客户人群相似的人群的数量往往比你的客户人群数量要大很多，所以 Look-alike 功能在国内的叫法是人群放大或者相似人群放大。

DMP 一旦帮你找到了这些相似人群（实际上是找到了这些人的 ID），就可以把这些人的 ID 交由程序化广告投放系统（如 RTB 广告、程序化合约广告等）进行定向投放。

DMP 的 Look-alike 功能的实现步骤如下。

广告主要拿出自己客户（已经产生了真实转化的消费者）的准确的 ID 数据，对大部分 DMP 而言，这些 ID 可以是电话号码、设备 ID，但都需要做加密的脱敏处理。对另外一些 DMP 而言，如腾讯的 DMP，这些 ID 还可以是 OpenID 或者 QQ 号。这些客户有一个专门的称呼——种子人群（请记住这个名词，很常用）。OpenID 是微信的"专利"，利用 OpenID 进行的广告投放也只支持微信中的广告，如小程序广告、朋友圈广告等。而将 QQ 号作为 ID 的广告投放，无法投放到微信中。因为目前 QQ 和微信的用户数据还没有打通。

这些 ID 数据被收集起来之后，需要上传给对应的 DMP。如果你的 Look-alike 广告投放的媒体资源来自阿里系，那么你需要上传这些 ID 数据给阿里巴巴的 DMP（如阿里巴巴的品牌数据银行）；如果你准备投放的是腾讯的广告，那么你需要上传这些 ID 数据给腾讯的 DMP。以此类推。你也可以把这些 ID 数据上传给第三方 DMP，第三方 DMP 一般由数字广告技术服务商提供，可以对接多种广告资源。

在 DMP 收到这些 ID 数据之后，你可以在 DMP 的操作界面中进行 Look-alike

操作。不同的 DMP 对人群放大的方式可能略有不同，一般有两种：一种是相似度控制（见图 3.35）；另一种是人群放大量控制（见图 3.36）。

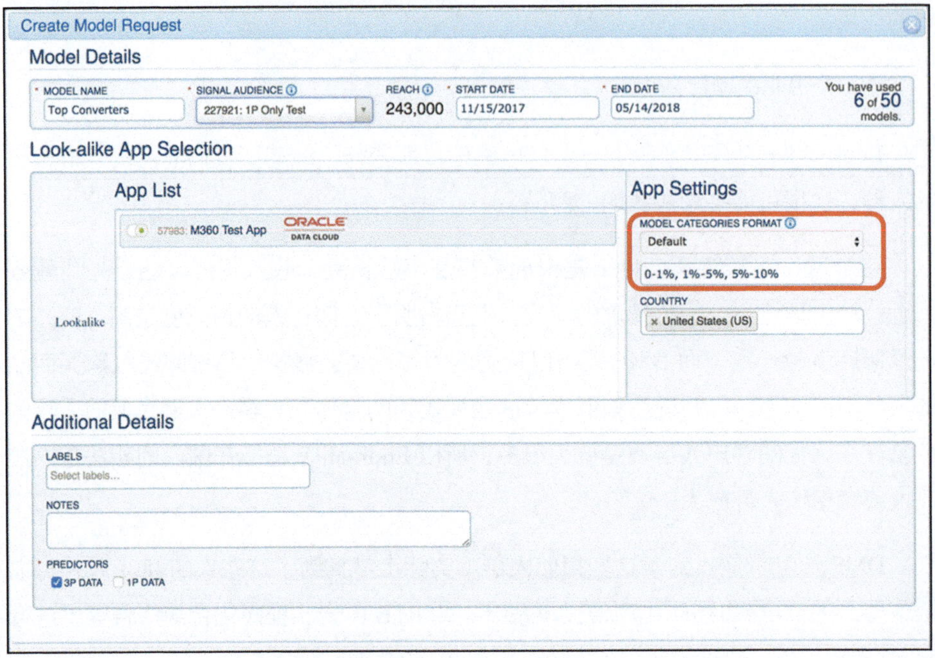

图 3.35　相似度控制

所谓相似度控制，是指可以自由选择放大人群的相似度，如你需要放大人群和种子人群的相似度是至少 80%，那么你可以指定 DMP 找到所有与种子人群的相似度不低于 80% 的人。在这种方法下，具体会放大到多少人，无法预先知道，只有在 DMP 计算出来之后才知道。

人群放大量控制则完全相反，即你告诉 DMP 你需要放大到多少人，然后 DMP 计算出放大之后的人群总的相似度，如图 3.36 所示。当然，DMP 在进行人群放大时，要从最相似的人群开始选起，然后向次相似的人群扩展，以此类推，直到达到你预期的人数。这种方法不能预先知道人群总的相似度。

这两种方法只在操作上有差异，本质是一样的，所以并没有哪种方法比另一种方法更受欢迎。

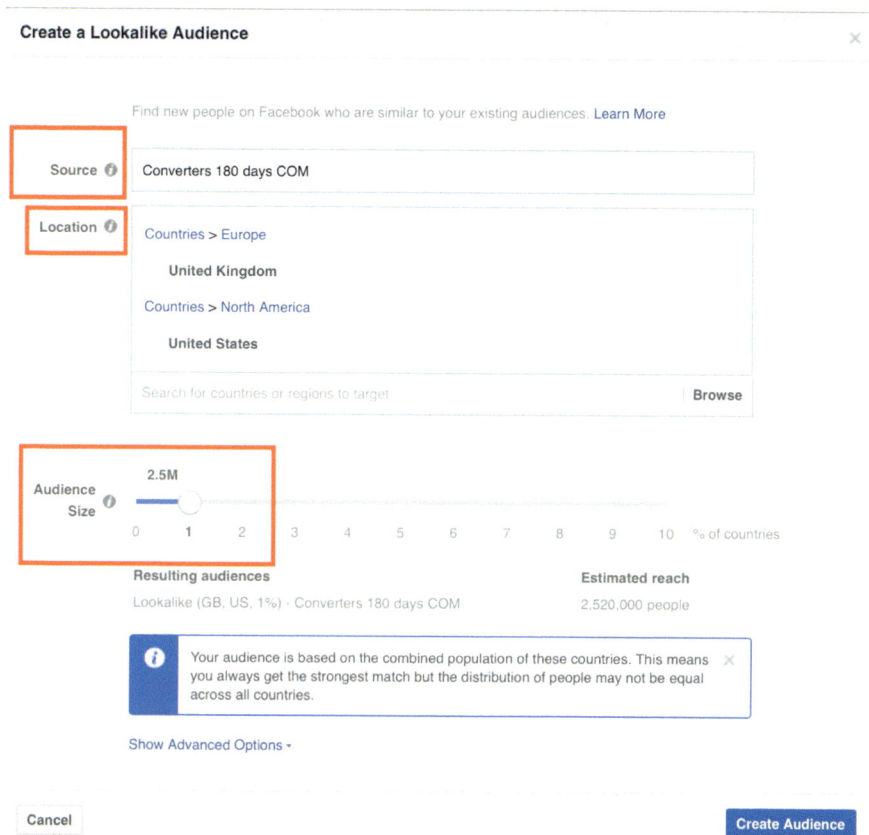

图 3.36　人群放大量控制

Look-alike 是否能给广告投放带来更好的效果

Look-alike 能给广告投放带来更好的效果吗？

答案并不是简单的"是"。

Look-alike 方法有一个很重要的前提，那就是种子人群包含的个体的数量要足够，并且质量要足够好。

所谓数量足够，是指你不能将只有几十个种子个体的人群，放大到几十万个近似个体的人群。种子人群包含的个体数量太少，计算机的相似度计算就缺乏可以归纳出规律的样本。一般而言，种子人群包含的个体数量最少为 2000 个，而要保证广告投放的效果，一般个体数量超过 5 万个才会相对比较可靠。

种子人群的质量是指种子人群必须是购买人群，或者至少是有明确购买意向的人群。如果种子人群只是点击了广告的人群甚至只是广告的曝光人群，那么，即使这类人群包含的个体数量很大，对这些人群进行放大也无太大意义。

能保证 Look-alike 效果的，除了种子人群包含的个体数量，还有可供放大的人群的总数量。如果一个 DMP 中包含全中国所有消费者的数据，那么理论上 Look-alike 能找到所有与种子人群相近的中国消费者。如果可供放大的人群有限，那么种子人群的数量和质量再好，也无用武之地。因此，DMP 应包含海量的消费者数据，它是一个功能并不十分复杂，但数据量极大的数据系统。

Look-alike 效果的最后一个决定因素是它的算法。如果算法不正确，那么即使前面的条件都满足，找到的人群也不是真正与种子人群相似的，也无法确保效果。

从实践情况来看，利用私域数据中高质量的消费者数据进行 Look-alike，一般可以提升广告投放的效果。

Look-alike 的算法

Look-alike 的算法有多种，常用的有 4 类。

第一类，简单相似性算法（Simple Similarity-based Look-alike）。这类算法是指直接找具有相同标签或具有多个相同标签的人。其缺点是很难实现大规模的计算，只适用于小规模、少属性的数据，而不常用在数据规模较大的 DMP 中。

第二类，基于回归尤其是逻辑回归的相似性算法。这类算法对大规模 DMP 也适用，计算速度较快，但是准确度相对较低。

与第二类算法比较接近的分类算法：种子人群为正样本，候选对象为负样本，训练分类模型，然后用模型对所有候选对象进行筛选。

第三类，聚类相似度算法（Segment Approximation）。这类算法的核心思想是找到消费者属性在向量空间（特征空间）中距离更近的一群人。这类算法需要预设的聚类数据量较大、覆盖面大且质量较高，同其他算法相比，这类算法的可读性可能会好一些，但准确度不是最好的。

第四类，一些更复杂的机器学习的算法，如约束图 Look-alike 算法等。

成熟的 DMP 背后的 Look-alike 算法一般是这些算法的迭代应用，也就是先用简单的算法圈定比较相似的人群，然后用更复杂的算法做更细致的人群属性的比较。

3.5 数据驱动的效果广告投放

尽管数据驱动的程序化广告对品牌推广和效果推广都有很大价值，但效果推广与品牌推广的程序化实现方式不同，数据的应用也有差异。

相对于品牌推广，效果推广在数据的应用上更加具备可落地化的"智能"能力，这来自效果推广本身的特性——能够通过数据实时反馈效果，从而创造能够实时改进投放效果的机会。

3.5.1　再营销

很多人可能听说过再营销（Retargeting 或者 Remarketing）。

再营销是"最古老"的数据驱动，它在几年前在以 PC 端网站为主要载体的数字化营销中的应用就已经相当成熟，并且主要用在效果推广上。

再营销的本质是对那些已经被营销覆盖过却无动于衷的人群再次进行的营销，目的是使他们产生转化。

下面以网站端的再营销为例进行讲解。

假如某天有 1000 人浏览了一个电子商务网站，有 20 人完成了购买，另有 80 人将商品放入购物车（以下简称加购）但没有购买，剩下的 900 人就是既没有完成购买，也没有加购的消费者。

再营销的思想是，既然这些人已经来到我的网站，却没有做出关键行为（加购或者购买），那么，我认为他们至少对我的网站和其上的商品是感兴趣的，只是由于种种原因他们没有下定决心购买。既然如此，那么我可以再对这 900 人进行一次营销，甚至可以针对性地释放一些诱饵（如促销、优惠），从而促进他们完成购买。这种针对性的再营销活动，理论上应该具有很好的效果。事实也的确如此，再营销的转化率通常是普通投放的数倍。

在没有出现程序化广告之前，再营销由专门的再营销类的广告网络服务商完成[①]。这些服务商会在广告主的网站（如这个例子中的电子商务网站）中加上监测脚本代码，这些代码帮助广告主识别哪些网站上的用户发生了与购买相关的行为、哪些没有。对于那些没有发生与购买相关的行为的用户，当他们出现在再营销广告网络上的各媒体的广告位上时，这些广告位上会出现针对性的呼吁他们回到广告主的网站上完成购买的广告。网站端的再营销如图 3.37 所示。

---

① 再营销的实现必须基于对同一个人的跨域识别。也就是说，当他出现在网站上时，我们能识别他，当他出现在媒体上时，我们还能知道这是同一个人。在网站端，这种识别主要依靠由再营销服务商设置的第三方 Cookie；在 App 端，则主要依靠设备 ID。

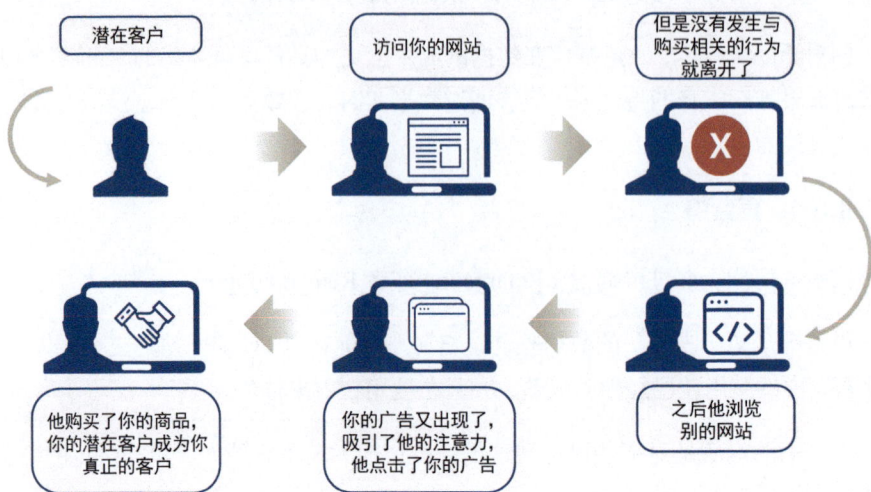

图 3.37　网站端的再营销

在这种方式下，广告网络既扮演了技术商的角色，又提供相关的广告资源。类似的方式不仅在网站端可行，在 App 端也没问题。

如今，随着程序化广告的发展，再营销已经是程序化广告中非常常见的一种营销方式了，在中国，大部分程序化服务提供商都可以提供再营销服务。这实际上是一个进步：再营销本质上是选人投放，只是传统再营销不能做 Look-alike，而且只能用自己广告网络内的资源（因为网站端的用户 ID 一般是第三方 Cookie，具有先天的短板），但程序化服务提供商的再营销可以应用 Look-alike 功能做人群放大，并且可以将得到的人群数据运用到更广泛的支持程序化媒体的公共或私有资源中。

这里所讲的公共资源包括公开市场的 RTB，而私有资源包括我们后面会看到的私有化的 RTB 和前文已经介绍过的程序化合约、优先交易等。

再营销本质上是选人投放广告的一个子集，它的选人是比较粗放的——一般都是那些已经进入你的网站或者 App，却没有发生转化相关行为的人，对这类人进行选择的方式，与 3.4.2 节中的选人方法相比，过于简单、粗暴。而随着数据驱动能力的增强，效果营销对数据的应用到了更深的层次，这个更深的层次，典型的就是在品牌广告上不受广告主青睐的 RTB。

3.5.2　效果营销所用的 RTB

RTB 在品牌广告上慢慢淡出，但在效果营销上仍然拥有大量的预算，这说明广告主是认可 RTB 在效果营销上的价值的。

这里的 RTB 是指公开市场的 RTB，即通过广告交换平台进行交易的 RTB。后面还会介绍另外一种 RTB，被称为私有 RTB，与这里的 RTB 不同。

为什么 RTB 在效果营销上有价值？你可能会说，那是因为效果营销的效果是很具体的、是落地的、是能统计的。以电子商务为例，发生了转化，就是有效果，没有发生转化，哪怕前面的数据再漂亮，这些流量也没有价值。效果营销就是如此直接，如此以结果论英雄。

这个回答对，但不全面，效果营销重视 RTB，不仅是因为效果是能统计的，还因为效果是能产生更多效果的。要理解这一点，我们需要学习一个新的知识——监督学习。

监督学习

监督学习（Supervised Learning）是一种非常常见的机器学习（Machine Learning）的方法。在监督学习中，每个实例都是由一个输入对象（通常被称为矢量）和一个期望的输出值（也称监督信号）组成的。例如，与营销相关的创意、广告出价（排名）、目标人群的各种设置等属于输入对象，广告的效果（如点击率）就是输出值。监督学习是在对这些输入对象和输出值进行分析的基础上，推算出二者间的映射关系，然后用这一映射关系去推断新的实例的情况。在刚才的例子中，历史的创意、广告出价、目标人群的设置数据及其相应效果的输出值可以用来推断未来在各种创意、广告出价和目标人群设置下的效果，并利用实际效果的产出数据不断优化输入对象的设置，从而让机器实现自动化的营销效果优化。

这个解释如同一本教科书，听起来很费劲。如果用通俗易懂的语言来解释，监督学习就是你设定一个目标，然后让机器去进行各种尝试来达成这个目标。

例如，你设定了用 100 万元获得 2 万个转化的目标，机器就开始运行了，起初机器是毫无章法地投放，但是在一段时间后，机器会根据最后的结果反推之前的投放是否合适，假如机器发现根据过去的数据，具有某几类特征的人（其实是拥有某些属性特征的 ID）更容易实现转化，机器就开始向这些人进行更多的投放。或者，机器也发现含有某个元素的创意投放给某些特定人群，其点击率和转化率比用别的创意或者投放给其他人群要高，机器也会多选择这个创意进行投放。在不断的投放—学习—校正—投放—学习—校正的循环中，机器如同人一样，慢慢"摸索"出一套方法，并且不断优化，直到最终得出最接近你期望的投放结果。这跟人不断试错，摸着石头过河，从而找到正确的解决方法的过程是一样的。

除了选择合适的人和创意，监督学习也同样会把媒体情况、广告位、投放时间、竞争情况等众多变量一起纳入试错范围，并且会随着时间的推移持续调整。总之，理论上一切对最终结果有影响的可控变量都是监督学习可以大展拳脚的地方。

监督学习是人工智能的一个重要分支。不过，并不是所有的人工智能都适合采用监督学习。例如，自动驾驶就不能完全采用监督学习，它主要依靠非监督学习的人工智能，至于原因，就留给大家自己思考吧。

监督学习也不适合用在品牌广告的投放上。因为品牌广告的投放效果并不是以直接的转化或者重要消费者行为的发生为依据的，而是以人群触达为主要依据的。这样，监督学习就找不到最后产出结果，监督也就无从开展。不过，近几年品牌广告的投放有明显的效果化趋势，监督学习应该会逐步应用于其中。

效果类 RTB 的实现机制

尽管品牌推广不太能依靠监督学习，但效果类的广告投放特别适合采用监督学习。因此，品牌类 RTB 和效果类 RTB 看似相似，但内核截然不同。

品牌类 RTB 是直接选择符合要求的目标人群进行投放，在投放之后再（由第三方）验证这些人群是不是目标人群。选人是核心，选人既是投放的手段，又是投放的目的。

效果类 RTB 也需要选择目标人群进行投放，但它多了一个效果反馈机制，在这个机制下，广告投放服务商一边投放，一边需要利用我们在 2.6 节中介绍的方法收集受众的行为数据，从而对效果进行评估，并作为进行不断监督学习的依据。监督学习的过程是不断调整广告投放各个变量的过程，包括最初选择的人群，目的是提升单位产出的效果。这与品牌类 RTB 很不同，品牌类 RTB，除非广告主要求改变目标人群的定义，否则投放定向的人群不可能被机器主动改变。

效果类 RTB 监督学习的过程被俗称为投放优化，整个过程是由机器基于算法自动完成的，人并不需要直接干预。不同的 DSP 监督学习的算法水平有高有低，因此投放的效果也有差别。

值得注意的是，无论算法多好，效果类 RTB 的效果都是需要一定时间才能提升的，不可能立即发生，道理很简单，机器需要学习，而学习是一个过程。所有监督学习的投放方式，包括我在后面要讲到的私有 RTB 和 RTA 广告，效果的提升都不是立即发生的。

但是，监督学习也有一个命门，那就是必须有原始积累，即投放的初期需要有结果，也就是需要有转化产生，而且转化越多越好，否则机器就真的成了试错，结果一直"错"，导致监督学习得不到正向样本的支持而失效。

效果类 RTB 的交易机制

由于效果类 RTB 强调的是效果的达成，因此较少通过 CPM 方式进行计价。一般而言，效果类 RTB 的计价方式取决于广告主和投放服务商（一般是 DSP）谁更强势，如果广告主更强势，那么广告主甚至可以以 CPA 或 CPS 方式来计价，否则，投放服务商会选择对自己更有利的 CPC 方式。很多手机游戏通过 RTB 方式进行推广，往往以 CPD 方式来计价，这里的 CPD，跟我们之前讲的 Cost per Day 不同，是指 Cost per Download（按下载量付费），也有称 CPI［Cost per Installation，按安装量付费，这个词跟经济学的消费价格指数（Consumer Price Index）的简写是一样的，但含义完全不相关］的。

目前，行业中仍然有不少效果类 RTB 投放服务商，即效果类 DSP。有些广告主也自建 DSP 接入广告交换平台进行买量和投放。效果类 RTB 是否需要跟品牌类 RTB 一样做品牌保护呢？一般而言，很少有广告主提出这样的要求。

效果类广告主投放 RTB 广告的效果一定会好吗？这个问题不容易回答，因为有一定的随机性。在广告主推广的商品没有问题的情况下，RTB 的效果取决于两点：第一，DSP 的监督学习的优化算法；第二，广告位资源的质量。优化算法基本上可以认为是一个变化有限的常量，而广告位资源的质量的随机性很大。效果类 RTB 的广告位资源五花八门，良莠不齐，多为碎片化资源，头部资源非常罕见，这意味着碰到作弊流量与垃圾流量的可能性不能排除，也会造成投放过程中无法获得真正监督学习所需要的转化结果。因此，对广告主而言，以效果（CPA、CPS 等）作为计价方式是合理的，但也要注意，即使是效果，也是可以被作弊的（关于作弊的问题，4.6 节会涉及）。

3.5.3　私有 RTB

前面所介绍的 RTB 都是在公开市场中进行的，也就是都是在广告交换平台上实现的。但是公开 RTB 存在一个很大的问题，阻碍了大量广告主选择这种方式进行引流投放。

这个问题是，公开 RTB 上的广告资源并不总能保证质量。之前已经提到，头部媒体不乐意将自己的好资源放到公开市场上售卖，媒体如果有稳定的合约广告生意来源，就很少考虑在广告交换平台上变现，这使广告交换平台上的广告资源的质量得不到保证。

这造成公开 RTB 的应用场景越来越局限于那些只追求效果，而不在乎方法的广告主。更多广告主期待一种既具有 RTB 的优点（可选人、按量付费、灵活投放），又能够确保广告资源质量的投放方式。

这样的投放方式在类似于今日头条这样的信息流媒体出现之后得以产生。信息流媒体上的广告也是信息流形式的，信息流广告本质上也是 RTB 广告。

私有 RTB 的特点

信息流广告的 RTB 不是普通公开市场的 RTB，而是完全基于媒体自己的资源（理论上如此，但实际上也会有一些其他的流量掺杂进来，我在 4.6 节中介绍作弊流量时会介绍）的，广告主同样还是根据受众中个体的数据来实时决定是否参与竞价，一旦竞得，就会在这个媒体上以图文信息流或视频信息流的形式展示自己的广告。

由于这种方式与公开 RTB 的主要区别是资源类别不同，它虽然也是 RTB，但资源是媒体自己的资源，广告的交易也发生在媒体自己的广告平台上，因此被称为私有 RTB 或者封闭 RTB。

在私有 RTB 方式下，广告主并不需要 DSP 帮助它参与竞价，因为 DSP 由媒体自己提供，也就是媒体提供给广告主的广告投放系统。广告主也不需要第三方DMP 帮助它了解媒体上的消费者数据，因为媒体同样也会基于自己收集的消费者数据做一个 DMP 或者类 DMP，以供广告主进行投放人群的选择。当然，在这个体系中，更不会有一个公开市场交易系统（广告交换平台），广告主自己的广告资源管理系统就能实现相关的功能。

除了图文信息流，短视频信息流也同样采用 RTB 方式，甚至有少部分的前贴片广告也采用这种方式。公开 RTB 与私有 RTB 的对比如表 3.3 所示。

表 3.3　公开 RTB 与私有 RTB 的对比

项目	公开RTB	私有RTB
是否实时竞价	是	是
广告资源是否来自多个媒体	是	否（在少许情况下，不排除从外部引入流量，但总体以自由资源为主）
是否需要第三方DSP	是	否
是否需要DMP	是，尤其需要第三方DMP	是，但媒体自己提供
是否需要广告交换平台	是	否
广告形式	以展示类广告、视频贴片广告为主	多见于信息流广告

目前，私有 RTB 广告的年投放规模已经超过 2000 亿元，其中绝大部分是信息流广告。

广告主视角下私有 RTB 的竞价逻辑

理解私有 RTB 广告，尤其是信息流广告投放的优化，从理解竞价开始。

所有的竞价都是与竞争对手的竞价，但谁是竞争对手，对于不同的竞价广告，差别很大。例如，信息流广告与搜索引擎竞价排名广告有巨大的差别，搜索引擎竞价排名广告中的竞争对手一般是同行业的广告主，而信息流广告的竞价参与者可能是任何行业的广告主。原因在于，搜索引擎竞价排名广告的竞价围绕搜索词展开，同一类搜索词决定了同一类广告主，但信息流广告不同，它的竞价是围绕人展开的，同一个人可能是很多行业的目标受众。因此，信息流广告的竞价管理，理论上比搜索引擎竞价排名广告更难。

从媒体端来看，信息流广告竞价管理的特性是"机器参与的多，人参与的少"，而搜索引擎竞价排名广告则是"人参与的多，机器参与的少"。尽管这么说不算严谨，但是考虑到信息流广告的竞价机器参与的更多，因此信息流广告的竞价在相当程度上是与机器在博弈。

从本质上来说，私有 RTB 体系的特性注定了它要顺应机器的算法、满足机器的优化要求，而不仅仅是考虑与其他投放者的价格竞争。在某种程度上，尽管价格竞争仍然重要，但是方式和操作都已经相当不同。

这是信息流广告投放优化的核心问题。事实上，所有 RTB 类型的优化，把针对机器的优化放在首位，都是正确的思维。

信息流广告的优化逻辑

与搜索引擎竞价排名广告的优化逻辑非常不同，对已经处于投放运行状态的信息流广告，优化操作不能太频繁，更多的优化应集中在不断上线广告上。已经投放上线的广告不做频繁调整是为了给机器时间和机会去试错（这是监督学习必须经历的过程）。广告主改变投放设置，就意味着监督学习中输入的变量发生了改变，机器需要重新计算，而之前计算的策略不得不调整后重新开始，尤其是对于已经产生了转化的广告，可能会有显著的影响。

例如，一旦上线一个广告，就不要随意频繁调价，不要迅速大幅度地提升竞价或降低竞价，尤其是对于已经产生效果的广告，如果必须调整，那么也要注意不能一次性地大幅度调整，而要逐步调整，或上一个新的计划跟它并列。

有些朋友认为信息流广告是精准广告，因此每个上线的广告的人群选择都需要非常精准。这个策略存在一些问题。信息流广告拥有与 RTB 广告同样的选人的功能，但它最终的目的不是选择人，而是转化。

信息流广告的选人过程分为两个步骤。第一个步骤是广告主在广告投放的后台选择自己需要的人群，如按照人群的社会属性来选择，或者按照人群的兴趣来选择，也可以将社会属性和兴趣属性叠加在一起，做交集的操作。不管怎么选择，广告主都给了信息流广告优化系统一个投放人群的范围——机器会在这个选定的人群范围内进一步找人投放。

第二个步骤是机器在广告主选定的人群范围内找人。在这个步骤中，机器找人不是以广告主指定的那些人群选择条件为唯一标准的，因为它的目的并不是向广告主选定的人群进行广告投放便了事，而是追求转化。因此，机器会使用更多的人群属性变量，但这些变量广告主看不到，因为它们太过繁杂、琐碎，不可能全部显示在广告操作界面上。这些变量成为机器学习的输入对象。例如，机器会大致在广告主选定的人群内做随机尝试，一旦有了点击，它就开始做监督学习，判断具有哪些属性的人更容易发生点击行为，于是将曝光向这群人倾斜。之后，这群人中的一部分发生了转化，机器继续学习哪些属性的人更容易发生转化，并将曝光向这部分人更加倾斜。

因此，看似在广告投放后台进行的选人操作，实际上并不是选人，而是圈人，最终的选人，是由机器在广告主圈定范围之后基于监督学习而完成的。

如果广告主在一开始广告上线的时候，选人的范围设置得很严苛，如不仅设置了很小的社会属性的范围，还叠加了更为具体的兴趣属性，如此圈定的人群范围会很小，机器就只能在人数不太多的小圈子内帮广告主找人实现转化，也就是说，试错的范围和机会都很有限，监督学习很难有效地进行，广告主的广告很可能会空有预算，但花不出去。

在这一点上，搜索引擎竞价排名广告和信息流广告非常不同。搜索引擎竞价排名广告是极为精确的搜索关键词排名，哪怕你只有很少的预算，只要你的出价不低、质量度不低，你的广告就有被展示和被点击的机会。但信息流广告及其他私有 RTB 广告不是这样的，这意味着你在广告上线初期，不要将人群范围限定得太小。有些信息流广告甚至在上线初期不限定人群投放，而在产生效果之后再根据报告分析哪些人群更容易转化，再做人群范围的限定。这种策略看似浪费，实际上却可能是一个好策略。

同样的原因，在广告上线初期，你应该出价略高，或者比系统建议的出价更高。这么做同样是让广告系统给你的广告更多的展示机会，从而让机器有更多试错的机会并更早达到优化的结果。

有时，你还需有意增加自己广告账户中的余额和每天的投放预算，以使信息流广告的投放系统认为你是更重要的广告主，从而给你的广告更多的展示机会。即使你不打算在短时间内花很多钱，也应在预算设定上多增加，最好做到"不限制投放金额"的程度，在你认为合适的时候，再手动关闭。

这些方法都是信息流广告常用的优化方法，它们共同反映了我前面所说的一个特征——都是针对机器进行的优化。例如，一旦一个广告有了流量，你一看，哎呀，价格这么贵，肯定是我当时设定的出价太高了，我要调低一点。但是，机器不会这么理解，它以为它之前学习的结果（策略）是错误的，或者它不得不按照新的出价重新进行优化，这二者都可能让你本来好好的流量突然大幅回落。

因此，如果按照过去操作搜索引擎竞价排名广告的方法（看价格调价格）来操作信息流广告，信息流广告就会总是很难起量。很多人抱怨自己的信息流广告投放有钱花不出去很可能就是这个原因。

"治大国若烹小鲜"，对待信息流账户，这句话也适用。

如果机器（投放系统）的试错机会不够，就难以达到比较理想的策略区间，从而要么机器（投放系统）不能给广告主带来足够的流量和转化，要么广告实际价格就会奇怪地离谱。若一个月只有几千元的预算，要把信息流广告投出效果的概率是很小的，就是这个原因。

有些信息流广告媒体为了让广告主放心大胆地多去试错，甚至安排了一些有趣的功能或政策。例如，有的信息流广告媒体为广告主提供了一键起量功能，因为有可能按照正常方式投放，一些冷启动的广告可能一直得不到展示或点击(也就是无法起量)。这时，一键起量功能就会在短时间内为这些广告突击带来不少流量，以帮助这些广告度过机器学习的初始阶段，还能让广告主快速看到这些广告到底有没有效果。

目前，一键起量功能并不是完全开放的功能，可能需要申请。另外，一键起量只对冷启动的广告有作用，一个计划最多只能用一次该功能，且只对以 oCPM 出价的广告有效（关于 oCPM，3.5.4 节会介绍）。

另外，部分信息流广告媒体也提供赔付政策。也就是说，如果广告主设定了转化（一般是 CPA）的阈值，当实际广告的成本高于该阈值时，媒体就会按照差价赔付给广告主相应的广告费。该政策既提升了广告主的体验，又让它们敢于试错，并且对自己的广告和媒体都更有耐心和信心。

不过，信息流广告也存在一些问题，这些问题决定了广告主实际上并不能像操作搜索引擎竞价排名广告那样去精确控制信息流广告的投放。这是由信息流广告的资源和机器学习的随机性决定的。信息流广告的人群不如搜索引擎竞价排名广告的人群那么精准，因为搜索词精确地反映了人群当下的兴趣，但信息流广告是将人群在信息流广告媒体上的行为（主要是浏览和点赞之类的行为）记录下来放入 DMP 中，再归纳出人群的兴趣。因此，这个兴趣是比较模糊的，远不及搜索引擎用户的人群的兴趣准确。而这种模糊性，给了机器很宽泛的学习范围，以及很多随机变量的扰动。因此，即使你有两个完全相同的广告，人群的选择、竞价金额、广告的创意等都完全相同，它们也不太可能会有完全相同的表现，就算你让这两个完全相同的广告同时上线也仍会如此。

而且，信息流广告的机器学习后台是一个需要大量算法和数据的极为复杂的系统，并不是所有的媒体都有较高的机器学习水平，尤其在还要夹杂在考虑到自己的 eCPM 最大化的情况下，很多信息流广告的后台系统仍然很不成熟，这也加剧了信息流广告投放的不确定性。

因此，信息流广告的投放策略非常灵活，过于精确的策略有时可能适得其反。投放信息流广告及私有 RTB 广告的营销人，倾向于通过不断上新广告大量测试的方式找到更优化的效果，这也使信息流类广告充满了大量的辛苦劳动。技术和工具系统必须发展，以减少从业者的重复劳动，从而提高投放效率，并直接或间接地提升投放效果。

3.5.4 oCPM 与 oCPC

优化信息流广告的效果，一定绕不开 oCPM 和 oCPC 投放出价的方式。这一节，我们在前面内容的基础上，介绍信息流广告中这两种独特的投放出价方式。

信息流的 oCPM 和 oCPC 投放

oCPC 和 oCPM 都是信息流广告典型的出价方式，弄懂它们背后的机制对于搞清楚信息流广告的投放优化至关重要。我先来介绍 oCPC。

oCPC（optimized CPC）本质上还是按照 CPC 方式来计费的，但是它在 CPC 的基础上加了一个 o。为什么要加一个 o 呢？

原来，如果按照 CPC 计费，媒体就不会考虑广告主的效果，反正点击了我就收你的钱。但是广告主会不高兴，觉得说，虽然点击这么多，但一点效果都没有。

于是，广告主会建议：既然 CPC 有很多点击我觉得没有效果，那么能不能媒体你按照 CPA 来计费呀。

按照 CPA 方式计费，对广告主而言是有利的。A 即 Action，往往是广告主所追求的受众的某种交互行为，如加购、点击咨询按钮、下载等。按照 CPA 方式计费，就是按照效果计费，这是广告主愿意接受的。

但媒体不太认可 CPA 方式，主要是因为 A 不是标准定义的指标，在计费时缺乏标准。还有一个原因（但不是主要原因），A 的转化不理想，不一定是媒体的流量不好，也可能是你广告主的着陆页不理想。因此，媒体不接受按照 CPA 方式计费，部分原因是媒体认为广告的最终效果其实是不可控的。

于是，出现了一种折中的办法，即媒体按照广告主希望受众做出的 A 甚至是 S（Sale，销售，也可以叫作转化）作为它们调整广告投放策略和流量分配的优化依据，而实际的计费还是按照 C 来进行。也就是说，媒体配合广告主想办法优化 A 或者 S，但定价还是按照 C 来。这种方式双方都可以接受。

类似的还有 oCPM，它在本质上和 oCPC 是一样的，区别是它的定价不是用 C 来定价的，而是用 M（Impression，广告曝光量）来定价的。设置 oCPM 和 oCPC 出价的广告后台如图 3.38 所示。

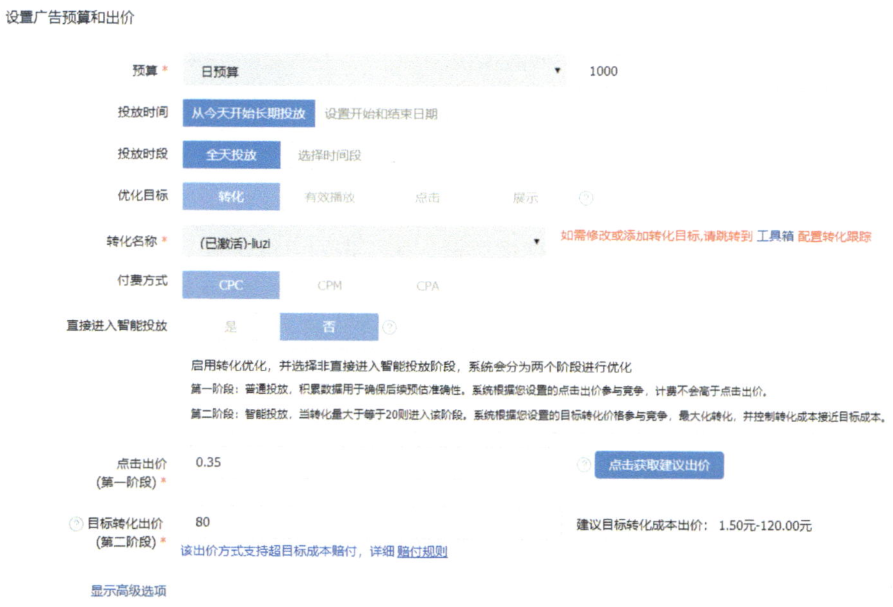

设置广告预算和出价

预算 *	日预算 ▼	1000
投放时间	从今天开始长期投放 设置开始和结束日期	
投放时段	全天投放 选择时间段	
优化目标	转化 有效播放 点击 展示 ⓘ	
转化名称 *	(已激活)-liuzi ▼	如需修改或添加转化目标,请跳转到 工具箱 配置转化跟踪
付费方式	CPC CPM CPA	
直接进入智能投放	是 否 ⓘ	

启用转化优化，并选择非直接进入智能投放阶段，系统会分为两个阶段进行优化

第一阶段：普通投放，积累数据用于确保后续预估准确性，系统根据您设置的点击出价参与竞争，计费不会高于点击出价。

第二阶段：智能投放，当转化量大于等于20则进入该阶段，系统根据您设置的目标转化价格参与竞争，最大化转化，并控制转化成本接近目标成本。

点击出价 (第一阶段) *	0.35	点击获取建议出价
ⓘ 目标转化出价 (第二阶段) *	80 该出价方式支持超目标成本赔付,详细 赔付规则	建议目标转化成本出价：1.50元-120.00元

显示高级选项

图 3.38　设置 oCPM 和 oCPC 出价的广告后台

现在，大家更关心的问题是：oCPC 靠谱吗？

如果一切正常，oCPC 就是一种比你自己进行 CPC 出价投放更好的方式，因为机器的反应比人快。

在一般情况下，如果你能够用 oCPC 方式进行投放，那么效果会比你用 CPC 方式进行投放的好。不过，"一般情况" 4 个字意味着在 "不一般的情况" 下，oCPC 可能并不好用。

那么，"一般情况" 是什么呢？

第一种，提供 oCPC 投放方式的媒体的优化算法是靠谱的。

第二种，你投放的金额要足够，出价也要足够高。

第三种，提供 oCPC 投放方式的媒体能够对 A 进行充分的监测。

第四种，你所处的领域广告投放的竞争强度较少发生剧烈变化。

第五种，媒体的广告资源足够。

这 5 种 "一般情况" 是要做好 oCPC 广告投放所必须掌握的。如果你的广告的效果不好，那么你先别埋怨自己的水平不够高，你应该先从业务的角度来审视自己有无用好 oCPC 的可能。

下面简要解释一下这 5 种 "一般情况"。

第一种，无须多说，算法不靠谱，一切都是空谈。

第二种，投放金额很重要，我在前面已经解释过了。

第三种，这是必要条件，即你需要把你的广告的目标达成（A）告诉 oCPC，它才知道朝什么方向去做监督学习。因此，你必须部署好由媒体提供的针对 A 的监测代码。

第四种，如果竞争强度变动很大，造成的后果是出价和展示都有较大波动，oCPC 就不能充分学习，oCPC 可能就会失灵。竞争强度可以保持高，也可以保持较低，但异常波动是我们要注意的。另外，信息流广告的竞价是开放性竞价，因为它面对的主要是人群，而不是关键词，因此不同行业的广告主之间也是有相互竞争的。例如，对于一个高净值人群，金融、高端教育、汽车、房地产等行业的广告主都会把他当作目标人群，从而对他进行 "争夺"。在考虑竞争强度时，需要把这一情况考虑在内。

第五种，这也是一种很关键的情况。如今的头部信息流广告媒体有可能广告资源"爆仓"，尤其在几个重要的电商节日和国内的节日期间。信息流广告的流量已经跟过去不太一样，如果媒体没有足够的广告资源，却对广告主的进入毫无限制甚至不断招揽广告主，流量是否可靠就成为最大的"疑点"。如果流量不可靠，那么无论是 oCPC 还是 oCPM，即使按照 CPA 方式计费，也都于事无补。

当然，oCPC 的效果最终还是取决于流量的质量。oCPC 的优点很明显——一般而言，广告效果更好了。但它也有缺点——如果广告主的转化太稀疏，就起不到什么作用。另外，它是锦上添花，如果流量的本质不好，它就起不到作用。但在一般情况下，选择 oCPC 或者 oCPM 相对于常规出价还是要更稳妥些。

搜索引擎竞价排名的 oCPC 投放

除了信息流媒体，搜索引擎竞价排名也玩起了 oCPC，如百度。

关于搜索引擎竞价排名 oCPC 是什么，百度官方给出的解释是，它是基于目标转化的智能提效扩量营销推广方式，基于更科学的转化率预估机制，帮助广告主实现智能出价，在获取更多优质流量的同时提高转化效果，控制转化成本。搜索引擎竞价排名的 oCPC 出价配置界面如图 3.39 所示。

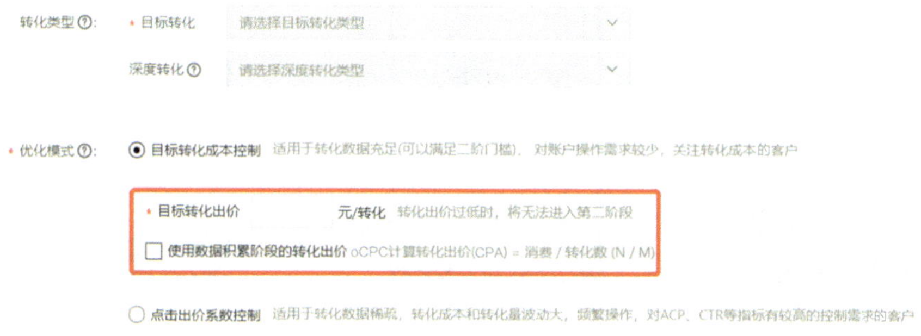

图 3.39　搜索引擎竞价排名的 oCPC 出价配置界面

用通俗易懂的话来说，就是原来你是通过控制关键词的点击价格来控制转化成本的，现在你只要设定目标转化成本，将出价交给系统，系统通过预估潜在人群的转化意愿，自动优化出价来帮你达到目标转化成本。

oCPC 出价难道只是自动调价工具？对于高转化的关键词就提高出价，对于低转化的关键词就降低出价？这和之前的自动竞价工具有什么差别？

事情并非如此简单。

在 CPC 竞价方式下，假如某教育培训机构购买了"中考数学"的关键词，用户 A 搜索"2020 重庆中考数学 B 卷"短语匹配到了该关键词，此时该教育培训机构的广告就会被展示给用户 A。但实际上用户 A 是一位中学教师，并非该教育培训机构的潜在客户。如果用户 A 点击了该教育培训机构的推广信息，那么这个广告费其实是被浪费了。

而 oCPC 方式依据的是百度背后的用户画像数据。同样是用户 A，百度可以通过他之前的行为和浏览数据，判断出他的转化概率低，因此百度决定"帮该教育培训机构省钱"，不对用户 A 展示该教育培训机构的广告。

另一个搜索"2020 重庆中考数学 B 卷"的用户 B 是一位学生家长，系统预估他是高转化概率的潜在客户，所以系统此时会尽量提高关键词的出价来展示该教育培训机构的广告。搜索引擎竞价排名的 oCPC 广告示例如图 3.40 所示。

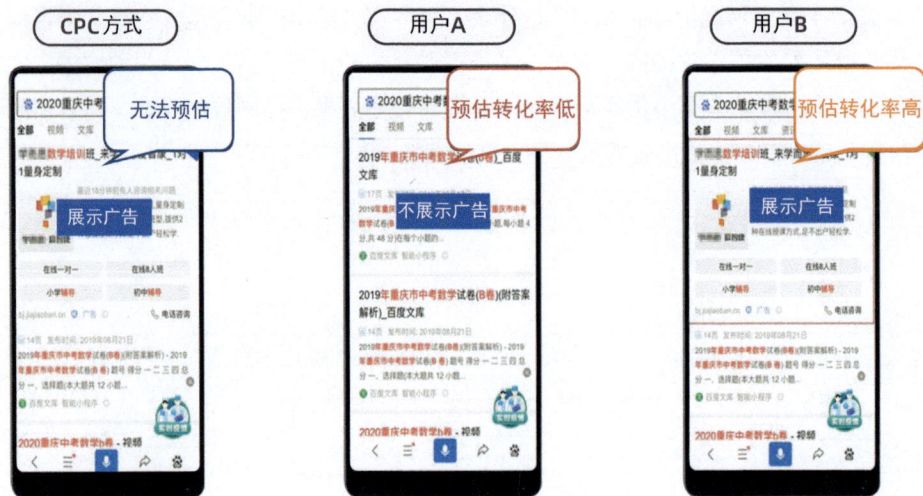

图 3.40　搜索引擎的 oCPC 广告示例

CPC 是批量流量投放方式：只要匹配到购买关键词的所有流量，就全部统一展示广告。而每个流量背后的用户的意图和转化概率，我们是无法知道也无法控制的。

oCPC 是单次流量投放方式：对于同一个关键词，用户的搜索意图是不同的，通过预判转化率高低来决定是增强展示还是不展示，从而降低单个用户的转化成本。

搜索引擎的 oCPC 方式与 CPC 方式的对比如图 3.41 所示。

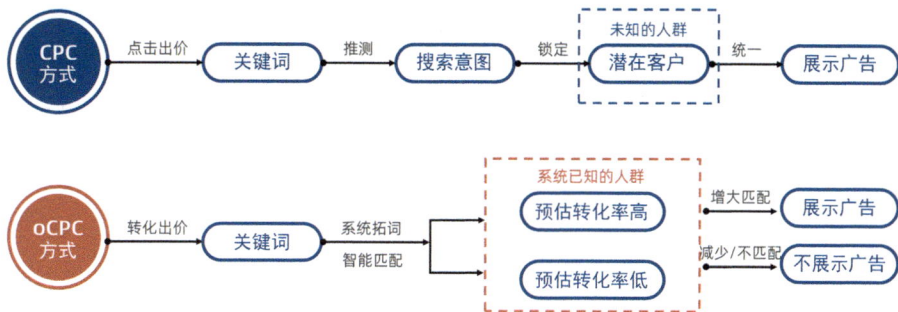

图 3.41　搜索引擎的 oCPC 方式与 CPC 方式的对比

要实现搜索引擎竞价排名的 oCPC 方式，需要经过两个阶段。

第一阶段：普通投放阶段，通过关键词的原始出价累计数据了解转化用户的特征，进行 oCPC 方式的搭建。

第二阶段：智能投放阶段，当转化数量达标后进入智能自动出价阶段，即针对潜在客户动态地出价。

搜索引擎竞价排名的 oCPC 方式源于百度对自己数据能力的挖掘，第一阶段的作用在于让投放系统了解广告主的转化用户的特征并与百度自己的用户特征进行匹配，也就是我们前面所讲的机器学习的试错过程。因此，想让 oCPC 快速生效只有一种方法，那就是尽快完成第一阶段要求的数据积累，让投放系统更了解广告主的广告和受众。

搜索引擎竞价排名的 oCPC 方式的效果会更好吗？一般而言会更好，但很多广告主也会发现 oCPC 方式下的实际投放价格要远高于 CPC 出价的方式。这种方式是否会令广告主的 ROAS（广告支出回报比）更好，需要广告主自己去尝试，而并无一个固定的答案。

3.5.5　效果类程序化广告投放的操作系统

效果类程序化广告投放的操作系统是指帮助广告主管理效果类程序化广告投放，提高投放效率，增加投放智能性的软件系统。它与品牌程序化广告投放的操作系统中的 Trading Desk 的作用非常相似，但它具体的应用场景和功能更偏重于效果类程序化广告的媒体与渠道。

效果类程序化广告投放的 Trading Desk

为了追求效果，不同广告主的策略不同。对预算充足的大型效果类广告主或者效果类广告投放的代理商来说，它们会遇到一个共同的问题：随着接入的渠道和新增账户数的增加，对于渠道和投放的管理难度都会呈现指数级的增长。这个问题主要来自大量重复的机械的劳动，导致广告投放的效率低下；或者投放数据分散，增大了数据管理难度；或者各种资源缺乏整合，难以形成更高水平的投放执行能力等。

效果类程序化广告投放的 Trading Desk 是解决这个问题的主要工具，它主要作用于图 3.41 中红色文字的部分。

图 3.42 展示了效果类程序化广告投放的 Trading Desk 的大致架构。效果类程序化广告投放的 Trading Desk 与品牌程序化广告投放的 Trading Desk 相比，在功能模块上的区别并不大，更多的区别在具体功能上。

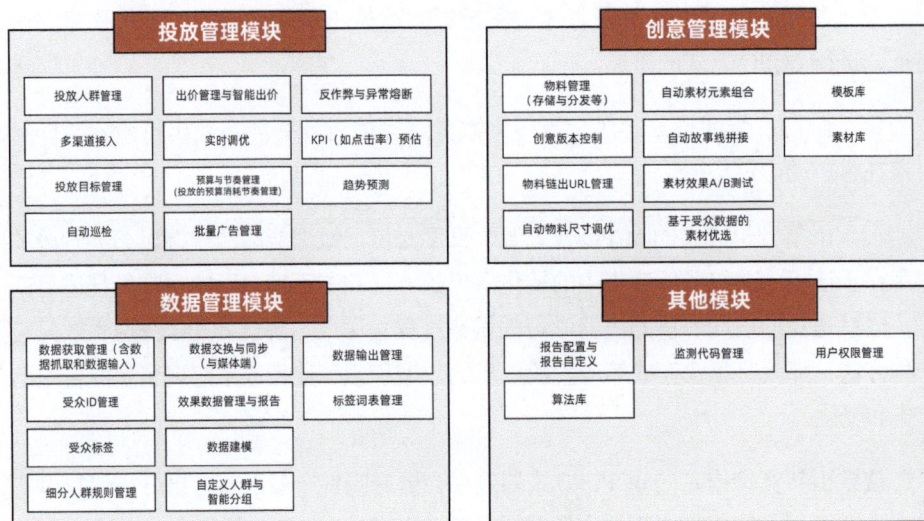

图 3.42　效果类程序化广告投放的 Trading Desk 的大致架构

快速冷启动

从广告主完成开户到实际开始花钱投放的过程称为冷启动。为实现更高效率的冷启动，效果类程序化广告投放的 Trading Desk 的基础功能是直接对接众多效果类程序化广告媒体和广告交换平台，这样广告主就可以在一个界面中解决多个账户投放启动的问题。

某 Trading Desk 可以接入的效果类程序化广告媒体资源示例如图 3.43 所示。

图 3.43　某 Trading Desk 可以接入的效果类程序化媒体资源示例

类似于品牌程序化广告投放的 Trading Desk 的智能排期功能，效果类程序化广告投放的 Trading Desk 的作用是主动根据广告主的投放需求，基于其接入的媒体，自动判断它认为的最佳投放组合并自动调整预算，从而帮助广告主实现快速放量和转化。这个过程看起来很"智能"，但在有经验的投放优化师的干预下，效果会更好。

同时，效果类程序化广告投放的 Trading Desk 的一些自动化功能也能帮助缩短新账户的测试周期，并解放投放人员的重复工作。这些功能包括以下几项。

快速找到投放最优解

想要找到"素材 + 定向人群"的最优解，意味着投放人员需要上传大量的测试物料。如果需要在 3 个平台上上线一个包含 2 个定向策略的 10 个创意的 5 种广告尺寸的投放项目，就需要上传 3 × 2 × 10 × 5=300（个）创意，如果用传统的人工上传，那么可能至少需要耗时 3 小时。

而使用效果类程序化广告投放的 Trading Desk 的批量上传功能，只需上传创意一次（单次可上传几十个）、设置 2 个定向模板、在 3 个平台的订单中直接选择对应的定向和创意。上述 300 个创意全部完成，只需要之前手工操作用时的几分之一。创意物料批量上传界面如图 3.44 所示。

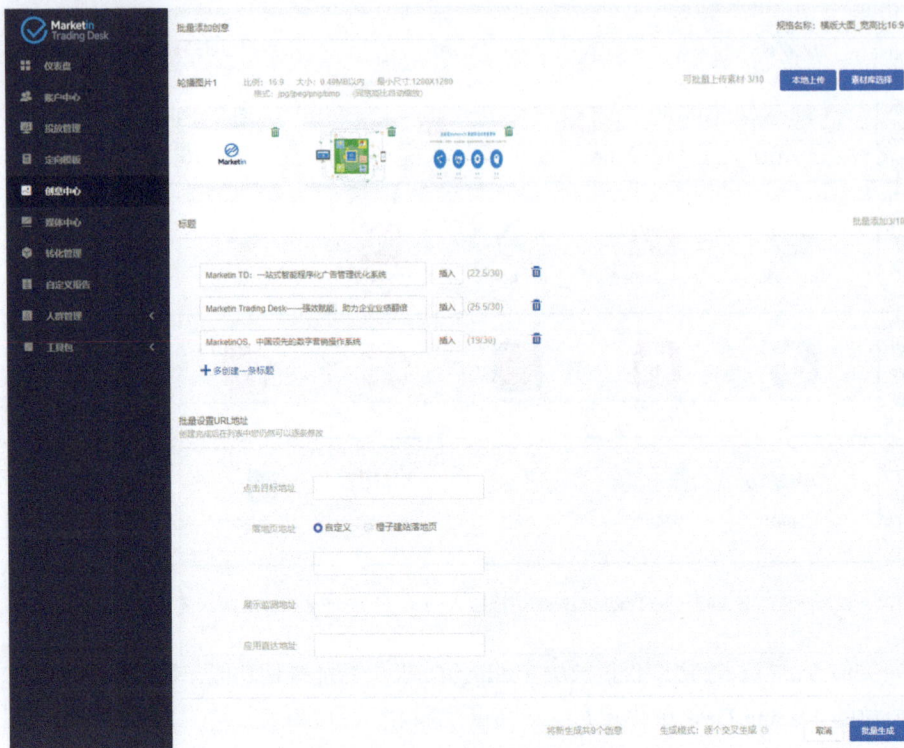

图 3.44　创意物料批量上传界面

智能巡查协助优化监测

当上线大量计划时，人力无法保证对每一个都监测到位，很容易造成广告费用的浪费。

效果类程序化广告投放的 Trading Desk 的智能巡查功能的作用是通过机器和预置规则快速筛选出异常情况，并报告给操作人员。可以创建多种规则，如 CPC>0.8 元（单个规则）、花费 >10000 元且 CPC>0.8 元（多个规则）（见图 3.45），进行自动巡查，找出满足这些规则的广告。在开启该功能后，系统会帮助广告主从大量的监测投放数据中发现情况，发出预警提示并给出对应的优化建议。

同时，智能巡查的自定义规则模板可以分享，帮助优化经验不足的从业者快速复用已被验证的巡查策略。

智能巡查功能主要是给用户在移动端使用该系统时提供方便，并且可能带有自动提醒功能，如直接发送异常信息到用户的微信上。在 PC 端，这项功能的作用没有那么大，毕竟 PC 端有更大的界面承载更多的信息。

图 3.45　创建规则

跨平台/账户的智能预算分配实现快速放量

人工调整预算的放量方式效率低下，导致整个测试周期长。效果类程序化广告投放的 Trading Desk 的智能预算分配功能直接对接媒体端的系统，根据预设的目标对各个媒体进行智能预算分配和控制。

以某广告主的预算分配为例。

该广告主在 A、B、C 三个媒体上投放广告。初始投放预算的比例分配设置是一样的，效果类程序化广告投放的 Trading Desk 的智能优化功能可以根据预先设定的目标（总预算确定，转化量最大化），每小时自动出价和每日自动调整媒体预算来实现最终的转化目标。媒体预算优化前后的对比如图 3.46 所示。

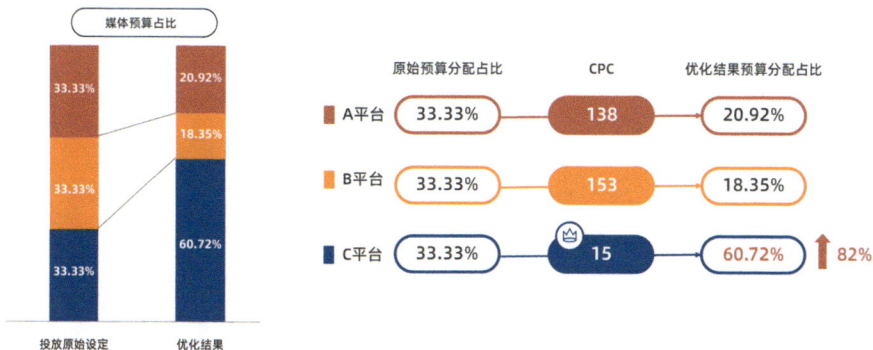

图 3.46　媒体预算优化前后的对比

预算自动优化的设置界面如图 3.47 所示。

图 3.47　预算自动优化的设置界面

自动化数据分析与优化

在对多渠道进行整合之前，数据的查看依赖于人工汇总，得到的是相对静态、粗放和延时的数据集（汇总周期一般为天、周、月）。效果类程序化广告投放的 Trading Desk 的一站式数据分析，让多渠道汇总数据能够以统一界面及高实时性呈现，解决了之前数据和资源分散的问题，从而形成全渠道优化策略。

全局数据报告汇总

效果类程序化广告投放的 Trading Desk 实现跨平台和跨账户的数据自动汇总，不需要投放人员手动下载各个渠道各个账户的数据，再通过 Excel 汇总上报。在自定义报告界面中选择要分析的数据维度后，就可直接查看分析报告或者导出分析报告，如图 3.48 所示。

图 3.48　自定义报告界面

转化数据汇总

有些效果类程序化广告投放的 Trading Desk 支持离线数据上传（见图 3.49），可将后端数据（尤其是与转化相关的数据）与前端数据打通。以信用卡广告投放为例，可以将实际办卡数据上传到 Trading Desk，来指导投放人员的优化工作。

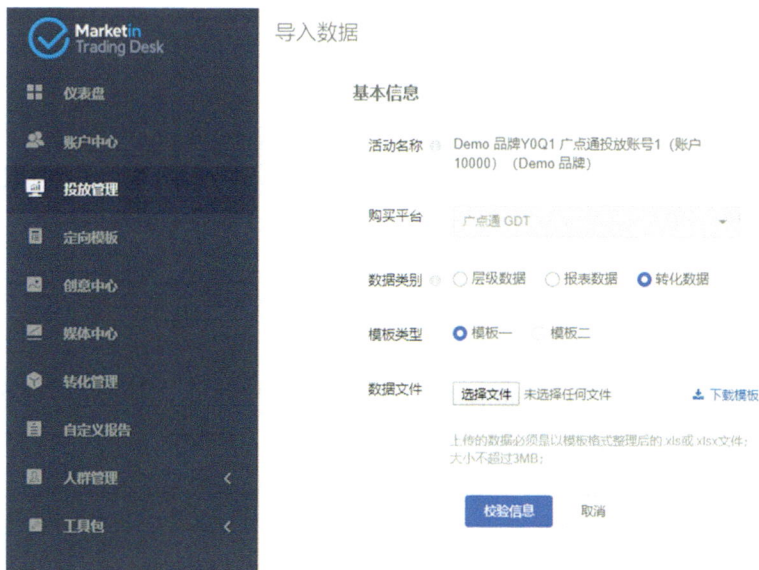

图 3.49　离线数据上传

素材数据管理

效果类程序化广告投放的 Trading Desk 可以解决素材的资源管理和复用问题。

统一的素材管理（见图 3.50）可以实现"跨平台 + 跨账户"的素材上传使用。此外，在创意管理界面中还可以看到所有素材的投放数据，包括展示、花费、点击、转化数、ROI 等，便于广告主对已投放的素材进行分析，为新素材提供指导方向。同时也能对设计及策划人员的绩效评估提供数据依据。

这里提到了一个很重要的指标——ROI，虽然我此前没有介绍过，但相信读者对它非常熟悉。ROI 是指广告投放的花费和实际通过广告获得的收入的比值，也就是广告费用的投资收益比（关于这个指标，以及与它几乎同义的 ROAS 指标，我会在 4.3.2 节中具体介绍）。

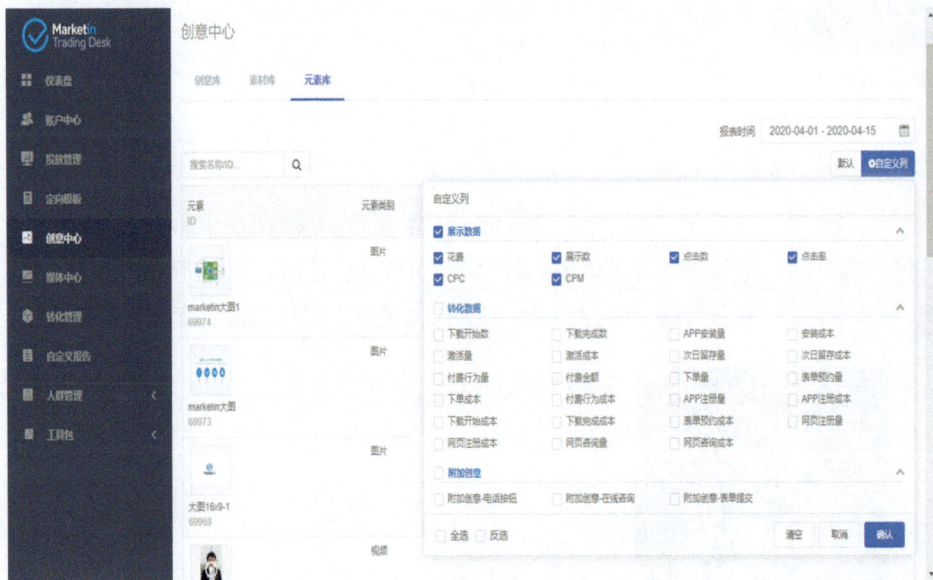

图 3.50　素材管理

多渠道多账户的数据积累

效果类程序化广告投放的 Trading Desk 能将历史投放数据、用户行为数据和创意素材数据进行标签化管理（见图 3.51），帮助广告主积累数据。除了广告主自身的投放数据，效果类程序化广告投放的 Trading Desk 还能对接来自大型媒体的行业大盘数据，两种数据的结合能用于深度洞察用户及活动，优化营销决策。

规模化复用

效果类程序化广告投放的 Trading Desk 支持把一个账户内或者一个账户单元内全部广告的设定数据（包括创意素材、人群定向、出价等）复用到其他账户，甚至复用到其他媒体上，从而快速搭建广告。这可以极大地减少广告投放人员的重复劳动,并且可以规模化已经验证有效的广告投放方式(验证有效还有一个通俗的行话:"已经跑出来的广告")。

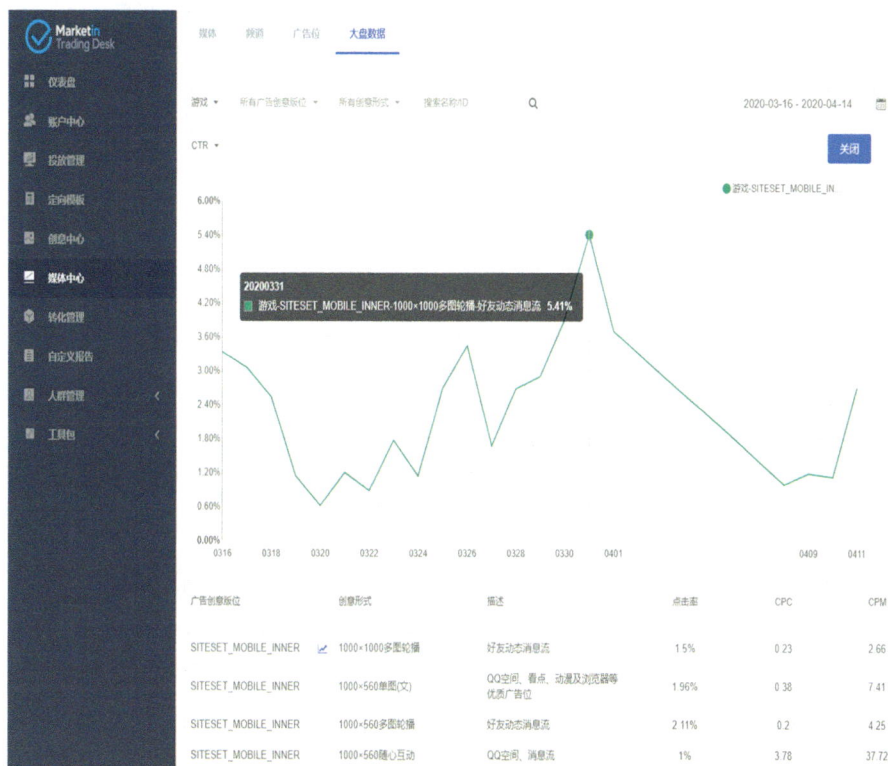

图 3.51 标签化管理

其他模块

与品牌程序化广告投放的 Trading Desk 一样,效果类程序化广告投放的 Trading Desk 也需要用户权限管理模块,也具有报告模块。与品牌程序化广告投放的 Trading Desk 相比,效果类程序化广告投放的 Trading Desk 并不都有品牌安全与反作弊模块,因为效果类程序化广告投放本身是按效果结算的,因此作弊情况相对较轻,对品牌安全的需求也相对较少。

3.6 无处不在的数据驱动

我们在前面所讲到的数据驱动的各种广告推广,实际上只是数据驱动的营销的部分方式。数据驱动如此重要的一个原因是消费者的数据可以被转移给数字化营销产业链上的各种机构,从而产生各种各样的数据驱动的广告。

如今,很多从业者对于这些基于各种数据实现的定向广告已经司空见惯,但消费者可能会时常感觉"恐惧"，他们有一种自己的隐私被偷窥的恐慌与不快。本节会进一步介绍一些数据驱动的引流的场景或案例，以帮助读者更好地理解数据是如何帮助广告主找到消费者的，以及消费者的"恐惧"从专业的角度来看，是否源于他的隐私被侵犯。需要说明的是，这些案例并没有超出我们之前介绍的那些程序化广告形式，只是看起来更加落地。

3.6.1　私域数据驱动的程序化广告投放

DMP 及其 Look-alike 功能的出现，让广告主拥有了新的广告引流方式，也让私域数据有机会得以直接驱动广告投放。

这是自广告诞生以来，第一次可以让企业的现存客户去驱动更多连这些客户都不认识的未知人群成为企业的新客户。这也是第一次企业自己的客户的数据不再只是用在向内的为自己的客户的服务上，而是用在向外的引流拉新上。同样，这也是企业开始真正重视自己的私域数据的一个关键性原因（另一个原因我会在第 6 章中介绍）。

因此，企业的 CRM 系统的数据也变得更加重要，因为通过 Look-alike 功能放大 CRM 系统中的数据，能够发现更多高质量的目标人群。这个过程如下：抽取 CRM 系统中的客户 ID 数据，对客户 ID 数据进行加密等脱敏（脱敏也叫去特征化，我在 3.7.3 节会介绍）处理，之后上传给 DMP，DMP 随之进行 Look-alike，将放大后的人群包转移给程序化广告投放机构进行定向投放。

而在实际应用中，私域数据的投放往往有多种场景。以电商为例。

场景一：电商平台的客户数据可以直接在电商平台提供的 DMP 中进行 Look-alike，因为系统是直接对接的，所以不需要导出种子人群的 ID 再上传。电商平台提供的 DMP 可以直接提供构建细分人群的界面和 Look-alike 功能。在将细分人群进行 Look-alike 之后，数据可以输出给电商平台的广告系统进行广告投放。例如，淘宝商家利用阿里巴巴的品牌数据银行选择自己的目标人群，然后在品牌数据银行中进行 Look-alike，最后将这些放大的人群数据输出给阿里妈妈的 UniMarketing 广告投放系统完成投放。

场景二：将电商平台上自己客户的电话号码作为种子人群的 ID 上传给其他 DMP，并进行 Look-alike。例如，你可以将自己淘宝店铺中的客户的电话号码上传给腾讯的 DMP，然后在腾讯广告的 DMP 中做 Look-alike 之后进行投放。这种方式的优点是突破了"围墙花园"的数据限制，缺点在于若未经消费者的许可便使用了其个人信息，有不合规的风险。第三方 DMP 为了避免这种风险，会要求所有与个人信息相关的数据必须经过加密才能上传。

除了电商，以获取购买意向为目的的效果类营销也可以采取这一方式。通常的投放方式是通过搜索引擎竞价排名或者信息流等效果投放方式获取最初的意向人群，之后，将这些意向人群作为种子人群上传至 DMP 中，在进行 Look-alike 后以公开 RTB 方式进行投放，或者将数据在私有 RTB 平台上完成投放。

事实上，所有能够获得消费者 ID 的机会都意味着进行 Look-alike 放大投放的可能。线下商家同样可以基于实体门店获得的客户数据进行 Look-alike。但一个值得注意的观点是，Look-alike 适用于面对消费者的营销（to C 营销），而 to B（对商家的营销，是与对消费者的营销相对的概念）由于受众更加聚焦，且往往以企业作为目标"人群"，因此 Look-alike 不太适合。

前面介绍的这些场景所用的私域数据大部分来自移动端，我在 2.4.1 节中介绍过移动端的设备 ID 具有"跨域"和"长寿"的特质，这使消费者的数据能够在移动端的不同应用和投放系统中稳定地共享或转移，也为实现较为广泛的人群定向提供了很好的条件。但网站端的情况不太理想，在私域数据驱动的投放上的难度会因此而增加。

网站端的问题在于，它所使用的标定消费者的 ID 是 Cookie。消费者在一个网站上的行为往往是由这个网站的第一方 Cookie 标定的。但不同网站的第一方 Cookie 不同，网站端的 Cookie 和移动端的设备 ID 也完全不同。这使网站端的私域数据很难流转，也很难用在大范围的程序化广告投放上。

解决这个问题的方法有两种。第一种方法是利用第三方 Cookie，类似于网站端的再营销所采用的方法，但这种方法的前景堪忧，原因是第三方 Cookie 受到了越来越多的隐私管控的挑战。第二种方法是做 ID 映射（ID Mapping）。ID 映射又分为两种方法：第一种方法是 Cookie Mapping，通过在网站上埋脚本代码跳转的方式传递同一个消费者在一个网站上的 Cookie 给另一个网站或投放机构；第二种方法是利用登录信息，尤其是电话号码进行映射。第一种方法 Cookie Mapping 的技术限制和应用范围仍然很有限，匹配率也比较低，并且不能很好地解决网站端和移动端同一个消费者的数据打通的问题，因此越来越罕见。第二种方法成为主要被选择的方法，但对广告主运营的要求比较高（我会在第 6 章中介绍这种方法）。

上面这些基于私域数据的定向投放，因为利用了 DMP 的 Look-alike 功能，实际上已经对人群进行了扩展，而不是直接针对企业的现存客户，所以也就不容易引起消费者的"恐惧"。不仅如此，利用这种方法需要对种子人群的个人信息进行加密，再加上 Look-alike 是将个体转化为群体，所以脱敏情况较好，目前并没有受到个人信息相关保护法律的禁止。但广告主必须明确告知消费者，他们的数据可能会用在营销上，否则仍然有侵犯消费者个人信息权利的风险。

不过，广告主可能也有自己的担心，而不乐意将自己的私域数据提供给外部 DMP 做 Look-alike。它们的担心是，当自己的私域数据被交给 DMP 之后，DMP 的"实际控制人"（媒体）就会拿到这些数据，并用在为其他广告主，也就是自己的竞争对手的广告投放上。而这样一来，自己的数据就被泄露给了竞争对手，这是非常重大的风险。

这样的担忧并不完全是多余的。事实是这样的：媒体或者广告投放机构一般不会把这些数据直接用在你的竞争对手的广告投放上，但是会把这些数据打上标签，如用你所在行业或者你的产品类别打标签，然后将这些数据融入它们的 DMP 中。未来，当有其他同类广告主投放广告时，这些数据，连同有同样标签的其他数据，很可能被融合在一起用在这些广告主的广告投放上。因此，尽管媒体没有直接把你的数据交给其他广告主，但你的数据还是会被间接用在其他广告主的投放上。

这种情况可以避免吗？行业中有一种解决方案，被称为"数据安全岛""中立的数据服务器""数据飞地"等，无论有什么样"时髦"的说法，它都只是存放广告主私域数据的私有云。在这个私有云上，利用同态加密①或者其他的先进技术，DMP 不可能再直接接触这些数据的明文，却可以对这些数据进行运算和匹配，使之与媒体的数据进行打通。这种方法是云计算常用的方法，安全性很好，又保持了在加密情况下对数据的直接应用。

不过，无论哪种方法，为了实现数据在不同方的应用，常常都不得不进行数据匹配，而匹配数据必须通过 ID 匹配才能实现，因此在最低限度下，DMP 或者媒体等企业外部资源能够知道哪些 ID 与哪个广告主有关。换句话说，在某种程度上，只要你应用数据，就一定有信息会告知数据的应用方，无论这些信息是多是少。在数据应用的世界，"暗物质②"是不存在的。

---

① 同态加密是这样一种加密函数，对明文进行环上的加法和乘法运算后再加密，与在加密后对密文进行相应的运算，结果是等价的。由于这个良好的性质，人们可以委托第三方对数据进行处理而不泄露信息。

② 暗物质是天文学上提出的可能存在于宇宙中的一种不可见的物质。

除了"数据安全岛"的方法，既能保护广告主的数据安全，又能让广告主应用数据，还有另外一种方法，即一种新的广告形式——RTA 广告。

3.6.2　RTA 广告

有的读者可能遇到过 RTA 广告，字节跳动、腾讯、快手等都在推销这种广告方式。

RTA 是 Real Time API 的缩写。RTA 虽然是英文字母的缩写，但它不是舶来词，而是一种中国本土的广告方式。

RTA 广告方式是为了解决广告主想用自己的数据进行投放，但又不愿意将自己的数据传送给媒体的矛盾而诞生的。

RTA 广告是这么工作的：当媒体（如快手）探测到某个消费者的数据符合某个广告主的定向条件时，媒体就会在广告主竞价之前将这个消费者的 ID（一般是加密的设备 ID，或者其他与广告主约定且共有的 ID）通过 API 传递给广告主，然后广告主会将这个消费者的 ID 与自己的 DMP 中的数据做匹配，做出是否参与竞价的决定，并把这个决定通过 API 反馈给媒体。

设想一个场景，以携程为例。假如携程要投放一个"四川旅游优惠季"的广告，投放策略已经确定了：对近两周及现在所有搜索过四川的酒店、航班、火车的既有用户投放这个广告。携程实际上是对它的既有用户进行"唤醒式"的广告投放。

在 RTA 广告方式下，携程在自己的用户数据库中做了一个人群细分的规则定义，即近两周及现在所有搜索过四川的酒店、航班、火车的既有用户，只有符合这个规则的既有用户才会进入这个细分的人群包。媒体在投放广告时，会把媒体要触达的目标人群的设备 ID 通过 API 传递给携程，每传送一个设备 ID，携程就会把这个设备 ID 与自己建立的那个人群包内的设备 ID 进行匹配，如果能够匹配，就会反馈给媒体参与竞价或者投放广告的信息；如果不能匹配，就反馈给媒体不参与竞价或不投放广告的信息。

再设想一个场景，携程想通过广告获得新的注册用户，这时媒体还是将消费者的设备 ID 传递给携程，如果携程发现这个消费者已经是自己的既有用户，就反馈给媒体不参与竞价或者不投放广告的信息；如果携程发现这个消费者不是自己的既有用户，而且这个消费者的其他属性也符合要求，就反馈给媒体参与竞价或者投放广告的信息。对携程而言，这样的投放精度比只通过媒体数据进行投放高很多。

因此，实际上是媒体"听命于"广告主，媒体需要问广告主："我可以对这个消费者投放广告吗？"广告主根据自己选定的一方数据，决定是否对这个消费者投放广告。投放与否的决定权在广告主手中。RTA 广告方式对广告主而言是一种很好的广告方式。

不仅是竞价广告，非竞价广告也可以采用 RTA 广告方式，只不过在非竞价广告的模式下，广告主反馈的不是是否参与竞价的决定，而是是否要向这个消费者展示广告的决定。当然，无论是否需要竞价，这个过程都必须在极短的时间内完成，也就是前面说过的 100 毫秒以内。

可以看出，RTA 广告方式对广告主有很高的要求，广告主要能够在预竞价（Pre-bidding）阶段快速判断这个消费者是否是自己需要的。广告主不仅要有一个装满了受众数据的 DMP（更准确地说是装满了自有消费者数据的 CDP），还需要能够快速检索和反馈，这不是小广告主能够做到的。

RTA 广告方式对广告主的要求是很高的，具体要求有以下几个。

其一，广告主要有大量的 DAU（Daily Active User，每日活跃用户）。如果 DAU 很少，就意味着一方数据很少，设备 ID 也很少。如果设备 ID 少，那么媒体传递给广告主的消费者的设备 ID 能与广告主建立的人群包内的设备 ID 匹配的概率很低。广告投放需要规模，只能匹配到很少用户，广告投放就失去了意义。如果 DAU 少，即使用户绝对数量大，也无济于事，因为除了设备 ID 的数量，广告主还需要有足够的用户活跃行为来圈定不同用户构成的细分人群。

其二，广告主要有很强的数据能力。例如，广告主要有一个很好的能记录用户行为和细分用户人群的 CDP 或者用户数据中台。此外，广告主还要能够与媒体做 RTA 中 API 的对接和相关设置。

其三，投放量要大且持续。如果只是小规模投放广告，并且投放频率很低，那么采用 RTA 广告方式的效果还不及更简单的上传自己的数据，做 Look-alike 的投放。

因此，并不是所有广告主都适合采用 RTA 广告方式。

对品牌广告主来说，如果建立了自己的 CDP，并且能够实时收集自有触点上的用户 ID 和行为数据，就拥有了能够与媒体对接实现 RTA 广告投放的技术可能性。关于 CDP 及其应用，我会在后面的章节中介绍。这里的问题是，即使品牌广告主建立了自己的 CDP，其数据的体量与 RTA 广告投放的需求相比，也可能差距极大。

但是，对另外一些广告主来说，RTA 广告方式很合适。例如，携程、在线教育或者游戏公司、在线零售商（如盒马鲜生、京东等）就很适合采用 RTA 广告方式。这些广告主的 DAU 大，数据能力强，并且广告投放既频繁又极具规模。RTA 广告方式对这些广告主的另一个好处，也是至关重要的一个好处是投放的效果好。从理论上来说，RTA 广告方式实现了利用广告主的一方数据更精准地选人，所以应该能进一步减少浪费，提高目标人群的精度，从而取得更好的投放效果。

但是，RTA 广告方式也存在一个效果上的"永恒悖论"。这个悖论是广告领域的"永恒"问题——规模和精确性的矛盾。在第一方数据更精准应用的前提下减少了浪费，但投放的规模会倾向于缩小。毕竟，更细分的人群和更精准的人群并不能直接画等号。

当然，RTA 广告方式仍然值得称道，因为它是在广告投放技术上一个实用的发明。

3.6.3　基于公域数据的程序化广告投放

在前面已经介绍过，大量基于 DMP 的程序化广告投放是基于公域数据的。本节不会再重复介绍广告主直接选择公域数据中的人群进行投放这种方式，而是聚焦在公域数据的流转所产生的人群定向广告上。这可以帮助读者理解，如今的诸多广告形式的背后，都是通过何种数据驱动的方式实现的，以及这些方式如何导致了消费者的"对隐私"被侵犯的担忧。

下面的这些场景都是我们遇到过的场景，尽管不能穷尽所有利用公域数据进行程序化广告投放的场景，但仍然足够说明公域数据在如今的数字广告领域中的应用有多么广泛。

谁在"偷窥"我？

上午，你在京东上搜索蓝牙音箱，在浏览一番之后就退出了。晚上，当你打开抖音 App 时，它向你推荐了同类音箱，甚至可能是你浏览的同一款音箱。这场景对数字化营销从业者而言并不陌生，但让消费者感觉不适，消费者甚至怀疑抖音窃取消费者的信息（见图 3.52）。

图 3.52　消费者的怀疑

这实际上仍然是我们前面所讲的私有 RTB 广告，只是投放数据来自京东。数据从京东流转到抖音，主要依靠消费者的设备 ID。京东 App 和抖音 App 如果在同一个消费者的手机上，那么它们一定能够拿到同一个设备 ID，这样，同一个消费者的属性数据就可以直接从一个 App 转移到另外一个 App 中。

京东与今日头条此前有"京条计划"，这个计划中的一个合作项目便是京东的数据可用于字节跳动相关广告的投放。对这个蓝牙音箱或者果汁机的广告主而言，无论是京东的数据，还是抖音的数据，都是公域数据，而不是它自己的数据。在这里读者可能会有争议，这个数据难道不是广告主的私域数据吗？毕竟这是访问了广告主的店铺的相关数据。

如果广告主能够在自己的店铺中加上监测脚本代码监测相关数据，这些数据就有机会成为私域数据，但是，无论是京东、淘宝还是拼多多，都不可能让广告主在它的店铺中安装监测代码，因此广告主就无法捕捉到消费者在这些店铺中的行为，更无法为这些消费者建立属性标签。只有一种情况例外，那就是在消费者发生购买成为店铺的客户之后，广告主能够在交易数据中拿到消费者的电话号码和地址信息，但这些数据中仍然不含有兴趣属性之类的信息。

回到这种广告方式上，这是在如今的中国乃至全世界都非常常见的数字广告方式。但这种广告方式利用你的数据是否合法呢？

这种广告方式是否合法一般取决于你在注册使用 App 时签订的"隐私协议"。如果这个协议中明确提及将收集你的个人信息用于广告的投放等，并且你同意了，那么这种广告方式一般并不违法。

但如果你没有同意，情况可能就会不同，不过，目前我国针对获取消费者的设备 ID 是否属于侵犯隐私的明确法律还没有出台，只有原则性的概述性的法条，而无明确的个人信息的定义（这仍然是一个"模糊地带"），因此对在没有消费者授权同意的情况下使用他们的设备 ID 进行广告定位是否违规还存在很多争议。由于在这个过程中所使用的数据中并没有包含个人的实名信息（主要是个人的电话号码、姓名、住址等），而只是利用了个人的设备 ID（对于个人的设备 ID 是否属于实名信息，目前还没有定论），因此并不能简单地认为这是获取了个人的隐私——广告投放相关方并不真的知道这个人具体是谁。因此，最终是否违规违法，需要国家立法来做出最终解释。

我被人跟踪了？

当你打开某个 App 时，你发现这个 App 展示了一个与你今天去过的 4S 店相关的广告。这真的只是一个巧合吗？

这有两种可能性。第一种可能性是这是一个地理位置定向的广告。数据是自运营商通过基站定位的消费者的地理位置数据，同样属于公域数据。但受到个人信息保护法的影响，如今这种方式已经不可以如此精确地定位消费者了。

第二种可能性是有人利用一种被称为 Wi-Fi 探针的网络探测设备来收集消费者的数据。如果是这种情况，那么数据是在那家 4S 店被收集的，有人（并不一定是 4S 店的人，可能 4S 店自己都不知道）利用 Wi-Fi 探针收集你的数据并进行了广告投放。

当然，这并不意味着 4S 店就能摆脱"嫌疑"。

在已经被"植入"Wi-Fi 探针的商城或商店，如果消费者进入探针信号覆盖区域且 Wi-Fi 设备是开启状态的，Wi-Fi 探针有可能获取到设备的网卡的硬件 ID，即 MAC 地址（安卓手机和苹果手机情况有所不同，相对而言，安卓手机的 MAC 地址更容易被获取）。不过，仅获取 MAC 地址还是无法对消费者的具体情况有所了解。因此，MAC 地址往往会继续经由一些特殊的数据公司做数据增强，才能进一步用于给消费者做画像，并用于广告投放。

目前，经过多次换代升级的 Wi-Fi 探针已经可以收集和分析消费者的性别、消费水平、收入情况、购物偏好、生活轨迹等信息。

利用 Wi-Fi 探针获取的数据的应用场景也十分丰富。除了上述广告投放，这些数据还可以被用于实体店铺新老客户的精准服务。

一些第三方数据公司能将 MAC 地址转变为手机的设备 ID，甚至可以将 MAC

地址转变为电话号码。

你一定会问这种方式是否合法。这种方式显然是不合理的。但这种方式是否合法，从目前的法律来看，将 MAC 地址转变为电话号码而不征得消费者的同意是非法的，如果买卖或者利用了这些电话号码，更是涉嫌侵权的违法行为。目前尚无明确的成文法律提及 MAC 地址（除了我国国家标准 GB/T 35273—2020[①]《信息安全技术个人信息安全规范》，但国家标准并不是成文法律），但业界普遍认为，没有经过消费者的同意，该消费者的 MAC 地址就不能被采集。

聊天内容被监控？

有的人会发现自己的微信聊天内容与公众号和朋友圈推送的广告一样。自己刚提到想去日本玩，下一秒就在朋友圈看到日本樱花游的广告。很多人怀疑微信在监控自己的聊天内容，再依据聊天内容向自己推送广告。

微信不太可能监测你的聊天内容，并非技术问题，而是对它来说弊远大于利。但输入法 App（以下简称输入法）有可能泄露你的信息。输入法不仅可以监控你的输入内容，还可以直接读取你剪贴板中的内容，甚至监控你的键盘轨迹。

输入法这么做是否合法？由于输入法并不一定直接利用了你的实名信息，而可能只是通过设备 ID 或者其他比较匿名化的"假名信息"来定位你，因此对这种做法是否是非法的目前有很多争议。但收集你的输入内容已经踩到了"红线"。不过，输入法也许在让你同意的用户隐私条款中已经说明了可能用你输入的相关信息进行与营销相关的活动，如果是这样，就可能会让输入法稍微"安全"点，但仍然有风险。

App 在偷听我的聊天内容吗？

有不少人怀疑外卖 App 在偷听自己的聊天内容，如自己和同事说自己想喝奶茶，结果在自己打开某个外卖 App 时，该外卖 App 上就出现奶茶的信息。

App 通过录音来实现精准广告推送，这在技术上不存在问题，因为如今的语音转文字技术已经非常成熟，App 一旦获得授权（甚至有些不需要获得授权），就可以监听你的聊天内容，然后把自己听到的语音转换成文字。

---

① 国家标准编号中的 GB/T 是指推荐性国家标准，T 在此读"推"。推荐性国家标准是指在生产、交换、使用等方面，通过经济手段或市场调节而自愿采用的国家标准。但推荐性国家标准一旦被接受并采用，或各方商定同意纳入经济合同中，就成为各方必须共同遵守的技术依据，具有法律上的约束性。

但 App 会这么做吗？不一定。

第一，全部录音没有意义，大量对话不能帮助准确定向，而且无效信息太多，会占用大量的计算资源，这么做不仅效率低，成本还很高。

第二，消费者身处一个有噪声的世界，如果一直录音，就会有大量噪声。

第三，一直录音会耗费大量电，会严重影响手机的待机时间，而且会让手机明显发热，消费者可以察觉。

第四，上传大量录音文件需要大量流量和传输时间，对 App 而言，也会消耗大量带宽资源。

第五，严重侵犯消费者的隐私，存在法律风险。

因此，这种方法不太可能被采用的原因不是技术做不到，而是效率太低下，而且风险比较大。

这样说来，上面所说的场景只有可能是巧合吗？

巧合是一种可能性，但另外一种可能性不能排除——监听。App 不会上传录音来进行广告投放，但 App 可以监听。监听是由关键词触发的。例如，App 一直在"听"你说话，但是不上传，更不会把全部语音转换成文字，它只是静静地"听"。当"听"到某个预先设置的关键词时，App 就触发一个"警报"，并且给这个消费者打一个相关关键词的标签。然后这个消费者和这个标签就会被程序化广告做定向投放。

监听比录音的效率要高，性价比也高，而且刺探隐私的风险相对较低。

这种方式合法吗？录音和监听都涉嫌侵犯消费者的隐私，这两种方式都涉嫌违法。

但从广告方式的角度来看，这种方式仍然是 RTB 广告的方式，不一定是私有 RTB 广告，也可以用在公开 RTB 广告上。

来自"神秘人"的电话

大家是不是经常接到陌生的推销电话，对方知道你的性别和最近的需求？但是，令人疑惑的是，我们并没有给对方留下电话，他们怎么会知道呢？

造成这种情形的原因很可能是消费者的数据在黑市被贩卖了。

消费者的数据从哪里来？消费者的数据主要有以下几种来源。

第一，各类 App 过度索取授权，以获取大量的消费者的数据。

第二，不法分子以 App 为由，暗中收集和买卖消费者的数据。

第三，媒体及其他拥有消费者的数据的机构由于种种原因泄露了消费者的数据。

第四，黑客盗取消费者的数据。

消费者的数据不可能在合法的第三方数据交易平台中被交易，只可能在黑市中被贩卖。这涉嫌违法。被买卖的消费者的数据包括消费者的性别、学历、收入、电话号码、兴趣爱好、购买偏好、身份证号码等。这些数据有的被用在精准营销上。特别是金融借贷、房地产、教育和医疗保健等行业中的部分企业，是主要的需求方。

在上面的数据中，电话号码很特殊。数据贩卖公司也不希望这些电话号码被广告主拿到之后再进行传播（这样会影响数据贩卖公司的生意）。因此，出现了一套电话拨打系统，电话号码被隐藏在这个系统中。广告主可以用这个系统拨打电话，但其上显示的电话号码并非消费者真正的电话号码，而是被加密之后的。这种电话也被称为智能呼叫或者智能回拨（智能呼叫和智能回拨其实有较大差别，这里不再详述）。

例如，一个消费者在一个网贷平台上借款，很快其他网贷平台也会给他打电话让他来自己的平台上借款。这种现象很可能是该消费者的电话号码被泄露所导致的。

在这种场景中，如果没有得到消费者的授权，那么上面的所有行为都涉嫌违反现行的中国法律，如《中华人民共和国网络安全法》。已经有人因为违反该法律买卖个人信息被追究法律责任。国家的立法，目前最主要的场景之一就是减少甚至杜绝这类现象的发生。

不过，也不能认为所有的骚扰电话都是信息泄露导致的。行业中也存在无差别拨打广告电话的方法——逐个号段无差别地拨打电话。

上面的 5 种场景，你可能遇到过其中的一种或者多种。事实上，大部分场景是普通消费者无法避免的，只要你使用 App，或者你去了某个装有 Wi-Fi 探针的地方，你的相关信息就可能被用在广告投放上。

我国正在出台更清晰、明确的法律，来进一步界定我们上面所提到的暂时还没有明确界定的情形。

3.7　个人信息保护：红线、悖论与前景

数据驱动在数字化营销与推广中的作用十分重要，与此同时，数据和隐私被侵犯也成为公众最关切的问题之一。当你经常收到大量骚扰电话和垃圾短信的时候，你很难不愤怒，到底是谁窃走了我的隐私数据？！

这种愤怒的情绪可能会蔓延，并且扩展到对所有营销行为的质疑上，尤其是针对互联网上的精准营销行为。

可是，群体的情绪和事实的真相往往有较大的差异。本节会介绍在数据驱动的营销中，个人信息保护的红线、合规及存在的潜在问题。

个人信息的保护主要集中在两点上：第一，什么是个人信息，什么不是个人信息；第二，怎么使用个人信息才不会侵犯个人信息权利。

2012 年发布的《全国人大常委会关于加强网络信息保护的决定》第一条规定："任何组织和个人不得窃取或者以其他非法方式获取公民个人电子信息，不得出售或者非法向他人提供公民个人电子信息。"

2015 年通过的《中华人民共和国刑法修正案（九）》明确提出，在履行职责或者提供服务过程中获得的公民信息出售或者提供给他人的应当重罚。

2017 年通过的《中华人民共和国民法总则》明确表示个人信息受到法律保护，确立了个人信息的独立民事权利地位。

还有一些法律规定了侵害个人信息的量刑、适用法律等，这里不一一列出。

虽然法规不少、条款繁多，但总结起来还是个人信息和处置个人信息这两个方面。

3.7.1　什么是个人信息

对于个人信息具体指什么，不同的法律条款的表述相近但不完全一样，目前，关于什么是个人信息，仍然存在解释空间和争议。

中华人民共和国工业和信息化部在 2011 年年末发布的《规范互联网信息服务市场秩序若干规定》明确将"可识别性"作为个人信息认定的核心规则，并规定除了法律、行政法规等另行规定，收集、使用、提供个人信息必须征得个人同意。这是第一次明确对个人信息进行定义，并且与目前大家常用的定义非常类似。

中华人民共和国最高人民法院、中华人民共和国最高人民检察院、中华人民共和国公安部在 2013 年联合发布的《关于依法惩处侵害公民个人信息犯罪活动的通知》中明确公民个人信息包括能够识别公民个人身份和涉及公民个人隐私的信息、数据资料。同样强调了"能够识别"4 个字。

同样是在 2013 年，由中华人民共和国工业和信息化部发布的《电信和互联网用户个人信息保护规定》规定个人信息包括用户识别信息和用户使用服务时间、地点等信息。与前面的法规相比，该法规增加了用户使用服务的时间和地点等信息，说明这些信息同样是暴露个人隐私的敏感信息。这个其实不难理解。

2016 年通过的《中华人民共和国网络安全法》（自 2017 年 6 月 1 日起施行）规定个人信息是指"以电子或者其他方式记录的能够单独或者与其他信息结合识别自然人个人身份的各种信息"。这个定义进一步明确了一种情况，即单一信息虽然不能识别个人身份，但是可以由多个类型的信息结合起来实现个人身份识别的，同样属于个人信息。

目前仍然是草案的《中华人民共和国个人信息保护法》规定，个人信息是指以电子或者其他方式记录的能够单独或者与其他信息结合识别自然人个人身份的各种信息，包括但不限于自然人的姓名、出生日期、身份证号码、个人生物识别信息、住址、电话号码等。

自 2018 年 5 月 1 日开始实施的《信息安全技术个人信息安全规范》对个人信息也有定义，这个安全规范实际上是国家标准（2020 年新版已经发布），而不是一般意义上的法律。但是一个已经生效的国家标准，是各个企业都应遵守的。但也请注意，由于国家标准不是法律，因此不遵守这个标准并非犯法，更不意味着犯罪。《信息安全技术个人信息安全规范》对个人信息有较详细的定义，即以电子或者其他方式记录的能够单独或者与其他信息结合识别特定自然人身份或者反映特定自然人活动情况的各种信息，包括姓名、出生日期、身份证号码、个人生物识别信息、住址、联系方式、通信记录和内容、账号密码、财产信息、征信信息、行踪轨迹、住宿信息、健康生理信息、交易信息等。

为了说明什么是个人信息，《信息安全技术个人信息安全规范》做了详细说明（见表 3.4）。

表 3.4　《信息安全技术个人信息安全规范》对个人信息的说明

个人信息	说　　明
个人基本资料	个人姓名、生日、性别、民族、国籍、家庭关系、住址、个人电话号码、电子邮箱等
个人身份信息	身份证、军官证、护照、驾驶证、工作证、出入证、社保卡、居住证等
个人生物识别信息	个人基因、指纹、声纹、掌纹、耳郭、虹膜、面部特征等
网络身份标识信息	系统账号、IP地址、邮箱地址，以及与前述有关的密码、口令、口令保护答案、用户个人数字证书等
个人健康生理信息	个人因生病医治等产生的相关记录，如病症、住院志、医嘱单、检验报告、手术及麻醉记录、护理记录、用药记录、药物食物过敏信息、生育信息、以往病史、诊治情况、家族病史、现病史、传染病史等，与个人身体健康状况产生的相关信息，以及体重、身高、肺活量等
个人教育工作信息	个人职业、职位、工作单位、学历、学位、教育经历、工作经历、培训记录、成绩单等
个人财产信息	银行账号、鉴别信息（口令）、存款信息（包括资金数量、支付收款记录等）、房产信息、信贷记录、征信信息、交易和消费记录、流水记录等，以及虚拟货币、虚拟交易、游戏类兑换码等虚拟财产信息
个人通信信息	通信记录和内容、短信、彩信、E-mail，以及描述个人通信的数据（通常称为元数据）等
联系人信息	通讯录、好友列表、群列表、E-mail 地址列表等
个人上网记录	通过日志存储的用户操作记录，包括网址浏览记录、软件使用记录、点击记录等
个人常用设备信息	包括硬件序列号、设备MAC地址、软件列表、唯一设备识别码（如IMEI/Android ID /IDFA/OPENUDID/GUID,SIM卡 IMSI信息等）等在内的描述个人常用设备基本情况的信息
个人位置信息	行踪轨迹、精准定位信息、住宿信息、经纬度等
其他信息	婚史、宗教信仰、性取向、未公开的违法犯罪记录等

这些法律对个人信息的定义具有一致性，即可识别到个人的信息，无论是单独出现的，还是信息集合，只要能够识别到这个人，都属于个人信息。例如，电话号码、身份证号码、电子邮箱、姓名、住址这些信息毫无疑问是个人信息。而武汉大学信息管理学院 2019 级的来自四川成都的身高 1.82 米的男同学，同样也是个人信息，因为这个信息是一个集合，同样能够定位到这个个体。

指纹、面容、DNA 信息等生物识别信息也是个人信息，而且属于必须高度保护的个人隐私信息。这一类需要高度保护的个人隐私信息在《信息安全技术个人信息安全规范》中被称为个人敏感信息，《信息安全技术个人信息安全规范》对个人敏感信息也做了详细说明（见表 3.5）。

表 3.5   《信息安全技术个人信息安全规范》对个人敏感信息的说明

个人敏感信息	说 明
个人财产信息	银行账号、鉴别信息（口令）、存款信息（包括资金数量、支付收款记录等）、房产信息、信贷记录、征信信息、交易和消费记录、流水记录等，以及虚拟货币、虚拟交易、游戏类兑换码等虚拟财产信息
个人健康生理信息	个人因生病医治等产生的相关记录，如病症、住院志、医嘱单、检验报告、手术及麻醉记录、护理记录、用药记录、药物实物过敏信息、生育信息、以往病史、诊治情况、家族病史、现病史、传染病史等，以及与个人身体健康状况产生的相关信息等
个人生物识别信息	个人基因、指纹、声纹、掌纹、耳郭、虹膜、面部识别特征等
个人身份信息	身份证、军官证、护照、驾驶证、工作证、社保卡、居住证等
网络身份标识信息	系统账号、邮箱地址，以及与前述有关的密码、口令、口令保护答案、用户个人数字证书等
其他信息	个人电话号码、性取向、婚史、宗教信仰、未公开的违法犯罪记录、通信记录和内容、行踪轨迹、网页浏览记录、住宿信息、精准定位信息等

这里要强调一下，个人信息有两个很重要的特征，一个是识别，一个是关联。直接能够识别到某个具体个人的，是个人信息；不能直接识别，但是由具体的个人在其活动中产生的信息（如个人位置信息、个人通话记录、个人浏览记录等）能够和这个个人关联起来的，也是个人信息。这两个特征很重要，决定了我后面要讲的很多具体的规定。

人群画像因为无法具体到个人，所以不再属于个人信息。但是，具体到一个电话号码的个人画像毫无疑问是个人信息。

但是，一个很重要的问题是，我们在数据驱动中必须用到或者常常会用到的IMEI、IDFA、MAC 地址等，是否属于个人信息？

除了《信息安全技术个人信息安全规范》，其他的国家法规并没有给出清晰的定义。这部分信息是否属于个人信息，并没有定论。但从谨慎的角度来讲，把这部分信息当作个人信息比较保险。

那么，在实际情况中，有几个大家特别在意的 ID 是如何被处理的呢？

第一个 ID 是 IMEI。目前，比较可信的趋势是它会成为被保护的个人信息。目前，Andriod 端 App 采集 IMEI 号很普遍，未来这种方法可能不再可行。目前，行业在推出类似于苹果的 IDFA 这样的操作系统级别的虚拟 ID，在 Andriod 机上被称为 OAID。这或许是一种解决这个问题的方法。

第二个 ID 是 iOS 上的 IDFA。IDFA 本质上是操作系统级别的虚拟 ID，但不排除国家也认为它是个人信息。目前,还没有它是否属于个人信息的法律答案。当然,随着苹果 iOS 操作系统升级到 14 版本 (iOS 14) 以上,苹果手机上的 IDFA 已经不太具备实用价值,这个问题的答案也就不再重要了。

第三个 ID 是 Cookie。Cookie 是否属于个人信息?目前的法律对于 Cookie 是否属于个人信息没有给出明确的答案,鉴于 Cookie 本身很容易被删除、更新或者禁用,似乎不如 IMEI 之类的硬件标志敏感,但它确实又有"关联性"特征,因此我倾向于它属于不那么被重视,或者说价值不大的个人信息。当然,这只是我的解读,国家同样尚无明确的规范。

你可能会说,如果 IMEI、IDFA、MAC 地址、Cookie 等都属于个人信息了,那么互联网广告怎么做?

别急,即使是个人信息,也不是完全不能用的。我们接着看。

3.7.2　个人信息使用的合规

任何经营活动都难免涉及个人信息,哪怕是在线下开一个小商店,在消费者赊账时也需要记录消费者的姓名和电话号码,以备不时之需。

事实上,国家并不禁止使用个人信息,而是要求我们对个人信息的使用要符合国家法规的要求。

明示同意

合规有多个需要注意的要点,其中最核心的一点是明示告知,并得到消费者的同意。

得到消费者的同意是使用个人信息的起点。当然,在特殊情况下也可以不经过消费者的同意就使用个人信息,一般是涉及国家安全等的特殊情况,这里不展开介绍。

消费者的同意包含 3 个类型:默认同意、明示同意和授权同意。根据《信息安全技术个人信息安全规范》的情况来看,我国认可明示同意,对授权同意较为不认可,对默认同意完全不认可。

默认同意是指服务的提供方与你有一个服务协议,但不需要你看到,也不需要你选择同意或者不同意这个协议。基于这个协议,只要你使用了这个服务,你就等同于默认同意将你的个人信息提供给服务的提供方。默认同意非常容易被滥用,而且实际上并不一定等同于真正征得了消费者的同意,因此国家相关法规已经不认可这种授权方式了。

明示同意在欧盟的《通用数据保护条例》中的用词是 Explicit Consent。明示同意的意思很明确，即应确保个人信息主体的明示同意是其在完全知情的基础上自愿给出的、具体的、清晰明确的愿望表示。一旦获得了明示同意，在协议范围内，你使用个人信息就是合法的。你在银行申请信用卡时手写一遍"我完全阅读并理解上面的条款……"，或者在结婚时当着民政部工作人员的面读一遍结婚誓词，这都属于明示同意。App 一般以一个明显的弹窗来提示个人信息的收集和使用的要点，要求你选择"同意"或"拒绝"，甚至有些 App 提供消费者具体同意的单项，即可以部分同意，部分不同意。在选择之后，消费者还需要确认才能生效。"完全知情"和"主动确认"，是明示同意的核心。

授权同意没有明示同意严格，在很多不便于获取明示同意的场景中，消费者通过授权给数据收集方收集和使用他的数据的权利。例如，在一个电话号码表单上，消费者主动留下了自己的电话号码，并且提交了。这个主动提交的动作就相当于授权给数据收集方收集和使用他的电话号码。授权同意具有很多争议，目前并无定论，但从总体趋势来看，授权同意已经不太被认可为有效的消费者同意，未来很可能被废止。也就是说，未来所有场景，只要是收集消费者的个人信息，都需要得到明示同意。

数据使用范围不超出约定

在使用个人信息时，不能超出隐私条款约定的数据使用范围。也就是说，即使用户同意你使用他的个人信息，也不代表你能够将这些个人信息转给其他人。

如果你获得了用户的个人信息，并且在给用户的明示同意条款中说明了你会收集这些个人信息用作互联网营销的精准投放，那么这是否意味着你可以把这些个人信息拿去给某个广告公司进行广告投放？

如果你是一个媒体平台，在给用户的明示同意条款中说明了会将用户的个人信息用于第三方广告公司的广告投放，那么问题不大。可是，第三方公司再把这些个人信息转交给其他媒体或其他广告主，问题就比较大了。因为在个人信息的数据使用范围上有一条明确的规定，即"个人信息的使用不得超出与收集个人信息时所声称的目的具有直接或合理关联的范围。因业务需要，确需超出上述范围使用个人信息的，应再次征得个人信息主体明示同意"。这时，第三方公司必须再征得用户的同意，如果得不到用户的同意，那么用户的个人信息就不能再被转移给其他方。这也是媒体会让广告公司或者广告主使用自己的数据，却不会将这些数据转交给广告公司或者广告主的重要原因。

从广告主的角度来看，媒体应该具有已经获得了可以使用其收集的个人信息进行广告投放的证明。一般而言，广告主需要媒体提供官方盖章的申明，申明其已经获得了消费者的明示同意，这样才是稳妥的。

数据出境

数据出境是一个严肃的问题，容易为应用数据带来意想不到的风险。数据出境有 3 种情况。

其一，向本国境内，但不属于本国司法机构管辖或未在境内注册的主体提供个人信息和重要数据的。

其二，数据未转移存储至本国以外的地方，但被境外的机构、组织、个人访问查看的（公开信息、网页访问除外）。

其三，网络运营者集团内部数据由境内转移至境外，涉及其在境内运营中收集和产生的个人信息和重要数据的。

这里的个人信息与前面所讲的并无区别，包括但不限于姓名、出生日期、身份证号码、电话号码、信用信息、上网行为数据、个人生物识别信息等。无论是以电子文件还是以纸质文件存储的个人信息，都需经消费者明示同意才可以申请出境，未成年人的个人信息出境须经其监护人同意。

重要数据是指与国家安全、经济发展，以及社会公共利益密切相关的社会数据，包括核设施、化学生物、国防军工、人口健康等领域的数据，或者包含关键信息基础设施的系统漏洞、安全防护等网络安全信息。

简单地讲，在国内进行与个人信息相关的业务，其主体应确保数据不能出境，尤其是数据中心在物理上必须建立在国内。

如下情况更为敏感，如需数据出境，须报请相关主管部门评估。

第一，含有或累计含有 50 万条以上的个人信息。

第二，数据量超过 1000GB。

第三，核设施、化学生物、国防军工、人口健康等领域的数据，大型工程活动、海洋环境及敏感地理信息数据等。

数据出境配套法规的发布时间轴如图 3.53 所示。

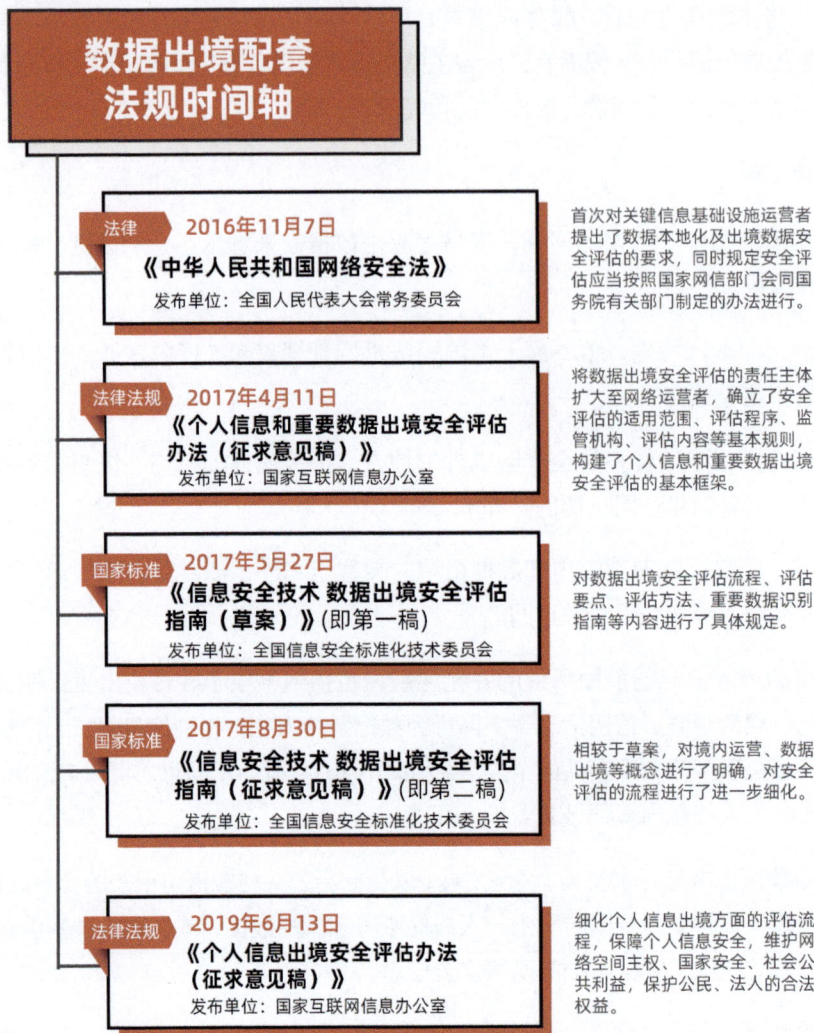

数据出境配套 法规时间轴		

法律 2016年11月7日
《中华人民共和国网络安全法》
发布单位：全国人民代表大会常务委员会

首次对关键信息基础设施运营者提出了数据本地化及出境数据安全评估的要求，同时规定安全评估应当按照国家网信部门会同国务院有关部门制定的办法进行。

法律法规 2017年4月11日
《个人信息和重要数据出境安全评估办法（征求意见稿）》
发布单位：国家互联网信息办公室

将数据出境安全评估的责任主体扩大至网络运营者，确立了安全评估的适用范围、评估程序、监管机构、评估内容等基本规则，构建了个人信息和重要数据出境安全评估的基本框架。

国家标准 2017年5月27日
《信息安全技术 数据出境安全评估指南（草案）》(即第一稿)
发布单位：全国信息安全标准化技术委员会

对数据出境安全评估流程、评估要点、评估方法、重要数据识别指南等内容进行了具体规定。

国家标准 2017年8月30日
《信息安全技术 数据出境安全评估指南（征求意见稿）》(即第二稿)
发布单位：全国信息安全标准化技术委员会

相较于草案，对境内运营、数据出境等概念进行了明确，对安全评估的流程进行了进一步细化。

法律法规 2019年6月13日
《个人信息出境安全评估办法（征求意见稿）》
发布单位：国家互联网信息办公室

细化个人信息出境方面的评估流程，保障个人信息安全，维护网络空间主权、国家安全、社会公共利益，保护公民、法人的合法权益。

图 3.53 数据出境配套法规的发布时间轴

3.7.3 去特征化

去特征化也叫脱敏，是指将能够指向个人的个人信息数据进行处理，消除其具体指向个人的信息的过程。通过去特征化，个人信息被转变为非个人信息，可以安全地应用在数字化营销上。

去特征化有多种方法，最常见的方法有信息模糊化、个人集合为人群、加密。

信息模糊化

信息模糊化也叫信息抑制，这种技术通过对能够识别出个人的信息进行模糊化处理，达到消除个人信息可识别部分的作用。例如，将具体年龄变成 10~20 岁、20~30 岁的范围，将收入变为月薪 1000~5000 元、5000~10 000 元，将姓名只保留姓等。如果这些信息交叉起来仍然能够找到某个确定的人，那么还需要删除部分信息或者直接删除这个人的相关记录。

个人集合为人群

个人集合为人群的方法，我在 2.5 节中已经介绍过。这种方法去除了个体的属性，代之以整个人群的共有属性。在使用这种方法时，一般有人群中所包含的个体数量多少的起步门槛的限定。一般而言，一个人群中至少应该包括 5000 个个体，才能算作一个人群集合。

加密

加密是之前已经多次提到的方法，对消费者的 ID，尤其是实名的 ID 通常采用 MD5 加密方法。这种方法的一大优点是，对相同的数据加密，得到的结果是一样的，这样不同的数据所有者就可以通过 MD5 加密，在实现不暴露消费者实名信息的情况下进行数据的匹配与属性的交换。

目前，大量的 DMP 都接受 MD5 加密之后的电话号码、设备 ID 或者 QQ 号。广告主在将自己的 CRM 系统中的客户的电话号码加密后，传输至媒体的 DMP 中进行 Look-alike，并实现人群定向的投放。数据增强和数据交易中心采用的也是 MD5 加密方法，受制于个人信息保护法规，数据提供商不可能直接提供实名的 ID 数据。数据交易中心更需要进行两次加密，以确保数据交易中心本身对数据的中立性。换句话说，MD5 加密似乎已经成为如今消费者数据的匹配、流转及系统间对接的事实标准。

|第4章|
流量效果的数据分析

第 3 章介绍了数据驱动所带来的新的数字化营销的方式。不过，一个新的问题也随之产生，我们如何知道引入的流量一定是好流量，而不是质量低劣的流量呢？这不仅关系到流量本身的获取成本，以及我们围绕流量所付出的精力，还关系到机会成本——流量失效，营销满盘皆输的风险。

因此，我们需要对流量的效果进行分析。所有的流量，无论我们是否真的投入了真金白银，我们都不可能对它们敷衍了事，而需要分析并且优化这些流量的表现，从而帮助我们拥有提升流量质量的能力，并为后面逐步转化这些客户打好基础。

流量效果的数据分析是数字化营销与运营最重要的部分之一。

4.1 流量渠道的效果分析与优化的工作内容

分析流量的效果，主要的分析对象是流量渠道，也常被称为流量源头。流量渠道的效果分析和优化工作包含如下内容。

第一，对流量进行标记，以确保所有流量都是可识别的，且符合不重不漏的原则。当然，理想的情况是所有流量都能有准确、细致的标记，但实际上限于种种原因（后面会介绍）并不一定能够将流量百分之百地精确辨识，因此我们追求在条件允许的情况下尽可能做到准确标记。

第二，在对流量进行准确标记的基础上，对流量渠道的直接表现进行衡量。这项工作是营销推广负责人最熟悉的工作。而那些我们常常见到的专有词，如 ROI（ROAS）、转化率、CPC、CPA、跳出率（Bounce Rate）等，也是这项工作最常用到的度量。所谓直接表现，是指各个流量渠道所能直接带来的营销推广的可计量效果。

第三，在对流量渠道的直接表现进行衡量之后，我们还需要对流量渠道的绩效表现做更深入的衡量。尽管这并不是对所有的营销推广都适用，但对绝大部分多渠道推广的情形是适用的，且意义相当重大。这类分析即归因分析，这类分析用的模型也称归因模型。在归因领域中，最为重要的度量是渠道共同的转化目标，而归因本身则是分析不同渠道共同作用于同一个转化目标时,相互的关系与各自的价值。

本章围绕以上内容展开。

4.2 流量渠道的数据采集

要对流量渠道进行分析和优化，前提是你能够采集到流量渠道的相关数据。这些数据不仅包括前端数据，还包括后端数据，从而能让我们以更全面的视角评价流量渠道。

不过，即使你把上面的数据都收集全了，你也可能会失败，因为最大的挑战可能不在于我们能否收集到流量渠道的相关数据，而在于我们能否准确地区分流量渠道。

例如，我们常常会诧异于一些含混的或者莫名其妙的流量来源给我们带来了不少用户甚至带来了不少转化。如果不对这些流量进行辨识，我们的分析和优化就无从谈起。因此，流量渠道的数据采集，实际上分为两个部分。

第一个部分：准确地对流量渠道进行辨识，分辨的颗粒度越小越好。这是我们要特别注意的部分。

第二个部分：追踪流量背后的用户行为，追踪的用户行为越全面越好。由于数据分析工具基本都具备基于流量来源的细分用户行为统计功能，因此在第一个部分做好的基础上，第二个部分便不再是难题。

所以我要特别介绍第一个部分应该如何实现。

4.2.1 流量标记的 Link Tag 方法

利用 Link Tag 标记流量源头是各种流量追踪方法中最为基本的，也最为重要的一种。这种方法不仅适用于网站的流量来源监测，也同样适用于 App 下载来源的监测。

Link Tag 是在流量源头（如各种广告）的链出链接上（链出 URL 上）加上的尾部参数，这个参数就像附着在链接（Link）后面的标签（Tag）一样，因此而得名。这些参数并不会影响链接的跳转，但能标明这个链接所属的流量源。

Link Tag 不能单独起作用，它是网站用户行为分析工具或者 App 用户行为分析工具的一项功能。

Link Tag 是流量分析的基础，要严肃地分析流量，无论是常规分析，还是归因分析，都需要使用 Link Tag 方法。

为什么 Link Tag 很重要？为了解答这个问题，我们先来看在没有设置 Link Tag 的情况下，用户行为分析工具统计的流量来源的状况。

在没有设置 Link Tag 时，用户行为分析工具在默认设置下都能在一定程度上识别流量的来源，但识别的颗粒度不够好。

例如，下面的情况。

假如在微博上有两个我的广告（图 4.1 中的天坛图片和头像图片），这两个广告都链接到我的网站的同一个着陆页。

图 4.1　微博上的我的广告

在默认情况下，用户行为分析工具不能分辨流量来自哪个具体的入口，只能统计到站点级或者网页级的颗粒度。利用用户行为分析工具（如谷歌分析、百度统计），我们可以了解这些广告能为我们的网站带来多少流量，但我们看不到具体每个广告各自产生了多少流量。因此，流量数据的颗粒度只能到网站级，因为用户行为分析工具默认只能记录下来流量源头所在网站的域名，而无法自动帮你识别更细分的入口各自带来的流量。在这个例子中，刚好两个广告都在微博的同一个页面上，而且它们的链接目的地也是同一个着陆页，因此如果没有额外设置 Link Tag，我们就不能通过用户行为分析工具直接分辨出这两个广告各自给我的网站带来了多少流量，而只能看到笼统的，显示为来自 weibo.com 的流量有多少。

只要流量来自同一个网站上的不同链接或者同一个 App 上的不同链接，如果不做 Link Tag 的设置，你就只能得到一个笼统的，来自某网站或者某 App 的流量的数据，而不能细分到具体每个链接各自带来了多少流量。

除了上面的弊端，直接利用网站端的数据工具的默认设置监测流量来源也有丢失流量来源信息的可能。由于网站端的数据工具默认追踪的是流量来源的来路信息，即引荐来源（Referral，这是一个常见的值得被记住的词），而引荐来源可能存在"莫名其妙"丢失的情况，网站端的数据工具就会记录这些流量来自"无主之地"，即把它们记录为直接流量（Direct Traffic）。

如果是从 App 上链出的链接，那么也有可能不能记录 App 的信息，从而被记录为直接流量。

为了能够准确跟踪并区分流量源头，我们必须使用 Link Tag 方法。这种方法不是某个用户行为分析工具所独有的，而是几乎所有主流的用户行为分析工具都能提供的。下面我们以大家经常使用的用户行为分析工具——谷歌分析为例说明 Link Tag 是如何发挥作用的。但请注意，并不是谷歌分析才有这项功能。

如图 4.2 所示，Link Tag 是图中广告链出 URL（图中黑色的链接，是点击广告之后跳转到的目的地页面的 URL）问号后面红色的部分，即"utm_campaign=X5import&utm_source=autohomeHP&utm_medium=bigleaderboard&utm_content=expogz"这部分。

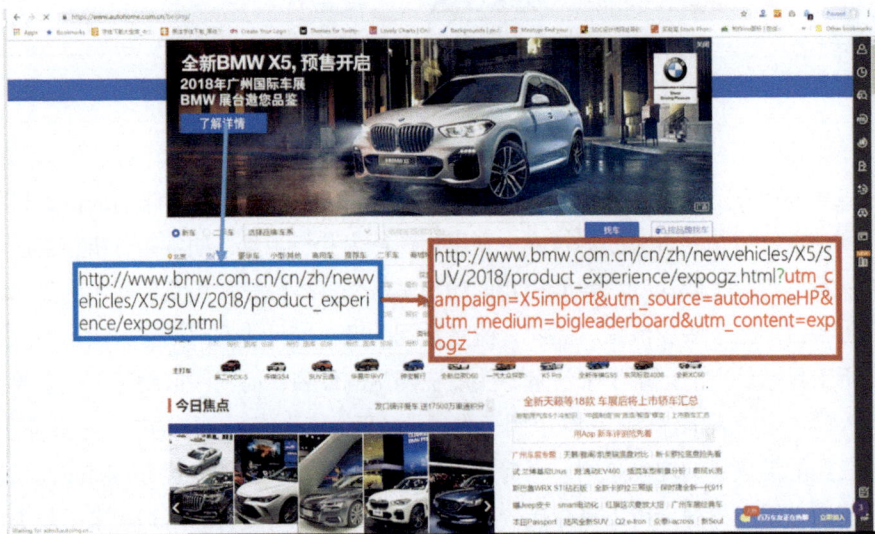

图 4.2　利用 Link Tag 的示意图

红色的部分是我们为了标记这个广告而加上去的。它并不会改变点击这个广告之后打开的页面，但会被打开的着陆页上的谷歌分析的监测脚本代码捕捉，并传递给谷歌分析的报告。

如果你仔细看红色的部分，你就会发现几个 "utm_××××××=" 的格式，一共有 4 段，分别是 "utm_campaign=X5import" "utm_source=autohomeHP" "utm_medium=bigleaderboard" "utm_content=expogz"，而每一段的等号后、& 号前都是不同的内容，这 4 段内容会被谷歌分析捕捉，并被放到谷歌分析对应的报告中。

我们看下面的一个实例。

假如我在 bilibili 上为自己的博客投放了广告，广告的链出 URL 被我设置了 Link Tag：http://www.chinawebanalytics.cn/home.html?utm_source=bilibili&utm_medium=banner&utm_content=linktag&utm_campaign=IloveWA。

如果有人点击了这个广告，进入我的网站的首页，utm_source 后面的 bilibili 就会被记录到图 4.3 中的 Source 报告中，并且会写清楚 Source 为 bilibili 的广告带来了多少流量（用指标 Session 来表示），以及其他指标。同样，图 4.3 中的 Medium 报告中也会出现 banner 这个记录，以及对应的指标值。同样，IloveWA 也会出现在 Campaign 报告中，对应的值也会出现。utm_content 则会在 Other 中的 Ad Content 报告中出现。

只要加了 Link Tag，引荐来源信息就不再起作用，我们也就不再需要担心因为没有捕捉到引荐来源而把流量源头直接归到直接流量中。

你一定会问我，URL 中的问号之后的参数是什么，utm 是什么意思。你可以把问号之后的参数理解为广告的名字，即为每个广告起的谷歌分析能够识别的名字。其中各项参数的含义如下。

- utm 是 Urchin Traffic Monitor 的简写，Urchin 是谷歌分析的前身，被谷歌收购后改名为谷歌分析。

- utm_source 指广告所处的网站位置，等号后面的名字是你自己起的，如果是 bilibili，那么用 bilibili 较好；如果是今日头条，就用 jrtt 或 toutiao。也可以用汉语字符，但可能存在转码问题，所以用英语字母更保险。

- utm_medium 指广告的具体形式，等号后面的名字同样是你自己起的，如果是图文，就用 tuwen；如果是短视频，就用 shortvideo。不过，最好有一个命名规则。

- utm_content 指展示类广告的具体创意内容，因为你可能有几个不同内容的广告版本，根据不同内容自己起名即可。

- utm_campaign 指你投放广告的这次营销活动的名称。

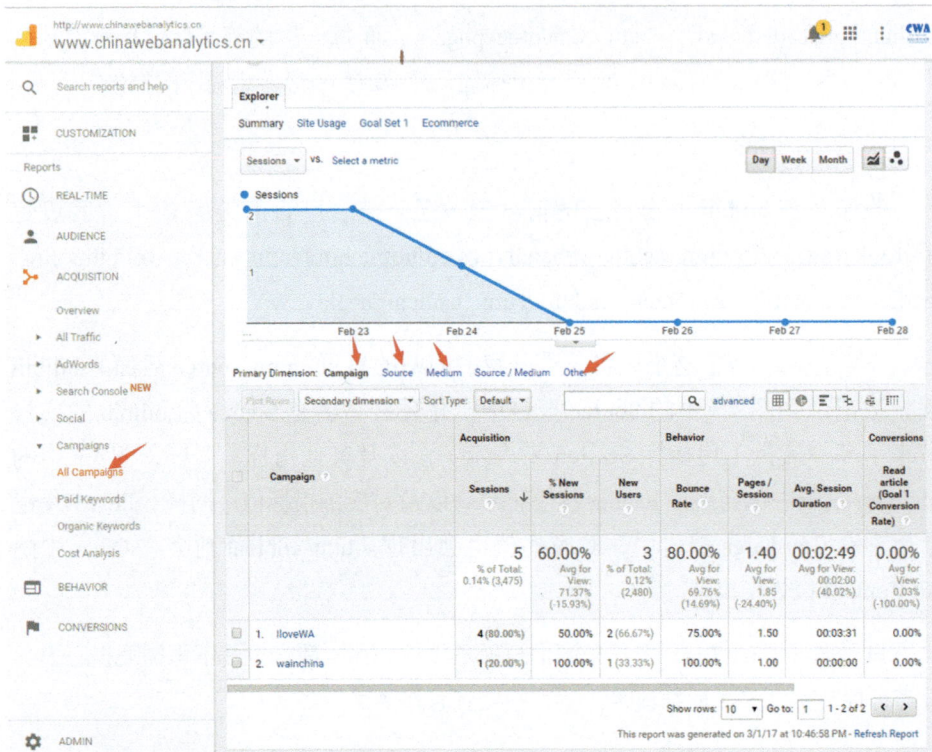

图 4.3　做好流量标记的流量相关数据

当你做好加入 Link Tag 的 URL 后，别忘记把它们添加到对应的广告素材的物料文件中，记住一定不要张冠李戴，以免造成后续分析的错误。

利用 Link Tag 方法，谷歌分析实现了对你的不同类型广告（或者其他流量来源）的监测，而你则能够更深入地了解具体哪个 Source（来源）带来了更好的流量，或者哪种形式的广告效果更好，或者哪个 Campaign（营销活动）的广告更加让你满意。

UTM 对应的 4 个维度并不是全都必须存在的，但是有 3 个是必须存在的，分别是 utm_campaign、utm_source 和 utm_medium。

除了上面 4 个维度（包括 utm_content），实际上还有一个没有出现的，即 utm_term，它用来标记搜索引擎营销所投放的关键词，对搜索引擎营销的准确标记关键词和投放相关的信息非常有用（后面马上就会讲到）。

不过，最后我要提醒大家的是，不要把谷歌分析的这项功能和 DoubleClick 的 DCM 或秒针等工具提供的广告监测功能（也叫广告监播功能）混淆。Link Tag 提供的是广告点击后，与这个广告相关的网站（或 App 等触点平台）的访问流量数据，而 DCM 等提供的则是广告本身的曝光和点击数据，谷歌分析和它们是配合的，但不能互换。或者说，DCM 与秒针这类工具提供的是营销前端广告投放的数据，而谷歌分析、百度统计等提供的则是营销后端数据。

4.2.2　对搜索竞价排名流量使用流量标记

为了准确追踪搜索引擎竞价排名流量在网站上的表现，以及这些流量在进入网站之后的各种行为和转化等，使用 Link Tag[①] 方法对不同的关键词带来的流量进行准确追踪是一个很好的方法。

在具体讲解 Link Tag 应该如何应用于这个领域之前，我先来介绍一些非常重要的关于搜索引擎关键词流量的追踪的案例，这些案例说明了为什么使用 Link Tag 进行追踪是有意义的。

搜索引擎对用户搜索词进行了加密

过去，来自搜索引擎关键词的流量是能够被网站用户行为分析工具在默认设置的情况下追踪到的。所谓能够追踪得到，是指如果你的网站部署了主流的网站用户行为分析工具，那么对于从搜索引擎来的流量，你能在工具报告中看到具体的各个用户搜索词（Search Queries）带来了多少用户（Visitor）、访次（Session）、跳出率等。

百度自然搜索关键词的流量可以被网站用户行为分析工具捕捉并识别的关键词如图 4.4 所示，我们不需要做额外的设置，用户搜索词及对应的流量指标都被网站用户行为分析工具自动记录下来。

但从 2011 年 11 月开始，在"Keyword"中出现了"（not provided）"项目（见图 4.5），不过没有占很大的比例。但随着时间的推移，这个比例逐步变大，如今，当你使用谷歌分析查看自然排名的关键词报告时，你只能看到极少量的关键词，其他几乎全都显示为"（not provided）"或者"（not set）"。

[①] 在利用 Link Tag 方法对搜索引擎竞价排名广告进行追踪时要注意，有些工具和搜索引擎是可以直接打通的，在打通后就不需要再用 Link Tag 方法了。例如，对谷歌分析而言，它可以进行后台配置，以与谷歌 AdWords 系统打通，这样来自 AdWords 的流量会自动被准确标记。类似的还有百度统计和百度凤巢之间的打通。但是，基本上在所有其他的情况下都需要利用 Link Tag 方法才能准确识别和追踪搜索引擎的流量。例如，在用谷歌分析追踪百度竞价排名的流量时，必须使用 Link Tag 方法才能准确识别这些流量。

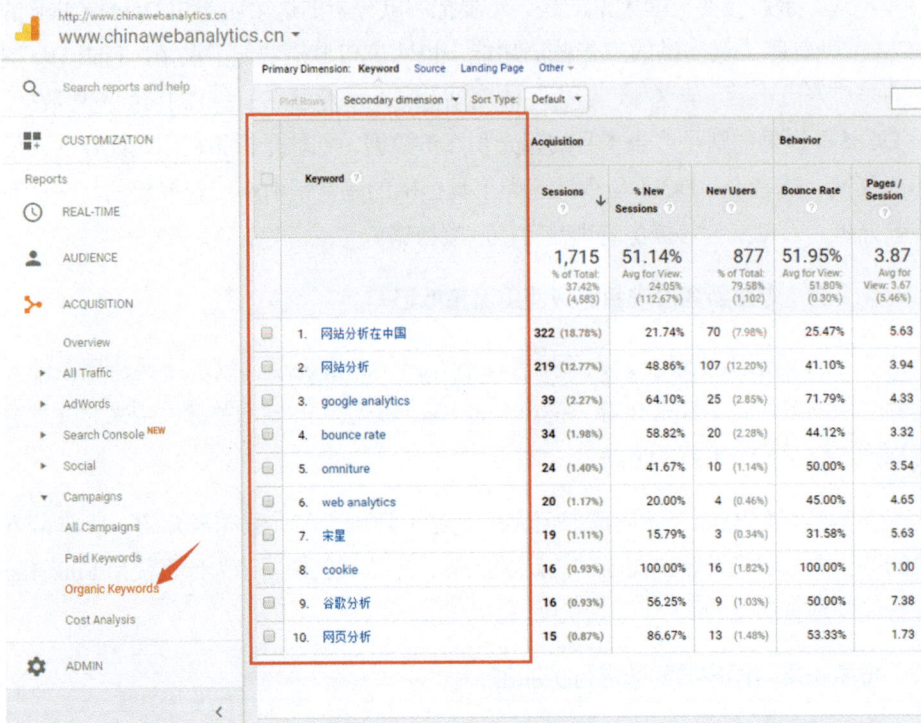

图 4.4　百度自然搜索关键词的流量可以被网站用户行为分析工具捕捉并识别的关键词

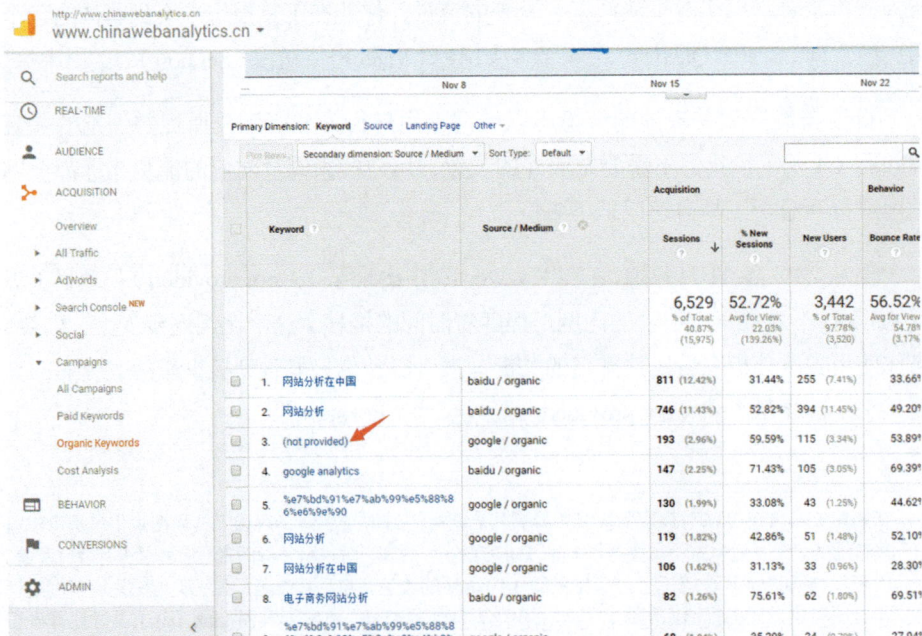

图 4.5　"not provided" 项目

也就是说，使用谷歌分析不可以直接看到网站的自然搜索流量的搜索词来源了。

事实上，谷歌搜索带来的流量，无论是你自己投放的竞价排名关键词广告，还是自然搜索排名（Organic），使用网站用户行为分析工具（包括谷歌自家的谷歌分析）都不可以看到具体的用户搜索词。而百度搜索带来的流量，除了百度自家的百度统计，使用其他的网站用户行为分析工具也同样都不能看到具体的用户搜索词。

这给我们优化搜索引擎营销带来了重大影响。

解决这个问题的方法是 Link Tag 方法。借用 utm_term 这个字段，将你投放的关键词预先写在关键词的链出 URL 中。例如，我在百度上投放了"理财"这个关键词，链接到我的网站：http://www.chinawebanalytics.cn，Link Tag 应该这么撰写：http://www.chinawebanalytics.cn/?utm_campaign=Test&utm_source=Baidu&utm_medium=PPC&utm_term= 理财。

由于关键词类型的广告不是展示类广告，而 utm_content 是给展示类广告用的，因此 utm_content 这一项就不要加了。一般而言，utm_term 是专用于关键词广告的，而 utm_content 是专用于普通广告（如展示类广告）的。

利用宏替换为搜索引擎竞价排名广告添加 Link Tag

请注意，上面的方法需要你逐个添加每个投放关键词的 utm_term，显然这很麻烦，但好消息是，如今有了更好的解决方法，那就是宏替换。

以百度搜索引擎为例，其他搜索引擎可能有不同的格式，或者不支持这种方法。

我们在 2.6.2 节中已经介绍过宏替换，这里的宏替换是搜索引擎在用户点击关键词链接的一瞬间，把链接的尾部参数中含有"{keyword}"的部分替换为实际投放的关键词。

例如，上面的链接 http://www.chinawebanalytics.cn/?utm_campaign=Test&utm_source=Baidu&utm_medium=PPC&utm_term= 理财，以宏替换的方法写应该为 http://www.chinawebanalytics.cn/?utm_campaign=Test&utm_source=Baidu&utm_medium=PPC&utm_term={keyword}，如果用户点击的是"理财"这个关键词的广告，那么这里的"{keyword}"会被搜索引擎自动替换为"理财"。

利用 Link Tag 方法，能够对付费竞价排名的关键词进行准确追踪，但要注意几个问题。

第一个问题是我们自己添加的 utm_term 是我们投放的关键词，但并不是实际用户搜索的搜索词。在上面的例子中，你投放的是"理财"，而用户搜索的是"什么理财好"，在这种情况下，搜索引擎可能会显示你投放"理财"的搜索结果（广泛匹配），那么在你添加了"utm_term= 理财"的情况下，仍然只会在付费搜索报告中显示来自关键词"理财"的流量，而没有报告能显示来自用户搜索词"什么理财好"的流量。

第二个问题是自然搜索关键词的追踪问题，由于自然搜索关键词无法由你自己添加 Link Tag，因此各个关键词的具体流量通过网站用户行为分析工具也无法分辨。不过，有一种情况例外，那就是百度统计对百度的自然搜索关键词可以追踪，但谷歌分析对谷歌的自然搜索关键词无法追踪，原因在于谷歌有更严格的用户隐私管理制度。

另外，请注意，这里说的是关键词或者用户搜索词给网站带来的流量数量和质量，而不是关键词或者用户搜索词本身被曝光或者被点击的数量。后者在搜索引擎投放工具（如百度的凤巢或者谷歌的 AdWords）上可以直接看到。

4.2.3　信息流广告用 Link Tag 做标记

大家通常认为，在广告的链出链接后面加上参数的目的是在技术上保证流量来源能够被正常监测。但事实上，它并不只是一个技术举措，更是一个策略举措，我们在做任何广告来源的追踪时，首先考虑的不是应用何种技术，而是能够达成何种策略。

信息流广告的策略是"人群定向＋创意＋文案＋着陆页"的不同策略的组合。对信息流广告的追踪需要满足对这四点策略的追踪。

着陆页通过链出链接的 URL 就可以区分，而人群定向、创意、文案的组合则可以利用 Link Tag 加以区分。

以谷歌分析工具为例。通常，我会将创意用 Link Tag 中的 utm_content 来描述，将文案用 utm_term 来描述，将 utm_campaign 定为 feedads（信息流），将 utm_source 定为对应的信息流媒体，如 toutiao、baidu-feeds。

现在，还剩一个 utm_medium 没有被使用，我准备把它留给人群定向。相对创意和文案而言，人群定向较为灵活，而且同一个创意和文案有可能会不断调整定向，以面对不同的人群，在这种情况下应该如何定义 utm_medium 便有了难度，因为如果投放过程中人群定向不断发生变化，就意味着 utm_medium 也需要不断调整，这会给投放工作带来巨大的工作量，并导致更多出错的可能，因此我不建议因为人群定向的变化而不断手工调整 utm_medium 的设置。

一种可行的方法是，我们以人群定向的核心点来建立定向的 Link Tag 部署，即抓住定向背后的逻辑，而不是用定向设置本身来书写 utm_medium 的内容。如果广点通（腾讯广告产品，含有大量信息流类型的广告资源）中的一个定向是"地理位置＋兴趣词"，那么它实际上是要找某个地域具有某类兴趣的人群。兴趣词的数量庞大，但它们想描述的兴趣是一致的。

这种方法比较简便，但是有一个风险，即不够细分。如果某个定向的效果不好，那么我们可能不得不否定整个人群定向的选择，而实际上或许只是其中部分的更细节的定向效果不佳，从而拖累了整体效果。避免这种情况的方法只有一种，即做更多的广告计划和单元去实现更细致的人群定向细分，然后做更加细致的定向的 Link Tag 的定义。

信息流广告示例如图 4.6 所示。

图 4.6　信息流广告示例

这个广告的链接是 http://m.kfc.com.cn/?utm_campaign=infostream&utm_medium=tier1city-takeout&utm_source=neteasenews&utm_content=luhan&utm_term=4。

它的 Link Tag 分解如下。

- utm_campaign=infostream。
- utm_medium=tier1city-takeout。
- utm_source=neteasenews。
- utm_content=luhan。
- utm_term=4。

为 utm_medium 设定的人群定向是 tier1city（一线城市）和 takeout（订餐方面的兴趣）的人群。utm_term=luhan 的意思是，创意的核心是"鹿晗"。utm_term=4 的设定是用了大图、创意版本是 4 号创意。

有了这套设置，你会很容易区分不同的信息流广告的效果。

有一点需要注意，Link Tag 方法无法用于信息流广告媒体和搜索引擎自己提供的智能着陆页，因为智能着陆页不是你自己服务器上的页面，也无法放置你自己的监测脚本代码。

这个例子所使用的方法只是谷歌分析的设置方法的一种，如果你用其他的分析工具，那么你可能需要使用不同的 Link Tag 规范，但背后的逻辑是相同的。

4.2.4　App 的推广来源问题

App 的推广来源是指 App 的下载是由什么推广广告带来的。这个问题比标记网站流量来源要复杂很多。原因在于，App 的推广流量一般是指向应用市场的，但应用市场不可能添加 App 所有者（或开发者）的监测脚本代码，这样流量一旦进入应用市场，所有的来路信息就都在应用市场中丢失了。

在图 4.7 中的剪刀处，因为流量进入了应用市场，所以你的 App 的推广来源信息就被"剪断"了——应用市场并不会抓取你的 App 的推广来源信息并提供给你。

对 App 所有者而言，想要知道自己投放的 App 广告带来的下载情况，有 4 种常用的方法，而在中国，App 所有者主要采用其中的 3 种方法（下面的方法一、方法三、方法四）。

图 4.7　App 的推广来源信息在流量进入应用市场后被"剪断"

方法一：Server to Server 传输信息

Server to Server 传输信息是一种可靠的方法，但必须通过媒体的合作支持才能实现，因为 Server to Server 的传输信息是指媒体把点击广告的用户信息，连同这个广告的信息，一起发给做 App 推广的广告主。

用户信息一般是设备 ID，如 IMEI、IDFA 或者其他设备 ID。在没有设备 ID 的情况下，一般用 IP 地址加上客户端 Agent[①] 信息代替。这种方法一般没有第三方监测参与，而是媒体直接把相关的数据提供给广告主。大型媒体基本上都支持这种方法，并且相关的用户信息以明文传递为主，在少数情况下通过加密的方法传递。

一旦广告主获得了点击广告的用户的设备 ID 或其他识别信息，就会将其与新安装并使用 App 的用户的设备 ID 或其他识别信息做匹配（前面已经讲过，在 App 被使用时，App 的开发者，通常也是 App 的推广广告主，就能通过 App 获得这个用户的设备 ID 等信息），这样就能识别广告推广的来源。

因为媒体会把所有点击广告的用户的设备 ID 或其他识别信息和广告相关信息（包括点击广告的时间）都传送给广告主，所以广告主甚至可以基于这些信息做前端广告推广的归因分析（我会在 4.4 节中详细介绍归因分析）。

Server to Server 传输信息有一个小问题，那就是数据的传输和匹配可能不

---

① 这里的客户端 Agent 也被常称为 UA，是指手机的型号、操作系统及版本等信息。注意，在网站端也有 UA 的说法，是指与浏览器相关的信息，如浏览器的类型、版本、语言等。二者类似，但不相同。

是实时的。

Server to Server 传输信息是国内 App 推广流量来源监测最常用的方法。

方法二：Link Tag 宏替换

Link Tag 宏替换是 4 种方法中最复杂的，也是主要通过第三方监测实现的方法。

这种方法用到了宏替换，而且宏替换同样发生在广告的链出链接上。如果一个 App 在应用市场的下载详情页 URL 是 yysc.com/App001.html，那么这个广告的链出链接也会指向这个 URL。

宏替换发生在这个 URL 上，如以这样的形式存在：http://yysc.com/App001.html?{idfa=%}。这里的 {idfa=%} 就是宏替换。当然，这是我随便编的，真正的宏替换的格式并不一定是这样的，而是由数据分析工具固定格式的。例如，谷歌分析的格式是 idfa=--IDFA--，等号后面的 --IDFA-- 会被替换掉。

那么，这个宏替换会被替换成什么具体的内容呢？前面所讲的搜索引擎竞价排名投放的宏替换是被替换为实际的竞价关键词，从而能够知道是哪个关键词带来的流量。而这里的宏替换会被替换为看到这个广告的手机用户的设备 ID，如用户的手机是苹果手机，这里的宏替换就会被替换为这个手机的 IDFA（IDFA 是苹果官方提供的 iOS 设备的用户识别 ID）。例如，上面的示例 URL 就会从 http://yysc.com/App001.html?{idfa=%} 变成 http://yysc.com/App001.html?idfa=CCD6E1CD-8C4B-40CB-8A62-4BBC7AFE07D6，其中，CCD6E1CD-8C4B-40CB-8A62-4BBC7AFE07D6 是这个手机的 IDFA。

宏替换是如何发生的？这需要投放广告的广告商或广告媒体的配合。由于广告商或广告媒体一般都能够获得用户手机的设备 ID（通过广告商埋在各类 App 中的 SDK 获得），而广告商或广告媒体在投放广告时，如果与广告主（也就是这个 App 的推广者，后面为了更准确地表述，都用 App 推广者表示这个场景下的广告主）达成了协议，愿意将设备 ID 提供给广告主，就需要用到宏替换。

这个过程如下。

第一步：广告商与媒体 App 达成协议，广告商帮助媒体 App 售卖其上的广告。请注意，媒体 App 和推广下载的 App 是两个事物。媒体 App 类似于今日头条等 App，而推广下载的 App 跟图 4.7 中的三国游戏类似。媒体 App 的广告商可能是自己的广告部门，也可能是第三方广告服务商，如提供程序化合约广告的广告商，或者提供 DSP 服务的广告商。

第二步，广告商在媒体 App 中放入广告投放用的 SDK。广告商利用这个 SDK 可以获得媒体 App 用户手机的设备 ID。

第三步，广告商与 App 推广者达成协议，广告商同意给 App 推广者提供点击媒体 App 上广告的用户的设备 ID。

第四步，在 App 推广广告的链出链接上，加上尾部进行宏替换的参数，以在用户点击这个链接时，将实际设备 ID 放入链接中。

为什么要用宏替换的方法传送设备 ID 呢？原因在于，一旦这个 App 被下载，并且在这个用户的手机上被打开，这个 App 就可以采集用户的设备 ID。如果 App 采集到的设备 ID 和广告商通过宏替换传送的设备 ID 能匹配，App 推广者就可以知道是哪个广告带来了一个实际的 App 下载。更简单的说法就是将用户看到广告时手机的设备 ID 和他下载并打开这个 App 时手机的设备 ID 进行比对，如果这两个设备 ID 相同，就能确定是同一个手机，就说明这个广告带来了一个 App 的下载。

不过，还有一个问题。虽然 URL 进行了宏替换，并且把实际的设备 ID 替换进了 URL，但没有说清楚具体是哪个广告。因此，URL 后面不仅要带上宏替换，还得带上 Link Tag 对广告的描述，也就是要带上 utm_campaign、utm_source、utm_medium 等字段。

当这些都做好后，我们发现还有一个更大的问题没有解决。例如，你看下面这个加了 Link Tag 的 URL，它会将流量引向哪里？

http://yysc.com/app001.html?idfa=CCD6E1CD-8C4B-40CB-8A62-4BBC7AFE07D6&utm_

没错，流量会直接进入应用市场（yysc.com），你大费周章地添加了宏替换，做了 Link Tag，结果数据还是进入应用市场，"一去不返"。怎么办呢？难道要跟应用市场说，请把 URL 后面的这些信息转发给我吧！这显然不现实。

要解决这个问题，需要用到另外一个技术——URL 的跳转技术，它与我们在介绍广告曝光监测时用到的跳转是相同的。为了让这些 URL 后面的参数字段能够传送给广告主，我们需要做一个跳转。这个跳转是这样的：

http://data.fenxi.com/?idfa=CCD6E1CD-8C4B-40CB-8A62-4BBC7AFE07D6&utm_campaign=appdownloads&utm_source=appworld&utm=medium=banner01&redirect=http://yysc.com/app001.html

这个 URL 的域名已经不再直接链接到应用市场，而是链接到 App 推广者（假设要推广 App 的是 fenxi 公司）的网站 data.fenxi.com 上。URL 后面的所有参数信息都将被 data.fenxi.com 的服务器记录下来，包括设备 ID、Link Tag 中的广告信息。随后，data.fenxi.com 的服务器处理这个字段：redirect=http://yysc.com/app001.html。在看到这个字段后，data.fenxi.com 的服务器会按照预置的程序，将浏览器跳转到 http://yysc.com/app001.html 这个页面。

这样就既获得了 App 投放的广告信息和 App 广告展示时的手机设备 ID，又不影响在应用市场上打开 App 下载页面。

这种方法本质上就是在 URL 后面加后缀信息的方法，所以也是 Link Tag 方法（见图 4.8）。

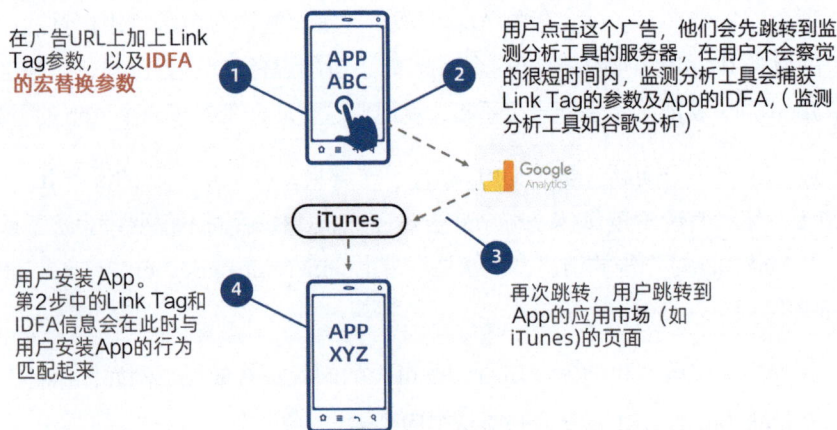

图 4.8 App 的推广来源监测的 Link Tag 及宏替换方法

当然，很多时候，App 推广者并没有记录数据和处理数据的能力，因此它们会找第三方数据分析公司帮忙。例如，谷歌分析支持这种方法，它的 Link Tag 的写法如下：

https://click.google-analytics.com/redirect?tid=UA-23490234-1&url=https%3A%2F%2Fitunes.Apple.com%2Fus%2FApp%2Ffenxi%2Fid567865289&aid=com.fenxi.App&idfa=--IDFA--&cs=limei&cm=banner&cn=datadriven&cc=sidney&anid=limei&aclid=--LIMEIBIDID--

在上面这个 URL 中，https://click.google-analytics.com 相当于前面例子中的 data.fenxi.com，但因为涉及数据传输，所以用 https 协议做了加密。https%3A%2F%2Fitunes.Apple.com%2Fus%2FApp%2Ffenxi%2Fid567865289 是 App 在 iTunes 应用市场上的下载详情页 URL，与前面例子中的 http://yysc.com/app001.html

是一样的。idfa=--IDFA-- 就是宏替换。&cs=limei&cm=banner&cn=datadriven&cc=sidn ey&anid=limei 相当于 utm_campaign、utm_medium、utm_source 等参数。参数的最后一项 &aclid=--LIMEIBIDID-- 包括一个宏替换 --LIMEIBIDID--，用来将广告投放服务商和广告竞价 ID 替换进去。而问号后面的第一个参数：tid=UA-23490234-1 则是广告主自己的谷歌分析账号的 ID。

这个 URL 看起来很复杂，但经过上面的拆解，你会发现它其实是很清晰的。当然，自己写上面的 URL 比较麻烦，因此提供 Link Tag 功能的用户行为分析工具一般提供界面来帮助你生成 URL。你只需要把相应的信息填入表单中，然后点击生成（Generate URL）按钮，URL 就会自动生成（见图 4.9）。

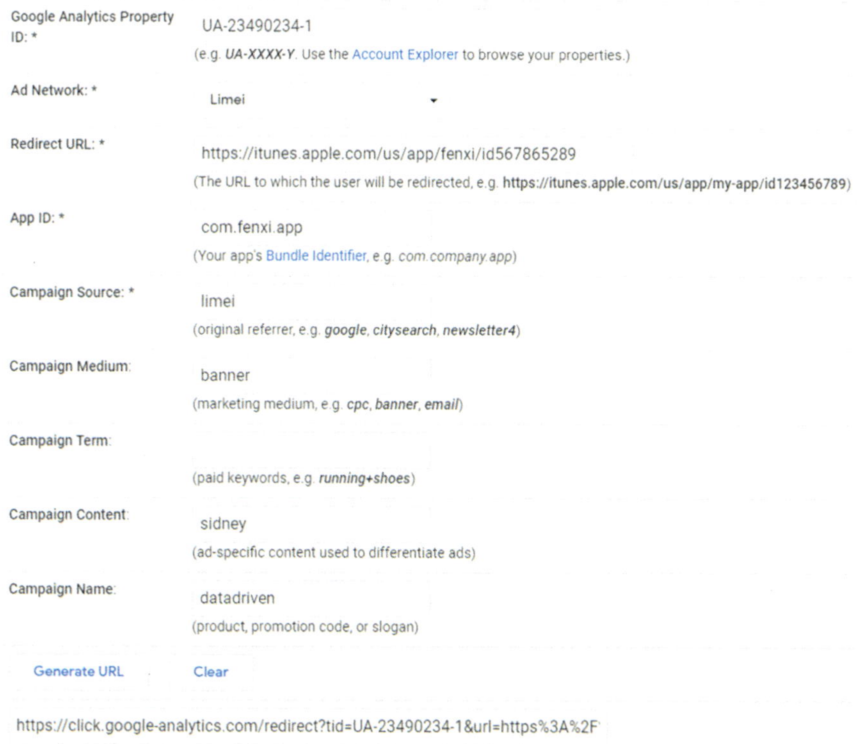

Google Analytics Property ID: *	UA-23490234-1
	(e.g. *UA-XXXX-Y*. Use the Account Explorer to browse your properties.)
Ad Network: *	Limei ▾
Redirect URL: *	https://itunes.apple.com/us/app/fenxi/id567865289
	(The URL to which the user will be redirected, e.g. **https://itunes.apple.com/us/app/my-app/id123456789**)
App ID: *	com.fenxi.app
	(Your app's Bundle Identifier, e.g. *com.company.app*)
Campaign Source: *	limei
	(original referrer, e.g. *google*, *citysearch*, *newsletter4*)
Campaign Medium:	banner
	(marketing medium, e.g. *cpc*, *banner*, *email*)
Campaign Term:	
	(paid keywords, e.g. *running+shoes*)
Campaign Content:	sidney
	(ad-specific content used to differentiate ads)
Campaign Name:	datadriven
	(product, promotion code, or slogan)
Generate URL Clear	

https://click.google-analytics.com/redirect?tid=UA-23490234-1&url=https%3A%2F

图 4.9　App 的推广来源追踪的 Link Tag 生成器界面

用 Link Tag 方法追踪 App 的推广来源最大的好处是准确，并且数据几乎可以实时提供。但其缺点是，需要广告商（或媒体）与第三方监测服务商进行合作。如果广告商（或媒体）不愿意合作，就无法实现设备 ID 的宏替换，这种方法就不能使用了。

方法三：IP 地址对应法

IP 地址对应法可能还有一些其他的名字，但本质上采用的都是 IP 地址比对的方法。IP 地址对应法是主要由第三方监测服务商采用的方法。

IP 地址对应法的原理与 Link Tag 方法类似，但它实现起来更简单，缺点是准确性较差。

IP 地址对应法的实现方法如下。

广告端的链出 URL 并不直接指向应用市场，而是指向一个中间跳转页（可以是广告主自己的页面，也可以是监测分析工具提供的跳转页），这个跳转在很短的时间内完成。中间跳转页是一个空白页，但其中嵌入了监测脚本代码，可以记录这个页面被打开时设备的 IP 地址，以及广告的 utm_campaign 等 Link Tag 的信息，只是 Link Tag 中不包含设备 ID。

讲到这里，要跟大家强调一下，网页不能捕捉到硬件设备的 ID，但网页上的监测脚本代码可以获取网页所在的 IP 地址。

中间跳转页所在的 IP 地址随后被监测分析工具记录下来。此后，用户跳转到应用市场，然后用户下载并打开 App，App 内的监测分析工具的 SDK 随之可以探测到在 App 被打开时手机的 IP 地址。将两个 IP 地址做比对，如果相同，就可以把 App 下载和对它的推广广告关联在一起（见图 4.10）。

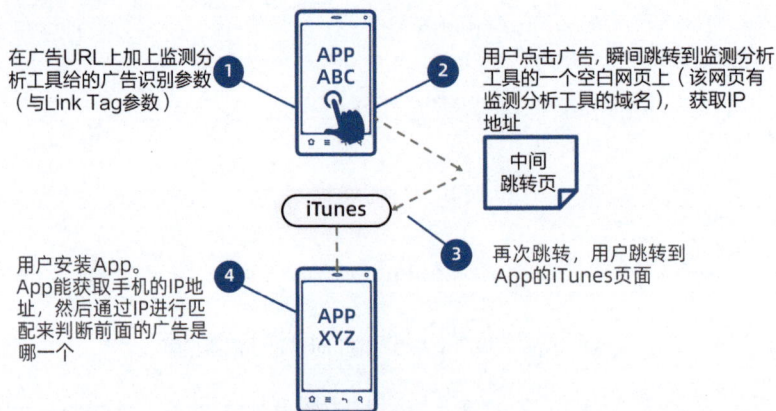

图 4.10　App 的推广来源追踪的 IP 地址对应法

这种方法实现起来很简单，但是与前面的 Link Tag 方法相比，准确性要弱。比如，用户看到 App 推广广告的时候的 IP 是用的自己的 4G 网络的，而下载的时候，提示说，只能在 Wi-Fi 下下载，于是他不得不切换到 Wi-Fi，这时 IP 地址肯定发生了变化，这时广告和下载的关联就中断了。

方法四：预置推广渠道

预置推广渠道是一种局限性很强的方法，但被广泛使用。这种方法很容易理解：把推广渠道固定在 App 安装包中。如果有 3 个推广渠道，就做 3 个不同的 App 安装包（这些 App 安装包看起来一样，但其中的渠道信息不一样），并确保每个推广渠道都有写着自己渠道信息的 App 上线。

显然，这种方法死板、机械，如果 App 安装包被复制到其他推广渠道上，就会莫名其妙增加某个推广渠道的下载量。但很多时候，有不少应用市场会抓取别的应用市场上的 App 安装包（俗称抓包），可能导致这种方法监测失效。

此外，这种方法也难以应对多个广告链接到同一个应用市场的情况，因为无法辨别是哪个广告产生的下载。

这种方法有相当大的缺陷但仍然被采用的原因只有一个：这种方法最简单，不受媒体的制约，而且不需要第三方工具的帮忙。

4.2.5 流量标记不能实现的地方

Link Tag 流量标记方法简易实用，而且网站端和 App 端都可以使用这种方法。但是，这种方法并不适用于所有的追踪情况，如搜索引擎用户搜索词的追踪就无法通过这种方法实现。

Link Tag 能够发挥作用的前提有两个。

第一个前提，你可以对流量源头的链出 URL 进行改动（添加尾部参数）。

例如，对于你自己花钱做的广告、在搜索引擎上的投放、在论坛上或者聊天工具上留下的自己网站的 URL 等，你都可以任意添加尾部参数。但是，如果别人在论坛或者在聊天工具上分享的你的网址 URL，你就无法进行修改，也就无法使用 Link Tag 进行精确追踪。同样，自然搜索排名结果的网址链接也是搜索引擎自动抓取的，搜索引擎不会主动帮你添加尾部参数，你也不可能手动添加，在这种情况下也无法使用 Link Tag 进行精确追踪。

如我在前面所讲的，直接流量并非全部是真正意义上的直接流量，但很多没有能够传送来引荐来源信息却又不是我们能够添加 Link Tag 的流量源不可避免地被计入直接流量中，如其他人在 QQ 的聊天窗口或者邮箱客户端（不是在浏览器中打开邮箱）中分享了你的网址，当这些分享的网址被点击时，这些流量就会被记录为直接流量。对于这些流量来源你很难添加 Link Tag，因此你很难知道这些流量的真正来源。

其他人在朋友圈或者群中间分享了你的网站的 URL，你无法精确追踪是谁分享的，也只能在监测分析工具上看到有流量来自微信。

也就是说，对于那些没有被计入直接流量，又非搜索关键词带来的流量，往往都有引荐来源信息，即使无法通过 Link Tag 准确标注，也可以通过查看网站用户行为分析工具的引荐来源报告来了解流量源头的情况。

不过，值得注意的是，对大部分主流的网站用户行为分析工具而言，如果你为一个引荐来源添加了 Link Tag，那么 Link Tag 的流量来源标记会取代引荐来源本来的信息，即这个流量来源的数据不会再出现在引荐来源报告中，而会只出现在 Link Tag 相应的报告中。例如，你在知乎上放了一个你的网站的链接，在不添加 Link Tag 的情况下，通常你会在"流量获取 → 所有流量 → 引荐"报告中看到从知乎相应的页面来的流量。但如果你为这个链接添加了 Link Tag，那么在"流量获取 → 所有流量 → 引荐"报告中就不会有这个流量的记录，而在"流量获取 → 广告系列"中会出现对应的流量记录。

第二个前提，流量的落地环节必须能够添加监测脚本代码或者 SDK。例如，在自己的网站或 HTML5 页面中可以加监测脚本代码，在自己的 App、小程序中可以添加数据监测 SDK。因此，只要是流入这些地方的流量，只要允许你添加 Link Tag，你就可以通过添加 Link Tag 来精确追踪流量来源。但自己的淘宝店铺、天猫店铺、京东店铺、拼多多店铺，自己的小红书上的品牌号，自己的抖音蓝 V，自己在微信后台发布的一篇文章，这些地方都不能添加你自己的监测脚本代码或者 SDK，因此你就不能用 Link Tag 方法追踪来到你在这些平台上搭建的各种私域号的流量来自你做的什么推广，而只能用这些平台上自带的工具给出的非常粗略的数据来进行分析。

这也是很多广告主越来越重视私域，一定要拥有自己完全掌控的私域流量和私域平台的重要原因。

总体而言，Link Tag 不是完美的，但是已经足以帮助我们解决很多流量来源追踪上的问题，是我们必须掌握的方法。并且，只要是能使用 Link Tag 的地方，我都会建议你使用 Link Tag 追踪流量的来源。

4.3 细分渠道的评估与分析

我们在做好流量的准确标记后，就可以等着数据慢慢进入"篮子"里了。在一段时间之后，数据会逐步积累，我们即可利用这些数据对不同来源的流量的价值进行分析。

4.3.1 流量渠道的衡量指标

如果说对流量进行标记是准备工作，那么现在我们进入了更核心的工作——衡量各种流量的价值。这项工作似乎并不难做，任何拿到数据的人都对流量的价值有自己的看法。

流量用数据来衡量表现，数据报表往往类似于图 4.11 所示的那样。

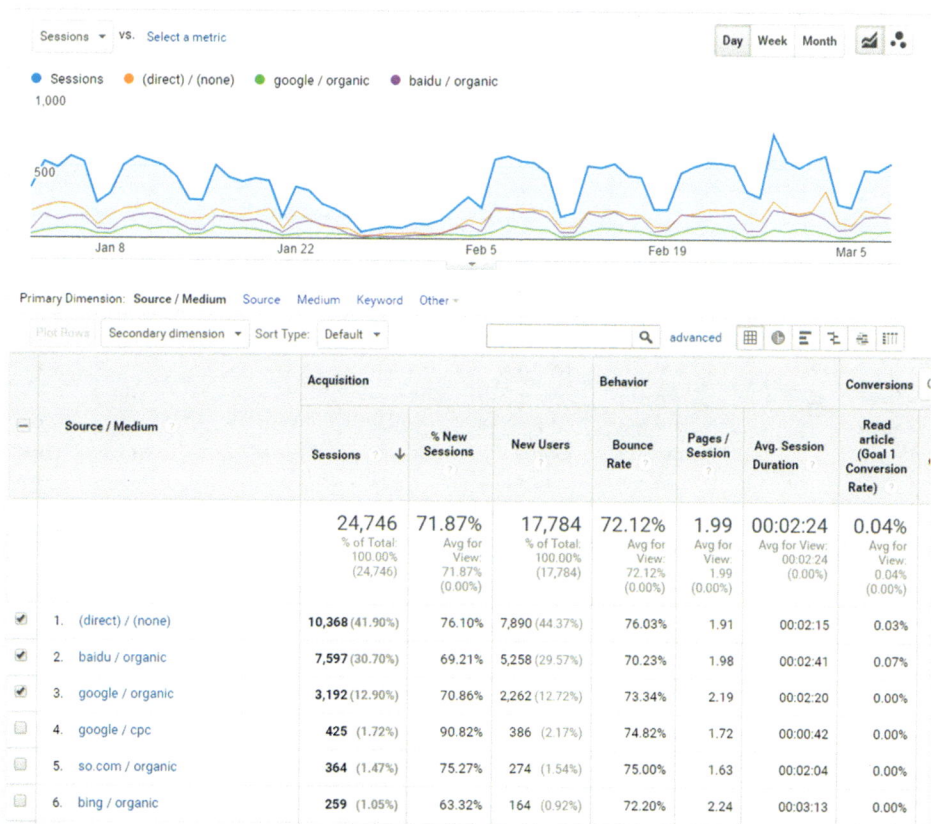

图 4.11　流量渠道的数据表现报告界面示意图

我们在数据报表中可以看到流量的数量（Sessions）、新流量的占比（% New Sessions、New Users），以及与流量质量相关的指标［跳出率（Bounce Rate）、平均访问长度（Avg. Session Duration）和转化情况〕。数据报表可以让我们比较直接地了解流量的大致价值。在图 4.11 中，google/cpc 似乎是质量相对较差的流量渠道：尽管它在很多指标上与其他流量渠道的区别不大，但是其停留时间显著低于其他流量渠道。

当然，图 4.11 中还缺少一些大家都很关心的指标，即我付出了多大代价来获取这些流量，以及这些流量带来了多少产出。

有些网站用户行为分析工具允许你将流量的成本（你购买流量的费用）上传给它，如谷歌分析，但我更习惯将流量的表现从网站用户行为分析工具中导入 Excel 表格中，然后手动添加流量的成本，因为无论如何，深度且直观的流量分析都需要 Excel 或其他数据可视化工具的帮助。而流量最终的转化情况，一般而言，网站用户行为分析工具（如谷歌分析）的转化监测功能能够提供直接的数据（见图 4.12）。这样就可以把流量的成本和转化（收益）数据汇集到一个 Excel 表格中进行统计。

Default Channel Grouping	Sessions	↓ Revenue	Transactions	Average Order Value	Ecommerce Conversion Rate	Per Session Value
	69,361 % of Total: 100.00% (69,361)	$183,814.12 % of Total: 100.00% ($183,814.12)	2,334 % of Total: 100.00% (2,334)	$78.75 Site Avg: $78.75 (0.00%)	3.37% Site Avg: 3.37% (0.00%)	$2.65 Site Avg: $2.65 (0.00%)
1. (Other)	23,011 (33.18%)	$72,105.67 (39.23%)	910 (38.99%)	$79.24	3.95%	$3.13
2. Paid Search	17,676 (25.48%)	$40,237.99 (21.89%)	579 (24.81%)	$69.50	3.28%	$2.28
3. Organic Search	14,782 (21.31%)	$32,123.23 (17.48%)	377 (16.15%)	$85.21	2.55%	$2.17
4. Direct	8,828 (12.73%)	$17,077.07 (9.29%)	193 (8.27%)	$88.48	2.19%	$1.93
5. Referral	3,156 (4.55%)	$7,687.09 (4.18%)	75 (3.21%)	$102.49	2.38%	$2.44
6. Affiliates	1,642 (2.37%)	$14,287.66 (7.77%)	194 (8.31%)	$73.65	11.81%	$8.70
7. Social	186 (0.27%)	$16.20 (0.01%)	1 (0.04%)	$16.20	0.54%	$0.09
8. Display	47 (0.07%)	$38.25 (0.02%)	1 (0.04%)	$38.25	2.13%	$0.81
9. Email	33 (0.05%)	$240.96 (0.13%)	4 (0.17%)	$60.24	12.12%	$7.30

图 4.12　加入了转化数据的流量渠道表现

我们往往用两类指标来分析流量渠道的价值。

第一类：流量的多少及质量，包括流量数量、跳出率、停留时间、与网站或者 App 的互动程度等。

第二类：流量的产出，即单纯地看这个流量产生了多少销售转化或者你期望这些流量背后的用户去完成的某件具体的事情——下载、成为粉丝、推荐给他的好友等。我们还会将流量的产出与流量的成本结合起来计算流量的 ROI（ROAS）。

当然，还有第三类指标，即每个流量渠道背后的用户的忠诚度（我会在第 5 章和第 6 章中介绍这类指标）。

4.3.2 流量渠道的产出分析

流量渠道的产出分析最受人们重视，毕竟任何生意都会考虑投入产出比。对于几乎所有细分的流量渠道，我们都可以计算其 ROI。ROI 是 Return on Investment（投资回报率）的缩写，在互联网营销领域中，我们用流量渠道的成本作为投资（Investment），用这些渠道带来的销售货值（Gross Merchandise Volume，GMV）作为回报（Return）。在广告行业，ROI 并不是一个非常标准的叫法，更标准的叫法是 ROAS，即 Return on Advertising Spending（广告支出回报比或者广告费用效果比），从现在开始之后，我会统一用更严谨的 ROAS 来表示广告支出回报比或者广告费用效果比。

流量渠道的成本数据并不难获得，一般而言，我们并不会以天为单位计算流量渠道的成本，因为这样很难准确计算，而把计算周期放大为周或者月，计算结果就会准确很多。

流量渠道的产出也不难获得，大部分用户行为分析工具都具有转化监测功能，有些还具有相当完善的电子商务监测功能，并且监测到的数据都可以基于流量渠道进行细分。一旦你拥有了流量渠道的成本与产出数据，你就很容易得出流量渠道的成本与产出的相互关系（一般是用产出或者收入除以成本）。流量渠道的成本与产出的对比示例如图 4.13 所示。

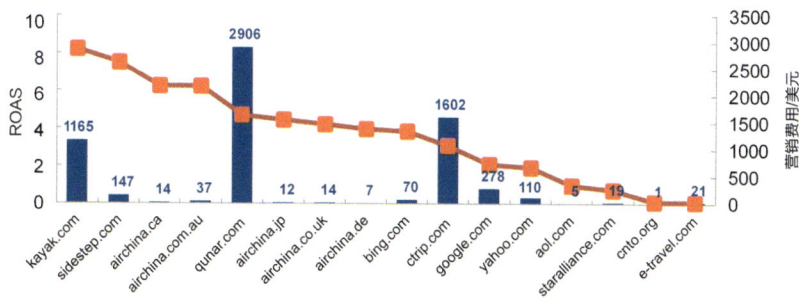

图 4.13　流量渠道的成本与产出的对比示例

图 4.13 的意义非常明确，不同的流量渠道有不同的 ROAS，那些高 ROAS 的流量渠道（红色点高的那些流量渠道）会获得人们的青睐。

但这种分析过于简单、直接，甚至相当粗暴。例如，有的管理者看到那些

ROAS 不高的流量渠道时，往往会"下重手"，将它们剔除。这样的做法可能会带来一些问题。在我们做营销优化的过程中，简单、直接地剔除某些低 ROAS 的流量渠道的操作十分罕见，在决定抛弃某些流量渠道之前，我们会做进一步的分析，如流量渠道的质量分析。

4.3.3 流量渠道的质量分析

质量包含的意思可能很宽泛，ROAS 其实也是重要的流量质量指针，但是这里的流量仅指不同的流量与网站、App 或者与你的其他数字平台进行交互的程度。这一交互程度反映了流量背后人群的兴趣，而更大的兴趣往往意味着更大的转化可能性。

我们往往用气泡图来分析流量渠道的质量，气泡图可以在 Excel 中生成，如图 4.14 所示。

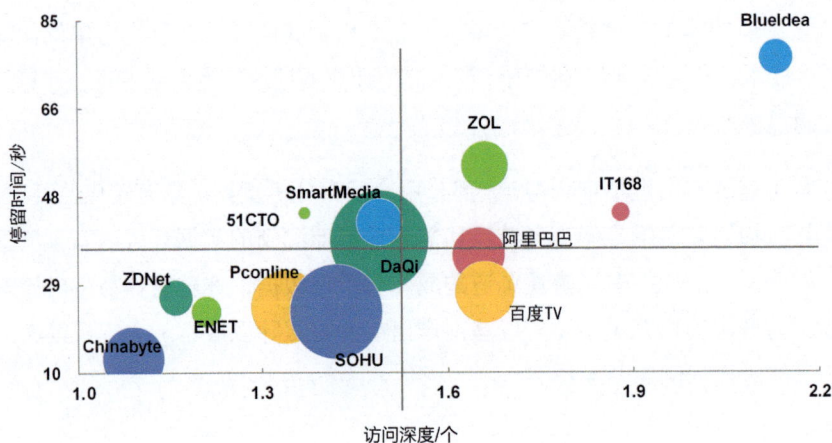

图 4.14　气泡图

在图 4.14 中，你会发现所有的指标都是与流量渠道的质量相关的。横轴为访问深度，即每个访问平均浏览的页面数量。这一指标在 App 或小程序端也同样有意义，只是在表述上页面浏览数量（Page View）会变为屏幕浏览数（Screen View）。纵轴为停留时间，即每个访次在网站上的平均停留时长。气泡就是图 4.14 中的圆饼，每个圆饼的大小代表流量的多少。

气泡图是为数不多的人们能够比较直观查看的表述 3 个维度或者 4 个维度（除了横轴、纵轴及圆饼大小，圆饼的颜色也可以代表一个维度）的图表类型。

图 4.14 中的横、竖两条直线代表网站所有流量平均的停留时间和平均的访问深度。

图 4.14 可以清晰地告诉我们，Chinabyte 的质量不佳，而 BlueIdea 的流量虽然不大，但质量最好，这意味着未来可以考虑扩大购买 BlueIdea 上的流量。请注意：这个例子只是个案，并不代表 Chinabyte 的质量不好，因此请不要将其作为你在实际工作中选择流量渠道的依据。

在图 4.14 中，大家可以看到圆饼的分布符合一定的规律——斜着向上。这并不奇怪，因为停留时间长的流量，往往会访问更多页面，所以流量的 PV/V 就会升高。

当然，你也可以选择停留时间和跳出率的组合，或者 PV/V 和跳出率的组合。多做一些不同的组合，能够看到流量渠道更全面的表现。

讲到这里，可能还有读者对前面提到的这些指标有一些疑惑，因此我会在 4.3.4 节中介绍衡量流量质量的指标。已经很熟悉这些内容的读者可以略过这部分。

4.3.4　衡量流量质量的标准指标与 Engagement

衡量流量质量的标准指标（准确说法是度量）是"三件套"，分别是跳出率、停留时间（Time on Site）及 PageViews per Session（常被书写为 PV/V，PV 代表 PageView，即页面浏览量，V 代表 Visit，即对网站或者 App 的访问，但现在用新的写法 Session 代替它，二者虽然不完全一样，但我们可以简单地认为用在度量上时，二者基本没有区别。PV/V 即 PageView 与 Visit 的比值）。

但仅用这 3 个标准度量来衡量流量的质量是不够的，我们还需要根据需要用一些自定义的度量来衡量流量的质量，如在一个电子商务网站中，流量所产生的加购或者收藏的数量，以及点击播放某个视频、提交自己的电话号码、向客服咨询等行为。

无论是跳出率、停留时间、PV/V，还是其他的行为，都体现了一种状态，这种状态表现了流量背后的用户与企业私域平台的交互程度。

用户与企业私域平台的交互被我们记录下来，并且被用于衡量我们的营销效果。我们把这些交互统一用一个更大的范畴框起来，这个范畴被命名为 Engagement（参与）（参与或许不是一个合适的词，但我无法找到比它更好的词，读者朋友们能够理解它的意思即可）。

Engagement 并不是一个标准度量，它甚至不是一个度量，它或者可以被理解为一系列体现交互程度度量的综合。Engagement 这个名词本身就带有一定的模糊性，但人们却喜欢使用它，并使它成为分析流量和用户行为的一个重要指标。也正是这样的模糊性让 Engagement 既可以指代那些标准度量，如跳出率、停留时间和

PV/V，又可以指代那些自定义的、非标准度量。

既然 Engagement 体现了参与，那么如果流量在企业私域平台上的参与情况不佳，我们就可以推测出两种可能性：一种可能性是流量本身的质量糟糕（垃圾流量，或者不是目标受众）；另一种可能性是企业私域平台（如网站）做得太差劲，无法吸引目标受众的兴趣。当然，也不能排除流量和平台同时都不行的情况。

这样，Engagement 既可以帮助我们衡量流量的质量，又可以帮助我们衡量企业私域平台的质量。跳出率、访问长度、访问深度等，就是常用的 Engagement 的标准度量。

跳出率（Bounce Rate）

跳出率是一个复合度量，它总是透露着某种神秘感，就像单从它的名字看不出它的含义，而且它的确存在多种版本的定义。跳出率主要用在网站、小程序中，也可用在部署了 Deep Link 的 App 中。所谓 App 中的 Deep Link，是指在点击外部链接后，能够直接进入 App 的内页，目前行业中有几个标准规定的技术可以实现 App 的 Deep Link。

为了说明跳出率，我们以网站为例来介绍，其他平台（小程序等）的情况基本相同。

跳出率既可以衡量流量的质量，又可以衡量网站的整体表现和某一类具体的页面。我们主要看跳出率作为衡量流量质量的度量是被如何解释的。

跳出率在衡量流量的质量时，查看的是流量中那些对网站无意义的 Session 占流量总的 Session 的百分比，即

跳出率 = 流量中对网站无意义的 Session/ 流量总的 Session×100%

上面的公式意味着跳出率是一个复合度量——由几个指标经过数学计算而来的指标。很显然，这个公式的目的很明确，即通过跳出率来衡量流量对网站无意义的 Session 的比例，从而说明进入网站中的流量的质量。流量中对网站无意义的 Session 又被称为 Bounce。如果跳出率高，就说明无意义的 Session 占有的比例比较大，流量的质量可能不佳，或者至少流量不适合这个网站。

这个定义是统一的。但是，余下的问题是，应该如何定义无意义的 Session 呢？

人们在这个问题上产生了一些分歧，一部分从业者认为无意义的 Session 是那些在网站上停留时间特别短的 Session，如只停留了不到 10 秒的 Session。而另一

部分从业者则认为，无意义的 Session 是那些仅访问了网站的一个页面的 Session。这样，跳出率的定义就有了不同的版本。

不过，按"仅访问了网站的一个页面的 Session"来定义 Session 的方法对网站用户行为分析工具而言实现起来更简单，因此我们目前所使用的几乎所有的网站用户行为分析工具都把无意义的 Session 定义为只访问了网站一个页面的 Session（见图 4.15）。

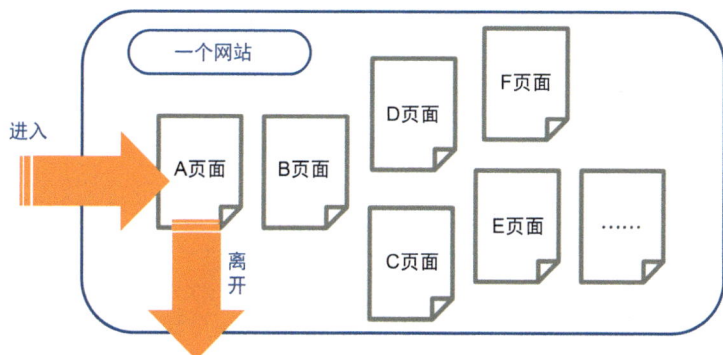

图 4.15　无意义的 Session 的定义

但是，事情还没有结束。

把无意义的 Session 定义为只访问了网站一个页面的 Session，这又产生了两种情况。

第一种情况：无意义的 Session 是指只访问了网站一个页面的 Session，如某个 Session 访问了网站的 A 页面，然后又刷新了 A 页面，那么这个 Session 仍然只访问了一个页面，应该被记录为一个无意义的 Session，即

跳出率 = 流量中单个页面访问的 Session/ 网站总的 Session×100%

第二种情况：无意义的 Session 是指只访问了网站一个页面一次的 Session，即只包含一个 PageView 的 Session，如上面的例子，这个 Session 访问了网站的 A 页面，然后又刷新了 A 页面，这个 Session 的 PageView 是 2，因此不再被记录为一个无意义的 Session，即

跳出率 = 流量中单个 PageView 的 Session/ 网站总的 Session×100%

目前，这两种情况都被采用了，其中第一种情况被 Adobe Analytics 采用了，第二种情况被谷歌分析采用了。国内的工具一般采用第二种情况，跟谷歌分析类似的定义。

一般而言，这两种情况所计算的跳出率不会有太大差异，因为刷新页面的情况在大多数网站中都不常见，但是有些时候，由于作弊流量的影响，二者具有巨大的差异。因此，第一种情况，即以单个页面访问的 Session 作为无意义的 Session 的情况能够更准确地衡量跳出率，在帮助我们衡量流量的质量时更具价值。

在这里，你可能会有疑问，为什么单个页面访问的 Session 就是无意义的 Session？这的确是个好问题，事实上，对有些网站而言，人们访问一个页面也许就能实现自己的目的，网站的价值也就体现了，我们并不能在这种情况下说单个页面访问的 Session 是无意义的，但是这类网站极少。总体来说，如果一个包含了很多页面的网站只被访问者访问了一个页面，那么我们可以推测这个访问者对这个网站没有太多兴趣，因此这个访问者的这次访问就没有实现网站想实现的目的。

访问长度和访问深度

时间是一个衡量流量的质量的重要度量。如果一个访问者平均停留在一个平台（网站、App、小程序等）上的时间很长，那么这个访问者可能曾经比较高强度地使用了这个平台；如果一个访问者在某个页面上停留了很长时间，那么可能说明这个页面足够吸引人。因此，时间既可以用来衡量流量的质量，又可以衡量平台的表现。流量访问时间的长短称为访问长度（或者访问时长）。

访问深度是一个有用的标准度量，用来衡量流量平均浏览的页面数量（或者 App 的屏幕浏览数量）。显然，浏览的页面数量（或者 App 的屏幕数量）越多，流量参与的程度越高。访问深度就是前面所说的 PV/V，即用某个网站（或者 App）的全部 PageView 除以它的 Session，公式为

$$访问深度 =PageView/Session$$

一般而言，某个流量的访问深度越大，表明访问者在一次访问中浏览的页面数量（或者 App 的屏幕数量）越多，这间接反映了流量的质量。

那么，用户行为分析工具如何统计访问长度呢？下面以网站为例进行说明，App 或者小程序的情况类似。

在日常生活中，我们可以用钟表来计时，但是网站用户行为分析工具要记录千万个访问者访问网站的时间就没有那么容易了，网站用户行为分析工具需要一个简易可靠的方法来计时。因此，在学习具体的时间度量之前，我们需要先来了解网站用户行为分析工具是如何计时的。

网站用户行为分析工具计时的根本方法是记录一个 Session 过程中，不同页面

上的监测脚本代码被激发的时间，然后通过这个 Session 第一次激发监测代码和最后一次激发监测脚本代码之间的时间间隔的长度来计算这个 Session 访问网站的时间。网站用户行为分析工具计时示例如图 4.16 所示。

图 4.16　网站用户行为分析工具计时示例（1）

一个 Session 在 10:00 时从 A 页面进入网站，在 10:15 时访问 B 页面，在 10:25 时访问 C 页面，在 10:30 时回到 A 页面，最终在 10:50 时关闭浏览器，结束了这个 Session。

那么，一般的网站用户行为分析工具会记录这个 Session 在网站上的访问时间是多长呢？

答案是 30 分钟，如果你的答案是 50 分种，那么你"上当"了。

原因在于，在 10:50 时，尽管访问者关闭了浏览器，但是关闭浏览器并不会触发页面上的监测代码。在这个 Session 内，监测代码最后一次被触发是在 A 页面第二次被访问的时候，即在 10:30 时。而这个 Session 第一次触发监测代码是在 10:00 进入网站的时候。因此，网站用户行为分析工具认为 Session 访问网站的时间是 30 分钟。

再看如图 4.17 所示的例子，一个 Session 在 10:00 时从 A 页面进入网站，没有访问其他页面，在 10:20 时离开网站，网站用户行为分析工具如何计时呢？

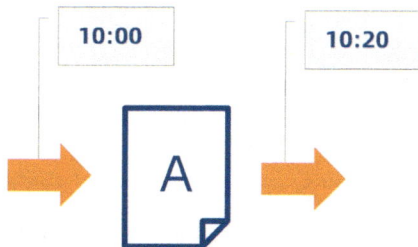

图 4.17　网站用户行为分析工具计时示例（2）

答案是，网站用户行为分析工具会记录这个 Session 的访问时间为 0。因为这个 Session 是单 PageView 的访问，网站用户行为分析工具只能记录 Session 的起点，而无法记录终点。因此，单 PageView 的 Session 访问网站的时间是 0[①]。

你会发现，网站用户行为分析工具记录的访问时间比访问者访问网站的实际时间略短，因为最后一个页面的实际浏览时间总是会被忽略不计。对主流的分析工具而言的确如此，不过也有一些网站用户行为分析工具做了一些技术处理，以尽量监测到每个 Session 最后访问的页面。这些技术处理包括两类：一类是对监测代码进行特殊处理，以在页面被关闭的时候能够触发监测代码向监测工具"汇报"；另一类是让页面中的监测代码每隔一段时间（如 10 秒）就向网站用户行为分析工具报告一次。这两类方法各有利弊。我们在具体使用某个网站用户行为分析工具统计访问长度时，需要向网站用户行为分析工具提供方询问其计时方式。

那么，如何计算访问长度呢？我们需要了解另外一个度量，即停留时间。

停留时间是所有的 Session 在网站上停留的总体时间。如图 4.18 所示，一个拥有 4 个页面的网站有 3 个 Session，该网站的停留时间是 Session 1 的 35 分钟，加上 Session 2 的 35 分钟，加上 Session 3 的 20 分钟，一共为 90 分钟，即停留时间 = 90 分钟。

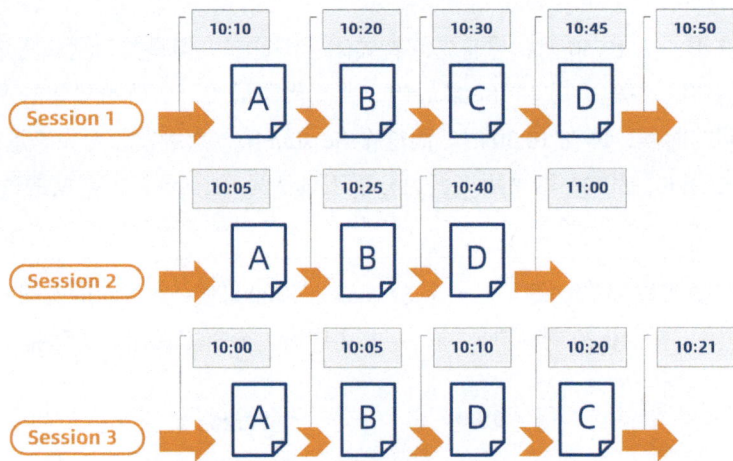

图 4.18 停留时间示例

如果我们不知道一个网站的 Session 的数量，而只是拥有单纯的停留时间，那么我们能够获得的信息其实很少。例如，我告诉你我的网站在 3 月 12 日的停留时

---

① 有些网站用户行为分析工具对这种记录时间的方式进行了改进，每间隔一小段时间监测代码就会自动重新运行一次，来判断是否这个页面仍然处于被打开的状态并累计时间，以尽可能地记录访问者在页面上实际停留的时间。但这种方式也存在缺陷，因此并不主流。

间是 1793 小时 35 分 55 秒，这看起来是一个很大的数字，但你并不能从这个数字中得到任何衡量用户参与程度的线索。可是，如果你知道了我的网站每日大概的 Session 的数量，情况就不同了。你可以把停留时间除以网站总的 Session 的数量，得到平均每个 Session 在网站上访问的时间，这个时间就是访问长度。

在图 4.18 所示的例子中，这个网站的访问长度是 90÷3=30（分/Session）（意思是每个 Session 平均停留 30 分钟），我们可以把 "/session" 省略，即这个网站的平均访问长度是 30 分钟。在实战中，如果一个网站的访问长度是 30 分钟左右，那么说明这个网站对访问者有相当大的吸引力。

显然，访问长度是一个比停留时间更有价值的度量，这个度量较为准确地衡量了每个访问行为在网站上进行互动的平均时间，这样，我们就能够间接地了解一个网站对访问者的吸引力如何。

Engagement Index 和 Engagement Rate

Engagement 是用来衡量流量交互程度的一个概念，它并非一个标准度量。不过，在具体分析的过程中，我们时常会把 Engagement 的数值计算出来。

我首先要澄清的一点是，由于 Engagement 并非标准度量，因此 Engagement 的数值和 Session、跳出率这样的标准度量的实际数值是完全不同的，后者是可以横向相互比较的，如 A 网站一天的 Session 是 1000 个，B 网站同一天的 Session 是 100 个，我们可以说 A 网站的流量比 B 网站多。但 Engagement 不同，因为它不标准，所以对它的计算方式也不是统一的，如 A 网站的 Engagement 的数值是 1000，B 网站的 Engagement 的数值是 100，并不一定意味着 A 网站的流量的交互程度比 B 网站高。

那么，为什么还需要 Engagement 这样一个非标准度量呢？

我先来解释如何计算 Engagement 的数值，然后大家自然会明白为什么需要 Engagement。

为了计算 Engagement 的数值，我们需要建立一个索引表，这个索引表称为 Engagement Index。所谓的索引表，就是为 Engagement 中所包含的各类 Engagement 赋予具体的分数（Points），然后按照每个具体度量计算出其对应的总分数，再加总所有度量的所有分数，得出 Engagement 的数值。

例如，我们有 3 个流量 A、B、C。A 流量的跳出率是 50%，PV/V 是 3，访问长度是 180 秒；B 流量的跳出率是 80%，PV/V 是 1，访问长度是 30 秒；C 流量的跳出率是 70%，PV/V 是 3，访问长度是 90 秒。如果我们设置每个度量的最好成绩为 100 分，最差成绩为 0 分，那么我们可以算出 3 个流量各自的得分。在这里，每个度量的最好成绩为 100 分，最差成绩为 0 分，这就是 Engagement Index。

按照这样的 Engagement Index 安排，A 流量的得分是 100 分（跳出率）、100 分（PV/V）、100 分（访问长度）；B 流量的得分是 0 分（跳出率）、0 分（PV/V）0 分（访问长度）；C 流量的得分是 33 分（跳出率：50% 是 100 分，80% 是 0 分，那么可以按照比例计算出 70% 是 33 分，后面的计算同理）、100 分（PV/V）、40 分（访问长度）。

因此，A 流量的 Engagement 的数值为 300，B 流量的 Engagement 的数值为 0，C 流量的 Engagement 的数值为 173。

现在，你应该已经明白，有了 Engagement 这个度量，我们就可以较好地以综合性的观点来看待每个流量，而避免了只能每次使用一种单一的度量来比较流量质量的尴尬。

不过，你可能会说，这样的计算似乎过于"粗糙"，把跳出率、PV/V 和访问长度换算成得分并机械地相加，意味着我们同等看待三者的重要程度，但在具体的商业环境中，或许访问长度更为重要，而 PV/V 没有那么重要，那么这种相加就是不合理的。

没错，为了避免这种情况，我们可以对我们认为重要的标准度量进行加权，也就是我们自定义它们的重要程度。

上面的例子中所列举的度量都是标准度量，但 Engagement 也可以用来指代非标准度量，在这种情况下，应该如何计算 Engagement 的数值呢？

对于非标准度量，我们同样可以建立 Engagement Index，即为每一种我们自定义的度量赋予权重。

例如，一个电子商务网站认为把商品添加到收藏夹是最重要的，其次是用户登录，最后是商品详情页被访问的次数。那么该电子商务网站将添加到收藏夹的权重设置为 10，将用户登录的权重设置为 8，将商品详情页被访问的次数的权重设置为 2。这个权重安排即该电子商务网站的 Engagement Index。每 1000 个 A 流量和 1000 个 B 流量分别带来的 Engagement 的数值如表 4.1 所示。

表 4.1 每 1000 个 A 流量和 1000 个 B 流量分别带来的 Engagement 的数值

流量	添加到收藏夹	用户登录	商品详情页被访问的次数
流量A	5	10	80
流量B	10	20	60

按照该电子商务网站的 Engagement Index 的安排，A、B 流量的 Engagement 的数值如下。

A 流量：$5 \times 10 + 10 \times 8 + 80 \times 2 = 290$

B 流量：$10 \times 10 + 20 \times 8 + 60 \times 2 = 380$

在该电子商务网站的 Engagement Index 的安排下，B 流量的 Engagement 要好于 A 流量。

在本节中，我还想介绍一下 Engagement Rate。

我发现了一个有趣的现象，在互联网营销分析中，很多与 Rate 有关的度量的分母都是 Session，如跳出率、转化率（Conversion Rate，计算公式一般是转化发生的次数/Session）。Engagement Rate 也不例外，这个复合度量的分母也是 Session。这也是为什么 Session 是互联网营销分析中最为基础的一个度量。Engagement Rate 的计算公式为

Engagement Rate=（Engagement Index）/Session

Engagement Rate 的定义很简单，即平均每个 Session 的 Engagement 的数量（通过 Engagement Index 计算得出）。在上面这个例子中，A 流量和 B 流量的数量都是 1000 个，因此 A 流量的 Engagement Rate 是 290/1000=0.29，B 流量的 Engagement Rate 是 380/1000=0.38。如果 Engagement Index 的定义相同，且衡量的是同一个营销活动，那么 Engagement Rate 可以用来直接比较流量的质量。

如果每个 Engagement 的度量被赋予的权重很高，那么 Engagement Rate 完全可能大于 1，所以它并非真正意义上的 "Rate"。

有些公司给 Engagement 和 Engagement Rate 起了不一样的名字。例如，英特

尔对 Engagement 数量的命名是 BVP（Business Value Point，商业价值点数），对 Engagement Rate 的命名是 BVP/Session（用 BVP 除以 Session）。

4.3.5　流量质量与产出的结合分析

4.3.3 节和 4.3.4 节介绍的两种分析方法，无论从 ROAS 角度来分析，还是从流量的质量角度来分析，都存在评估角度不全面的问题，产出或者 ROAS 的评估太过于结果导向，有经验的营销从业者会了解，如果只保留高 ROAS 的流量渠道，那么会出现一些异常情形，即整个营销投放的 ROAS 越来越高，但是营销获得的产出越来越少，预算也花不出去，以及那些原本具有很高 ROAS 的流量渠道的 ROAS 反而会降低。反过来，如果只考虑流量的质量，又可能过于过程导向。因此，我们需要一种能够结合二者的方法——Engagement-ROAS 分析法。Engagement-ROAS 方法可以有各种可视化方式，最直观的仍然是用气泡图来表示，如图 4.19 所示。在图 4.19 中，气泡图的横轴是 ROAS，纵轴是 Engagement Index。

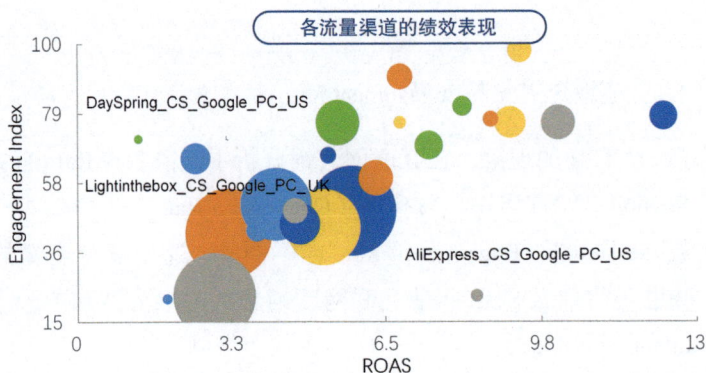

图 4.19　Engagement-ROAS 分析法示例

现在我们可以着手进行分析了。我们可以看到图 4.19 中存在一个比较明显的规律，那些具有高 Engagement Index 的流量渠道，往往其 ROAS 也较高。这不奇怪，对我们感兴趣的用户，往往有更大的转化（如购买）意愿，而那些对我们不屑一顾的用户，往往也不会发生转化。因此，图 4.19 中右上角的那些流量渠道显然是更优质的流量渠道，值得我们继续投入，甚至增加投入。而图 4.19 中左下角的流量渠道基本上是大家不喜欢的流量渠道，这些流量渠道的数据可能表明：这些流量背后的用户对我们的兴趣不大，而且没有太大的转化意愿。

不过，如果所有流量渠道都符合严格的流量质量和产出的线性分布，把质量和产出放在一起进行二元分析的意义就不大了。显然，并不一定是所有的流量渠道都符合这样的规律，少部分拥有高 Engagement Index 和低 ROAS 的流量渠道是我们的研究对象，如图 4.19 中左上角绿色的 DaySpring_CS_Google_PC_US 和蓝色的 Lightinthebox_CS_Google_PC_UK。这些流量渠道具有与它们的 ROAS 不相称的 Engagement Index。产生这种情况的原因值得我们进一步研究：是因为这些流量渠道的价格太高（造成 ROAS 很低），还是它们的流量存在作弊（所以不发生转化），还是它们潜藏着巨大潜力（这些流量可能是第一次接触我们的私域触点平台的流量，甚至是第一次听说我们的品牌的流量）等。

另外，一些拥有低 Engagement Index 和高 ROAS 的流量渠道也同样值得关注，如图 4.19 中右下角的灰色的 AliExpress_CS_Google_PC_US。产生这种情况的一个常见原因是流量作弊，另外一种原因则是整体流量的质量比较差，但其中有极少部分流量发生了金额较大的转化，从而迅速拉高了整个流量渠道的 ROAS。

Engagement-ROAS 分析法是非常有用的分析方法，也是做流量运营必须掌握的核心思路之一，我们在后文中还会用这种方法去解决一些实际的问题，只不过不一定用气泡图来做可视化。

这个由两个指标构建的模型是我们解决流量质量和人群质量分析中诸多问题的开端。我们通常会构建一个四象限的模型来进行分析，Engagement Index 与 ROAS 的四象限模型如图 4.20 所示。

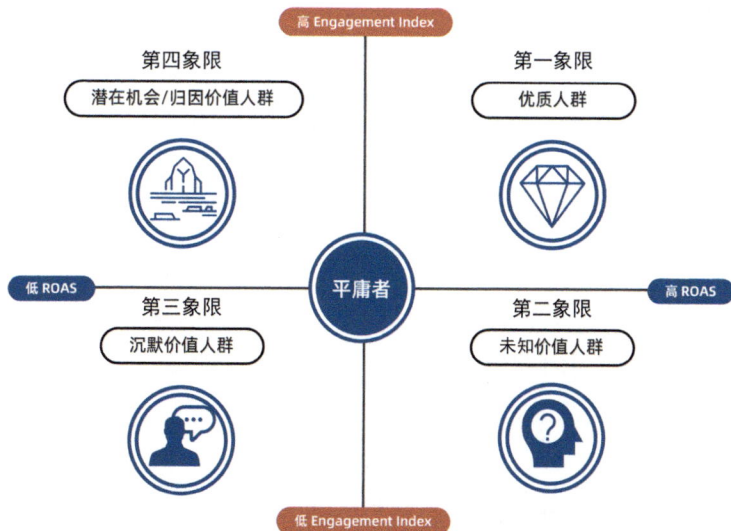

图 4.20　Engagement Index 与 ROAS 的四象限模型

理解 Engagement Index 与 ROAS 的四象限模型并不困难，它描述了人群的行为（兴趣）和最终变现之间的直接关系。高兴趣低变现（图 4.20 中的第二象限）和低兴趣高变现（图 4.20 中的第四象限）的情况都值得我们进一步挖掘，尤其是高兴趣低变现的情况，可能蕴含着未被发掘的价值或潜在机会。

不过，你可能会问，如果碰到某些特殊情况导致流量的质量不明确，那么这个模型还能使用吗？

什么情况会导致流量的质量不明确呢？

最典型的是单页面推广，即整个网站只有一个页面，或者某个推广页面没有链接到其他页面的链接。例如，搜索引擎或者信息流广告推广的着陆页常常用单页面推广，在社交媒体上被转发的 HTML5 也常常是单页面的。一般的网站用户行为分析工具不能准确记录这类页面的用户访问停留时间，PV/V 也几乎小到等于 1；而跳出率，由于这些页面并没有链接到其他页面，因此也基本上会高达 95% 甚至 99%。PV/V 不等于 1、跳出率不等于 100% 的原因是，不排除有用户刷新页面的情况。

在单页面推广这种特殊情况下，直接利用 Engagement Index 与 ROAS 的四象限模型就非常困难了。

但这并不意味着 Engagement Index 与 ROAS 的四象限模型不再适用，尽管 Engagement Index 很难计算，但有部分网站用户行为分析工具能够提供单页面上用户的具体行为的数据，这些数据仍然可以帮助我们较为准确地了解用户在这类页面上的 Engagement Index（我在 5.1 节中会详细介绍这部分内容）。

4.4　整合渠道效果评估和归因分析

4.3 节介绍的几种流量分析方法，是整个行业多年的流量价值判断模型，这个模型简洁而实用，在实际落地分析过程中给我们创造了很多价值，但它似乎还不完美，因为有另外一些异常的现象无法用这个模型很好地解释。

这个异常的现象是，当你将一些看似完全无价值的流量渠道从你的流量"武器库"中移除之后，某些本来有不错 ROAS 的流量渠道似乎受到了影响，其 ROAS 有所降低。而另一些流量渠道被移除，则不发生这样的情况。

这似乎类似于团队的士气受到了裁员的影响。裁掉部分没有业绩的员工可能会影响整个团队的士气，而裁掉另外一部分员工则不会。或许前一部分员工虽然并不直接产生业绩，但他们确实促进了团队士气的提升，所以这些员工对于组织仍然是有价值的，而后一部分员工则很可能对组织的价值甚微。

另外，在 Engagement Index 与 ROAS 的二维交叉模型中的一些反常的流量渠道，如图 4.19 中左上角绿色的 DaySpring_CS_Google_PC_US 和蓝色的 Lightinthebox_CS_Google_PC_UK，似乎本不应该存在。

为了搞清楚流量渠道之间是否也存在"士气"的影响，或者是否有些流量渠道拥有比它们的 ROAS 看上去要更大的价值，我们有必要用之前未采用过的方法继续衡量这些流量渠道的价值。我们需要用新的方法，这种方法就是归因分析。

4.4.1 归因，一个名词之下的多个理解

归因的英文是 Attribution，直译过来就是"什么事情归属于谁的状态或者关系"，所以"归属、归功、归因"都是它的翻译，但我觉得"归属"是最直接、最准确的含义。在数字化营销中，Attribution 主要描述的是一个转化（尤其是一个购买行为）是由哪个营销推广带来的结果。但人们也意识到，一个转化或者购买往往不是一个营销推广就能带来的，而是多次各种各样的推广作用于同一个人的综合结果。因此，Attribution 要描述的内容就变成一个转化（尤其是一个购买行为）是由哪些营销推广带来的结果。

从这个定义上看，人们对归因的理解是没有分歧的。但是，如果深究细节，分歧或者误解就出现了。主要的误解来自人们把理想状态下的归因和现实中能够实现的归因混为一谈。我们先来看理想状态下的归因是什么样的。

理想状态下的归因

理想状态下的归因是指能够回溯在一个人完成转化或购买之前，所有影响他做出转化或购买决定的外部因素，如互联网广告、电梯广告、朋友的推荐、一篇软文、商场外的广告牌等，它是全面归因。

全面归因希望能够穷尽所有为影响一个人做出转化或购买决定而施加的所有外部因素。归因分析的目的就是实现这一点，很多人孜孜不倦地追求，也是希望实现这一点。只是，我个人认为在目前和未来都不太可能实现。因为要实现全面归因，有两个阻碍。

第一个阻碍：线下追踪。你怎么可能追踪到一个人是如何被他身边的人影响的呢？其实没有这种可能性，或许她只是看到一个与她擦肩而过的人的包很漂亮，于是她也买了一个。想把这种影响用技术记录下来，实现起来太难了。选一两个样本做调研还凑合，但是对所有的转化进行线下归因的回溯，这完全不可能。

第二个阻碍：就算所有的技术问题都克服了，还有一个不可能逾越的客观障

碍——个人隐私保护。想要了解一个人受到的各种影响，本质上就是在刺探这个人的隐私，这不仅不道德，更涉嫌违法。

有的读者可能会说，如果在线下无法实现全面归因，那么考虑到在线上追踪一个人比在线下容易，是否可以实现线上的全面归因呢？

这种归因称为线上全面归因，是指线上世界（数字世界）中的对一个产生影响的所有因素，都是可以通过归因分析获知的。这也不太可能实现，仍然是因为技术不可能达到，并且个人隐私保护也不可能允许。

那么，现实中的归因是什么样的？对于现实中的归因，大家的理解是一样的吗？并不是。请大家继续往下看。

现实中的归因

现实中的归因是指我们忽略那些不可能去了解的外部影响因素，只看那些我们能掌握的因素。但是，关于什么因素是我们能掌握的，存在认知上的误导和分歧。

第一种认知称为线上全域归因，是指能够实现对同一个人在线上世界中全部行为的追踪，从而反映出营销推广对他可能施加的影响。注意，这里不是直接追踪影响因素，而是追踪一个人的各种行为，这也是它与理想状态下的归因的主要区别。线上全域归因是通过一个人的各种行为来间接地推断各种营销对他施加的影响，比直接追踪一个人受到的影响要间接，也更加现实。通过行为来间接反映归因的分析方法是目前归因理论的根基。那么，线上全域归因是可以实现的吗？4.4.2 节会揭晓答案。

第二种认知称为线上局部归因，即能够实现对同一个人在线上世界部分领域中的行为的追踪，从而反映出部分营销推广对他施加的影响。线上局部归因相比线上全域归因更加"现实"了。它是正确的认知吗？请大家接着看后面的内容。

4.4.2　线上全域归因可以实现吗

如前所述，线上全域归因是指能够实现对同一个人在线上世界中全部行为的追踪。它目前不可以实现。但它被很多人误认为可以实现，原因在于一个容易被人误解的概念：DMP。

DMP 曾经承载了我们很多的憧憬（也可以称之为幻想）。例如，很多企业曾经宣称它们的 DMP 装载了数亿个甚至数十亿个 Cookie、设备 ID 及其背后的消费者的各种行为。于是，行业内流传着一个具有误导性的说法：你用了 DMP，就可以看到一个消费者的线上行为，以及这些行为发生的先后顺序，于是"顺理成章"

地，一个从前到后的消费者归因情况就展现在你的面前了。

但我们知道，这样的事情并不会发生。消费者的线上行为多种多样，消费者的线上行为不太可能被一个机构全部获知。

于是，有的人认为，退而求其次的全域归因总是可以的吧。所谓退而求其次，是指我不可能获得消费者的全部线上行为，但是我至少能够获得消费者打开 App 或者 URL 的打开行为。而至于他在 App 或者网页上做什么，不能获知是正常的。这种说法有道理，但解释起来比较复杂，总的来说，基本也不能实现。我说"基本"二字，是因为在技术上有一定的可能性，但在实际操作中难度很大。

我们先来看技术上的可能性。有一种机构非常有可能了解消费者打开 App 或者 URL 的行为，它就是运营商。因为所有的互联网数据请求和应答都要依靠运营商的交换线路。因此，运营商知道它的用户打开了什么 App 或者 URL。

从这个角度来讲，运营商确实拥有非常多的消费者的数据，也能够做一个消费者的大致的兴趣画像，但这个技术用在归因上，难度极大。有如下几个关键原因，让这个技术不太可能用到归因上。

第一，没有运营商将中国全部的消费者作为它的用户。每个运营商都只有数量有限的用户，尽管这个数量很庞大，但不是全部。此外，一个消费者可能同时拥有多个运营商的设备。

第二，运营商的数据受到个人隐私保护法律的严格限制。从正常渠道获取的这些数据是不可能应用于针对个人用户的全域旧因分析的。这个话题太复杂，这里不进行深入讨论。

第三，用户打开 App 或 URL 的数据不等同于数字化营销推广的相关数据。即使你知道某个用户打开了某个 App，你也不知道是这个 App 上的哪个广告或者哪篇文章影响了他，因此这些数据不能用来做归因。

因此，线上全域归因不太可能实现。

4.4.3 线上局部归因

那么，线上局部归因可以实现吗？线上局部归因确实是能够有实现方法的归因。但跟大家的理解可能不同，它的实现方法，或者准确来说是它的类型，也有多种，包括单触点归因和多触点归因。

单触点归因

单触点归因（Single Touchpoint Attribution，STA）是最经典的归因，也是目前最可靠的归因方式。所谓单触点归因，是指归因分析只聚焦在某个具体触点上的引流情况和用户行为，从而推断这个触点上发生的转化是受了哪些引流推广的影响而发生的。为了便于理解，我用一个例子来说明。

假如有一个网站，消费者在这个网站上可以购买商品。有一个消费者通过信息流广告进入了这个网站，但是没有购买商品。几天之后，他收到了一个微信上的推广链接，他又进入了这个网站，还是没有购买商品。又过了几天，他通过搜索引擎竞价排名广告进入了这个网站，购买了商品。他的这一连串的行为能够被用户行为分析工具准确地记录下来，并建立先后次序，形成报告。通过报告，我们可以知道有一个消费者受到了 3 个流量渠道（从前到后分别是信息流广告、微信推广链接、搜索引擎竞价排名广告）的影响，完成了一次购买。

你可以看到，单触点归因很容易实现。只要某个用户行为分析工具（或者流量分析工具）支持单触点归因，我们只需在一个触点上添加监测脚本代码或者 SDK（其中包含用户转化行为分析的监测脚本代码），就可以实现单触点归因。几乎所有的归因分析工具都具有单触点归因追踪和分析的功能。

多触点归因

多触点归因（Multiple Touchpoints Attribution，MTA）比单触点归因复杂，但目前仍然有方法去部分地实现。注意，我说的是部分地实现，而不是完全地实现。多触点归因的实现方法目前有两种：单 ID 归因和多 ID 归因。

单 ID 归因

单 ID 归因很容易理解。例如，你在 App 上、网站上、小程序上用的 ID 都是相同的，那么你在这些触点上的单触点归因就可以相互串联起来，形成多个触点上的归因。

多个单触点上的归因能够串联起来的原因是你在各个触点上的 ID 是相同的。就像两张数据库的二维表通过主键进行合并，这不是很复杂的操作。

但你也可以看到，单 ID 归因的要求就是 ID 必须相同，且触点都属于同一方。ID 相同刚才已经讲过了，那么触点都属于同一方是什么意思呢？这个也很好理解。例如，你在 App 上的 ID 和网站上的 ID 相同，但 App 属于腾讯，网站属于百度，那么即使 ID 相同，腾讯和百度也不可能把它们的数据合并到一起供你使用。但如果 App 和网站属于同一方，要做单 ID 归因就非常容易了。这也是为什么我说多触点归因不能完全地实现，因为它有条件限制。

多 ID 归因

多 ID 归因是单 ID 归因的升级。

假设有两个 App，分别是 App A 和 App B。

App A 和 App B 有同一个用户，但这个用户用了两个不同的 ID 登录了这两个 App，我们能否做到这两个 App 上的归因的打通呢？如果 App A 和 App B 不属于同一方，并且不乐意分享数据，跨 App 的归因就不能做到。如果 App A 和 App B 属于同一方并且都乐意分享数据，但同一个用户没有用同一个 ID 登录 App A 和 App B，那么能否做到这两个 App 上的归因的打通？

如果条件合适，那么是可以做到的。思路很简单，化多 ID 归因为单 ID 归因。上面假设的场景比较简单，因为 A 和 B 都是 App，所以即使 ID 不同，只要是用同一个手机登录的，手机的设备 ID 就是一致的，这样 App A 和 App B 上的两个不同的 ID 就可以关联到同一个设备 ID 上，这样就变成单 ID 归因了。

但有一种情况可能会让事情变得复杂，如 A 触点是网站，B 触点是小程序，而且同一个用户登录 A 触点和 B 触点的 ID 不同，在这种情况下如何归因呢？要解决这个问题，还是需要化多 ID 归因为单 ID 归因。也就是说，必须找到两个触点共有的 ID，这样才有机会化多 ID 为单 ID。例如，在一般情况下，这个共有的 ID 是电话号码。也就是说，在这种情况下做多 ID 归因的前提条件是必须让用户愿意在不同触点上都留下他的电话号码（这种情况，第 6 章会再做介绍）。

总体而言，多 ID 归因首先要把 ID 打通，然后才能归因。而 ID 打通的工作由 DMP 或者 CDP 来做。这也是 DMP 和 CDP 在理论上都应该具有归因分析能力的原因。

但是，考虑到并不是所有的 ID 都有可能任意打通，或者更准确地说，ID 能够打通有很多限制条件，因此多 ID 归因能够覆盖的用户和触点的数量是有限的。

对上面的各种归因做一个思维导图总结，如图 4.21 所示。

本章主要介绍单触点归因，在理解了单触点归因之后，理解其他归因就会比较容易。

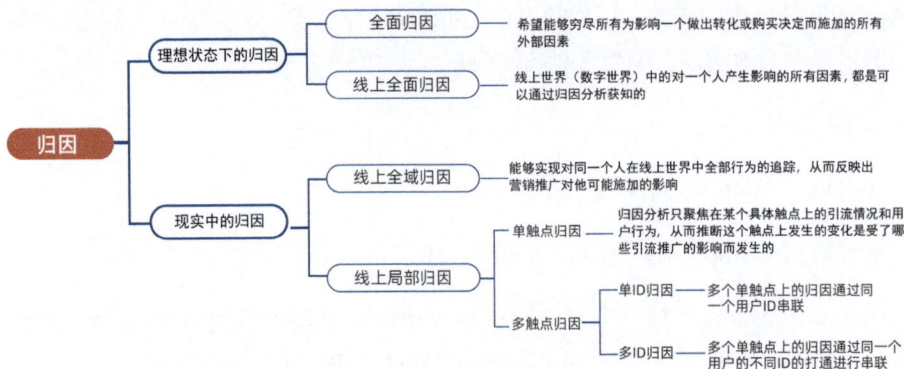

图 4.21　各种归因的思维导图总结

4.4.4　单触点归因：流量覆盖问题

在传统思维下，我们认为所有的效果都由固定的获客渠道产生。

例如，我们这个星期投放了 1 万元的广告，产生了 10 万元的收入，这 10 万元的收入用 Link Tag 方法能回溯到是由这些广告产生的，于是，我们把这 10 万元的收入归功于这些广告。

不过，随着互联网经济的发展，在营销上我们可用的互联网获客渠道越来越多。

如果你在投放广告的时候，既投放了搜索引擎竞价排名广告，又进行了 EDM 营销（E-mail Direct Marketing，电子邮件营销），甚至还在微信上做社交推广等，这样的情况并不罕见，应该说在如今反而越来越常见。但在这种情况下，同一个用户从不同渠道访问你的网站或 HTML5 页面，并且最终完成了转化，而我们记录的这个转化的流量来源渠道总是在这个转化发生时这个用户当前所在的渠道。

例如，这个用户之前通过搜索引擎竞价排名广告访问过你的网站，也在微信上通过你的官方服务号进入过你的 HTML5 页面（这个页面也属于你的网站），但最终他通过 E-mail 广告进入了你的网站完成了购买。在这样的情况下，用户行为分析工具会记录有一个转化来自 EDM，而覆盖（忽略掉）之前的流量来源渠道。

几乎所有的用户行为分析工具，无论是网站用户行为分析工具、App 用户行为分析工具，还是以用户为核心的一些新形态的分析工具，在默认状态下，记录的转化来源都是按照这个转化发生时的流量来源渠道，而并非获得这个用户的最初获客渠道。

获客渠道和流量来源渠道虽然看起来很相似，但二者仍有区别。一个用户不知道你的网站或者 App 的存在，但有一天他通过某个广告进入了你的网站或者 App，他对你的产品或者服务很感兴趣，这一兴趣强烈到使他乐意购买。不过，他并未在当天完成购买，而是在几天之后通过搜索引擎竞价排名广告或者你的其他广告回到你的网站或者 App 完成了购买。

在这种情况下，流量来源渠道是哪些呢？这个用户第一次看到并点击的那个广告、搜索引擎竞价排名广告或者你的其他广告都是流量来源渠道。但获客渠道呢？这个用户第一次看到并点击的那个广告似乎更符合获客渠道的定义，因为如果没有那个广告，这个用户也许永远都不会知道你网站或者 App 的存在。

不过，不管怎么样，在计算转化来源时，默认都只会认为用户在之后点击的搜索引擎竞价排名广告或者你的其他广告才对这个转化具有效力，而用户最初的那次广告点击行为被覆盖了。

你可能会认为这不合理，我们应该考虑辨别什么渠道是真正的获客渠道，而不只是记录发生转化的那个流量来源渠道。

4.4.5　一个转化背后所有可能的努力

前面已经讲过，从用户行为分析工具的基础报告中看到的转化贡献，是由某个具体的流量渠道带来的，如图 4.22 所示。

目标		来源/媒介	目标达成次数	目标达成次数百分比
目标达成位置		1. pinterest.com / referral	561	40.36%
来源/媒介	▶	2. google / organic	263	18.92%
		3. (direct) / (none)	212	15.25%
		4. google / cpc	68	4.89%
		5. fbAds / cpm	58	4.17%
		6. bing / organic	36	2.59%
		7. fbAds / DPA	26	1.87%
		8. pinterest.it / referral	12	0.86%
		9. yandex / organic	12	0.86%
		10. m.facebook.com / referral	10	0.72%

图 4.22　流量渠道带来的转化贡献

我们可以看到目标转化的达成唯一对应着各种流量渠道。

但是，由于渠道间相互覆盖的影响，真实情况下的一个转化一定是一个流量渠道带来的吗？是否存在多个流量渠道共同促进了一个转化的情形呢？

用户的转化决策，被多个流量渠道影响的可能性随着决策周期的变长而变大。据统计，在中国，普通家庭购买一辆汽车的决策周期可能超过 1 个月，而在这个周期中，人们的购买目标至少会发生 3 次变化。

假设发生如下情况：你准备在互联网上寻找一款适合儿童的英语教育产品，你并不知道哪一个产品更好。于是，你在搜索引擎上搜索了"儿童英语教育排名"这个关键词，并且发现在搜索结果中排在第一位的是国内某儿童英语教育机构"我爱英语"（我杜撰的，如有雷同，纯属巧合），你通过搜索结果进入了这个机构的官网，你在进行一番浏览之后觉得这个机构似乎还不错。第二天，你在某视频网站观看视频时，又看到了这个机构的广告，广告介绍了某个儿童英语海外夏令营，于是你通过这个广告进入了这个机构官网的夏令营页面，对这个夏令营活动产生了浓厚的兴趣。第三天，你收到了一封 E-mail，该 E-mail 告诉你，你幸运地成为这个夏令营活动的特邀用户，可以以七折的价格购买这个夏令营活动，于是你通过该 E-mail 中的链接再次进入这个机构的官网，并购买了这个夏令营活动。

在这个机构的市场负责人看来，哪个营销部门应该获得这个转化的奖金？

用户行为分析工具的基础报告会显示这个转化是由 EDM 营销带来的，EDM 营销部门应该获得这个转化的奖金。

但是，事实上，你会发现搜索引擎竞价排名广告、视频贴片广告也促进了这个转化的达成。甚至在某种意义上，如果没有搜索引擎竞价排名广告、视频贴片广告这两个流量渠道的影响，最后一个 E-mail 很可能被这个用户当作垃圾 E-mail 而置之不理。3 个流量渠道对这个转化都贡献了价值，且都是不可取代的。

我们在分析流量的价值时，如果只认为 E-mail 对这个转化有价值，而忽略其他流量渠道，我们就可能形成错误的策略——我们应该削减对其他流量渠道的投入并加大对 EDM 营销渠道的投入，以获得更多的转化。

因此，如果说我们在前面把每个流量渠道作为"独立工作"的个体来进行研究，毫不考虑它们相互之间的关系，那么我们现在需要考虑流量渠道之间的关系，而不能再把它们作为相互隔离、老死不相往来的"竞争者"。或者说，它们之间的合作是我们同样要研究的，尽管对不同的流量渠道业务部门而言，大家是各自为战，但整个营销的负责人必须通盘考虑所有流量渠道作为一个整体所能发挥的效力。这其实就是传统意义上所讲的整合营销的价值所在。

对于复杂决策，营销方式不是简单地考虑直接转化，而是必须思考营销漏斗的问题。

所谓的营销漏斗（注意，它与第 5 章要谈到的转化漏斗不同），是我们对购买者决策过程的最简化的抽象。即人们总是先意识到某件事情的存在[即认知，（Awareness）]，然后逐步对这件事情进行一定研究产生兴趣（Consideration），并逐步产生好感和偏好（Preference），之后才会考虑进行购买（Purchase）、重复购买或者推荐给别人，即对这个品牌或产品产生忠诚（Loyalty），如图 4.23 所示。

图 4.23　营销漏斗

营销漏斗的存在，是购买者由浅入深地与品牌或产品交互的过程中的必然，如今更加开放和社交性更强的互联网会加速这个过程，但是并不会把这个过程中的一个或者数个步骤略过。因此，从营销的投入上看，每个步骤可能都是重要的，而最早期的认知阶段更可能意义非凡。

我们在营销漏斗的上部（营销的早期）的认知阶段的投入往往无法换取直接的转化，但为后面的转化打下了基础。其他的每个阶段也都如此，一个转化极有可能是这些阶段共同作用的结果。我们需要在分析流量渠道的价值时，对这一情形进行考量。

从数据上看，几乎所有的多个流量渠道投放都存在显著的多个流量渠道共同作用于同一个转化的关联性。

例如，图 4.24 显示了几种流量大类共同作用于同一个转化的情况，饼图的重叠部分就是两个流量渠道或者 3 个流量渠道共同作用于同一个转化的情况。这样的重叠关系，在大量的商业网站中都极为类似（这个报告的出处是谷歌分析 → 转化 → 多渠道路径 → 概览）。

但是，用户行为分析工具默认记录的是在转化发生时用户当前所在的流量渠道，而要研究清楚多个流量渠道对这个用户产生的作用，我们需要新的工具。这个工具即归因分析工具。

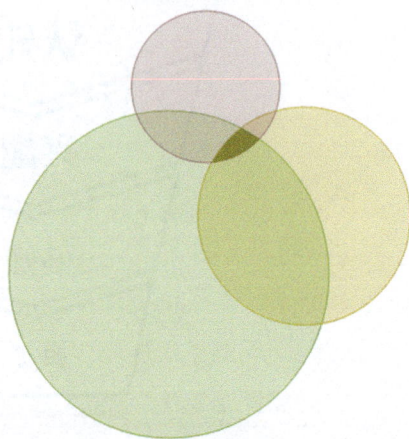

图 4.24　多个流量渠道共同作用于同一个转化的情况

4.4.6　归因中的助攻和进球

归因分析中一个重要的问题是分辨一个流量渠道是否"善于"帮助其他渠道发生转化。这就如同足球比赛中的助攻和进球。不过，流量渠道之间的助攻和足球比赛中的助攻的定义有一点区别。足球比赛中的助攻是我传球给你，你随后完成了进球，那么我就完成了一次助攻。而之前传给我的传球及更早的那些传球都不算助攻。流量渠道之间的助攻的记录规则与足球比赛不同。二者的差异在于，在完成最后的进球（也就是转化）的那个流量渠道之前所有接触过这个发生转化的用户的流量渠道，都算助攻渠道。若把这个规则放在足球比赛中，就意味着在进球之前的一系列传球都算助攻。这在体育运动中很难想象，但是在分析多个流量渠道对同一个用户的影响作用时，我们一定会将所有过程都考虑在内。毕竟，我们不是计算谁更善于给射手喂饼（形容给射手传出必进之球的俚语），而是需要研究整个营销的链路。

整个营销的链路常常被称为消费者旅程（Customer Journey），但完整、准确地描述消费者旅程非常困难（原因我在后面会讲）。但是，描述那些非常确定的用户行为所构成的"旅程"并不是不可行的,并且对于分析影响用户行为的那些流量渠道、用户的意图及达成目的的真实效果具有重大的意义。这些非常确定的用户行为,最典型的就是助攻和进球。

助攻如此重要,但用户行为分析工具在默认情况下并不提供助攻数据。我们在"我爱英语"机构的案例中已经提过,用户行为分析工具的基础报告会显示这个转化是由 EDM 营销带来的。而 EDM 渠道恰恰是在这个转化过程中扮演进球角色的流量渠道。但问题在于,在这种情况下,把所有的功劳都记在 EDM 渠道上是不公平的。我们需要能够告诉我们流量渠道助攻情况的工具。

能够提供各个流量渠道的助攻和进球相关数据的工具并不多,免费的工具则更少,谷歌分析是其中一个。

谷歌分析的辅助转化报告如图 4.25 所示,这个报告所在的位置为"转化 → 多渠道路径 → 辅助转化",如图 4.26 所示。不过,请注意,要想让这个报告中有数据可以查看,必须在谷歌分析中设定你的转化目标。这不难理解,因为没有进球就谈不上助攻,在互联网营销中,转化目标的达成就是进球,为了研究助攻,先告诉监测工具什么是进球是必需的(具体应用工具的部署方法和操作方法,读者可以参考《谷歌分析宝典:数据化营销与运营实战》中的相关内容)。

图 4.25　谷歌分析的辅助转化报告

在谷歌分析的辅助转化报告中,你可以看到此前不曾有过的数据维度——辅助转化次数、辅助转化价值、辅助互动转化次数/最终点击或直接转化次数。另外两个数据维度——最终点击或直接互动实现的转化次数、最终点击或直接转化价值上的数据是我们在默认状态下按照把所有功劳都记在进球渠道上的数据。

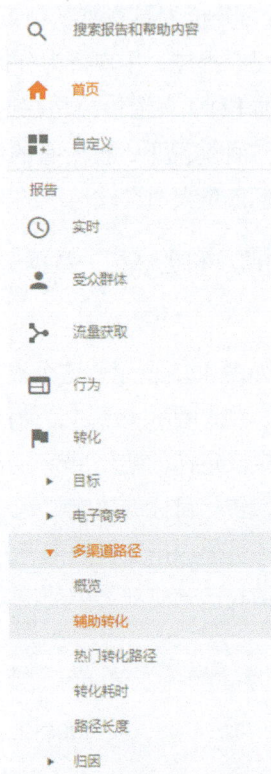

图 4.26　谷歌分析的辅助转化报告所在的位置

在谷歌分析的辅助转化报告中你可以看到，辅助转化次数并不等同于最终点击或直接互动实现的转化次数，这毫无疑问，因为二者分别计算的是助攻数和进球数，显然不可能相等。而且，由于在某个流量渠道实现转化（进球）之前，用户可能会接触多个流量渠道，按照流量渠道助攻计算的规则（所有客户接触过的渠道都算助攻），将所有流量渠道的辅助转化次数加总，总数一定会大于最终点击或直接互动实现的转化次数的总和。

在图 4.25 中，辅助转化次数的总和是 94 288，而最终点击或直接互动实现的转化次数的总和是 79 034，二者的比值约为 1.193，这意味着平均每次进球之前有大约 1.193 个流量渠道的助攻。你可能注意到图 4.25 中左上角的辅助转化次数是49 667，并不是我们加总的 94 288，这是为什么呢？原因是，一个转化可能有多个流量渠道的助攻，而 49 667 统计的是"去重"（去掉重复）的数据，即无论一个转化有多少个流量渠道的助攻，都只算一次辅助转化。

上面的数据还有一点需要提及，如果一个流量渠道的助攻给了自己，如用户在接触了展示广告网络之后又接触了展示广告网络，并完成了购买，那么在这种情况下，谷歌分析会记录展示广告网络的辅助转化次数是 1，最终点击或直接互动实现的转化次数也是 1。谷歌分析并不会因为一个流量渠道的助攻给了自己就不记录它的助攻数据。

所谓流量渠道的归因，本质上是挖掘流量渠道到底在助攻上有多大的价值，图 4.25 所展示的这些主要的流量渠道，大部分的助攻能力都强于它们自己进球的能力，不过这个能力看起来都不是特别突出，因为它们的辅助互动转化次数/最终点击或直接转化次数都不超过 2。而付费搜索则不同，它似乎更善于完成进球，因为它的辅助互动转化次数/最终点击或直接转化次数只有 0.62。

图 4.27 是英文版的谷歌分析的辅助转化报告，它与图 4.25 所示的报告存在一些差异，在图 4.25 中，各个流量渠道所在列的列名是"MCF[①] 渠道分组"，而在图 4.27 中，各个流量渠道所在列的列名是"Source/Medium"（来源/媒介）。要想获得以"来源/媒介"作为维度的报告，你需要在"主要维度"中选择对应的标签。

	Source/Medium	Assisted Conversions ↓	Assisted Conversion Value	Last Interaction Conversions	Last Interaction Conversion Value	Assisted / Last Interaction Conversions
1.	baidu / pinpaizhuanqu	62,457	CN¥7,205,200.58	54,444	CN¥6,458,805.01	1.15
2.	360daohang / gouwupindaotuwen	20,672	CN¥1,623,336.26	18,247	CN¥1,329,340.11	1.13
3.	yiqifa / yiqifa_cps	13,572	CN¥1,393,073.64	11,398	CN¥1,451,950.62	1.19
4.	linktech / LTINFO	10,391	CN¥1,522,327.16	4,317	CN¥754,329.10	2.41
5.	hao123 / gouwuneiyetupian	6,933	CN¥623,316.72	6,238	CN¥487,437.94	1.11
6.	360daohang / kuzhanwenzilian	6,749	CN¥728,173.11	2,037	CN¥129,216.57	3.31
7.	05 / d	5,342	CN¥481,245.03	1,993	CN¥188,459.59	2.68
8.	041 / c	5,262	CN¥418,418.88	1,444	CN¥101,935.77	3.64
9.	360daohang_navs / shangpinye	4,498	CN¥285,213.25	3,887	CN¥111,780.69	1.16
10.	sougouwangzhidaohang / zhongjianlan_wenzi	4,441	CN¥298,271.67	4,043	CN¥225,820.51	1.10

图 4.27　英文版的谷歌分析的辅助转化报告

在图 4.27 中，每个流量渠道的助攻数都大于它们自己的进球数，而且有几个流量渠道还呈现出特别善于助攻的态势，如 041/c 这个流量渠道，其助攻数和自己的进球数的比例接近 4，而在金额上更是超过了 4 倍。如果我们在投放中放弃这个

① MCF（Multi Channel Funnel）是谷歌分析中的一个术语，即多渠道路径。不过，我不明白为什么谷歌分析在这里将 Funnel 翻译成了"路径"而不是"漏斗"，我认为这是一个不太恰当的翻译。

流量渠道，那么可能我们最终的损失不是 10 万元，而是 40 多万元。这也是为什么如果我们只根据某个流量渠道的 ROAS 或者转化率就决定这个流量渠道的去留是有风险的。

我们在分析一个流量渠道的价值时，如果只单纯地分析它的进球数据，那么很有可能会误伤那些善于助攻的渠道，从而有可能（甚至相当程度地）影响转化率。毕竟，营销是一个漏斗，由最上面的漏斗一层一层地筛下来，我们需要建立品牌影响力，建立漏斗顶端的知名度，而最后真正完成转化的往往是搜索引擎，但你不能因为这样就认为在视频网站上、微博上或者 App 上投放的广告没有意义，它们往往是助攻者，虽然不直接发生转化，但是会大大影响最后的转化。搜索引擎竞价排名广告中也有类似的情况，很多人认为通用词不好，因为通用词的 ROAS 通常偏低，那么我们为什么还要投放通用词呢？因为通用词作为漏斗的顶端让大家先对我们的产品进行了解，最终助攻了我们的产品的转化。这是我们研究助攻和转化的内在原因。

4.4.7　归因：一个实际的助攻案例

我们来看一个实际的助攻案例，某电商网站的某流量渠道的数据表现（不含助攻情况）如图 4.28 所示。

	表现好			
Visits	Page/Visit	Avg. Visit Duration	%New Visits	Bounce Rate
49.338	**7.97**	**00:05:24**	**69.27%**	**32.45%**
% of Total: 0.30% (16.686.275)	Site Avg:7.28(9.50%)	Site Avg:00:05:43 (-5.58%)	Site Avg:64.14% (8.01%)	Site Avg:43.13% (-24.75%)

转化差	
Last Interaction Conversions	Last Interaction Conversion Value
158	**CN¥56,253.74**
% of Total: 0.07% (242,152)	% of Total: 0.00% (CN¥ 81,318,538,088.98)

图 4.28　某电商网站的某流量渠道的数据表现（不含助攻情况）

如果你还记得 4.3.5 节的内容，你会发现图 4.28 中的数据是 Engagement-ROAS 分析法需要的数据。工具使用的是英文版的谷歌分析，熟悉谷歌分析的读者可以看出这是旧版的谷歌分析，如今 Visit 这个度量已经被改为 Session 了。

从图 4.28 中可以看到，该流量渠道的表现相当优异。跳出率（Bounce Rate）不到 35%，停留时间（Avg. Visit Duration）超过 5 分钟，访问深度（Page/Visit）接近 8。

但是，该流量渠道的转化情况不太理想。近 50 000 个流量（Visits），只发生了 158 个转化（Last Interaction Conversions），转化率约为 0.32%。对该电商网站的该流量渠道而言，这个表现较差。如果不考虑其他因素，该流量渠道就要被移除。不过，如果分析一下助攻情况，那么可能会有很大不同。

图 4.29 在图 4.28 的数据基础上，增加了一个数据——辅助转化（Assisted Conversions），该流量渠道的表现有所改观。尽管只有约 0.32% 的直接转化，但是助攻带来的转化约有 1.3%，对更适合做品牌推广的该电商网站而言，这已经非常不错了。

图 4.29　某电商网站的某流量渠道的数据表现（含助攻情况）

这个案例也表明，如果仅以一个流量渠道的直接转化判定它的价值，那么很有可能过低或过高地评价它。

4.4.8　曝光归因和点击归因

有的读者可能会发现，我在前面的内容中用了一个含义模糊的词——接触，如用户接触了某个流量渠道。为什么用接触这个词，而没有用更确定的词，主要原因是用户与你的流量渠道的互动并不限于一种方式。

一种方式是他看到了你的广告，对你的商品有了印象，但他并没有点击你的广告。此后，他在搜索引擎上搜索了你的产品，完成了购买。他的消费者旅程中的某些流量渠道并没有被他点击，只是被他看到而已。在这种情况下，如果工具的规则认为在他完成转化前历经的所有广告（或者任何你的推广），无论只是展示出来，还是被他点击，都算作助攻，那么这种计算归因的方式叫作曝光归因（View Attribution）。如果工具的规则认为他完成转化前所历经的所有广告（或者任何你的推广），必须被他点击并打开网站页面（或 App 的页面）才算助攻，那么这种计算归因的方式叫作点击归因（Click Attribution）。

一般而言，不同的工具的规则不同。如果一个工具只支持点击归因，那么一个消费者看到了某个广告并产生了印象，却没有点击这个广告，这样的接触行为是不会被算入归因的，也就是说，至少这个工具不认为这个广告对转化产生了功劳。反过来，如果一个工具支持曝光归因，这个工具就认为这个广告对转化产生了功劳。

支持点击归因的工具主要是网站用户行为分析工具，如谷歌分析、Adobe Analytics，它们都是典型的工具。国内的 SiteMonitor、Gridsum Web Dissector 也支持点击归因，并且前者同时支持网站端和 App 端的归因。支持曝光归因的工具主要是广告监播和效果分析工具，如 DoubleClick Campaign Manager、AdMonitor。另外，支持曝光归因的工具往往也支持点击归因。但是，支持点击归因的工具基本上不支持曝光归因。

但这绝对不是说，支持曝光归因的工具比只支持点击归因的工具更加强大。支持曝光归因的工具虽然也支持点击归因，但它们并不是专门为进行完整、强大的点击归因设计的，因此在只需要进行点击归因分析的情况下，我们基本上还是会选择只支持点击归因的工具。

那么，在什么情况下我们应该应用点击归因进行分析？在什么情况下我们应该应用曝光归因进行分析？

在解答这个问题之前，我们先来看这两种归因方式在描述消费者与渠道的接触行为上的差异在哪里。

曝光归因的规则意味着只要这个广告出现在消费者的面前，就会被记录下来作为消费者旅程中的一个接触点。问题在于，对广告的展示的监测存在一个明显的缺陷，即工具只是机械地记录广告有没有被展示，而不可能了解消费者是否真正看到了这个广告。甚至大部分工具也不关心广告有没有被真正地展示，尤其是在有效曝光在中国没有被采用的情况下。例如，一个广告处在网页的底端，而这个网页长达好几屏，只要消费者打开了这个页面，而无论他是否滚动页面到底端，工具都会记录这个广告被展示了。这显然不合理。曝光归因大大增加了各种渠道（尤其是广告）助攻的可能性，因为可能其中大部分渠道对消费者没有产生影响。

不过，点击归因似乎也存在明显的问题。毕竟点击是一个确定性的行为，但是很多消费者即使受到了广告的影响，也不会立即点击。但我们不能说，广告没有被点击，就一定没有对消费者产生影响，毕竟有消费者看到了广告，留下了印象，甚至被广告激起了强烈的兴趣。因此，点击归因也可能忽略了部分本该存在的真实归因。

二者都不完美，但是完美的解决方案似乎不存在。无论如何，我们很难捕捉到完全触动消费者内心的东西是什么，原因我已经在 4.4.1 节和 4.4.2 节中分析过了。

但是，如果你问我，既然归因不完美，那么它还有价值吗？我的回答是，当然有价值，尤其是在我们优化数字化营销与运营的工作中，归因具有重大的价值，它帮助我们看到过去从未关注的图景，即使这个图景并不是包罗万象的全图（很多时候全图没有太大的作用，因为太碎片化、太离散），也仍然能给我们提供很多重要的线索，告诉我们很多流量渠道具有超出我们所想的价值。

曝光归因和点击归因这两种方式，我更青睐点击归因。因为点击是消费者兴趣的展现，代表着某种确定性的心理变化，而曝光归因夸大了流量渠道的助攻价值，因为很多流量渠道并没有给消费者带来心理上的变化。

4.4.9　归因的时效性

任何涉及过程的分析，都不能缺少时间这个重要的变量。

流量渠道所涉及的助攻，不像足球比赛中的助攻那样是在很短的时间内发生的，它可能跨越数天甚至数周。

前天我看到并点击了某个广告，昨天我在百度上搜索这个广告并在对应的网站上做了一番研究，今天我在这个网站上完成了购买。广告和搜索被记录进入助攻，我相信大家都没有异议。

如果我上个月点击了某个广告，这个月通过百度搜索找到它的网站并完成了购买，那么能给这个广告计算一次助攻吗？你可能会犹豫。

或者，我去年点击了某个广告，今年我通过百度搜索找到它的网站并完成了购买，还能给这个广告计算一次助攻吗？在这种情况下，你应该会认为不能，因为间隔时间太长了。

对于归因，我们必须限定一个时间，因为无限回溯的助攻不符合常理。具体多长时间，往往由工具决定其上限，有些工具能提供由我们自定义的回溯期。例如，谷歌分析提供了最长 90 天的回溯期，我们可以自定义不大于 90 天的任何回溯期，如图 4.30 所示。

创建或修改归因模型

模型名称

基准模型

▬▬▬▬ 线性   ▾

回溯期   启用

设置为转化前的 90 天

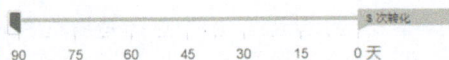

|90   75   60   45   30   15   0 天|

$ 次转化

根据用户互动度调整功劳   停用
根据所获得的访问的网站互动度指标，应用多项权重规则。

应用自定义的功劳分配规则   停用
应用多项权重规则，让归因模型的定义更细致深入。

图 4.30 自定义回溯期

　　多长的回溯期对我们而言更合适？我相信并不存在一个标准答案。对于大部分营销，我自己倾向于最长一个月的回溯期。不过，初创的品牌或者企业在开始推广的时候，无论是做品牌类营销推广还是做效果类营销推广，更多的都是在积累品牌或者企业的认知，而较难获得立即的转化，在这种情况下，也许设置更长的回溯期是有价值的。

　　另外，进入成熟期的电商，其投放基本以效果为导向，回溯期应该更短。在这种情况下，我往往设置不超过两周的回溯期，甚至只设置一周的回溯期。

　　在不同的经营阶段会有不同的回溯期，如"双 11"大促，有可能提前两个月就开始预热了，那么我们设置两个月的回溯期是合理的。但是，如果只是一个临时的促销，那么回溯期往往比有促销预热的情况要短得多。

4.4.10　更详细的归因关系——归因路径

　　在研究足球比赛中的助攻时，我们会关心谁跟谁在一起配合更容易发生助攻和进球，这样我们就可以专门为这几个球员制定战术。同样，在研究流量渠道之间的助攻时，我们也关心谁给谁提供了助攻，因为这有助于我们制定新的流量渠道策略。

　　但是，辅助转化报告只告诉我们一个流量渠道是否有助攻能力，并没有告诉

我们它跟哪些流量渠道发生了助攻关系，我们需要新的报告来回答这个问题。这个
报告是热门转化路径报告。谷歌分析的热门转化路径报告所在的位置如图4.31所示。

首页

自定义

报告

实时

受众群体

流量获取

行为

转化

▶ 目标

▶ 电子商务

▼ 多渠道路径

概览

辅助转化

热门转化路径

转化耗时

路径长度

▶ 归因

图 4.31　谷歌分析的热门转化路径报告所在的位置

热门转化路径报告展示了流量渠道之间的助攻关系，如图 4.32 所示。其中
"×2""×3"等是指这个流量渠道的助攻给了自己几次。

图 4.32 展示了全部主要的流量渠道——MCF 渠道的助攻路径情况。不过，这
个维度太粗，我们需要更详细的数据。因此，我们可以在这个报告顶端的"主要维
度"中选择"来源/媒介路径"标签，查看按照来源/媒介细分的归因路径，如图 4.33
所示。

图 4.32　热门转化路径报告

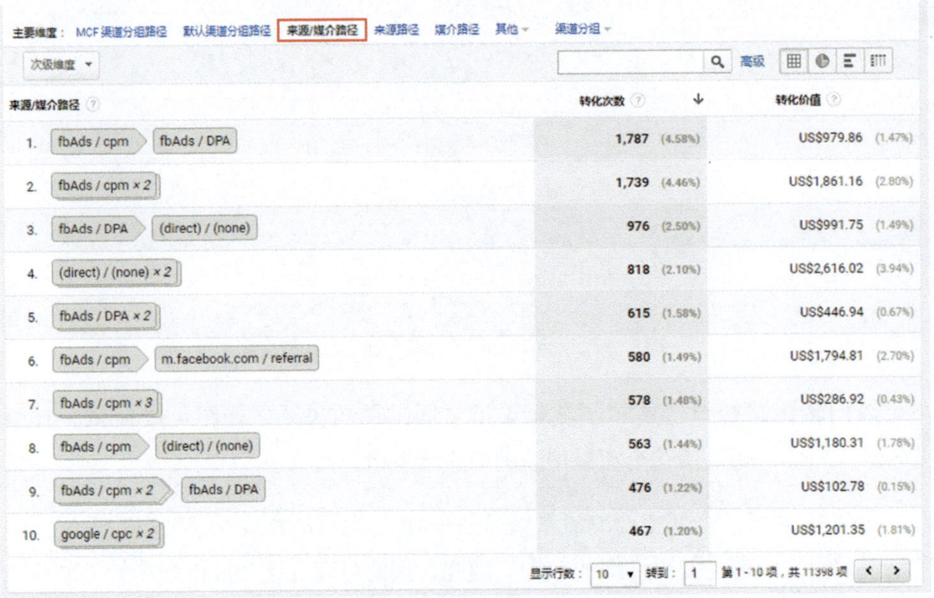

图 4.33　按照来源/媒介细分的归因路径

　　如果 Link Tag 的代码部署得足够好，那么我们还可以用其他的流量细分维度来观察不同流量渠道之间的助攻先后关系。例如，选择"广告系列（或来源/媒介）路径"标签，可查看按照广告系列（或来源/媒介）细分的归因路径，如图 4.34 所示。

广告系列（或来源/媒介）路径	转化次数 ↓	转化价值
1. (direct) / (none) × 2	3,036 (1.93%)	US$7,034.67 (3.28%)
2. UK ▷ (direct) / (none)	2,032 (1.29%)	US$2,710.92 (1.26%)
3. (direct) / (none) × 3	1,557 (0.99%)	US$2,954.75 (1.38%)
4. US ▷ (direct) / (none)	1,243 (0.79%)	US$1,035.59 (0.48%)
5. google / organic ▷ (direct) / (none)	1,172 (0.75%)	US$4,901.68 (2.28%)
6. MPA_Purc_Bestsellers_UK_180116 × 2	1,093 (0.69%)	US$244.16 (0.11%)
7. (direct) / (none) × 4	1,005 (0.64%)	US$3,288.67 (1.53%)
8. MPA_Conversion_Dress(hot ▷ UK	787 (0.50%)	US$558.94 (0.26%)
9. MPA_Purc_Dress_US_171115 ▷ UK	783 (0.50%)	US$806.32 (0.38%)
10. US ▷ UK	721 (0.46%)	US$383.42 (0.18%)

显示行数： 10 ▼ 转到： 1 第 1-10 项，共 58806 项 ‹ ›

图 4.34　按照广告系列（或来源/媒介）细分的归因路径

至于选择什么维度，取决于 Link Tag 具体的设定及分析的需要。选择包含更多流量渠道信息的维度，我们能够看到更多的细节，但是路径的碎片化程度也更高。相对而言，更多的细节对分析而言更有价值，因此我们往往还是会选择包含更多流量渠道信息的维度。

但是，碎片化程度高的数据，我们分析起来非常困难，我们需要更加聚焦的分析。一种行之有效的方法是找到那些你认为值得研究归因路径的流量渠道，对它们进行针对性的研究。

例如，我们在辅助转化报告中发现 MPA_Purc_Bestsellers_UK_180116 流量渠道存在大量被其他流量渠道助攻的情况（因为它的辅助互动转化次数/最终点击或直接转化次数低至 0.44），如图 4.35 所示，我们希望对它进行更聚焦的研究，看看是否有流量渠道在对它做出助攻。

广告系列	辅助转化次数 ↓	辅助转化价值	最终点击或直接互动实现的转化次数	最终点击或直接转化价值	辅助互动转化次数/最终点击或直接转化次数
☐ 1. MPA_Purc_Bestsellers_UK_180116	4,822(100.00%)	US$3,495.65(100.00%)	10,846(100.00%)	US$2,621.36(100.00%)	0.44

显示行数： 10 ▼ 转到： 1 第 1-1 项，共 1 项 ‹ ›

图 4.35　MPA_Purc_Bestsellers_UK_180116 流量渠道存在大量被其他流量渠道助攻的情况

在热门转化路径报告中，我们可以直接搜索并查看 MPA_Purc_Bestsellers_UK_180116 流量渠道的归因路径，如图 4.36 所示。

图 4.36　搜索并查看 MPA_Purc_Bestsellers_UK_180116 流量渠道的归因路径

在图 4.36 中，我们能够从第 5 条、第 9 条、第 10 条等条目中发现为 MPA_Purc_Bestsellers_UK_180116 流量渠道完成助攻的流量渠道。利用这样的方法，我们能够发现过去我们不可能注意到的流量渠道之间的关系。在我的"数据驱动的数字营销与运营"大课堂中，有详细的案例为大家介绍此部分内容，这里限于篇幅不再赘述。

4.4.11　归因模型

归因分析中还有一个重要的问题——归因模型。由于流量渠道之间存在助攻关系，因此我们并不总是能把一个转化的全部功劳记在最后一次发生互动的流量渠道上。那么，我们应该如何给归因路径上不同的流量渠道分配功劳呢？

如何分配功劳并没有一种标准方法。但一般而言，有一些通常可用的方法。每种归因模型都有各自适用的场景和环境，在实际使用中通常结合业务场景，对比测试模型的效果，以期找到最合适的。

首次互动归因模型

首次互动归因（First Touch Attribution）模型就是把营销功劳全部分配给第一

次为网站带来访客的流量渠道。

由于首次互动归因模型的所有归因都是基于单个触点的，因此自然会高估单个流量渠道的影响力。在这种情况下，首次互动归因模型就会过分强调驱动用户认知的、位于转化漏斗最顶端的流量渠道。

同时，首次互动归因模型会比其他单触点归因模型更容易受到回溯期的限制。因此，通常的情况是，首次互动归因模型将功劳划分给回溯期内的首次互动的触点，而不一定是真正的首次互动触点。首次互动归因模型如图 4.37 所示。

图 4.37　首次互动归因模型

总的来说，首次互动归因模型是一种容易实施的单触点归因模型，适合用在新品牌或者新产品的推广上，以衡量广告对用户最初的影响，因为最初的影响对新品牌或者新产品更加重要。

线索转化互动归因模型

线索转化互动归因（Lead Conversion Touch Attribution）模型是指如果转化中有销售线索，那么回溯带来销售线索的那个流量渠道，并且把所有的转化功劳都划分给这个流量渠道。

线索转化互动归因模型的好处是它可以帮助我们理解到底哪些流量渠道驱动了销售线索的转化。

但要注意，虽然这个信息很重要，但它只是整个用户转化过程中的一小部分。在周期很长的用户转化过程中，除了销售线索转化，还有很多其他转化需要进行营销效果的评估，把功劳全部划分给带来销售线索转化的那个流量渠道，就过分简化了营销活动在整个用户转化过程中的作用。线索转化互动归因模型只用在需要获取线索的业态上，如 to B 行业、教育行业、金融行业等。

线索转化互动归因模型如图 4.38 所示。

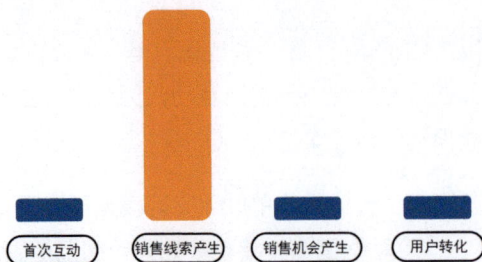

图 4.38　线索转化互动归因模型

末次互动归因模型

末次互动归因（Last Touch Attribution）最吸引人的地方在于它是最容易测量的归因模型，如图 4.39 所示。

图 4.39　末次互动归因模型

基于末次归因模型在分析技术方面最不容易发生错误，因为末次互动到转化的周期其实为零，所以不会受到归因回溯期的影响。但末次归因模型的问题在于，它抹杀了末次互动之前所有助攻渠道的功劳。末次归因模型也是各个工具计算转化功劳时的默认模型，但它并不一定是最好的模型。

末次非直接流量互动归因模型

如果说末次非直接流量互动归因（Last Non-direct Touch Attribution）模型比末次互动归因模型更有用，那么是因为它排除了直接流量。

把直接流量排除在外是有道理的，原因在于，直接流量的真正来源不详，因此就不能知道它具体是由哪个流量渠道带来的。并且，如果是真正的直接流量，那么这些流量通常是人们点击收藏夹内的网址或者直接键入域名产生的流量，这些流量代表着企业的品牌影响力，不是某个具体部门的功劳，而是企业各部门通力协作的结果，因此直接流量产生的转化功劳企业中的每个部门都应该有份。

末次非直接流量互动归因模型如图 4.40 所示。末次非直接流量互动归因模型的原理是，判断直接流量是不是末次交互，如果是，那么忽略它，而把所有的功劳归于直接流量之前的那个流量。如果末次交互的直接流量的前一个助攻流量仍然是直接流量，那么继续往前推，直到不是直接流量为止。当然，末次非直接流量互动归因模型也有问题，因为它简单地把直接流量的功劳划分给直接流量之前的助攻流量。

图 4.40   末次非直接流量互动归因模型

线性归因模型

线性归因模型是多触点归因模型中最简单的一种，如图 4.41 所示。它将权重平均划分给用户转化过程中的每个触点。

所有营销渠道将获得相同的权重

图 4.41   线性归因模型

线性归因模型的优点是它是一个多触点归因模型，因此它会将功劳划分给转化漏斗中各个不同阶段的流量渠道。线性归因模型的缺点是它无法正确衡量各个流量渠道的不同影响。线性归因模型是一个常用的归因模型，因为它看起来似乎很公平，并且容易计算。

时间衰减归因模型

时间衰减归因模型是一种倾向把功劳划分给最接近转化的触点的多触点归因模型，如图 4.42 所示。时间衰减归因模型基于一个假设，这个假设认为触点越接近转化，对转化的影响力就越大。这个假设的问题是它不会给位于转化漏斗顶端的流量渠道一个比较公平的分数，因为它距离转化最远。

图 4.42　时间衰减归因模型

U 形归因模型

U 形归因模型（见图 4.43），谷歌也称其为基于位置的归因模型，它强调的是两个关键触点的重要性：第一次把新用户带来的首次互动流量渠道和最后转化的流量渠道。在 U 形归因模型中，这两个关键触点分别能得到 40% 的权重，其他触点则会平分余下的 20% 的权重。

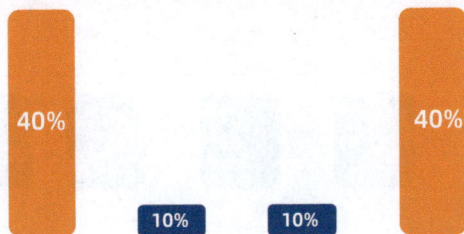

图 4.43　U 形归因模型

U 形归因模型的缺点是它是机械的，或许中间的渠道做出了更大的贡献，但它无法给予相应的功劳分配。不过，尽管如此，U 形归因模型还是一个相对较为合理的模型，因为我们一般认为，首次互动是让人产生印象的重要互动，而最后一次互动是最终促成转化的活动，二者都非常重要，理应给予更高的归因权重。

W 形归因模型

W 形归因模型是为一些在转化过程之前必须先获取销售线索而准备的模型（见图 4.44），也就是多个 U 形归因模型的组合（从首次互动到获取销售线索是一个 U 形归因模型，从获取销售线索到转化为实际的销售机会又是一个 U 形模型）。首次互动、销售线索产生和销售机会产生这 3 个关键触点分别得到 30% 的权重，最后 10% 的权重则会平均分配给剩余的触点。

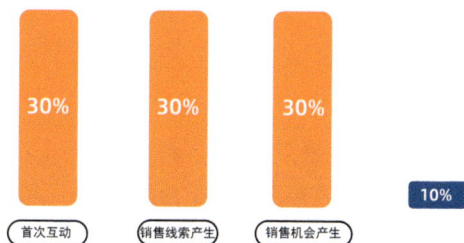

图 4.44　W 形归因模型

全路径（Z 形）归因模型

全路径（Z 形）归因模型在 W 形归因模型的基础上考虑到另一个关键触点：用户转化，也就是最后互动的渠道，如图 4.45 所示。

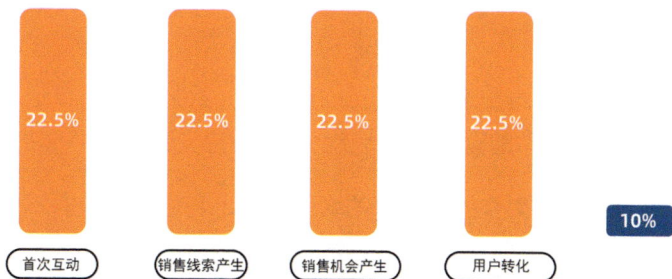

图 4.45　全路径（Z 形）归因模型

在全路径（Z 形）归因模型中，首次互动、销售线索产生、销售机会产生、用户转化这 4 个关键触点都会得到 22.5% 的权重，剩下的 10% 的权重将会平均分配其他触点。

尽管更多关键触点看起来能更精准地表现用户的转化过程，但全路径（Z 形）

归因模型只适用于为已有销售机会服务的营销组织。对大部分组织来说，除非销售团队与营销团队能达成高度共识，否则通常在快要完成交易时，都是让用户服务部门管理销售转化和信息的沟通。因此，在你尝试采用该模型之前，请你务必确保你的营销团队与营销团队是同步的。

自定义或算法归因模型

自定义或算法归因模式是需要数据科学家针对你的购物流程建立的自定义的或算法的归因模型，该模型能够最佳匹配用户转化过程。通过分析现有的用户数据，可以看出哪些流量渠道对转化有突出的影响，或者发现是否有某个步骤在用户转化过程中是很重要的。

自定义或算法归因模型显然是在建立、维护和使用上都最困难和最耗时的归因模型，但它能最精确地评估各流量渠道对用户转化过程的影响效果。

关于自定义或算法归因模型，我还想再详细介绍，因为它是我们主要应用的归因模型。

4.4.12　自定义归因模型与智能归因模型

自定义归因模型

自定义归因模型被我们使用最多的原因很简单，它足够灵活。在很多情况下，我们发现无论套用哪种预置的归因模型，都不能解决我们的问题，此时，我们就需要自定义归因模型。

例如，在我们想知道搜索引擎真正的价值时，我们就需要自定义归因模型，因此下面以衡量搜索引擎的真正价值为例，说明自定义归因模型的用法。

你可能会奇怪，要衡量搜索引擎的真正价值，利用转化数据不就可以了吗？为什么需要归因呢？

有两个原因导致企业可能高估了搜索引擎这个渠道的价值：其一，一般而言，搜索引擎是整个营销投放的收网环节，即消费者旅程的末端，或者转化漏斗的底端；其二，品牌词的效果并非主要是由搜索引擎本身产生的，而是由企业的品牌力决定的。

因此，想要衡量搜索引擎，尤其是竞价排名的真正渠道价值，进行归因是很有必要的，并且这种归因只能通过自定义归因模型才能完成。

谷歌分析中自定义模型所在的位置如图 4.46 所示。

图 4.46　谷歌分析中自定义模型所在的位置

在自定义模型中，我们可以对搜索引擎的价值进行重新定义。当然，我们不是随意定义的，而是按照一定的规则进行定义的。

第一，如果搜索引擎的品牌词带来了转化，那么要把大部分功劳划分给所有其他流量渠道。

第二，不应该选择"最终互动"这种方法来进行搜索引擎价值的判断，而应该完全自定义归因。关于自定义的规则，我自己倾向于对首次互动的流量渠道和末次互动的流量渠道给予比较高的权重。当然，你也可以给予带来销售线索的流量渠道更高的权重，你完全可以根据你的业务需要进行调节。

第三，直接流量是一类比较特殊的"无主流量"，其中大部分也是企业品牌力的体现，因此带来直接流量的功劳也应划分给其他流量渠道。

按照这些规则，我们可以创建新的自定义模型，如图 4.47 所示。

图 4.47　创建新的自定义模型

在"模型对比工具"中选择"创建新的自定义模型"，进入"创建或修改归因模型"界面，给自己自定义的模型起一个合适的名称，然后选择一个基准模型作为自定义的基础。我认为选择"根据位置"比较合理（见图 4.48），原因在于这个基准模型主要强调首次用户接触流量渠道和末次用户接触流量渠道的价值，而且这个基准模型的自定义空间相对其他基准模型更大。

在选择"根据位置"之后，我们就可以根据自己的想法为首次互动、中间互动、最终互动的流量渠道分配功劳比例。当然，我们也可以自己定义回溯期，还可以根据用户互动度调整功劳，甚至决定是否启用"应用自定义的功劳分配规则"，如图 4.49 所示。

创建或修改归因模型

模型名称

基准模型

图 4.48　选择"根据位置"基准模型

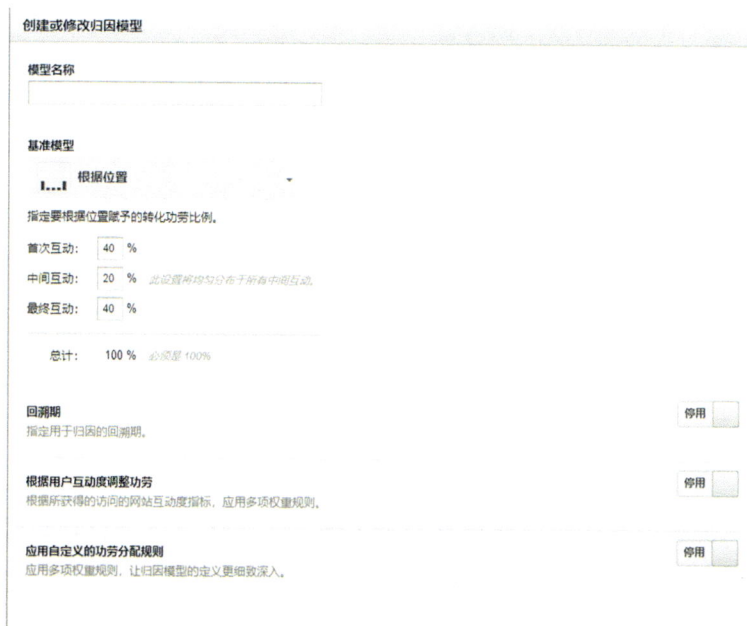

创建或修改归因模型

模型名称

基准模型

根据位置

指定要根据位置赋予的转化功劳比例。

首次互动：40 %

中间互动：20 % 此记录将均匀分布于所有中间互动。

最终互动：40 %

总计：100 % 必须是 100%

回溯期　　　　　　　　　　　　　　　　　　　　　　　　停用
指定用于归因的回溯期。

根据用户互动度调整功劳　　　　　　　　　　　　　　　　停用
根据所获得的访问的网站互动度指标，应用多项权重规则。

应用自定义的功劳分配规则　　　　　　　　　　　　　　　停用
应用多项权重规则，让归因模型的定义更细致深入。

图 4.49　"根据位置"基准模型的设置

要衡量搜索引擎的价值，需要启用"应用自定义的功劳分配规则"，如图 4.50 所示。

图 4.50 启用"应用自定义的功劳分配规则"

前面所讲的 3 条规则在"应用自定义的功劳分配规则"中的体现如图 4.51 所示。

应用自定义的功劳分配规则 　　　　　　　　　　　　　　　　　　　　　　 启用

包含 ▾ 　关键字 　　　　▾ 　　包含 ▾ 　[品牌词（替换为实际词）]

或

添加"或"逻辑条件

且

添加"且"逻辑条件

分配的功劳是转化路径中其他互动的 [0] ↕ 倍

包含 ▾ 　Default Channel Grouping ▾ 　　完全匹配 　Direct ▾

或

添加"或"逻辑条件

且

添加"且"逻辑条件

分配的功劳是转化路径中其他互动的 [0] ↕ 倍

图 4.51　前面所讲的 3 条规则在"应用自定义的功劳分配规则"中的体现

在进行以上设置后，我们可以看到我们自定义的归因报告中会立即产生数据，因为自定义归因报告可以回溯过去的数据，而不是在定义之后才生效。这一点很实用。

自定义模型的结果示例如图 4.52 所示，这个结果显示了流量渠道为营销带来的实际效果的变化。

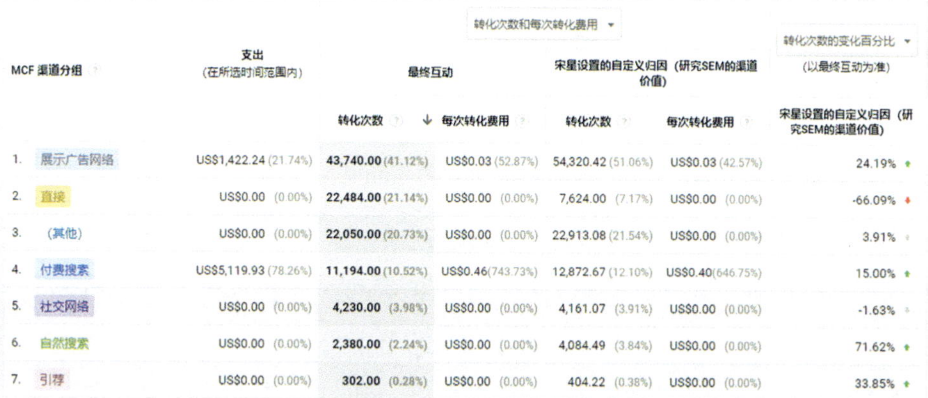

			转化次数和每次转化费用 ▾				转化次数的变化百分比 ▾
MCF 渠道分组	支出 (在所选时间范围内)	最终互动			宋星设置的自定义归因（研究SEM的渠道 价值）		(以最终互动为准)
		转化次数 ↓	每次转化费用	转化次数	每次转化费用	宋星设置的自定义归因（研究SEM的渠道价值）
1. 展示广告网络	US$1,422.24 (21.74%)	43,740.00 (41.12%)	US$0.03 (52.87%)	54,320.42 (51.06%)	US$0.03 (42.57%)	24.19% ▲
2. 直接	US$0.00 (0.00%)	22,484.00 (21.14%)	US$0.00 (0.00%)	7,624.00 (7.17%)	US$0.00 (0.00%)	-66.09% ▼
3. (其他)	US$0.00 (0.00%)	22,050.00 (20.73%)	US$0.00 (0.00%)	22,913.08 (21.54%)	US$0.00 (0.00%)	3.91% ▲
4. 付费搜索	US$5,119.93 (78.26%)	11,194.00 (10.52%)	US$0.46 (743.73%)	12,872.67 (12.10%)	US$0.40 (646.75%)	15.00% ▲
5. 社交网络	US$0.00 (0.00%)	4,230.00 (3.98%)	US$0.00 (0.00%)	4,161.07 (3.91%)	US$0.00 (0.00%)	-1.63% ▼
6. 自然搜索	US$0.00 (0.00%)	2,380.00 (2.24%)	US$0.00 (0.00%)	4,084.49 (3.84%)	US$0.00 (0.00%)	71.62% ▲
7. 引荐	US$0.00 (0.00%)	302.00 (0.28%)	US$0.00 (0.00%)	404.22 (0.38%)	US$0.00 (0.00%)	33.85% ▲

图 4.52　自定义模型的结果示例

　　图 4.52 让我意外的是，"付费搜索"的功劳竟然不减反增。这也可以理解，因为在我们把"直接"（Direct）在归因路径中的功劳分配设置为 0 之后，它的功劳就按照"根据位置"中的转化功劳比例（40%、20%、40%）分配给了其他流量渠道，这其中就包括"付费搜索"。

　　不过你也会注意到，"直接"带来的转化并没有直接变为 0，因为毕竟还是有一些转化是完全由"直接"这一个单一渠道带来的，而没有与其他流量渠道发生归因，在这种情况下，"直接"仍然会保留自己的功劳。

　　另外一些重要的自定义归因的方法是我在前面提到的 U 形、W 形、全路径（Z 形）归因。本质上，这些归因不仅适用于 Lead Conversion（产生了用户咨询或销售线索，但并不一定是最终发生了转化）的情况，还适用于我们认定的其他用户的重要行为。

　　例如，我们认为销售线索的产生是很重要的，那么带来销售线索的流量应该获得更大的功劳，或者我们认为用户加购这个行为非常重要，如果某个流量渠道带来的用户发生了加购行为，我们就给这个流量渠道分配更大的功劳。

　　谷歌分析不具有能够直接满足这个需求的归因功能。不过，我们可以采用一个曲线救国的办法——将这些重要行为设置为谷歌分析中的转化目标，然后看这些转化目标背后的最后互动渠道是什么，并为这些渠道增加相应的功劳比例。

智能归因模型

　　无论怎么自定义归因模型，都不可能达到完美的状态。因为即使归因路径完全相同的两个转化，其背后每个流量渠道所起的作用也可能是不同的。

　　例如，用户 A 和用户 B 的归因路径都是展示类广告 ➔ E-mail 广告 ➔ 搜索引擎竞价排名广告。

　　在用户 A 的归因路径中，用户 A 在点击展示类广告后，进入企业的网站，认真浏览了企业的网站，并且决定要购买企业的商品。

　　在用户 B 的归因路径中，用户 B 在点击展示类广告进入企业的网站后，没有认真浏览企业的网站，而是在看了 E-mail 广告之后，才意识到企业的商品不错。

　　那么，在这两个完全相同的归因路径中，归因模型理应不同：对于用户 A，展示类广告应该有更大的功劳；对于用户 B，E-mail 广告应该有更大的功劳。

在这样的情况下，无论哪种归因模型，都不能照顾到真实发生的归因作用。这时，或许唯一的解决方法是用人工智能来判断每个归因路径上各个流量渠道的价值。人工智能有一套算法，主要依靠对不同流量渠道产生的每个流量在企业的触点上的具体行为进行分析，进而判断这个流量是否对企业和企业的商品感兴趣，以及感兴趣的程度，并由此反推带来这个流量的流量渠道的价值。

智能归因模型的背后是一个算法黑箱，其算法可能会不断改进。智能归因模型的归因结果在理论上更符合真实情况。智能归因模型的归因结果示例如图 4.53 所示。

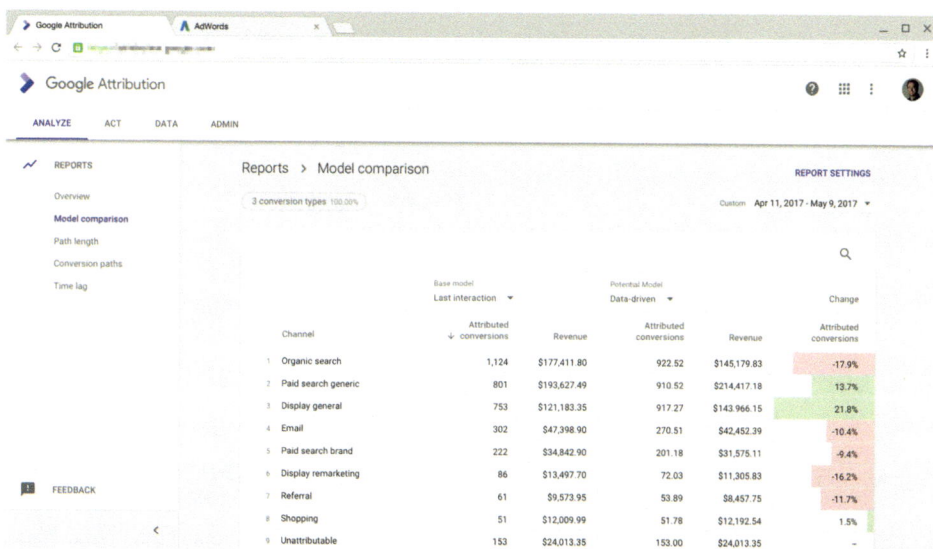

图 4.53　智能归因模型的归因结果示例

4.5　流量渠道分析的总结案例

在学习了前面的模型和方法后，我们来做一次实际的案例分析。

这个案例的目标是提升流量的表现，流量的表现以流量对业务的实际转化促进来衡量。

图 4.54 是案例企业的流量主要来源的气泡图，从图 4.54 中可以看到流量渠道质量不好的是左上角的那些，尤其是 Display。注意，图 4.54 中的转化率指的是末次交互转化率，而不是归因转化率，另外，气泡的大小代表的是收入的多少。一般而言，在行业中除非强调是归因转化率，或者归因收入、归因 ROAS 等，否则都默认是指末次交互转化率。

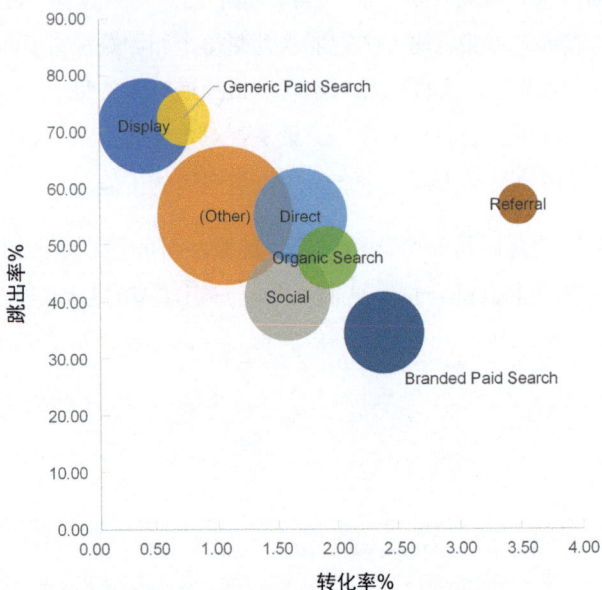

图 4.54　案例企业的流量主要来源的气泡图

　　既然如此，那么我们应该着手优化 Display 这个流量渠道。这个流量渠道实际上是由多种广告组成的，我们同样对 Display 包含的各种广告的表现做一个气泡图（细分是很常用也很实用的优化分析方法），如图 4.55 所示，图 4.55 中的 ROAS 同样是不含助攻的直接 ROAS，气泡的大小也仍然代表收入的多少。

　　图 4.55 显示的只是一天的投放情况，如果考虑更长时间，细分的广告体系就会更多。简单起见，我们只取一天的数据。

　　那么，我们应该如何分析图 4.55 呢？请按照以下几个原则进行分析，这些原则对于流量分析的很多场景都是适用的。

　　原则一：细分。打开 Display 黑箱查看其内部的诸多广告就是细分。

　　原则二：从大处着手。在细分后，查看流量多的流量渠道，因为这些流量渠道的花费大。当然，如果可能，那么你可以径直查看花费大的流量渠道的表现。

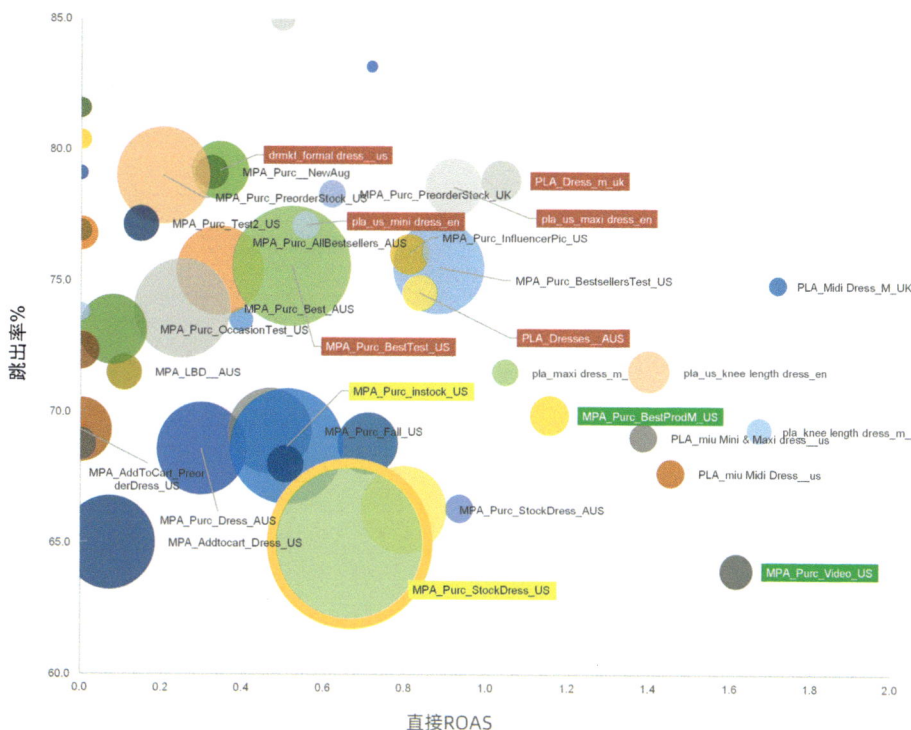

图 4.55　对 Display 包含的各种广告的表现所做的气泡图

原则三：进行 Engagement-ROAS 分析，发现有提升机会的流量渠道。

原则四：对 ROAS 表现不好的流量渠道，进行归因的助攻分析。

按照这几个原则，我们选择 MPA_Purc_StockDress_US 这个广告进行分析。选择它，有两个原因：第一，它的流量最多，相应的费用也很高（经过统计是最高的）；第二，它的 Engagement Index 不算差，跳出率不到 65%，并不算恶劣，甚至在 Display 这个类别中算是很好的，但其 ROAS 不佳，处于 Engagement Index 与 ROAS 的模型中的潜在机会象限。

着手分析 MPA_Purc_StockDress_US，有两个思路：第一，它的 Engagement Index 不差，ROAS 差，我们需要判断它是否善于助攻，如果它善于助攻，那么我们可以保留它，并查看它的有效率的"搭档"都是哪些流量渠道；第二，如果它不善于助攻，那么我们需要分析它为什么表现出这么低的转化率，并进一步查看是否有改进的可能。如果它既不善于助攻，又没有改进的可能，我们就应该着手止损。

先从第一个思路入手，判断 MPA_Purc_StockDress_US 的助攻情况，如图 4.56 所示。

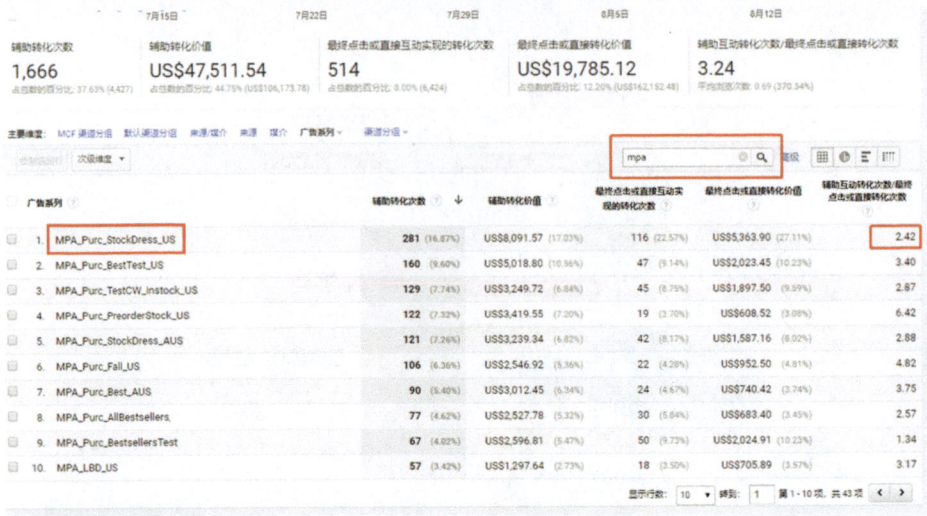

图 4.56　判断 MPA_Purc_StockDress_US 的助攻情况

可以看到，MPA_Purc_StockDress_US 的助攻能力与其他 MPA 广告相比，并没有特别强大，它虽然有助攻能力，但不突出。即使加上这些助攻转化，它的 ROAS 也才刚超过 1，并不理想。

那么，MPA_Purc_StockDress_US 还值得保留吗？由于它的助攻能力一般，ROAS 也不是很理想，因此移除它可能是一个值得考虑的选项。不过，在这么做之前，我们还应该考虑另外一件事情——为什么它的转化率不理想？这也是我们前面所说的第二个思路。

为了分析 MPA_Purc_StockDress_US 的转化率不理想的原因，我们需要查看它和它的着陆页之间的关系。分析它和它的着陆页之间的关系特别重要，原因在于，它每天都在线，并且每天都可能推荐不同的商品，由于每个商品都有自己独一无二的着陆页，因此它的着陆页可能每天都会发生变化。也就是说，它和它的着陆页是一对多的关系。

我们对 MPA_Purc_StockDress_US 的流量按照其着陆页进行细分，如图 4.57 所示。

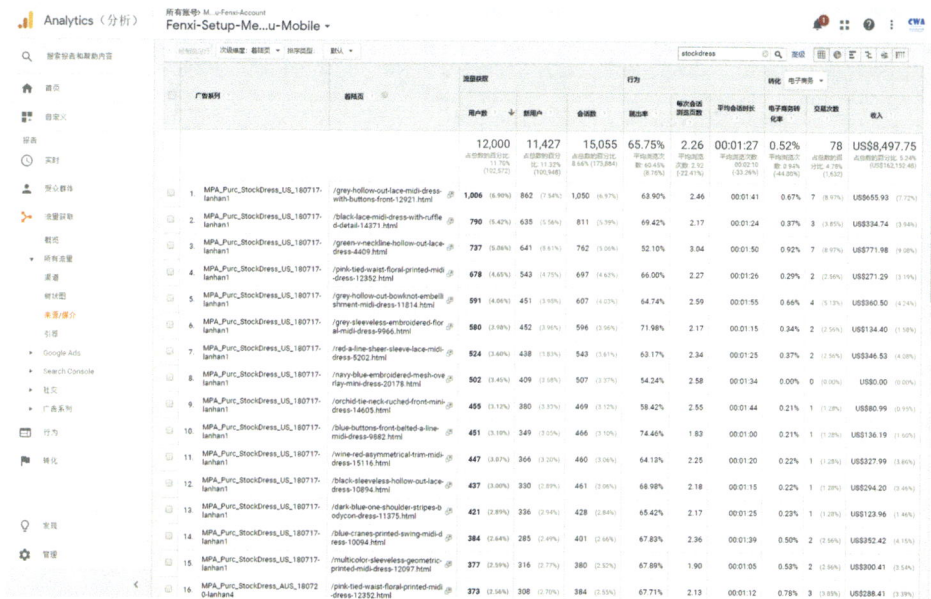

图 4.57 对 MPA_Purc_StockDress_US 的流量按照其着陆页进行细分

通常，看到这样的数据，我们可能会眼花缭乱，因此我常用的方法是将数据导入 Excel 表格中（见图 4.58），进行排序，然后利用条件格式[①]功能即可看到哪些流量的表现好、哪些流量的表现不好。

图 4.58 显示了 MPA_Purc_StockDress_US（由于筛选规则不严格，其中也含有 MPA_Purc_StockDress_AUS）跟各个着陆页匹配时的转化率情况。按照转化率由高到低排序，黄色的是表现不佳的广告和着陆页的匹配。同时，用条件格式的色带功能将流量多的广告与着陆页匹配的情形标出来，红色越深，表明流量越多。那些标记为橙色和红色的流量与着陆页匹配的流量不少，转化率却不佳，说明这里存在无效的投放，存在广告费的浪费情况。

那么，怎么优化？考虑到 MPA_Purc_StockDress_US 的助攻能力并不是很强，把图 4.58 中红色和橙色的投放停掉并不会对 MPA_Purc_StockDress_US 的助攻能力有太大影响。因此，我们选择不让 MPA_Purc_StockDress_US 再跟那些着陆页匹配，并把节省的预算用在那些转化率更高的广告与着陆页匹配上。

---

① 条件格式是 Excel 的一项数据可视化的功能。

广告系列	着陆页	用户数	新用户	会话数	跳出率	每次会话浏览页数	平均会话时长	电子商务转化率	交易次数	收入
MPA_Purc_StockDress_UK_180718-lanhan2	/grey-hollow-out-lace-midi-dress-with-buttons-front-12921.html	46	39	48	75.00%	1.63	107.19	2.08%	1	95.81
MPA_Purc_StockDress_AUS_180720-lanhan4	/green-v-neckline-hollow-out-lace-dress-4409.html	149	108	153	63.40%	2.74	127.73	1.96%	3	326.45
MPA_Purc_StockDress_AUS_180720-lanhan4	/navy-blue-lace-sleeveless-asymmetric-midi-dress-20161.html	55	38	55	70.91%	2.16	83.67	1.82%	1	53.63
MPA_Purc_StockDress_US_180717	/monochrome-spliced-skater-midi-dress-with-ribbon-20317.html	51	46	55	58.18%	2.49	82.67	1.82%	1	53.74
MPA_Purc_StockDress_US_180717-lanhan4	/blue-buttons-front-belted-a-line-midi-dress-9882.html	110	77	114	71.05%	1.89	55.85	1.75%	2	383.33
MPA_Purc_StockDress_US_180717-lanhan4	/navy-blue-lace-sleeveless-asymmetric-midi-dress-20161.html	61	36	61	86.89%	1.51	29.72	1.64%	1	44.49
MPA_Purc_StockDress_US_180717-lanhan4	/red-a-line-sheer-sleeve-lace-midi-dress-5202.html	81	57	85	68.24%	2.16	78.36	1.18%	1	47.35
MPA_Purc_StockDress_US_180717-lanhan4	/black-sleeveless-paneled-floral-silk-midi-dress-8407.html	356	278	374	66.84%	2.05	87.48	1.07%	4	359.47
MPA_Purc_StockDress_AUS_180720-lanhan4	/black-lace-midi-dress-with-ruffled-detail-14371.html	275	214	282	70.57%	1.92	72.08	1.06%	3	202.12
MPA_Purc_StockDress_US_180717-lanhan1	/pink-ruffled-cuff-pleated-layered-midi-dress-13662.html	94	64	96	80.21%	1.71	51.86	1.04%	1	242.00
MPA_Purc_StockDress_US_180717-lanhan1	/pink-ruffled-cuff-pleated-layered-midi-dress-13662.html	105	73	106	66.98%	1.96	58.75	0.94%	1	162.56
MPA_Purc_StockDress_AUS_180720-lanhan4	/green-v-neckline-hollow-out-lace-dress-4409.html	737	641	762	52.10%	3.04	110.17	0.92%	7	771.98
MPA_Purc_StockDress_US_180717-lanhan4	/wine-red-asymmetrical-trim-dress-15116.html	218	174	224	66.07%	2.14	110.84	0.89%	2	144.40
MPA_Purc_StockDress_AUS_180720-lanhan4	/black-tied-waist-floral-printed-midi-dress-12352.html	373	308	382	71.20%	2.13	72.43	0.78%	3	288.41
MPA_Purc_StockDress_AUS_180720-lanhan1	/black-color-block-raglan-sleeve-chiffon-dress-11508.html	255	205	261	66.28%	2.11	67.79	0.77%	2	301.28
MPA_Purc_StockDress_US_180717-lanhan4	/dusty-blue-eyelash-edge-lace-midi-dress-20014.html	135	98	137	64.96%	2.24	146.92	0.73%	1	69.59
MPA_Purc_StockDress_US_180717-lanhan1	/grey-hollow-out-lace-midi-dress-with-buttons-front-11814.html	1006	862	1050	63.90%	2.46	100.50	0.67%	7	655.93
MPA_Purc_StockDress_US_180717-lanhan1	/navy-blue-solid-color-cinched-waist-midi-dress-12169.html	365	301	373	73.46%	2.09	57.61	0.54%	2	171.78
MPA_Purc_StockDress_US_180717-lanhan1	/multicolor-sleeveless-geometric-printed-midi-dress-12097.html	377	316	380	67.89%	1.90	64.85	0.53%	2	300.41
MPA_Purc_StockDress_US_180717-lanhan1	/blue-cranes-printed-swing-midi-dress-10094.html	384	285	401	67.83%	2.36	98.56	0.50%	2	362.42
MPA_Purc_StockDress_AUS_180720-lanhan4	/shop/collection/best-sellers	214	157	223	56.50%	2.26	111.93	0.45%	1	77.99
MPA_Purc_StockDress_AUS_180720-lanhan4	/shop/collection/stock	241	195	261	37.55%	3.24	131.59	0.38%	1	38.88
MPA_Purc_StockDress_US_180717-lanhan1	/black-lace-midi-dress-with-ruffled-detail-14371.html	790	635	811	69.42%	2.17	83.67	0.37%	3	334.74
MPA_Purc_StockDress_US_180717-lanhan4	/red-a-line-sheer-sleeve-lace-midi-dress-5202.html	524	438	543	63.17%	2.34	85.23	0.37%	2	346.53
MPA_Purc_StockDress_US_180717-lanhan1	/grey-sleeveless-embroidered-floral-midi-dress-9966.html	580	452	596	71.64%	2.17	75.40	0.34%	2	134.40
MPA_Purc_StockDress_AUS_180720-lanhan4	/pink-tied-waist-floral-printed-midi-dress-12352.html	678	543	697	66.00%	2.27	86.45	0.29%	2	271.29
MPA_Purc_StockDress_AUS_180720-lanhan4	/dark-blue-one-shoulder-stripes-bodycon-dress-11375.html	353	275	362	71.27%	1.96	71.98	0.28%	1	92.67
MPA_Purc_StockDress_US_180717-lanhan4	/dark-blue-one-shoulder-stripes-bodycon-dress-11375.html	421	336	428	65.42%	2.17	84.67	0.23%	1	123.96
MPA_Purc_StockDress_US_180717-lanhan4	/wine-red-asymmetrical-trim-dress-15116.html	447	366	460	64.13%	2.25	80.10	0.22%	1	327.99
MPA_Purc_StockDress_US_180717-lanhan4	/black-sleeveless-hollow-out-lace-dress-10894.html	437	330	461	66.98%	2.18	75.49	0.22%	1	294.20
MPA_Purc_StockDress_US_180717-lanhan4	/blue-buttons-front-belted-a-line-midi-dress-9882.html	451	349	466	74.46%	1.83	60.19	0.21%	1	136.19
MPA_Purc_StockDress_AUS_180720-lanhan4	/orchid-tie-neck-ruched-front-mini-dress-14605.html	455	380	469	62.26%	2.53	103.68	0.21%	1	80.99
MPA_Purc_StockDress_US_180717-lanhan1	/navy-blue-embroidered-mesh-overlay-mini-dress-20178.html	502	409	507	54.24%	2.58	94.13	0.00%	0	0.00
MPA_Purc_StockDress_US_180717-lanhan1	/grey-hollow-out-bowknot-embellishment-midi-dress-11814.html	288	233	301	68.44%	1.87	69.76	0.00%	0	0.00
MPA_Purc_StockDress_AUS_180720-lanhan4	/navy-blue-embroidered-mesh-overlay-mini-dress-20178.html	211	170	212	69.34%	1.92	64.85	0.00%	0	0.00
MPA_Purc_StockDress_AUS_180720-lanhan4	/orchid-tie-neck-ruched-front-mini-dress-14605.html	167	137	174	64.37%	2.19	80.06	0.00%	0	0.00
MPA_Purc_StockDress_AUS_180720-lanhan4	/dark-blue-one-shoulder-stripes-bodycon-dress-11375.html	136	109	139	61.87%	2.17	95.47	0.00%	0	0.00
MPA_Purc_StockDress_AUS_180720-lanhan4	/blue-cranes-printed-swing-midi-dress-10094.html	104	82	108	59.26%	2.42	86.83	0.00%	0	0.00
MPA_Purc_StockDress_AUS_180720-lanhan4	/black-sleeveless-hollow-out-lace-dress-10894.html	102	66	102	72.55%	1.75	48.20	0.00%	0	0.00
MPA_Purc_StockDress_AUS_180720-lanhan4	/cameo-brown-gathered-detail-midi-dress-20579.html	68	50	69	73.91%	1.90	66.06	0.00%	0	0.00
MPA_Purc_StockDress_AUS_180720-lanhan4	/black-sleeveless-paneled-floral-silk-midi-dress-8407.html	66	46	67	65.67%	1.93	50.01	0.00%	0	0.00
MPA_Purc_StockDress_US_180717-lanhan1	/navy-blue-contrast-paneled-printed-midi-dress-16218.html	60	44	65	81.54%	1.95	76.97	0.00%	0	0.00
MPA_Purc_StockDress_US_180717-lanhan1	/black-round-neck-two-side-pockets-midi-dress-12463.html	56	38	57	66.67%	1.86	56.49	0.00%	0	0.00
MPA_Purc_StockDress_US_180717-lanhan1	/navy-blue-contrast-paneled-printed-midi-dress-16218.html	55	39	58	77.59%	1.48	31.91	0.00%	0	0.00
MPA_Purc_StockDress_AUS_180720-lanhan4	/dark-grey-all-over-lace-fishtail-midi-dress-20160.html	54	34	57	80.70%	1.89	66.30	0.00%	0	0.00
MPA_Purc_StockDress_UK_180718-lanhan2	/pink-tied-waist-floral-printed-midi-dress-12352.html	53	48	54	70.37%	1.80	44.52	0.00%	0	0.00
MPA_Purc_StockDress_US_180717-lanhan1	/apricot-lace-midi-dress-with-cutwork-front-20162.html	47	27	49	57.14%	2.86	145.06	0.00%	0	0.00
MPA_Purc_StockDress_AUS_180720-lanhan4	/navy-blue-eyelash-edge-lace-midi-dress-20386.html	45	30	48	70.83%	1.79	76.58	0.00%	0	0.00
MPA_Purc_StockDress_AUS_180720-lanhan4	/apricot-lace-midi-dress-with-cutwork-front-20162.html	42	28	43	69.77%	2.26	36.07	0.00%	0	0.00

图 4.58　将数据导入 Excel 表格中

当然，这只是一个广告，持续优化的挑战就在于，可能需要对所有的大流量广告都进行优化。这虽然花费的时间很多，但对企业来说，可以节省真金白银的广告费。持续优化在进行一段时间之后，ROAS 能有质的提升。

4.6　异常流量与作弊识别

对流量的优化很重要，对异常流量的甄别和排除同样重要。异常流量并不一定是作弊流量，要识别是否是作弊流量不仅需要技术，还可能需要主观的判断。无论是异常流量还是作弊流量，都意味着流量本身毫无价值，也就意味着流量对营销与运营可能毫无效果。

对效果类营销而言，判断流量是否异常并不困难，因为即使是真实的非作弊流量，如果没有效果，那么我们也可能认为它们是"异常"的。不过，对品牌类营销而言，由于缺乏一个短期的、明确的、可量化的结果，因此判断流量是否异常就变得有些复杂。由于品牌类营销缺乏短期的、明确的、可量化的结果，因此品牌类营销领域成为流量作弊的"重灾区"。

在一定程度上，我们可以识别异常流量。但有一些特殊作弊，我们很难识别。

任何作弊都需要花费额外的成本，无论是用机器模拟还是找人来真实点击。

反作弊的价值不在于杜绝作弊，而在于增加作弊的成本，使作弊的收益小于正常的营销或运营的收益，甚至使作弊的成本大于作弊的收益。

4.6.1　流量作弊情况严重吗

很多营销都碰到过异常流量甚至作弊流量。但这并不意味着你所做的营销会被作弊流量充斥，因为从客观的角度来看，不同的流量渠道，由于价格和本身属性的不同，存在作弊的倾向也不同。例如，如果我们愿意冒险选择一些价格低廉却流量很多的流量渠道，那么我们可能必须承担引来一些异常流量甚至作弊流量的后果。

不同流量渠道本身存在异常流量或者作弊流量的情况是有差异的。我将具体规律总结如下。

首先，品牌类营销面对的异常流量或者作弊流量要远远多于效果类营销。不过，我们也不要幻想效果类营销能够避免作弊，因为如果作弊之后获利的空间（利差空间）更大，那么效果作弊也是完全可能存在的。

例如，在汽车行业的营销中，获取一个有效的购车线索的代价可能是 1000 元甚至 2000 元，因此即使一个作弊的成本是 800 元，也有相当大的利润可图。同样的问题也发生在 App 的推广上，如果下载一个 App 的推广成本是 20 元，那么即使用 5 元激励一个消费者下载这个 App，也有很大的获利空间。事实上，这两个行业的营销也深受作弊困扰。

其次，是谁在作弊？作弊的主体并非只是媒体自己，还可能是广告代理商，它们的动机主要是完成广告主制定的 KPI，或者降低自己采购流量的成本。作弊的主体也有可能是第三方，如某些网络服务提供商，它们可能通过流量劫持的方法盗取本来属于他人的营销成果对赌的收益。还有一种情形，作弊的主体是广告主自己，只不过它们作弊的对象不是直接帮助自己，而是打击竞争对手，这种方法非常缺乏商业道德，也有少数广告主需要通过作弊来应付自己的老板。

最后，按照流量渠道分类，搜索营销的作弊情况较少，而展示类广告的作弊情况要多很多，信息流广告的作弊情况居于二者之间。搜索营销并非没有作弊，而是它的作弊主要由广告主自己实施，其目的当然不是让自己的流量变多，而是打击竞争对手，让竞争对手更多地浪费营销费用。不过近几年，虽然并没有证据表明搜索引擎自己有系统性的作弊，但是搜索引擎的流量质量似乎也有一些下降。

展示类广告的作弊情况很复杂。展示类广告的渠道构成也很复杂，几种主要的类别是普通的 Banner 广告、广告网络提供的 Banner 广告、视频前贴片广告或者依附于视频的其他贴片形式（中插或尾贴）的广告、社交媒体或者信息流广告媒体的展示类广告、移动端 App 的开屏广告、移动端 App 的其他 Banner 广告等。那么，这些广告的异常情况是否有差异？

答案是，这些广告的流量异常情况确实有差异。相对而言，视频前贴片广告的流量异常情况比其他展示类广告略好，尤其是大型视频网站的展示类广告的流量异常情况好于其他媒体。信息流广告和社交广告的流量情况良莠不齐，甚至一个媒体自己的广告流量情况也有好有坏。普通的 Banner 广告的流量情况开始变得糟糕，而广告网络的 Banner 广告的流量的真实性则更加令人怀疑，尽管我们相信其中一定包含真实流量，但是比例并不可观。移动端的流量情况令人失望，有很大比例（有一些评测机构认为这一比例超过 75%，但这个数据或许有些夸大）的流量是不真实的，移动端的长尾流量则更加令人担忧。

从上面的说明中你会看到，我几乎没有使用定量的数据，而只是定性地描述。这并非我偷懒，而是因为我相信数据本身也会误导人们对流量作弊领域的判断。因为衡量流量的真假在本质上是不可能的，当然有很多流量可以被我们清晰地归为作弊流量（如机器人流量），但还有很多流量我们无法判断它们是不是作弊流量。从技术上看，这些流量并非机器人流量，而是由人的正常行为所产生的。但是，它们也有值得我们怀疑的一些共性特征，即虽然它们是由真实的人产生的，但它们的效果太差了。这种情况我们应该把它们归为作弊，还是不作弊呢？很难说得清楚。但这类"灰色流量"又是异常流量中比例最大的，这使所有的统计数据都很难给出真正准确的答案。

另外一个很重要的问题是新兴的流量渠道，如程序化广告渠道中是否有更多的作弊情况呢？这个问题是一个笼统的问题，原因在于程序化广告渠道包含的内容甚广，而新兴流量渠道更是不胜枚举。如果仅从程序化广告的类别角度来看，它既包含 RTB 广告、优先交易之类的流量，又包含程序化合约广告等，存在异常流量或者作弊流量的比例因不同的程序化广告类别会有不同。总体来看，RTB 广告在中国确实存在一些问题，而其他几种类型的流量异常或者作弊情况则和媒体本身有很大的关系。

我认为目前还不能杜绝异常流量或者作弊流量。虽然技术的进步在改变流量的样貌，但是流量的本质（消费者的关注）不会发生变化。只要消费者的注意力仍然是稀缺资源，那么无论是什么样的流量载体，总会有人心怀着创造虚假注意力的动机。新的技术能够将旧的作弊大白于天下，但新的技术又促进了新的作弊方法。"道高一尺，魔高一丈"，这个循环永远不会结束。

4.6.2 常见的作弊方法

利用伪装、利用机器与"人肉"（人的手工劳动）创造虚假流量、流量劫持、诱导等方法都是常见的作弊方法，如图 4.59 所示。

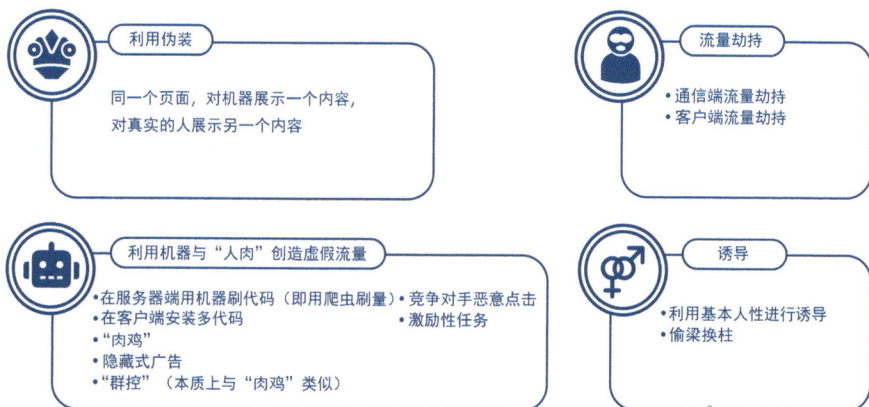

图 4.59 常见的作弊方法

利用伪装

利用伪装的方法，在英语中是 Cloaking。最初 Cloaking 是为了在搜索引擎上呈现搜索引擎不允许呈现的内容而被发明的。利用伪装的方法很容易解释，类似于如今动态网站的技术：判断网站的流量是来自搜索引擎的机器人，还是来自真实的人。如果来自搜索引擎的机器人，就展示给搜索引擎的机器人正常的合规的内容；如果来自真实的人，就展示给人不合规的，具有欺骗性、诱导性等激进的促进转化的内容。

例如，利用伪装的方法被应用于欺骗搜索用户去访问一个与搜索引擎描述不同的网页。

利用伪装的方法在针对搜索引擎的作弊上被利用得很多，随之在更多的广告系统中被应用，目的都是欺骗广告发布商或媒体，从而让不合规的内容能够得以展现。

利用机器与"人肉"创造虚假流量

利用机器创造虚假流量

利用机器创造的虚假流量被称为 Bots 流量，最低端的 Bots 流量是通过在广告上或者营销承接端（网页或者 App）添加一些让流量计数增加的代码而创造的。例如，在某个网页上的某个广告中添加其他广告的展示代码，当该广告被展示时，尽管其他广告没有被展示，但是流量计数器仍然会记录这些广告的曝光增加了。不仅曝光计数代码可以被滥用，点击计数代码、流量监测脚本代码等也都可以被滥用，从而产生一些实际不存在的流量计数。隐藏式广告也是类似的情形，广告本身并不存在，只是在页面中嵌入了一个 1 像素 ×1 像素的透明 GIF 图像，然后在其中加入了这个广告的代码，这样，媒体的网页在被打开的时候，并不会出现一个真正的广告，但是广告的展示数据增加了。

不过，利用机器创造虚假流量很容易被识破，因为毕竟只是局部数据的增加，而不是真正的流量的实际增加，所以一旦做数据比对就会发现很多无法解释的事情。但是，这种作弊方法在如今仍然大行其道，一方面是因为这种作弊几乎不需要什么成本；另一方面是因为很多做品牌类营销的广告主并不非常纠结于推广背后的数据真伪。不过，在效果类营销上使用这种作弊方法就有风险了，有些效果类营销是以曝光量或者点击量来结算的，这让媒体有夸大曝光量或者点击量的动机，但媒体若真的利用这种方法作弊，马上就会露出马脚，得不偿失。

"肉鸡"流量是另外一种机器创造的虚假流量，而且是一种更加典型的 Bots 流量。"肉鸡"和"僵尸"是同义词，是指在不知情的情况下被其他人操纵的终端设备，尤以 PC 为甚，但 Android 手机也有成为"肉鸡"的可能。"肉鸡"这种作弊方法非常古老，即利用软件病毒感染互联网上有安全漏洞的终端设备，随后，这些终端设备就能被发布这些病毒的黑客远程操控，按照黑客的要求点击广告或者执行与各种营销互动的任务。这种作弊方法能够产生真正的流量，但流量背后并没有真正的用户。

识破"肉鸡"流量的要点在于，尽管流量来自很多分布在不同地方的终端设备，但这些流量具有非常趋同的行为特征。毕竟，黑客不太会单独操纵每个终端设备，而只会利用程序"群控"大量终端设备，尽管可以用一些随机函数让每个终端设备上的行为变得不太相同，但不管怎样，它与真正的人的行为还是有很大差异的。我们通过分析流量背后的行为数据就可以发现这些流量是异常的。

"群控"本质上也是"肉鸡"，它是在移动互联网时代所特有的一种作弊方法。与 PC 时代的"肉鸡"不同，"群控"不是控制他人的终端设备，而是控制自己的终端设备，除此之外，它跟"肉鸡"并没有什么区别。"群控"的终端设备可能多达数千个甚至数万个，成本不菲，所以目前多用 PC 模拟手机，一般只能是 Android 机，苹果手机的"群控"则只能靠买终端设备。

利用"人肉"创造虚假流量

利用机器创造虚假流量这种作弊方法在品牌类营销中或许有用，但在效果类营销中，即使是不懂技术的广告主，看到自己采购的流量没有转化发生，也会心生狐疑与不满，这种情况下机器刷流量的方法会很快被识破。

于是，利用"人肉"来产生"真实"效果的作弊方法应运而生，不过"真实"二字必须加上引号，原因在于它并不是真正的效果。人工刷量往往不仅要刷流量，还必须刷很多广告主所追求的效果数据。由于实际的销售数据不太可能肆无忌惮地刷（事实上实际的销售也有刷的，只要广告收益或长远收益大于花钱去买广告主产品的收益，本书不再介绍），因此除销售转化之外的别的效果就成为"重灾区"。例如，汽车行业主要的营销效果是以销售线索衡量的，而较难用真正的销售来衡量。因为从销售线索到销售，消费者可能会经过很长的思考时间，但衡量流量的效果可等不了那么久，所以在这种情况下只能以比较能在短时间内发生的离最终转化最近的消费者行为来衡量，而销售线索是一个较好的指标。因此，与销售线索相关的作弊，不少是"人肉"完成的，这就导致识别销售线索的真伪，成为如今很多汽车主机厂商的一个非常棘手又亟待解决的问题。

利用"人肉"创造虚假流量也存在于搜索引擎竞价排名广告的恶意点击中。尽管可以利用机器人去恶意点击竞争对手的广告，消耗他们的广告费，但这样容易被搜索引擎识破而被屏蔽。利用人"手动操作 + 虚拟机"的方法则相对"安全"。

利用"人肉"创造虚假流量还有更加隐蔽的方式，即激励性任务，如看广告能获得现金或者积分、完成某个下载任务能够获得虚拟商品等。这种方式，或许严格意义上不能称之为作弊，但从流量价值的本质角度考虑，与作弊流量相仿。积分墙推广、激励视频、"互动广告"（不是一般意义上的互动型的广告，而是一种激励广告）等都是这种方式。

流量劫持

无论是机器刷还是"人肉"刷，与流量劫持相比都只能算作弊业界的"小儿科"。

流量劫持的原理是将标记为 A 渠道的流量修改为 B 渠道，从而将本来属于 A 渠道的转化功劳记在 B 渠道上。B 渠道甚至可能一分钱的流量都没有贡献，就凭白获得了转化，并获得广告主的广告费。

流量劫持从技术上是如何实现的呢？有两种可能性，一种可能性是在互联网较为底层的数据传输上进行修改，如同 Word 软件中的查找和替换，这种流量劫持基本没有办法能够防止，只能依靠互联网基础设施服务商加强管理及国家加强监督。2015 年 12 月 24 日，国内 6 家主流媒体（今日头条、美团大众点评网、360、腾讯、微博、小米科技）联合表达共同诉求：呼吁有关运营商严厉打击流量劫持现象，重视互联网公司被流量劫持可能导致的严重后果。连 6 家如此大的媒体都不得不呼吁打击流量劫持，可见流量劫持是多么难以防止。

另外一种可能性是在受众的客户端进行流量劫持，其原理要么是利用浏览器及浏览器的恶意插件，要么是利用黑客技术在受害计算机上种植木马等恶意程序，从而在客户端将原本属于 A 渠道的流量修改为 B 渠道。

目前，流量劫持仍然是一种严重影响商业公平的盗窃行为，国家也有法规涉及部分的流量劫持行为，但总体来看，并没有特别好的方法能够从根本上遏制这一行为。

诱导

诱导可能算不上严格意义上的作弊方法，但仍然为广告主带来了大量的无效流量。例如，利用基本人性进行诱导（如用唾手可得的财富或者奖励进行诱导）、偷梁换柱（如你想下载某个软件，诱导者故意让你下载另外一个软件）。诱导并没有产生"非人类的流量"，但没有产生目标人群流量，这些流量的质量和价值都非常低。

4.6.3　作弊流量的流量特征

作弊流量是否有固定的特征？这个问题并没有简单的答案。对于有些作弊流量，我们并不容易找到显著的特征，但仍然可以总结一些作弊流量的常见特征（见表4.2），以供大家参考。

表 4.2 中的流量特征并不足以精确地辨识作弊流量，但可以为我们提供一定的线索。如果我们需要更进一步地确认作弊流量，或者至少能挖出异常流量，那么我们需要进行进一步的分析。进一步的分析方法中最为核心的方法是细分。

表 4.2 作弊流量的常见特征

作弊大类	作弊方式	流量特征	识别难度	识别工具
利用机器创造虚假流量	在服务器端用机器刷代码	• 设备ID或者Cookie异常 • 跳出率畸高 • 停留时间和访问深度异常 • 广告频次异常 • 时间分布异常	易或中 低端爬虫数据表现很差，设定规则的爬虫有一定的反作弊能力	广告监播工具 用户行为分析工具
	在客户端安装多代码	• 到达率异常 • 跳出率畸低，停留时间和访问深度异常 • 频次异常	易 数据表现相当反常	用户行为分析工具
	"肉鸡"/"群控"	• 跳出率畸高 • 流量行为动作异常 • 不同细分流量具有不可解释的共性	中 "肉鸡"可能有一定的反作弊设置	用户行为分析工具
	隐藏式广告	• 广告频次异常 • 跳出率畸高 • 到达率异常	难	用户行为分析工具
利用"人肉"创造虚假流量	竞争对手恶意攻击	• 跳出率畸高 • 到达率异常 • 流量行为动作异常	难	用户行为分析工具
	激励性任务	• 一般与正常流量没有区别 • 流量质量稍差	极难	部分依靠用户行为分析工具，但不能完全解决
流量劫持	通信端流量劫持	• 与正常流量无差别	基本不可能被直接识别	无
	客户端流量劫持	• 超低Engagement，超高转化率	中	用户行为分析工具
诱导	利用基本人性进行诱导	• 数量忽然庞大且波动大 • 到达率较低（取决于页面加载速度） • 跳出率高，停留时间很短，访问深度很低	较难 较难与其他低质量流量区分开	广告监播工具 用户行为分析工具
	偷梁换柱	• 数量忽然庞大且波动大 • 到达率较低 • 跳出率高，停留时间极短，访问深度极低	易 因为它本质上就是低质量流量	广告监播工具 用户行为分析工具

4.6.4 识别作弊流量

我们知道，反作弊更多的时候使用的是技术方法，但技术方法不一定能解决所有的作弊问题，更不能解决所有的流量异常问题。因此，与技术方法相配合的是逻辑方法，或者说，是查看流量在数据上所反映出的不合理性，而这些不合理性，虽然未必能作为"向法院起诉流量作弊的呈堂证供"，但足以作为营销效果不佳的证明。我们先从技术方法说起。

技术方法

对作弊流量进行分辨，一般是依靠第三方工具来进行的。例如，广告监播工具，它具有对流量进行基础性的作弊判断的功能。这项功能的基础是黑名单库，黑名单库中包括有黑历史的 IP 地址、设备 ID 等，基于黑名单库，广告监播工具可完成初始的作弊流量的判断。

显然，这个黑名单库不可能穷尽所有作弊，而且它采用的是"后发机制"，如果一个没有被收录进黑名单库的 IP 地址或者设备 ID 进行作弊，基于黑名单库的技术就不会把这个 ID 或者设备 ID 产生的流量作为作弊流量进行记录。

为了解决这个问题，技术方法做了一些扩展，这种扩展的核心方法被称为特征库。也就是说，黑名单库升级为特征库。

什么是特征库？它是将我们人工识别出的作弊流量的特征进行记录，并不断丰富这些记录，当具有这些特征或者类似特征的流量进入时，机器会发出警报。特征库的方法类似于更灵活的黑名单，它不仅记录类似于 ID 这样的静态信息，还重视灵活的作弊流量的特征，以及由特征建立起来的识别规则。

特征库并不是技术方法的终极方式。既然是利用技术进行识别，那么这显然属于人工智能的范畴。换句话说，我们可以让机器自己学习，建立自己总结的特征。

利用人工智能的方法发现作弊，主要是在特征库的基础上，结合人工的监督学习。简单地讲，特征库仍然是比较死板的，机器只能把符合这些特征的流量筛出来，但是实际上很多流量即使具有这些特征，也未必是作弊流量。因此，人会在此基础上"告诉"机器，机器筛选出的这些流量哪些可能是作弊流量，哪些不是作弊流量，以及为什么它们不是作弊流量，也就是给机器补充更多的特征或者变量。于是，机器进一步地学习。在这个不断学习的过程中，机器逐步建立自己更为强大的辨别能力。也就是说，从特征库升级为特征学习。

具有特征学习的反作弊机制（反作弊机器）在很多媒体、第三方反作弊服务领域已经开始应用，它也是人工智能在数字化营销与运营领域中的一个典型应用场景。

不过，这种方式归根结底还是得依靠人的"教育"，也就是说，人要首先自己识别出作弊流量，再反馈给机器：这是作弊流量、那不是作弊流量，机器才可能完成学习并自主判断作弊流量。下面，我们来看人工识别作弊流量的逻辑方法有哪些。

逻辑方法：通过不合理的常识数据识别作弊流量

人工识别作弊流量最基本的方法是通过不合理的常识数据识别作弊流量。这种方法识别的流量特征，也是最早进入机器的特征库的特征。

我们需要知道一些基本的常识数据。

广告端

- 点击率过大,可能存在问题,但要注意流量的基数,低于 10 000 个展示,如果点击量比较大, 那么一般也不能将其认定为作弊流量。不同展示类广告的点击率差异比较大, 如普通的视频前贴片广告的真实点击率相当低,往往低于 0.1%,而信息流广告的点击率可能超过 1%,搜索引擎竞价排名广告的点击率可能超过 10%。

- 点击频次。所谓点击频次,是指同一个设备 ID 或者同一个 Cookie 点击某个广告主广告的次数。如果在短时间内, 所有的广告受众的平均点击频次超过 1.1,就基本上说明流量存在较大问题。

- 曝光频次。曝光频次是指同一个设备 ID 或者同一个 Cookie 看到同一个广告主的广告的次数。所有广告受众的平均曝光频次超过 10,流量存在问题的可能性较大,因为对所有广告受众的平均曝光频次来说,10 已经是一个非常大的阈值了。

- 设备 ID 或者 IP 的分布。存在部分设备 ID 或者 IP 号段挤占大量展示和点击的情况, 也是作弊流量常常发生的情况。

落地端

所谓落地端,是指流量进入企业的私域触点及之后的环节。落地端的相关场景也是识别作弊流量的主要场景。落地端的数据存在作弊情况的常见表现如下。

- 跳出率太高或者太低。跳出率太高, 如超过 95%,至少说明流量的价值很低。不过, 单页面推广的跳出率普遍很高, 不足以说明流量是作弊流量(关于单页面推广的相关内容,我会在 5.1 节中介绍)。低于 5% 的跳出率是很难在正常流量中产生的。过低的跳出率并不一定是作弊,也可能是落地端的监测脚本代码中存在重复添加的问题。

- Engagement Index 和 ROAS (或转化率)不匹配,可能存在作弊流量。这个内容已经在 4.3.5 节中介绍过了。

- 与正常情况不相符的转化率。转化率没有标准参考值,它与转化类型和行业的相关性很大。此外, 即使是购物转化, 也不可能有标准参考值, 转化率与商品品类和品质、购物淡旺季、折扣、商品价格等都有很大关系。但这并不意味着转化率不能用于发现流量异常,事实上,几乎所有的效果类广告投放都以转化率异常作为流量异常的标志,而异常是相对企业此前的历史流量而言的。

- 访问长度和访问深度矛盾。在很短的停留时间内，有较大的访问页数
  （屏幕数），这也是常出现的作弊流量的特征。
- 大量符合一定规律的注册电话号码（如连号的号段）或者注册用户名
  与邮箱。
- 流量数量和 Engagement Index 矛盾。例如，很多流量进入落地端，
  但极少发生主要互动。在公众号文章中常常能看到这样的作弊流量，
  如文章有巨大的阅读量，但点赞数寥寥，几乎没有留言。一般而言，
  100 个阅读量，约有 1 个点赞。与这个比例相差太远的，就存在作弊
  的可能性。

实际上，研究流量的 Engagement Index 是识别作弊流量的核心方法。作弊流量不是真正的用户，因此无论怎么模仿，这些流量所体现出来的 Engagement Index 都一定与真正的用户的 Engagement Index 有差异，而这些差异是识别作弊流量的重要特征。

逻辑方法：通过不合理的 Engagement Index 识别作弊流量

下面是一个真实的案例，在这个案例中，大家可以清晰地看到流量具体的行为所体现出的流量异常。

广告主是一家教育公司，在某信息流广告上投放了信息流图文广告。用户在点击这个广告之后，会进入这个广告主的着陆页，且该着陆页是推广单页。在出现问题之前，这个广告一天有三四千个流量，转化的数量约为 30 个，在出现问题之后，转化的数量缩减到 3 个，又过了几天，转化的数量降为 0，但流量的数量并没有大幅度的波动。

这个广告主很吃惊，它认为这是电商的大型促销季造成的（尽管没有依据），于是继续保持投放，做一些创意的优化，希望在电商的促销季结束之后情况能够好转。但令人失望的是，情况并没有好转。

是投放操作的问题吗？

例如，定向出问题了？——全网通投。无效！

创意出问题了？——50 个创意多次尝试。无效！

着陆页不好？——多做几个，且进行 A/B 测试。无效！

到底出了什么问题?

我们先来对比正常时间和非正常时间的流量的时间分布情况。

例如,7 月 13 日这一天比较典型,7 月 13 日的流量数据如图 4.60 所示。按照着陆页 URL 中含有 22022(22022 是这个广告的代号)的进行筛选。这个广告会把流量引入这些 URL 中含有 22022 的着陆页中。

你可以看到数据很奇怪。例如,在凌晨进入了很多流量;流量基本来自 Android 端,来自 iOS 端的流量少得可怜。但是这个广告主在投放端并没有做时间限定,也没有做设备的定向。

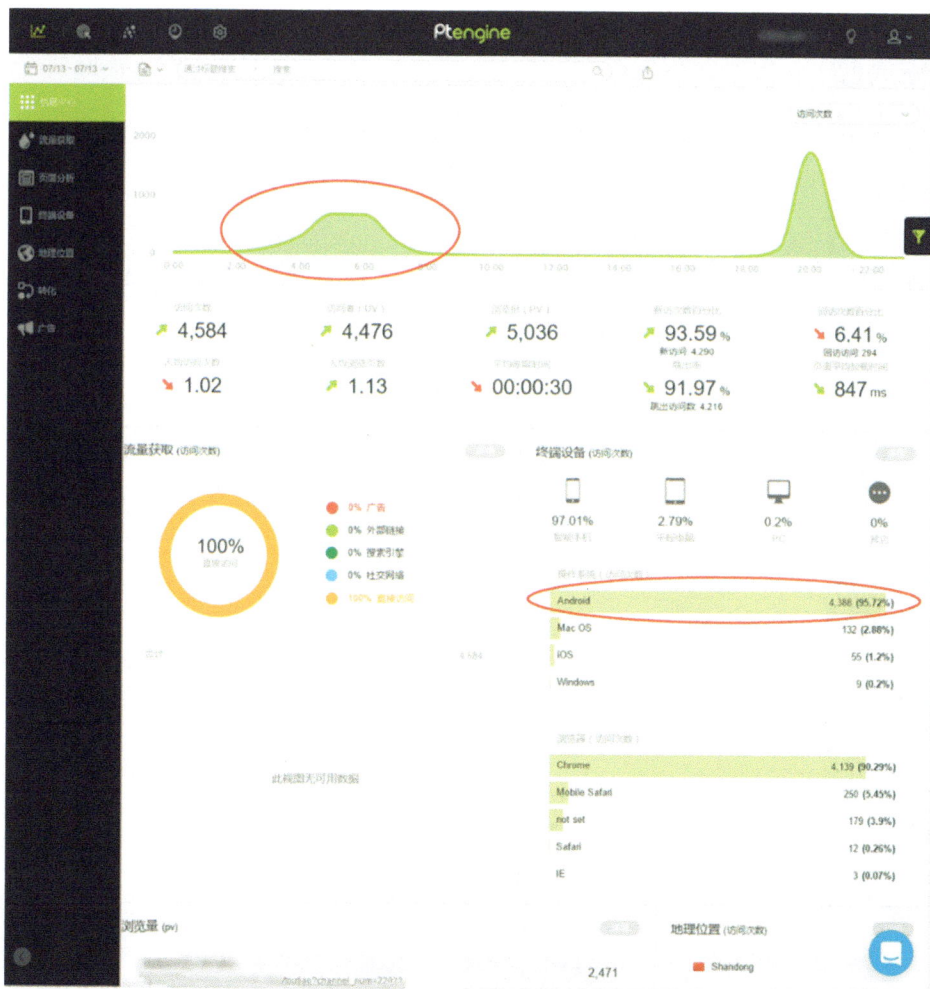

图 4.60　7 月 13 日的流量数据

7 月 14 日的流量数据同样奇怪，如图 4.61 所示。

总之，凌晨的流量很多，且流量基本来自 Android 端，正常时间段内的流量极少。

这种情况可能是因为白天的竞争太激烈，这个广告主的出价不够，其广告不能被展示，而凌晨的竞争不激烈，这个广告主的广告就有机会被展示了。但这个可能性很快被否定，理由有两个：第一，每天的流量总数并没有太大的起伏，是稳定的；第二，也是更重要的原因，在 20:00 这样的"黄金时段"，仍有很多流量进入。

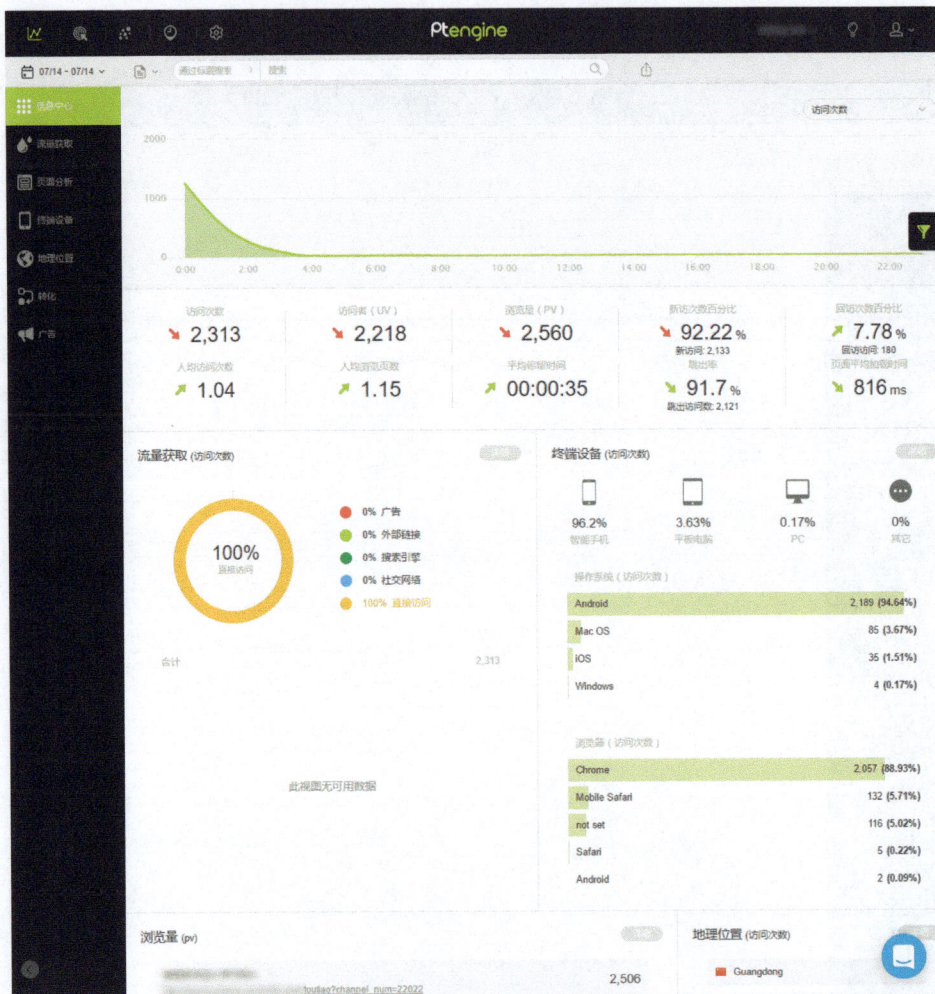

图 4.61　7 月 14 日的流量数据

于是看看还有没有别的事情发生——利用如点击热力图查看流量背后更细致的

行为（热力图是非常重要的分析工具，我在 5.1.3 节中会详细介绍）。凡是用户在页面上进行了点击的地方，都会"变热"，即开始出现颜色。颜色越偏向冷色调（蓝色），说明点击量越少；颜色越偏向暖色调（红色），说明点击量越多；没有被颜色覆盖的地方，说明点击量非常少，或者点击量为 0。这个广告的异常流量的点击分布如图 4.62 所示。

图 4.62　这个广告的异常流量的点击分布

从图 4.62 中可以看到，点击集中在不重要的地方。

再看正常流量与异常流量的点击分布对比，如图 4.63 所示。

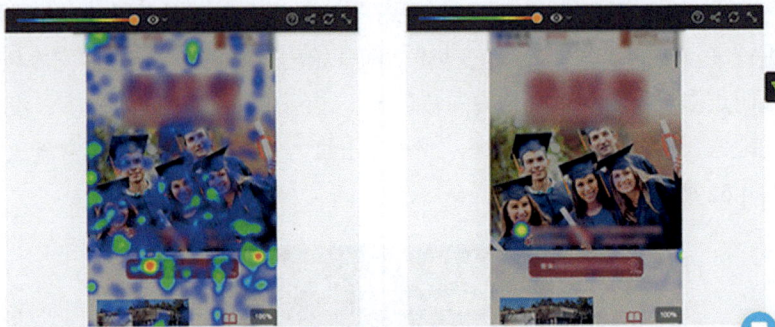

图 4.63　正常流量与异常流量的点击分布对比

　　既然异常流量基本来自 Android 端，那么我建议这个广告主把流量定向为 iOS 端，而舍弃 Android 端，这样情况会好转吗？

　　出人意料的是，在凌晨又出现了很多流量，而且仍然有很多来自 Android 端的流量，如图 4.64 所示。

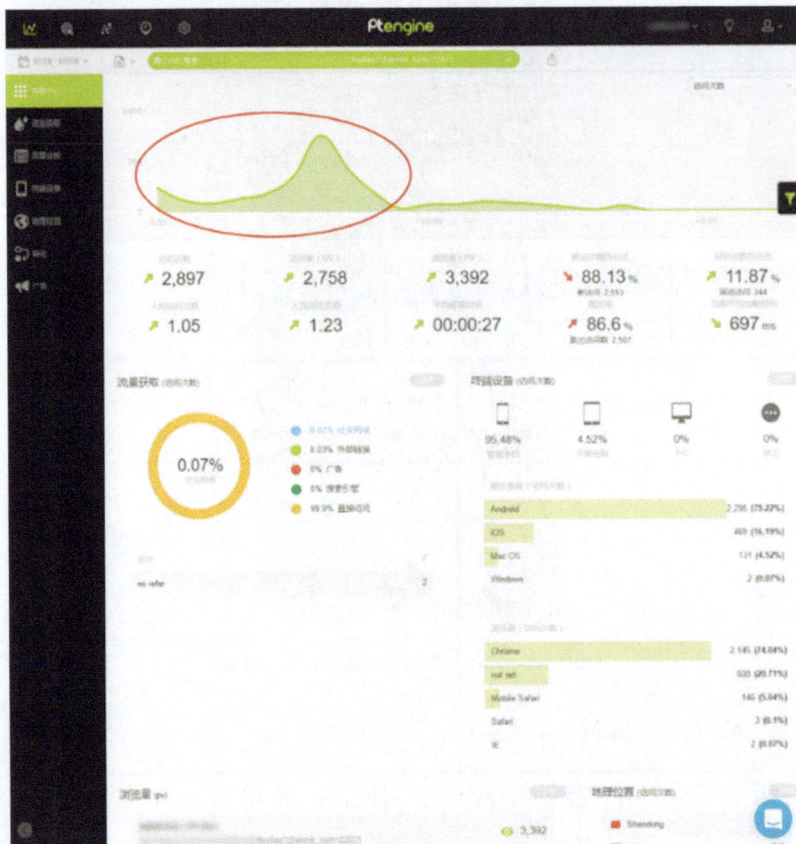

图 4.64　定向为 iOS 端后的流量数据

不过，图 4.64 看起来，来自 iOS 端的流量变多了。那么，那些在凌晨出现的流量是来自 Android 端还是来自 iOS 端？很遗憾，从流量的细分图（见图 4.65）来看，那些流量仍然来自 Android 端。我们基本上可以判断那些流量属于垃圾流量，至于是不是作弊流量，已经无关紧要了。

那么，为什么有 Android 和 iOS 之分呢？ Android 系统容易被通过"群控"或者模拟的方法实现人造流量（机器人流量），而想通过 iOS 作弊非常困难。

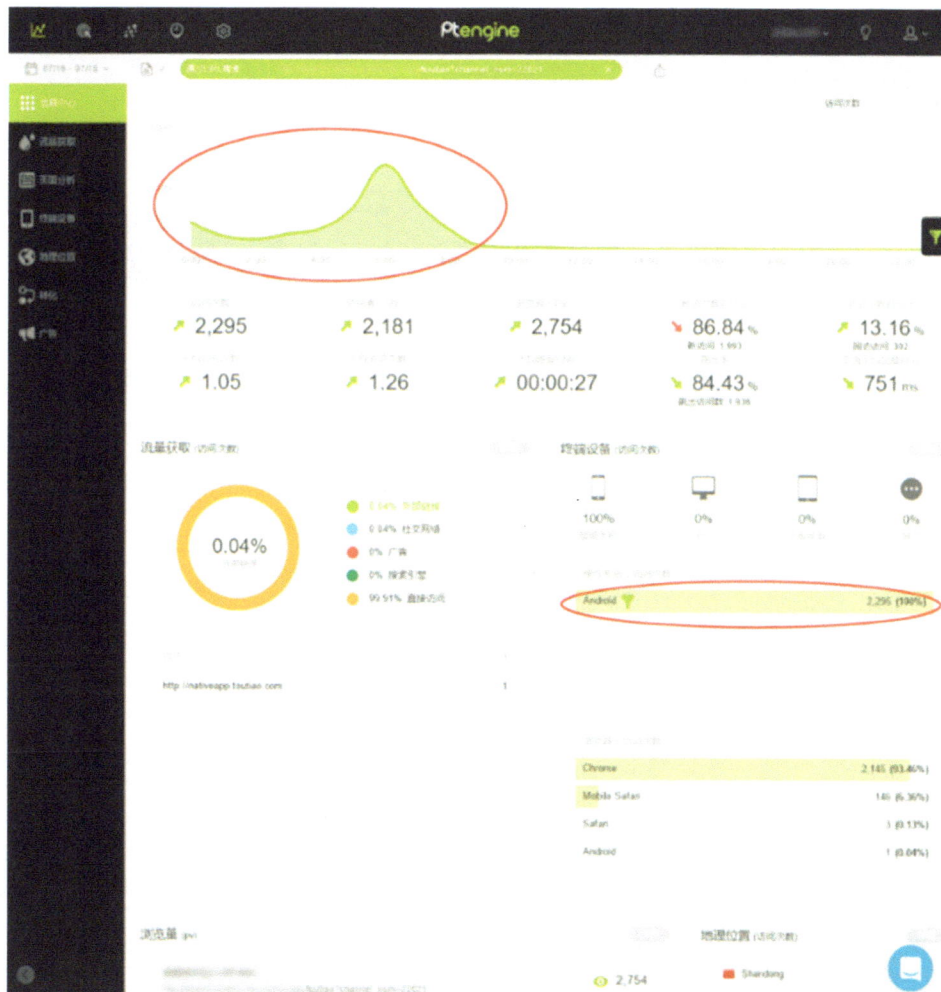

图 4.65　流量的细分图

另一个案例则没有那么容易直接看出来，但是有了细分，也可以发现问题。

如图 4.66 所示，在这个案例中，跳出率为 54.25%，平均访问长度为 32 秒，从表面来看是正常的，但是"平静的水面暗流汹涌"。为什么呢？因为这个网站之前的跳出率一直都超过 90%（因为它的流量来源质量相当差），现在跳出率却突然降至 54.25%，这令我倍感意外。网站所有者对我说，他曾语气严厉地向流量提供方投诉了它们提供的流量质量低劣，于是相关流量的跳出率陡然间便有了好转。

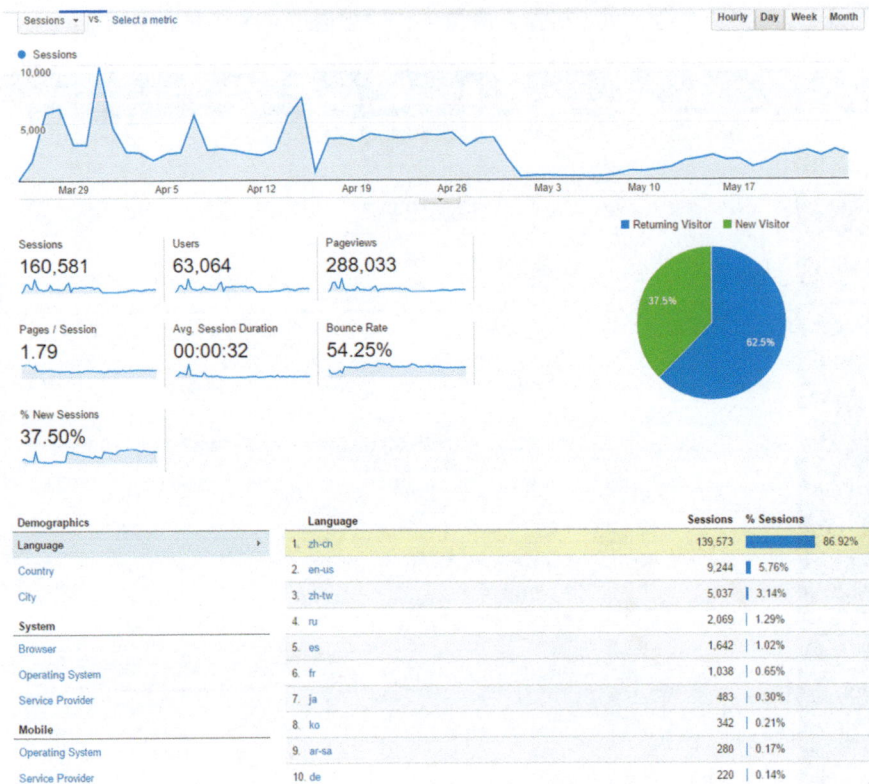

图 4.66　一个表面正常的流量表现

短时间内跳出率的大起大落可不是什么正常现象。有时候宏观数据指标突然变好未必是好事，因为它可能掩盖了更大的问题。于是，我按照地域来做细分，发现了一些怪象，如图 4.67 所示。

这个网站是针对国内用户的，但是有很多来自其他国家或地区的流量，这些流量均匀地分布在这些国家或地区中。再来看跳出率，跳出率也非常均匀，中国内地的跳出率是 56.70%，其他国家或地区的跳出率都比中国内地还低。这不合常理。难道这些国家或地区遍布华人？当然，更合理的猜测是，这些用户用了上网的代理。

国家或地区	Acquisition			Behavior			Conversions		
	Sessions ↓	% New Sessions	New Users	Bounce Rate	Pages / Session	Avg. Session Duration	Goal Conversion Rate	Goal Completions	Goal Value
	174,698 % of Total 100.00% (174,698)	40.70% Avg for View: 40.69% (0.02%)	71,097 % of Total 100.02% (71,082)	55.94% Avg for View: 55.94% (0.00%)	1.76 Avg for View: 1.76 (0.00%)	00:00:30 Avg for View: 00:00:30 (0.00%)	0.00% Avg for View: 0.00% (0.00%)	0 % of Total 0.00% (0)	$0.00 % of Total 0.00% ($0.00)
1. China	151,260 (86.58%)	45.10%	68,213 (95.94%)	56.70%	1.73	00:00:28	0.00%	0 (0.00%)	$0.00 (0.00%)
2.	2,659 (1.52%)	7.56%	201 (0.28%)	48.10%	1.96	00:00:55	0.00%	0 (0.00%)	$0.00 (0.00%)
3.	2,040 (1.17%)	9.46%	193 (0.27%)	48.28%	1.96	00:00:43	0.00%	0 (0.00%)	$0.00 (0.00%)
4. Vietnam	1,982 (1.13%)	6.16%	122 (0.17%)	47.63%	2.01	00:01:04	0.00%	0 (0.00%)	$0.00 (0.00%)
5. United States	1,892 (1.08%)	14.69%	278 (0.39%)	49.15%	1.91	00:00:34	0.00%	0 (0.00%)	$0.00 (0.00%)
6. Russia	1,605 (0.92%)	8.41%	135 (0.19%)	52.09%	1.85	00:00:43	0.00%	0 (0.00%)	$0.00 (0.00%)
7. Egypt	1,455 (0.83%)	15.40%	224 (0.32%)	52.65%	1.90	00:00:56	0.00%	0 (0.00%)	$0.00 (0.00%)
8. Peru	883 (0.51%)	10.53%	93 (0.13%)	53.68%	1.83	00:00:40	0.00%	0 (0.00%)	$0.00 (0.00%)
9. Japan	768 (0.44%)	14.97%	115 (0.16%)	49.87%	1.95	00:00:37	0.00%	0 (0.00%)	$0.00 (0.00%)
10. Canada	755 (0.43%)	13.51%	102 (0.14%)	51.79%	1.93	00:00:38	0.00%	0 (0.00%)	$0.00 (0.00%)

图 4.67　按照地域来做细分发现的怪象

为了尽可能排除这种可能性，我联想到如果是国内的用户，理论上他们的操作系统应该是中文操作系统，或者至少大部分是中文操作系统，于是我换了一个维度进行细分——按照语言进行细分。按照语言进行细分的流量表现如图 4.68 所示。

Language	Acquisition			Behavior			Conversions	
	Sessions ↓	% New Sessions	New Users	Bounce Rate	Pages / Session	Avg. Session Duration	Goal Conversion Rate	Goal Completions
	174,698 % of Total 100.00% (174,698)	40.70% Avg for View: 40.69% (0.02%)	71,097 % of Total 100.02% (71,082)	55.94% Avg for View: 55.94% (0.00%)	1.76 Avg for View: 1.76 (0.00%)	00:00:30 Avg for View: 00:00:30 (0.00%)	0.00% Avg for View: 0.00% (0.00%)	0 % of Total 0.00% (0)
1. zh-cn	153,332 (87.77%)	44.84%	68,761 (96.71%)	56.64%	1.74	00:00:28	0.00%	0 (0.00%)
2. en-us	9,448 (5.41%)	12.46%	1,177 (1.66%)	51.38%	1.90	00:00:56	0.00%	0 (0.00%)
3. zh-tw	5,099 (2.92%)	8.92%	455 (0.64%)	47.97%	1.96	00:00:48	0.00%	0 (0.00%)
4. ru	2,089 (1.20%)	9.72%	203 (0.29%)	53.42%	1.82	00:00:42	0.00%	0 (0.00%)
5. es	1,663 (0.95%)	8.90%	148 (0.21%)	53.16%	1.85	00:00:39	0.00%	0 (0.00%)
6. fr	1,047 (0.60%)	7.93%	83 (0.12%)	54.44%	1.86	00:00:46	0.00%	0 (0.00%)
7. ja	498 (0.29%)	15.06%	75 (0.11%)	47.39%	2.01	00:00:42	0.00%	0 (0.00%)
8. ko	347 (0.20%)	14.99%	52 (0.07%)	47.55%	1.92	00:00:28	0.00%	0 (0.00%)
9. ar-sa	285 (0.16%)	15.79%	45 (0.06%)	54.39%	1.78	00:00:39	0.00%	0 (0.00%)
10. de	221 (0.13%)	12.22%	27 (0.04%)	40.27%	2.07	00:00:41	0.00%	0 (0.00%)

图 4.68　按照语言进行细分的流量表现

从图 4.68 中可以看出，排在第一位的是中文，排在第二位的是英语，应该没有太大问题。但排在第三位的是繁体中文，也还算说得过去。从第四位开始，就很离谱了，俄语、西班牙语、法语、日语，甚至还有 AR-SA——沙特阿拉伯的阿拉伯语，并且流量都不小，这些流量的真实性很值得怀疑。

这个流量体现的特征，很像我们前面讲的"肉鸡"。如果更进一步，我们还可以对这些流量做一些更深入的分析，查看他们具体的在网站上或者在 App 上的具体行为，从而进一步了解这些流量是否是完全的"无效流量"（关于这部分内容，我会在 5.1 节中介绍）。

搜索引擎竞价排名广告的流量也存在作弊的可能，如竞争对手恶意点击同行的搜索引擎竞价排名广告。搜索引擎竞价排名广告中的异常流量如图 4.69 所示。

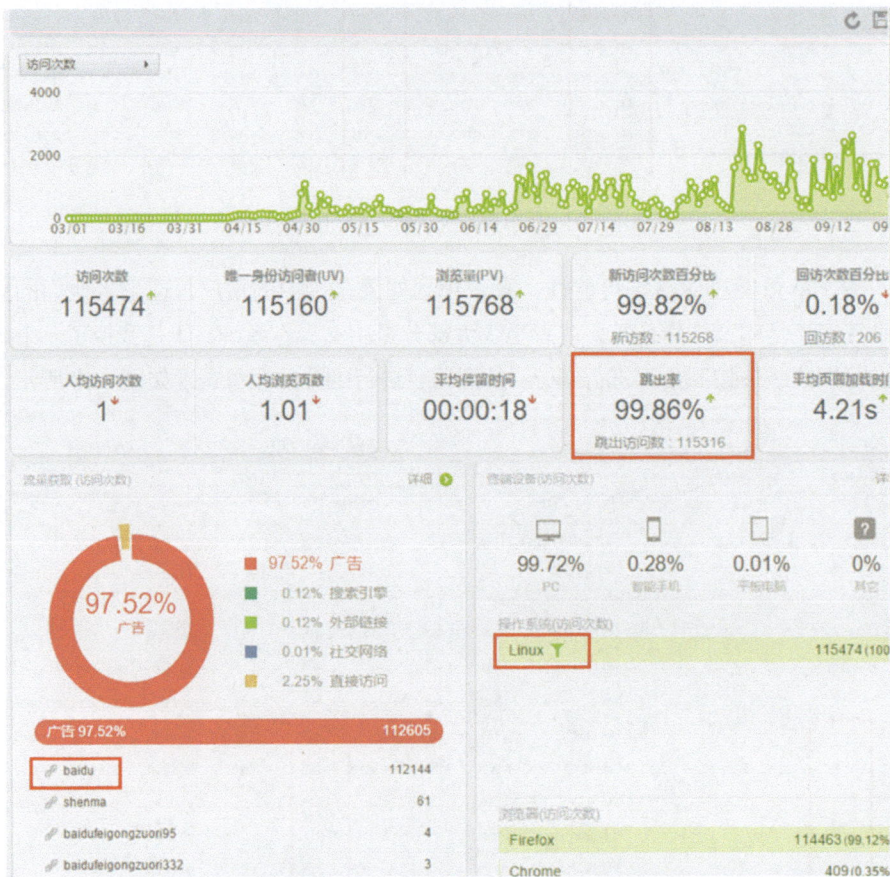

图 4.69　搜索引擎竞价排名广告中的异常流量

如果把图 4.69 中所有来自 Linux 操作系统设备的流量摘出来，就会发现一个有趣的现象：这些流量在 4 月以前是没有的，但是从 4 月开始，数量越来越庞大。不仅如此，流量的质量也非常奇怪：首先，这些流量中的 97.52% 来源于百度；其次，跳出率高达 99.86%、人均浏览页数为 1.01。这些数据都意味着这些流量基本上属于垃圾流量。

那么，其他的流量怎么样呢？

从图 4.70 中可以看到，来自 Windows 操作系统设备的流量相对正常。

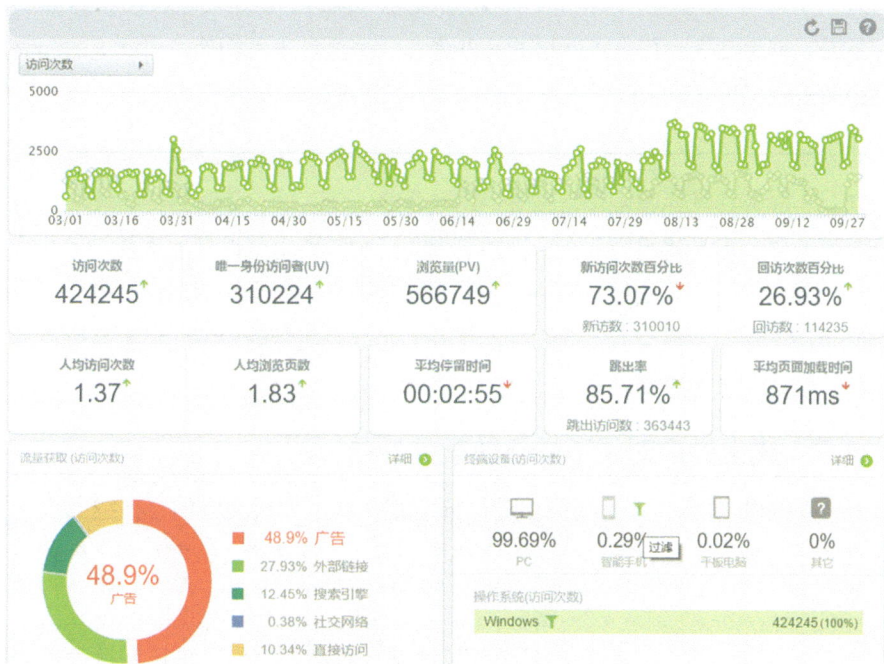

图 4.70　来自 Windows 操作系统设备的流量表现

如果你希望了解搜索引擎竞价排名广告的流量中是否充斥着作弊流量，那么你可以使用百度统计，百度统计中的实时访客报告如图 4.71 所示。在百度统计的"流量分析 → 实时访客 → IP 明细"中能够看到并且下载近两周的流量 IP 地址（限5000 条），并且相关的 IP 地址产生的流量的质量都有数据可查，这样，我们利用数据透视表，就可以把存在问题的 IP 地址找出来，并且利用百度商盾进行屏蔽。

图 4.71　百度统计中的实时访客报告

作弊流量和反作弊，永远是"道高一尺，魔高一丈"的较量。但我们也要意识到，不合理的 KPI 考核可能带来作弊，对效果缺乏正确的衡量策略也会带来作弊，更重要的是，缺乏信任会带来更严格的 KPI 考核，又反过来可能产生更严重的作弊，从而导致恶性循环。

广告主对于作弊流量要有清醒的认识，完全纯净的流量非常罕见，而规模越大的流量，越无法杜绝其中包含杂质。作弊是令人厌恶的，虽然将精力放在揪出作弊上有所必要，但是将精力放在正确的营销与运营策略上或许更加重要。另外，过于依赖外部流量是有风险的，即使不受外部流量价格不断上涨的困扰，也会因为缺乏控制权而不断受到流量质量的困扰，这并不是抹杀流量的价值，但做好所谓私域流量的运营，越来越重要。

4.7　线上推广对线下转化效果的评估

很多业务的形态并不是在线上进行推广就在线上完成交易的，在线上进行推广，在线下完成交易的行业和品类极为常见。但是，评估线上推广对线下转化的效果非常不易。

评估线上推广对线下转化的效果面临的最大挑战是，线上推广触达的受众和线下的购买者之间很难实现类似于数字世界中的 ID 匹配，于是线上推广与线下转化之间的联系实际上在物理层面上被中断了。因此，传统的评估方式，实际上使用的是样本调研，但这种方法偏向于定性方法且显然存在很多需要解决的问题。如果想在数字世界中实现定量化的转化效果评估，需要通过技术方法构建线上受众与线下购买者的匹配。目前，实现匹配有一些方法，尽管这些方法都不完美，但仍然可以帮助我们解决一些具体场景的问题。

4.7.1　追踪购买意向

追踪购买意向一般有两种方法：第一种是线上追踪，即让受众在我们的网站上直接提交对产品的咨询或购买意愿；第二种是线下追踪，即留下电话号码或联系方式让潜在客户致电给我们。第一种方法属于典型的纯线上推广的内容，而不是对线下行动效果的监测。第二种方法在实际商业生活中同样常见而重要，不仅因为它是通过线下的方式实现购买意向的追踪的，还因为它是人与人之间（而不是人与机器之间）的对话，因此它存在作弊的可能性更小，在国内被更为广泛地应用。

那么，如何追踪购买意向呢？

通过线上推广使潜在客户给你留下购买意向的过程通常如下：潜在客户看到

广告/网站/App 上留下的电话号码 → 拨打电话 → 进行产品咨询、提供购买意向或联系方式。

因此，如果我们能够追踪到潜在客户看到电话号码的源头（广告/网站/App），以及因此带来的效果（产品咨询和购买），那么无疑能够帮我们非常好地评估这些广告/网站/App 的价值。

为了实现这一点，业界最常使用的方法有 3 种。

第一种，让潜在客户主动留下电话号码。无论是网站、App 还是小程序，都能够通过 Link Tag 方法追踪它们的流量来源，潜在客户留下电话号码这一行为，可以通过事件监测（埋点）进行记录，连同电话号码［作为事件监测（埋点）的属性］一起记录，因此监测分析工具能够提供该事件的流量来源。

不过，在潜在客户留下电话号码后，如果我们不能及时与他们取得联系，就会大大降低我们获得潜在客户的概率。为了解决这个问题，业界早已有成熟的解决方案，如百度的离线宝采取的自动回呼的解决方案。要利用这种解决方案，首先需要在页面中加入离线宝的代码，这个代码的一个作用是捕捉流量的来源，另一个作用是实现自动回呼。所谓自动回呼，是当潜在客户留下自己的电话号码之后，离线宝发起一个三方呼叫：潜在客户、客服、离线宝，只不过离线宝这一方是程序，并没有任何人说话。但是在潜在客户看来，电话号码是广告主的，他并不知道离线宝的存在。而在客服看来，他看到有离线宝的呼叫，就知道背后是潜在客户，于是接听电话。如果潜在客户也接听了电话，客服就能和潜在客户直接对话了。而离线宝的报告则提供这个电话的竞价排名的关键词是什么。

第二种，为每个广告分配不同的电话号码。不同的广告，即使它们的着陆页是相同的，在着陆页上展示出来的电话号码也是不同的，而且电话号码与广告一一对应。于是，我们可以通过不同电话号码被拨打的数量来判断哪些广告带来了更多的转化。目前国内企业会采用这种方法的并不多。

第三种，在访客进入网站时为访客分配访客 ID（见图 4.72）。这个 ID 是针对不同访次唯一且随机分配的，这个 ID 和流量来源同样被页面中的代码记录。在潜在客户与客服实现电话沟通之后，客服会要求潜在客户报出自己的访客 ID，这样就能实现对访客致电的流量来源进行追踪。不过，这种方法最大的问题是，需要潜在客户配合，这限制了这种方法在实际应用中的表现。

目前，第一种方法最常用。

图 4.72　为访客分配的访客 ID

4.7.2　追踪线上推广带来的线下销售

如何追踪线下购买的线上推广源头？这个问题无法找到一个完美的答案。因为统计线上推广带来的精确的线下销售对大多数生意来说都不太可能。

举一个我自己的例子。有一天，我在网易新闻客户端上看到一个关于学习骑术的广告，我点击这个广告进入着陆页后，意识到学习骑术是一种不错的让全家人度过一个愉快周末的方法。我记住了这个马场的名字，但并没有在这个着陆页上进行购买或者联系客服。我打开大众点评 App，然后找到这个马场，团购了体验券。

在这个过程中，如同之前所讲的归因，这个马场会认为大众点评 App 给它带来了销售。

同样，你在某个视频贴片广告中看到某个产品，然后在线下商店中进行了购买，广告主也不可能知道你是受到了这个视频贴片广告的感染。

在这个领域中，确实没有数学公式般精准的方法。

不过，并不是说我们束手无策。有几种常见的方法能够间接地帮助我们了解线上推广是否有一定的效果。

创造唯一推广渠道的产品

创造唯一推广渠道的产品是指线下销售的产品只在某个确定的线上渠道做推广。这种方法对某些新、奇、特的产品来说是适用的，但对大部分产品来说不一定适用。

优惠券

优惠券的作用与 4.7.1 节中介绍的第二种方法类似，你可以为你的不同的营销活动/广告/网站提供不同的优惠券码，这个优惠券码可以是一个随机码、一串数字，也可以是一个二维码，这样，你就能知道哪些在线推广更能促进销售。

购物后调研

请销售终端帮你统计访问者是通过什么渠道发现你的产品并最终购买的是一种常用的方法，但效果差强人意。因为在客户购买产品之后，再让客户参与调研的难度很大，所以你最好能提供一定的优惠或者折扣。另外，销售终端的执行能力也参差不齐，具体执行过程也难以被管理，你需要有强有力的执行保障。但这种方法的确是一种常被采用的方法。

另外，你还能以在客户购买产品后给客户发送 E-mail 或致电的方式进行调研。

区隔对比

区隔对比也是一种常用的方法，它通过在不同地域进行选择性的投放，以与没有投放的区域进行比较。

例如，我只在北京地区通过定向地理位置选人的方式进行线上推广，然后将北京地区的线下销售提升与其他城市的销售提升进行比较，从而间接判断北京地区线上推广的效果。这种方法类似于我在后面要讲到的 A/B 测试方法。

区隔对比显然也有缺点。如果北京地区的线下销售提升，就一定是在北京地区进行线上推广的结果吗？不一定，因为影响线下转化的变量有很多，线上推广只是其中一个。而且，利用这种方法意味着总有一些地区暂时不能进行线上推广，甚至不能进行任何推广，这对需要建立全国销售市场的企业而言，显然是低效的方法。

总体来看，线上推广带来的线下销售并不能精确地获知，即使未来技术进步，这个问题也很难精确地解决。或者说，真正的精确在未来或许没有技术上的问题，但可能面临个人隐私保护上的挑战。同样地，在评估线下推广带来的线上转化时也会遇到类似的问题，具体的评估方法也是类似的，不再赘述。

| 第 5 章 |
数字化的流量运营与消费者交互

第 4 章介绍了如何利用数据分析流量的价值，这一章开始进入更后端的领域。因此，从这一章开始，我们会更多地讨论运营，而不只是营销投放。

流量运营，应该如何理解这四个字？

简单讲，采买流量或引入流量，以及分析流量的质量，主要是营销前端的工作，即我们在第 3 章和第 4 章看到的内容。而引导外部流量进一步与我们交互，引导流量背后的消费者慢慢成为我们的潜在客户，乃至发生转化成为我们的客户，则是流量运营的主要工作，这一章主要介绍这部分内容。

5.1　流量的落地优化

我在第 1 章中介绍了从营销前端到营销后链路的各个环节，但并没有专门介绍"中间地带"的存在。不过，"中间地带"是非常重要的。

所谓"中间地带"，其实是流量从广告端进入企业的私域的一个环节，也被称为流量的落地。以线下的物理世界为例，一个店铺的店主通过在街上吆喝来吸引消费者，当消费者被吆喝声吸引走进店铺的一瞬间，看到店铺内的环境、陈设、光线等综合的感觉，就是对这个店铺的第一印象，这便是消费者的一次从吆喝到实际发生交互的转换界面，就是一次落地。

在数字世界中，这样的落地常常发生。最简单的例子：当你点击广告之后，会打开一个商家的页面，无论这个页面是网站上的，还是小程序或者 App 的，它都取代了广告而开始给你关于这个商品和商家的更深入的印象，也是真正开始影响消费者的第一印象。因此，这个承接流量落地的页面，也就被称为着陆页（Landing Page，LP）或者落地页。

着陆页很重要，如果你花费了很多广告费吸引到的消费者在看到你的着陆页之后兴趣全无，你所付出的金钱和精力就被白白浪费了。因此，花费更多的精力不断提升自己的落地水平，提升消费者的落地体验是非常重要的。我们先从一个反面案例说起。

5.1.1 落地体验"五原则"与反面案例

某保险的一位线上推广负责人曾经找到我，向我请教为什么她们的着陆页的转化率不理想。

按照惯常的经验，我以为这个着陆页是用来做品牌宣传、产品展示或者线上保险介绍的。她却斩钉截铁地告诉我，这个着陆页的目的是带来投保的客户。

听她这么说，我觉得非常奇怪。

我没有关于这个页面的任何详细的用户行为数据，没有。但是我忽然发现，尽管没有数据，关于这个页面，我能说的还真有不少。

案例的着陆页及流量来源

我们先来看案例的这个着陆页，由于版面原因，我只截取了前两屏，如图 5.1 所示。

流量来源主要是搜索引擎，如搜索"健康保险""医疗保险"等关键词。

转化的定义或构建

要想自己的转化好，你需要构建合理的转化交互。

什么意思？说人话！就是说，你在页面上设计的转化目标到底是什么。比例，是让他们浏览一下产品即可，还是让他们注册，或是让他们进行咨询，甚至让他们完成购买。

你可能会说，让消费者在页面上能完成购买当然是最理想的呀！

错！大错特错！

从贪心的角度可以这么想，从现实的角度可不行！

有些生意是有足够的条件让用户直接在页面上实现购买的（请注意，这里我用了"条件"这个词，而不是"能力"），有些则没有这样的条件。

如果没有这样的条件，却硬要把转化设置为让用户直接购买，这么干的结果注定是悲剧。

什么样的生意没有这样的条件呢？通常是以下几种类型（但不限于我列举的这些）。

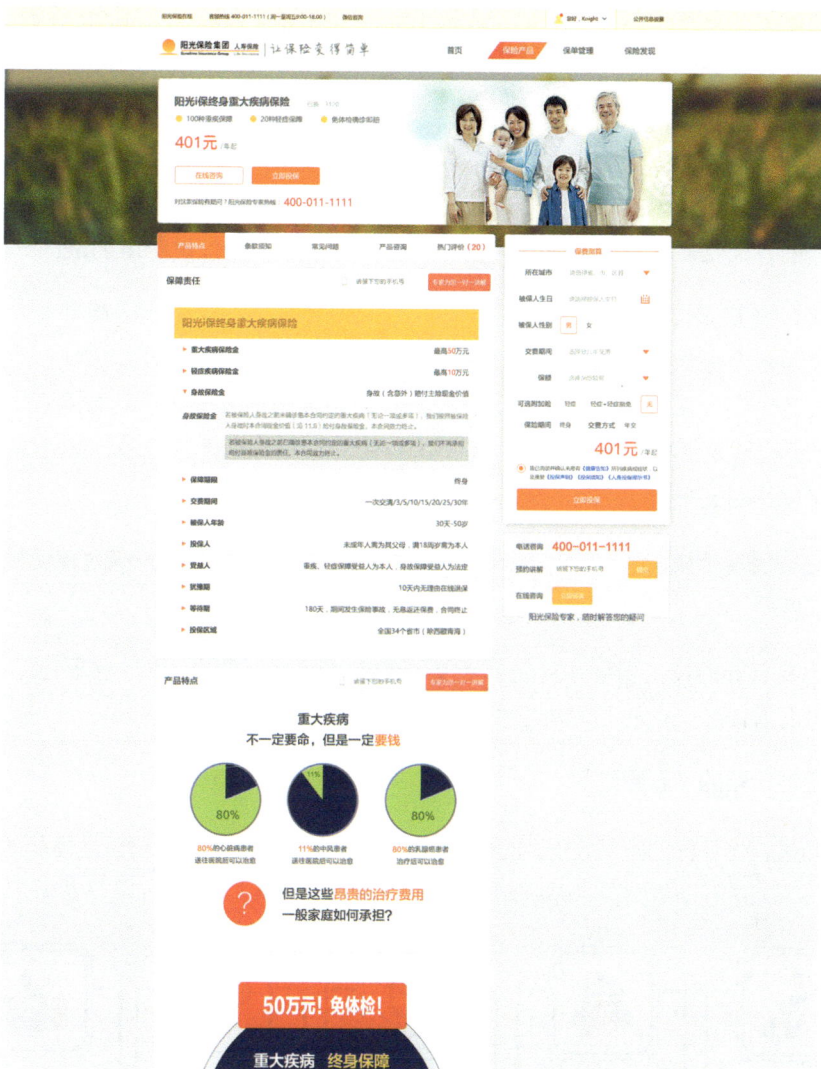

图 5.1   案例着陆页

- 难以在线上实现购买转化的。
- 难以标准化的产品。
- 需要实际体验，尤其是需要线下体验的。
- 需要专业支持才能完成产品的配置或组合的。
- 无口碑、新品牌、无群众基础积累的产品。
- 无口碑、新平台、无群众基础积累的网站、App、小程序等。
- 价格与预期存在较大差异的。

上面这些情况再叠加高价格，那就基本上属于难上加难了。所以，比如说卖很贵的教育产品的，弄一些免费课或者低价格课让人试听，然后让大家留下联系资料，而不是直接让人就在线上购买，直接转化。或者再狠一点，是让大家参加线下的试听课。原因很简单，因为教育类产品往往价高，又不太标准化，还需要实际体验，而且具体买什么教育产品的相关搭配往往也需要专业人士的支持。所以营销的方式就需要考虑克服这些困难，也才有了这些低价试听课的推广方法。

好，言归正传，案例中的保险企业的重大疾病保险属于什么类型呢？难以标准化（各个保险公司的产品有显著的差异）、需要专业支持才能完成产品的配置或组合（买什么套餐、怎么买）、价格与预期存在很大差异（其着陆页上写的401元可能是4岁小朋友购买的价格，这类人的购买价格是最低的，30岁的成年人一年就得四五千元了）。

这些因素都说明了一个问题——在这个着陆页上以完成购买作为转化目标是很有难度的。

想要有好的转化表现，首先要定义好的转化目标，如果不能一步到位，那么不如退而求其次——先获取购买意向，再想办法在未来完成转化。

落地体验的"五原则"

如果转化目标的定义没有问题，结果还是没有转化，就要用到落地体验的"五原则"了。这五个原则分别是刺激、从众、权威、安全、功效，如图5.2所示。

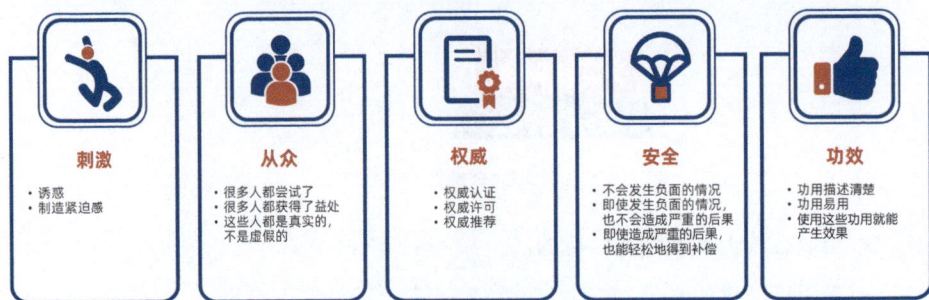

刺激	从众	权威	安全	功效
·诱惑 ·制造紧迫感	·很多人都尝试了 ·很多人都获得了益处 ·这些人都是真实的，不是虚假的	·权威认证 ·权威许可 ·权威推荐	·不会发生负面的情况 ·即使发生负面的情况，也不会造成严重的后果 ·即使造成严重的后果，也能轻松地得到补偿	·功用描述清楚 ·功用易用 ·使用这些功用就能产生效果

图 5.2　落地体验的"五原则"

刺激原则是指你要让消费者完成你规定的转化，你就需要给予消费者诱惑。

从众原则是指你要构建从众心理，即营造很多人都在这么做的氛围。

权威原则是指你要获得权威认证、权威许可、权威推荐等。

安全原则是指你要让消费者相信，不会发生负面的情况；即使发生负面的情况，也不会造成严重的后果；即使造成严重的后果，也能轻松地得到补偿。

功效原则是指展现自己产品的"强悍"，并告诉消费者使用产品能产生什么样的效果。

你会问，为什么刺激原则要放在第一位？因为你要让大家知道按照你说的做有什么好处呀！毕竟，占便宜是大部分消费者的"底色"。

那产品的功用还不算好处？——不算！这个我就不多说明了。

为什么从众原则要放在第二位？因为从众心理是大多数人都有的心理。权威原则也是如此。

安全心理、功用和效果基本上属于理性思维范围，所以其重要性反而降低了。

我们常常犯的错误是在做页面时，做足了理性部分，却毫不在意感性部分的营造！殊不知，人是情绪动物，在购物的时候犹是！

回到前面保险的案例上，我们来一一剖析。

刺激

着陆页中最重要的刺激是"100种重疾病保障""401元/年起"，如图5.3所示。

图 5.3 着陆页中最重要的刺激

这两个刺激似乎不是特别让人心动。而且，这些刺激，看起来不像是人们额外能够"占到的便宜"，而更似于产品的"功用"。

100种重疾保障，对于对这类保险有了解的人来说，绝对是很棒的产品（我自己的重大疾病险能保40种我就已经很开心了）。但是，搜索"医疗保险"的人，恐怕大部分都不了解重大疾病保险具体是什么情况，对于他们，别的产品能保多少种疾病，估计他们压根就不清楚。

401元则是一个令人不安的因素，因为保险的保费与人的年龄直接相关。成年人购买保险的保费明显比几岁孩子高很多。因此，当成年人输入自己的信息后，保费会发生戏剧性的变化，如图 5.4 所示。

常用的刺激是折扣（同样的产品更低的价格）、额外的好处、能赚钱（不是消费而是投资）、行将结束的服务或即将下线的产品。在这个案例中套用这些刺激并非不可。

图 5.4　成年人的保费

从众

着陆页中的"已售：3120"利用的就是从众心理。不过，恐怕并没有太大的作用。

从众心理的要点在于，你要让访客相信真的有很多人购买了。要让人相信的东西，必须有细节。这也是我可以肯定上面这个从众心理的设置没有太大价值的原因——缺乏细节。

权威

着陆页中并没有体现出权威原则，至少我没有发现。

反而危险的是，着陆页的域名是 www.ygibao.com（见图 5.5），但该公司的官方网址是 sinosig.com（见图 5.6，此处仅用于技术分析，读者不用访问该网站）。尽管二者都是官方网站，但消费者可能会怀疑前者是钓鱼网站，所以这一设置不符合权威原则。

图 5.5　着陆页的域名

图 5.6　案例保险公司的官方网址

安全

安全主要体现在支付方面，毕竟一年的保费是几千元甚至上万元。消费者不仅要确保保费的安全，还要确保理赔容易。

功效

案例公司对功效原则的运用比较好。

着陆页强调了产品的价值，这点没有问题。但是，仅凭这一个着陆页就能把这么复杂的产品说清楚吗？

由于保险产品具有极强的专业性，因此最好让在线客服向消费者解释保险产品的功用和效果。

毕竟无论多少对于功用的说明，可能都无法尽释访客的疑问。功用上，最好的办法还是让在线客服解决问题吧。

因此，回到前面，这个页面最好把用户的转化设置为在线客服的沟通（或者电话沟通），但把直接购买作为转化目标，不是不可以，但着实有难度。

在接受了我的意见之后，这家保险公司对这个着陆页进行了修改，修改后的着陆页如图 5.7 所示。

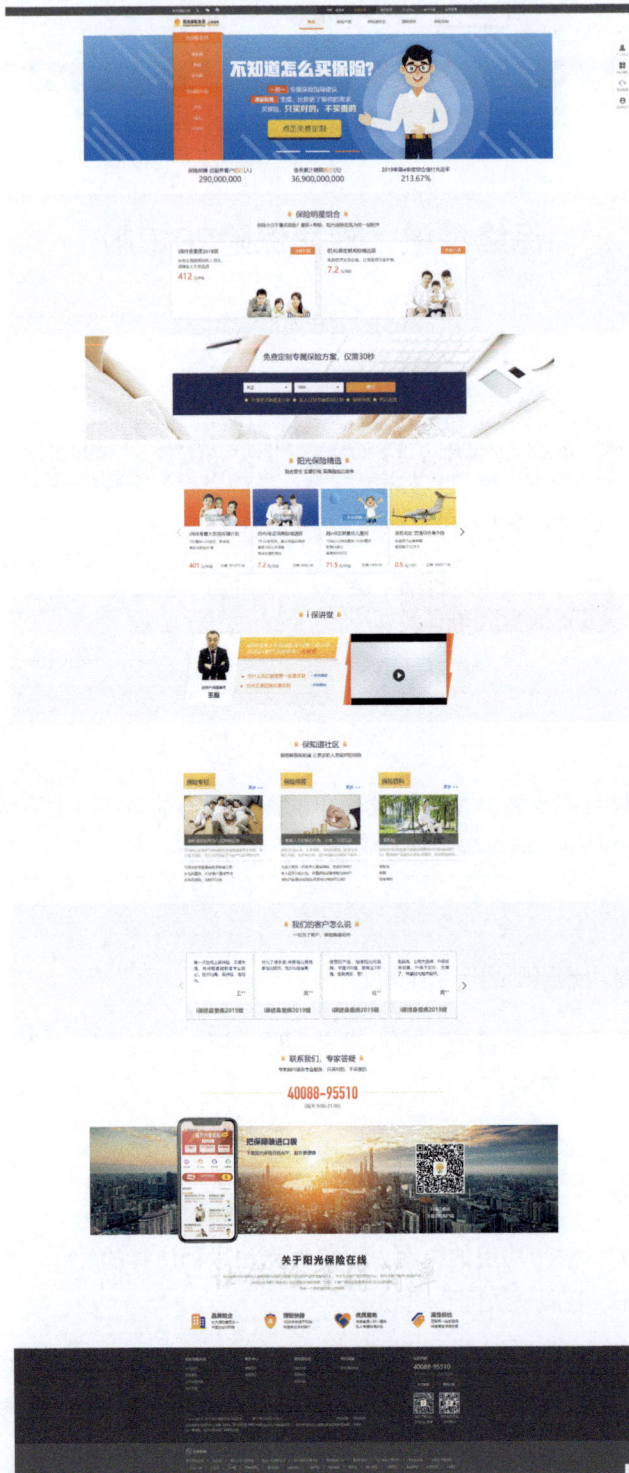

图 5.7　修改后的着陆页

讲到这里，这个案例仅介绍了一个大致的原则，更像是常识，并没有涉及数据优化。如果从数据优化的角度来衡量，那么着陆页的优化应该如何进行呢？这需要用到两个工具——跳出率和热力图。

5.1.2　着陆页的跳出率

跳出率的多重内涵

跳出率不仅可以反映流量的质量，还可以反映着陆页的质量。

我们可以想象两种情况：第一种情况，进入着陆页的流量都是垃圾流量甚至作弊流量，这些流量进入着陆页之后什么也不干；第二种情况，进入着陆页的流量全部是真实流量，但是到了着陆页之后，却发现着陆页实在是太糟了。

两种情况的跳出率记录都不会好，一定都有极高的跳出率。

因此，如果你看到一个着陆页的跳出率很高，你就无法直接判断是流量出现了问题，还是着陆页自己出现了问题。这种情况实际上是跳出率的多重内涵导致的——跳出率不仅可以反映流量的质量，还可以反映着陆页的质量。因此，我们有必要区分到底是流量不佳，还是着陆页体验糟糕。

要解决这个问题，需要对流量进行细分，细分的思路是，如果进入一个着陆页的所有流量的跳出率都很高，那么这个着陆页本身存在问题的可能性比较大。因为在一般情况下，自然搜索流量不存在作弊，直接流量也较少发生作弊，搜索引擎的竞价排名流量的质量也不错，如果连这些流量到了某个页面之后跳出率都很高，那么这个页面应该检讨自己的质量。这几类流量被称为参照系流量。参照系流量的特点是，它们的质量很稳定，一般不容易被人为干扰。除了这几类流量，那些被你信赖的流量也可以作为参照系流量。参照系流量是一个重要的概念，请读者务必记住。

但是，如果参照系流量的跳出率正常，而其他流量的跳出率很高，那么其他流量的质量不佳的可能性大，而不见得就是着陆页本身的体验不佳。

当然，这里所用的"质量"一词并不是很恰切，准确来说，应该是流量不符合着陆页的目标人群的要求——要么确实是质量不佳或垃圾流量，要么是与目标人群不匹配。例如，在一个以 NBA 为主题的媒体上投放了一个运动鞋的广告，用户点击这个广告之后，着陆页上打开原来是给老年人穿的运动健步鞋，可想而知跳出率会很高，但并不代表 NBA 这个媒体带来的流量本身是虚假的，而是与着陆页所需要的目标人群相差甚远。

综上，利用参照系流量判断高跳出率的主要原因的方法如图 5.8 所示。

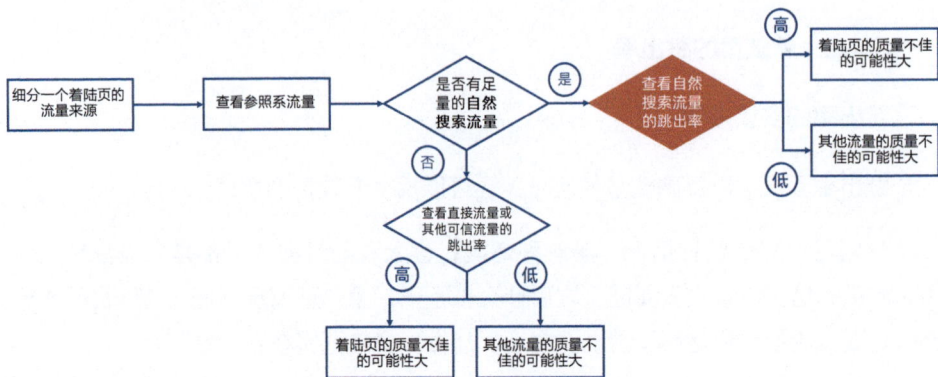

图 5.8　利用参照系流量判断高跳出率的主要原因的方法

有的读者可能会问，跳出率多少算高？一般而言，超过 80% 的跳出率已经是一个明确的存在问题的信号，90% 以上则让人无法忍受，50% 左右的跳出率是正常的，低于 20% 的跳出率则不常见。

跳出率的弱点

不过，跳出率虽然是一个重要的指标，但它的重要性却在慢慢下降。

其一，跳出率无法衡量单页面推广的着陆页（称为推广单页，5.1.5 节会详细介绍）和流量的匹配程度，因为推广单页的跳出率往往很高。理解单页面推广的跳出率往往很高的原因，需要回到 4.3.4 节回顾跳出率的定义。

其二，今天的页面互动性空前增加，HTML5 技术更是推进了这一趋势。如果没有做好事件监测（埋点），那么大量页面互动可能无法被用户行为分析工具捕捉到，导致跳出率的准确性非常糟糕。

其三，对于那些没有引入 Deep Link 的 App，跳出率不适用。

其四，跳出率是一个宏观指标，它实际上对用户行为不加区分，例如，点击"加入购物车"和点击"关于我们"这两个行为都意味着不跳出，但是这两个点击的价值却很不一样，跳出率不能反映这些细分行为的差异，而是一概以"没有跳出"作为结论。

例如，我的网站（www.chinawebanalytics.cn）中那些最受欢迎的文章的跳出率高得令人尴尬，但是页面平均停留时间其实很可观，如图 5.9 所示。这个矛盾背后的原因并不难找——这些页面都是长篇累牍，但很少有链接，于是大家看了文章就走了，并不一定非要点击链接到其他页面去。

	网页	网页浏览量	唯一身份浏览量	平均页面停留时间	进入次数	跳出率	退出百分比	网页价值
		4,188 占总数的百分比 100.00% (4,188)	3,591 占总数的百分比 100.00% (3,591)	00:02:33 平均值 00:02:33 (0.00%)	2,391 占总数的百分比 100.00% (2,391)	75.99% 平均值 75.99% (0.00%)	57.09% 平均浏览次数 57.09% (0.00%)	US$0.00 占总数的百分比 0.00% (US$0.00)
1.	/index.php	621 (14.83%)	530 (14.76%)	00:01:50	486 (20.33%)	61.52%	55.56%	US$0.00 (0.00%)
2.	/20180602-beijing-songxing-course/index.php?from=timeline&isappinstalled=0	235 (5.61%)	198 (5.51%)	00:03:16	196 (8.20%)	66.22%	52.55%	US$0.00 (0.00%)
3.	/20180602-beijing-songxing-course/index.php	120 (2.87%)	115 (3.20%)	00:04:08	28 (1.17%)	50.00%	45.83%	US$0.00 (0.00%)
4.	/category/abc/index.php	100 (2.39%)	75 (2.09%)	00:00:27	8 (0.33%)	12.50%	13.00%	US$0.00 (0.00%)
5.	/internet-advertising-supply-chain-2014/index.php	98 (2.34%)	90 (2.51%)	00:06:56	74 (3.09%)	87.84%	75.51%	US$0.00 (0.00%)
6.	/auto-event-tracking-good-bad-ugly/index.php	97 (2.32%)	92 (2.56%)	00:08:02	90 (3.76%)	88.89%	88.66%	US$0.00 (0.00%)
7.	/alibaba-alimama-uni-marketing/index.php	89 (2.13%)	78 (2.17%)	00:06:08	72 (3.01%)	84.72%	78.65%	US$0.00 (0.00%)
8.	/category/experience/index.php	83 (1.98%)	64 (1.78%)	00:00:17	9 (0.38%)	33.33%	20.48%	US$0.00 (0.00%)
9.	/facebook-sucks/index.php	76 (1.81%)	54 (1.50%)	00:02:31	16 (0.67%)	75.00%	44.74%	US$0.00 (0.00%)
10.	/20180602-beijing-songxing-course/index.php?from=timeline	55 (1.31%)	43 (1.20%)	00:04:51	42 (1.76%)	80.95%	76.36%	US$0.00 (0.00%)
10.	/pink-two-piece-cutwork-lace-…1 28.html	938 (0.75%)	808 (0.79%)	00:00:51	472 (0.84%)	60.54%	41.68%	US$1.87 (71.19%)

图 5.9　虽有高跳出率，但仍然很受欢迎的文章

那么，跳出率是否还可用？

我认为跳出率仍然可用，但应用场景已经变得有限。首先，它需要页面部署有良好、恰当的事件监测（埋点，在 2.6.4 节有详细介绍）——这一工作意义重大；其次，跳出率对于交互丰富的着陆页的价值更大，而对于缺乏交互的页面（比如，页面上主要就是调起客服按钮）价值很小；最后，作为宏观指标，它用来查看整个网站的整体表现情况，或者衡量某个流量渠道的整体水准的改善更有意义。

但它在可执行性洞察上的作用却很有限。比如，你看到一个着陆页的跳出率是 85%，并且所有的细分流量（包括参照系流量）在这个页面的跳出率都不低于80%，按照前面所讲的，你已经能确定这个页面存在问题。可是，具体哪里存在问题，跳出率就无法告诉你了。我们需要更好的工具更深入地解决问题。这个工具，就是热力图。

5.1.3　热力图

热力图也被称为热图。在 4.6.4 节，它有过"短暂的出场"，本节要专门介绍它。

网页端的热力图

网页端的热力图包括针对网站、HTML5 的热力图，针对小程序的热力图目前

暂未看到成熟的解决方案。

首先要明确一点，热力图不只是一个工具，更是一个系统，它是多种发挥不同功能的工具的有机集合。如果你认为热力图仅仅是看看哪里被点得多、哪里被点得少的一个小工具，那你就太小看它了。

作为一个系统，热力图当然得有一套与之对应的指标。这些指标中，有三类很关键。

第一类指标是用来标示人们的点击行为的。但是，由于人们的点击行为具有相当大的随意性，因此点击又可以分为链接点击、非普通链接的交互点击、空白点击三类。链接点击，很简单，就是有一个实际存在的 HTML 链接的点击，以网站端上的普通链接为典型。非普通链接的交互点击是指那些同样可以点击，但不是HTML 链接的点击，如 JavaScript 互动、HTML5 互动、Flash 互动、App 上的各种互动等。空白点击是指点击行为发生在没有链接或互动的地方，但这个地方并不一定真就是空的，只是没有互动罢了，比如在一个不能互动的图片或者文字上的点击。

与网站分析中常用的 PageView 不同，热力图衡量点击行为的度量是点击次数。但是由于部分工具不直接监测鼠标的点击行为，因此它们在热力图中所标示出来的点击次数实际上并不是真正的点击次数，而是点击这个链接之后打开的新页面的PageView 的数量。我们最常用的工具谷歌分析就是这样画热力图的，因此它的热力图所能反映的数据很有限，准确性顶多只能算差强人意，这也是尽管谷歌分析是免费的，但很少有人使用它的热力图的原因。

好的热力图工具应该能衡量真实的点击次数，即不仅仅是普通链接被点击的次数，同样要包括交互点击和空白点击的次数。并且不能用点击之后打开的新页面的 PageView 数量来代替点击数。

第二类指标是用来衡量人们在页面上的浏览行为的。由于一个网页通常不只有一屏，因此人们要向下滚动网页，以查看全部内容。热力图系统应该记录页面被人们滚动的情况，因为这是浏览行为非常重要的一部分。此外，热力图系统还应该展示页面的哪个部分在屏幕中停留的时间更久，从而帮助我们了解这个页面的哪个部分被人们更为细致地查看。

衡量页面被人们滚动情况的指标是浏览线，而衡量页面的各部分在屏幕中被显示的时间长短的指标是显示热度，如图 5.10 所示。

在图 5.10 中，我们可以注意到一些百分比数字从上到下依次变小。这些数字是指有多大比例的浏览者滚动页面到了相应的位置。例如，图 5.10 中的 57% 对应的那条线（由一段实线和一段虚线构成）是指有 57% 的人将页面滚动到了这条线所示的位置。

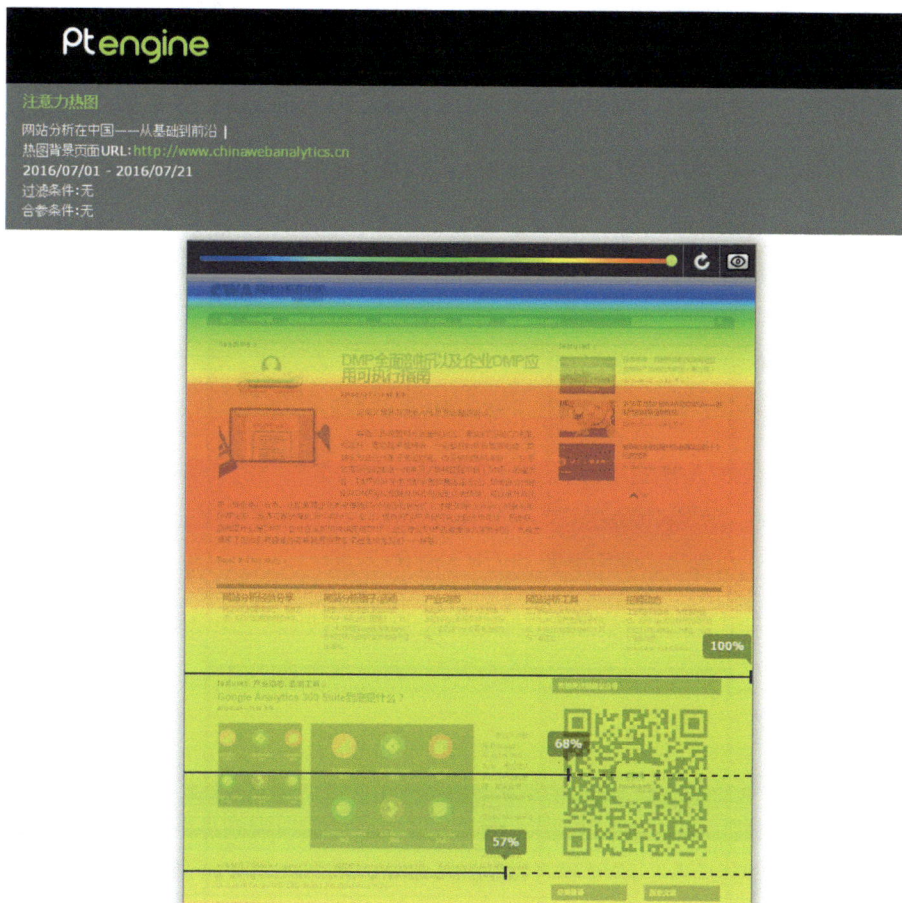

图 5.10　热力图中的浏览线和显示热度

同样，在图 5.10 中，我们还可以注意到整个页面被覆盖了蓝色、绿色、红色、黄色的各种色带，这些颜色表示页面的相应位置在屏幕中停留时间的长短。颜色越偏暖（红色、橙色、黄色），表示页面的相应位置在屏幕中停留的时间越长；颜色越偏冷（绿色、蓝色乃至无色），表示页面的相应位置在屏幕中停留的时间越短。这些就是第二类指标：浏览线和驻留时间。

第三类指标与前两类指标不同。前两类指标衡量的是人们的主动行为，即为了实现具体的目的而进行的行为，第三类指标衡量的则是人们的间接行为。人们的间接行为就是移动鼠标指针（但不点击）的行为。移动鼠标指针是为了点击，但人们的移动行为本身是比较随意的，为了点击一个点，不同的人的移动轨迹不同。有些热力图能够反映用户移动鼠标的情况。不过，衡量鼠标指针的移动并不是最重要的事情，但是有的时候又比较重要，如在查看页面上的用户行为是否是"真正的人"的行为的时候。值得注意的是，大部分热力图工具可能都不具有监测鼠标指针移动的功能，而且在移动端 App 上也不适用，因此这项功能的需求不大，我就不做太多介绍了。

基于这些指标，利用热力图优化着陆页的思路通常如下。

首先，查看着陆页是否太长了。人们普遍有一些对于页面长短的个人偏好和误区。很多人相信，页面长短一定有一个定式，不应该太长（造成人们厌倦），也不应该太短（导致人们不明就里）。但这样的定式并不存在，就像一本杂志，10页合适还是 100 页合适？这没有规定。如果你喜欢一本杂志，那么 100 页你也会嫌少，但是，如果你不喜欢一本杂志，那么 10 页你可能都嫌长。

事实上，很多 A/B 测试都表明一个规律，那就是页面的长短和商业目的的达成没有必然联系。所以，你必须具体情况具体分析。而页面长短的分析，又非用热力图工具不可，尤其是必须用到我前面所讲的浏览线。

浏览线的使用方法非常简单，如果你的页面有十几屏，可是浏览线显示到了第四屏就只剩 5% 的人了，那么你有必要审视页面是否真的值得这么长，或者内容是否足够吸引人持续看下去。

其次，查看人们是不是点了不该点的位置，或者没有点击该点的位置。几乎所有着陆页都会在这个地方犯错误。热力图展现出来的用户的点击规律往往超出我们的预期。这些超出我们的预期的行为极具价值，我们会据此推测用户的意图，再用推测的用户意图修改当前的着陆页。

最后，修改之后的着陆页并不会立即上线，而是要先进行 A/B 测试，不仅要对两个着陆页的 Engagement Index 进行比较，还要看两个着陆页的热力图的区别，这是对我们在上一步所推测的人们的意图的验证。

这种方法屡试不爽，不用数据建模，不用大数据挖掘，就这么简单、直接，但非常有效。

上面的这种能够展现多种用户交互行为的热力图，也被称为多维度的热力图。在后面 5.1.4 节会讲到，当无法应用多维度的热力图时，可以"手绘"一维热力图。

有的热力图还具有一些其他的功能，如在热力图上按住鼠标左键画出一个区域，就可以展示该区域的总点击数、总转化数等一系列用户交互行为的度量。如图 5.11 中的 Web Dissector 的热力图剖。

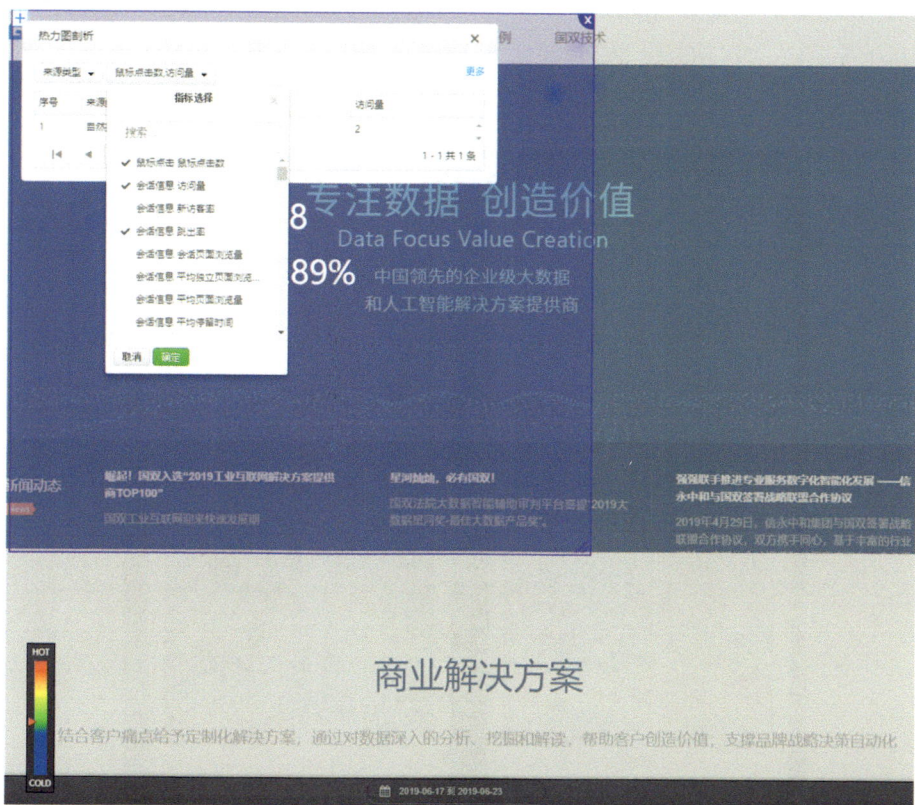

图 5.11　Web Dissector 的热力图框选功能

App 端的热力图

App 端的热力图（见图 5.12）与网页端的热力图是类似的，但 App 端的热力图很少见到，原因在于它的实现更为复杂，需要将专门的 SDK 部署在 App 端。目前，国内还没有 App 端的热力图工具，如果需要使用 App 端的热力图工具，那么我们可以使用国外的付费工具，如 AppSee[①] 和 UserExperior，它们都支持 iOS 和 Android 端的 App。

App 端的热力图存在一些问题，这些问题限制了 App 端的热力图的适应性。这些问题在网页端的热力图中也存在，但由于网页端的交互比 App 端简单，因此这些问题并不明显。例如，在同一个屏幕上可能有多个浮层、弹出界面（不是弹窗）和

①　因为被 ServiceNow 收购，所以不排除 AppSee 这个工具会在未来改名的可能性。

切换的操作，或者在同屏幕内的转场，这些都会造成点击的热力图展示堆叠在一起。并且很多 App 具有动态推荐的内容（例如信息流 App 中的内容），热力图也不能描述对动态推荐内容的点击或互动。网站端的热力图中也有类似的问题，如自动下拉弹出的导航栏，或是展开一段时间之后又消失的广告，但这些问题相比 App 端的热力图要轻很多。

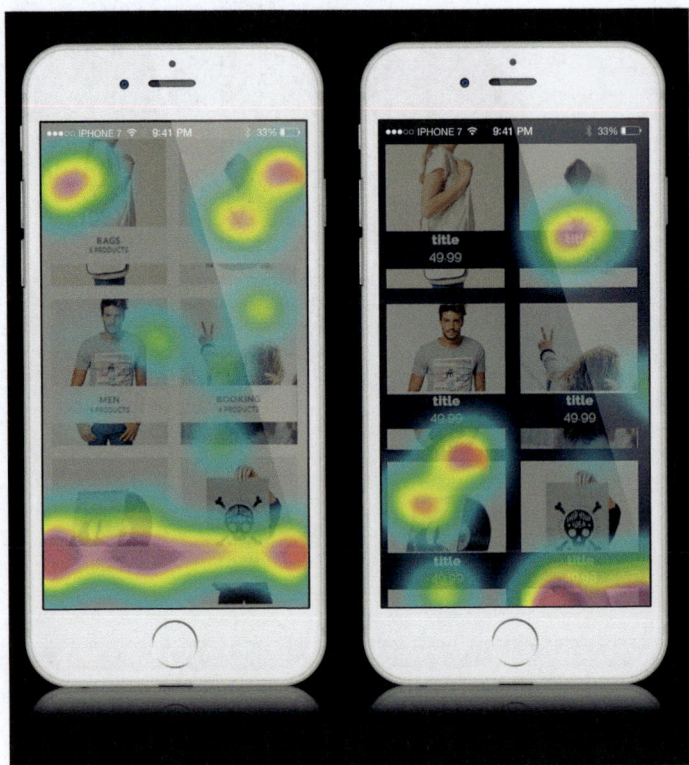

图 5.12　App 端的热力图

因此，App 端的热力图可用，但不太适合在同一个屏幕上有很多复杂交互的 App。例如，动作游戏类的 App 的游玩界面不适合用热力图，而固定的道具购买页面则更适合用热力图。

5.1.4　热力图的替代

热力图工具一般都是付费的，如果我们不愿意付费，又希望有类似于热力图的直观功能，那么我们可以"手绘"一个替代性的热力图。

替代性的热力图的原理是，利用分析工具统计的链接的点击量或者事件的交互量，手动在每个链接和互动的地方填写实际发生点击或互动的次数，再计算每个地方的点击或互动占整个页面上的总点击或互动的比例，从而"手绘"出热力图。

替代性的热力图的缺点是，不能记录多维度的热力图所展示的全部点击，如对于那些在空白处或者非交互处的点击，它是无法展示的。

手绘的热力图只统计可交互位置的情况，如图 5.13 所示。从图 5.13 中可以看到，只有能够点击的地方才展示点击量，不能点击的地方，即使被点击了，数据也不会被捕捉、统计。

这种方法对于网站和 App 都适用，尤其对 App 有价值。原因在于，App 上的互动都要以事件监测（埋点）的方式实现，事件监测（埋点）如果实施得正确，那么其本身就是去重的，而网站端的普通的 HTML 链接，则可能因多个链接指向同一个目标而无法统计具体哪个链接被点击了多少次，这会降低手绘的热力图的精确度。关于这一问题，请参考 2.6.4 节的内容。

图 5.13 只统计可交互位置情况的热力图

5.1.5 着陆页分析与优化

在有了"武器"之后，我们就可以进行实战了。下面以一个推广单页的分析与优化为例。

所谓推广单页，是指流量落地在一个单独的推广页面上，这个推广页面承载了所有的推广信息，并且消费者可以直接在这个推广页面上完成企业期望的转化。这些转化最典型的是留下意向（以留下联系方式为主，就是 Leads，业界俗称留资，即留下联系资料之意，也可能是 Leads 这个单词的音译）。另外，在推广单页上直接完成购物类型转化的情况也不鲜见。

前文已经提到过，查看推广单页的跳出率没有太大意义，这些页面上有很多非 HTML 的交互，如点击之后弹出客服的窗口、跳转到其他网站（例如跳转到淘宝、京东什么的），或者根本就是直接拿起电话拨打页面上提供的号码，或者在页面上从前到后仔仔细细看了很久却没有更多行为，但页面内容确实触动了他……所有这些情况都会造成跳出率畸高，并让我们产生页面表现非常糟糕的错觉。

例如，图 5.14 是一个典型的推广单页，在这个页面上，能够发生互动的只有点击调起客服的 QQ 图标。

调起客服 QQ 这个行为，如果不做事件监测（埋点），分析工具就无法感知，因此这个页面的跳出率会很高。但是，事件监测对很多企业而言，并不是不能做，而是推广单页不断迭代更换，事件监测代码也要随之不断添加，费时费力。

移动端的着陆页也类似，如图 5.15 所示，在这个页面中，能进行互动的只有点击电话按钮后实现电话呼叫这一个功能。就算为拨打电话的按钮做一个事件监测，但这个页面缺乏其他的互动，因此无法再做更多的事件监测，这样除了能够通过事件追踪点击拨打电话按钮的行为，其他的页面互动都无法被获知，也就无法知道这个页面的表现如何——它到底能不能提升人们拨打电话的意愿。

因此，对于这类页面的分析，最好的定量方法是通过热力图来实现。

下面以 PC 端的推广单页为例，因为 PC 端的页面能承载更多内容和交互，可供分析的空间更大。移动端的推广单页的页面分析类似。

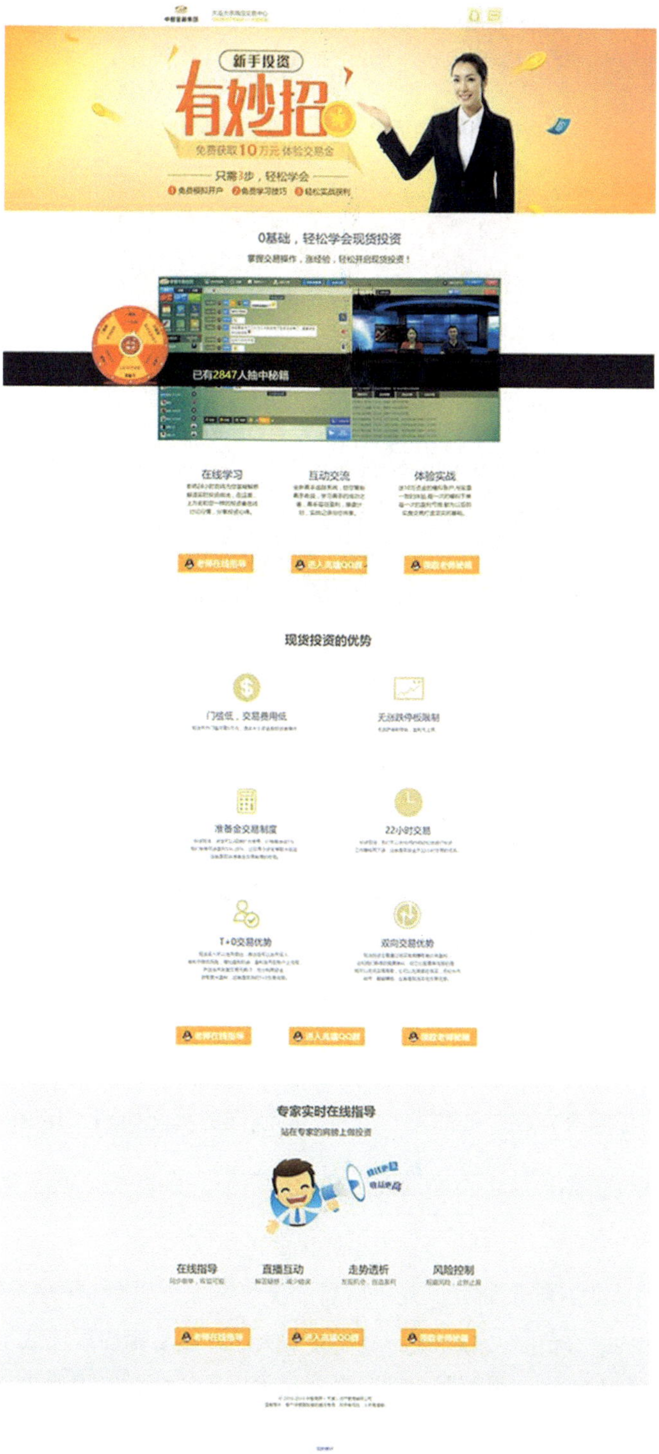

图 5.14　一个典型的推广单页

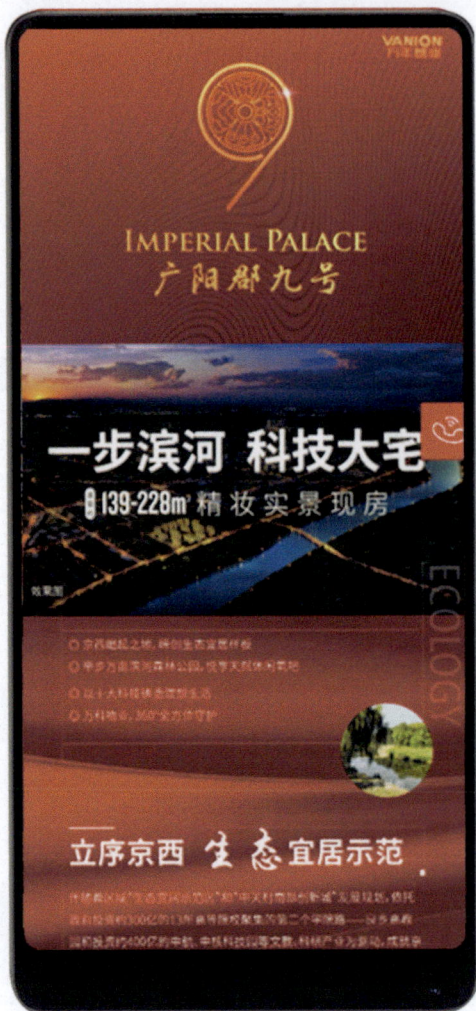

图 5.15　移动端的推广单页示例

　　某企业通信解决方案服务商为一个新产品制作的页面如图 5.16 所示。

　　现在，我告诉你，这个页面的跳出率相当不俗，只有 52.95%，你觉得它还有优化的必要吗？

　　对这样的商业着陆页而言，几乎所有的流量都来自百度竞价排名，一个点击的价格高至 50 元人民币以上，53% 的跳出率虽好，可是哪怕只降低 1 个百分点，那也是真金白银的钱呀。更何况，现在百度竞价广告位减少，出价更加惨烈。

　　既然要分析，我把这个页面相关数据给大家。跳出率：52.95%；平均停留时间：1 分 40 秒；退出率 36.05%。请问你觉得要如何改进这个页面？

图 5.16　某企业通信解决方案服务商为一个新产品制作的着陆页

　　答案是：仅凭这几个宏观数字，无法做出优化的建议，因为我们并不知道这个页面哪里好、哪里糟。可是，如果我们看看热力图，信息就会多很多。

这个页面的热力图如图 5.17 所示。

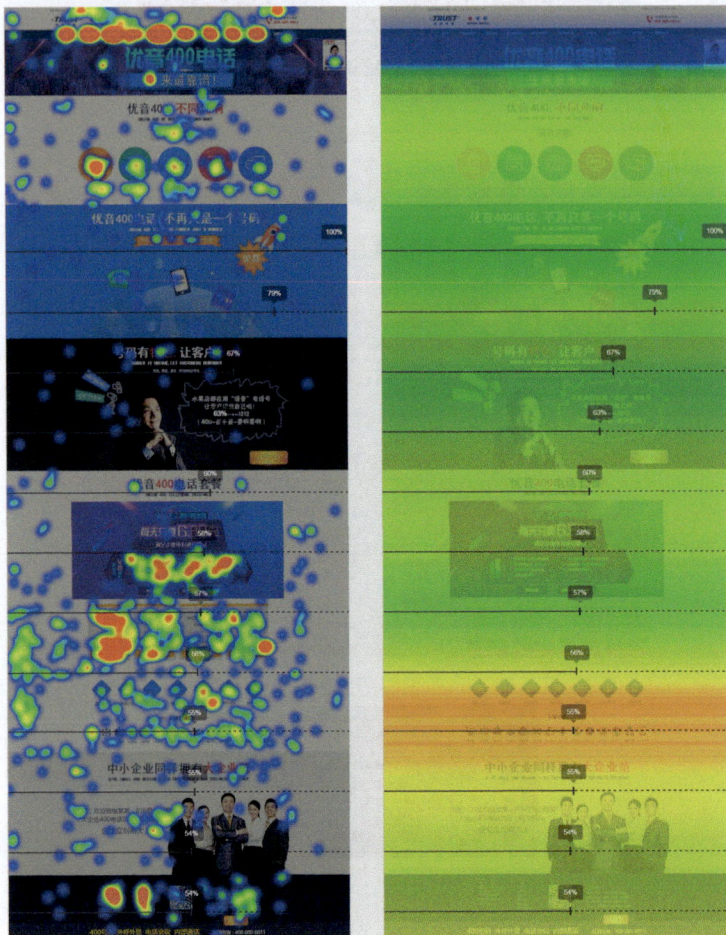

图 5.17　案例着陆页的热力图

第一，第一屏中的 5 个圆形图标及下方的文字都获得了相当多的点击量。可惜，这 5 个圆形图标上没有设置任何链接，不可以被点击。——不是链接也不能点，却放到着陆页的第一屏的这么醒目显要的位置上，这是"成心逗用户的"。但热力图的作用却反而在这里被突显，没有链接的地方有这么多点击，只有热力图能够告诉我们。

第二，圆形图标下方的两个大通栏图占据了第一、第二屏非常大的空间，可惜，几乎没有人在那里点击。而且，查看图 5.17 的右图可知，这个位置的用户驻留情况也非常不理想。在这两个大通栏图之后，继续往下浏览的人减少了 30% 左右。——那干嘛还要把这两个通栏图放到这么好的位置上？

第三，顶部的导航栏获得了相当多的点击。但问题是，这个页面的设计初衷不是把它作为导航页吧。

第四，倒数第一、第二屏突然出现了大量点击，而且浏览的驻留情况也相当不错，说明这些内容是被用户极为关注的。这里是什么内容呢？原来，这里是这个产品的套餐、价格、配置等，确实是大家会非常关心的内容。可惜，滚屏到这里来的用户只剩下不到 60%。

这些信息不是一个 53% 的跳出率就能告诉我们的，但每一条都很重要！按照热力图提供的这些信息，如何修改这个页面的思路就非常清晰了。比如，调整重要板块在页面中的位置、为大家感兴趣的内容增加链接、删去或者修改低效内容等。具体的优化方案留给读者朋友们自行思考，这里给大家介绍我们修改之后的数据结果。在对页面进行调整之后我们一定要做 A/B 测试。A/B 测试的结果不出所料，跳出率在 53% 的基础上，降到 40% 左右。但更主要的不是跳出率，而是咨询比例提升了接近一倍，对于依赖竞价排名的企业而言，这个巨大的变化足以帮助它们建立起面向竞争对手的优势。

除了上面的优化思路，对着陆页的优化也常常跟流量结合在一起。另一个案例展示了这种情况。

某教育企业投放了搜索引擎竞价排名广告，这个教育企业对一个主要关键词的创意产生了疑问。与这个关键词相配的创意主要有两个，这两个创意的点击率基本没有区别，但创意本身是否会影响人们点击广告之后在着陆页上的行为倾向？不同的创意是否会影响人们留资的倾向？

这个教育企业投放的关键词是 MBA，它的两个创意分别是"免联考且不用出国就能获得海外名校 MBA 文凭""免联考且在线学习就能获得海外名校 MBA 文凭"。这两个创意看起来并没有太大区别，但第一个强调"不用出国"，第二个强调"在线学习"。

为了研究这两个创意各自的流量带来的留资，我们需要给这两个创意分别加上监测流量来源的 Link Tag。这里要补充的一点是，如果要在搜索引擎竞价排名广告中为创意添加 Link Tag，那么广告的链出链接（广告外链）必须加在创意上，而关键词上的链出链接必须删除，否则即使在创意上设置了链接，搜索引擎竞价排名广告系统也会默认关键词上的链接设置优先。

在这个案例中，两个创意的 Link Tag 都已经准确添加到位，于是我们可以细分这两个创意的着陆页的热力图。

第一个创意"不用出国"的着陆页的热力图如图 5.18 所示，可以看到 1008 个 PageView 带来了 430 个交互（点击数），其中有 19 个交互发生在"开始评测"按钮上，这也是这个页面最重要的交互，因为用户点击了这个按钮，就意味着他提交了自己的联系方式。

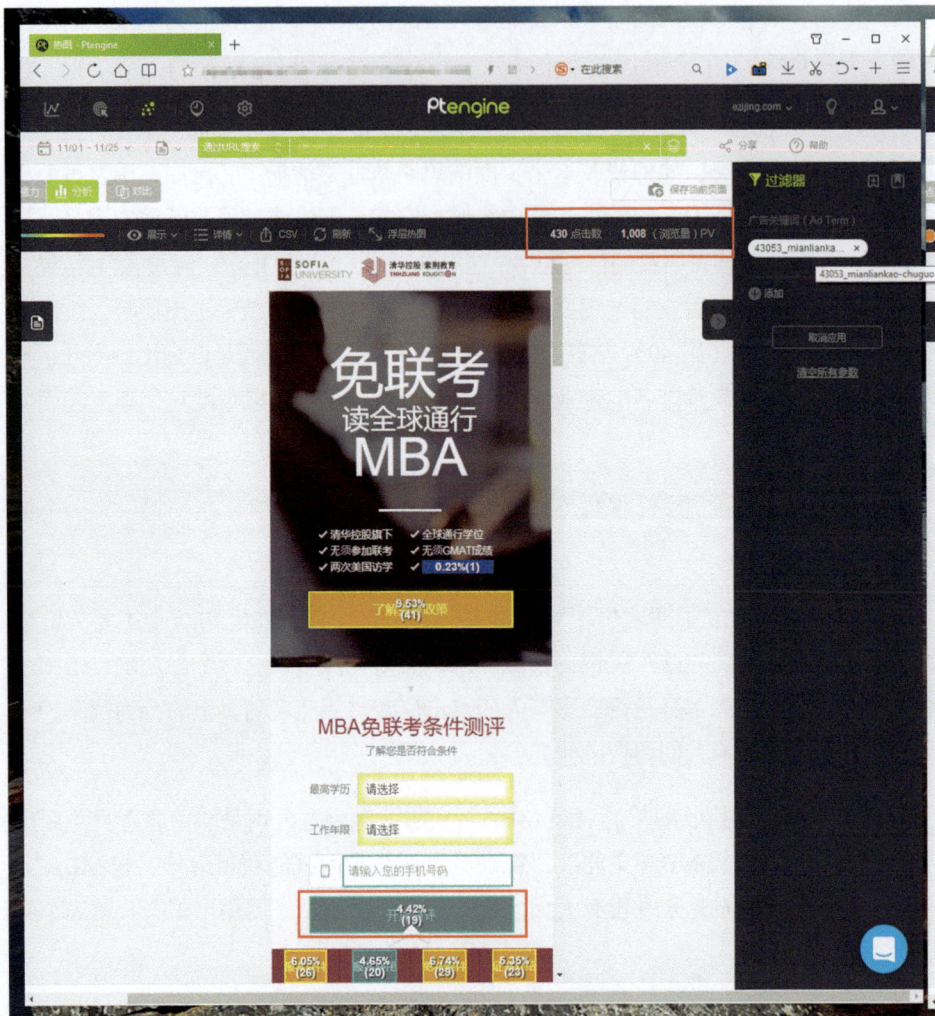

图 5.18　第一个创意"不用出国"的着陆页的热力图

第二个创意"在线学习"的着陆页的热力图如图 5.19 所示。

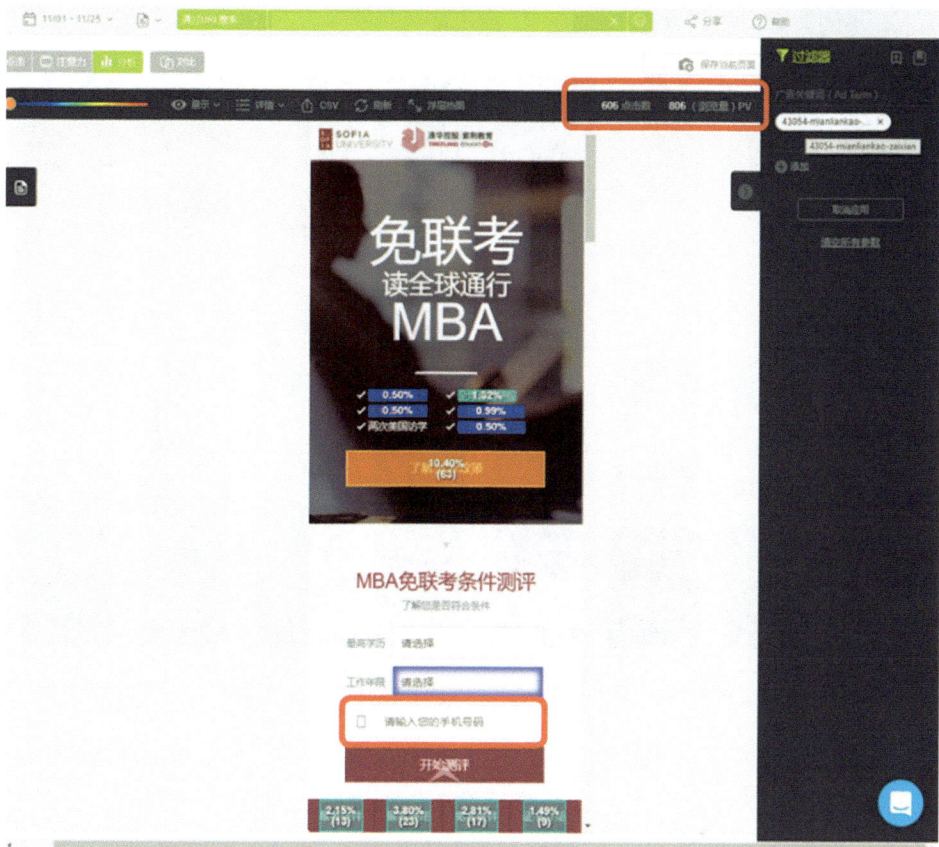

图 5.19　第二个创意"在线学习"的着陆页的热力图

在图 5.19 中，尽管 806 个 PageView 带来了更多的交互（606 个），但是缺乏用户提交自己联系方式的交互，而更多的交互发生在那些次重要的地方。

这意味着"不用出国"比"在线学习"更容易获得留资转化。但这个案例还是存在一点遗憾——数据量并不大，如果有数万甚至数十万流量来进行比较，或许更能说明问题。不过，这并不困难，稍微延长一些投放时间，或者增加投放量，更充盈的数据便会涌入。

细分流量查看热力图的方式具有普适性，例如，我们在多种流量，或者是同种流量的不同创意进入同一个热力图的时候，往往会表现出行为上的极大差异。这些差异向我们展示了不同属性流量背后消费者意图的显著差异。

图 5.20 展示了同一个着陆页下不同流量的行为差异。即使这些流量全部来自搜索引擎，同样关键词的情况下，不同搜索引擎的行为不同。同样搜索引起你的情

况下，不同关键词的行为也不同。

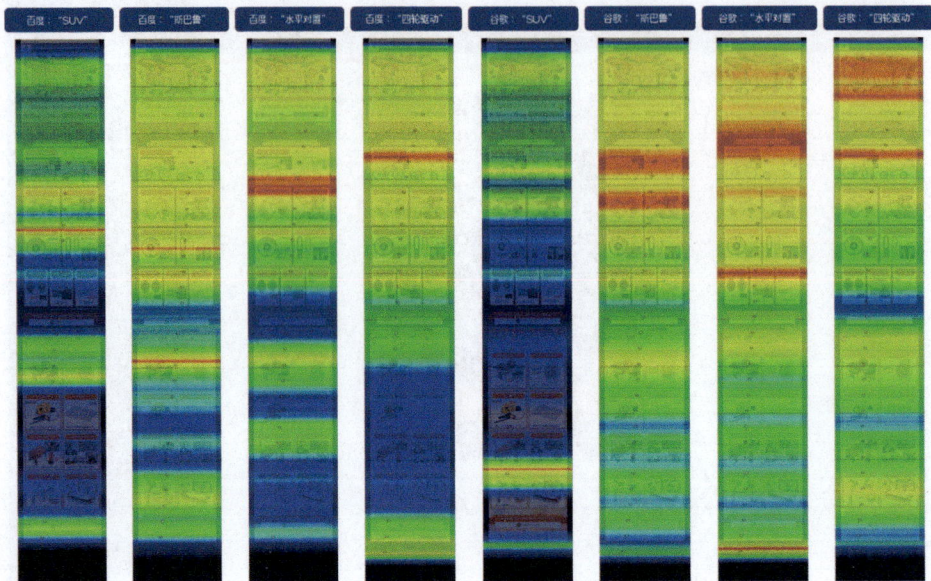

图 5.20　不同属性的流量在同一个着陆页上的热力图对比

上面的情况给了我们提示，对于那些属性差异显著的流量，提供不同的着陆页体验是更好的选择，尽管这可能增加工作量，但可以显著提升转化率。

5.1.6　智能着陆页

在介绍信息流广告时，我曾经提到过智能着陆页，它其实可以推而广之到几乎所有的着陆页的实现上。智能着陆页的配置界面示例如图 5.21 所示。

与我们在 3.3.1 节读到的动态创意类似，智能着陆页也是通过拼合各个元素构成一个完整的着陆页的。这些元素包括图片、文案、交互元素、背景、表单等。智能着陆页并不能帮助我们自动生成这些元素，而是在我们做好了这些元素的多个版本之后，帮助我们选取合适的版本进行拼合。

所谓合适的版本，是指通过机器学习之后，由机器选择最适合某个用户的各个版本的元素，再将其拼合（见图 5.22）。这样，理论上每个用户看到的着陆页都是不同的，每个用户看到的着陆页都是机器认为最适合这个用户，最能够引起这个用户发生转化的着陆页。

图 5.21　Ptengine 灵蹊智能着陆页配置界面示例

图 5.22　智能着陆页的机器学习后台

5.2 A/B 测试

前面我们在多个地方提到了 A/B 测试，现在是时候对它做一个介绍了。尽管它在优化页面或者优化广告创意的领域所用颇多，但它实际上在几乎所有的分析领域中都可以派上用场。例如，我们可以利用 A/B 测试来分析不同的转化流程的设计，也可以用它测试不同的消费者运营策略（第 6 章会介绍）。这使 A/B 测试具有非常广泛的适应性。

A/B 测试最初来源于药品的测试，方法是将看起来一模一样的两种药品（一种药品含有有效成分，另一种药品只含有淀粉，充当安慰剂），在同一时间给两组情况和病况都完全相同的病患服用，并且病患和医生都不知道自己手里的药是否含有有效成分。在疗程结束后查看两组病患的情况。服用安慰剂的那一组病患称为控制组或对照组，服用含有有效成分的药品的那一组病患称为实验组。

A/B 测试被广泛应用在各行各业需要严格研究效果的场景中。A/B 测试通常被当作衡量哪个版本更好的"利器"，但事实上，如果仅把它用于衡量哪个版本更好，它的价值就被大大降低了。虽然 A/B 测试已经在大量书籍中被介绍，但我需要为大家再"灌输"一些可能更加重要的思想。

5.2.1　A/B 测试应该怎么使用

A/B 测试实际上是一个方法体系，而不仅仅只是一个为了获得确定结果而设置的工具。这个方法体系的核心在于，A/B 测试创造了一个除测试对象之外所有的变量都没有区别的环境，从而让我们能够将分析聚焦于为什么测试对象的不同，会导致何种不同的用户行为。

也就是说，通过 A/B 测试得到结果只是第一步，更重要的工作是分析不同版本（或是不同的策略、配置）上用户行为的差异，从而判断用户的意图或者逻辑。A/B 测试不是结果，而是手段。

因此，要做好 A/B 测试也不仅仅只是靠一个 A/B 测试工具，往往与之搭配的，是能够更细致地描绘用户行为的工具，其中最典型的，就是前面介绍的热力图。

如果遵循严格的要求，那么 A/B 测试的应用应该按照下面的流程进行。

第一步，基于数据分析或可用性分析，建立不同的测试版本。请注意，测试版本的建立必须是经过分析，并基于改进意见得出的，而不能用 A/B 测试代替分析。举个例子，我看到很多 A/B 测试的案例，向人们"炫耀"通过 A/B 测试，发现红色的按钮比绿色的按钮更加吸引人点击，所以我们以后应该用红色的按钮云云。这样的测试纯属无稽之谈，这样的建议也一文不值。A/B 测试并不是一个简单的工作，任何一个需要被测试的变化，都应该是基于有价值的分析得出的改进建议，这样才能有的放矢。在下一节，也就是 5.3 节中，有几处 A/B 测试应用的例子，无一例外，都是在分析并得出改进建议之后进行的测试。

第二步，定义一个测试用的对比指标。比如转化率（举例：从 A 版本进入的流量的转化率，和从 B 版本进入的流量的转化率相比），或是停留时间，或是 Engagement Index 等。事实上，我个人认为，有时候 A/B 测试的目的根本不是为了对比指标，而单纯就是为了查看用户行为的差异，这个时候对比指标就没有那么重要了。不过，因为任何一个 A/B 测试的工具都需要确定一个对比指标，因此，这一步也就成了必然要做的一步。

第三步，建立 A/B 测试的环境，保证每个对比版本的流量来源、成分、时间都是完全相同的。假如有 A、B、C 三个版本，那么我们必须确保这 3 个版本同时上线，并且确保它们的流量是一致的。例如，如果测试的流量主要来自于搜索引擎竞价排名，那么要确保竞价排名的每一个广告的流量都同时且均匀地流入三个版本，而不能是 A 版本对应一个关键词广告，B 版本对应一个广告，C 版本对应另外一个。如果流量来自于信息流广告，也完全如此，必须确保同一个广告的流量同时均匀流入三个版本。

第四步，为 A/B 测试灌入足够的流量，以确保此后的分析有足够的数据支持。当然，A/B 测试如果需要分出不同版本的胜负，就需要用足够的数据来支撑，以确保统计学意义。

第五步，无论 A/B 测试最终有没有分出胜负（我经历过不少其实分不出置信度能达到 90% 的胜负），都需要对不同版本上用户行为的细节情况进行分析，以使 A/B 测试的价值最大化。很多朋友问我，"我的 A/B 测试没有分出胜负，是不是说，这些版本之间没有什么差异，随便用任何一个版本都可以？"我会回答，完全不是，你应该分析不同版本的改变所导致的用户行为差异，以及这些差异背后的逻辑，并且，基于你分析的逻辑，再设计一版新的版本，此后再针对这个新的版本做 A/B 测试。这也是为什么在第一步中我强调类似红色按钮、绿色按钮的测试完全没有价值的原因。

当然，我并不是抹杀 A/B 测试在帮助我们区分优劣方面的价值，很多时候它确实告诉了我们哪一个更好，更重要地，它也帮助我们说服了"仅凭经验做决定的老板"。

5.2.2　A/B 测试如何确保均匀分流

在 5.2.1 节中，我强调了 A/B 测试必须保证流量同时（实时）且均匀地流入不同的版本中，那么，这如何做到呢？

如果从流量端入手解决这个问题就会比较麻烦，我们需要为流量端随机分配着陆页的网址。因此，解决这个问题的方法基本上都是从落地端入手的。

方法很简单，在流量端不做任何额外的设置，让流量全部流入某个测试版本中。在流量流入这个测试版本中后再进行分流——流入这个测试版本中的流量，不等页面被打开，就会先按照比例，一部分流量随机跳转到其他测试版本。跳转控制一般由 JavaScript 代码实现，App 端或小程序端则用 SDK 实现。

这里所说的不同版本必须是不同的网页，即 URL（URI）是不同的。如果在 App 端，就要建立不同 Scheme（也叫 URL Scheme，类似于网页的 URL）的页面。要测试多少个版本，就需要建立多少个页面。

例如，假如有 A、B 两个测试版本，两个版本各分配 50% 的流量进行测试。具体设置：A 版本提前做好跳转设置，然后让所有的流量都流入 A 版本中。这些流量在流入 A 版本中后，有 50% 的随机流量会跳转到 B 版本，而剩下的 50% 没有跳转的流量会打开 A 版本。全部过程是实时发生的，跳转也在一瞬间完成，消费者不会感觉到页面发生了跳转。

一旦某个用户看到的是 A 版本，跳转程序就会记住他的 Cookie 或者设备 ID，因此当他再次进入 A 版本时，他就不会被随机跳转到 B 版本，而是仍然看到 A 版本。同样，如果某个用户发生了跳转，看到了 B 版本，那么下一次他仍然会看到 B 版本。只有这两个消费者更新了自己的 Cookie 或者设备 ID，他们才有可能看到另外一个版本。这最大限度地确保了测试的客观有效性。利用跳转方法实现的 A/B 测试的原理示意如图 5.23 所示。

除了跳转方法，在落地端进行 A/B 测试的分流设置，还有另外一种方法，类似于 5.1.6 节中介绍的智能着陆页动态拼合页面的方法。这种方法与跳转方法的不同之处在于，不同测试版本实际上是动态生成的，也就不存在要建立多个页面 URL 或者多个 App 中 Scheme 的情况。

谷歌分析自带的 A/B 测试工具（自 2020 年起该功能已经被关闭）采用的是跳转方法，谷歌优化（Google Optimize）也是免费的工具，作为谷歌分析自带的 A/B 测试工具的替代者，它能够提供动态生成页面的方法。国内也有多款 A/B 测试工具可供使用。

进入A版本，但A版本
还没有被加载

A版本被展示给该50%的
流量（A版本被加载）

100%的流量

A

50%的随机流量

A

50%的
随机
流量
（跳转）

B

B版本被展示给该50%
的流量（B版本被加载）

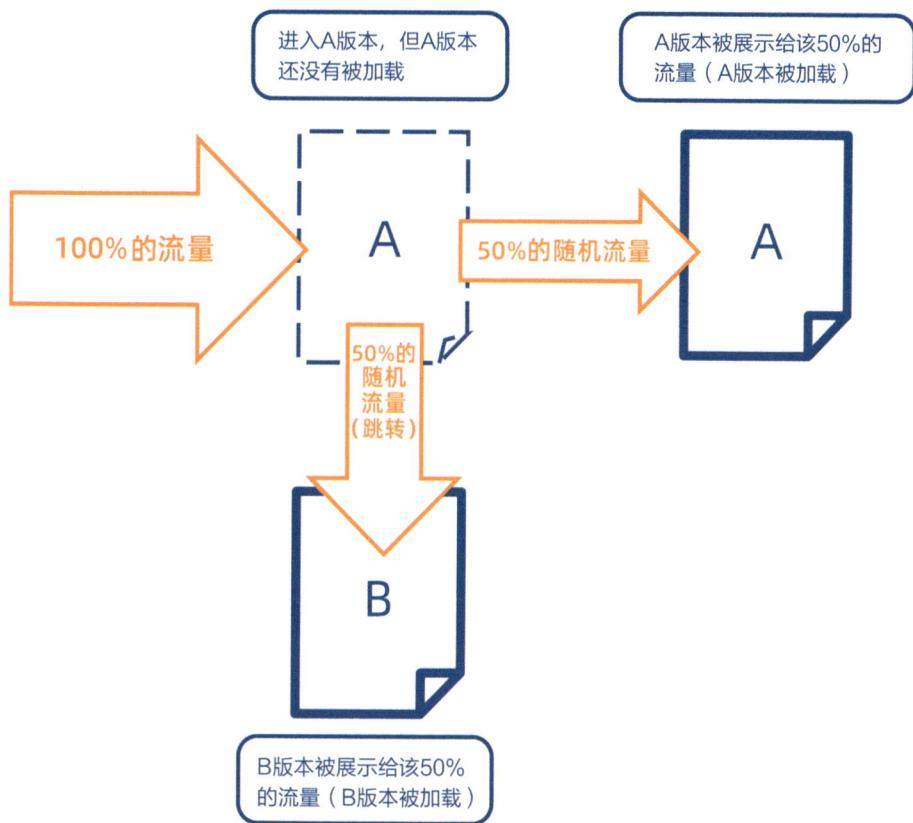

图 5.23   利用跳转方法实现的 A/B 测试的原理示意

5.2.3   A/B 测试的统计学意义与辛普森悖论

置信度

前面已经提到过，在将 A/B 测试用于衡量不同版本的优劣时，要考虑统计学意义，准确地说，要考虑置信度（置信水平）。

在统计学中，一个概率样本的置信区间（Confidence Interval）是对这个样本的某个总体参数的区间估计。置信区间展现的是这个参数的真实值有一定的概率落在测量结果的周围的程度。置信区间给出的是被测量参数的测量值的可信程度，即前面所要求的"一定的概率"。这个概率被称为置信度，也叫置信水平。

简单地说，置信度就是得出的结果的可靠度。例如，A 版本优于 B 版本的置信度为 99%，就是指 A 版本优于 B 版本的概率达到了 99%。这是一个很高的置信度，这说明 A 版本确实优于 B 版本。而如果 A 版本优于 B 版本的置信度为 50%，就表明 A 版本优于 B 版本的概率是 50%，这样一来，A 版本优于 B 版本就不是一个能够成立的结论，因为这个概率跟掷硬币猜正反没有区别。

通常，数字化营销中的 A/B 测试的置信度最好达到 99% 以上，但达到 90% 一般也是被认可的。高于 90% 的置信度被称为这个 A/B 测试具有统计学意义。否则，这个 A/B 测试就不具备统计学意义。

例如，A 版本的流量为 10 000 个，转化为 31 个，B 版本的流量为 10 005 个，转化为 30 个。你能说 A 版本优于 B 版本吗？

如果单纯比较数字，那么 A 版本的转化率略高于 B 版本，但是，A 版本优于 B 版本的置信度达不到 90%，甚至连 60% 都达不到（置信度约为 55%，只比抛硬币的概率高一点点）。

如何了解自己的 A/B 测试是否符合统计学意义呢？在我的博客上有一个 Excel 文件（网址：http://www.chinawebanalytics.cn/ab-testing-significance-calculator-excel-version/）可以下载，你在填入相应数据后，就能根据自动计算的结果得知自己的 A/B 测试是否具有统计学意义。

例如，将上面这个例子中的数据输入这个 Excel 文件中，得到如图 5.24 所示的结果。

	Visitors	Conversions
Control	10000	31
Variation	10005	30

	Significant At
90% confidence	NO
95% confidence	NO
99% confidence	NO
Z-score	0.13018711
P-value	0.551791

图 5.24 不具有统计学意义的 A/B 测试示例

但是，如果 A 版本的流量是 920 个，转化是 31 个，B 版本的流量也是 920 个，转化是 55 个，B 版本优于 A 版本的置信度达到 99% 以上，那么可以认为 B 版本优于 A 版本是板上钉钉的（见图 5.25）。

	Visitors	Conversions
Control	920	31
Variation	920	55

	Significant At	
90% confidence		YES
95% confidence		YES
99% confidence		YES
Z-score	-2.6557482	
P-value	0.003957	

图 5.25　具有统计学意义的 A/B 测试示例

辛普森悖论

辛普森悖论很有趣，简单地讲，它的意思是，局部都是好的，但在汇总在一起后却反而变差了。我们来看下面的例子。

有 A、B 两个版本做测试，分别用了两种流量来做测试。

第一种流量，百度竞价排名流量。按照 A/B 测试的标准要求，做实时均匀分流，第一种流量的测试结果如表 5.1 所示。

表 5.1　第一种流量的测试结果

第一次测试 （用百度竞价排名流量）	流量/个	转化/个	转化率/%
A版本	10 000	3000	30
B版本	10 000	2900	29

第二种流量，今日头条信息流流量。仍然按照 A/B 测试的标准要求，做实时均匀分流，第二种流量的测试结果如表 5.2 所示。

表 5.2　第二种流量的测试结果

第二次测试 （用今日头条信息流流量）	流量/个	转化/个	转化率/%
A版本	1000	500	50
B版本	5000	2000	40

由表 5.1 和表 5.2 可知，在两种流量的分别测试下，A 版本的转化率都高于 B 版本的转化率，并且第一种流量测试的 A 版本优于 B 版本的置信度高于 90%，第二种流量测试的 A 版本优于 B 版本的置信度高于 99%。

但是，如果把两种流量汇总起来，结果就很诡异了，如表 5.3 所示。

表 5.3　两种流量的汇总结果

两次合计	流量/个	转化/个	转化率/%
A版本	11000	3500	31.8
B版本	15 000	4900	32.7

真是"亮瞎"了我的眼睛，但是，绝对没算错，把两种流量汇总起来计算转化率，B 版本的转化率高于 A 版本，而且置信度高于 90%。

这就是辛普森悖论。

其实，理解这个问题背后的原因也很简单。实际上这是一个由权重不一致导致的问题。B 版本在第二次测试中，流量明显要高于 A 版本，因此第二次测试中，B 版本的结果在加总的数据中就占有了更大的权重，再加上第二次测试的转化率显著高于第一次的，因此，让 B 版本的总体转化率嗖地一下就飘了起来。正是因为有流量权重的关系，加总的方法不合理，B 版本的转化率按道理讲，不如 A 版本。

辛普森悖论的情况是不是不常碰到呢？可别说，我自己还真是碰到过几回，不是在做 A/B 测试的时候，而是在分析不同日期的转化率的时候，发现某一个渠道的转化率单看每天，就是比另外一个渠道高，但是把每天的数据加总，却反而不如另外一个渠道了。实际上，就是因为流量的基数不同，造成了比较的权重不同所致。

因此，辛普森悖论给了我们一个警示：凡是细分的比较，都要特别小心，要尽量保证对比变量的基数一致，否则，就会落入辛普森悖论背后的"权重陷阱"。

这也是 A/B 测试一定要确保各个版本分配的流量要尽量保持数量一致或接近的原因。

5.3　用户交互的分析与优化

着陆页是外部流量转变为企业的私域流量的关键转换界面，但着陆页显然不是用户交互的全部。

即使一个用户（消费者）没有跳出，他也不见得就会立即转化。他更可能在你的触点平台上发生一些转化之外的交互。而这些交互，反映了他的兴趣，要么能够进一步激发他的兴趣，从而最终促成他的转化，要么慢慢让他丧失了兴趣，并最终导致他的离开。我们当然不希望他离开，因此，我们需要继续严阵以待，确保消费者的进一步互动能有好的体验。

本节介绍消费者交互的分析与优化。

5.3.1　体验失效

我们要特别注意体验失效的情况。并不是所有用户都有强大的耐心，恰恰相反，大多数用户需要快速得到答案。如果不能快速提供他们想要的交互结果，他们就会变得"烦躁"，然后迅速离开你。

图 5.26 这个案例比较典型。在一次 A/B 测试之后，图 5.26 所示的截图是 A/B 测试中"胜者"页面中的元素。但如同我在前一节所讲的，A/B 测试不要只看测试结果，而更应该分析不同版本导致的用户的不同行为。

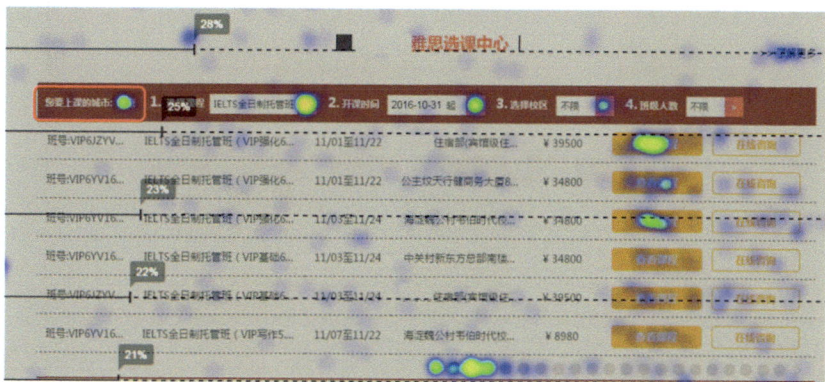

图 5.26　在 A/B 测试中胜出的某线下教育机构新版页面中的选课中心的热力图

当我们打开这些行为的"黑箱"，就会发现，胜者未必就一切都好。图 5.26 所示的，是一个线下教育机构的页面中的一个重要部分"选课中心"的热力图。

在这个图的左上角红框所示"您要上课的城市: 北京"这里,有数量不算少的点击。这意味着有一些用户想要查看其他城市的课程。不过,问题在于,这里并不是可点击的链接,而是一段纯文字,根本就不能点!看来那些想要切换城市的用户会失望了。

另外,选课中心是它所在页面中最重要的内容,它位于页面的第三屏(见图 5.27),这个位置是否偏低?

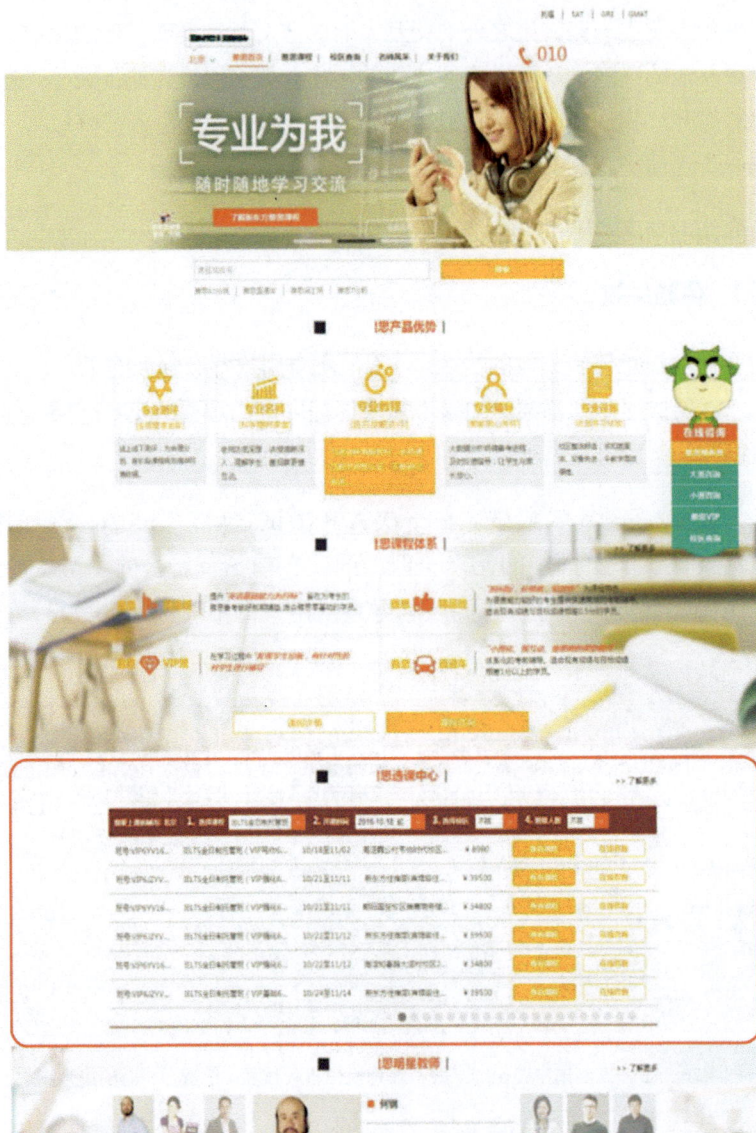

图 5.27　选课中心所在的位置

选课中心的浏览线热力图显示，消费者在第二屏已经出现了大面积的流失，浏览到第三屏的选课中心的消费者已经不到 30%，如图 5.28 所示。这说明选课中心的位置确实太低了。

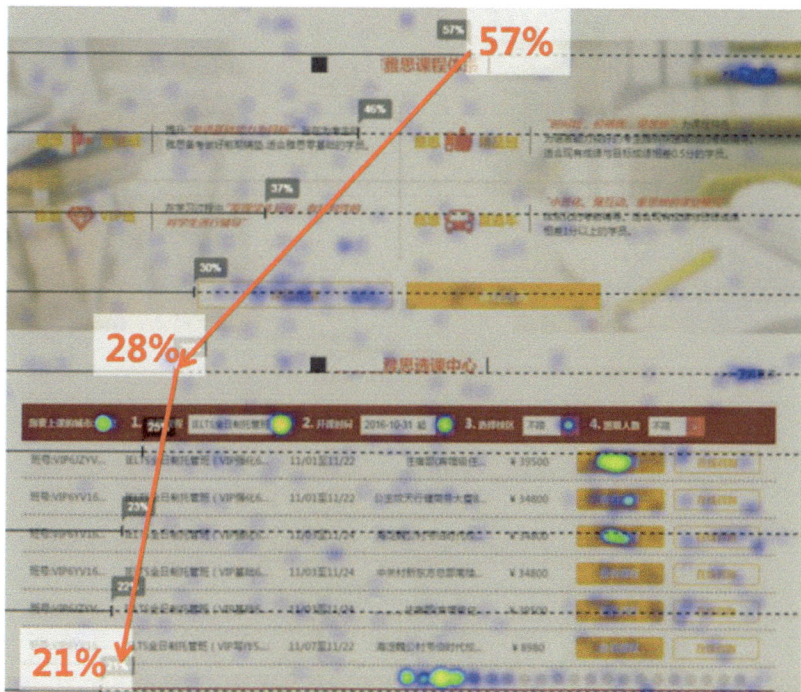

图 5.28　选课中心的浏览线热力图

旧版页面虽然在视觉上并不出众，A/B 测试的结果也不如新版页面，但它避免了上面出现的体验失效的问题。

旧版页面如图 5.29 所示，它不存在切换到其他城市的困难，而且因为选课中心的位置更靠前，所以浏览到选课中心的用户比例应该远超新版页面。

另一些容易发生体验失效的地方，是反复在页面中弹出的弹窗，这些弹窗的目的是不断提醒你咨询客服人员，从而"搞定"你的联系方式或对你进行直接说服。关于弹窗的效果，存在很多争议，但我认为至少那种反复弹出的弹窗显著降低了消费者的互动体验，并可能严重降低潜在转化率。

与弹窗相对的方法，是浮层，即一直保持在屏幕中，即使拖动页面上下滑动，也仍然保持在屏幕中原始位置的一个网页元素。PC 端的浮层通常置于页面的两侧，而移动端的浮层则常常处于页面的底部。一般而言，在移动端使用浮层的效果，要比反复出现弹窗更好。

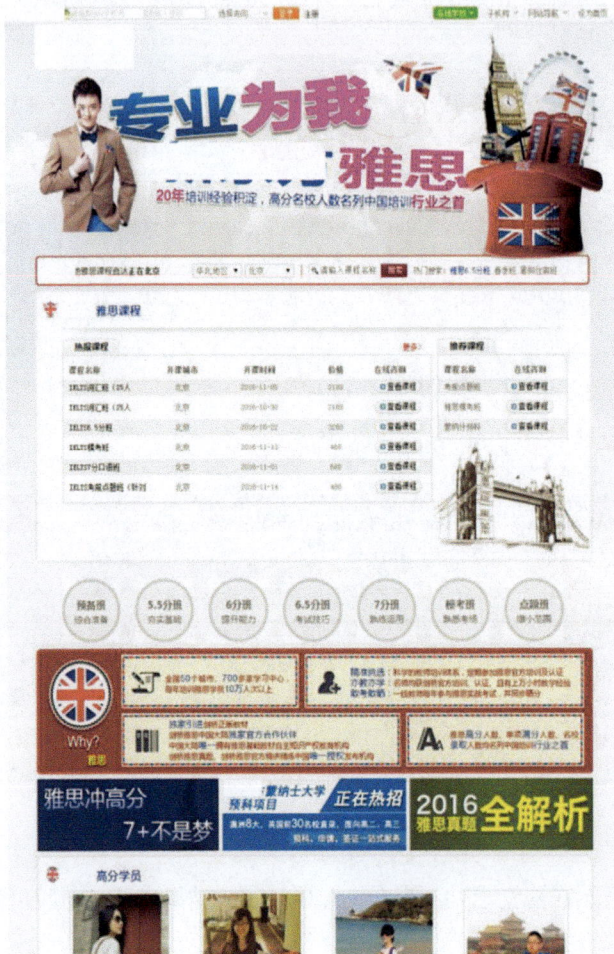

图 5.29   旧版页面

　　反复出现弹窗造成体验不佳，但并不意味着弹窗本身是没有意义的。弹窗可以改良，即连续弹出两次之后，降低弹窗再次出现的频率，如果第三次消费者仍然选择关闭弹窗，则继续降低它再次出现的频率。而在移动端，弹窗只出现一次，不要反复弹出。

　　图 5.30 是一个移动端弹窗和浮层的正面案例，它采用了弹窗和底部浮层的方法，虽有弹窗，但是很克制，只在右侧温柔弹出，不影响主视觉，这也是一个好的避免弹窗影响体验的办法。底部的浮层显著，且做了一点"手脚"，就是那个红色的"2"。总体是一种不错的排布方式。

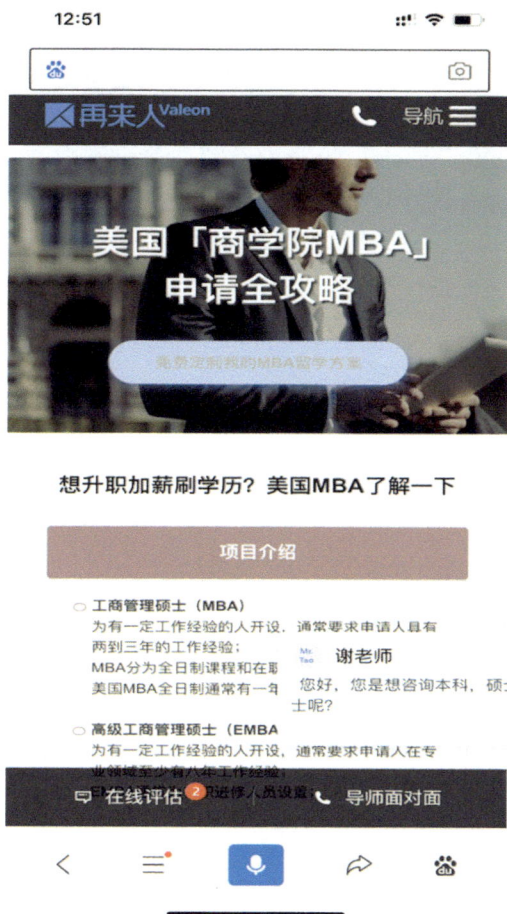

图 5.30　移动端弹窗和浮层的正面案例

首屏的轮播图也是容易发生体验失效的地方。轮播图的点击率通常较低，甚至比单图的点击率更低。我思索为什么会发生这种情况，并采访了一些用户，他们的回答是，轮播图看起来就像很多在不断切换的广告，而广告一般是会被直接略过的。这个理由听起来很有道理，因为避免广告确实是提升消费者体验的一个重要组成部分，如果你需要让消费者注意某个部分，就要注意不要把这个部分强调得像广告一样，而是恰如其分地强调。

在图 5.31 中，我的博客这样的专业内容的网站，轮播图和"【强烈推荐】"这样的地方，都少有人问津（见图 5.31）。我一直认为，这些"强烈推荐""震惊""特别优惠"……已经把用户轰炸得很麻木了，而且容易联想到这是广告。一个专业站尚且如此，商业站也不会好到哪里去。

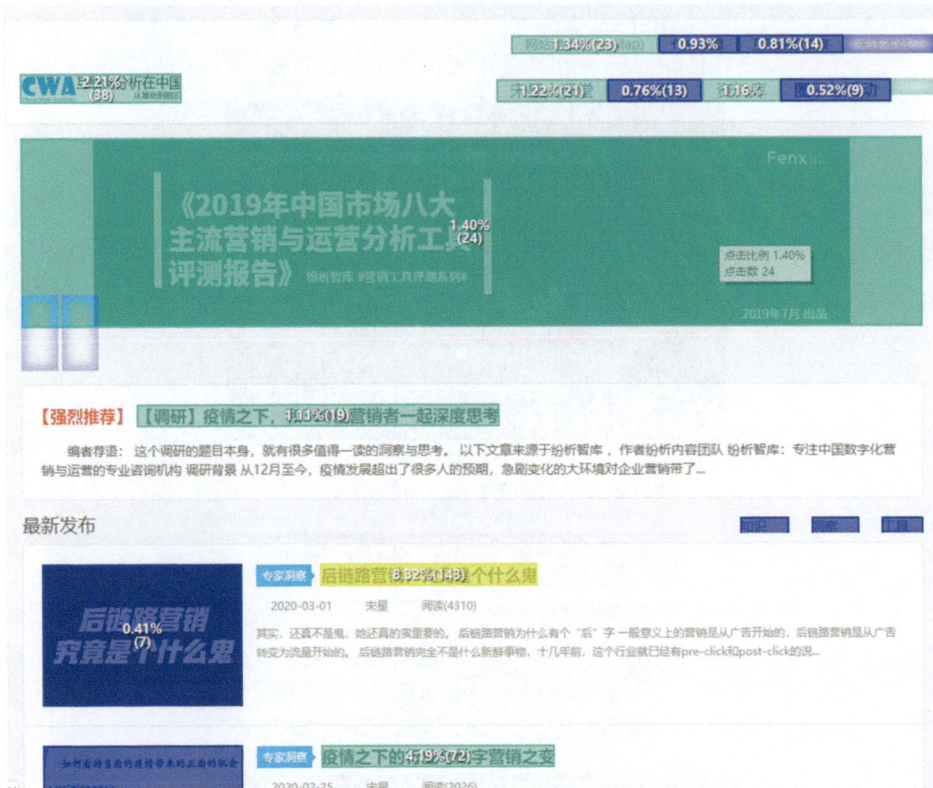

图 5.31　轮播图很少有人问津

再来看另一个体验失效的案例。

在某个微信服务号上点击某汽车企业的"购车金融优惠"之后进入如图 5.32 所示的页面。这个页面的体验失效体现在哪里呢？如果消费者在点击"购车金融优惠"之后进入这个页面，就意味着消费者对于购车金融优惠至少是有兴趣的，但是消费者在这个页面中看不到优惠。

在数字世界中，人们的视线是跳跃的，他们会迅速找到自己感兴趣的部分，然后认真阅读。显然，即使没有热力图，我们也能猜到这个页面中消费者感兴趣的部分："建议零售价 148,900 元 贷款期限 24 个月"，以及优惠前和优惠后的价格对比表。

我想，你一定能够发现问题所在：优惠前和优惠后的价格没有差异！

问题的答案是这个页面中的一行小字："24 期零利率只适用于首付比例不低于 40%"。但是，这个页面默认的首付比例是 30%，也就是说，这个首付比例还没有达到优惠门槛。那么，为什么不直接把默认值的首付比例设为 40%，而别设置为 30% 呢?

图 5.32　点击某汽车企业的"购车金融优惠"之后进入的页面

消费者满怀期待地进入这个页面，希望看看自己能得到多少优惠，却并没有看到优惠。只有那些真正认真阅读这个页面，或者愿意将首付比例设置为 40% 及以上的消费者才可能看优惠。但可能在没有将首付比例设置为 40% 及以上之前，大部分消费者就已经失望地离开了。

移动端体验失效的地方不止这些，通常而言，有如下一些典型的失效情形。

交互指引失效

移动端与网页端一个很大的区别在于，网页端上的交互一般都有下画线，而在移动端，尤其是在 App 上，交互并没有下画线。因此，在移动端的交互设计上要有足够的提示，告诉用户这里是能够进行交互的。交互指引失效示例如图 5.33 所示，请问：你知道点击左边页面的哪里能够进入右边的航班座位图页面吗？

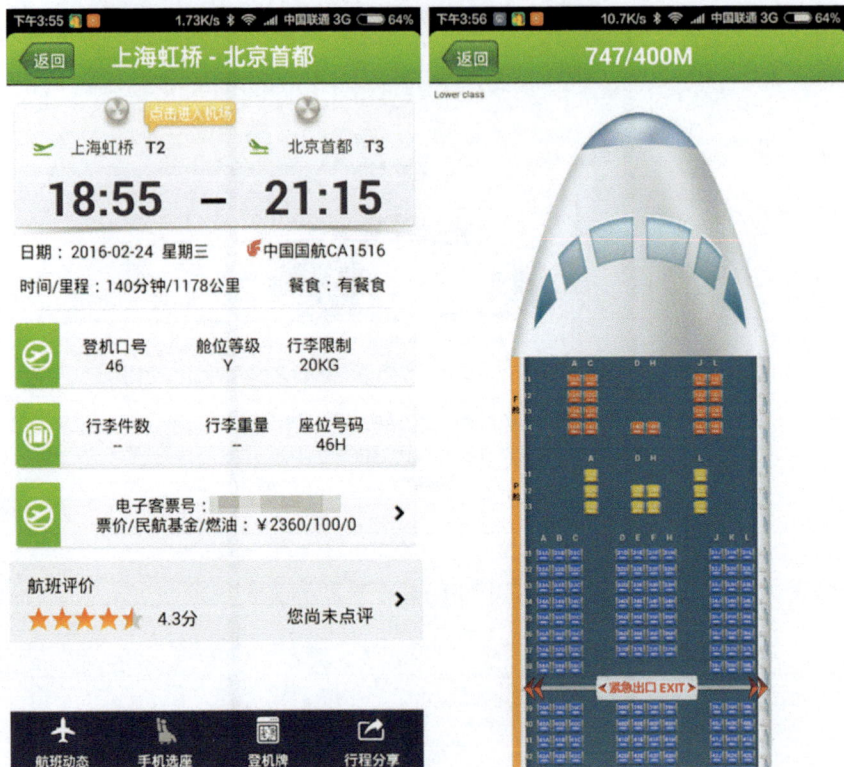

图 5.33　交互指引失效示例

答案是，点击"行李件数""行李重量""座位号码"这一行的任何地方都可以。很多消费者以为是点击底部的"手机选座"，但是点击这里并不能进入右边的页面。

一致性失效

所谓一致性，是指一个 App 或者移动端网站的不同页面所设置的功能要保持一致，以避免消费者在使用过程中产生混乱。

例如，点击某音乐播放 App 播放列表页面中的三点按钮，弹出快捷菜单，如图 5.34 所示。如果你要下载这首歌，点击快捷菜单中的"下载"即可。这里没有问题，大部分音乐播放 App 都是这么设置的。

图 5.34　三点按钮和快捷菜单

因为从没有听过这首歌，因此我先播放这首歌试听一下，并且进入了歌词界面查看这首歌的歌词。这首歌的旋律和歌词都打动了我，我想下载这首歌。

但问题很快出现了，在图 5.35 的界面中，无论你点击哪里，都不可能进入快捷菜单，更找不到下载功能。有的朋友认为是在右下角的"三点三横"按钮那里，但并非如此，这个按钮点击之后，会进入你的"播放列表"，展现在这个歌单之下的所有歌曲，但并没有快捷功能，也无下载功能。

又有的朋友认为，应该在右上角的那个箭头处。也不对，右上角的箭头，是"分享这首歌"的按钮。

最终，我没有办法下载这首歌。除非你退出歌词界面，进入别的界面，才能找到快捷菜单入口，或者下载入口。

或许，一个小小的改动就能提升用户的体验，如在歌词页面的右上角添加一个三点按钮，如图 5.36 所示。

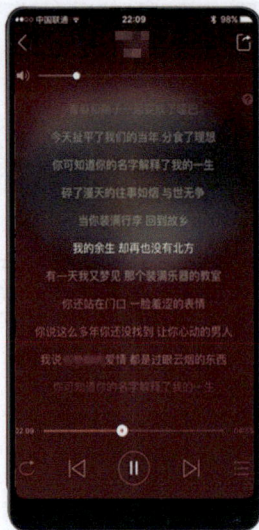

图 5.35　在歌曲播放页面中找不到下载入口　　　　图 5.36　添加一个三点按钮

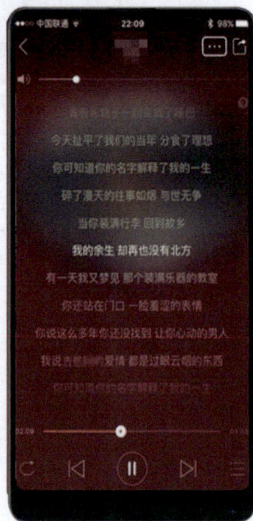

拇指问题

移动端另外一个有趣的问题是，主导航放在哪里更合适？在 PC 端，导航一般在上端，最好的位置一般是首屏的左上角到右下角的黄金对角线。但在移动端，因为拇指的关系，主导航应该放在下端，因为相对上端，拇指更容易点击到屏幕下端的位置。

某 App 开屏之后首页的两个版本如图 5.37 所示，右侧的版本更适用于移动端的体验，因为拇指几乎可以覆盖所有重要的内容。

图 5.37　某 App 开屏之后页面的两个版本

体验失效包含的内容很多，可用性管理本身就是一个专业领域，但是它跟数据的直接相关性不大，所以这里不再赘述。如果读者对相关内容感兴趣，可听我的"数据驱动的数字营销与运营"大课堂中的相关案例。

5.3.2　内容交互

除了交互体验，内容体验也非常重要，并且其重要性随内容营销的兴起而推高。

宏观效果数据

内容的价值判断并不困难，可以从阅读量、点赞数量、回复数量等方面进行判断。例如，从表 5.4 所示的内容表现数据中你很容易做出哪篇文章更好的判断。

表 5.4　内容表现数据

文章标题	阅读量/次	转发量/次	转发率/%
Z世代本尊来了！	13 957	2902	20.79
揭秘社交零售的终极玩法	11 624	2365	20.35
罗永浩交没有交到朋友我不关心	6964	1220	17.52
官宣：智能电视开机广告的长度不能长于30秒	3541	507	14.32
玩转B站的运营秘籍是什么	5954	801	13.45
年销10亿+，这个创立4年的国产品牌做对了什么？	15 057	1633	10.85
"00后"都是大学生了，"互联网"是个什么老古董	6366	585	9.19
程序员的"黄昏"	17 921	1639	9.15
揭开欧莱雅的真相：一家披着美妆外衣的数字技术公司	7559	638	8.44
2020年"宅经济"报告	11 817	944	7.99
大厂创新	16 238	1287	7.93
"丧心病狂"的数据3	3298	228	6.91
"丧心病狂"的数据2	2464	156	6.33
"丧心病狂"的数据1	4521	256	5.66
体验消费与私域流量	2188	116	5.30
无埋点知多少	1508	72	4.77
中国移动泛生活篇"战役"专题报告	1928	69	3.58
MCN和网红，选谁？	2361	74	3.13
做一个良善的好人	2257	53	2.35
K12在线教育集中发力，谁能弯道超车？	5439	119	2.19
万字长文解构电商直播产业逻辑	3695	68	1.84

在表 5.4 中，那些阅读量很大，但是转发率较低的文章（红色色块），表现出一些"标题党"的特征，但内容的质量相对较低，或者至少内容没有引起大家如同标题一般的感受。而另外一些阅读量不大，但是转发率很高的文章（黄色色块），似乎又不够"标题党"，从而让读者打开文章的意愿下降。

传播的真实情况

很多时候，内容不仅在自己的私域平台上发布，还会委托其他媒体（及自媒体）来发布，以进一步扩大传播。

有时，发布这些内容的媒体可能会通过作弊来增加阅读量，因此我们需要利用一些方法对这种情况加以辨识。不过，鉴定外部媒体上阅读量的真假，存在一定的难度。微博是目前比较好的可以鉴定粉丝量真假的平台，主要依靠粉丝的社交关系来判断粉丝是否是僵尸粉。因为僵尸粉自己很难有很多正常的粉丝，虽然僵尸粉可以互粉，但是很容易被识破。

但微信图文的阅读量却是另外一个情况，它缺乏比较好的社交关系数据的佐证，所以它容易成为被不断刷量的重灾区。

但我们并非束手无策。虽然没有任何工具能够直接告诉我们哪些阅读量是假的，但利用一些"分钟级"监测的工具，我们可以通过内容不正常的阅读量的增长曲线来判断有无异常。所谓分钟级，很容易理解，就是这个工具每分钟帮你探测一下一篇文章的阅读量，把每分钟记录的阅读量做成一个按照时间排序的趋势线，以便看出一篇文章的阅读量的增长趋势。

以公众号图文为例。刷量的公众号图文，其阅读量的增长趋势都是怪异的。毕竟机器人的行为不可能跟人的行为一样。再结合这个公众号的一些宏观数据，宏观数据如果也自相矛盾的，那么基本可以断定这个公众号图文的阅读量数据不可信。

我们来看如图 5.38 和图 5.39 所示的这两条疑似刷量的公众号图文的阅读量的增长曲线。

这两篇公众号图文刷量的痕迹非常明显。第一篇图文的阅读量在深夜突然暴增，这通常是"快单"的刷量；第二篇图文的阅读量的增长看起来非常平稳，但是夜晚（黑色月亮标注的暗蓝色柱子的那个阶段）和白天的增长趋势完全一致，这只能说明白天的增长也是假的，可能只有第一段不到 10 000 的那个阅读量是真的。

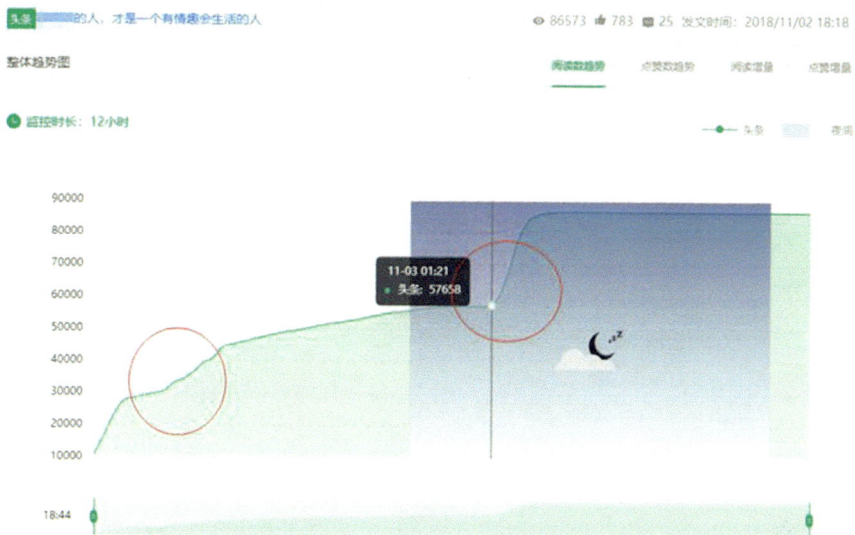

图 5.38 疑似刷量的公众号图文的阅读量的增长曲线（1）

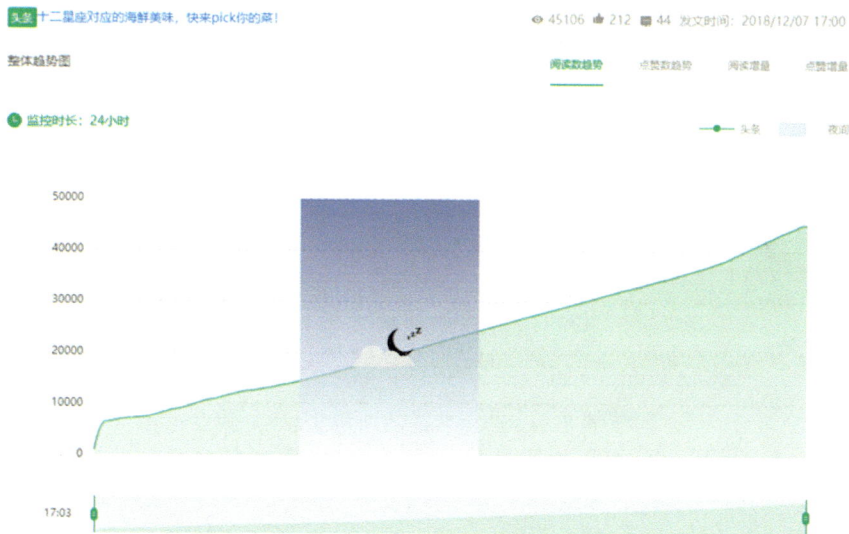

图 5.39 疑似刷量的公众号图文的阅读量的增长曲线（2）

相比较上面这两个还"遮遮掩掩"一点，图 5.40 和图 5.41 所示的这两个刷得就比较过分了。

头条 你这一辈子，有没有为足球拼过命？　　　◎ 100001　👍 907　💬 36　发文时间：2018/06/14 17:5

整体趋势图　　　　　　　　　　　　　　　阅读数趋势　　点赞数趋势　　阅读增量　　点赞增

🕐 监控时长：72小时　　　　　　　　　　　　　　　　　　　　—— 头条　—— 次条

06-14 23:54
● 头条：35371

18:08

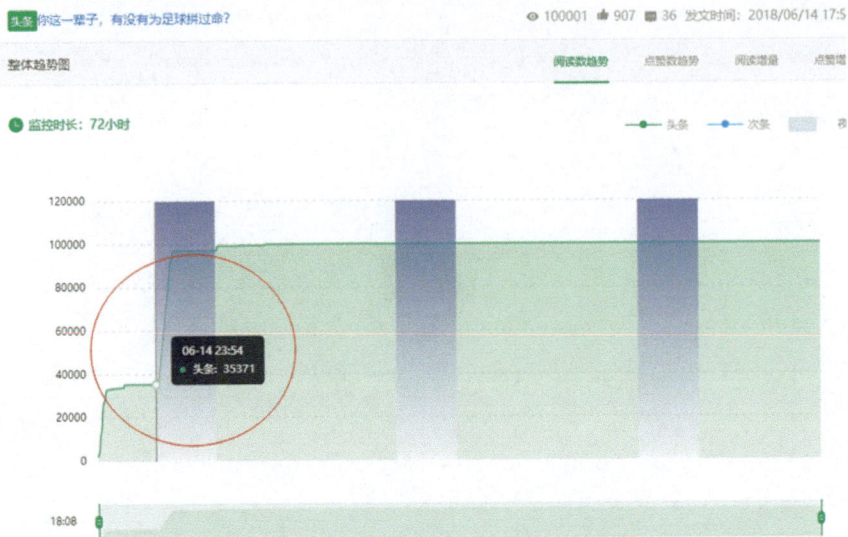

图 5.40　疑似刷量的公众号图文的阅读量的增长曲线（3）

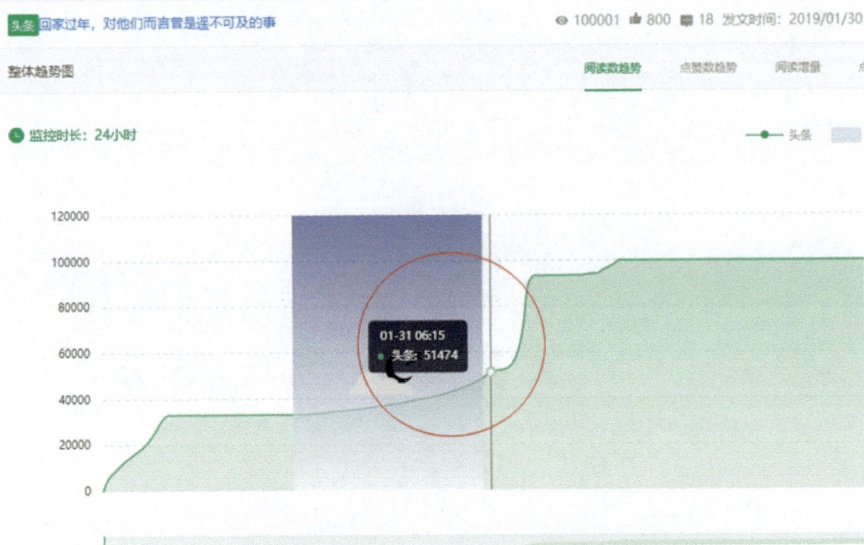

头条 回家过年，对他们而言曾是遥不可及的事　　　◎ 100001　👍 800　💬 18　发文时间：2019/01/30

整体趋势图　　　　　　　　　　　　　　　阅读数趋势　　点赞数趋势　　阅读增量

🕐 监控时长：24小时　　　　　　　　　　　　　　　　　　　　—— 头条

01-31 06:15
● 头条：51474

图 5.41　疑似刷量的公众号图文的阅读量的增长曲线（4）

　　直线和接近 90°的拐角，这不是公众号图文阅读量的增长曲线，这是悬崖峭壁。
图 5.42 这个曲线则是上面这些的集大成者，它看起来综合了多种"刷量手段"。

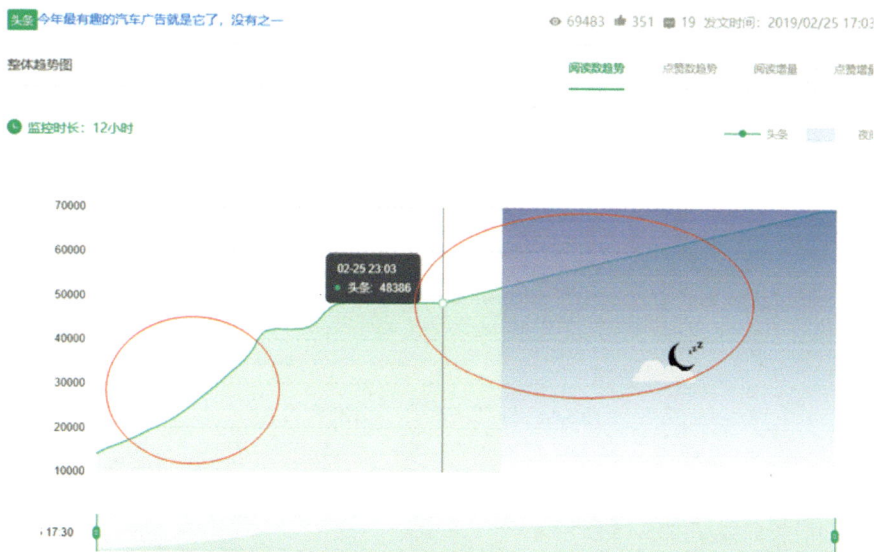

图 5.42　疑似刷量的公众号图文的阅读量的增长曲线（5）

再看看它们的宏观数据。如果宏观数据也很"奇葩"，那么连这个公众号本身可能都是假的——包括它的粉丝，它的文章的阅读量。

图 5.43 所示的宏观数据，就是上面这些不正常阅读量增加趋势的公众号中的一个，可以看到与它的影响力（以公众号文章的阅读量为依据）相比，它的活跃度和黏性都很差。

图 5.43　疑似刷量的公众号示例（1）

另一个上面的公众号中的一个也是如此，如图 5.44 所示。

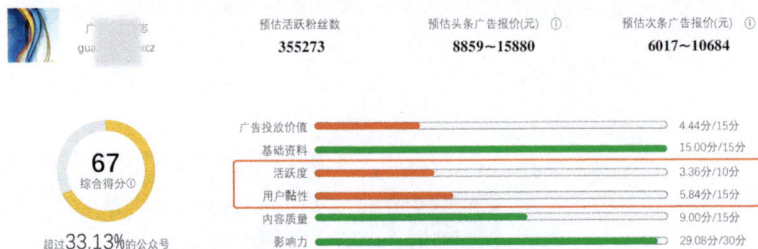

	预估活跃粉丝数	预估头条广告报价(元) ⓘ	预估次条广告报价(元) ⓘ
	355273	**8859~15880**	**6017~10684**

67
综合得分ⓘ

超过**33.13%**的公众号

广告投放价值	4.44分/15分
基础资料	15.00分/15分
活跃度	3.36分/10分
用户黏性	5.84分/15分
内容质量	9.00分/15分
影响力	29.08分/30分

图 5.44　疑似刷量的公众号示例（2）

　　真实公众号文章的阅读量的增长曲线比较正常，如我的一篇公众号文章的阅读量的增长曲线如图 5.45 所示。

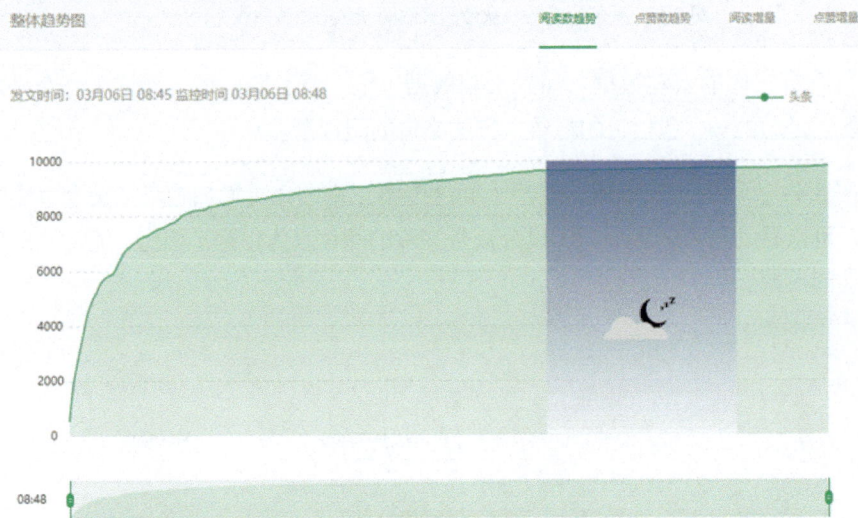

图 5.45　我的一篇公众号文章的阅读量的增长曲线

　　普通公众号的总体情况如图 5.46 所示。

　　我的公众号：网站分析在中国（现在改名叫"宋星的数字观"），影响力打分偏低，因为预估活跃粉丝 5 万人，和上面动辄几十万粉丝的公众号没法相提并论，但是黏性和活跃度都比它们好很多。我的公众号远远没有达到日更（指每日都做更新），活跃度那一项有扣分，而上面那些日更的公众号，比我的非日更的专业内公众号的活跃度还差，那只能说明要么粉丝太假，要么粉丝质量实在太差。

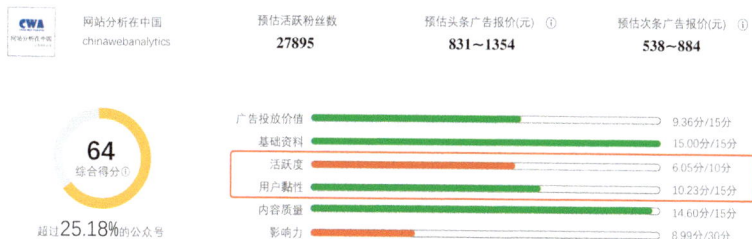

图 5.46　普通公众号的总体情况

而不正常的公众号，数据很奇葩。你看它的影响力这么高，内容质量、粉丝黏性还有用户活跃度却这么低。你就会明白，影响力这个指标，只跟粉丝阅读量有关系，是完全可以靠"刷"解决问题的。

内容交互行为的分析

上面的方法可用，但还有很多问题难以解决，其中之一是：尽管你可以知道有没有真实用户看到你的内容，但你无法判断你的内容如何影响到了用户——是的，用户到达（打开）内容和看到内容其实是两回事。如果可以加入监测脚本代码或者 SDK，那么可以直接监测内容的互动行为数据，情况就会大为改观。

有些人喜欢利用跳出率来衡量内容的品质，但我并不建议这么做，因为利用跳出率来衡量内容的品质的准确性不够高：阅读内容可能并不需要点击任何链接，但读者的内心可能已经受到了内容的影响，这种情况下很多的跳出很有可能并不反映真实的阅读情况。

在下面的例子中，我自己的网站，很明显如果用跳出率来判断，有失公允。我的文章（尤其是近几年的文章），不怎么考虑 SEO，所以也非常偷懒地不怎么加上内部链接了。因此，这些文章（图 5.47 中红框中的两篇文章）所体现出的跳出率往往相当惊人。但是一个跳出率高，一定是这个文章被读者厌弃了吗？

并不能，相反，这两篇文章中的第一篇"/interne"是我的文章《半小时读懂互联网广告新生态》，这是一篇极为受欢迎的文章，转发量颇高。但这篇文章的跳出率却是最高的，高到 81.22%。同时，你可以看到这篇文章的平均停留时间也很长，接近 6 分 30 秒。这两个矛盾的指标，我显然更应该相信平均停留时间，它更能描述读者对我这篇文章的真实阅读的情况。

Page	Unique Pageviews	Avg. Time on Page	Entrances	Bounce Rate	% Exit	Page Value
	23,778 % of Total: 100.00% (23,778)	00:02:47 Avg for View: 00:02:47 (0.00%)	15,445 % of Total: 100.00% (15,445)	76.97% Avg for View: 76.97% (0.00%)	55.52% Avg for View: 55.52% (0.00%)	<$0.01 % of Total: 100.00% (<$0.01)
1. /index_	6,519 (27.42%)	00:02:17	6,121 (39.63%)	74.87%	64.43%	<$0.01 (16.58%)
2. /sidney eijing-n	661 (2.78%)	00:03:55	463 (3.00%)	80.56%	65.95%	$0.00 (0.00%)
3. /site-m	419 (1.76%)	00:02:30	248 (1.61%)	58.47%	30.93%	$0.00 (0.00%)
4. /interne	532 (2.24%)	00:06:23	362 (2.34%)	81.22%	71.81%	$0.00 (0.00%)
5. /sidney eijing-ji	407 (1.71%)	00:03:16	232 (1.50%)	76.29%	59.66%	$0.00 (0.00%)
6. /catego	328 (1.38%)	00:01:17	106 (0.69%)	50.94%	25.64%	<$0.01(109.84%)
7. /catego	314 (1.32%)	00:01:12	63 (0.41%)	38.10%	20.36%	$0.00 (0.00%)
8. /about_	342 (1.44%)	00:02:30	200 (1.29%)	53.50%	44.10%	$0.00 (0.00%)
9. /roi-sin	354 (1.49%)	00:05:27	312 (2.02%)	84.29%	77.23%	$0.00 (0.00%)
10. /interne	343 (1.44%)	00:03:38	132 (0.85%)	78.03%	52.69%	$0.00 (0.00%)

Show rows: 10 ▾ Go to: 1 1 - 10 of 1359 ‹ ›

图 5.47 我的两篇高跳出率的文章

发现问题所在并不困难，这篇文章的一个特点，是全文没有任何一个链接——你看就好了，不需要点击了。这对 SEO 不利，且显然拉高了跳出率水平，但这篇文章却确确实实获得了很长的停留时间，表明了人们在阅读上所花费的精力。知道这些的确不错，但是，我更想知道这个文章到底获得了什么程度的阅读，以及更基本的——有多少人阅读了。表中的跳出率和停留时间都无法帮我解答这个问题。

热力图对于内容的分析非常合适，也很重要。如果能够为内容加入数据分析工具的监测脚本代码和 SDK，并且还支持热力图的话，那就非常完美了，能告诉我们更多的内容被消费的情况，并进而直接判断内容的读者体验。

借助热力图功能，尤其是屏幕驻留和阅读线，我能看到很多过去看不到的东西，例如，人们究竟多么"爱"这篇文章。

图 5.48 告诉了我很多信息——很多读者对《半小时读懂互联网广告新生态》这篇文章的阅读是深入的。虽然这篇文章很长，但是仍然有接近 40% 的读者读到了末尾。而且从驻留时间来看，有效内容部分始终被较长时间的驻留。81% 的跳出率又怎么样？跳出率在这里已经不太能说明问题，重要的是内容正在被人"消费"！

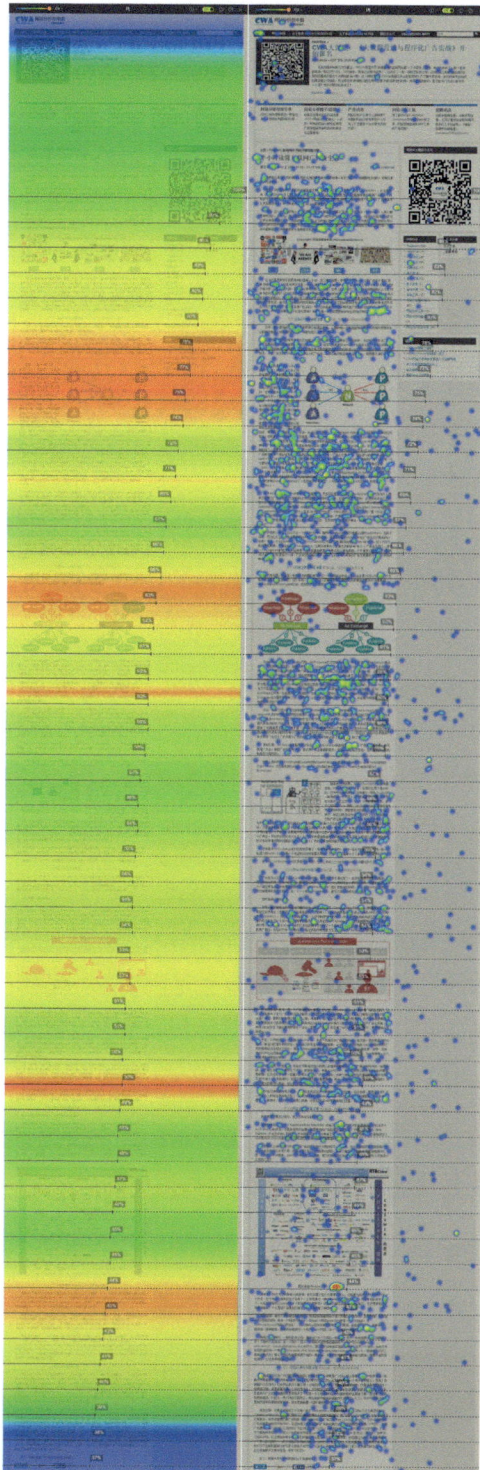

图 5.48　热力图视角下的内容被阅读的情况

视频内容、语音节目等内容的交互情况的统计方式与热力图的浏览线的统计方式类似，如一个视频的播放量、至 25% 长度的播放比例、至 50% 长度的播放比例等。这些用来评价视频交互情况的监测数据称为流内监测的数据，即衡量视频本身，以及发生在视频观看期间的各种操作及行为，如基于时间的时间区间测量及互动和行为的度量（如停止播放、播放、暂停、倒回、快进等操作数量的测量，上传或链接到该视频的站点的数量，或是热点的点击数，以及其他一些社会媒体特征）。

流内监测的 KPI 还包括以下几个。

- 视频浏览时间各长度区间所占的百分比，如观看该视频时间较长的次数占总观看次数的百分比。
- 观看某个视频的平均时间。
- 看完某个视频的访问者占总访问者的百分比。
- 观看了不到 10 秒就停止观看某个视频的访问者所占的百分比。
- 如某个视频是某 Session 最后浏览的视频，所有这类 Session 占该视频所有 Session 的百分比。尤其是短视频。如果某个视频的这个比例过大，就表明该视频的质量令访问者感到不满的可能性较大。
- 如某个视频是某 Session 第一个浏览的视频，所有这类 Session 占该视频所有 Session 的百分比。显然，如果这个比例大，就说明该视频相对于其他视频更有吸引力。

总体而言，内容的交互情况在数据上既简单又复杂。说它简单，是因为可用的指标不多，很容易大致判断。说它复杂，也是因为可用的指标不多，所以要进行深入的分析并不容易。内容本身跟互联网口碑与舆情结合在一起，使得内容的效果评价与优化更加混沌。

唯有读懂"人语"方有真正的社交内容分析，这在过去不过是"设想"与"概念"，今天则到了真正可能有突破性进化之时。

5.3.3　社交内容分析

与其他领域相比，社交内容的监测与分析需求极为旺盛，供给却相当稀少。但社交内容的相关数据却能提供给我们独一无二的重要信息，企业也迫切地想通过这些数据把握消费者的心态、情绪乃至欲求。

因为，人人都知道今天的互联网是每个人尽情抒发释放的渠道，内容以几何级数量增长，承载着浩如烟海的来自消费者的真实表达，并夹杂着各种因特定商业目的而发出的嘈杂声音，生机无限，又纷繁芜杂。如同一个不断长大的蛮荒大矿脉，虽蕴含着金子，却一直缺乏能掘金采银的好工具。不是没有工具，只不过这些工具不过是数据统计工具罢了，它们并不真正理解社交和内容背后的人的意思表示，可用于计数，但离真正的分析远矣。

社交内容分析的两类指标和一个要素

社交内容分析的两类指标分别是声量（在社交平台上普通用户产生的相关内容的多少）和调性（也称态度，是指用户内容中所反映的他的态度是赞扬的、批评的、中立的，还是既有赞扬又有批评的）。

社交内容分析的一个要素是指用户在社交平台上产生的内容是什么主题。因为调性必须围绕某个主题才有意思。假如有这么一个内容，一个人大肆批评你的竞争对手的品牌，而说你的品牌还"凑合"。在这个内容中，对你而言，调性显然不是负面的，至少是中性的，但对你的竞争对手而言，调性就是负面的。因此，对内容主题的准确探知也是社交内容分析的重要指标。

图 5.49 是某个主题之下的声量和调性数据图，这个图是社交内容分析中经典的图。

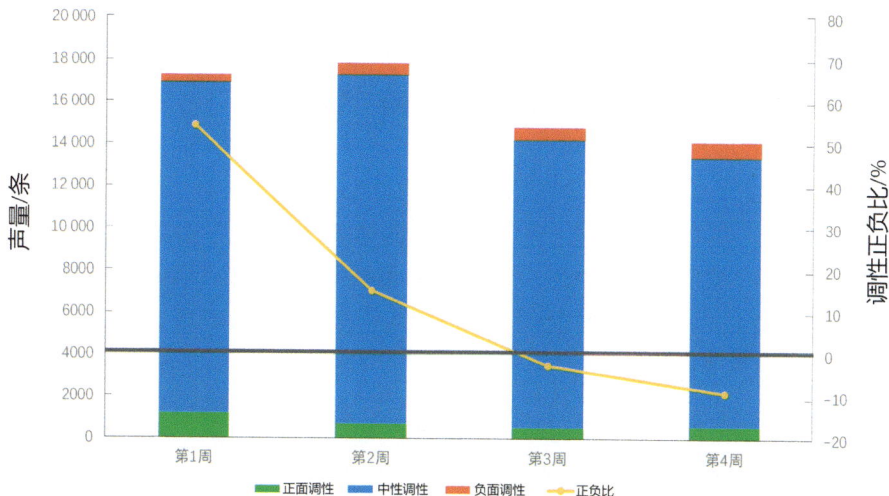

图 5.49　某个主题之下的声量和调性数据图

在图 5.49 中，柱子是用户发出的关于某个主题的全部内容，即声量。蓝色的部分是这些声量中中性调性的内容，绿色的部分是正面调性的内容，红色的部分是负面调性的内容。在理论上还有既有正面调性又有负面调性的内容，这类内容会在正面调性和负面调性中各算一个声量，也就是对这类内容会重复计算。不过别担心，这类内容的数量很少，大部分内容的调性都是单一的。

图 5.49 中的黄色的线是调性正负比，也叫调性比，是所有内容中正面调性的内容和负面调性的内容的对比比例，计算公式是（正面调性的内容数量 − 负面调性的内容数量）÷（正面调性的内容数量 + 负面调性的内容数量），如果调性正负比是负数，就表明负面调性的内容超过了正面调性的内容，负数的绝对值越大，负面调性的内容就比正面调性的内容多更多。

要得出上面的数据，就必须依赖于两件事情的达成：第一，要能够抓取社交内容；第二，要能够读懂社交内容。

抓取社交内容一般有两种方法。第一种方法是社交平台主动提供 API 接口，供第三方获取平台内的相关信息。例如，微博能够提供相关接口，允许第三方获取微博内部分的社交内容信息。

第二种方法是主流的方法，依赖于类似于搜索引擎爬虫的技术对社交内容进行爬取。这种方法之所以主流，是因为绝大多数的内容平台都不提供关于内容本身的 API，毕竟这些内容是这些平台的核心资源。这样，第三方想获得这些内容，就得靠"爬"。为了防止第三方爬取自己的内容，大部分社交内容平台都设有反爬虫机制。特别要注意的是，爬虫技术只可应用于没有设置禁爬的内容平台。

读懂社交内容更加重要，因为如果没有对社交内容进行深入阅读，就不可能做好社交内容的分析。

读懂社交内容

我十年前在我的文章《Sidney 的 IWOM 监测与分析：理解和实践》中提到社交和舆情内容分析的最大挑战是"汉语"。这里的 IWOM 是指 Internet Word of Mouth，即互联网上的舆论。

让机器理解自然语言非常困难，因此当时我们采用了大量的人力，依靠"人脑和双手"解决问题。但效率和准确性都不理想，管理成本却很高，所以这不是长久之计。不过这个情况悄然发生了改变。

近几年自然语言处理（Natural Language Processing，NLP）的一些发展已经能在一定程度上提升机器理解语言的效率，从而基本上能从"源头"解决社交内容分析的根本性问题。

得益于构建知识图谱（见图 5.50），机器理解语境的情况比过去要好。例如，"我喂给我的狗们一些馒头，但它们不爱吃。""我喂给我的狗们一些馒头，因为它们快过期了。"机器应该如何理解这两种语境下的"它们"分别指的是谁呢？

图 5.50   知识图谱中一个节点的示例

如果没有知识图谱，机器就无法分辨以上两种语境下的"它们"究竟是指馒头还是狗。但是，在知识图谱的帮助下机器就可以进行分辨（狗才会吃，馒头才会过期）。

除了知识图谱，另一种新的方法——预训练的语言模型也大大提升了 NLP 的效果。预训练的语言模型于 2015 年被提出，但直到近年才被证明在大量不同类型的任务中能起到非常有效的作用。语言模型嵌入可以作为目标模型中的特征，或者根据具体任务进行调整，从而能让机器在数据量十分有限的情况下有效学习。

能够正确解读自然语言，是社交内容数据监测与分析的一个重大突破，这意味着严肃的定量化的社交内容分析成为现实。

构建知识图谱

过去的社交内容分析一直被诟病流于表面、缺乏深度。要深度地进行社交内容分析，就必须解决两个问题：第一，内容与内容之间的关联；第二，内容与知识的关联。

对第一个问题，举一个例子，过去的社交监听（Social Listening）能够挖掘到现象，却无法进行深度分析，如我们能够通过社交监听了解某品牌的婴儿奶粉在消费者心目中是"容易造成宝宝上火"的，但为什么这个品牌的婴儿奶粉给消费者留下这样的印象呢？是某个"谣传"所致，还是众多消费者在互不影响的情况下分别提出的"抱怨"所致？这需要机器对内容与内容之间的关联进行分析与解读，才能解决这个问题。内容与内容之间的关联，通过社交内容分析工具在全面抓取数据的条件下就能实现，相对还是比较容易解决的。

第二个问题必须由知识图谱来解决。例如，有两个不同的消费者抱怨宝宝在食用了这个品牌的婴儿奶粉之后有不适的表现，一个宝宝的眼睛分泌物增加，另一个宝宝的大便干结。这两个表现都被消费者看成"宝宝上火"的症状，但在分析的时候，如果没有知识图谱，机器就不会把二者归类在同一个类别之下。内容与知识的关联是知识图谱最大的价值，其本质是让机器能够像人一样"联想"。

在某种程度上，自然语言处理只是让机器"认字"，而知识图谱才能帮助机器实现理解。真正的社交内容分析，必须有知识图谱作为基础。

百度百科对知识图谱的定义：知识图谱在图书情报界称为知识域可视化或知识领域映射地图，是显示知识发展进程与结构关系的一系列各种不同的图形，用可视化技术描述知识资源及其载体，挖掘、分析、构建、绘制和显示知识及它们之间的相互联系。知识图谱的体系结构如图 5.51 所示。

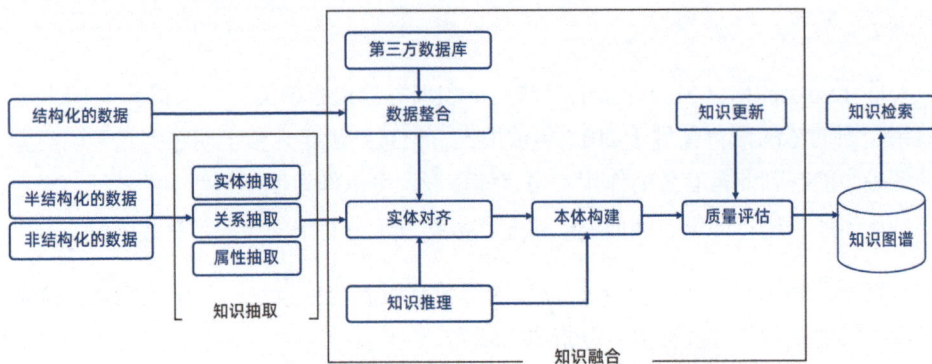

图 5.51　知识图谱的体系结构

（资料来源：本图结构引自顾鹏的公众号）

目前，知识图谱的 3 个核心信息抽取（实体抽取、关系抽取、属性抽取）算法已经比较成熟，而且各行业已经积累了相当多的语言语义的分类和结构化数据，进一步提高了知识图谱构建的效率和准确性。另外，知识图谱内的信息不是一成不变的，而需要随时间推移不断更新。知识图谱内的知识更新在过去一直比较麻烦，目前在技术上也有一定的突破，尤其是在目前知识融合和验证上，人工构建规则的经验积累也比过去要好。可以认为,如今在汉语领域中构建知识图谱的能力已经大有提高。

不仅能"听",还要能"看"

社交监听的说法看起来有些"过时"了。因为内容,尤其是社交内容,不只是文字,还夹杂了大量的图片、视频及音频。因此,突破社交监听中的只是"听"就非常重要,不仅能"听",还要能"看",这才是真正意义上的从社交监听向社交监控(Social Monitoring)的升级。

这同样必须基于人工智能,尤其是图像识别、语音识别和知识图谱技术。在这三者共同的协助下,社交内容分析正变得甚至比人工识别更加准确。

目前,社交内容分析常用的方法是利用图像识别,将图片或者视频中的各类元素识别出来,转化为带有权重的标签,并基于知识图谱识别其更准确的含义或者关联,如图 5.52 所示。

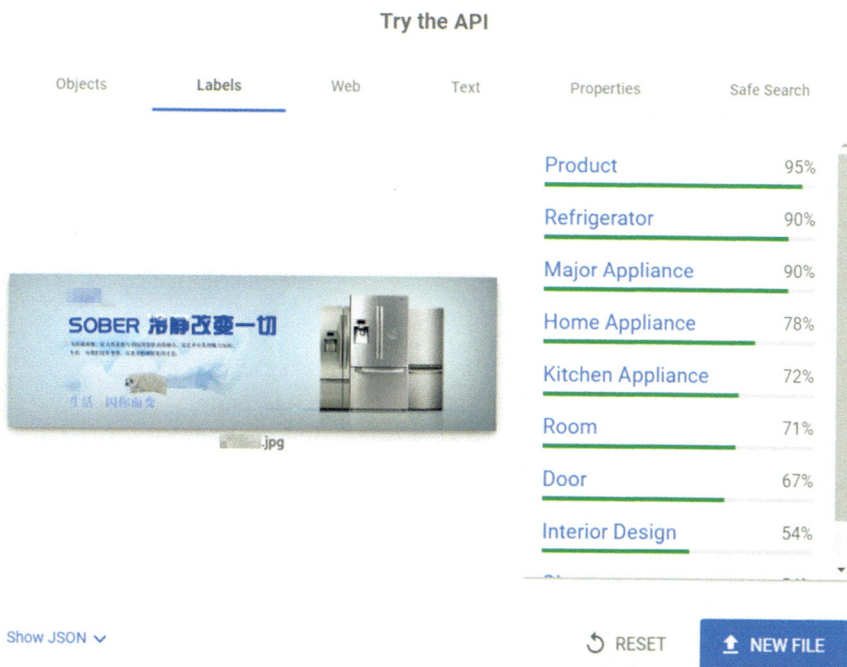

图 5.52 利用图像识别进行的社交内容分析示例

"听"和"看"背后,还得有速度。

互联网用户在网上发出的各种声音浩如烟海，不可能全部由人工去看，必须由机器进行抓取和处理。

目前，全网监测仍然非常困难，数据量太大，不现实，实时性也不佳。但并不是所有的工具都如此，如在特定平台上（如微博、微信、各种论坛）利用第三方社交监控工具，与社交平台提供的 API 实现的数据对接和处理速度已经可以实现"分钟级"，部分已经是"秒钟级"。类似的工具如 AdMaster 的 Social BI。

突破与正被突破的应用

社交与内容分析的应用，在很长一段时间内都是帮助企业在舆情中及时发现负面信息，或者总结文章发布之后能够传播多广、多久。这是传统的规则驱动和数据追踪模式下给出的惯常的解决方案，但显然不是如今人工智能支持下的社交内容分析应该给出的解决方案。

如今的社交内容分析已经可以更为全面、深入。关键词触发的原有方式已经过渡到理解消费者的思想。在 NLP 和知识图谱的帮助下，社交内容分析对于消费者的语言背后的含义，能够有更充分的理解与把握。

一个很有意思的案例，某车企，在推出一款新车之前，做了较大样本量的消费者调查，以衡量该车在消费者心目中的形象。调查的结果是，"安全性高"是该车非常重要的消费者投票的特征。因此，厂商铺天盖地的广告均强调该车的安全性。但该车在售卖之后，消费者在互联网上发出的声音则更多关注该车的"动力"问题，安全性则几乎无人讨论。

因此，对这个车企而言，营销的方向与策略，其实一开始就走偏了。如果不做社交和内容分析，也许就真的这么一直将就错下去了。

这时就需要知识图谱的帮忙，除了直接捕获"动力强大"这样的语言，消费者所讨论的"涡轮增压""推背感""轻松超车"等也都被归在"动力"话题之下。过去，这项工作需要人工阅读和分类来完成，如今的人工智能已经能够很好地直接读懂消费者语言背后的含义。

这个案例并非个例，企业所认为的品牌消费者感知，与消费者真正的感受常常存在非常显著的差异，这使企业对消费者真正在意的重点常常出现错误的理解或忽略。

例如，消费者对于汽车智能化的理解与汽车品牌自己的理解有显著的差异，如图 5.53 所示。汽车品牌以为消费者对汽车智能化的理解集中于自动驾驶，但在对消费者真正的社交内容进行分析之后我们发现，关于汽车智能化，消费者真正在意的是辅助驾驶。

图 5.53　消费者对于汽车智能化的理解与汽车品牌自己的理解有显著的差异

没有什么方法比直接询问消费者内心所想更能帮助企业找准自己的市场与品牌的定位了，显然，社交内容分析能够在这一领域中给出相当直接的答案。

5.3.4　用户引导

消费者交互的另一个重要领域是用户引导。所谓用户引导，是指你的触点平台上的导航（包含指引、提示等）、站内搜索等功能的恰如其分的供给，给用户带来的良好使用体验。

导航

导航在 PC 端和移动端都非常重要，尤其在受到屏幕大小限制的移动端。而 PC 端的导航，则更多依赖于"古老的"菜单功能和"面包屑"系统（Cookie）。

先来看 PC 端的导航。PC 端的导航主要研究下面几个问题。

第一个问题，我们会衡量导航体系整体被使用的情况，也就是查看用户是否需要频繁地使用导航。导航被过多地使用并不是好事，这说明用户在获取信息上存在困难，才会不断地尝试通过导航解决问题。

第二个问题，导航区域本身的设置是否合理？是否有一些导航的入口根本不值得放在导航区域，而另外一些应该添加进来？

对于第一个问题，我们用导航利用率进行分析。

导航利用率用来衡量网站导航整体被使用的情况，并进而推算用户是否过度或者过少使用导航。

导航利用率通过网站中导航的总点击密度来表现，其计算公式为

$$导航的总点击密度=\frac{导航区域的点击数}{总PageView-跳出流量的PageView}$$

分母为什么要减去跳出流量的 PageView 呢？原因在于，导航是否得到利用这个话题，对没有跳出的流量才是有意义的，而跳出的流量不涉及导航的利用。

导航利用率越高，表明导航区域被使用的概率越大。一般而言，导航利用率不超过 40% 是合理的，如果超过 40%，就说明用户过于依赖导航，存在找不到他们想找的信息的可能性。

你可能会提出一个问题——总的 PageView 和跳出流量的 PageView 容易获得，但导航区域的点击数如何获得呢？获得导航区域的点击数的方法有两种，这两种方法都不难。第一种方法是利用事件监测（埋点），对所有的导航条目都加上事件，并且将事件的类别都定义为"导航"，这种方法对网站和 App 都很有效。第二种方法是对所有的导航位置的链接 URL 都加上一个参数后缀，以区别它是用作导航的链接。例如，在首页的导航中有一个入口链接链接到销售 Prada 品牌商品的专题页面，这个入口链接本来是 http://www.chinawebanalytics.cn/prada.html，但因为它是导航，所以我为它添加了一个专门的参数 "?from=nav"，这个入口链接就变为 http://www.chinawebanalytics.cn/prada.html?from=nav。在谷歌分析之类的用户行为分析工具中，这个 URL 会被记为一个不同的页面，但并不影响用户打开网页，用户行为分析工具记录的所有含有 "?from=nav" 的页面的浏览量就大约是导航区域的点击数。

当然，第二种方法可能引起一个问题，即同样页面因为添加了 "?from=" 这样的参数而造成了重复页面（Duplicate Pages），从而影响 SEO 的表现。但这个问题实际上是很容易解决的。在 robots.txt 文档中添加 "Disallow: /*?*" 可以屏

蔽所有带动态参数的链接，如果只屏蔽带 "?from=" 参数的链接，用 "Disallow: /*?from=*" 即可。

导航利用率，常常要对不同人群进行分别统计，以判断导航的设计是否合理。最常见的人群细分方法是，对新、老用户分别计算导航利用率。如果新用户的导航利用率超过 40%，而老用户的导航利用率约为 20% 甚至更低，就说明新用户还在熟悉你的网站，也意味着你的网站可能要对新用户 "更友好"——对新用户进行一些指引，或者设计对新用户更友好的导航。但是，如果新、老用户的导航利用率都很高，就说明新、老用户在你的网站上寻找他们想要的信息时存在困难。

这时，我们需要查看导航区域的合理性（也就是 PC 端的导航主要研究的第二个问题）。

导航区域的合理性是指导航入口的设置是合理的。这些入口应该是用户常用，并且分类清晰、有逻辑性的，更重要的是，这些入口应该是能够被用户轻易找到且不会被用户随意忽视而起不到导航作用的。

图 5.54 显示了两个导航区域的用户点击情况。这两个导航区域中都有一些很少被点击的导航入口，尤其是第一个（红色）导航区域中的 "help" "contact us" "agents" 等。而第二个（蓝色）导航区域中的 "our trips" "your booking" 又有太多的点击，甚至人们几乎就是冲着这两个入口来的。因此这些导航还有优化的空间。

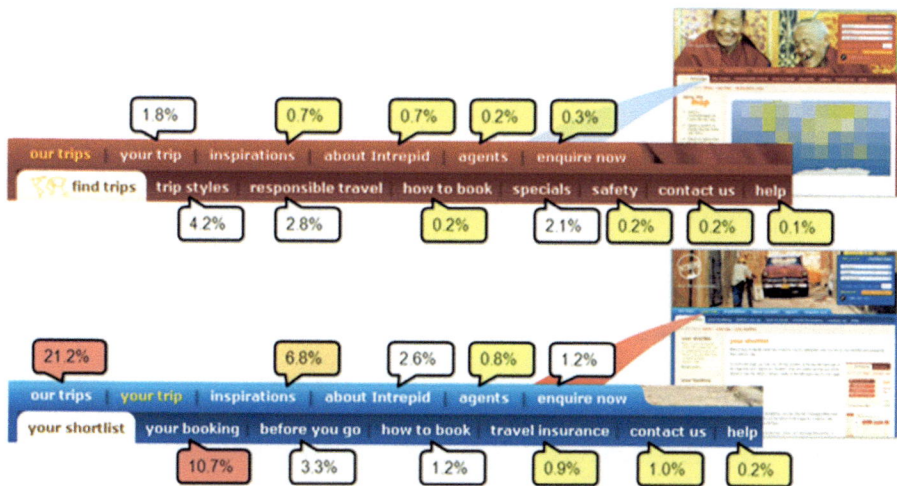

图 5.54 两个导航区域的用户点击情况

总体上，我们认为导航的点击不太可能平均分布，但是，如果有过于密集的点击入口，或者过少的点击入口，你应该考虑优化。过于密集，意味着这个页面上该路径或者该功能的进入方式太过单一，可以考虑增加一些辅助入口。过少的点击，意味着这个入口出现在导航区域中的价值值得重新掂量。

另外，站内搜索报告能够直接提供关于用户需求的信息，如导航菜单中的某个条目，如果在站内搜索中有较大的搜索量，我们就应该考虑让它出现在导航菜单中或者让它有更好的"排名"。下面的这个女装电子商务网站的数据显示了这一点。在站内搜索中，"White dress"最受关注（见图 5.55），表现出更大的需求，但"White Dresses"在导航菜单的"SHOP BY COLOR"条目中排在倒数第三位，如图 5.56 所示。

搜索字词	唯一身份搜索次数总计	每次搜索的结果浏览量	搜索后退出次数所占百分比	搜索优化百分比	搜索后停留的时间	平均搜索浏览页数
	207,270 占总数的百分比: 100.00% (207,270)	1.92 平均浏览次数: 1.92 (0.00%)	34.71% 平均浏览次数: 34.71% (0.00%)	19.36% 平均浏览次数: 19.36% (0.00%)	00:03:46 平均浏览次数: 00:03:46 (0.00%)	2.83 平均浏览次数: 2.83 (0.00%)
1. White dress	4,317 (2.08%)	2.30	52.68%	9.69%	00:03:39	2.09
2. Red dress	2,723 (1.31%)	1.92	42.05%	14.36%	00:04:05	2.71
3. Jumpsuit	2,602 (1.26%)	1.87	52.65%	7.89%	00:03:15	2.16
4. Dresses	2,577 (1.24%)	2.10	43.00%	12.50%	00:04:44	2.89
5. Black dress	1,964 (0.95%)	2.11	41.65%	14.60%	00:04:50	2.98
6. Green dress	1,963 (0.95%)	2.15	51.10%	11.64%	00:03:43	2.07
7. Dress	1,947 (0.94%)	2.04	42.89%	14.35%	00:04:55	2.77
8. Maxi dress	1,648 (0.80%)	2.42	49.39%	9.98%	00:04:26	2.13
9. Blue dress	1,489 (0.72%)	2.19	41.57%	16.70%	00:04:39	2.31
10. Lace dress	1,431 (0.69%)	2.15	42.14%	14.35%	00:04:39	2.48

显示行数: 10 转到: 1 第 1-10 项，共 45890 项 < >

图 5.55　在站内搜索中，"White dress"最受关注

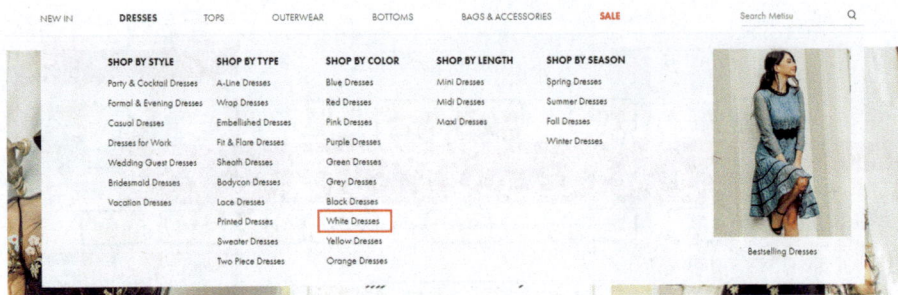

图 5.56　"White Dresses"在导航菜单的"SHOP BY COLOR"条目中排在倒数第三位

从使用体验角度来说，如果导航本身很重要，那么最好不要采用弹出式菜单的展现方式。

例如，在 IBM 网站的一个经典测试中，IBM 页面导航的 B 版本（见图 5.58）的平铺菜单的交互率比原始的 A 版本（见图 5.57）的弹出式菜单的交互率高 218%（置信度为 99.9%）。

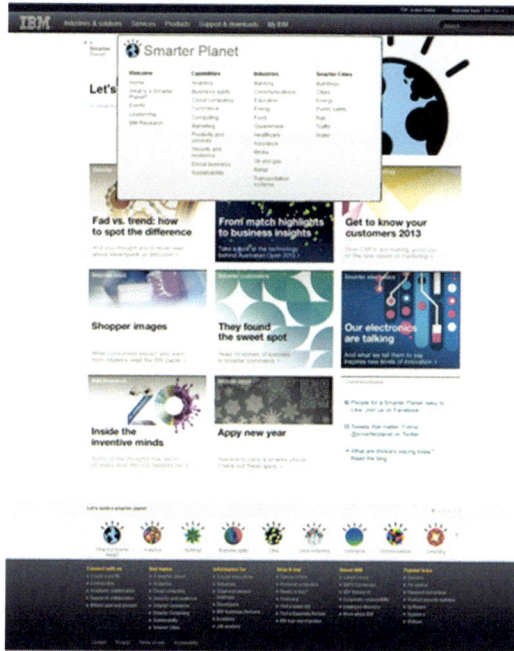

图 5.57　IBM 页面导航的 A 版本

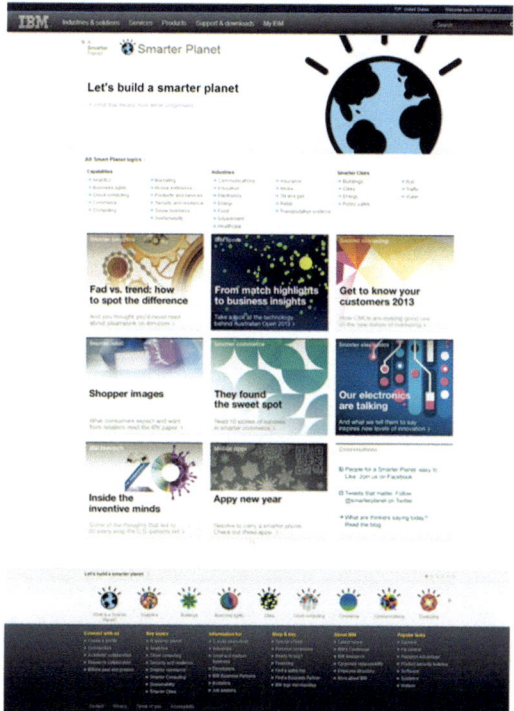

图 5.58　IBM 页面导航的 B 版本

目前，苹果官网首页中的所有导航都没有采用弹出式菜单的展现方式（见图 5.59），原因在于导航在苹果官网首页是极为重要的。

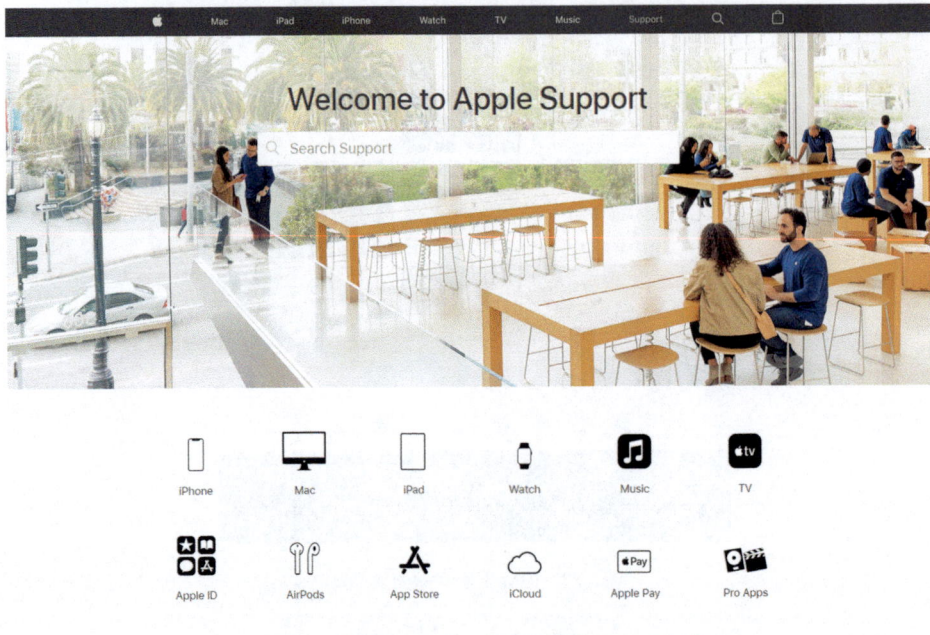

图 5.59　苹果官网首页的导航

与 PC 端的导航设置相比，移动端的情况有很大不同。移动端必须摒弃弹出式菜单，或者至少要非常谨慎地使用弹出式菜单。

例如，Lenovo 的 PC 端官网首页导航的弹出式三级菜单（见图 5.60）在 Lenovo 的移动端官网首页导航中只保留了一级菜单（见图 5.61）。

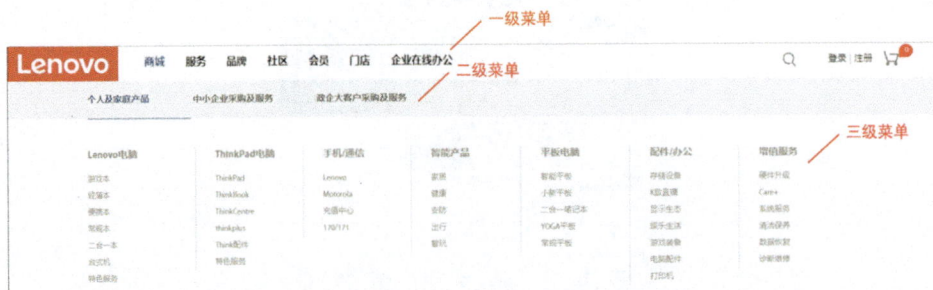

图 5.60　Lenovo 的 PC 端官网首页导航的弹出式三级菜单

图 5.61　在 Lenovo 的移动端官网首页导航中只保留了一级菜单

因此，在移动端，一个关于导航的指标就显得比较重要（当然，在 PC 端也可以使用这个指标），这个指标就是在点击一个导航条目进入相应页面之后，又回退到上一页或重新点击其他同级导航条目的概率，这个概率叫作再次导航率。

利用事件监测（埋点）可以计算点击各导航条目的数量，利用路径分析功能可以展示人们点击某个导航条目之后的行为。这些行为中的回退到上一页或者重新点击其他同级导航条目的行为数量，占上一次导航互动总数量的比例，就是再次导航率。如果再次导航率很高，就表示某个导航条目可能是无效的。

例如，在如图 5.62 所示的这个例子中，点击首页中的某个导航条目（这个导航是我的博客的时间线导航，后来被去掉了），看到进入导航条目中的对应页面之后又回到首页的比例大约是 19.57%，这意味着，即使所有退回首页的流量都再一次进行了导航，再次导航率也不会超过 20%，这个结果还不错。

| 网页分组依据: | 未分组 | | 当前选择: | ████████████████ .ndex.php?from=timeline ∨ |
| 显示行数: | 10 ▼ | | | |

进入 2020-2-1 - 2020-4-17: 83.85%   退出 2020-2-1 - 2020-4-17: 78.41%

先前网页 2020-2-1 - 2020-4-17: 16.15%   后续网页 2020-2-1 - 2020-4-17: 21.59%

先前网页路径	网页浏览量	网页浏览量百分比
/march-of-2019-beijing-song-xing-course-12th/index.php	4	17.39%
/in-the-first-class-registration-of-song-xing-in-2020/index.php	3	13.04%
/index.php	3	13.04%
/宋星的半小时读懂系列：半个小时读懂阿里品牌数/index.php	2	8.70%
/category/events/index.php	2	8.70%
/【脑图】营销技术的裂变与聚合/index.php	1	4.35%
/30-minutes-to-learn-tencent-tdc/index.php	1	4.35%
/4大类50个核心名词：互联网智能营销名词速览v1/index.php	1	4.35%
/author/admin/index.php	1	4.35%
/brand2-0/index.php	1	4.35%

搜索: _____

后续网页路径	网页浏览量	网页浏览量百分比
/march-of-2019-beijing-song-xing-course-12th/index.php	25	27.17%
/index.php	18	19.57%
/2019120708-shanghai-songxingcurriculum/index.php	11	11.96%
/宋星的半小时读懂系列：半个小时读懂阿里品牌数/index.php	6	6.52%
/author/admin/index.php	3	3.26%
/in-the-first-class-registration-of-song-xing-in-2020/index.php	3	3.26%
/songxing-open-classes/index.php	3	3.26%
/【万字长文】深度解读2018年互联网营销的新生态/index.php	2	2.17%
/消费者旅程（cxj）与消费者时刻（mot）/index.php	2	2.17%
/data-driven-marketing-of-song-xing-course/index.php	2	2.17%

搜索: _____

此报告的生成时间是 2020/4/17下午12:39:02 - 刷新报告

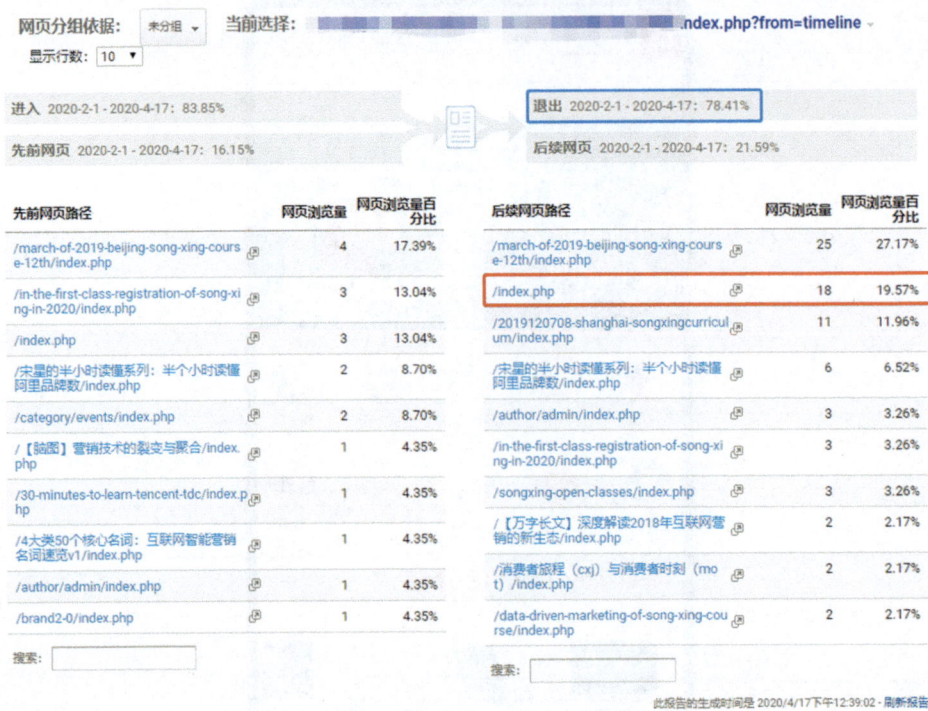

图 5.62　点击某个导航条目之后的流量行为分布

　　如果某些导航条目的再次导航率很高，就意味着这些导航条目的文案不准确，引发了用户的错误预期。

　　另外一个指标被称为"导航退出率"，对 PC 端和移动端都适用，指点击某个导航条目进入到对应页面之后，什么也没有做就离开网站这种情况占所有点击导航的 Session 的比例。在图 5.62 中，这个导航条目的导航退出率是 78.41%，情况相当不理想。我们应该优化导航条目吗？或许我们更应该优化导航条目指向的页面。

　　如果是利用事件监测（埋点），那么计算方法是计算"下一步行为"报告中全部下一步行为的总数与该导航条目被点击总数的差值，这个差值就是没有再发生行为的数量，可以把这个差值近似当作点击该导航条目后跳出的数量。

　　导航退出率高意味着点击某个导航条目之后，用户发现导航对应的页面上的内容与导航文案不匹配，而失望地离开。再次导航率和导航退出率之和可以统称为导航失效率。导航失效率越高，导航的潜在问题就越严重。

站内搜索

站内搜索虽然包含"站内"二字，但它不仅对网站适用，对 App 也适用。

我们对站内搜索的关注主要集中在搜索利用率、零结果页面、搜索退出率、再次搜索率及搜索发起页上。

搜索利用率和导航利用率相似，搜索利用率的计算公式也很简单：

$$搜索利用率=\frac{搜索结果页面的PV}{总PV-跳出流量的PV}$$

搜索利用率高，表明用户对搜索更加依赖。如果搜索利用率和导航利用率都较高，就说明用户不能自发找到相关信息的可能性大，也意味着企业应该关注自己的触点平台是否具备合理的信息组织。

除了搜索利用率需要我们自己计算，其他的几个关键点都可以通过用户行为分析工具直接获得。例如，对于高搜索退出率和高再次搜索率的站内搜索词，谷歌分析能提供站内搜索词报告，谷歌分析的站内搜索词报告示例如图 5.63 所示。

搜索字词	唯一身份搜索次数总计 ↓	每次搜索的结果浏览量	搜索后退出次数所占百分比	搜索优化百分比	搜索后停留的时间	平均搜索浏览页数
	207,270 占总数的百分比: 100.00% (207,270)	1.92 平均浏览次数: 1.92 (0.00%)	34.71% 平均浏览次数: 34.71% (0.00%)	19.36% 平均浏览次数: 19.36% (0.00%)	00:03:46 平均浏览次数: 00:03:46 (0.00%)	2.83 平均浏览次数: 2.83 (0.00%)
1. White dress	4,317 (2.08%)	2.30	52.68%	9.69%	00:03:39	2.09
2. Red dress	2,723 (1.31%)	1.92	42.05%	14.36%	00:04:05	2.71
3. Jumpsuit	2,602 (1.26%)	1.87	52.65%	7.89%	00:03:15	2.16
4. Dresses	2,577 (1.24%)	2.10	43.00%	12.50%	00:04:44	2.89
5. Black dress	1,964 (0.95%)	2.11	41.65%	14.60%	00:04:50	2.98
6. Green dress	1,963 (0.95%)	2.15	51.10%	11.64%	00:03:43	2.07
7. Dress	1,947 (0.94%)	2.04	42.89%	14.35%	00:04:55	2.77
8. Maxi dress	1,648 (0.80%)	2.42	49.39%	9.98%	00:04:26	2.13
9. Blue dress	1,489 (0.72%)	2.19	41.57%	16.70%	00:04:05	2.31
10. Lace dress	1,431 (0.69%)	2.15	42.14%	14.35%	00:04:39	2.48

显示行数：10 ▼ 转到：1 第 1 - 10 项，共 45890 项 〈 〉

图 5.63　谷歌分析的站内搜索词报告示例

图 5.63 中的"搜索后退出次数所占百分比"就是搜索退出率，指在搜索发生之后，用户就离开网站这种情况占所有发生搜索的 Session 的比例。图 5.63 中的"搜索优化百分比"就是再次搜索率，指在搜索发生后，用户又立即再次进行搜索这种情况占所有发生搜索的 Session 的比例。这两个比例的总和就是搜索失效率。

如果搜索失效率超过 50%，就意味着搜索的体验已经相当不好。

零搜索结果搜索词报告是另一个重要的报告（谷歌分析中没有这个报告），

Adobe Analytics（奥多比分析，其前身是 Omniture）能提供这个报告。

在如图 5.64 所示的零搜索结果搜索词报告中，搜索词 "handicom" 是返回零结果最多的。如果我们帮助了这些搜索 "handicom" 的用户，并满足了他们原本想了解 "handycam" 的意图，对我们的转化率一定大有裨益。

Correlation Filter			
	Number of Search Results = 0	13,471	1.00%
	Internal Search Terms	■ Page Views	
1.	handicom	2,516	18.7%
2.	liptop	2,139	15.9%
3.	pso	1,818	13.5%
4.	laptyps	1,545	11.5%
5.	viao	1,313	9.7%
6.	ipod	1,116	8.3%
7.	dvd righter	949	7.0%
8.	ditigal cmaera	807	6.0%
9.	televsion	686	5.1%
10.	mp3 plover	583	4.3%

图 5.64　零搜索结果搜索词报告

搜索发起页是指搜索行为都发生在哪些页面上。搜索发起量大的页面上，往往需要根据搜索量较大的词添加针对这些词的导航、指引或提示，以让用户可以直达，而无须再搜索。

例如，在如图 5.65 所示的搜索发起页报告中，对 "handycam" 这个搜索词而言，用户更多地在首页发起对这个词的搜索。这意味着，首页最好能满足这些用户的需求，否则他们可能认为这个网站并不能让他们更多地了解这个商品，因而也就更不会去购买这个商品了。

Correlation Filter			
	Origination Page = homepage	13,471	1.00%
	Internal Search Terms	■ Page Views	
1.	handycam	2,516	18.7%
2.	laptop	2,139	15.9%
3.	psp	1,818	13.5%
4.	laptops	1,545	11.5%
5.	vaio	1,313	9.7%
6.	ipod	1,116	8.3%
7.	dvd writer	949	7.0%
8.	dvd player	807	6.0%
9.	dvd	686	5.1%
10.	mp3 player	583	4.3%

图 5.65　搜索发起页报告

5.4　利用数据优化微观转化

转化是数字化营销与运营的重中之重，也是数据应用的重要场景之一。有一句话说得好，"没有转化就没有增长"。对转化的优化，就是在优化增长本身。所谓转化，是指营销目的的达成，这些目的有的接近终极目的，如消费者（或客户）发生实际的购买，因此购买也被称为最终转化；有的是实现终极目的过程中的一些颇具里程碑意义的行为，如提出购买意向、将商品添加到购物车、向企业的销售人员咨询等，这些行为也被称为过程转化或微转化。

无论是最终转化还是过程转化，都意味着此前的营销与运营的努力产生了或多或少的效果，而通过更科学的策略和行动不断提升转化效果，是所有营销与运营追求的方向。因此，不仅是本节，第 6 章也会围绕与转化相关的运营做介绍。本节从消费者交互体验的角度来介绍如何利用数据优化转化，第 6 章会从数字化的消费者深度运营的角度来介绍如何利用数据优化转化。

5.4.1　转化的宏观漏斗和微观漏斗

转化漏斗是用来分析转化的必用方法，尤其是对于存在多个转化步骤的转化，转化漏斗更是重要。

对于转化漏斗，业界有两种理解。一种是宏观的，是指在营销的过程中，从完全不认识你的普罗大众，到最终成为你的顾客的过程。

例如，广告触达到的人就是宏观漏斗的上层；这些人到了你的网站、App 或者电商店铺中，就是到了宏观漏斗的中层；这些人进入购物车、合同、订单、支付等环节，就是到了宏观漏斗的底层。

在这个理解之下，在英语中又有 TOF、MOF、BOF 的说法，即宏观漏斗的顶端（Top of Funnel）、中端（Middle of Funnel）及底端（Bottom of Funnel），它们对应的消费者的阶段则是 TOF 的曝光认知（Awareness）阶段，MOF 的兴趣（Interest）、考虑（Consideration）与评估（Evaluation）阶段，以及 BOF 的决定（Decision）阶段。

图 5.66 所示的宏观漏斗囊括了营销与运营的几乎全部过程（没有囊括消费者的忠诚维系及裂变扩张与增殖过程）。因此，宏观漏斗一定是跨域的，往往是多种触点共同参与的，甚至是线上和线下融合在一起的。其实，这本书的大部分内容，也都与这个大的宏观漏斗是直接相关的。

宏观漏斗除了具有 TOF、MOF 和 BOF 模型之外，还有非常古老的模型，即 AIPL 模型，即 Awareness（认知）、Interest（也有叫 Preference 的，指兴趣和偏好）、Purchase（购买）、Loyalty（忠诚）模型，它弥补了图 5.66 所示的宏观漏斗中缺乏消费者的忠诚维系的缺陷。

漏斗顶端（TOF）——意识
    a. 品牌推广（非商品）
    b. 教育市场或"洗脑"类的物料
    c. "痛点"问题的认知
    d. 机会丧失意识

漏斗中端（MOF）——考虑
    a. "痛点"问题解决方案（价值支柱）
    b. 买家指南/对比图
    c. ROI计算
    d. 定性研究

漏斗底端（BOF）——决定
    a. 社交验证（第三方评论、案例研究、证言）
    b. 定价、演示
    c. 销售代表完成销售促成

TOF
产生潜在客户 | 意识

MOF
强调差异化 | 考虑

BOF
促成 | 决定

图 5.66　宏观漏斗

然后，进一步又有 AARRR 模型，AARRR 是 Acquisition（流量获取）、Activation（激活）、Retention（维系）、Revenue（转化）、Refer（增殖）这 5 个单词的首字母缩写。AARRR 模型的本质是在 AIPL 模型的基础之上，增加了 Refer 环节，它弥补了图 5.66 所示的宏观漏斗没有把消费者裂变扩张与增殖囊括进来的缺陷。无论模型的英文名称是什么，其本质都是引流、承接、交互、转化、忠诚、增殖的过程。

我在这里要简要介绍增殖。增殖和增值是不同的。今天所说的裂变也好，社群营销扩张也好，本质上就是通过老客户，带来新的客户的增加，如同自然界的繁殖，所以是"殖"这个字。而"增值"，就是价值的提升，或者收入的提升。二者意思有类似，但其实不一样。

宏观漏斗的转化成败，与营销和运营的宏观策略息息相关，甚至与产品和经营的策略也直接相关，是一个很大的范畴。

本节所讲的漏斗是与宏观漏斗相对应的微观漏斗。所谓微观漏斗，是指在某个触点上发生的从进入转化流程到完成转化的一步一步的过程。

例如，对一个航空公司的网站或 App 而言，转化漏斗常常是从进入购票页面开始，到最终购票完成。对一个 O2O 的 App 而言，则是从进入具体商家页面开始，直到完成下单的一步一步的过程。而电子商务，则是从商品详情页（Item Page，简称 IP，这个词值得记住，这是在电商领域中常常会遇到的词），到购物车，再到订单，再到支付完成的一步一步的过程。

从微观漏斗的角度观察转化的成败，会发现转化与消费者的体验直接相关。

消费者的体验主要包括转化的流程是否合理、引起消费者兴趣的信息是否合理、是否存在对于完成转化的干扰等。

无论是宏观漏斗，还是微观漏斗，都有一个共性，那就是，越往下人数或者流量就会越少。

例如，在宏观漏斗中，引流（流量获取）阶段触达的人数肯定比对你的商品感兴趣的人数多,而最终购买你的商品的人数肯定不会超过对你的商品感兴趣的人数。同样，在微观漏斗中，查看商品详情页的人数比将商品添加到购物车的人数多。在转化漏斗从上到下的过程中，相邻两个步骤之间人数或流量的差值称为流失（Fall Out）。

5.4.2　转化漏斗分析

对于转化漏斗，想必部分读者朋友们已经比较熟悉了。但考虑到整本书的系统性，我还是对它做一个介绍，已经很熟悉这部分的朋友可以略过。

转化漏斗分析方法，是把转化过程中的每一步的流量都进行统计，然后查看每一步的流失有多少，从而分析转化过程中的哪一步存在问题。

图 5.67 展示了正常的转化漏斗和存在问题的转化漏斗的差异。

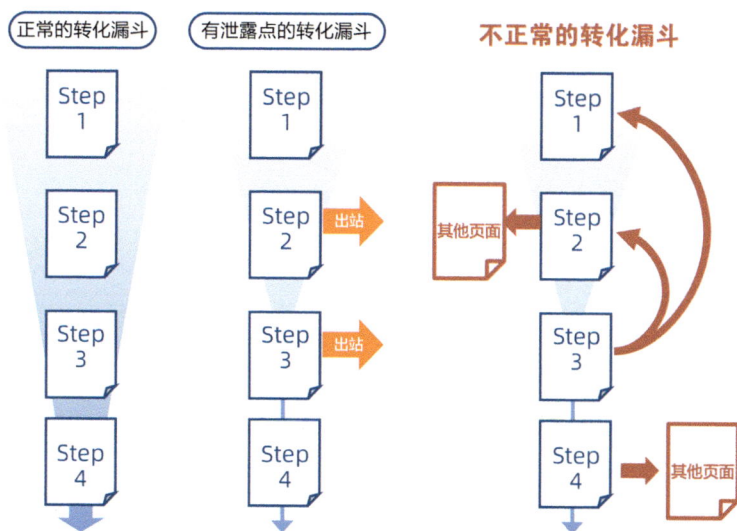

图 5.67　正常的转化漏斗和存在问题的转化漏斗的差异

正常的转化漏斗，每一步都有一些流失，但是并没有出现到某个环节大量流失的情况。如果转化漏斗的某个步骤出现了"泄露"，就会出现类似图 5.67 中的"有泄漏点的转化漏斗"的情况，在 Step 2 和 Step 3 中都有大量直接出站的流失。另一种不正常的转化漏斗同样存在到了某些环节大量流失的情况，但却不是直接出站，而是进入站内（或 App 内）的其他地方，而没有完成最终的转化。这些情况都意味着我们千辛万苦换来的已经进入转化的最后步骤的这些消费者，却没有最终完成转化，就像煮熟的鸭子，又飞了。

几乎所有的用户行为分析工具都支持对转化漏斗的步骤进行统计，但转化漏斗并不会由工具自动为你生成，也就是说，你需要在工具中手动设置你要统计的转化漏斗的步骤，把转化的每一步都填入工具中，工具才会帮你统计转化的情况。

例如，谷歌分析的转化设置界面如图 5.68 所示，只有在其中做好设置，转化漏斗报告中才会有数据。具体设置的方法通常是把转化结果页面及转化过程中的页面（或屏幕）的名字（或 URL、URI[①]、事件名、App URL Scheme 等能够标定不同页面的标记方法）填入转化设置界面中，并保存。

图 5.68　谷歌分析的转化设置界面

---

① URI 是 Uniform Resource Identifier（统一资源标识符）的缩写。URL 是 URI 的一个子集。

需要注意的是，不同的工具对转化环节的标记方法不同，如网站端主要用和转化相关的页面的 URL、URI 标记转化步骤，并且还分是否支持区分尾部参数。因为同一个 URL 可以缀有不同的尾部参数，支持区分尾部参数的工具会认为不同尾部参数的同一个 URL 不能算同一个页面。而 App 端则主要用事件名来标记不同的转化环节，也有使用 Screen Name（即 App 的页面名）或 App URL Scheme 来标记不同页面的，但较为罕见。各种工具的标准不同，所以工具对转化环节的标记方法一定要询问工具的提供商。

在以上设置生效后，用户行为分析工具就会开始记录数据，并生成转化漏斗报告。谷歌分析的转化漏斗报告如图 5.69 所示。

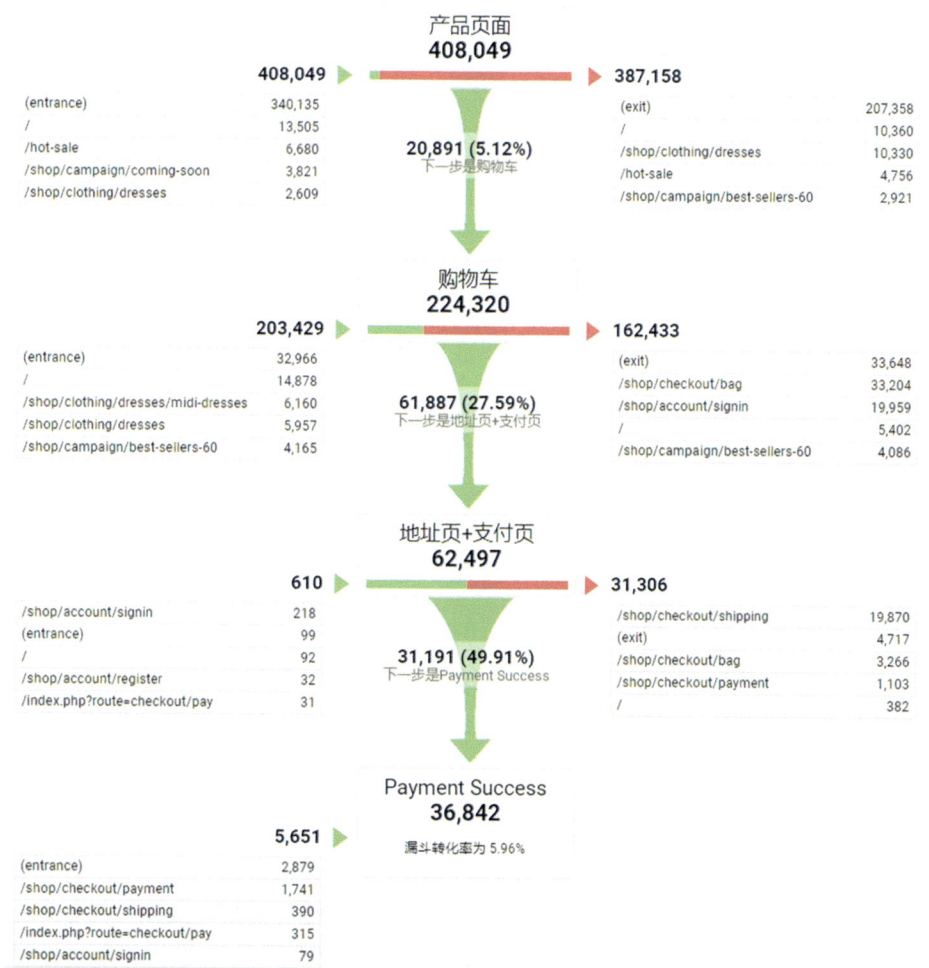

图 5.69　谷歌分析的转化漏斗报告

转化漏斗非常直观，它能很快地帮助我们找到可能存在问题的地方。例如，在图 5.69 中，流量从商品详情页面进入购物车页面的转化率是 5.12%，这个值偏低，意味着消费者在看到商品详情之后，将商品添加到购物车的意愿并不强烈。

如果消费者添加购物车的意愿不强，是否说明商品详情页存在问题？有这个可能，但并不绝对，因为某个环节转化率低下的种子也许在更早之前就已埋下。举一个例子，如果消费者是通过点击了首页的超级促销，或者是点击了大肆宣传超级折扣的促销的广告，而进入到商品页面，但发现商品页面上并没有任何价格的优惠，如果是你，会不会感觉上当？这时，即使这个商品还不错，价格也不高，你可能仍然不会考虑购买了。这会造成购物车添加率的低下，但却不能归咎为商品页存在问题，更前端的优惠宣传才是"始作俑者"。这种情况其实挺常见，我们经常能遇到优惠已经结束，但首页和广告却没有及时撤下相关信息的情况。

上面的例子警示了对转化漏斗的误用——当看到转化率较低的步骤时，我们通常会认为一定是这个步骤出现了问题，然后想尽办法调整这个步骤，就像上面说的这种情况，一个劲儿地去寻找是不是商品页面出了什么问题，实际上却是南辕北辙。

转化漏斗分析方法从来就不是一个能够"单打独斗"的方法。如果仅仅只是用漏斗去分析转化，那么除了能够说明在哪一个步骤上的转化率偏低之外，它什么也无法解答。在这一点上，其实它的局限性和我们前面讲的跳出率类似，都只能在宏观上描述一个事情的大概状况，却无法提供更细节的帮助。

那么，正确的方法是什么？

转化漏斗分析方法属于经典方法，但只应用这种方法还不够。一般而言，我们主要应用它发现问题，即找到存在"转化泄露"的步骤，再配合另外一些工具继续研究具体是哪里存在问题，以及问题背后的原因。

经常与转化漏斗配合使用的工具是页面上下游分析工具。这个工具的目的是展示某个转化步骤的上、下游流量从哪里来、到哪里去，从而帮助我们分析该转化步骤可能发生了什么。

图 5.70 是谷歌分析的页面上下游分析工具，名字叫"导航摘要"，其实我们在 5.3.4 节中就已经见过它了。这张图向你表明，来到"Product"页面（也就是产品页面）的流量，40.85% 是来自于站外的流量（这个例子中站外流量主要是这个企业做的广告）；其次，是来自于首页的流量，占 29.80%。如果广告和首页真的有不正确的促销信息，那么"Product"页面的添加购物车转化（也叫加购率）不好，也就有了一个合理的解释。

网页分组依据：　未分组 ▾　当前选择：　**Prodcut** ▾　显示行数：　10 ▾

| 进入 2019-3-1 - 2020-3-1: 40.85% | | | | 退出 2019-3-1 - 2020-3-1: 37.91% | | | |
| 先前网页 2019-3-1 - 2020-3-1: 59.15% | | | | 后续网页 2019-3-1 - 2020-3-1: 62.09% | | | |

先前网页路径		网页浏览量	网页浏览量百分比	后续网页路径		网页浏览量	网页浏览量百分比
/		47,346	29.80%	/		42,941	23.45%
/shop/checkout/bag		31,866	20.06%	/shop/checkout/bag		32,444	17.72%
/shop/campaign/50-off-sale		13,485	8.49%	/shop/campaign/50-off-sale		18,692	10.21%
/shop/clothing/dresses		7,632	4.80%	/shop/clothing/dresses		13,630	7.44%
/shop/collection/little-black-dresses		5,008	3.15%	/shop/campaign/clearance-sale		6,947	3.79%
/shop/account/order-history		4,713	2.97%	/shop/collection/little-black-dresses		5,572	3.04%
/shop/account/signin		4,524	2.85%	/shop/account/signin		4,453	2.43%
/shop/campaign/clearance-sale		3,492	2.20%	/shop/account/order-history		3,988	2.18%
/shop/campaign/wishlist		2,401	1.51%	/shop/campaign/shop-all-sale		3,634	1.98%
/shop/collection/best-sellers		1,816	1.14%	/shop/collection/best-sellers		2,400	1.31%

搜索：　　　　　　　　　　　　　　　　　　　　　　　搜索：

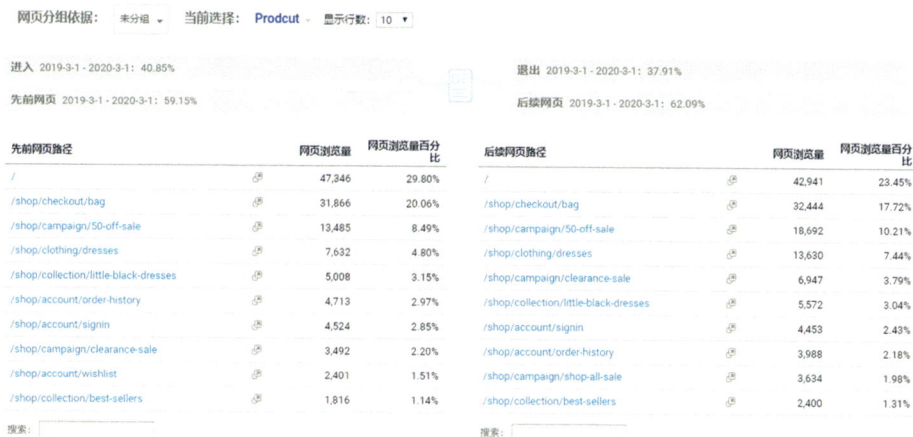

图 5.70　谷歌分析的上下游分析工具报告

查看某个步骤的下一步流量去向，也很有价值。

例如，某航空公司的转化路径上出现了回流现象，当消费者进入航班详情页之后，由该步骤下游流向的数据可知，有大量流量回到航班详情页之前的页面——选择航班页，如图 5.71 所示。一般情况下，航班订票不会出现退回上个步骤的情况，如果这种情况大量出现，就说明存在对消费者的误导，让消费者不得不回到上个步骤重新核实相关信息。在这个例子中，这个问题严重抑制了该航空公司的线上订票转化率。

图 5.71　某航空公司的转化路径出现了回流现象

转化漏斗也常常跟热力图一起使用。

例如，图 5.72 展示了某洗车 O2O App 的订单完成转化率。从图 5.72 中可以看出，大多数已经注册（Sign Up）的消费者并没有完成最后的订单（Book），这个App 的订单转化率只有 3.8%。

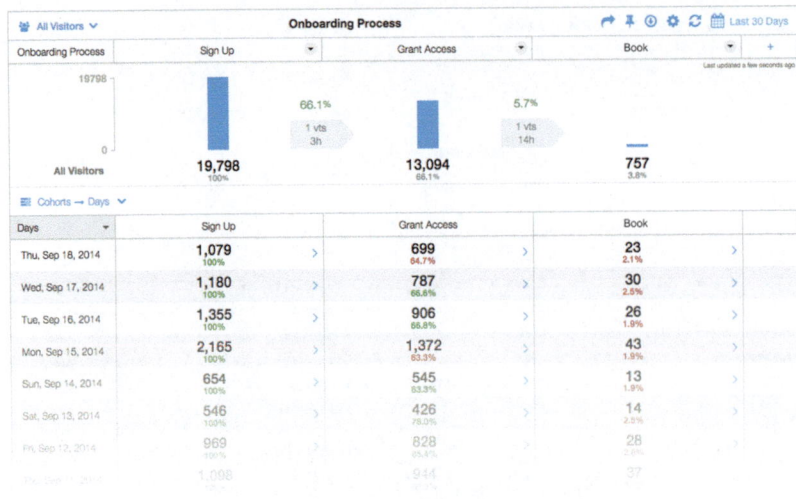

图 5.72　某洗车 O2O App 的订单完成转化率

利用 App 热力图工具，可以看到用户在这个软件主页面上的行为：用户比较忽略顶部蓝底白字的"Internal clean"（内部清洗）选项，如图 5.73 所示。在这个选项中，可以选择内部清洗还是只清洗车的外部。如果选择内部清洗，就意味着用户需要留给洗车员车钥匙，而留下车钥匙比较麻烦，可能会直接降低用户的下单意愿。从热力图的情况来看，用户似乎很少主动选择修改"Internal clean"选项，这就意味着他们会在点击"BOOK CLEANING"（订购清洗服务）按钮后被要求提供车钥匙放在哪里的信息，而这个要求会让用户感到意外，导致他们放弃订购清洗服务。

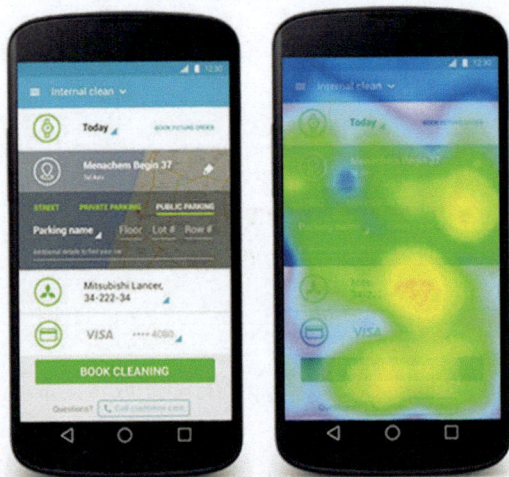

图 5.73　案例 App 主页面的热力图

基于热力图的分析，修改界面，情况就大为改观，如图 5.74 所示。蓝色底白色字这样视觉不显著的设计被去掉，而"Internal clean"也被改为点选的"Full clean"（全面清洗）和"Exterior clean"（只清洗外部），用户被默认设置弄迷惑的可能性大大降低了。转化率也提升到 5.1%。

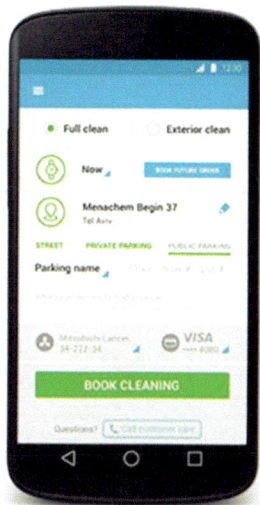

图 5.74　修改后的主页面

当然，大部分读者可能没有 App 端的热力图，但其实并不用担心，我们可以用交互（点击）分布图代替 App 端的热力图（详见 5.1.4 节的内容）。

总体来看，转化漏斗在用于分析消费者转化的"最后一公里"的转化情况时是非常好的工具，但它必须与其他工具或方法结合起来使用，否则它很难告诉我们更加具体的"幕后故事"。

转化漏斗并不是只存在于线上世界中，在线下，它也是一个十分常用的工具。

例如，通过线上获取销售线索，然后通过电话销售人员说服消费者购买的模式是非常常见的模式，to B、教育、金融等行业都大量采用这种模式。在这种模式下，转化漏斗的构建显然也需要能覆盖到线下。一个典型的转化漏斗过程是线上广告 → 着陆页 → 点击"咨询"按钮（或在表单中留下自己的联系方式）→ 与电话销售人员进行通话 → 下订单 → 支付。这个过程中的每一步都可能出现问题，而转化漏斗也必然需要覆盖线上和线下（主要是与销售人员进行通话）的全部过程。

我曾经亲见一个有趣的案例。一家教育公司，其学员是通过信息流广告投放和搜索引擎竞价排名广告投放获得的。因为是学历教育，所以学员在能够报名支付之前需要进行一个"象征性"的面试。这家公司的最终转化率总是很低,用这家公司的专业术语说是销转率很低。所谓销转率,是这家公司定义的最终付款的人数占留资的人数的比例。

这家公司一直质疑其线上营销团队的能力,认为其线上营销团队带来的留资质量太差,导致没有好的转化结果。

为了搞清楚原因,建立一个转化漏斗是很必要的。这家公司的转化流程如图5.75所示。

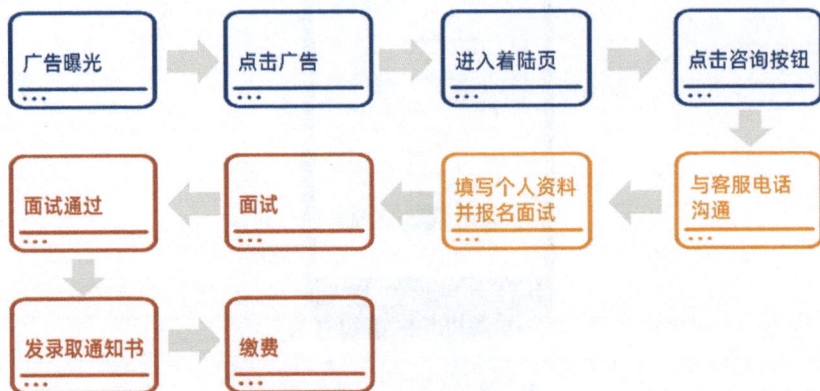

图 5.75　这家公司的转化流程

这家公司的转化流程比较长,因此,在某些环节上出现问题很正常。在这个案例中,计算出整个转化漏斗的每一步转化情况,就能发现一个有意思的地方:面试环节。面试环节的转化率只是 50% 左右。请注意,并不是学员面试的成功率是50%,因为面试实际上"只不过是走一个过场",也就是说,10 个参加面试的学员,10 个都会拿到录取通知书,但面试通过之后最终愿意缴费上学的却只有大约 5 个人。

在访谈了一些在面试之后放弃的学员之后,我得到了一个令人吃惊的答案:他们对面试的体验很不好。面试采用远程面试的形式,但是从镜头里看面试场所像是一个普通教室,面试官的穿着也不像专业教师应有的穿着,更让人起疑的是,面试官竟然在面试后索要学员的微信,理由是公司会通过微信通知学员是否面试成功。这让参加面试的学员对这家公司产生了怀疑。尽管这家公司在之前的介绍和包装都很好,但它却在面试步骤中"露了怯"。

面试官是外聘的"专家",在面试的规范和质量管理上也存在疏漏,因此极大地阻碍了最终转化。

5.4.3　微转化元素

转化漏斗是转化过程的骨架，而在转化过程中，未必是消费者（或客户）必须查看或经过的，却可能影响他们转化决定的信息就是微转化元素。微转化元素所起到的整体性的效用，在很多时候决定了一个消费者的转化是否会发生。

举一个例子，你在电子商务网站或 App 上买一个东西，未必一定要看评论，甚至可以连介绍和图片都不用看，因此，在转化漏斗的分析上，这些元素并不是必须被分析的。但是，从对转化本身的影响而言，这些元素却可能十分重要。

例如，某金融服务公司的旧版首页和新版首页如图 5.76 和图 5.77 所示，这两个版本的首页，哪一个更可能让消费者愿意购买这家金融服务公司的投资理财产品？

图 5.76　某金融服务公司的旧版首页

图 5.77　某金融服务公司的新版首页

答案显而易见。落地体验"五原则"同样可以应用在微转化元素上。图 5.77中体现出了更多有效的微转化元素，包括它所强调的收益率、安全性、从众心理，甚至包括一些权威元素（中国金融认证中心等元素），对于吸引消费者注册并购买这家金融服务公司的投资理财产品能够起到积极、正面的作用。这说明微转化元素显然有一些固定的套路。

在数据角度上，微转化元素的有效性分析通常利用如下方法。

首先，微转化元素的互动最好用事件监测（埋点）做标记，如果不是普通的HTML 链接，则必须用事件标记做追踪。

其次，利用用户行为分析工具的细分功能细分出与各微转化元素进行过互动的流量。例如，查看过评价的流量、查看过产品图片的流量、留下过咨询问题的流量、点击过"咨询客服"按钮的流量等。

用户行为分析工具的流量细分功能的界面如图 5.78 所示。

图 5.78　用户行为分析工具的流量细分功能的界面

　　用户行为分析工具将所有点击了"Pinterest"分享按钮的流量进行了细分，可以筛选出点击过"Pinterest"分享按钮的所有流量。这种按照具体行为进行流量筛选的细分方式是最简单的一种细分方式，因为基本上只需要设置一个变量。同样，如果网站上有"查看评论"的按钮，并且你为"查看评论"按钮做了事件监测（埋点），那么你可以利用用户行为分析工具的流量细分功能筛选出查看了评论的流量。假如查看评论的事件类别是 comment，进入页面的行为是 click_entry，那么，流量细分的筛选设置如图 5.79 所示。

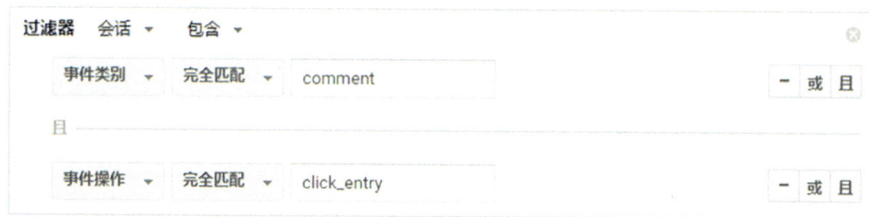

图 5.79　流量细分的筛选设置

　　这里是两个事件变量的组合，原因在于，在 comment 这个事件类别之下，除了点击进入（click_entry）的行为，还有留言（leave_comment）、点赞（like）等行为，所以我们用事件类别和事件操作的交集来定义这个事件行为。对于事件监测（埋点）还不太熟悉的读者可能会有些困惑，为什么在细分条件中既要定义事件类别，又要定义事件行为？这是因为，在事件属性的设置中，comment 是事件类别的一种，指与 comment 相关的事件的总类别，而与之相关的交互行为可以是进入、填写评论、点赞、回复等，这些都属于事件行为。事件类别和事件行为这两个属性交叉，才能筛选出所有进入（事件行为）comment（事件类别）的流量（建议回看 2.6.4 节）。

当然，有些读者需要细分出那些只查看了评论而没有看产品图片的流量，这就需要在流量细分的筛选设置中增加排除条件，如图 5.80 所示。

条件
按单次会话或多次会话情况细分您的用户和/或其会话数。

过滤器 会话 ▼ 包含 ▼			⊗
事件类别 ▼	完全匹配 ▼	comment	− 或 且
且			
事件类别 ▼	不包含 ▼	picture	− 或 且

图 5.80　在流量细分的筛选设置中增加排除条件

请注意，上面的英文名称都是在做事件监测（埋点）时对相应的交互进行定义时所起的名称，只是作为示例出现，你的命名可能跟上面的命名不同，你应该根据自己的事件监测（埋点）做相应调整。

我们来看一个实例。

如图 5.81 所示的交互分布图中，你认为什么微转化元素会影响消费者最终订下某个酒店的房间？

从交互分布看，评论和图片显然是消费者更关心的部分，而且预订房间并不一定要看评论和图片，因此它们是典型的微转化元素。那么，作为最被关注的微转化元素，评论和图片是否促进了转化？

我们来做流量细分。流量 A 是只查看了评论的流量，流量 B 是只查看了图片的流量，流量 C 是既没有查看评论又没有查看图片的流量。具体细分的设置，与前面所讲的方法一样。

图 5.81　交互分布图

在对流量进行细分之后，我们查看每一类流量的转化率。数据如下。

流量 A：转化率为 8.5%，19 987 个访次。

流量 B：转化率为 2.9%，13 345 个访次。

流量 C：转化率为 0.6%，1685 个访次。

总流量为 100 666 个访次。

这个对比数据说明了什么？

只查看了图片的流量的转化率与只查看了评论的流量的转化率有很大差异。相较于评论，图片对促进转化的作用比较小。

如何改善这种状况？

一个平台上的酒店不计其数，每个酒店有很多图片，这给了我们很大的研究图片对转化率影响的空间。

我们需要做更细的细分。

首先，我们将不同类别的酒店各找 300 个，并且尽量确保每个类别中的酒店的档次、价格、地理位置等相似，以尽可能排除其他变量的干扰。

其次，我们根据各个酒店的不同图片的情况，对每个酒店做标记。这些标记有如下类别。

图片的数量：多、中、少。

图片的清晰度：高、中、低。

图片的拍摄景别质量：高、中、低。

图片含有的特殊内容及质量：含有洗浴间图片；含有厨房图片；含有阳台图片；含有窗外景色的图片等。

最后，计算每个酒店查看图片的流量的转化率，将每个酒店的图片情况和转化率情况填在 Excel 表格中，然后利用筛选功能与数据透视表功能，汇总在同一类酒店中，每一类图片情况对应的转化率，如图片的数量多、图片的清晰度高、图片的拍摄景别质量高且含有高质量洗浴间图片的情况下的转化率。

通过这样的计算，可以得出很多有趣的图片对转化率可能的影响的结论，如图片的清晰度对转化率的影响、是否含有洗浴间图片对转化率的影响等。我想强调的是，虽然结论看起来很简单，但得出结论的过程非常烦琐。最大的麻烦在于，要建近千个细分（有多少个酒店，就要建多少个细分），所以我们在使用标准工具的时候会感觉相当费时费力。解决方案是请开发人员直接针对图片的 URL 按照图片的分类设置重新进行编码，为了图片的分类设置，公司专门开发了一个后台工具，这样在分析人员定义好某个图片属于什么分类后，这个图片的 URL 就会自动被重新编码，这样大大提高了效率。

上面的方法，显然不止是用在分析照片、评论这些微转化元素上，对于不同优惠促销的分析，也同样适用。不过，也请注意，优惠促销分析的难点在于，不容易创造如上面的照片分析一样的纯净环境——优惠促销往往是在不同时间针对不同的商品，因此，影响最终转化的变量太多，难以确定最终转化的提升，优惠促销在其中起到了多少可以定量统计的作用，也就无法进行 "Apple to Apple 的比较"（指同一基准下的比较）。解决这个问题的方法，是直接针对同一时间的同一商品，做不同的优惠促销策略的 A/B 测试，对比分析不同优惠促销的效果。这种方法不难，这里不再赘述。

另一个值得关注的是产品价格。价格本身就是极为重要的微转化元素。

例如，Lonely Planet App 的解锁城市页面的 A/B 测试充分利用了 App 热力图直观、便捷的优点。

Lonely Planet App 的原始解锁城市页面如图 5.82 所示。Lonely Planet App 希望消费者购买"解锁全部城市 \$4.99"（UNLDCK ALL CITIES \$4.99）的套餐，但是 Lonely Planet App 的原始解锁城市页面的点击热力图表明，消费者并不喜欢选择那个贵的套餐，超过 80% 的消费者选择了 \$1.99 的套餐，如图 5.83 所示。

图 5.82　Lonely Planet App 的原始解锁
城市页面

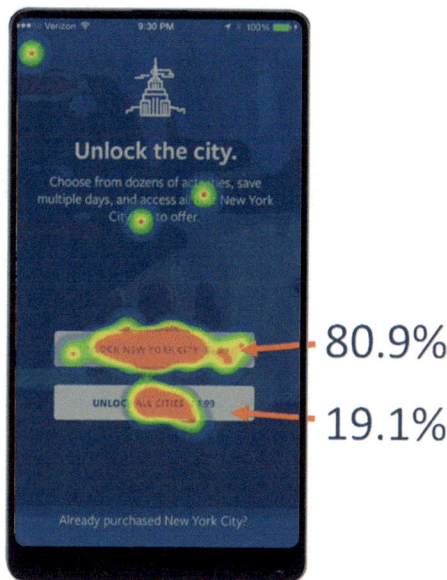

图 5.83　Lonely Planet App 的原始解锁城市页面的
点击热力图

Lonely Planet App 的运营经理认为，充分挖掘人性是必要的，既然消费者并没有强大的动力去花费更大代价获取暂时用不上的东西，那么就必须激发消费者追求高性价比产品的心理。

新的设计增加了一个购买选项："解锁两个城市 \$4.49"（UNLDCK ALL CITIES \$4.49，见图 5.84），一切发生了重大变化。新的设计似乎提醒了人们两个城市和所有城市比较起来，性价比多么的低，于是人们发现早点购买更高性价比的东西是多么有必要。但有一点让我不解的是，\$4.49 解锁两个城市的价格相当于 \$2.25 一个城市，显然比单独一个城市 \$1.99 更贵。

图 5.84　增加一个购买选项　　　　　　图 5.85　消费者的行为发生了巨大变化

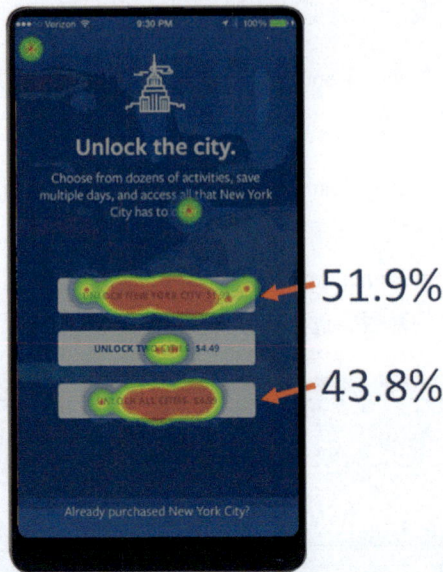

尽管如此，数据展现出新的设计激发了用户占便宜的心理，从而促使很多用户购买了"解锁全部城市 $4.99"的套餐。热力图直观、快速地说明了这个问题。上面的这种方法也被称为"诱饵效应"。

消费者反馈（主要是评论）也是会影响转化率的微转化元素，如果评论数量庞大，常常用工具抽取高频词进行分析，有些工具提供"词云"的可视化图形，但能够导出数据才是真正有价值的。所谓的数据，就是关键词和它出现的总频次。

消费者并不只是在站内反馈，他们也会在站外反馈，尤其是在站外倾泄自己的不满。国内有聚投诉这样的平台，它在搜索引擎上的权重相当不错，如果你在搜索引擎上搜索"×× 金融利息太高"，那么聚投诉在搜索结果中的排名会很靠前。在国外，如果你搜索"×× 电商网站的评价"，Trustpilot 这样的专门做购物的网站在搜索结果中的排名也会很靠前。

5.4.4　关键转化环节的优化

转化漏斗、上下游流向与微转化元素是进行微观转化分析的有力工具。在优化转化的过程中，这些工具往往会用在各关键转化环节上。

以电子商务为例。电子商务是典型的转化场景，它的关键转化环节集中在商品页（Item Page）、购物车环节及支付环节。

这 3 个环节的优化，需要综合利用多种方法，而且显然没有放之四海而皆准的通行模式。我希望下面的例子能给大家带来启发，但请注意，这些绝不是直接套用的公式，而是可以参考的方法。

商品页优化

以一个跨境电商的商品页为例。这个跨境电商的商品页（包括 App 端页面和移动端网页）的流量占据整站流量的 45%，也就是说，接近一半的 PageView 都在商品页上，商品页的重要性不言而喻。

商品页优化的常见目标是提高消费者点击商品页上的"加入购物车"或"立即购买"等转化按钮的概率。但问题是，商品页的数量相当多，我们不可能逐一进行分析。这时，我们需要做一件很重要的事情：做页面集合。做页面集合的思路：在工具中进行设置，将所有商品页各自的名字改为统一的名字，从而把所有商品页集合成一个页面，这样分析工具就可以像对一个页面进行分析一样对所有商品页进行集合性的分析。这种方法无论对 App 还是对网站都适用。而且，不只是商品页，其他具有同类特征的页面也可以做集合。

如何做页面集合？以谷歌分析为例：在过滤器中进行替换设置，即可按照一定的规则，将同一类页面的名字变为一个统一的名字，如图 5.86 所示。

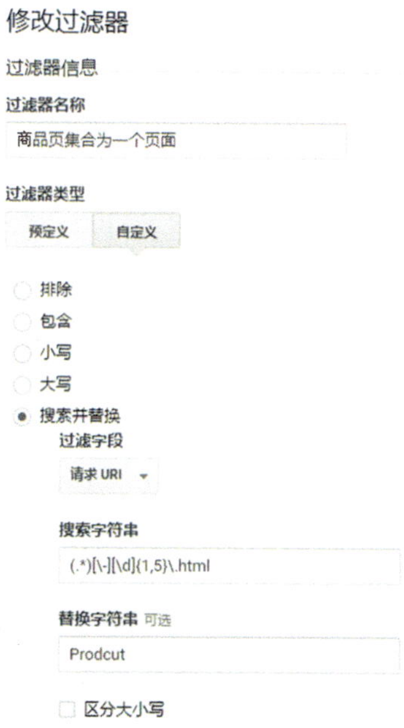

图 5.86　在过滤器中进行替换设置

图 5.86 利用正则表达式，将所有符合正则表达式规则为 "(.*)[\-][\d]{1,5}\.html" 的页面 URI 都变为 "Product"。在谷歌分析中，页面的名字默认是取的页面的 URI，而一般而言，在一个网站中，页面类型相同的网页，它们的 URI 都有固定的规律，这样我们就可以针对这些规律，利用正则表达式进行统一的筛选和替换。至于正则表达式的具体方法，本书不做介绍，大家可以在百度中搜索 "正则表达式"，有大量的学习内容唾手可得。

在 App 中也可以利用类似的方法，工具不同，替换页面名字的方式可能不同。如有需要，直接询问工具提供商即可。

在进行这样的替换设置后，工具就会把所有商品页当作同一个页面来处理。这样做的好处是，无论是转化漏斗分析、上下游分析，还是热力图分析，都可以针对这个集合页面进行，极大地降低了复杂度。

在进行同类页面的集合之后，同类页面在数据报告中就会以一个页面的形态出现，如图 5.87 所示。

网页	网页浏览量	唯一身份浏览量	平均页面停留时间	进入次数	跳出率	退出百分比	网页价值
	10,462,778 占总数的百分比 100.00% (10,462,778)	7,666,357 占总数的百分比 100.00% (7,666,357)	00:01:04 平均浏览量 00:01:04 (0.00%)	3,472,338 占总数的百分比 100.00% (3,472,338)	59.36% 平均浏览次数 59.36% (0.00%)	33.19% 平均浏览次数 33.19% (0.00%)	US$4.18 占总数的百分比 100.00% (US$4.18)
1. Prodcut	5,066,746 (48.43%)	4,068,653 (53.07%)	00:00:57	2,208,321 (63.60%)	64.08%	40.00%	US$2.36 (56.49%)
2. /	841,697 (8.04%)	439,025 (5.73%)	00:00:48	353,138 (10.17%)	23.22%	18.52%	US$2.53 (60.61%)
3. /shop/checkout/bag	541,766 (5.18%)	164,012 (2.14%)	00:00:25	23,338 (0.67%)	49.60%	8.50%	US$16.95(405.49%)
4. /shop/clothing/dresses	280,592 (2.68%)	208,777 (2.72%)	00:02:32	55,380 (1.59%)	56.79%	37.58%	US$2.56 (61.27%)
5. /shop/account/signin	258,927 (2.47%)	164,110 (2.14%)	00:00:32	32,730 (0.94%)	49.79%	17.70%	US$13.79(329.76%)
6. /shop/campaign/50-off-sale	225,149 (2.15%)	158,237 (2.06%)	00:02:08	93,275 (2.69%)	64.21%	43.77%	US$2.14 (51.25%)
7. /shop/campaign/clearance-sale	114,456 (1.09%)	83,367 (1.09%)	00:02:01	27,007 (0.78%)	64.84%	34.25%	US$2.55 (61.01%)
8. /shop/campaign/best-sellers-60	111,526 (1.07%)	75,727 (0.99%)	00:01:19	57,480 (1.66%)	58.02%	42.81%	US$1.96 (46.86%)
9. /shop/account/order-history	111,115 (1.06%)	62,112 (0.81%)	00:00:18	108 (0.00%)	21.50%	7.74%	US$2.46 (58.86%)
10. /shop/collection/best-sellers	106,772 (1.02%)	83,395 (1.09%)	00:02:04	42,016 (1.21%)	66.13%	43.77%	US$3.03 (72.43%)

图 5.87　同类页面在数据报告中以一个页面的形态出现

所有商品页的上下游流向也可以集合在一起统计了，集合页面的上下游流向报告如图 5.88 所示。

图 5.88 展示了商品页的主要流量是从站外（的推广）直接进入的，占 43.58% 的流量比例，从首页进入商品页的流量比例是 27.56%。从商品页离开网站的流量占总流量的 40.00%，从商品页进入购物车的流量占总流量的 15.16%。

网页分组依据： 未分组 ▾ 当前选择： **Prodcut** ▾ 显示行数： 10 ▾

进入 2017-9-1 - 2020-3-10: 43.58% 退出 2017-9-1 - 2020-3-10: 40.00%

先前网页 2017-9-1 - 2020-3-10: 56.42% 后续网页 2017-9-1 - 2020-3-10: 60.00%

先前网页路径		网页浏览量	网页浏览量百分比
/		260,275	27.56%
/shop/checkout/bag		157,675	16.70%
/shop/clothing/dresses		43,350	4.59%
/shop/campaign/best-sellers-60		33,861	3.59%
/shop/campaign/50-off-sale		28,705	3.04%
/shop/account/signin		27,231	2.88%
/shop/account/order-history		25,184	2.67%
/shop/collection/little-black-dresses		23,078	2.44%
/shop/account/wishlist		19,831	2.10%
/shop/collection/best-sellers		17,790	1.88%

后续网页路径		网页浏览量	网页浏览量百分比
/		254,643	22.62%
/shop/checkout/bag		170,693	15.16%
/shop/clothing/dresses		92,544	8.22%
/shop/campaign/50-off-sale		45,961	4.08%
/shop/campaign/best-sellers-60		30,556	2.71%
/shop/account/signin		28,627	2.54%
/shop/collection/best-sellers		26,097	2.32%
/shop/collection/little-black-dresses		25,564	2.27%
/shop/campaign/clearance-sale		25,228	2.24%
/shop/campaign/shop-all-sale		20,994	1.86%

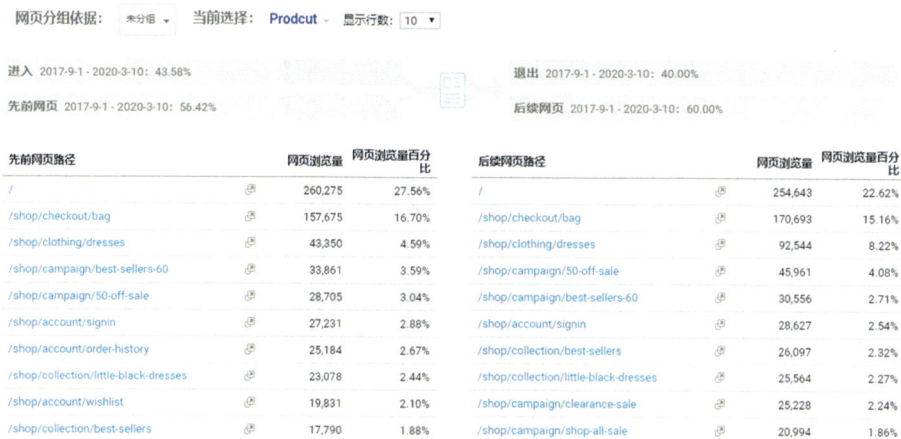

图 5.88　集合页面的上下游流向报告

有些分析工具具有对页面建立集合页面的功能，而不需要用到我前面所讲的通过规则替换页面名字的方式。但要注意，很多工具的这项功能具有局限性——在集合页面建立之后，它的上下游报告或者路径报告只能展示集合页面之间的上下游和路径，而无法体现集合页面与普通非集合页面之间的上下游和路径。因此，虽然使用这些工具在生成集合页面的时候比较简单，但在进行与路径相关的分析时却无法适用。

有些热力图工具也可以展示作为一个整体的所有商品页被点击的情况。在这种情况下，热力图的页面的底图只能选择一个商品页作为展示，但是，上面的点击色块、浏览线等数据的展示，实际上不是这个商品页的，而是所有商品页的总和的展示。所有商品页集合为一个页面之后的热力图如图 5.89 所示。在这个热力图工具中，你可以更换热力图的背景商品页，但热力图数据不会改变。

下面我们来分析一下图 5.89 中的这个所有商品页的集合页面。

在图 5.89 中，你可以看到什么有趣的现象？

首先，移动端的页面，无论是在 App 端还是网站端，都面临着一个挑战，那就是屏幕的展示空间有限。而图 5.89 显示，顶部的 3 行（图 5.89 中红框中的内容）并没有获得很高的关注度（点击率不高），却占据了首屏相当大的空间。此外，商品图的点击率竟然也不高。也就是说，商品页首屏很重要的几个部分的点击率和关注度都不是特别理想。

其次，商品图片右侧的梯形部分应该是另一张图片的局部，但是它的展示方式可能给人造成不舒服的"乱入"感，也破坏了整体页面展示的扁平化的风格，显得格格不入。

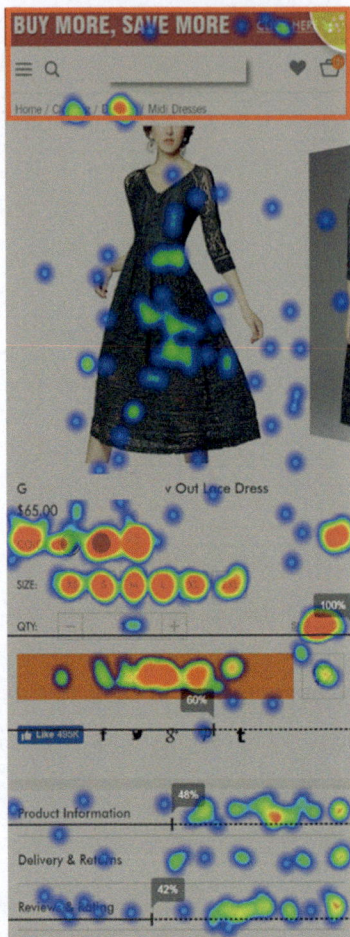

图 5.89　所有商品页集合为一个页面之后的热力图

再次，图 5.89 的底端，即"Reviews & Rating"的部分，在几乎所有的手机上都已经到第二屏了，却仍然获得了不错的关注度，这里显然是一个典型的微转化元素。

最后，那些社交转发元素基本上无人问津。

基于这些发现，对商品页进行相应的修改，去掉点击率不高、作用不显著，却占据了重要位置的元素，调整商品图片的展示方式，并将消费者更关注的内容提升到第一屏。

第一次修改后的商品页如图 5.90 所示，它在细节上有不少变化，尤其是商品的大图，给人一种很好的整体感。

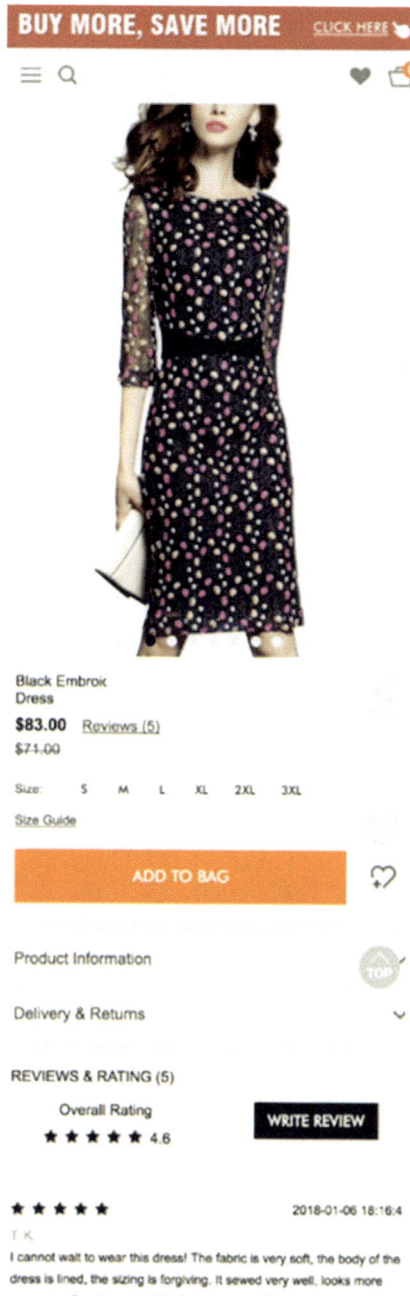

图 5.90　第一次修改后的商品页

　　之后,进行 A/B 测试,看看在第一次修改后的商品页上,点击"ADD TO BAG"(加入购物车)按钮的概率是否会提高。在进行这一类 A/B 测试时需要注意的是,我们无法对集合页面进行 A/B 测试,因为集合页面并不是物理意义上的一个页面,它是多个页面，而 A/B 测试的代码要添加到每个测试页面上。因此，在这种情况下进行 A/B 测试，只能选择对流量大的商品页进行 A/B 测试。选择流量大的商品页进行 A/B 测试的原因是，如果要使 A/B 测试具有统计学意义，就需要相当数量的样本，而流量小的商品页要积累到具有统计学意义的样本，要花费更长的时间。

第一次修改后的商品页在进行 A/B 测试分流之后的点击分布情况如图 5.91 所示。

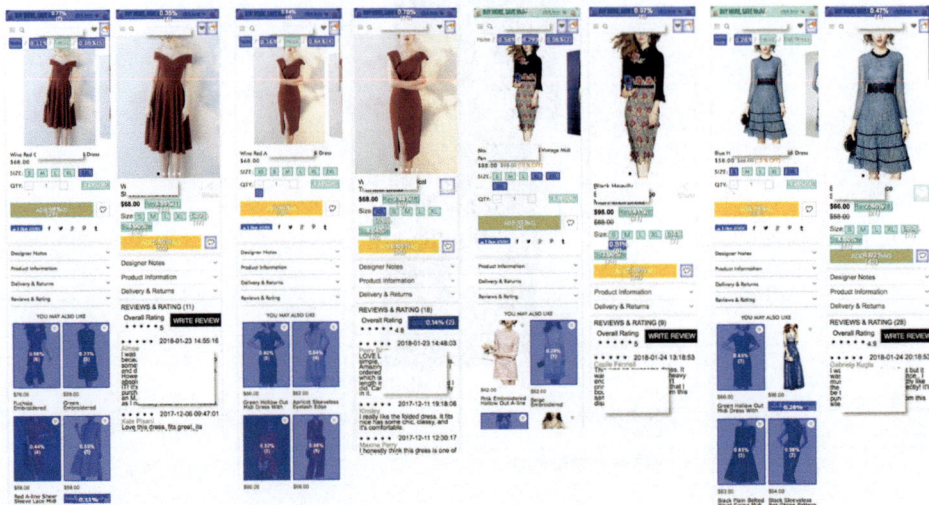

图 5.91　第一次修改后的商品页在进行 A/B 测试分流之后的点击分布情况

对流量最多的 40 个商品页面进行 A/B 测试，我们发现在第一次修改后的商品页上，超过 90% 的商品的点击 "ADD TO BAG" 按钮的概率都提高了。这是一个不错的变化。

商品页的优化并没有就此止步，实际上，大家都已经认识到不断 "小步快跑，快速迭代" 的价值，而无数个细节的提升也是企业生意提升的催化剂。最终，这个商品页变成了有更高级视觉感受的版本，尽管商品并没有发生什么变化，但却感觉商品的品质大大提升了！如图 5.92 所示。

当然，商品页的优化不可能只是优化页面本身，它与外部流量的相关性也非常大，尤其是前面的数据已经显示出有 43.58% 的商品页的流量来自外部。在这种情况下，我们应该分析商品页与外部流量的匹配情况。图 5.93 展示了商品页（实际上是商品页的集合）作为着陆页时的跳出率：65.77%。

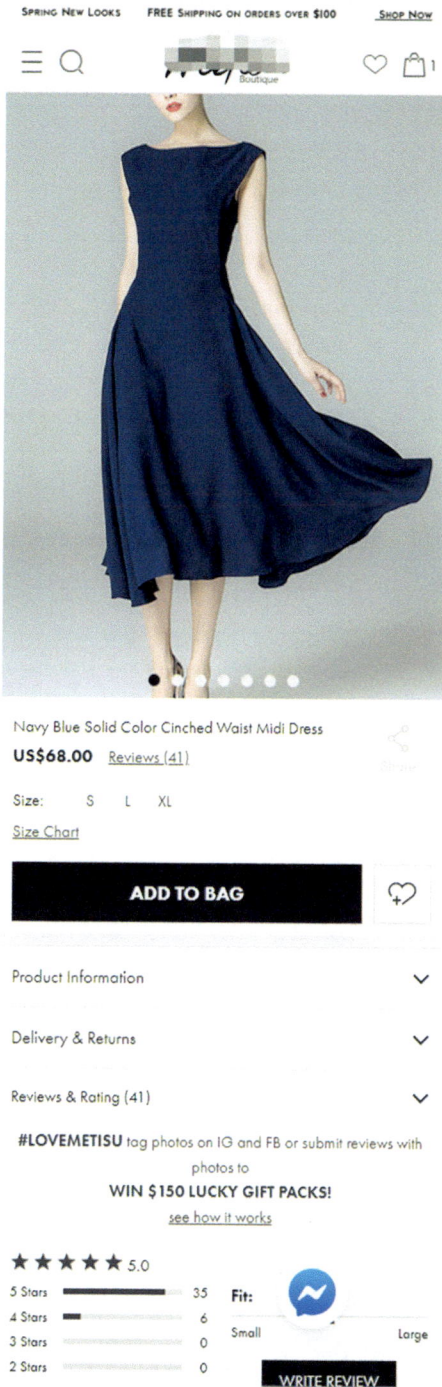

SPRING NEW LOOKS   FREE SHIPPING ON ORDERS OVER $100   SHOP NOW

Navy Blue Solid Color Cinched Waist Midi Dress

US$68.00   Reviews (41)

Size: S   L   XL

Size Chart

ADD TO BAG

Product Information

Delivery & Returns

Reviews & Rating (41)

#LOVEMETISU tag photos on IG and FB or submit reviews with
photos to
WIN $150 LUCKY GIFT PACKS!
see how it works

★ ★ ★ ★ ★ 5.0

5 Stars		35
4 Stars		6
3 Stars		0
2 Stars		0

Fit:

Small   Large

WRITE REVIEW

图 5.92   最终的商品页

	着陆页		流量获取			行为		
			会话数	新会话百分比	新用户	跳出率	每次会话浏览页数	平均会话时长
			1,539,065 占总数的百分比 100.00% (1,539,065)	44.55% 平均浏览次数 44.55% (0.00%)	685,669 占总数的百分比 100.00% (685,669)	60.68% 平均浏览次数 60.68% (0.00%)	2.85 平均浏览次数 2.85 (0.00%)	00:02:01 平均浏览次数 00:02:01 (0.00%)
☐	1. Prodcut		967,129 (62.84%)	40.90%	395,509 (57.68%)	65.77%	2.42	00:01:35
☐	2. /		141,755 (9.21%)	46.88%	66,453 (9.69%)	23.27%	6.03	00:05:04
☐	3. /shop/campaign/best-sellers-60		57,346 (3.73%)	65.88%	37,780 (5.51%)	57.76%	2.70	00:01:47
☐	4. /hot-sale		31,272 (2.03%)	70.79%	22,138 (3.23%)	63.43%	2.32	00:01:34
☐	5. /shop/clothing/dresses		19,624 (1.28%)	46.11%	9,049 (1.32%)	57.48%	3.31	00:03:18
☐	6. /shop/campaign/clearance-sale		18,512 (1.20%)	38.60%	7,146 (1.04%)	69.68%	2.09	00:01:24

图 5.93 商品页作为着陆页时的跳出率

这个跳出率不太理想，因此，值得找到哪些流量和商品页的"配合"不够好，这里需要对着陆页做进一步的细分，点击"Product"这个着陆页进行下钻，以对它进行基于流量来源的细分，如图 5.94 所示。

	着陆页	广告内容	流量获取			行为			转化 电子商务		电子商务转化率
			会话数	新会话百分比	新用户	跳出率	每次会话浏览页数	平均会话时长	交易次数	收入	
			965,802 占总数的百分比 62.75% (1,539,065)	40.97% 平均浏览次数 44.55% 57.71% (685,669)	395,695 占总数的百分比 57.71% (685,669)	65.72% 平均浏览次数 60.68% (8.31%)	2.42 平均浏览次数 2.85 (-14.59%)	00:01:35 平均浏览次数 00:02:01 (-21.49%)	7,389 占总数的百分比 50.55% (14,618)	US$695,246.62 占总数的百分比 48.13% (US$1,464,440.55)	0.77% 平均浏览次数 0.95% (-19.17%)
☐	1. Prodcut	Dress	393,634 (40.76%)	26.76%	105,345 (26.62%)	58.32%	2.64	00:01:47	3,858 (52.21%)	US$350,467.16 (50.41%)	0.98%
☐	2. Prodcut	(not set)	328,344 (34.00%)	55.26%	181,458 (45.86%)	72.66%	2.28	00:01:31	2,271 (30.73%)	US$213,245.07 (30.67%)	0.69%
☐	3. Prodcut	Tops	27,091 (2.81%)	24.26%	6,573 (1.66%)	69.82%	2.05	00:01:08	139 (1.88%)	US$11,943.13 (1.72%)	0.51%
☐	4. Prodcut	Bottoms	16,059 (1.66%)	26.38%	4,237 (1.07%)	70.68%	2.07	00:01:05	70 (0.95%)	US$6,618.95 (0.95%)	0.44%
☐	5. Prodcut	Outerwear	5,859 (0.61%)	20.46%	1,199 (0.30%)	68.31%	2.25	00:01:20	26 (0.35%)	US$2,320.16 (0.33%)	0.44%
☐	6. Prodcut	180206_2thstockdress_2_1712DR0257	5,318 (0.55%)	75.08%	3,993 (1.01%)	65.91%	2.79	00:01:53	52 (0.70%)	US$4,742.41 (0.68%)	0.98%
☐	7. Prodcut	180327_US_M_NewBestS_4_1703DR1136	5,131 (0.53%)	66.77%	3,426 (0.87%)	72.21%	2.12	00:01:12	22 (0.30%)	US$3,021.66 (0.43%)	0.43%
☐	8. Prodcut	Purc2_180511-11704DR0035	4,342 (0.45%)	56.73%	2,463 (0.62%)	74.09%	2.10	00:01:15	26 (0.35%)	US$3,492.89 (0.50%)	0.60%
☐	9. Prodcut	180404_US_BestProdPage_M_1_1708DR0011	3,557 (0.37%)	71.94%	2,559 (0.65%)	62.50%	2.48	00:01:38	39 (0.53%)	US$3,818.15 (0.55%)	1.10%
☐	10. Prodcut	BAGS	3,404 (0.35%)	27.79%	946 (0.24%)	70.68%	1.93	00:00:51	9 (0.12%)	US$521.34 (0.07%)	0.26%
☐	11. Prodcut	180228_ProdPage_1_1705DR0057	3,269 (0.34%)	62.40%	2,040 (0.52%)	53.99%	2.71	00:01:04	26 (0.35%)	US$1,957.86 (0.28%)	0.80%
☐	12. Prodcut	180420_US_M_4_1711DR0358	2,598 (0.27%)	55.20%	1,434 (0.36%)	70.48%	2.01	00:01:04	13 (0.18%)	US$1,179.55 (0.17%)	0.50%
☐	13. Prodcut	Purc2_180511-11706DR0205	2,537 (0.26%)	47.42%	1,203 (0.30%)	69.57%	2.10	00:01:35	17 (0.23%)	US$1,064.78 (0.15%)	0.67%
☐	14. Prodcut	180420_US_M_4_1711DR0217	2,524 (0.26%)	50.79%	1,282 (0.32%)	59.75%	2.33	00:01:03	9 (0.12%)	US$834.41 (0.12%)	0.36%
☐	15. Prodcut	180420_US_M_1_1707DR0175	2,520 (0.26%)	57.42%	1,447 (0.37%)	63.29%	2.51	00:01:24	17 (0.23%)	US$1,072.71 (0.15%)	0.67%
☐	16. Prodcut	180525_US_Viewcontent_1_DS0603MX006B	2,306 (0.24%)	72.42%	1,670 (0.42%)	78.27%	1.78	00:00:57	4 (0.05%)	US$262.41 (0.04%)	0.17%
☐	17. Prodcut	180314_Interests_US_4_1712DR0269X	2,280 (0.24%)	44.56%	1,016 (0.26%)	67.85%	2.33	00:01:16	22 (0.30%)	US$2,100.62 (0.30%)	0.96%
☐	18. Prodcut	Purc2_180511-1_1703DR0141	2,210 (0.23%)	59.19%	1,308 (0.33%)	65.88%	2.38	00:01:29	13 (0.18%)	US$2,154.23 (0.31%)	0.59%
☐	19. Prodcut	Purc2_180511-11706DR0189	2,175 (0.23%)	61.33%	1,334 (0.34%)	67.36%	2.34	00:01:25	17 (0.23%)	US$2,120.02 (0.30%)	0.78%
☐	20. Prodcut	180420_US_M_4_1708DR0143	2,123 (0.22%)	49.88%	1,059 (0.27%)	69.19%	2.13	00:01:10	9 (0.12%)	US$770.81 (0.11%)	0.42%

图 5.94 对"Product"这个着陆页进行基于流量来源的细分

在图5.94中,广告内容就是我们设置Link Tag的utm_content项,在这个案例中,所有设置了 utm_content 的广告都是展示类广告,而图 5.94 中的"（not set）"则是搜索流量和其他没有设置 Link Tag 的流量。红框中的广告都是跳出率不佳，且电子商务转化率也不算好的展示类广告。

尽管找到了与着陆页匹配不好的流量，但我们还没有得到如何优化的答案。原因在于，这个案例中的每个流量渠道都可能会引流到多个不同的着陆页上，以避免受众产生“审美疲劳”。但这也造成了问题，即流量渠道和着陆页是一对多的关系，而“Product”是一个集合页面，而不是具体的某一个商品详情页，这样我们就无法知道这些流量与哪个具体的商品页的匹配不够好。

为了解决这个问题，我们应该切换到正常的、没有做页面集合设置的报告中去，在其中找到每个表现不好的流量渠道对应的着陆页，并且筛出跟这个流量渠道匹配不够好（跳出率高）的着陆页，停止将流量引入这些着陆页，或者调整广告的创意，以避免持续浪费广告费。以“Bottoms”广告为例，“Bottoms”广告的着陆页细分数据如图 5.95 所示。

广告内容	着陆页	流量获取			行为			转化 电子商务		
		用户数	新用户	会话数	跳出率	每次会话浏览页数	平均会话时长	电子商务转化率	交易次数	收入
		11,191 占总数的百分比：1.39% (805,121)	4,461 占总数的百分比：0.61% (728,324)	16,759 占总数的百分比：1.03% (1,630,176)	70.37% 平均浏览次数：60.67% (15.98%)	2.15 平均浏览次数：2.86 (-24.97%)	00:01:10 平均浏览次数：00:02:01 (-41.75%)	0.50% 平均浏览次数：0.95% (-47.87%)	85 占总数的百分比：0.55% (15,519)	US$9,578.40 占总数的百分比：0.62% (US$1,534,396.00)
1. Bottoms	/black-belted-waist-sleeveless-lace-jumpsuit-12645.html	3,536 (25.10%)	1,476 (33.09%)	4,349 (25.95%)	76.55%	2.01	00:01:04	0.41%	18 (21.18%)	US$1,831.67 (19.12%)
2. Bottoms	/red-wrap-front-high-waist-jumpsuit-10505.html	2,340 (16.61%)	1,057 (23.69%)	2,754 (16.43%)	61.76%	2.50	00:01:25	0.51%	14 (16.47%)	US$1,261.91 (13.17%)
3. Bottoms	/black-v-neck-two-side-pockets-jumpsuit-11990.html	1,149 (8.16%)	280 (6.28%)	1,499 (8.94%)	70.25%	1.98	00:00:58	0.00%	0 (0.00%)	US$0.00 (0.00%)
4. Bottoms	/orange-lace-paneled-striped-wide-leg-jumpsuit-38982.html	593 (4.21%)	221 (4.95%)	740 (4.42%)	72.03%	1.97	00:00:53	0.68%	5 (5.88%)	US$317.24 (3.31%)
5. Bottoms	/pink-tie-waist-ruffled-overlay-striped-jumpsuit-39184.html	382 (2.71%)	87 (1.95%)	455 (2.71%)	66.59%	1.94	00:01:13	0.00%	0 (0.00%)	US$0.00 (0.00%)
6. Bottoms	/black-tie-waist-button-front-cropped-jumpsuit-39088.html	322 (2.29%)	147 (3.30%)	377 (2.25%)	75.60%	1.54	00:00:34	1.33%	5 (5.88%)	US$312.64 (3.26%)
7. Bottoms	/black-lace-panelled-split-skinny-jumpsuit-39214.html	308 (2.19%)	28 (0.63%)	372 (2.22%)	65.59%	2.08	00:00:50	0.00%	0 (0.00%)	US$0.00 (0.00%)
8. Bottoms	/black-wrap-front-high-waist-jumpsuit-10506.html	248 (1.76%)	60 (1.34%)	271 (1.62%)	59.41%	2.55	00:02:07	3.32%	9 (10.59%)	US$674.90 (7.05%)
9. Bottoms	/black-lace-detail-high-waist-jumpsuit-15907.html	234 (1.66%)	46 (1.03%)	280 (1.67%)	55.71%	3.02	00:01:56	3.21%	9 (10.59%)	US$865.33 (9.03%)

图 5.95 “Bottoms”广告的着陆页细分数据

在图 5.95 中，红框内的着陆页是“Bottoms”广告投放的效果较差（跳出率不低，而且没有转化）的商品页。我们应该怎么理解这些数据呢？在排除了作弊的情况下（案例中的展示类广告全部是 Facebook 广告，可以基本排除作弊），“Bottoms”广告为这些着陆页带去了不少流量，但这些受众在点击广告看到着陆页之后缺乏足够的动力完成转化。

发生这种情况的原因一般有两种：第一种，广告和着陆页的关联性太小，尤其是广告创意和着陆页上的商品不匹配；第二种，着陆页上的信息（微转化元素）使消费者产生了犹豫。如果是第二种原因，你就需要用细分热力图做进一步分析——查看“Bottoms”广告的流量在这些着陆页上做了什么，然后进一步判断消费者是因为对价格不满，还是看到更多商品细节后不满，或是其他原因而导致的转化动力不足。如果这些广告和着陆页都很重要，你就应该做 A/B 测试以进一步证实我们的判断；如果我们觉得这些广告和着陆页没有那么重要，你也可以选择停止投放以节约广告费用——事实上，我看到很多莫名其妙的广告投放与莫名其妙的糟糕数据，只不过是过去的营销活动停止之后，广告忘了下线所导致的罢了，但却实实在在是造成了真金白银的浪费。而不通过对流量进行细分分析，很可能广告费白白浪费了很久都不会被发现。

购物车环节优化

在商品页上点击"加入购物车"按钮之后会进入购物车环节，购物车环节是一个影响转化漏斗效果的关键环节。

购物车环节绕不开的一个问题是，对于未注册登录的消费者，应该如何安排他们此后完成交易的步骤？是先让他们跳出购物车环节去注册登录，还是先让他们进入支付环节，在支付之前再让他们注册登录？

购物车环节另一个重要的问题是，消费者进入购物车页面，虽然意味着更强的购买意愿，但毕竟还没有完成支付，因此要尽快让消费者进入支付环节。这意味着购物车环节要承载恰当的微转化元素，以让消费者尽快下定决心购买。

至于购物车内的增加商品数量、优惠券、用户选择大小尺寸样式色彩等功能性设置，反而不容易出现问题，因此我们把分析重点集中在以上两个问题上，即未注册登录的消费者的购物车体验，以及购物车页面中的微转化元素。我们先看第一个问题。

第一个问题的本质是分析消费者在注册登录和未注册登录状态下的转化差异，以及强制登录出现在哪个环节对转化的负面影响最小。

我们来看一个案例。假如一个购物车的流程是这样设置的：当未注册登录的消费者点击购物车页面中的"结账"按钮后，会跳转到注册登录页面，在注册登录之后才会进入支付页面。这样的流程，会对转化率有多大的负面影响呢？

在这样的流程中，注册登录将本来单线程往下进行的转化引到了注册登录环节，再返回购物环节，因此转化漏斗出现了分叉，导致转化分析变得复杂。

解决这个问题的方法是在分析工具中建立一个包含"注册登录"步骤的转化漏斗进行分析。

假设如下的情形：在一个转化过程中，在进入购物车环节之后，消费者点击"立即购买"按钮，如果消费者没有注册登录，此时会进入注册登录页面，在完成注册登录之后，进入订单填写和提交页面。

那么，这个漏斗的每一步的设置就会类似如图 5.96 的设置。

图 5.96   案例中未注册登录的消费者的转化流程的设置

注意，图 5.96 中的"是否必需？"必须选择"是"，以确保每一步的流量都紧随上一步而来，而没有从其他页面中乱入的流量。这样，就能看到从"购物车页"进入"注册登录"环节的流量有多少，以及在完成注册登录之后回到"结账页"的流量有多少。

如果图 5.96 红框中的"是否必需？"选择的是"是"，那么转化漏斗就会类似于图 5.97 所示，转化过程中的每一步的流量都只来自上一步（每一步骤的左边都是零）。请注意，图 5.97 并不是上面图 5.96 中设置的对应报告，它只是一个示例。

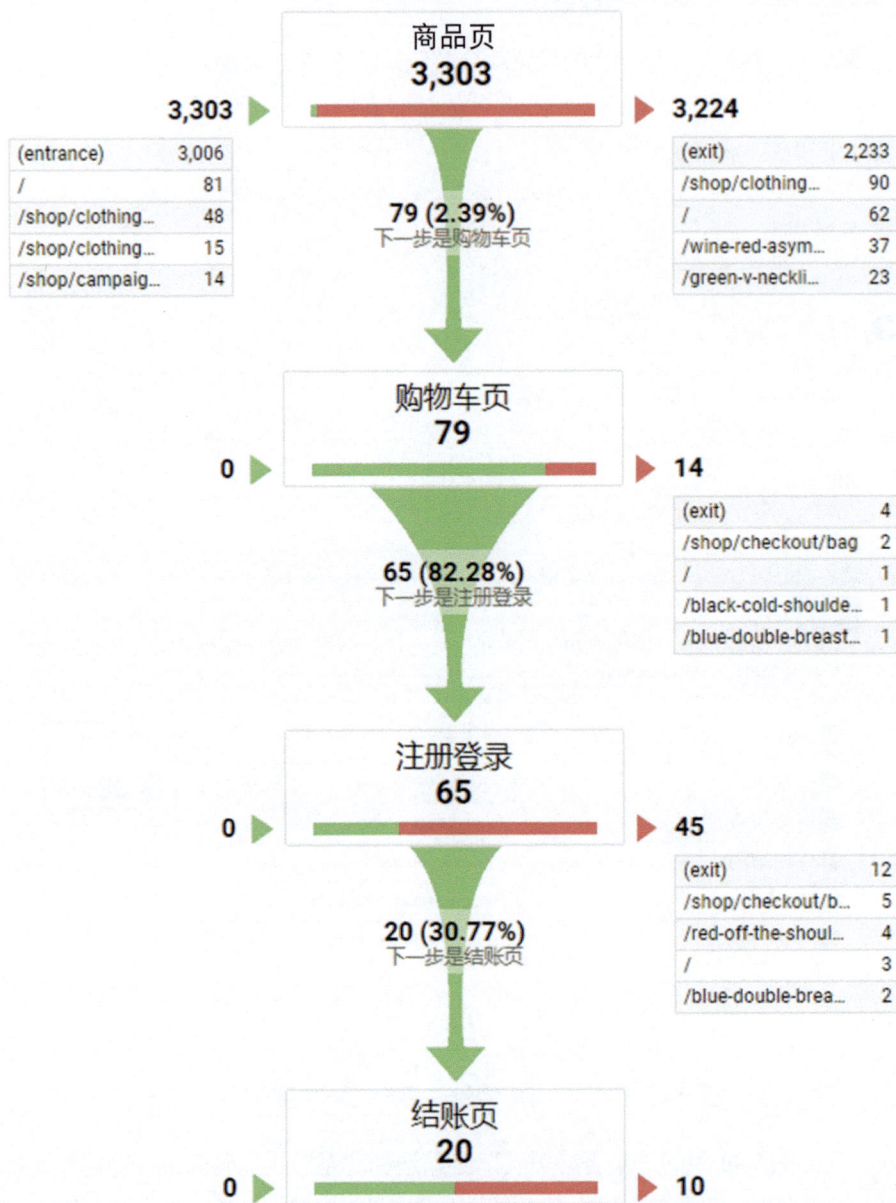

图 5.97　转化漏斗示例（1）

如果图 5.96 中的"是否必需？"选择的是"否"，转化漏斗就类似于图 5.98，转化过程中的每一步都可能有从其他地方（其他页面，甚至是站外）来的流量（每一步骤的左边都不是零）。

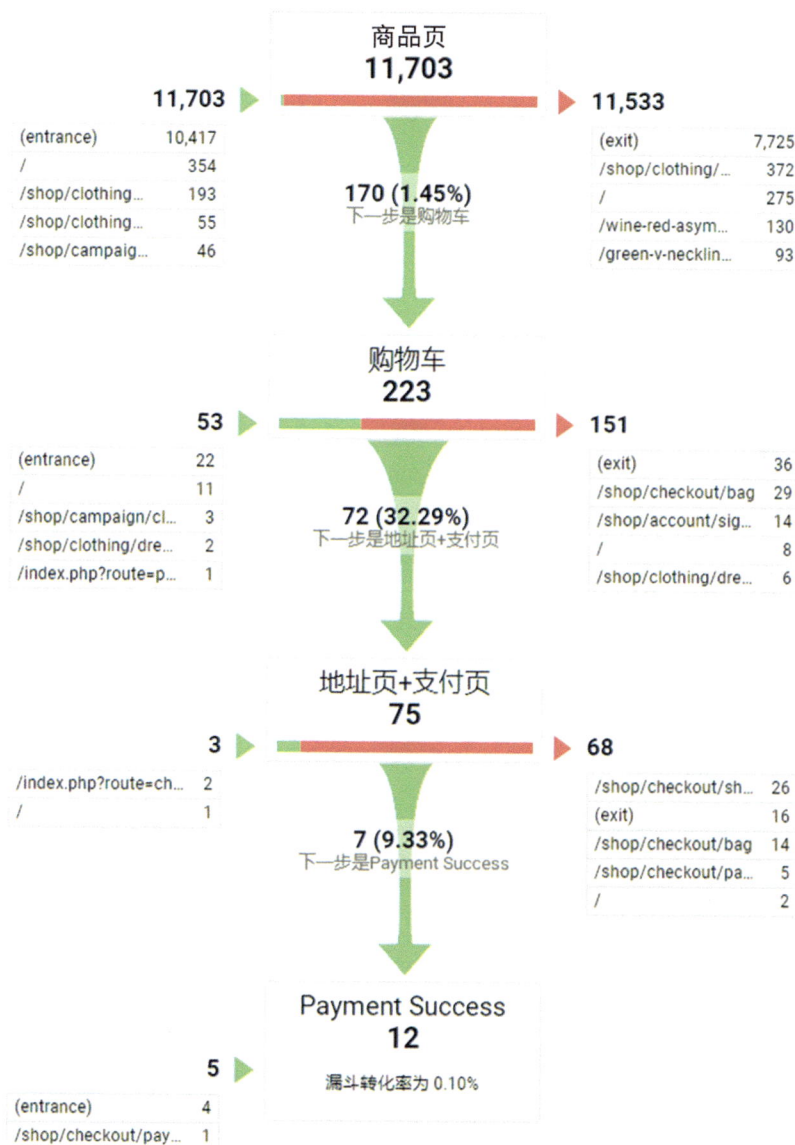

图 5.98　转化漏斗示例（2）

同时，为了与已经登录的人群的转化情况相比较，这些人群的流量不会在转化过程中跳入到注册登录环节中去，我们也需要再建另一个转化漏斗，这个转化漏斗与图 5.97 所示的转化漏斗类似，但是要把"注册登录"这个步骤去掉。

这两个专门设置的转化漏斗（图 5.96 和图 5.99）的数据表现如何？

✅ **目标设置** 修改
自定义

✅ **目标说明** 修改
名称：*完成购物（全部人群）*
目标类型：*目标网址*

③ **目标详细信息**
目标网址

| 正则表达式 ▾ | /shop/checkout/success | ☐ 区分大小写 |

例如，为应用使用*我的屏幕*，为网页使用 */thankyou.html*，而不是 *www.example.com/thankyou.html*。

价值 可选

| 关 | 为该转化指定货币价值。 |

漏斗 可选

| 开 |

使用每步操作所对应的应用屏幕名称字符串或网页网址。例如，为应用使用*我的屏幕*，为网页使用 */thankyou.html*，而不是 *www.example.com/thankyou.html*。

步骤	名称	屏幕/页面	是否必需？
①	商品页	(.*)[\-][\d]{1,5}\.html	是
②	购物车页	/shop/checkout/bag	⊗
③	注册登录	/shop/account/*	⊗
④	结账页	/shop/checkout/shipping	⊗
⑤	支付跳转页	/shop/checkout/payment	⊗

+ 添加其他步骤

图 5.99 全部消费者（包含已经注册登录的消费者和未注册登录的消费者）的转化流程的设置

因为以上两个转化漏斗的步骤较多，截图所占版面过大，所以我将这两个转化漏斗转化为手绘图，未注册登录的消费者和全部消费者的转化漏斗数据对比如图 5.100 所示。

图 5.100 中所有的比例都是下一步相对于上一步的转化率。

图 5.100 中左边的转化漏斗是右边的转化漏斗的子集。用右边的转化漏斗数据减去左边的转化漏斗数据，可得到已经注册登录的消费者的转化漏斗数据。已经注册登录的消费者的转化漏斗如图 5.101 所示。

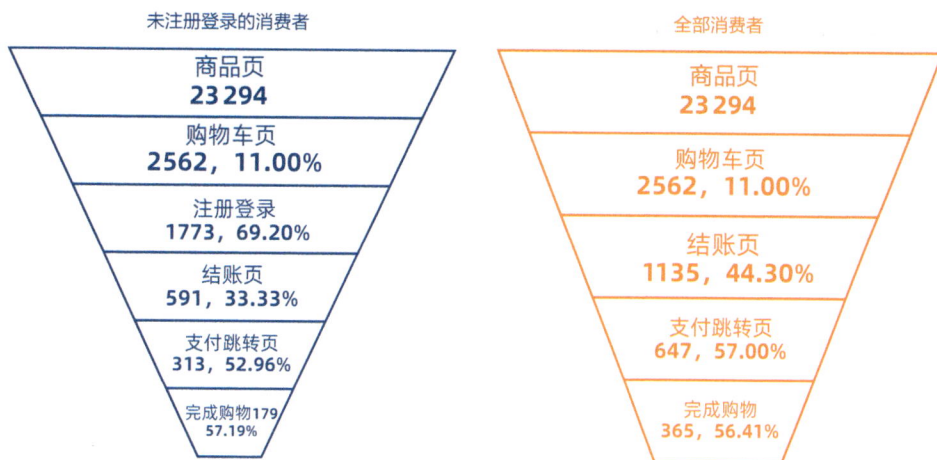

未注册登录的消费者

商品页
23 294

购物车页
2562, 11.00%

注册登录
1773, 69.20%

结账页
591, 33.33%

支付跳转页
313, 52.96%

完成购物179
57.19%

全部消费者

商品页
23 294

购物车页
2562, 11.00%

结账页
1135, 44.30%

支付跳转页
647, 57.00%

完成购物
365, 56.41%

图 5.100　未注册登录的消费者和全部消费者的转化漏斗数据对比

已经登录的消费者

商品页
23 294

购物车页
2562, 11.00%

购物车页上不需要注册登录的流量
小于789

结账页
544,
大于68.95%

支付跳转页
334,
61.40%

完成购物
186,
55.69%

图 5.101　已经登录的消费者的转化漏斗

为什么不能直接构建已经登录的消费者的转化漏斗呢？原因在于，已经登录的消费者没有专门的转化步骤，无法跟全部消费者的一般转化漏斗在设置上进行区分。因此，要构建已经登录的消费者的转化漏斗，只能用全部消费者的转化漏斗数据减去未注册登录的消费者的转化漏斗数据。

通过以上转化漏斗的分析我们可以看到，让未登录的消费者跳出当前的转化环节先去登录，再回到原先的转化环节，至少会在两个步骤上（结账页转化、支付跳转页转化）造成显著流失，因此我们必须优化未登录的消费者的转化体验。

如何优化呢？

降低注册登录对于转化的影响通常会采用一个简单的策略：提供未登录的消费者直接购买的选项，在消费者购买之后再要求消费者注册或登录（甚至可以不注册，因为提供电话号码就相当于注册了），或者减少注册登录过程中的转场——以弹窗的方式在当前页面上完成。

一个优化的例子如下。图 5.102 是原始的购物车页面。

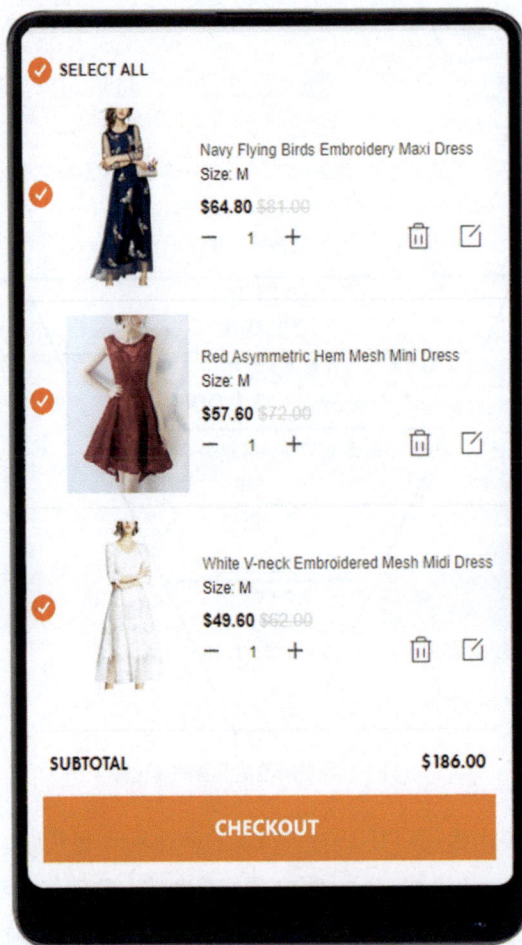

图 5.102 原始的购物车页面

原始的购物车页面中只有一个 "CHECKOUT"（结账）按钮，未注册登录的消费者在点击该按钮之后，会跳转到注册登录页面。

优化后的购物车页面中增加了 "GUEST CHECKOUT"（非注册结账）按钮，

如图 5.103 所示，未注册登录的消费者在点击这个按钮之后，只需填写自己的 E-mail
地址即可进行购买，如图 5.104 所示。

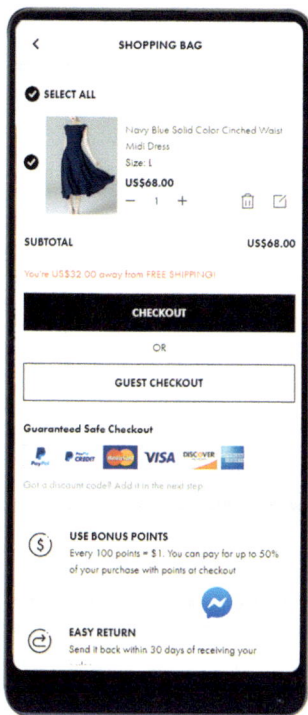

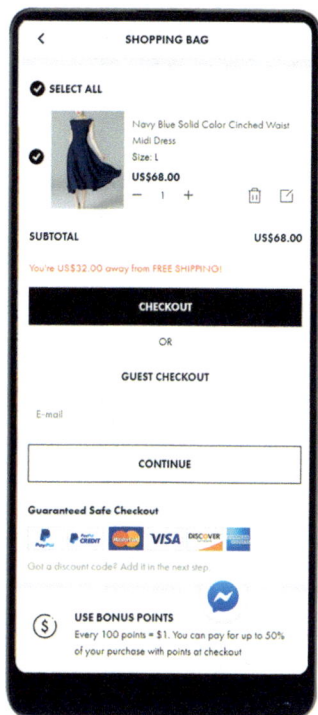

图 5.103　优化后的购物车页面　　图 5.104　在优化后的购物车页面上点击 "GUEST CHECKOUT" 之后

在国内，非注册结账更容易实现，使用一个可以被短信验证的手机即可。

在做完上面的优化举措后，严谨起见，我们还应该进行 A/B 测试，即在购物
车页面上做流量的分流，让一部分流量继续走原始的购物车流程，让另一部分流量
走优化后的购物车流程，并比较二者的转化率的差异。这里不再赘述。

我们再看一个反面的案例。

反面案例中的商品详情页面如图 5.105 所示。如果你没有注册登录，那么无论
你点击"加入购物车"按钮，还是点击"立即购买"按钮，都会进入如图 5.106 所
示的注册登录页面。

图 5.105　反面案例中的商品详情页面

图 5.106　反面案例中的注册登录页面

但是，当你注册登录之后，你并不会自动进入购物车页面（如果你点击的是"加入购物车"按钮）或者订单页面（如果你点击的是"立即购买"按钮），而是会回到商品详情页面，你不得不再点击一次"加入购物车"或者"立即购买"按钮才能继续购物流程。这相当于额外增加了一个步骤，会无谓地降低转化率。

我们接着看购物车环节的第二个问题——购物车页面中的微转化元素。比较下面两个版本的购物车页面（图 5.107 为原始的购物车页面，图 5.108 为优化后的购物车页面），哪一个会有更高的转化率？相信你一眼就能看出。

优化后的购物车页面强调了诸多微转化元素，包括"Your order qualifies for FREE SHIPPING"（这单已经达到免运费的金额）、"Guaranteed Safe Checkout"（安全支付担保）、"EASY RETURN"（便捷退货）等。为了避免拥有优惠券的消费者对在哪里可以使用优惠券感到迷惑，还专门增加了"Got a discount code? Add it in the next step"（有优惠码？在下一步就可以用了）这样的提示。这些设置能够提高消费者进一步转化的概率。

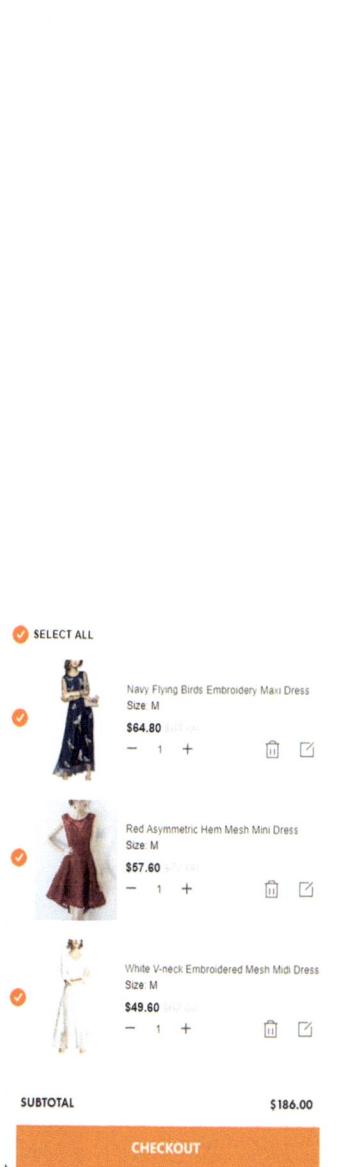

图 5.107　原始的购物车页面

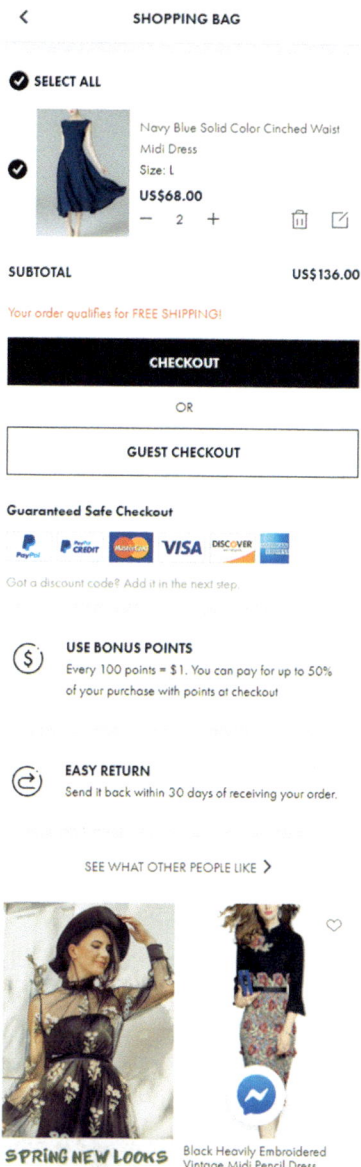

图 5.108　优化后的购物车页面

讲到这里，我要介绍一个新的度量：购物车放弃率（Cart Abandonment Rate）。购物车放弃率是指加入购物车却没有进入支付环节的情况，占所有加入购物车的情况的比例。其计算方法是用在一段时间内发生了加入购物车却没有点击"结账支付"的事件数量，除以总的加入购物车的事件数量：

$$购物车放弃率=\frac{添加购物车却没有点击 “结账付款” 的事件数量}{添加购物车事件的总数量}$$

购物车放弃率是一个很重要的转化指标，它实际上正是购物车转化率的反面。在不同的商品的类别和价格情况下，购物车放弃率也会千差万别，因此并没有一个所谓的参考标准。不过，一般而言，大部分商品的购物车放弃率不会超过80%，即使是在要求未登录的消费者必须登录才能进入购物车之后的环节的情况下，购物车放弃率也很难超过80%。而在购物车环节相对正常的情况下，购物车放弃率可能在50%甚至更低。

如果一个原本正常的商品的购物车放弃率突然升高，那么我们要考虑几种可能性：竞争对手降价，或者整个市场突然降价；商品涨价；可选SKU减少（如缺码、缺色、缺某种配置等）；商品出现负面信息；商品新增消费者负面评价；商品自身的信誉下滑；外部经济突然不景气导致消费者的消费意愿下挫等。

支付环节优化

与购物车环节存在放弃率一样，支付环节也同样存在放弃率，即支付放弃率（Checkout Abandonment Rate）。支付放弃率是指进入支付环节却没有完成支付的情况，占总的进入支付环节的情况的比例。其计算方法是用在一段时间内发生了进入支付环节却没有完成支付的事件数量，除以总的进入支付环节的事件数量：

$$支付放弃率=\frac{进入支付环节却没有完成支付的事件数量}{进入支付环节的事件总数量}$$

相对于商品页和购物车环节，支付环节可优化的空间相对有限。对支付转化率影响最大的，显然是能否提供足够覆盖消费者人群的各类支付方式，以及支付的安全性。在我国，由于消费者普遍使用支付宝和微信支付，加上银行的支付网关也比较成熟，很少有企业在这个环节掉链子。不过，真要是有在这个环节出现莫名其妙问题的，对转化率的伤害非常大。下面的支付放弃率超过80%，大家一看就知道哪里出现了问题。消费者在提交订单之后进入如图5.109所示的支付页面。在这个支付页面中，看起来并没有提供支付宝或者微信支付的方式，消费者觉得困惑，然后会离开。事实上，这个支付页面中有支付宝或者微信支付等第三方支付功能的，但消费者只有点击这个支付页面右侧的 “×” 按钮把这个 “分期优惠” 的界面关闭之后，才能看到第三方支付选项，但是大部分消费者并没有尝试这么做，因为他们认为点击"×"按钮之后会退出支付环节。

图 5.109　支付页面

如果支付放弃率很高，就一定是支付环节存在漏洞吗？很难讲，不能排除消费者在支付环节反悔的可能性。

那么，支付放弃率在什么范围内是正常的？如果是订单金额不是特别大的交易（不超过 1000 元），一般而言，支付放弃率在 50% 左右都是正常的，且随着订单金额的减少，支付放弃率会降低；反过来，订单金额增大，支付放弃率则会升高。

原本正常的支付放弃率突然升高，可能是因为市场价格变动，也可能是因为突然出现负面信息的侵扰，甚至是因为外部经济的"黑天鹅"事件导致消费者的消费意愿降低，从而造成支付放弃率大幅度抬升。

5.5 利用数据优化宏观转化

微观转化强调的是消费者的体验，让已经进入转化流程中的消费者有更大可能性完成转化。但这只是转化过程中很靠近后端的部分，我们还需要从宏观角度让消费者完成转化。所谓宏观角度，是指更具全局性的影响转化的因素，包括围绕商品的运营、转化所需要的周期，以及消费者本身的忠诚情况等。

虽然在本节中我无法为大家穷尽优化宏观转化的所有方式（事实上优化方式是无穷无尽的），但是我会介绍具有普遍参考性的方法，以帮助大家在自己的商业场景中做具体的延伸。优化宏观转化也是数字商业领域的核心运营工作之一。

5.5.1 转化的周期

在微观转化中，我们不把转化所需要的时间考虑在内。所有的微观转化分析，无论是转化漏斗、上下游分析，还是微转化元素的分析，都是基于访问进行的，而没有把周期考虑在内。但是，大部分的转化都是有周期的，而且有的周期还可能特别长。

例如，汽车企业在大规模投放广告之后，可能需要一周或者更长时间才能逐步看到销量的提升。同样，很多 to B 的生意（针对商业企业客户的生意），实现销售转化的周期可能更长，甚至可能长达一年。金融、教育等这些需要收集销售线索才有转化机会的行业，其线索收集的转化一般是比较实时的，但最终让消费者完成购买转化却可能需要几天甚至几周的时间。

消费者从与你发生接触到最终转化的这段时间正是你需要认真"运营"的时间。如何在这段时间内与消费者打交道，实际上是消费者深度运营的问题，我们在第 6 章中再详细介绍，这里先解决第一个问题——衡量长周期的转化的效果，即如果转化存在较长周期，从数据上我们如何知道当前的营销和运营的努力，是走在正确的道路上？

例如，我今天获得了很多销售线索，而这些销售线索是否有效，要到它们真正转化的时候才能验证，那可能是数周甚至数月之后了。但是，到那个时候才发现销售线索的效果不佳，再做出调整就为时晚矣。不仅如此，销售线索的最终转化不佳，不一定是因为销售线索本身存在问题，也可能是因为从获取销售线索到最终转化之间的任何一个或者多个环节存在问题，而如果不定位清楚问题在哪里，转化就很难得到优化，每个环节的负责人都可以相互推诿责任，最后往往一定会得出一个最"政治正确"的结论——销售线索本身的质量不好。销售线索最终"背锅"，仅仅是因为销售线索的质量是很难真正直接描述的。

一个组织的转化策略由此走进死胡同。

因此，能够在当前衡量出未来的转化效果是非常重要的，而找到并改进导致未来转化效果不佳的因素则更加重要。

为此，我们需要弄清楚我们的转化是否需要较长的周期。不少分析工具都能提供转化前天数的报告。例如，在谷歌分析中，这个报告被称为转化耗时报告。转化耗时报告的路径如图 5.110 所示。

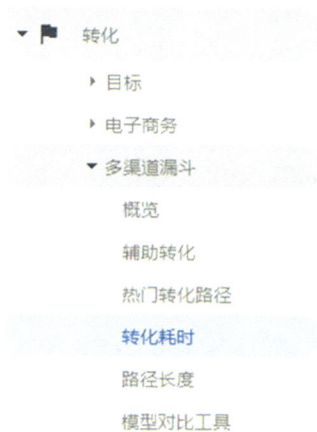

图 5.110　转化耗时报告的路径

转化耗时报告如图 5.111 所示。图 5.111 向我们展示了在转化发生之前，消费者最早多少天前就访问过我们的触点。从图 5.111 中我们可以看到，有 16.76% 的转化对应的消费者在 12 天甚至更久之前就访问过我们的触点，但大部分流量还是在当天就完成了转化，因此这种情况不属于需要较长转化周期的转化类型。

而另一个转化耗时报告则向我们展示了更有意思的转化前天数，在图 5.112 中，接近一半的转化对应的消费者是在访问该触点超过一个星期才之后才转化的。这是典型的长转化周期的情况。

如果你的生意数据也有类似的情况，很多转化的周期较长，就涉及第二个问题：如何衡量现时（当前时间）的销售线索（或者流量）在未来的转化效果。如果你现时不能判断情况的好坏，而要等到很久之后当转化尘埃落定时才能做判断，你就会丧失所有的优化空间。你应该怎么做呢？

这时，你需要历史数据的帮忙。这看起来似乎很可笑，找历史数据帮忙意味着不管怎么样，你都需要"摸黑前进"一段时间去积累历史数据，才能为你后面的分析提供"弹药"！

转化耗时（天）	转化次数	转化价值	占总数的百分比 转化次数 转化价值
0	24,732	US$2,373,197.26	59.99% 59.74%
1	2,300	US$234,798.26	5.58% 5.91%
2	1,315	US$127,599.43	3.19% 3.21%
3	1,081	US$104,475.25	2.62% 2.63%
4	835	US$81,001.94	2.03% 2.04%
5	787	US$78,867.34	1.91% 1.99%
6	749	US$73,546.89	1.82% 1.85%
7	649	US$62,538.69	1.57% 1.57%
8	504	US$49,699.92	1.22% 1.25%
9	493	US$47,194.28	1.20% 1.19%
10	465	US$47,157.32	1.13% 1.19%
11	410	US$39,913.74	0.99% 1.00%
12-30	6,909	US$652,801.12	16.76% 16.43%

转化次数 **41,229** 占总数的百分比 1.50% (2,746,473)

转化价值 **US$3,972,791.43** 占总数的百分比 100.00% (US$3,972,791.43)

图 5.111 转化耗时报告

Viewing: **Time Lag in Days**

Time Lag in Days	Conversions	Conversion Value	Percentage of total Conversions Conversion Value
0	56	$17,938.01	46.67% 26.13%
1	6	$1,517.79	5.00% 2.21%
2	5	$910.94	4.17% 1.33%
3	1	$524.39	0.83% 0.76%
5	2	$522.90	1.67% 0.76%
7	2	$428.14	1.67% 0.62%
8	2	$248.81	1.67% 0.36%
10	2	$120.20	1.67% 0.18%
12+	44	$46,435.68	36.67% 67.64%

图 5.112 另一个转化耗时报告

是的，很遗憾，有时候必须如此，对于一个全新的冷启动，有时候你确实需要在从零开始的阶段依赖自己的经验和判断，然后在积累了一定的数据之后，才能做更准确的优化。

　　某企业 2018 年的相关数据如表 5.5 所示。在表 5.5 中，展示了该企业过去一年每个月的营销花费，以及每个月的转化带来的收入。

表 5.5　某企业 2018 年的相关数据

月份	营销费用 / 万元	当月发生的全部转化收入 / 万元	表面上的月度ROAS
2018年1月	36.9	54.3	1.47
2018年2月	26.4	44.4	1.68
2018年3月	46.5	63.2	1.36
2018年4月	45.0	92.5	2.06
2018年5月	50.3	78.0	1.55
2018年6月	88.2	203.0	2.30
2018年7月	52.1	188.1	3.61
2018年8月	46.5	165.0	3.55
2018年9月	60.6	154.8	2.55
2018年10月	88.3	185.6	2.10
2018年11月	123.6	372.9	3.02
2018年12月	83.7	387.7	4.63

　　你可以很轻易地分辨出哪个月的 ROAS 更好。如果你是营销负责人，你可能会在 ROAS 好的月份奖励团队（如 7 月、8 月、12 月），在 ROAS 差的月份鞭策团队（如 1 月、2 月、3 月、5 月）。

　　但是，你可能会发现，就算某个月全月你都在对团队"抽鞭子"，都快把鞭子抽断了，这个月的 ROAS 也不见好转。

　　显然，由于转化周期的存在，你在这个月抽断的鞭子，发挥的作用可能在下个月甚至更长远的月份才会体现出来。也正是因此，表 5.5 中的月度 ROAS 才被称为表面上的月度 ROAS（后文简称月度表面 ROAS），它的计算方法是用当月发生的全部转化收入除以当月的营销费用，但这么计算实际上无法得到当月营销费用花出去之后的真正 ROAS，因为当月的营销费用所起到的作用在未来的月份才会体现出来，而当月发生的转化又是过去若干个月的营销所获得的流量在这个月发生的转化。营销费用是在这个月发生的，而转化中的部分却来自过去月份所做的营销努力，因此这个 ROAS 无法真正衡量当月营销花费的真实价值。

　　如果我们把每个月营销费用带来的流量所产生的转化收入进行逐月的统计，我们就会发现 ROAS 的计算与我们之前看到的月度表面 ROAS 很不一样。

　　表 5.6 展示了某企业的月度真实转化情况。由表 5.6 可知，2018 年 1 月的营销费用 36.9 万元花出去之后，这些费用所带来的流量在当月，也就是 2018 年 1

月带来的转化收入是 31.2 万元，但这些流量在 2018 年 2 月仍然继续转化，并产生了 5.4 万元的收入，在 2018 年 3 月也带来了一点转化，即 4.2 万元收入，在之后的一个月，也就是 4 月，又产生了 7.6 万元的收入，甚至在下一年的 1 月，还产生了 1.7 万元的收入。因此 2018 年 1 月的月度实际 ROAS 是 1.58，与表 5.5 中的月度表面 ROAS（1.47）略有差异。

表 5.6　某企业的月度真实转化情况

月份	营销费用/万元	当月新增流量在当月产生的转化收入/万元	当月新增流量在此后第1个月产生的转化收入/万元	当月新增流量在此后第2个月产生的转化收入/万元	当月新增流量在此后第3个月产生的转化收入/万元	当月新增流量在此后第4个月产生的转化收入/万元	当月新增流量在此后第5个月产生的转化收入/万元	当月新增流量在此后第6个月产生的转化收入/万元	当月新增流量在此后第7个月产生的转化收入/万元	当月新增流量在此后第8个月产生的转化收入/万元	当月新增流量在此后第9个月产生的转化收入/万元	当月新增流量在此后第10个月产生的转化收入/万元	当月新增流量在此后第11个月产生的转化收入/万元	当月新增流量在此后第12个月产生的转化收入/万元	月度实际ROAS
2018年1月	36.9	31.2	5.4	4.2	7.6	1.6	0.0	1.8	1.4	0.0	2.2	1.3	0.0	1.7	1.58
2018年2月	26.4	32.5	13.4	8.3	4.0	1.3	1.0	0.5	0.3	0.0	0.8	0.4	1.1	0.0	2.41
2018年3月	46.5	44.6	21.3	3.6	6.2	6.6	2.3	1.3	1.7	2.0	0.0	1.1	0.5	0.0	1.98
2018年4月	45.0	48.6	7.6	3.2	5.1	3.2	2.6	2.6	2.4	1.3	0.5	0.8	0.0	0.9	1.86
2018年5月	50.3	57.0	33.7	14.3	10.3	11.6	3.5	2.2	0.5	0.0	0.0	0.6	0.5	0.2	2.67
2018年6月	88.2	145.3	76.9	23.5	10.3	1.9	0.1	1.1	1.3	2.5	0.0	2.1	0.8	0.3	3.08
2018年7月	52.1	80.2	55.7	26.8	10.2	8.7	12.3	6.3	0.8	1.5	0.5	0.0	0.0	0.0	3.90
2018年8月	46.5	63.2	38.7	19.4	14.5	5.3	6.1	2.3	7.6	1.2	0.0	0.6	0.7	1.0	3.45
2018年9月	60.6	60.1	28.6	26.1	13.3	3.6	2.5	4.1	2.9	3.6	4.2	0.0	0.3	1.8	2.53
2018年10月	88.3	108.8	120.5	54.2	21.9	23.6	8.6	13.4	7.7	6.5	0.0	0.6	0.9	1.2	4.15
2018年11月	123.6	187.6	156.8	68.3	12.3	8.8	18.6	2.3	5.8	1.5	0.8	3.6	0.0	0.0	3.77
2018年12月	83.7	140.7	45.3	21.3	13.2	15.6	17.8	10.6	6.5	4.2	3.1	5.5	2.3	1.8	3.44

如果我们对比月度表面 ROAS 和月度实际 ROAS，就会发现在有些月份二者的差异比较大。表 5.7 展示了该企业月度表面 ROAS 和月度实际 ROAS 的对比。其中，标绿色的月份，其月度实际 ROAS 明显好于月度表面 ROAS；标红色的月份，其月度实际 ROAS 明显差于其月度表面 ROAS。但我想提醒大家的是，在有明显转化周期的情况下，月度表面 ROAS 的计算不能反映任何状况，这个计算本身是没有意义的。只有在基本上实时转化的情况下，月度表面 ROAS 才和月度实际 ROAS 很接近，这时才能用月度表面 ROAS 来代替月度实际 ROAS。

表 5.7　某企业月度表面 ROAS 与月度实际 ROAS 的对比

月份	月度表面ROAS	月度实际ROAS
2018年1月	1.47	1.58
2018年2月	1.68	2.41
2018年3月	1.36	1.98
2018年4月	2.06	1.86
2018年5月	1.55	2.67
2018年6月	2.30	3.08
2018年7月	3.61	3.90
2018年8月	3.55	3.45
2018年9月	2.55	2.53
2018年10月	2.10	4.15
2018年11月	3.02	3.77
2018年12月	4.63	3.44

把每个月营销费用带来的流量所产生的转化收入进行逐月的统计，可以计算出月度实际 ROAS，但你可能会觉得这种方法不实用——在上面的例子中，为了搞清楚当月投放的效果，我们必须等到甚至 12 个月以后。对于有转化周期的生意，即使转化周期只有一周，也意味着我们在一周之后才能衡量一周之前的投放效果。这实际上是很莫名其妙的。我们需要一种方法，能让我们对当前的投放在未来的最终 ROAS（也就是上述案例中的月度实际 ROAS）进行评估，而不能等到未来真的发生之后再去评估。

方法是有的，但我们还需要具有一些业务经验。首先，我们要分析对当前的投放对它最终的 ROAS 会产生影响或者与其相关联的指标有哪些；然后，我们要研究这些指标与真实 ROAS 的相关关系，这样，我们就可能将未来的真实 ROAS，通过当前的其他业务指标的表现预测出来。这个分析，一定要在业务中做，而不要一开始就挖数据、建数据模型。

这项工作对几乎所有的涉及转化周期的生意来说都是非常必要的。甚至，在做预测分析时，这项工作也能大幅提升预测的准确性和计算的效率。

回到上述案例，我们从业务中得到的结论是，影响投放最终真实 ROAS 的因素很多，重要的是以下几个。

- 投放的实际 CPC。
- 点击到达率。点击到达率也叫点击抵达率，是指前端广告的点击量转化到实际的触点上（如网站、App、小程序等）的流量的概率。例如，如果 100 个在前端的点击实际转化为触点上的访次为 70 个，那么点击到达率为 70%。
- 留资转化率。留资转化率是留下联系方式或者直接联系销售人员的流量占触点上的总流量的比例。
- 有效留资率。有效留资率是所有留资中，向销售人员表达了购买意愿的留资占比。有效留资少，转化率就会差，ROAS 也就会受损。有效留资率受到两个因素的影响：留资的质量、销售人员的努力程度。
- 有效留资销售转化率。有效留资销售转化率是从有效留资到转化为最终销售的比例。

这 5 个因素中的任何一个因素发生变化，都会对投放的 ROAS 产生很大影响。比如，CPC 如果提升 30%，而其他不变的情况下，ROAS 会下降 30%。

我们继续研究这个案例，我们发现 CPC、点击到达率、留资转化率及有效留资销售转化率都没有很大的波动，但有效留资率常常发生变化。那么，有效留资率的变化和最终实际 ROAS 有什么样的关系？

我们把 2018 年的月度实际 ROAS 与 2018 年的当月有效留资率进行比较，我们会发现二者的趋势基本上是高度拟合的，除了 11 月（见图 5.113）。11 月的情况并不难回溯，为了冲击旺季的销量，引入了数量不小价格便宜的非核心目标人群（"外围目标人群"），就像浓汤里注了水，有效留资率当然大幅度下降了。

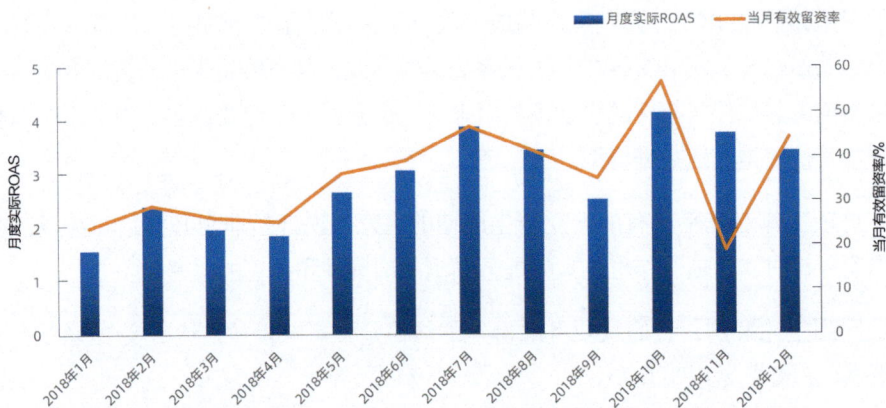

图 5.113　月度实际 ROAS 与当月有效留资率之间的关系

那么，11 月可以排除，而剩下月份的拟合也向我们表明了一个非常重要的推论：月度实际 ROAS 与当月有效留资率有很大的相关性，准确地说，二者在因果关系上有很大的相关性（尽管单从数据上看，只是说明了可能有相关性，但加上业务角度的分析，就可以说明在这个案例中有效留资率对于月度实际 ROAS 的强大影响）。

下一步，我们需要分析如何优化有效留资率。要优化有效留资率，就要从为什么有效留资率每个月有高有低开始分析。有效留资率受到两个因素的影响：留资的质量、销售人员的努力程度。11 月的有效留资率大幅下降，是留资的质量下降导致的，但其他月份需要进一步研究。

如何研究？考虑到留资的质量比较难以判断，而销售人员的努力程度相对比较容易辨别，因此我们从销售人员的努力程度着手。

利用细分的方法，我们细分出每个销售人员的月度实际 ROAS，以及他们的有效留资率，同样将二者进行对比。

销售人员的月度实际 ROAS 如何计算？事实上，每个留资都是用营销费用获得的，因此每个留资的成本并不难计算。销售人员的月度实际 ROAS 计算中的成本，可以以他在当月消耗的留资数量来计算。如果一个留资的平均成本为 500 元，一个销售人员在一个月消耗了 300 个留资，那么这个他这个月的成本就是 15 万元。如果这个销售人员消耗的这 300 个留资最终（一年的周期内）换来了 20 个转化，平均转化金额为 1 万元，那么这个销售人员的收入就是 20 万元。这个销售人员的全年实际 ROAS 就是 20/15=1.33。用这种方法计算各个销售人员在 2018 年全年的实际 ROAS，从而得出各个销售人员的全年实际 ROAS 与他的有效留资率之间的关系，如图 5.114 所示。

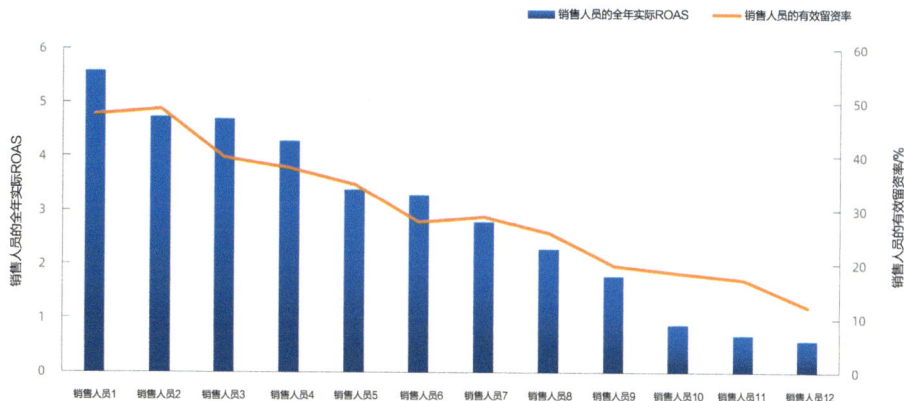

图 5.114　各个销售人员的全年实际 ROAS 与他的有效留资率之间的关系

这个数据并不让人吃惊，看得出来销售人员的全年实际 ROAS 与他的有效留资率的相关性很大。

现在，我们需要从业务的角度分析为什么销售人员的全年实际 ROAS 与他的有效留资率的相关性很大，以及如何提升实际 ROAS。

上面的案例是真实发生的，因此下面的分析，也是真实发生的。在这个案例中的企业，对于销售人员的考核指标非常明确，就是实际的转化，销售人员的收入也跟实际的转化的提成相关。这很类似于保险代理人的制度，一个保险代理人的收入与他能够销售出多少保单直接相关。但是，这个案例与保险销售有一个很大的区别，而这个区别恰恰没有被这个企业的管理者所注意到：保险销售的引流成本，是销售人员自己付出的（是销售人员自己的人际关系），而案例企业的引流成本，则是企业拿出真金白银通过线上营销买的。因此，保险销售人员并不会随意浪费自己的人际关系，他们务必让每一个可能的线索都尽量转化，但这个案例企业的销售却不是这样，对于这些销售而言，赚钱的唯一渠道是多成单，为了多成单，不断地消耗留资线索，找到那些更容易转化的线索（那些电话中更少抗拒或怀疑心理，更和气，意愿更强的客户），然后快速转化，对于稍微犹豫，或是态度不太和善，甚至是电话打了两三次没有接或挂掉电话的客户，应该迅速放弃，以免浪费自己的时间。这种方式便成了他们的最佳策略。因为这样能够减少每个客户的转化时间，提升他们自己的转化效率，并挣到更多的钱。

但这种方式对企业而言是有毒害的。企业的每个留资都花费了成本，在这个案例中，一个留资的平均成本为 300~500 元，这意味着一个不能转化的留资就浪费了 300~500 元。销售人员不会考虑节约留资，因为成本不是他们付出的，但企业的 ROAS 却因此大受影响。

数据也支持了这一点，如图 5.114 中的销售人员 1、2、3、4 都有不错的 ROAS，可他们的业绩不是最好的（业绩没有在图中显示出来，但实际上他们并不是业绩明星），相反，业绩明星是销售人员 8，但他实际上是一个"浪费大户"，而且他的实际 ROAS 仅略高于 2。

要解决这个问题并不困难，增加销售人员的有效留资率考核，由专人复查留资的消耗情况，并且每季度考核上季度的当季 ROAS（尽管当季 ROAS 也是表面 ROAS，但它的准确性比月度表面 ROAS 高），这些数据差的销售人员并不会被降低佣金，但却会直接影响他们之后的留资分配。也就是说，销售人员不再是可以无限制浪费留资，而是根据他们之前的有效留资率考核，决定他们未来可以获得的留资的数量。所有的销售人员都不得不开始重视自己的有效留资率，也不得不努力更多次地拨打线索电话并更努力地尝试说服客户。

结果是，这个企业的 ROAS 迅速提升，甚至提升了近两倍。

总结一下，对于长转化周期的情况，分析优化的步骤如下。

第一步，找到历史数据，计算单位时间（如周、月等）的实际 ROAS。

第二步，从业务角度分析，找出对实际 ROAS 有重要影响的因素，并把这些因素指标化。

第三步，分析各个指标，并确定实际 ROAS 与这些指标的数学关系。如果你的业务的情况比上述案例复杂，有多个波动的指标共同影响实际 ROAS，那么你可能需要做多元回归分析。在这种情况下，你需要找搞数据建模的同学帮助你。

第四步，分析与实际 ROAS 的波动关联最大的指标背后的业务逻辑，并从业务的角度加以改善。

看起来很复杂的问题，只要有数据的积累，就不是难题。

5.5.2 商品的分析

宏观转化的第二个关键点是对商品的分析。尽管不少企业可能只有有限的几款商品，但是大部分企业售卖的商品和品类都为数不少。转化，不仅是营销的艺术，还是商品的艺术，从商品的包装，到上架策略，到定价，到售卖周期等，都可能会影响这个商品乃至相关商品的转化。本节分析与商品相关的问题。

关注与转化的象限模型

研究商品的一个最简单且最实用的模型是商品的关注与转化二维模型，如图 5.115 所示。由于这个模型可以用四象限来表示，因此这个模型也叫商品的关注与转化象限模型。

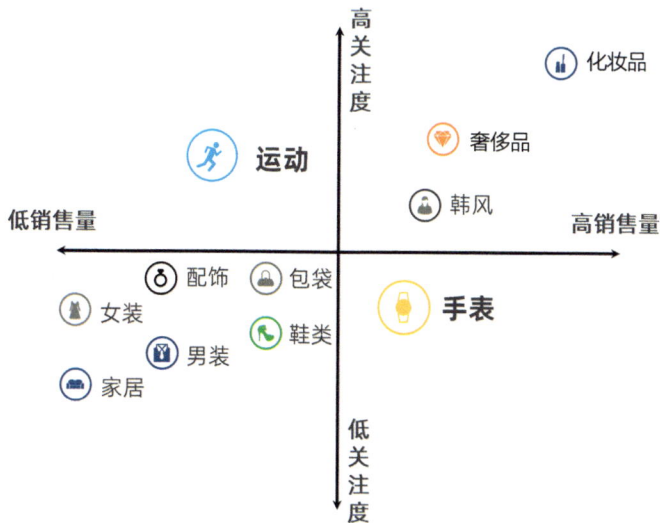

图 5.115　商品的关注与转化二维模型

建立商品的关注与转化二维模型并不困难。关注度可以用商品页的 PageView（Item PV）来表示。这个模型可以迅速帮助商品运营负责人找到诸如"运动"这样"高分低能"的品类，或者类似于"手表"这样具有潜力的品类。而销售量和关注度作为横轴和纵轴，可以将象限原点设置为它们的平均数或者中位数。

我们对于商品的分析常常只是基于销售量，但如果增加了关注度维度，就相当于以更统一的尺度观察销售量，即单位流量能够获得的转化。商品的关注与转化二维模型看起来似乎是转化率的另一种表现方式，因为销售量除以关注度本质上就是转化率。但是，如果仅仅只用转化率这一个指标，只能说明某些品类的转化能力的优劣，却无法解释转化能力优劣的原因，而商品的关注与转化二维模型提供了更多的洞察。

在图 5.115 中，高关注度但低销售量意味着商品引入了较多的流量，但转化率较低。这表明存在营销费用的浪费，或者糟糕的商品转化优化。而对于低关注度但销售量却不错的商品，可以尝试引入更多流量，以进一步挖掘商品的潜力。

商品的关注与转化二维模型可以用表格来代替（即品类的关注度和销售量数据，见表 5.8），以帮助我们定量计算，别忘了使用 Excel 的条件格式功能。

表 5.8　品类的关注度和销售量数据

品类	关注度（Item PV）	销售量
化妆品	35 958	2213件
奢侈品	28 780	1567件
韩风	23 685	1484件
鞋类	18 363	1535双
运动	16 428	1054件
包袋	15 946	961个
女装	15 531	600件
手表	14 434	1209块
男装	12 250	497件
配饰	10 744	567件
家居	6128	142件

如果愿意把时间因素考虑进来，那么你可以做出季度或者半年的商品象限变化图，从而能够挖掘更多的洞察。例如，图 5.116 是表 5.8 中的这些品类在半年之后的变化，有些商品增长迅速，而有些商品更加边缘化。

对时间变化加以考虑，我们还可以用数据表和条件格式来展示各品类的情况。另外，如果再把转化率、推广费用及 ROAS 考虑在内进行对比，就能得到更多有价值的信息，如表 5.9 所示。

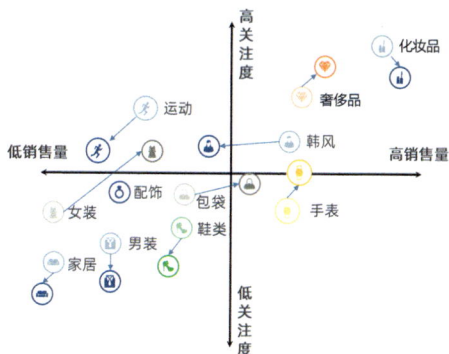

图 5.116　品类在关注与转化二维模型中随时间的迁移

表 5.9　把转化率、推广费用及 ROAS 考虑在内进行对比

品类	时间	关注度 (Item PV)	销售量	转化率 /%	推广费用 /元	ROAS(ROAS中的R 以毛利计算，而不 以 GMV计算) /%
化妆品	2019年1月	12630	736件	5.8	10 862	21
化妆品	2019年2月	8766	512件	5.8	7714	24
化妆品	2019年3月	14 562	965件	6.6	12 669	19
奢侈品	2019年1月	8886	523件	5.9	11 818	35
奢侈品	2019年2月	10 262	543件	5.3	13 854	39
奢侈品	2019年3月	9632	501件	5.2	14 641	43
韩风	2019年1月	7521	496件	6.6	6393	12
韩风	2019年2月	6510	423件	6.5	5403	12
韩风	2019年3月	9654	565件	5.9	8785	13
手表	2019年1月	6313	488块	7.7	7765	3
手表	2019年2月	3256	354块	10.9	3940	−2
手表	2019年3月	4865	367块	7.5	5838	2
包袋	2019年1月	4854	311个	6.4	2573	14
包袋	2019年2月	6879	409个	5.9	3715	15
包袋	2019年3月	4213	241个	5.7	2654	17
鞋类	2019年1月	4569	305双	6.7	3198	4
鞋类	2019年2月	4896	352双	7.2	3770	4
鞋类	2019年3月	8898	878双	9.9	7296	3
运动	2019年1月	4441	272件	6.1	3553	−5
运动	2019年2月	4123	236件	5.7	3422	−4
运动	2019年3月	7864	546件	6.9	6763	−6
男装	2019年1月	4212	205件	4.9	1938	−2
男装	2019年2月	4031	156件	3.9	2257	−2
男装	2019年3月	4007	136件	3.4	2004	−2
配饰	2019年1月	3857	203件	5.3	2430	4
配饰	2019年2月	3667	188件	5.1	2420	4
配饰	2019年3月	3220	176件	5.5	1964	3
女装	2019年1月	2899	124件	4.3	2493	8
女装	2019年2月	2767	155件	5.6	2518	7
女装	2019年3月	9865	321件	3.3	8681	10
家居	2019年1月	2456	53件	2.2	5698	3
家居	2019年2月	2103	55件	2.6	4416	1
家居	2019年3月	1596	34件	2.2	2950	2

　　注意，表 5.9 中的 ROAS 的 R（Return）是以毛利计算的，而不是通常大家采用的以 GMV（商品销售货值）计算的，S（Spending）仍然以推广费用进行计算。因此，表 5.9 中 ROAS 为正数的，理论上都是进行广告推广可以赚钱的。

　　商品的关注与转化二维模型的价值在于分辨品类的问题或潜力。如果想要继续深入研究某个品类，要做的事情也不复杂，直接对品类内的商品再做商品的关注与转化二维象限模型即可，这本质上就是继续进行下钻或细分操作。

　　然后，你总能找到一些商品，它的关注度高，但销量低。此时，你需要判断这个商品是否本身就具有高关注低转化的特质，例如那些具有"网红"特质却价格贵得吓人的商品，它们容易引起围观，但花费真金白银买的人不多。或者，换句话说，是否这些商品的关注是你花钱买来的，如果是，那么你必须考虑优化转化率。

　　优化商品的转化率的方法，与我在前面介绍的优化转化漏斗的方法基本没有区别，但你要做好细分，也就是说，这个漏斗仅限于你要研究的这个具体商品或者具体品类，从而帮助你判断到底是什么地方的问题造成了该商品的转化率不佳。

　　与商品的转化率相关联的往往有价格因素、微转化因素（前文已经介绍过）及时间这个"大杀器"——它让消费者逐渐累积疲劳感。下面先从价格因素的分析入手。

价格与销量的分析模型

　　商品的价格会影响转化，这是毫无疑问的。问题是，会影响到什么程度？

　　商品的价格常常发生变动，并且受折扣、促销等影响，商品的标价和真实售是两回事，因此商品的价格总是波动的。

　　价格与销量的分析模型以价格为横轴，以销售量和转化率为纵轴，如图 5.117 所示。

　　图 5.117 反映了某个商品在不同定价时的销售量及转化率。仅看图 5.117，你能得出什么结论？你会注意到在 76~80 元、81~85 元、86~90 元这 3 个价格区间，价格升高了，销售量反而增加了，同时转化率降低了。这个数据看起来有点违背常识，但实际上并不奇怪，销售量与推广直接相关，在 76~90 元这个价格区间，企业进行了大量推广，于是销售量得以提升，但同时也下挫了转化率。

　　而在商品的价格为 90 元以上时，价格不再具有优势，企业没有做更多的推广，流量基本以直接流量和自然搜索流量为主，于是转化率升高，销售量减少。

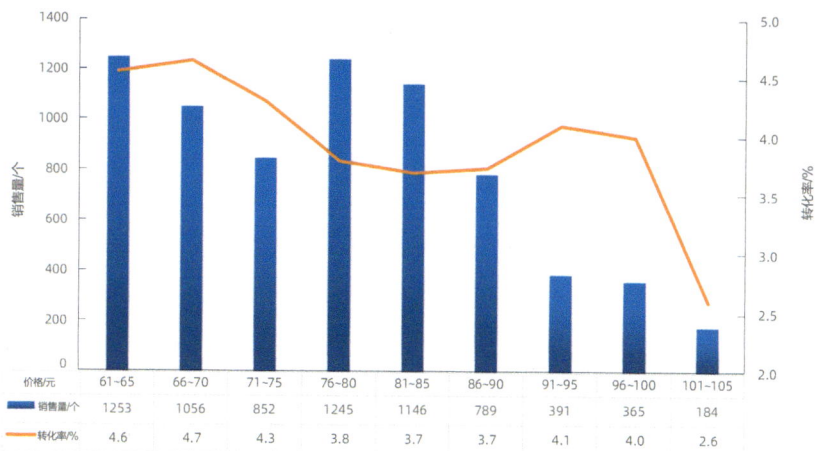

价格/元	61~65	66~70	71~75	76~80	81~85	86~90	91~95	96~100	101~105
销售量/个	1253	1056	852	1245	1146	789	391	365	184
转化率/%	4.6	4.7	4.3	3.8	3.7	3.7	4.1	4.0	2.6

图 5.117　价格与销量的分析模型

那么，价格究竟在多大程度上影响了商品的销售量与转化率？图 5.117 并不能给出答案，原因在于企业在商品的价格为 76~90 元时做了推广，干扰了对正常价格的分析。

为了解决这个问题，我们要用细分的方法。由于推广流量干扰了原本"有正常规律"的销售量和转化率，那么我们若排除推广流量，就能进行更准确的分析。在排除推广流量之后，剩下的流量主要是直接流量和自然搜索流量，这些流量被称为参照系流量（见 5.1.2 节），我们分别统计参照系流量带来的销售量和转化率，规律就易寻得多。参照系流量的价格与销售量（转化率）分析如图 5.118 所示。

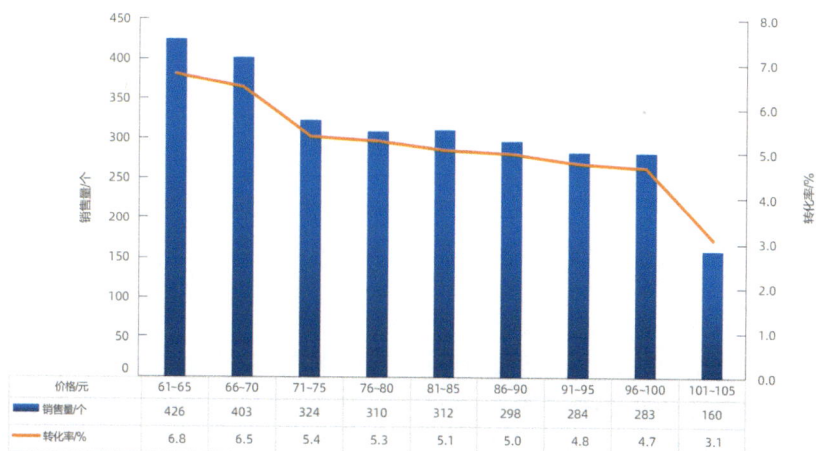

价格/元	61~65	66~70	71~75	76~80	81~85	86~90	91~95	96~100	101~105
销售量/个	426	403	324	310	312	298	284	283	160
转化率/%	6.8	6.5	5.4	5.3	5.1	5.0	4.8	4.7	3.1

图 5.118　参照系流量的价格与销售量（转化率）分析

当价格不高于 70 元时，转化率很高；当价格高于 70 元但不高于 100 元时，转化率随着价格的升高缓慢降低；当价格高于 100 元时，转化率随着价格的升高陡然降低，说明消费者的价格忍耐极限被击穿。总体来看，图 5.118 中的转化率曲线反映出这个商品的价格弹性（指价格对销售量的影响）还是比较弱的，这意味着企业或商家可以在一定程度上对这个商品进行涨价，以谋求更多的利润。

参照系流量的设置是我常常被问到的问题。并不是所有的企业都有数量庞大的直接流量或者自然搜索流量，这时，企业可以利用长期稳定投放的推广流量作为参照。所谓长期稳定投放的推广流量，是指投放的计划不发生巨大变化，投放的预算不剧烈波动，投放的创意也保持相对稳定的广告流量。

不过，研究价格对转化率（销售量）的影响，很难在一个完美的时空中进行，而容易受到其他因素的影响。最主要的影响因素是，竞争对手的商品（替代品）的价格，以及淡旺季导致的消费者需求的变化。有经验的从业者能估计淡旺季对转化率（销售量）影响的"加持比例"，如会降低 30% 或者升高 50%。而竞争对手的情况，则需要你自己爬取数据后再做对比分析，不再赘述。

商品的周期分析

对商品的转化率有很大影响的另一个因素是时间。本书中有大量的内容都跟时间有关。白马过隙、岁月如梭，时间的积累作用可能让原本不好的事情变好，也可能让原本不错的事情慢慢变弱，甚至使之消亡。

关于商品随着时间的变化，我们主要探讨两点。第一，消费者在消费商品上是否存在周期。例如，购买眼霜的消费者会在多久之后再次购买眼霜。第二，商品的转化率随着时间发生的变化。

对于第一点，我们分析再次购买同类商品的间隔时间。图 5.119 展示了眼霜消费者再次购买眼霜与的间隔时间和对应人数分布，它是一个正态分布。

从大约第 8 周开始，给购买过眼霜而未再次购买的消费者发一个促销提醒，对提升转化率会有明显的作用，这基本上是商品再次购买间隔时间分析能提供的最直接的帮助。

对于第二点，监控商品的转化率随着时间变化的规律更有意义。图 5.120 展示了某个新上线的商品第一个月的转化率变化，从这个变化趋势来看，这个商品是一个典型的爆款商品。

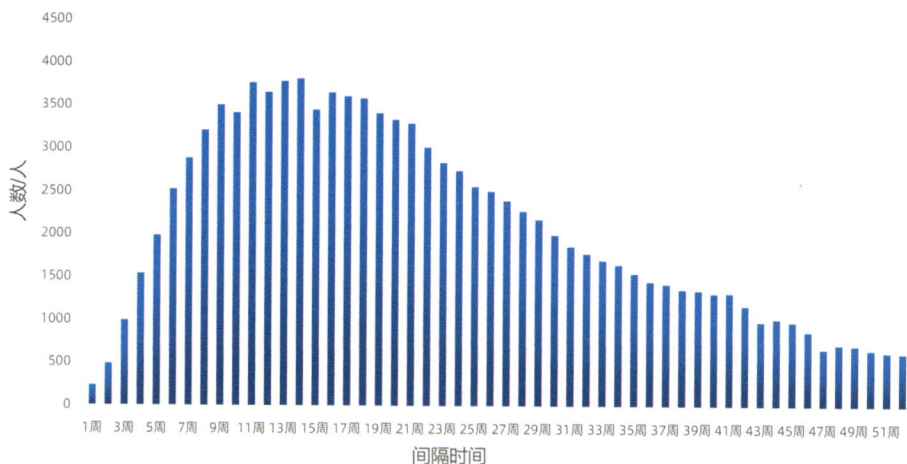

图 5.119　眼霜消费者再次购买眼霜的间隔时间和对应人数分布

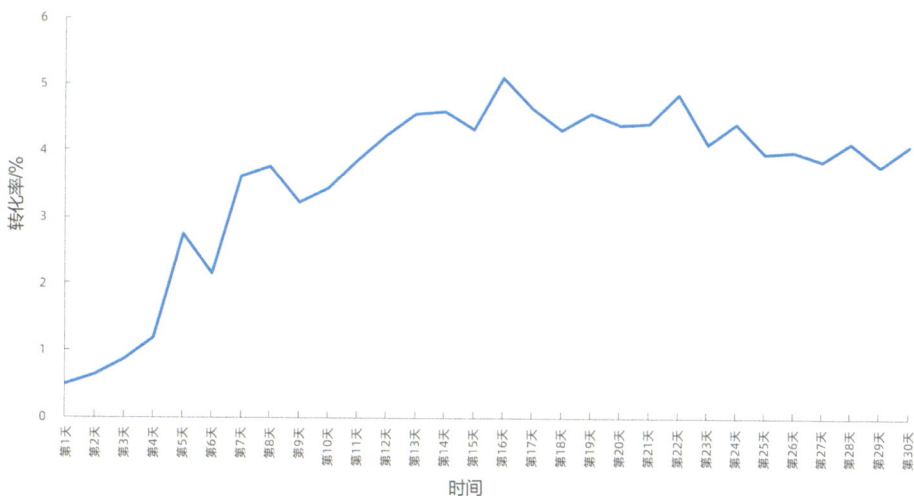

图 5.120　某个新上线的商品第一个月的转化率变化

但随着时间的推移，这个商品的转化率也会随着时间下降而表现出疲态。如果我们在分离出这个商品的参照系流量，并以一年的转化率趋势来观察，我们就会发现这个商品的转化率的疲态很快就会出现。我们也能看到这个商品的转化率在一些特殊事件（如第 37 周的缺货、第 47 周的"双 11"大促）的影响下降低或升高，如图 5.121 所示。

每个商品都有它的疲劳期，或长或短而已，越是能快速成为爆款的商品，其鼎盛期相对就更加短暂。在流量质量没有发生显著变化的情况下，持续下滑的商品转化率意味着商品已经进入疲劳期。如果一个商品确实进入了疲劳期，那么我们可以采取两种方法来应对。第一种方法，为这个商品引入新的流量。如果引入新的流量也没有太大起色，我们就只能采取第二种方法了，即逐步放弃这个商品，用另一个跟它类似但更有新意的商品取代它，同时宣告它即将下架。有趣的是，如果你宣布一个商品即将下架，它的转化率就会猛然升高一些，但这一提升往往会很快结束，然后最终归于平静。

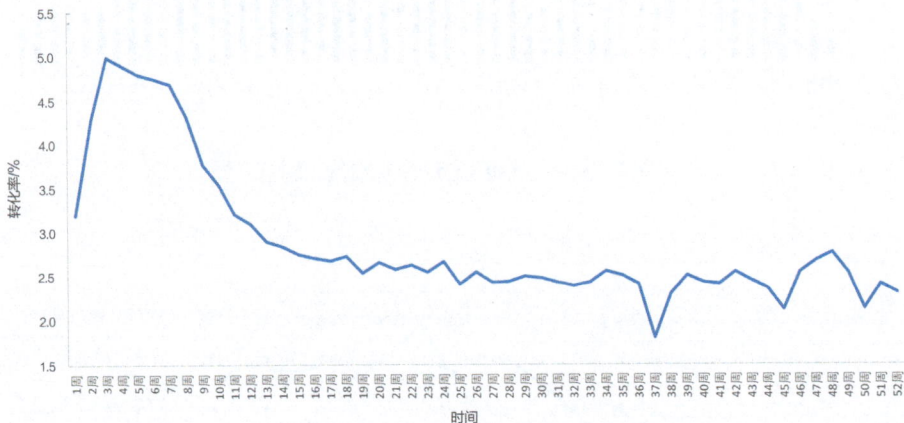

图 5.121　参照系流量的转化率

商品转化运营分析的常用数据表

在转化优化方面，与商品相关的分析相对而言比较少得到重视，原因可能是商品有专门的负责人员进行运营。不过，商品本身确实在影响转化方面有决定性的作用，甚至对增长而言，商品本身也起着决定作用。

与商品转化直接相关的运营分析指标如下：商品的详情页 PageView、销售量、转化率、加购率、收藏转化率、加购转化率、二次购买周期平均数（或中位数）、广告推广费用、ROAS。这些指标可以用三类表来展示，分别对应一个商品的关注与转化情况、过程转化情况及推广转化情况，如表 5.10 所示。

表 5.10　商品的关注与转化情况、过程转化情况及推广转化情况指标表示例

商品编号 （或SKU）	周期	关注与转化情况				过程转化情况				推广转化情况	
		Item PageView	销售量	转化率	加购率	收藏转化率	加购转化率	二次购买周期平均数		广告推广费用	ROAS
商品001	第1周										
商品001	第2周										
商品001	第3周										
商品002	第1周										
商品002	第2周										
商品002	第3周										
......	......										

请注意，在使用商品的关注与转化情况、过程转化情况及推广转化情况指标表时，为了进行数据透视的方便，请一定不要对红框内的单元格进行合并操作。

与商品转化相关的一些辅助运营指标如图 5.122 所示，这些指标也是专门的商品运营人员会关注的指标，本书不再具体介绍。

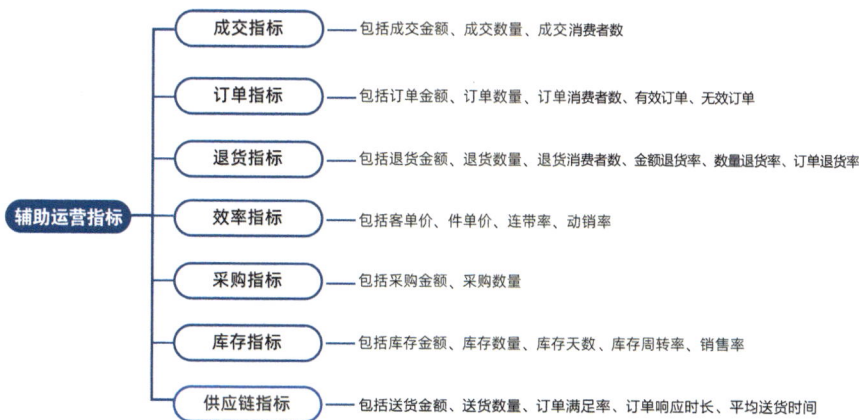

图 5.122　与商品转化相关的辅助运营指标

（资料来源：知乎 @ 水上初）

5.5.3　消费者忠诚

消费者的忠诚度是宏观转化的又一个决定性因素，如果同一个消费者能够持续地购买你的商品或服务，你的转化率就会更高。

对消费者的运营，我会在第 6 章中专门介绍，本节先来介绍一些与宏观转化相关的衡量消费者的忠诚度的相关指标，以及最为常见的一种方法——会员制。

衡量消费者的忠诚度的相关指标

衡量消费者的忠诚度的相关指标包括回访率和复购率。回访率是指访问两次或者两次以上你的触点的消费者占所有访问你的触点的消费者的比例。其计算方法通常是用 Session 除以 User（或 UV，即 Unique Visitor）。复购率是指购买过两次或者两次以上你的商品或服务的消费者占所有购买过你的商品或服务的消费者的比例。

回访率和复购率并没有标准的参考数值，尤其是回访率。有的企业认为自己的复购率达到 10% 已经非常不错了，有的企业的复购率高达 30%。复购率与商品本身的价格、需求弹性及被消费者使用的生命周期都有较大关系，如耐用消费品（如汽车、计算机显示器等）的复购率一般会很低。

正是由于这个原因，回访率和复购率都很少直接用某个具体的数值进行分析，而是利用趋势查看消费者的忠诚度在上升还是在下降，此时，计算回访率或者复购率的公式会把时间因素考虑进去。例如，月复购率就是计算某月内发生了两次或者两次以上购买行为的消费者占该月所有发生购买行为的消费者的比例，然后将每个月的复购率连成一个趋势。

图 5.123 是我曾经做过的一个年度月复购率的趋势分析。数据本身只能说明现象，而要找到现象背后的原因，需要你在商业分析基础上的进行数据验证。

图 5.123 中的数据展示了月复购率的趋势和它波动的潜在原因。但问题在于，图 5.123 显示了月复购率受到很多外界因素的影响，如大型推广、商品上新等。

如果想了解比较客观的复购率，我们需要尽可能地排除外界因素的影响。此时，应该再做消费者的细分，选择参照系流量来源的消费者，并排除购买了新上商品和促销商品的消费者。有些用户行为分析工具具有细分消费者的功能，并能够对交易直接进行监测，因此我们可以利用这些工具导出所有参照系流量带来的消费者和他们对应的交易订单，再在其中排除只购买了新上商品和促销商品的消费者。如果你的用户行为分析工具不具有这项功能（大部分用户行为分析工具在交易追踪和分析上的功能都相对较弱），那么你需要在自己企业的交易记录中导出相应的数据，并与参照系流量带来的消费者的 PII（Personal Identifiable Information，个人信息，最典型的就是电话号码）做匹配，然后做出相关数据。这有点麻烦，不过这么做是值得的，因为在这么做之后你可以看到较为真实的复购率。参照系流量的消费者的月复购率趋势分析如图 5.124 所示。

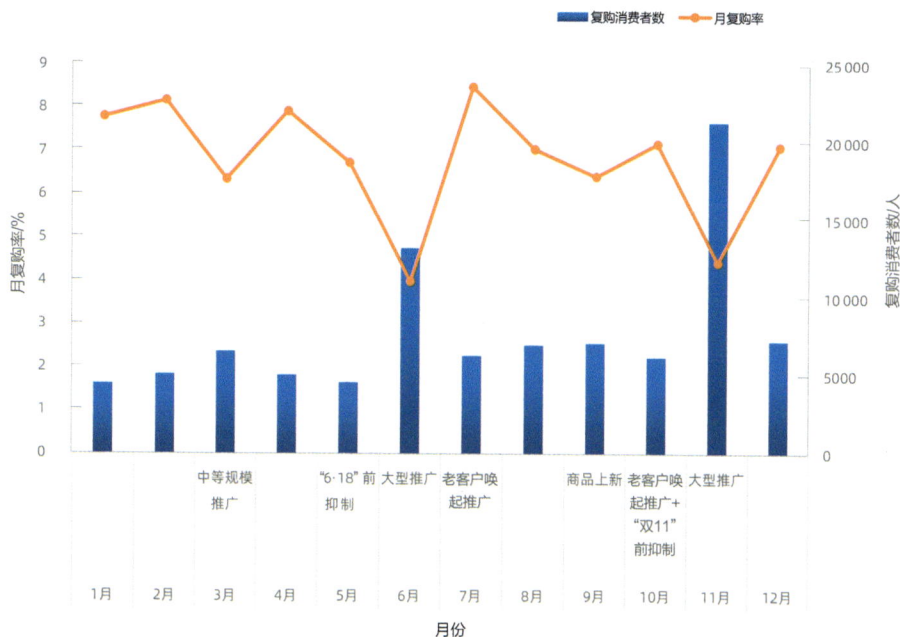

图 5.123   年度月复购率的趋势分析

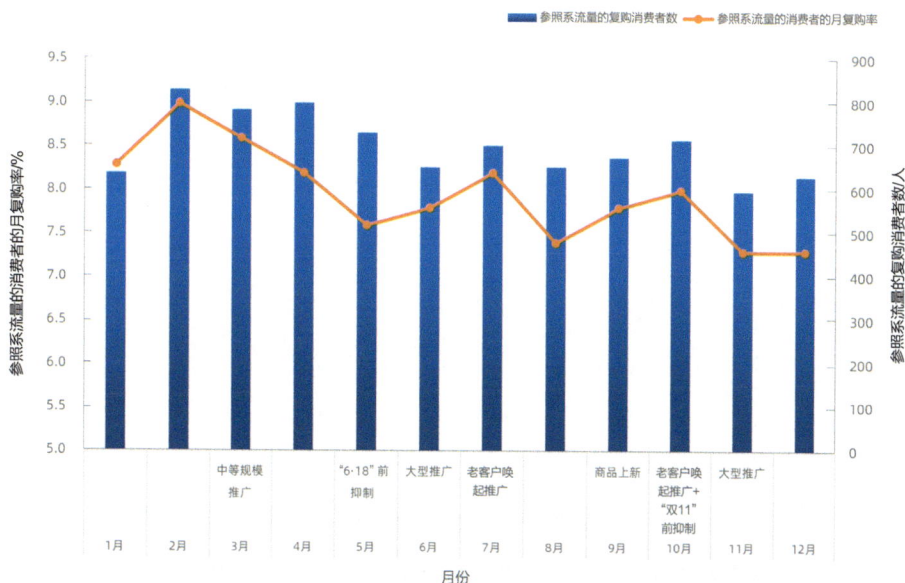

图 5.124   参照系流量的消费者的月复购率趋势分析

参照系流量的消费者的月复购率看起来并不是特别乐观,从年初的 8.5% 左右,下滑到了年底的 7.5% 左右，这表明消费者的忠诚度可能正在缓慢下降。

你也可以做其他细分人群的回访率或者复购率的趋势分析，如按照地域来细分复购率、按照消费金额的等级来细分复购率。而按照消费金额的等级来细分复购率又可以演变为一个更加经典的消费者分层模型——RFM 模型。

RFM 模型

虽然 RFM 模型在零售业中常用，但它也适用于其他行业，如果扩展 RFM 三个字母的含义，这个模型背后的思想也可以用在用户运营上，如用在 App 的用户价值分层上。

RFM 模型中的 R 是指 Recency，意为新近度，是消费者最近一次购买行为发生的时间与进行 RFM 统计时的时间的间隔，间隔越小，R 的值越大。

F 是指 Frequency，这个指标跟消费者的忠诚度直接相关，是指消费者发生购买行为的次数。在消费者的购物生命周期内，发生的购买行为次数越多，F 的值越大。

M 是指 Monetization，意为交易金额，即在消费者的购物生命周期内的总消费金额。金额越大，M 的值越大。

一般而言，我们在实际操作中会把 R、F、M 这 3 个指标用简单的等级区分。例如，将 R、F 和 M 都分为 0、1 两个等级，并且对每个消费者都按照这两个等级进行打分。

RFM 模型一般用于衡量一段时间内的消费者情况。例如，在一个月内取数据，并定义 RFM 模型如下。

- R：在近 1 周内购买的，R=1；在近 1 周之前购买的，R=0。
- F：购买过 3 次或以上的，F=1；购买过 3 次以下的，F=0。
- M，超过 5000 元总消费金额的，M=1；没有超过 5000 元总消费金额的，M=0。

那么，我们可以基于 RFM 模型将所有消费者划分为 8 种（2^3）类型，如表 5.11 所示。其中，可能高价值消费者是我们最应该赶紧制订刺激计划来刺激其转化的一类消费者。

表 5.11　基于 RFM 模型划分的人群示例

R	F	M	消费者的类型
0	0	0	低价值消费者
0	0	1	潜在流失高价值消费者
0	1	0	沉默消费者
0	1	1	潜在沉默高价值消费者
1	0	0	潜力消费者
1	0	1	潜力高价值消费者
1	1	0	忠诚消费者
1	1	1	高价值消费者

如果你愿意，你可以把 RFM 模型分为更多的等级，如每一个都是 5 个等级，这样就把消费者分成 125 种（5^3）类型。当然，这么多的类型可能只是增加了统计的麻烦，并无特别大的价值。一般我们最多分为 3 个等级，也就是不超过 27 种（3^3）类型。

RFM 模型非常简单，直接对消费者的 RFM 的具体值进行手动排序，然后替换为相应的等级，或是用 Excel 的 IF 函数就可以搞定。正是因为 RFM 模型操作起来极为方便，因此它常常被拿出来使用。

尽管 RFM 模型用在零售上非常常见，但是它完全可以用来衡量 App 之类的数字产品的用户。哪怕这个 App 根本不卖东西，我们也能用 RFM 模型衡量用户的忠诚度和价值。例如，我们可以将 R 定义为最近一次使用 App 的时间与现在的时间间隔；将 F 定义为用户使用 App 的频次；将 M 定义为用户使用 App 的总时长。利用这种方法，我们可以很快地将最忠诚、最有价值的用户圈选出来。

RFM 模型也可以被一些其他的模型替代，如用数据建模的方法，在你自由圈定指标的基础上，做消费者的聚类模型，然后让数据模型帮你跑出不同细分群体的消费者的聚类。这种方法或许有更大的灵活性，但是其劣势在于它更加复杂。

同类群队列分析

消费者的忠诚度也可以采用同类群队列（Cohort）分析的方法进行分析，也被称为同期群分析。

同类群队列分析的逻辑如下。

假如我的某次推广在当月带来了 10 000 个新增消费者，我想知道这些消费者此后消费的情况，因为反复消费意味着更高的忠诚度。当月新增消费者在未来若干个月消费的数据如表 5.12 所示。

表 5.12　当月新增消费者在未来若干个月消费的数据

某次推广	当月新增消费者	1个月后有消费的	2个月后有消费的	3个月后有消费的	4个月后有消费的	5个月后有消费的	6个月后有消费的	……
数量/个	10 000	987	568	676	541	489	263	……
比例/%	100	9.9	5.7	6.8	5.4	4.9	2.6	……

这其实是一个队列，如 1 个月后有消费的是 9.9%，意思是最初的 10 000 个消费者，在之后的一个月，还有 9.9% 的消费者会再次消费。

如果我们要比较另外一次推广的渠道的复购情况，那么我们可以再做一个队列，然后将它与前面的那个队列做比较。两次推广带来的新增消费者在未来若干个月消费转化的数据如表 5.13 所示。

表 5.13　两次推广带来的新增消费者在未来若干个月消费的数据　　单位：%

推广	当月新增消费者	1个月后有消费的	2个月后有消费的	3个月后有消费的	4个月后有消费的	5个月后有消费的	6个月后有消费的	……
第一次推广	100	9.9	5.7	6.8	5.4	4.9	2.6	……
第二次推广	100	12.4	8.9	7.5	6.7	7.1	6.8	……

表 5.13 也可以用图来表示，如图 5.125 所示。

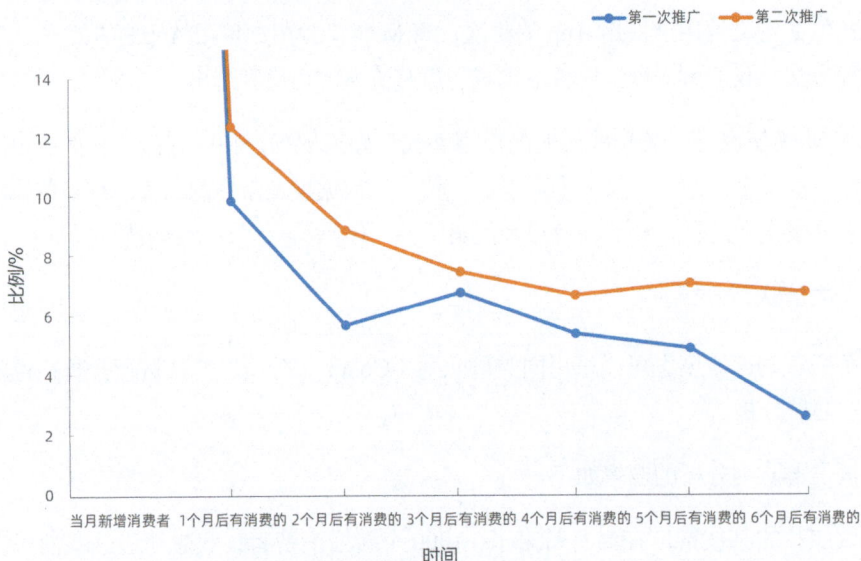

图 5.125　两次推广带来的新增消费者在未来若干个月消费的数据

通过表 5.13 和图 5.125 很容易就能比较出两次推广的效果差异。或许第二次推广只带来了 5000 个新增的消费者，但第二次推广的消费者的忠诚度显著高于第一次推广。

图 5.125 所示的折线图就是同类群队列，两次推广是同类，队列则是两次推广在每个月的表现。

有的读者可能会说，这跟我理解的 Cohort 不一样，因为 Cohort 被称为同期群分析，是如图 5.126 所示的这样的报告。

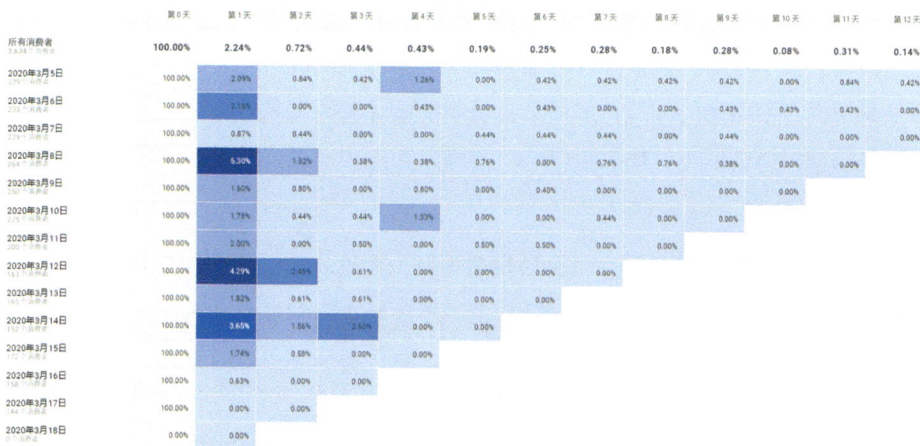

	第0天	第1天	第2天	第3天	第4天	第5天	第6天	第7天	第8天	第9天	第10天	第11天	第12天
所有消费者	100.00%	2.24%	0.72%	0.44%	0.43%	0.19%	0.25%	0.28%	0.18%	0.28%	0.08%	0.31%	0.14%
2020年3月5日	100.00%	2.09%	0.84%	0.42%	1.26%	0.00%	0.42%	0.42%	0.42%	0.42%	0.00%	0.84%	0.42%
2020年3月6日	100.00%	2.15%	0.00%	0.00%	0.43%	0.00%	0.00%	0.00%	0.43%	0.43%	0.43%	0.00%	
2020年3月7日	100.00%	0.87%	0.44%	0.00%	0.00%	0.44%	0.44%	0.44%	0.00%	0.44%	0.00%		
2020年3月8日	100.00%	5.30%	1.92%	0.38%	0.38%	0.76%	0.00%	0.76%	0.76%	0.38%	0.00%		
2020年3月9日	100.00%	1.60%	0.80%	0.00%	0.80%	0.00%	0.00%	0.00%	0.00%				
2020年3月10日	100.00%	1.78%	0.44%	0.44%	1.33%	0.00%	0.44%	0.00%					
2020年3月11日	100.00%	2.00%	0.00%	0.50%	0.00%	0.50%	0.00%						
2020年3月12日	100.00%	4.29%	2.45%	0.61%	0.00%	0.00%	0.00%						
2020年3月13日	100.00%	1.82%	0.61%	0.61%	0.00%	0.00%							
2020年3月14日	100.00%	3.65%	1.56%	2.60%	0.00%	0.00%							
2020年3月15日	100.00%	1.74%	0.58%	0.00%	0.00%								
2020年3月16日	100.00%	0.63%	0.00%	0.00%									
2020年3月17日	100.00%	0.00%	0.00%										
2020年3月18日	0.00%	0.00%											

图 5.126　同期群分析报告示例

没错，这也是 Cohort 的一种，按照时间切片的队列。在图 5.126 中，第二行，即 "2020 年 3 月 5 日" 那一行数据的意思是在 2020 年 3 月 5 日这天获得了 239 个新消费者；在之后第 0 天，也就是在 2020 年 3 月 5 日这一天，这些消费者的留存率是 100%；在之后第 1 天，也就是在 2020 年 3 月 6 日这一天，这些消费者的留存率是 2.24%，也就是有 239 × 5/239 = 5（个）消费者留存；在之后第 2 天，也就是在 2020 年 3 月 7 日这一天，这些消费者的留存率是 0.84%，也就是有 239 × 2/239 = 2（个）消费者留存，以此类推。

Cohort 不只是按时间切片的队列，它也可以像图 5.125 一样，是不同推广活动的队列，也可以是不同流量来源的队列，还可以是任何你自定义的细分人群的队列。

在有了同类群队列分析之后，有的读者可能会问，我如何提升每个队列的复购率或者留存率呢？对宏观转化而言，这是一个很重要的优化点，如果我们能让新增消费者在此后的每个月的复购率都提高，总体的转化率就能得到提升。这也是消费者的忠诚度提高的一个重要体现，那么，怎么做呢？一种最为常用的方法就是利用会员制。

会员制

总体而言，会员制能够在一定程度上提高转化率，但与大多数人认为的不同，会员制并不能从根本上解决提高消费者的忠诚度的问题。也就是说，如果消费者的忠诚度不好，那么会员制并不会从根本上提高消费者的忠诚度。会员制更像是锦上添花，而不是点石成金。

首先，会员制适合有条件与消费者进行高频次互动的行业，如零售、电商、交通运输、线下服务、快消品等行业；其次，会员制的成败在于会员的权益设计是否能真正提升消费者的体验；最后，会员制的设计实际上是一本"经济账"，为会员提供权益会增加成本，但反过来又会提高会员的忠诚度，并可能带来一些额外的收入。

我们以某个电子商务平台的会员权益为例，看这本"经济账"应该如何算。

消费者要成为这个电子商务平台的 VIP 需要支付年费，至少为 150 元。VIP 可获得其每单消费金额 0.5%~2% 的现金回馈（不能提现，可用在下一次购物中，全年总计封顶返现金额为 500 元）。这个电子商务平台每月发放 100 元的抵用券，VIP 需要抢，但抢到的概率不高。此外，无论订单的金额大小，VIP 都享有每月免运费 5 次的权利。

据统计，这个电子商务平台为每个 VIP 支出的返现优惠的平均成本约为 150 元，运费收入也会因免运费的权利而减少，因此二者都需要这个电子商务平台额外支出成本。不过，由于物流对于这个电子商务平台的特殊性，这个电子商务平台的商品的边际物流成本非常低，再加上没有成为 VIP 的消费者会尽量凑单到减免运费后才会下单，因此在消费者成为 VIP 后，消费者"肆无忌惮"地下单对这个电子商务平台的物流成本的影响并不大，对该企业运费收入的影响也不大。这样，对平均每个 VIP，这个电子商务平台实际的运费成本年增加量不足 50 元。另外，每月 100 元的抵用券并不是每个 VIP 都用得到，也不是每个订单都能用（必须达到一定的金额），因此平均到每个 VIP 上的实际优惠并不多，一年平均一个 VIP 的成本也不足 50 元。

这样就可以计算出这个电子商务平台为每个 VIP 直接支出的年成本约为 150（购物返现）+50（运费成本）+50（会员折扣优惠）= 250（元）。由于消费者至少需要付出 150 元才能成为 VIP，因此实际上这个电子商务平台为每个 VIP 支出的年平均直接成本（不考虑其他的运营人力成本、设备折旧之类的成本等）=250-150 =100（元）。

那么，收益如何？

消费者在成为 VIP 之后，不会为了凑单免运费而等待，也能享受到更大的折扣，因此他们的购买意愿显著提高。如果这些消费者的年平均购物金额增加了 500 元或更多，那么 VIP 会员制为这个电子商务平台带来的 ROI 至少位 5∶1，甚至更高。当然，这个计算结果并不是基于这个电子商务平台的会计数据得出的，它只是一个合理的估算，但已经能够说明问题。

但这还不是这个案例的全部。

这个电子商务平台的 VIP 画像显示，35 岁以下的 VIP 占 65%，近 2/3 的 VIP 居住在一二线城市，接近 90% 的 VIP 是拥有本科及以上学历的高学历人群，忠诚型 VIP 的占比达 98%。这些中高净值人群是各商业机构的香饽饽，所以这个电子商务平台跟其他企业基于这些 VIP 人群进行异业合作又能给自己带来大量的收入。

这个生意看起来不错，ROI 似乎能够有机会超过 10∶1。你可以注意到这个电子商务平台的一系列操作都是相当讲究的。

第一，让消费者支付年费成为 VIP，这锁定了消费者未来的消费黏性。消费者在支付年费成为 VIP 后会进行消费，以便享受到优惠并让自己付出的年费发挥最大的价值。

第二，免运费是非常棒的策略，尽管 VIP 每月仅有 5 次免运费的权利，但 VIP 仍然会觉得自己享受到了优惠，并让很多 VIP 心生优越感。而实际上免运费对这个电子商务平台自身成本增加的影响几乎可以忽略。

第三，VIP 是一个天然的人群筛选器，可直接筛选出优质人群。这个电子商务平台还可以进一步挖掘优质人群的需求，以创造更多价值。

流失因素分析与流失预测

在谈及消费者忠诚时，我们必然要涉及消费者不忠诚。例如，在涉及定期续费的业务（如订阅类型的业务）中有一个流失率（Churn Rate）指标，例如，月度续费的订阅业务的流失率是当月缴费的用户，在下月不再继续缴费的比例。

如果能提前预知一些可能要流失的消费者并及时挽留他们，我们就有可能降低流失率。

要降低流失率，就必须求助于数据。我们可以利用 RFM 模型来判断消费者是否要流失。思路很简单：如果一个消费者在上个月的 RFM 模型中属于高价值消费者，在这个月变成了低价值消费者，我们就需要注意这个消费者可能要流失，或者已经流失了。

不过，在更多时候，我们需要有更好的方法，能通过消费者行为的变化来预计消费者是否要流失。换句话说，如果某个消费者的活跃度降低了，我们就能预计到他要流失，而不用等到他真的不发生转化之后我们才后知后觉。

要完成这件事情，我们需要做数据挖掘，当然，我们也可以用手工统计代替数据挖掘，不过精确度可能不及数据挖掘。无论采用哪种方法，我们都需要足够的历史数据。

数据挖掘的具体方法如下。

第一步，从业务上确定那些可能表征用户正在流失的相关指标。例如，对一个游戏 App 来说，用户流失的表征指标可能是他登录的次数越来越少，或者他每次玩的时间越来越短。一般而言，我们应该尽量找到几乎所有能够在逻辑上说明用户有可能流失的指标。数据分析师无法给我们提供这些指标，只有真正对自己的业务有所理解的运营者才能真正找到这些指标。

第二步，选择过去一段时间的消费者历史数据，如去年 1 月的数据，找到已经流失的用户（流失的定义是在去年 1 月之后的 3 个月内再未使用过该 App），统计他们的流失表征指标的分布。同时，统计没有流失的用户的对应指标的分布。

以某游戏 App 为例，我们任意分析一个流失表征指标，如在一个月内使用 App 的次数（这是第一个指标），我们可以得出流失人群和未流失人群在一个月内使用 App 的次数的分布，如图 5.127 和图 5.128 所示。

对比在一个月内使用 App 的次数这个指标，流失人群和未流失人群的分布有较大的差异，不过对单个用户而言，并不能仅从 App 使用次数的差异来判断他是否会流失，毕竟未流失人群中也有很多用户在一个月内使用 App 的次数很少。但我们并不是没有收获，流失人群大部分在一个月内使用 App 的次数不超过 15 次，这或许是一个有用的特征。

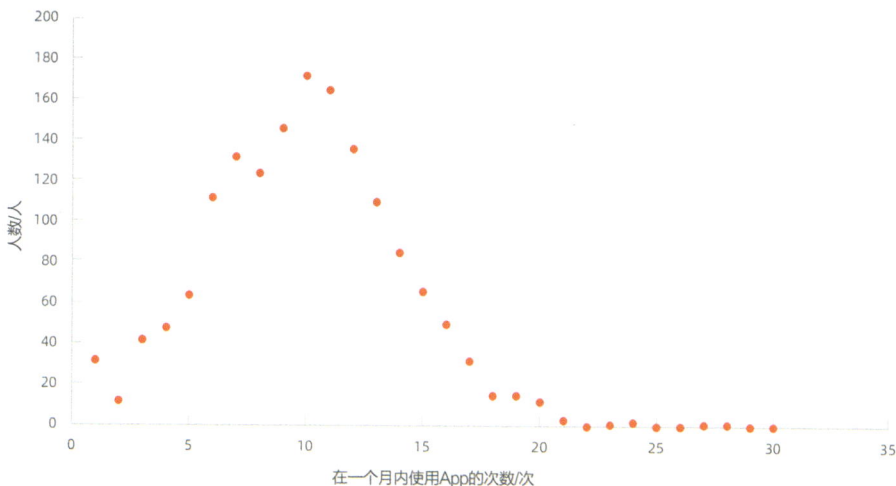

图 5.127　流失人群在一个月内使用 App 的次数的分布

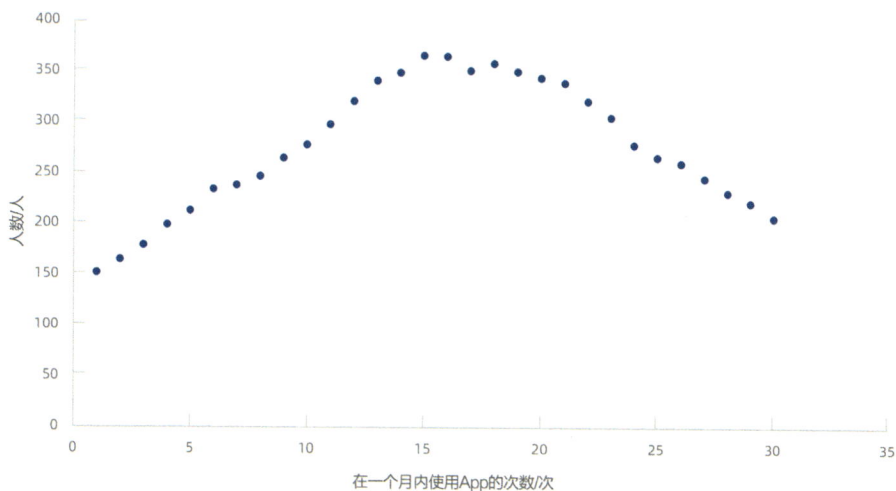

图 5.128　未流失人群在一个月内使用 App 的次数的分布

再看第二个指标——平均使用时长，仍然针对去年 1 月的所有用户。从图
5.129 和图 5.130 中可以看到，流失人群的使用时长普遍在 9 分以内，未流失人
群的使用时长大多在 9 分以上。不过，我们仍然不能仅凭某个用户的平均使用
时长在 9 分以内就判定他可能流失。

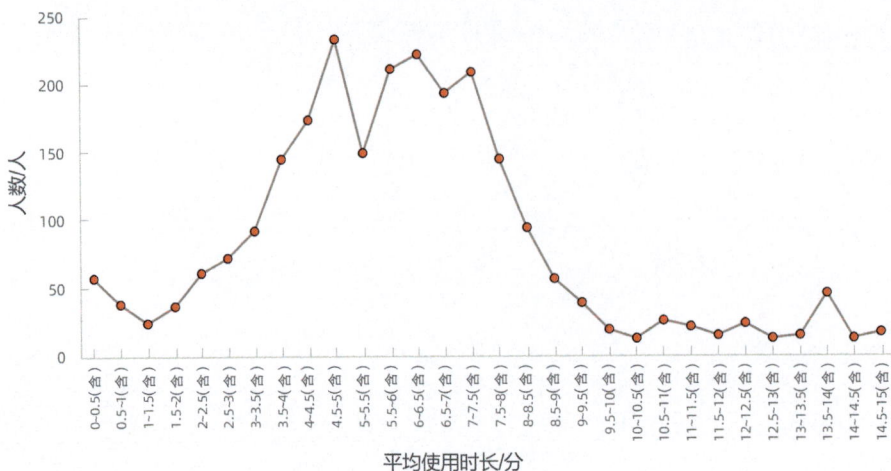

图 5.129　流失人群的平均使用时长的分布

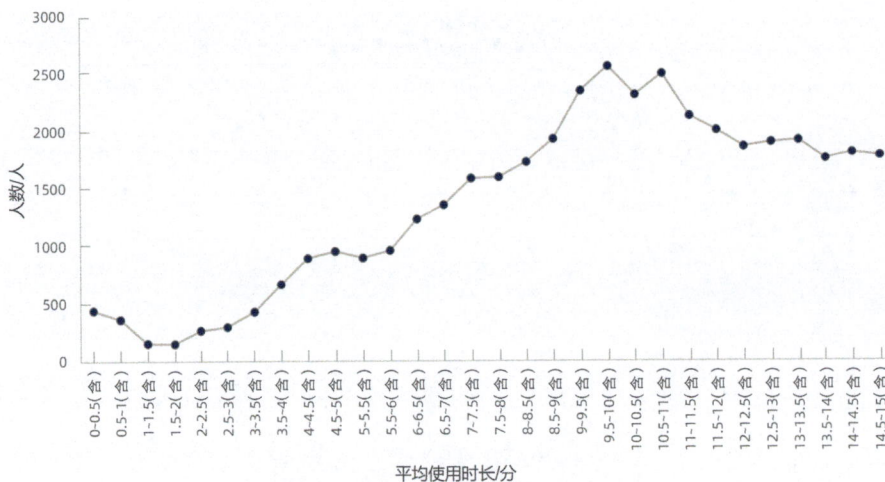

图 5.130　未流失人群的平均使用时长的分布

再看第三个指标——在游戏中控制人物的等级，流失人群和未流失人群在游戏中控制人物的等级的分布如图 5.131 和图 5.132 所示。

在游戏中控制人物的等级这个指标仍然无法直接区分哪个等级的玩家更容易流失。不过，有一个等级例外——30 级，它是这个游戏中玩家的最高等级，这个等级的玩家容易出现流失，原因可能是玩家练到满级了，对这个游戏不感兴趣了。而 6 级之下的等级，其流失人数也略微多于其他等级。

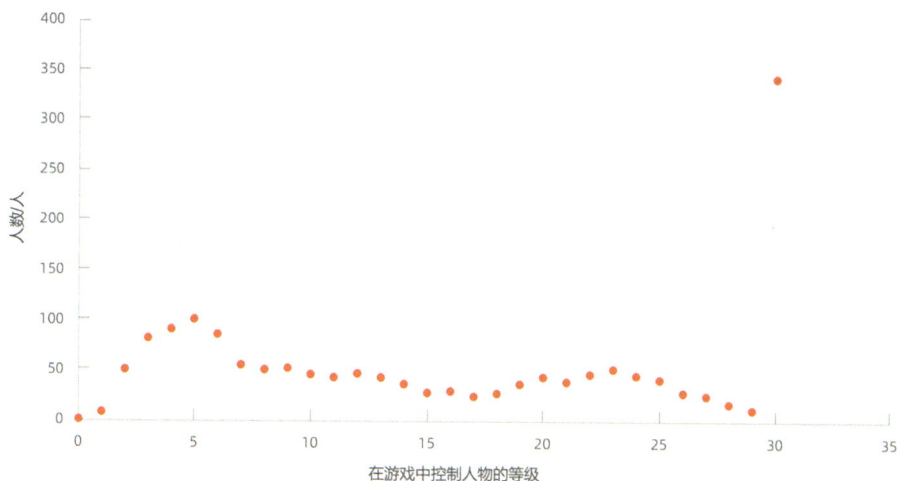

图 5.131　流失人群在游戏中控制人物的等级的分布

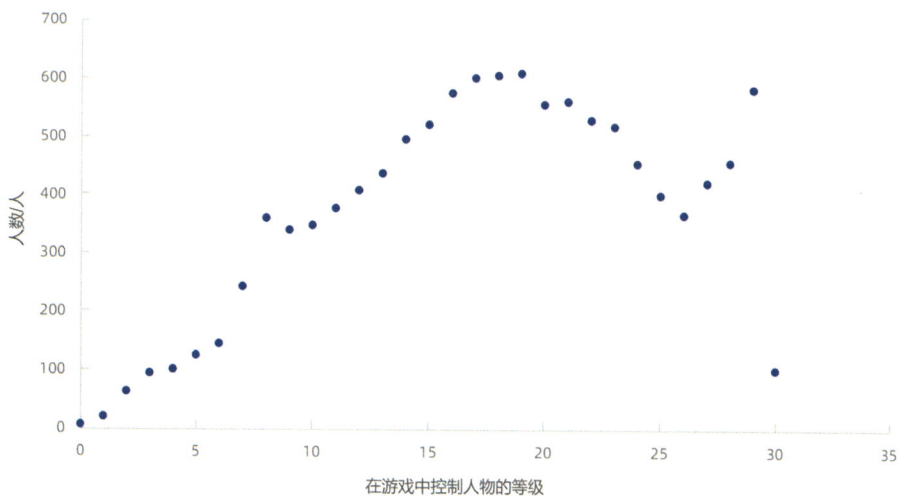

图 5.132　未流失人群在游戏中控制人物的等级的分布

这 3 个独立的指标并不能帮助我们准确预测流失人群，因为流失人群和未流失人群的特征差异在这 3 个指标中都不明显。但是，如果我们把这 3 个指标联系起来一起看，流失人群的特征就会显著得多。例如，在一个月内登录不满 15 次，平均使用时长在 9 分以内，并且等级达到 30 级或不足 6 级的用户显然比不满足这些条件的用户更容易流失。

如果我们不断加入新的指标，流失人群的特征就会越来越明显。

当然，这个时候手动计算越来越难，尤其是在加入更多的指标之后，因此我们需要让工具来帮助我们进行计算，也就是说，我们需要数据建模。

由于这本书并非介绍统计分析的书，因此不会具体介绍数据建模的具体操作，仅介绍数据建模的逻辑。这个逻辑是，选择我们认为与用户流失有关系的指标和上个月的数据，将每个用户每个指标的数据都输入数据建模工具中，如输入 SPSS Modeler 中，并添加数据审核节点检查数据，然后选择合适的算法，如 C5.0 决策树，并把已经流失的用户在 SPSS Modeler 中作为既定的状态进行定义。之后，我们要求数据建模工具计算用户各指标变量在算法下（如同一个方程）能够尽可能准确地与实际的流失或者不流失的状态相拟合。当得出这种算法后，我们再用这种算法对另一个过去月份的数据进行计算，也就是让数据建模工具得出它认为的有高流失可能性的人群，我们再将数据建模工具的计算出的这些人群与实际这个月真实流失的人群做比较，查看数据建模工具的计算结果是否准确。如果准确率在 80% 及以上，数据建模工具的计算结果就是可以被接受的。如果准确率太低，我们就需要重新调整指标、算法，以及计算的样本，直至数据建模工具的计算结果的准确率达到我们认为可以接受的程度。这个过程，和 3.5.2 节中讲到的监督学习的方法很类似，而预测分析在本质上也是采用的这种方法。

一旦我们用算法"预测"出那些要流失的消费者，我们就要思考采用何种方法去挽留他们。在第 6 章会介绍一些数据驱动的挽留用户的方法。

| 第 6 章 /
数字化的消费者深度运营

数字化的消费者深度运营是如今数字化营销与运营行业空前重视的领域，在我看来，它有些"还债"的味道。

过去，流量几乎是数字营销和运营的全部，我们的线上营销和运营都是围绕流量展开的，而不太在乎"人性"。区别在哪里呢？流量在数据上被关注的核心是概率，而人在数据上被关注的核心是差异。

正是因为我们越来越关注人与人之间的差异，才使一个异常显著的趋势浮现在我们眼前——这个世界在如此深度地被数字化武装起来之后，整个数字世界就是一个巨大的推荐引擎，这个推荐引擎在任何地方、每时每刻都不断地向消费者推荐大量的信息。文章个性化推荐、投你所好的短视频、电子商务网站上的商品、O2O平台排在前列的餐厅，以及精准广告等等的背后都是推荐引擎，用于迎合每一个不同消费者和用户的不同喜好，并不断强化这种喜好。在这样的洪流之下，数字化营销与运营走到今天，还固守流量的概率而不迎合每一个个体消费者的差异，就显得太不可思议了。

传统的完全围绕流量的思维已经开始结下苦果：流量的价格越来越高，直接通过流量变现谋取利差的商业模式越来越难以为继，有些企业因此失去了利润来源。更糟糕的是，当技术和数据已经普遍支持对流量背后的人实现个性化和针对性的深度运营的时候，忽略这些变化可能让一个企业很快失去竞争力。

因此，从这个意义上讲，我们确实是在"还债"，为过去简单、粗暴地流量索取与变现"还债"，但好消息是，现在进行转变还不算太晚，早一天采取行动，就能早一天获得主动权。

6.1 消费者深度运营的逻辑

消费者深度运营与很多"创新型"的概念相比显得更平实，但它不容易产生歧义。

6.1.1 什么是消费者深度运营

消费者深度运营的最终目的在于明确如何与消费者进行更恰当的沟通——基于消费者的情况，而不是按照我们自己的想象与他们进行沟通。与直接进行广告投放相比，消费者深度运营更强调与消费者的沟通是你来我往的交互，既有信息的传达，又有消费者的反馈，而广告投放则更多是单向的信息传达。数字世界创造了很多与消费者交互的可能性，消费者深度运营则不断利用这些可能性，加深对消费者的理解与引导，让消费者更理解我们并不由自主地被我们吸引。

因此，消费者深度运营的本质在于两个方面：其一，通过各种运营手段建立与消费者长期的关系；其二，在与消费者互动的过程中，更加了解消费者，从而建立更好的运营落地手段。

这也是运营与营销之间的主要差异。尽管营销与运营紧密关联，但营销偏重于前端，运营则要解决营销推广之后的诸多问题，这些问题包括引流之后的转化、更长周期的潜在消费者的培育和转化、转化之后的持续转化、让转化的消费者为我们带来更多的消费者等。

消费者深度运营的一个重要特征是，解决营销推广之后的问题一般都追求通过一对一（One on One）的方式，也就是对每个消费者的策略都是有针对性的、基于消费者个人情况的。当然，在实际的消费者深度运营落地的过程中并不是绝对的一对一，但切分不同的人群，对不同类型的消费者施以方式不同的运营是必然的要求。

正因为有上面的要求，所以消费者深度运营本身就对数据极为依赖。没有数据，就无法描述消费者的情况，也就无法实现我们所需要的针对性。因此，消费者深度运营，或者被称为私域流量运营之类的事物，背后都必须有数据的支撑。

6.1.2 产品、市场与消费者运营的策略矩阵

消费者深度运营的策略，不是闭门造车，也不可能仅仅只是根据消费者那一端的情况就可以制定出。它肯定首先是源于企业自己的产品与市场的情况，不同的产品和市场情况，决定了消费者运营策略的宏观差异。

我们可以用产品、市场与消费者运营的策略矩阵（见图 6.1）简单地描述各种市场和产品情况下的消费者运营的策略。

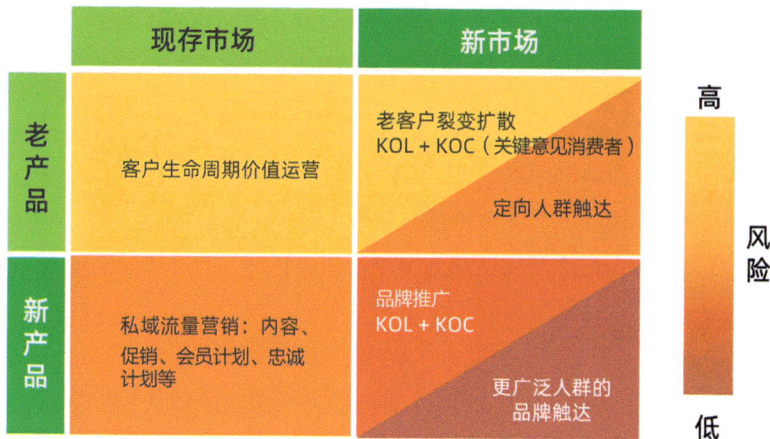

图 6.1　产品、市场与消费者运营的策略矩阵

在这个策略矩阵中，企业的产品可以分为新产品和老产品。例如，iPad 在第一次进入市场的时候是新产品，它要打入两个市场：第一个市场是现存的使用 iPhone 的消费者的市场，这个市场是它的现存市场；第二个市场是那些并不使用苹果公司的产品的消费者的市场，这个市场是它的新市场。其实 iPhone 的情况也类似，它最初推出的时候也是一个新产品，虽然手机并不是新产品，但苹果 iOS 是全新的事物，它面对的现存市场，是那些已经使用安卓智能手机的用户，而新市场则是使用功能机以及没有使用手机的消费者。

另一方面，老产品也可能会需要打入新的市场。比如，运动装备，主要的现存市场是男性市场，但近几年在疯狂地向女性消费者渗透。女性消费者，显然是运动装备这个产品的新市场。护肤品，与运动装备类似，只是性别上刚好反过来，以女性消费者为主，但男性市场则增长迅速。乐高玩具，正在向成年人拓展。高清晰度的摄像机、专业烘焙工具、金融理财产品等等无不在寻找传统市场之外的市场。

新产品、老产品与新市场、现存市场的两两配对，向我们展现出 4 种可能的消费者运营策略。例如，要让老产品在现存市场上继续"发挥余热"，可以采取的最具可行性的方法是让老客户持续消费，甚至扩大消费，那么我们要做客户生命周期的运营；要让老产品面向新市场拓展新的人群，则需要做市场拓展，通过目标人群的定向投放或者利用既有客户裂变扩散到新的人群的策略；把新产品推荐给老客户，本质上就是产品的交叉销售（cross sell，将更多类型的产品销售给已经购买的客户），采用的策略多以私域流量营销为主，通过内容、促销等方式激活老客户，并利用会员计划、忠诚计划等方式维系老客户；让新产品进入新市场，往往只适合利用品牌推广的消费者触达策略，并在将部分消费者变为自己的客户之后逐步推进更深层次的消费者运营。

在谈到运营、增长、私域等这些互相关联的概念究竟应该如何落地时，我总是提醒大家不要脱离自己的产品去思考。产品是核心，很多运营的方法无法实施、很多增长的概念无法落地，并不是理论存在问题，而是产品的客观条件有所限制。本质上，产品的类型在很多时候已经决定了产品可以应用的运营方法。

6.1.3　两个障碍

相对而言，数字化的品牌传播可以模仿别人的想法，但营销的数字化转型是利用技术和数据驱动的更深层次的消费者营销与运营，是一个系统的工程，绝不是一个仅靠心血来潮的想法就能解决的。也正因如此，营销的数字化转型对有远见的企业而言，是一个尤其迫切，却又尤其不知道如何着手的一个领域。营销的数字化转型不仅难以模仿，不同行业的企业因具体情况和自身基础不同，其实现的难度也有非常大的差异。有些行业的企业相对容易实现营销的数字化转型，而另外一些行业的企业由于受到一些关键条件（后文会介绍）的制约，在营销的数字化转型的实现上十分困难。

如果你细数近年企业营销数字化转型的"最火"的案例，你能发现什么共性？比如，令业界大吃一惊又大跌眼镜的瑞幸咖啡、异军突起的拼多多、美妆黑马完美日记、李佳琦和薇娅的大放异彩、肯德基麦当劳的线上线下打通的数字化、POP MART 的盲盒……这些行业中的公司或个人，虽然业务都不一样，但它们都有很鲜明的共性：

- 它们都能实现直接跟消费者的接触，无论是在线上还是在线下。
- 它们都能够与消费者发生高频次的互动——无论是在线上还是在线下。

这两个共性也是实现营销的数字化转型的关键条件。这两个关键条件为什么对实现营销的数字化转型极为重要呢？因为如果不具备这两个关键条件，那么所有的所谓的数字化技术和工具都难以发挥作用。

原因很简单，第一个关键条件，如果一个企业能够直接接触自己的消费者，就意味着这个企业能够获取消费者的数据。反过来，很多品牌企业，甚至是很多快消行业企业，并不能直接接触自己的消费者，因为中间隔了一层甚至多层中间商或者渠道。这样，如果不采取一些措施，几乎所有的终端消费者的数据就都被截留在中间环节中，而根本无法被企业应用。

没有消费者的数据，还怎么做消费者深度运营呢？

第二个关键条件，能够与消费者发生高频次的互动，这个也很重要。虽然有些企业能够直接接触自己的消费者，但是很遗憾地，它们跟消费者接触的间隔时间太长、频次太低。

例如，新车销售行业的企业就很典型，汽车主机厂能够接触的终端消费者的数据有限，往往在消费者买车、修车、保养车时品牌商才能接触消费者的数据，但是消费者不可能经常买车，也不会经常修车、保养车，而且消费者不会在线上跟主机厂直接进行大量互动，因此主机厂与消费者的互动频次很低。除了汽车行业，还有很多耐用消费品企业，也是类似的情况。

为什么企业需要跟消费者或者客户（包括潜在客户）发生有高频次的互动？原因很简单，没有互动，企业如何获取较多的消费者的数据呢？没有一定的消费者的数据，营销的数字化转型就只能流于形式。

与消费者的互动有一个常见的说法，那就是消费者黏性。这里的黏性不是消费者隔三岔五地就要购买你的产品或服务的黏性，而是广义上的，消费者愿意跟你打交道的黏性，包括各种互动，而不仅仅局限于发生购买。

行业和行业不同，所以不同行业的企业实现营销的数字化转型的难度不同。如果把直接接触消费者的机会和与消费者发生互动的频次作为横轴和纵轴，那么我们可以将各类行业大致分到 4 个象限，如图 6.2 所示。位于图 6.2 左下角（第三象限）的行业，即能够直接接触消费者的机会少且与消费者发生互动的频次低的行业，这类行业的企业要实现营销的数字化转型的难度特别大。而位于图 6.2 右上角（第一象限）的行业，即能够直接接触消费者的机会多且与消费者发生互动的频次高的行业，这类行业的企业要实现营销的数字化转型的难度就小得多，这类行业的企业如拼多多、麦当劳、完美日记等。

近几年 DTC（也被称为 D2C，是指不通过渠道，直接销售给消费者的品牌商业模式）突然流行，它也属于右上角那个象限——或者，其实应该这么解读：正是因为 DTC 处于右上角那个象限，它才有机会如此流行！

行业与行业如此不同，因此直接照搬别人的"成功方法"不一定能走向成功。能够带来成功的，必须是从纷繁芜杂的现象（案例中）归纳出来的，更加基本、更加规律的东西。那么，什么样的规律能够帮助我们？如果恰巧你的企业所处的行业属于难以直接接触消费者，或者难以与消费者实现高频互动，或者二者皆是的行业，那么你应该如何应对？显然，你必须要做一些事情，以确保你能够在数字世界中直接接触到消费者，并且能够尽可能地与消费者发生高频次的互动。因此，下面的方法就显得尤为重要。

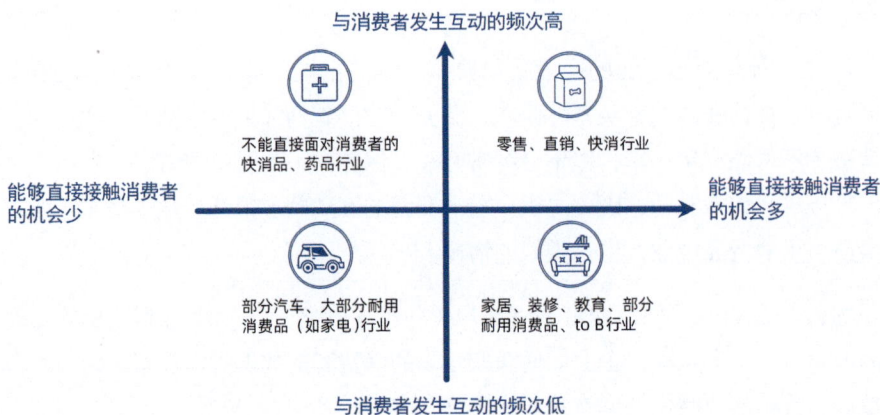

图 6.2　消费者深度运营的优劣势矩阵

6.1.4　诱饵、触点与规则方法

诱饵、触点与规则方法要解决两个问题：不能直接接触消费者的问题和不能与消费者发生高频次互动的问题。

诱饵

几乎所有的商业活动都是从诱饵开始的。诱饵这个词可能有些负面的意思，但在这里它是中性的，是指能够吸引消费者、让消费者采取行动的事物。我们身边充满了诱饵，这些诱饵以各种促销优惠过时不候、先到先得、买到就是赚到的形态出现，吸引我们完成购买，实现转化。

因此，在消费者深度运营这个概念出现之前，诱饵主要是作为促进转化的武器而存在的。

为了深度运营消费者，诱饵的作用范围变大了。它不只是为了促进消费者完成转化，还要起到更重要的作用——吸引消费者进入企业的数字化触点。

为什么诱饵如此重要？因为除了那些本来就对你极感兴趣的消费者会主动寻找并进入你的触点，其他消费者需要你主动吸引，他们才可能进入你的触点，而只有他们进入你的触点，你才真正实现了与他们的直接接触。

我们来看一个司空见惯的例子。

瓶装饮料的瓶盖上有一个二维码，商家提示你，扫描这个二维码就能领奖。当你扫描这个二维码（见图6.3）之后，你可能满心欢喜地等着领奖，但打开的页面在询问你是否允许你的公开信息（昵称、头像、地区及性别）被商家获取（见图6.4）。显然，这个打开的页面是你在微信中打开的页面，如果你选择允许，你的公开信息（昵称、头像、地区及性别）会连同你在这个公众号中的OpenID一并被该瓶装饮料公司获得。在你选择允许后，你再一次以为可以领奖了，但并不是这样的，新打开的页面会提醒你："获奖者需填写联系电话方可查看兑奖码兑奖"（见图6.5）。

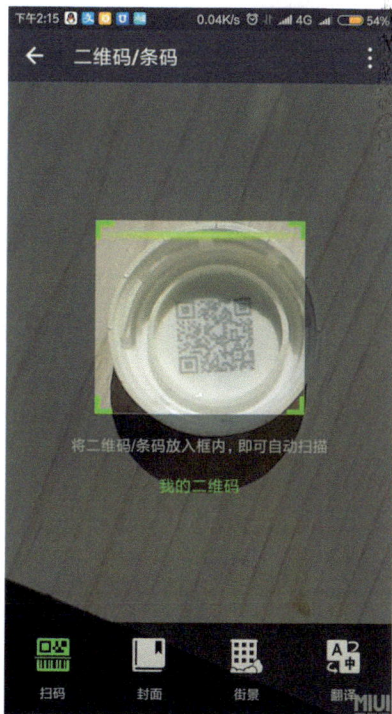

图6.3　扫描瓶盖上的二维码

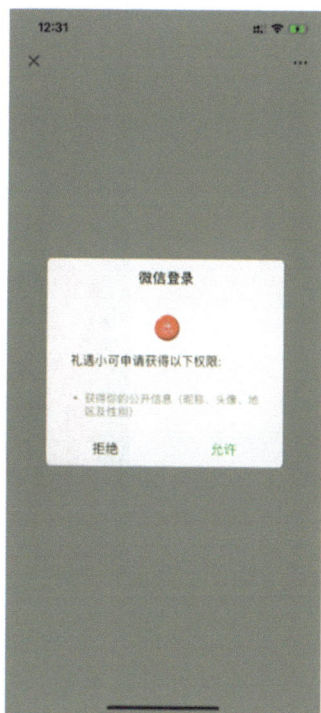

图6.4　信息获得授权环节

类似的诱饵其实就是一个个平平无奇的"红包、抽奖或是免费喝"而已，而且这些诱饵也完全没有诱惑你再次消费。但这个诱饵实现了两项对消费者运营极为重要的功能：其一，吸引你进入企业的触点（在这个案例子中，企业的触点是企业的公众号），从而建立与你的第一次直接的数字化的接触；其二，拿到你的多个ID，包括公众号的OpenID，以及你的电话号码。在这里，这些ID因为都属于同一个微信用户，所以企业可以立即建立这些ID之间的匹配关系，未来，只要你在公众号中再次出现，就算你没有再提供电话号码，企业也知道你来了，而且还会记录你的相关行为。同样，你在这个企业能够捕获消费者数据的其他地方留下了你的电话号码，企业也能够将你在其他地方的行为与你在其公众号中的行为匹配起来。于是，这构成了企业对你的个性化认知的数据基础。而这一切都需要通过诱饵吸引你进入企业的触点方能实现。

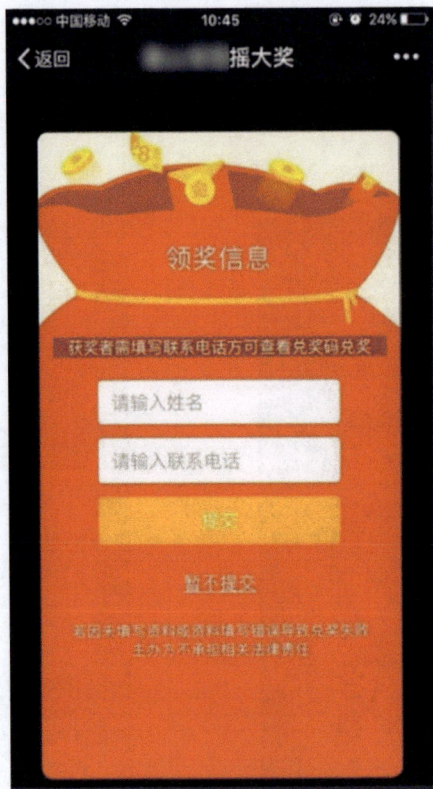

图 6.5　利用诱饵获取消费者的电话号码

因此，虽然看上去诱饵跟数据的关系并不大，似乎它更像业务上要去不断创造的东西，但实际上，它是让一切成为可能的原动力，也是很多消费者数据的发起点。

什么可以做诱饵？

用于诱导消费者发生购物转化的诱饵有优惠、买一赠一、满减等。

用于消费者深度运营的诱饵的类型更加广泛。凡是能够引起消费者扫描二维码、点击链接等进入触点的行为的，都是诱饵。这些诱饵包括如下一些类型。

- 优惠或其他利益上的引诱，这是最常见的类型。

- 产品本身，前提是产品好到足够让人产生愉悦、优越的感觉。

- 服务：一种是提供更好的或者超出消费者预期的服务，本质上也是一种利益引诱；另一种是提供只能通过数字化完成的服务，如验证、用户注册（电子产品常见）等。

- 满足消费者的求知欲、好奇心或者让消费者产生愉悦感的内容，如知识、拼手气的悬念（类似于盲盒）、娱乐性内容等。

- 引发情绪的内容。消费者的情绪往往能强烈地驱动他们的行为。最常被利用的消费者的情绪是焦虑感。

- 激发消费者的参与感或使命感的内容。

- 值得信任的人或机构的建议或推荐。

或许你可以发现更多可以用于驱动消费者进入企业的触点的诱饵，毕竟诱饵需要的不是公式，而是创意及企业对消费者和业务的理解。一个真正有效的诱饵，一定来自对消费者深入的心理认知。

我想起一个有趣的商业故事。

在美国特拉华州的威尔明顿市有一家并不出名的珠宝店，2010 年冬天，这家珠宝店的老板推出了一个相当吸引人的活动：在感恩节之后的两个星期里，如果你在他的珠宝店购买了珠宝，你就有机会参与一个奇特的对赌活动。这个对赌活动是，在 2010 年的圣诞节当天，如果阿什维尔（位于北卡罗来纳州，冬季偶尔下雪）的降雪量超过 3 英寸（1 英寸≈2.54 厘米），那么参与对赌活动的消费者将获得自己所购珠宝的全额退款；如果阿什维尔的降雪量没有超过 3 英寸，那么珠宝店不会退还消费者的珠宝款，但会给消费者下次购买珠宝的额外折扣。

对赌活动的消息迅速传开，消费者对这个对赌活动很感兴趣。不仅很多威尔明顿市的消费者购买了这家珠宝店的珠宝，连 500 多公里外的阿什维尔的消费者也专程到这家珠宝店购买珠宝，他们也想赌一赌自己城市的"运气"。

结果在 2010 年的圣诞节当天，阿什维尔竟然下了一场多年不遇的降雪量达 6 英寸的大雪。很快，这家珠宝店前排满了申请全额退款的人，珠宝店老板没有食言，他给予这些参加了对赌活动的消费者全额退款，第一天的退款金额就高达 40 多万美元。

不过，这家珠宝店老板并没有真正吃亏。因为他提前给自己购买了针对阿什维尔的天气险，而且保额巨大，基本能够抵销他的退款。但更重要的是，他的珠宝店因为举行对赌活动创造了一次轰动，又因为他信守诺言而创造了第二次轰动，所以他的珠宝店的知名度飙升，他的珠宝店的生意也络绎不绝。

我引用这个故事只是想说明，我们常常受困于消费者不与我们互动，不进入我们的触点，究其原因，要么是我们的产品的吸引力不够，要么是我们的诱饵的吸引力不够。商业营销推广活动的本质是不断研究消费者，并不断创造出投其所好的诱饵。

不过，在数字化的消费者深度运营中，诱饵的作用不仅是招徕消费者，它还有更重要的作用——让消费者进入我们的触点，并且给予我们权限，让我们能够获得他们的数据。毕竟，诱饵再好，它也只是一个入口，它不能实现对消费者更深入的了解，也不可能只依靠它实现我们所有营销与运营的目的，我们需要让消费者在被诱饵吸引之后进入我们的触点，并与我们互动。

触点

这是这本书第二次专门介绍触点，可见触点的重要性。当然，我不会重复之前的内容，而是主要介绍触点在消费者深度运营上的重要作用。

触点对消费者深度运营而言极为重要，体现在两点上。第一点，触点是与消费者进一步深度互动的载体。相对于诱饵，触点能够承载更多的内容和交互功能，以及与其他系统进行数据交换的接口等。第二点，如同我在 2.6 节中介绍的，企业可以在很多触点上添加消费者行为追踪的监测脚本代码或监测 SDK，从而获得一手的且真实的消费者的数据。

由于一个企业要运用的触点往往不止一个，消费者也很可能会在多个触点上接触同一个企业，因此打通同一个消费者在不同触点上的数据就是一项重要的工作。为了完成这项工作，诱饵常常会向消费者强调：请你一定要在触点上留下你的电话号码。而通过电话号码进行消费者在不同触点上数据的打通，是目前最具可行性的方法，尤其是在越来越严格的个人信息保护法规的要求之下。

消费者通过诱饵进入触点并不代表"大功告成"，相反，运营工作才刚刚开始，因为消费者进入触点并不意味着消费者一定会对触点上的内容和功能感兴趣，也不意味着消费者一定会按照你为他们设计的"套路"一步步转化。

触点除了由企业自己建立，还可以由第三方建立。例如，企业找某个 KOL 在某个直播平台上开设的直播也是一个触点，但企业并不能在这个触点上添加监测脚本代码。这些触点对于引导消费者具有重要的价值，但是如果企业要实现消费者深度运营，企业就需要将消费者引入自己的触点。提供触点的第三方都是"围墙花园"媒体，如公众号、短视频平台的企业号等。

规则

在诱饵、触点与规则方法中，规则是指对消费者有策略、有步骤地进行引导的过程。有些人也将一次营销活动中规则称为剧本或者脚本。

规则是对诱饵和触点，按照预定的策略，针对不同消费者在各种流程设计的基础上，应用多种（多个）诱饵和触点的过程。对每个具体的消费者而言，企业就像按照一定的规则一般对他进行接触、引导、沟通与说服。规则是指企业有策略地应用多种诱饵与多个触点，并将这些诱饵和触点前后衔接形成流程或者形成网络，以实现与消费者的高频互动，并一步步驱动消费者做出预期的行为。

规则示例如图 6.6 所示，在这个规则中，你的消费者深度运营的最终目的是让消费者完成某个高端商品的购买，并且让这些消费者在自己的圈子内推荐（或者炫耀）这个商品，那么你可能会采取如下规则。

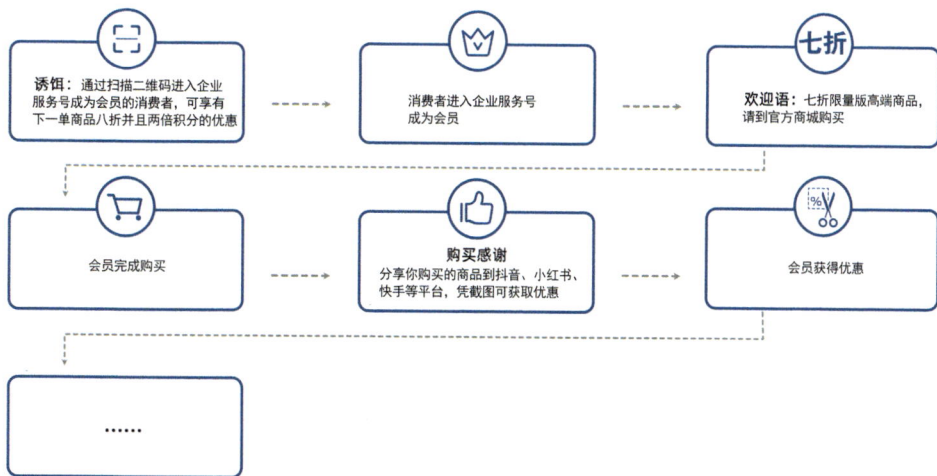

诱饵：通过扫描二维码进入企业服务号成为会员的消费者，可享有下一单商品八折并且两倍积分的优惠

消费者进入企业服务号成为会员

欢迎语：七折限量版高端商品，请到官方商城购买

会员完成购买

购买感谢
分享你购买的商品到抖音、小红书、快手等平台，凭截图可获取优惠

会员获得优惠

……

图 6.6　规则示例

首先，你在朋友圈、直播视频及各种广告中投放一个诱饵：凡是在 2020 年 5 月 1—5 日通过扫描二维码进入我的企业服务号成为会员的，都能享有下一单商品八折并且两倍积分的优惠。这是一个诱饵，也是一个触点。受到这个诱饵的诱惑，很多消费者进入你的企业服务号成为会员。

　　然后，你对这些会员说："感谢你们成为会员，现在我有一个只对你们销售的限量版高端商品，而且打七折。不过，购买无法在企业服务号上完成，需要进入我的官方商城才能完成购买"。于是这些会员纷纷进入你的官方商城并购买了你提供的七折限量版高端商品。这是另一个诱饵——七折限量版高端商品，以及另一个触点——官方商城。

　　最后，你对购买了你的七折限量版高端商品的会员说："你们购买的是独一无二的商品，是我们这个品牌的荣光产品，你们愿不愿意分享你们的愉快心情？如果你们愿意在抖音、小红书、快手等平台上分享你们购买的商品，那么，请你们把各自分享的截图发给我们，你们就可以获得下一次购买商品七折的优惠，而且可以跟之前的八折优惠叠加使用。"这又是一个诱饵，以及一个新的触点。

　　整个过程就像一个事先写好的剧本一样，而你就是这个剧本的导演。

　　上述案例是我杜撰的，下面我来介绍一个真实的案例，真实案例中的规则如图 6.7 所示（我对海报和二维码都进行了脱敏处理，但流程本身是真实的）。这是一个为某次商业化直播进行裂变引流，以及后期再次营销与留资转化的营销与运营的全过程。

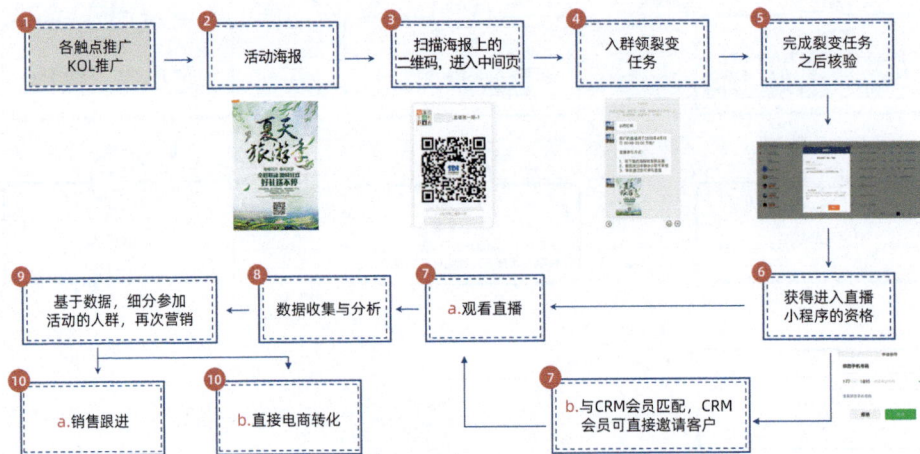

图 6.7　真实案例中的规则

　　类似于图 6.7 所示的过程或许在你的企业经营中不断地发生、不断地重复，尽管每次的过程设计和具体活动内容不一样，但形式十分相似。在这些不断发生、不断重复的过程中，你与消费者不断互动，消费者不断地将他们的行为数据提供给你，你对消费者的了解就越来越深入，如你了解到有些消费者对打折感兴趣、有些消费者乐于分享、有些消费者很低调等。

之后，你开始尝试为不同的消费者设置不同的规则，并基于这些不同的规则再次触达他们。例如，对于那些对打折感兴趣的消费者，你为他们设置与打折相关的诱饵，并且单独推送给他们；对于那些乐于分享的消费者，你不断提醒他们分享，并在他们完成分享之后不断地给他们更多的积分或者其他优惠。这时，你会发现，消费者似乎与你的关系越来越融洽，也越来越愿意按照你的建议和提醒完成你期望他们完成的"任务"。

其实，规则是消费者深度运营的核心。为了设置规则，你需要想好诱饵、定好触点，也需要对消费者越来越了解，还需要确保你的规则是能够执行的，尤其是那些针对不同的消费者设置的不同规则。如果依靠手工去完成这些非常困难，那么我们可以依赖技术、依赖把技术显性化的工具。这也是大家近几年一直研究 MarTech（营销技术）或者 Marketing Cloud（营销云）之类的技术解决方案的原因。后文会介绍与消费者深度运营相关的技术解决方案。

6.2 私域流量与消费者深度运营

谈到消费者深度运营，就不能不提近几年被叫火的名词——私域流量。私域流量与消费者深度运营有非常密切的联系，要做好私域流量，就需要做好消费者深度运营。

本节介绍私域流量与消费者深度运营之间的关系，以及基于消费者深度运营的私域流量的玩法。

6.2.1 私域流量不过是博人眼球的概念？

私域二字本身存在一些争议，但总体而言，业界，尤其是广告主，越来越认识到这个名词所代表的意义。

私域这个名词的流行或许让人感觉有炒作的嫌疑。但是，对于自有流量及自有消费者的获取与管理的需求是客观存在的。事实上，即使从来没有人提出过私域这个名词，这个事物本身也早就客观存在了。

例如，在数字化营销的早期私域流量就已经存在，消费者点击互联网广告进入广告主的网站，广告主的网站就有了流量，这些流量就是私域流量。

为什么私域流量这个名词在近几年才开始火起来呢？原因有很多，但归纳起来，主要是以下两个。

第一，外部流量（即公域流量）的获取成本越来越高，广告主在客观上必然需要让这些流量发挥更大的价值，而要让这些流量发挥更大的价值，仅在推广端无法做到，广告主还需要在将这些流量引入其自有触点之后，提升这些流量的转化率与价值，因此后端流量开始受到更多重视，尤其是在前端流量的价格空间和优化空间越来越小的情况下，营销后端，也就是私域流量的优化价值就突显出来，从而受到了空前的关注。

第二，技术在进步，这让广告主追踪消费者的数据并打通更多触点上消费者的数据成为可能。但是，技术的进步导致了触点的增加，这在客观上提升了营销后端的流量管理和运营的难度，因此广告主不得不重视这些后端流量，而这些后端流量也被冠上了私域流量的名称。

在我看来，私域流量是不是为了博人眼球而创造的新词汇，对从业者而言并不重要，但如今的数字化营销与运营已然迈入后流量时代，也已然必须重视消费者深度运营，这才是我们需要重视的问题。

6.2.2 私域与公域，一枚硬币的两面

提到私域，都很兴奋，但理解错了，可能害死我们。

一种特别强烈的声音突然起来，嚷道：我现在是靠着各种平台度日的，搞电商，得靠着阿里巴巴、京东；搞流量，得靠百度、抖音；搞社群，得靠微信、小红书……我们没有自己的阵地，还变得更加依赖它们，一旦它们给我们一点点颜色，我们就立即痛不欲生！因此，我们要反抗！我们要私域！

在有了私域之后，流量我自己养，粉丝我自己圈，平台我自己建，交易系统我自己搭……

这种想法一旦冒出头，哪怕只是一点点独立的感觉，都如同"久旱逢甘雨"，让人心潮澎湃、欲罢不能，如同看到了完美新世界，从此有了奋斗的方向。

但是，如果我们真的这么做了，那么我们可能不是在做私域，而是在做"死域"。

私域不是让我们脱离生态"自立为王"，更不是让我们自建生态。我们以为的"独立"，只不过是把我们从一个开放的世界放逐到一个孤岛之上。显然，我们想做的是私域，而不是孤岛。

因此，私域这个名字很容易产生误导——似乎私域是一个与公域对立的概念，但实际上恰恰相反，公域是私域的基础，私域是公域的延伸，公域和私域是一对搭档，是组成营销这枚硬币的两面。

你不可能通过私域摆脱公域，就如同你不能通过一罐氧气脱离地球上的空气。

道理很简单，如果没有公域，你的私域不可能有期待中的流量池，或者说，你拥有的不过是水很快就会枯竭的流量池罢了。

私域不是自己玩自己的，跟这个世界上的一切基础设施都脱钩，恰恰相反，如果你要做私域，你就更需要跟这些基础设施有更好的生态连接。

为什么这么说？

私域的目的是让公域更有效率。例如，私域强调的是对公域流量有更好的识别、更好的交互、更好的利用。

为什么只有在私域中才能做到上面说的这三点呢？因为你只有把公域流量引入你自己的私域平台，才能自己在数据上监测这些流量，才能真正从行为的层面上去认知这些流量，也才能基于这些认知给这些流量打上属于你的标记。这些在公域中做不到，只有在私域中才能做到。

你对公域流量的标记，不仅会帮助你形成针对公域流量的更好的沟通、互动与引导，提高公域流量的转化率和忠诚度，还会帮你形成新的公域流量的策略，以便于你回到公域去做更好的公域流量的引入和运营，从而形成公域 → 私域 → 公域 → ……这样的正向循环。

这样的过程提高了公域流量的转化率，强化了公域流量的价值，抵抗了公域流量价格上涨带来的负面影响，这才是私域真正的作用。

这是一个相辅相成的过程，如果你把私域理解为是跟公域脱钩的，是建自己的流量池，你就大错特错了。

流量池这个说法本身就可能把你带到沟里去，好像这些流量被你圈养在你的池塘里了——怎么可能！水不会自己长腿跑，但人会。你的"流量池塘"，不可能真靠自己孜孜不倦产生内容、绞尽脑汁做活动、隔三岔五地找 KOL 就能把里面的"水"永久稳固住，最终，你会发现你的私域流量池不仅不能离开公域流量，还需要和公域流量直接连通，否则私域流量瞬间就蒸发了。

私域不是一个加了盖的储水容器，而是一个公域的过滤器、一个公域的转化器、一个公域的增值器。

不要幻想着用私域替换公域，更不要幻想着能够脱离公域流量做大做强。没有公域，私域什么都不是，或者只是一个不会下蛋的用象牙雕刻的精美母鸡。

这就是很多人所谓的私域失败的原因，因为他们一开始的目标就是错的。

对于数字化营销，私域流量的潜台词是消费者深度运营。私域确实是一个解，但它不是取代公域的解。取代公域？取代公域从来就是无解。减少公域依赖，强化公域的价值，这才是私域的正解。

从公域到私域，有哪些办法？

- 广告投放，尤其是利用已有私域数据进行的再营销或通过 DMP 做 Look-alike 的投放（请参考 3.3、3.4、3.5 节的内容）。传统广告也有大量把消费者拉入企业私域平台的入口，最典型的就是二维码。

- 以 "拉粉" "加粉" 为核心的效果广告投放。不过，要注意的是，这类投放虽然不乏有效果的案例，但也是作弊的 "重灾区" 之一，所以不能排除拉来的粉丝质量良莠不齐的情况。

- 对 KOL 及 KOC 进行赞助，在其自媒体或直播渠道上等进行发布，吸引他们的粉丝。KOL 是关键领袖意见，它是舶来词。KOC 是国人基于 KOL 创造的，即 Key Opinion Consumer，是指有一些粉丝，但影响力不及 KOL 的人，并且主要是在消费领域的人，而 KOL 是指各种领域的关键意见领袖。

- 线下的所有消费者接触环节，包括产品包装、卖场、经销商、客户服务等。行业中也有大量的 "一物一码" "一渠道一码" "一经销商一码" 之类的解决方案。

- 通过内容，尤其是通过有话题的内容吸引消费者的注意力。这对在社交平台上持续发布高品质内容的要求较高。

- 粉丝交换。如同网站之间的相互推荐，私域流量领域的换量也很常见。通常是私域平台之间互相推荐公众号、小程序等。这种方式一般带来的流量的质量较好，但规模有限。

一旦能够解决私域流量池的 "活水源头" 问题，我们就可以着手对私域流量进行更深入的运营。下面我们来看私域流量运营的 4 种形态和 4 种常见的运营模式。

6.2.3　私域流量运营的 4 种形态

尽管很多人都会说私域流量，但很可能大家说的根本就不是一回事。这是因为私域流量是一个很大的概念，如果不能聚焦，那么人们对它的理解、认知与交流就会存在很多障碍。

按照不同的营销阶段，可以将私域流量运营的形态分为 4 种，如表 6.1 所示。

表 6.1　私域流量运营的 4 种形态

形态		营销阶段				典型玩家
		触达阶段	沟通、互动阶段	转化阶段	深度运营阶段	
第一种形态	整体形态	—		"社交圈"私域体系，本质是玩圈子、"割韭菜"	—	大量金融、教育、健康养生、自媒体等行业的企业
	应用场景			短期裂变转化		
	消费者的数据			以留资和社交数据为主		
第二种形态	整体形态	—	社交化的私域体系，本质是DTC（直接抵达消费者）模式		—	DTC 行业多见，如完美日记等
	应用场景		新品牌快速变现			
	消费者的数据		以触达和转化数据为主			
第三种形态	整体形态	营销领域的私域流量体系（偏前端）		—	—	宝洁等大型品牌广告主
	应用场景	人群筛选、再营销等投放优化				
	消费者的数据	One DMP，统一前端投放数据				
第四种形态	整体形态	以品牌为核心的忠诚消费者体系，强调全品牌、全人群、全链路的营销协调和反馈				如小米、盒马鲜生
	应用场景	各类营销活动	营销参与	与购买相关的行为	忠实与增殖	
	消费者的数据	以CDP为核心的数据系统；One Enterprise、One ID：统一会员、受众、交互用户、粉丝；各环节行为数据；外部数据帮助增强				

第一种形态偏重于在转化阶段获取消费者，如通过裂变活动拉消费者进群，然后用利诱的方式使这些消费者快速转化。这种方法常用于具有一定消费专业性要求的效果类行业中。这种方法被俗称为"割韭菜"，即在把消费者聚起来之后，就快速地"收割"，而不太做长远的经营与培育。

第二种形态是第一种形态的扩展，其重点已经不只放在"收割"上，还要考虑如何与这些被各种方法吸引并聚拢到企业的触点上的消费者进行更多的沟通与交互，以不断培养感情、培育信任度，然后不疾不徐地、频繁而持久地转化这些消费者。这是最常见的私域流量运营的形态。如果说第一种形态是直接下网捕鱼，第二种形态就是考虑自己养鱼，慢慢捕鱼，并且不竭泽而渔。

第三种形态是品牌广告主常用的形态。这种形态强调在营销前端分辨出目标消费者，实现精准投放，并且收集精准投放之后的消费者的数据（包括前端投放数据和中后端的行为数据），将其放入 DMP 或 CDP 中，形成私域数据，在未来再次进行投放或通过 Look-alike 的方式进行投放。这种形态是"最不典型"的私域流量运营的形态。

第四种形态是全链路的私域流量运营的形态。这种形态强调私域流量的运营是一个体系化的过程，是指从前端的流量获取到后端建立消费者忠诚与增长的全流程。这个流程包括在触达阶段的细分人群的定向、投放、触达（即第三种形态强调的内容），也包括与消费者进行沟通、交互与转化（即第二种形态强调的内容），还包括更进一步地提升消费者的忠诚度与黏性，并不断刺激老客户带来新客户（增殖）。

第四种形态对品牌企业而言很重要。它强调了要与消费者在触点上进行更多的互动。但互动不仅是为了转化，还为了在触点上获得消费者的数据，从而能够在消费者深度运营阶段更深入地影响消费者，令消费者持续转化，并让消费者不断增殖。这种形态要求企业不仅要重视对数据的获取，还要重视对数据的沉淀和反复应用。私域流量运营的第四种形态的通常模式如图 6.8 所示，以 CDP 为界，CDP 的左边是私域流量运营的第一、第二、第三种形态，但利用 CDP 将数据收集并加以再次且更深度地应用，才是私域流量运营的第四种形态与前 3 种形态的核心区别。

下面我们来看这几种形态（尤其是第四种形态）是如何在具体的场景中被应用的。

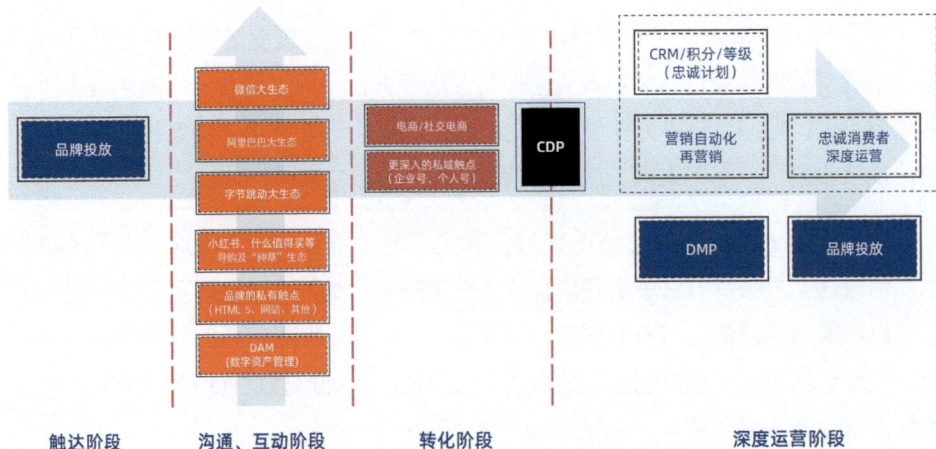

图 6.8　私域流量运营的第四种形态的通常模式

6.2.4　私域流量运营的模式一：DTC

DTC（Direct To Consumer）也叫 D2C，它是直接抵达消费者的一种商品销售模式。从这种模式的命名上就可以看出，它不依赖于中间商，是一种直接与消费者接触并完成销售的模式，这与消费者深度运营必须能够直接接触消费者是同一种情况。因此，这种模式必然需要消费者深度运营。否则既接触不到消费者，又不能与消费者产生黏性，那 DTC 就无从实现了。

DTC 反映了如今数字化营销对传统销售深刻的改变。在传统销售时代，消费者的购买模式是"人找货"，消费者要购买产品，需要到卖场去找，即使是在线上卖场，消费者也需要自己手动搜索。如今，消费者的购买模式是"货找人"，即消费者不断触发各种各样精准的推荐，从而使产品主动呈现在消费者面前，引起消费者的购买欲望。这样的变化会让 DTC 这种模式不会只是小众品牌昙花一现的玩法，而是整个品牌世界的潮流。但这样的变化在一定程度上降低了传统渠道的作用，也对企业直接接触消费者的能力（广度与深度）提出了很高的要求。

DTC 模式有两种常见的方式：第一种方式是社群运营的方式；第二种方式是"直抵亲友"再裂变扩散的方式。第一种方式种偏重于对消费者完成"种草"及与消费者发生更高黏性的交互，从而带来线上和线下的销量，第二种方式则是直截了当地谋求转化。

DTC 模式下的第一种方式示例如图 6.9 所示。

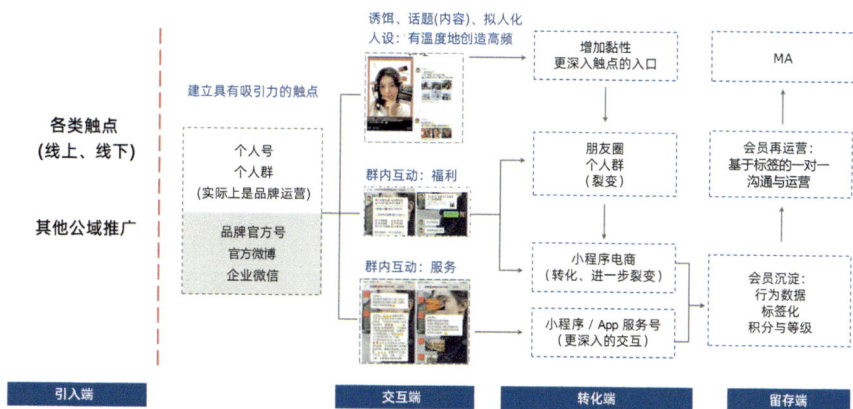

图 6.9　DTC 模式下的第一种方式示例

DTC 模式下的第一种方式的核心在于，企业需要把自己作为一个社交世界中的真人，甚至是作为网红来经营。这种方式也被称为企业的拟人化社交。

通过线上线下的各种推广，或是依靠消费者对这个产品本身的兴趣，或是其他的诱饵，消费者添加了企业的个人号。个人号，就是企业自己的运营人员建立的普通社交账号（例如微信号），企业把这个号码也按照个人号的方式做运营：该在朋友圈中晒旅游就晒旅游，该"炫耀"美食就"炫耀"美食，该不满吐槽就吐槽；照片也都是真人，颜值不算顶级也绝对不差，亲和力还特别强。比如，整个内容就是一个爱美女孩的日常。这个个人号的运营目的，是为了赢得消费者的好感，把她（他）当作一个有意思的朋友。而商业性的信息，则适当地在这个个人号中做植入，毕竟，消费者也知道这个个人号属于这个企业，所以放入企业的商业信息——新产品新活动之类，大家不会太意外，一般也不会反感。

当然，这个个人号只是这个企业的很多个个人号中的一个。如果一个企业有100个个人号（需要10~20个运营人员负责），每个个人号有1000个消费者，企业就拥有10万个可直接接触的消费者。

由于企业微信加好友的上限很高，并且具有一些微信号没有的好的管理功能，因此很多企业都利用企业微信来进行个人号的运营。但我仍然倾向于使用个人微信号，因为个人微信号的官方色彩更少，更加有血有肉。

这些个人号还会把自己的"好友"（对产品感兴趣的消费者）拉入各个消费者群中。这些群中的消费者拥有相同的爱好，所以这些消费者就像找到组织了一般。当然，群内的活跃程度和融洽程度需要群主认真运营。群主在这些群中要适当地植入商业性信息，即诱饵，这些诱饵可以是各种福利、新产品的介绍、买家秀、产品使用攻略、企业提供的各种服务、要求群友帮助传播形成裂变等。当然，群主还要把一类重要的信息植入这些群中，那就是电商购物入口，以小程序电商的方式最为普遍。

品牌其实也给这些个人号提供大量的诱饵，最典型的就是品牌不断推出新产品，每个新产品都是一个话题。据称，完美日记一年可以推出1000多个新产品，这就给DTC的运营增加了1000多个话题，所以消费者不会容易觉得厌倦，反而可能会被新产品吸引。

对很多企业的DTC的运营而言，上面的过程基本上就是其运营的核心。运营人员先把消费者拉入自己的个人号或者公众号中，再把他们拉到以自己为群主的群中，然后在群中不断与他们互动，再不断提醒他们别忘了买买东西或帮忙推广之类，也能运营得有声有色。

不过，对另外一些DTC而言，把消费者拉入个人号和群中不是终点，把消费者拉入个人号和群中的目的之一是将消费者引入更深入的企业的触点，上面提到的将消费者引入小程序电商是其中一种，另外，还常常会引导需要服务的消费者添加企业服务号或者小程序，或者建议更忠诚的消费者成为会员、下载App等，从而将消费者从公域引入半公域（个人号和群是半公域），再从半公域引入私域。这个过程是通过设计规则来实现的。

个人号和群在技术上并没有太大的实现难度，与技术解决方案比较有关的是一些针对个人号和群的自动管理机器人外挂，如让自动管理机器人进行自动回复，以免人工反馈不及，贻误战机。运营个人号和群最大的困难在于运营本身——用什么诱饵，如何设计既具有吸引力又具有说服力的活动，以及如何调动消费者的好感和归属感,并且确保在释放商业性信息的时候,不至于引起消费者的反感而导致"掉粉"。

但到了真正属于企业自己的触点的时候,在技术上和数据上的要求就提高了。DTC 模式下的第一种方式中的消费者数据的获取、打通与应用策略(见图 6.10)如下:第一,在各触点上抓取消费者的各类 ID 与行为数据;第二,打通同一个消费者的行为数据(包括购物行为数据);第三,基于消费者的行为数据,建立消费者元数据表(ID + 属性数据),为消费者建立标签、积分规则、等级管理规则等;第四,为不同标签的消费者制定不同的沟通策略与规则;第五,对接消费者的数据到外部媒体投放系统或者营销自动化(MA)系统,实现与消费者沟通的落地。

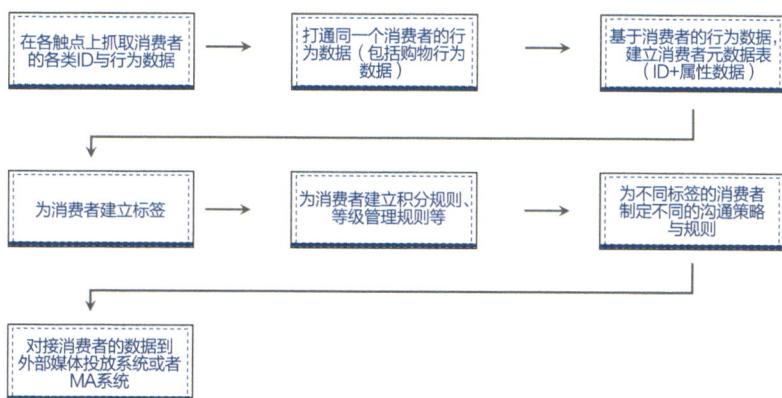

图 6.10　DTC 模式下的第一种方式中的消费者数据的获取、打通与应用策略

再来看 DTC 模式下的第二种方式,也就是社交电商常常采用的"直抵亲友"再裂变扩散的方式,如图 6.11 所示。

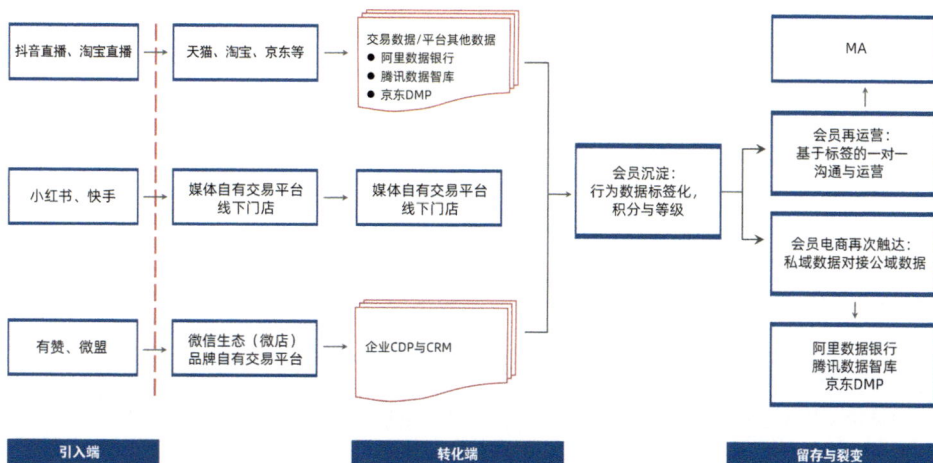

图 6.11　DTC 模式下的第二种方式

DTC 模式下的第二种方式利用海量的自建媒体（如微信、小红书、抖音、快手、喜马拉雅等）上的购物入口，可以直接将消费者引向企业的电商店铺。此外，利用社交平台的电商服务商，如有赞和微盟，产品销售信息也能在社交平台上被分享，从而也能够使一些消费者进入企业的电商店铺完成转化。

对一些企业而言，以销售为诉求的 DTC 模式走到这里就结束了，但是从消费者深度运营的角度来看，这只是走完了第一步，也就是只走完了企业能够直接接触消费者的一步，而大部分企业运营私域流量的目的是要跟消费者重复地发生联系，这一点已经在前面提到了。

因此，在消费者完成购买之后，消费者的来源数据、购物数据、行为数据，以及电商平台能够提供的第三方数据（参见 2.1.3 节与 2.7 节）都应该被企业获取，企业会基于这些数据为消费者打标签或者建画像，企业也很可能会建议消费者成为自己的会员，并基于消费者的数据为消费者计算积分或者建立等级。之后，企业会基于不同的标签人群，再次与他们进行针对性的沟通，促使他们再次消费，或者让他们帮助企业转化他们的亲朋好友也成为企业的顾客。

企业也可能将已经成为自己客户的消费者的 ID 收集起来，然后上传给 DMP，并通过 Look-alike，进行数字广告的触达，以招徕与自己现有客户类似的消费者。

DTC 模式下的两种方式，在前半部分，即获取私域流量部分，方法不尽相同，目的也不同；而运营私域流量，无论这些流量是已经成为了你的客户，还是在你的触点上交互却没有成为你客户的消费者，进一步运营他们的方式对于两种 DTC 模式而言，并无太大不同，都是尽可能获取他们的数据，为他们建立标签、积分和等级，并且基于这些标签等，做细分人群，并持续针对性地再与他们进行交互沟通。

6.2.5 私域流量运营的模式二：B2C2C

B2C2C 中的第一个 C 是指 KOL 或者 KOC，也就是有一定影响力、有一定粉丝数量的意见领袖级的消费者。

B2C2C 模式下也有两种方式：一种是 B2KOL2C；另一种是 B2KOC2C。这两种方式在实际操作上略有不同。

B2KOL2C 这种方式显然会更多地利用 KOL 的影响力，让 KOL 做代言、在其直播中做植入，或者发表内容帮忙推广，目的是让消费者进入企业的个人号、个人号开的群、服务号、小程序或者直接进入电商端等半公域和私域的触点。

之后，企业收集消费者的数据，并进行更深入的交互运营。从这个角度来看，KOL 的本质就是企业公域流量的来源，以及品牌号召力的价值。KOL 招徕了消费者之后，剩下的事情需要企业在私域触点上来做。B2KOL2C 方式如图 6.12 所示。

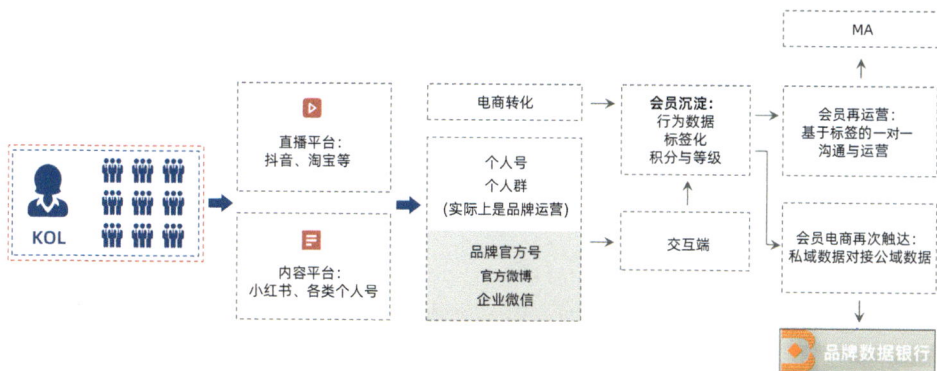

图 6.12　B2KOL2C 方式

B2KOC2C 方式与 B2KOL2C 方式不同，因为 KOC 的影响力不及 KOL，但 KOC 的数量比 KOL 多，因此 KOC 更适合作为传播的推手和策略落地的执行者。企业通常邀请多位 KOC 作为企业私域营销活动的裂变发起者和传播推手，以聚拢 KOC 的粉丝与亲友进入企业的触点。而这些触点跟前面所讲的那些触点并无二致，企业可以在这些触点上捕捉 KOC 引来的消费者的 ID 与各种行为数据，从而为实现之后的各种深度运营创造条件。B2KOC2C 方式如图 6.13 所示。

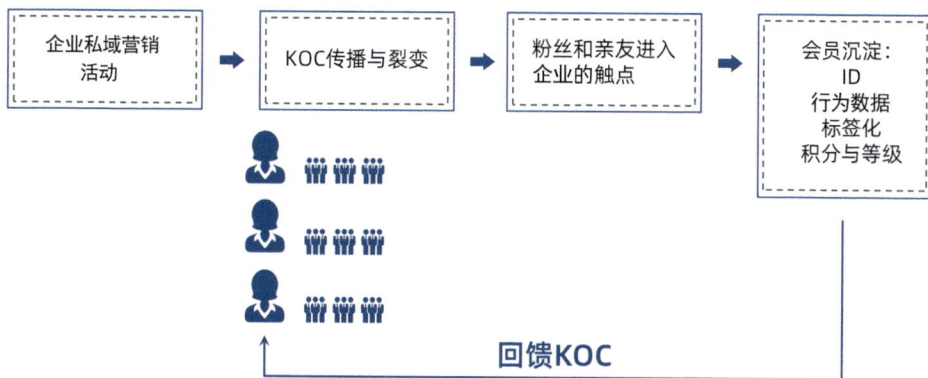

图 6.13　B2KOC2C 方式

在 KOC 为企业带来私域流量之后，企业也会对他们进行回馈，以维系持久的关系。

B2KOC2C 方式更像是把消费者分成了两个层级：有一定影响力的消费者和普通消费者，但它本质上仍然是 DTC 模式。

在实际的私域流量的运营过程中，很多时候 DTC 模式和 B2B2C 模式是结合起来应用的，而且从始至终都应用了诱饵、触点与规则方法。例如，某品牌计算机企业的一次私域营销活动就应用了这两种模式。

这个案例的细节很多，颇为庞杂，但线索很清晰，我们快速地做一个分析。

在这个案例中，活动的主体内容是一次直播，活动的目的有两个：第一个是吸引尽可能多的消费者参与这次直播，并通过直播中的互动吸引消费者进入企业的触点成为企业的粉丝（私域流量）；第二个是让消费者进入购物通道完成产品的购买。其中，第一个目的是主要目的，第二个目的是次要目的。

这次直播的核心诱饵是直播本身，直播的内容聚焦在游戏上，有两个游戏玩家都很景仰的大咖玩家（KOL）坐镇直播，并分享他们的游戏经验和比赛轶事。这类活动的成败首当其冲取决于活动内容本身，如果活动内容本身没有吸引力，那么使用再多的诱饵也很难成功。如果活动内容好，诱饵和触点就会产生更大的价值，从而组成一组很有吸引力的规则。这个案例中，整个活动策划的思维导图如图 6.14 所示。

第一步，推广。企业分别利用自有私域触点宣传、KOL 宣传、以私域触点为起点的裂变、以 KOC 为起点的裂变、KOC 直接指定特权消费者等方式进行流量引入。这里有一个小规则，就是 KOC 直接指定特权的消费者可以直接观看直播，其他观众必须完成裂变传播才能获得观看直播的资格。

第二步，进入触点。已经获得了观看直播资格的消费者需要进入指定的服务号或小程序进行注册（已注册的消费者不需要再次注册），企业在服务号和小程序上加入提示欢迎加入"同好群"的通知。微信群的二维码只支持最多 100 人扫描加入，因此这里利用了一项被业界称为活码的技术，服务号和小程序上的加群二维码是动态更换的，以确保二维码不会失效。到这一步，企业开始真正获取这次直播的私域流量。由于服务号和小程序上已经添加了监测 SDK，因此到达其上的消费者的 ID（与微信相关的 ID 是 OpenID）和对应的行为都可以被监测到。这些数据都会进入企业的 CDP。关于消费者深度运营的数据方面的问题，6.3 节会介绍。

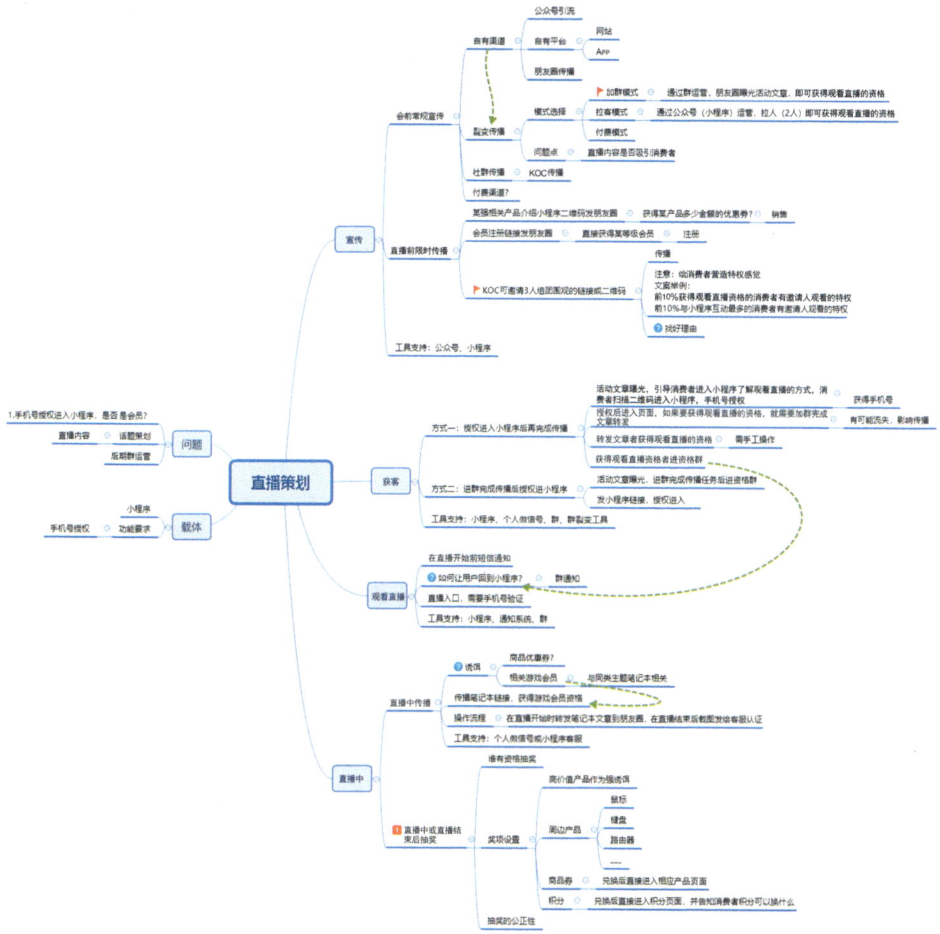

图 6.14　这个案例的思维导图

（资料来源：纷析智库，作者林森）

　　第三步，在直播开始前的最后时刻进行造势。在直播开始前一天、前一小时，企业都会提醒获得观看直播资格的消费者不要忘记观看直播，并且会在这两个时间段内为直播造势，吸引更多消费者参与。经验表明，在活动开始前的最后一刻，往往会有一个注册报名的小高峰。此外，企业也没有忘记在直播开始前邀请热心的消费者填写调研问卷，消费者的答案反映了他们的兴趣属性，这些兴趣属性连同消费者的 ID 一同进入企业的 CDP。

　　第四步，直播中。企业在直播过程中一般不要打扰消费者，但可以设置抽奖环节以提升直播黏性。消费者在直播中的行为数据也会被追踪记录下来。这些行为数据包括观看直播的时长、参与互动（如提问、点赞、撒花）的种类与次数等。这些行为数据一方面会用于增加注册消费者的会员积分，另一方面会用于进一步辨识不同消费者的兴趣。

第五步，在直播结束后进行再次传播。这个步骤主要是为那些对直播感兴趣却没能实时观看直播的消费者准备的。

可以看到，一次小小的直播活动就综合应用了 DTC 模式和 B2C2C 模式，也利用了各种诱饵和触点，以及结合这些诱饵与触点组合的几个规则，去直接、多次触达消费者，并获得消费者的 ID 与大量行为数据。这些数据又被用于在未来进一步与消费者接触、互动和创造更针对性的策略。

6.2.6　私域流量运营的模式三：B2B2C

B2B2C 模式是指企业通过中间商（通常是经销商、分销商、卖场等）将产品销售给消费者的模式。B2B2C 的说法是以品牌商为视角的，如果以中间商为视角，就是 B2C 了。B2B2C 这个名称说明品牌商需要理顺其与中间商的关系。如今，这种关系正在逐步迎来数字化改造，以帮助传统的中间商模式能够在数字化大潮之下焕然新生，但对于 B2B2C 算不算真正意义上的私域流量运营模式，还存有争议。

以品牌商的视角来看，对中间商的数字化改造，除帮助中间商提升能力，更好地发挥中间商的价值之外，还有一个它自己的诉求，那就是让中间商帮助自己获取消费者的数据。

也正因此，目前的 B2B2C 模式有两种主要的落地方式。第一种方式是通过一物一码的方式，为不同中间商分配拥有不同二维码的产品，从而构建消费者与中间商的专属关系（见图 6.15），即企业通过二维码确定消费者是从哪个中间商处购买的产品，中间商获得销售返利，企业获得扫描二维码的消费者的私域流量与数据，并且因此降低了发生窜货的可能性。这种方式与 Link Tag 方法类似，只是把线上场景换到了线下，把 Link Tag 变成了二维码。

第二种方式是通过赋能给中间商，让中间商获得更好的服务消费者的能力，促进消费者的转化率与黏性的提高，并不断通过中间商高频次的消费者触达，获取消费者的数据。下面这个案例展示了这种方式。

某母婴零售品牌拥有线下门店，但数量不算特别多（不到 300 家）。虽然门店数量不多，但是门店办的活动多得惊人——平均每年每个门店要办 1000 场活动。这些活动不是产品促销之类的活动，而是需要消费者亲自参与的活动。例如，门店在下午定时播放音乐，员工带着孩子们一起跳舞；开办育儿知识讲座，让父母参与；给孩子们提供各种免费的兴趣班等。平均一天少则两三场，多则四五场。

图 6.15　构建消费者与中间商的专属关系

可以看出，这个母婴零售品牌为门店赋予了更重要的使命，即获取流量的线下入口，让门店不仅能够吸引消费者，还能让消费者迅速转化为会员。

这个母婴零售品牌的会员迅速积累起来，这个母婴零售品牌的会员在短短几年内就超过了 2000 万个。这个母婴零售品牌应该怎样激活这些会员，并深度挖掘他们的价值呢？这个母婴零售品牌决定采用 B2B2C 模式。这个母婴零售品牌的核心资源是 B2B2C 中间的那个 B——与这个母婴零售品牌签约的多达 5000 名的育儿顾问。这个母婴零售品牌为 B2B2C 运营建立的核心策略是："人人都是 CEO，人人都是经营者"，育儿顾问是最小的业务单元，他们既是为这个母婴零售品牌工作，又是为自己工作。这些育儿顾问平均服务的会员数为 350 个左右，而更高级的育儿顾问服务的会员数甚至多达数千个。

有的读者可能会说一个育儿顾问少则服务 350 个会员，多则服务数千个会员，他怎么可能做到呢？别说服务了，就连跟会员挨个打一次招呼都需要耗费大量的时间。

这就回到了 B2B2C 模式上，基于 B2B2C 模式，这个母婴零售品牌需要利用互联网数字化和数字化的技术实现对消费者深度运营的高效支撑。为了让育儿顾问能够更好地服务数量庞大的会员，这个母婴零售品牌必须非常重视通过技术和数据给这些育儿顾问赋能，这需要按照 4 个步骤来实现。

第一步，不断创造与消费者接触的数字化的场景，也就是将消费者引入触点。这些触点包括线下的二维码，线上的小程序、App、自有电商网站等，如图6.16所示。

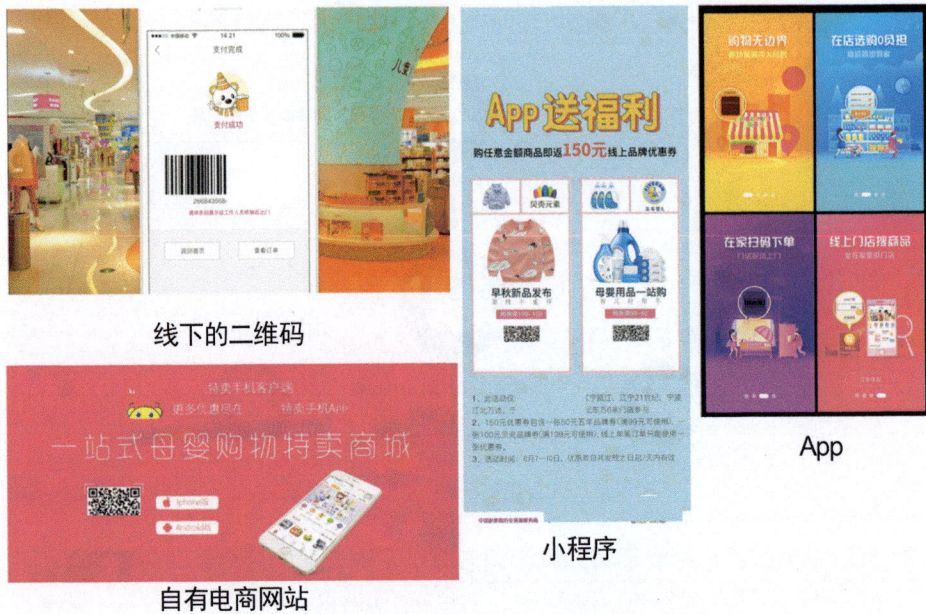

线下的二维码

自有电商网站

App

小程序

图 6.16　这个母婴零售品牌的触点

第二步，通过数字化营销的数据技术在这些触点上收集消费者的数据。例如，利用线下 POS 机收集消费者的购物数据；在线上商城收集消费者的线上交易数据；通过育儿顾问收集消费者的基本情况数据；在 App、小程序等触点上通过事件监测（埋点）收集消费者的各种行为数据，这些行为数据反映了消费者不同的兴趣和购物倾向。

第三步，通过消费者的实名信息，尤其是电话号码，实现对消费者数据的打通，然后为每个消费者建立清晰、明确的消费者数据库。例如，每个消费者的孩子的年龄、性别，购物兴趣和偏好，育儿的关切点等。

第四步，利用技术和数据实现赋能的落地。消费者数据库可提供针对性信息，帮助育儿顾问分辨出重点消费者，从而让育儿顾问调整自己的服务策略。例如，每个育儿顾问手中都有优惠券，这个母婴零售品牌要把优惠券的使用权完全交给育儿顾问。通过消费者数据库的数据，育儿顾问能够了解哪个消费者更重要或者哪个消费者可能要流失，从而利用优惠券激励或者留住这些消费者。消费者数据库中的数据还能实时地为育儿顾问提供各种建议，如建议育儿顾问给会员的孩子送生日祝福等。

这个母婴零售品牌除了给育儿顾问提供消费者的消费数据与行为数据，还会给育儿顾问提供针对其会员的育儿知识库，以帮助育儿顾问能够随时给他们的会员提供第一手的产品推荐信息和最新的育儿知识。这种能够用技术和数据赋能中间商的方法，成为企业的核心竞争力之一。B2B2C 的中间商赋能模式如图 6.17 所示。

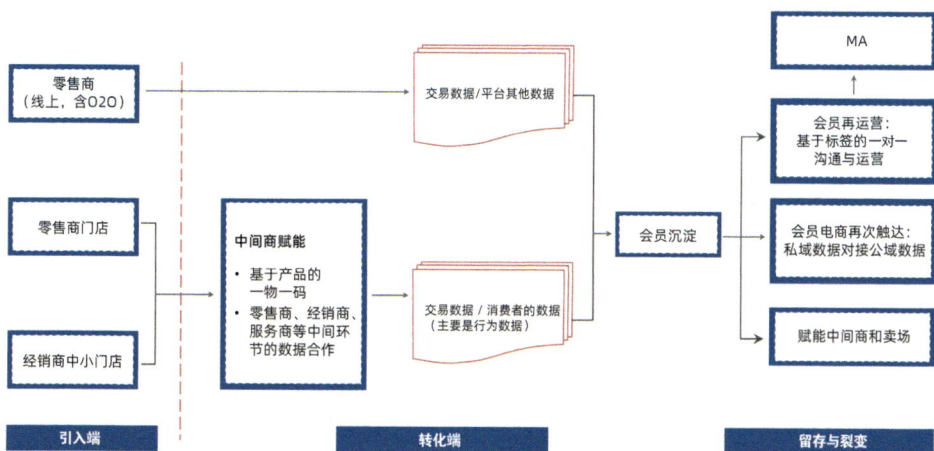

图 6.17　B2B2C 的中间商赋能模式

6.2.7　私域流量运营的模式四：B2B

事实上，大部分 B2B 先天就是私域运营的，因为 B2B 的目标消费者是细分的，目标消费者的数量不可能像 to C 的生意那么多。进入 Pipeline[①] 的消费者其实已经是企业的私域流量，企业需要花费时间和精力培育他们，以实现对他们的转化。

如今，我们常说的一些数字化营销与运营的概念，如 MA、CRM、CDP 等，最初都来自 B2B 行业，然后才逐步适用于 to C 行业。

B2B 模式是围绕销售线索的获取的。获取销售线索是 B2B 营销的起点，它通常通过线下会议或活动、KOL 推广、客户的转介绍、专业内容推广、各种社会关系等方式实现。此后，潜在客户会与销售人员取得联系，并在不断与企业和销售人员接触的过程中被培育。而培育潜在客户，直到他最终转化的过程，是 B2B 的深度运营的核心。

除了严格意义上的 B2B 行业，还有一些行业类似于 B2B，也以获取销售线索

---

① 进入 Pipeline 是 to B 销售业务的俚语，是指有意向的潜在客户进入了有销售人员专门跟进的流程。

为获客模式，如教育、金融、旅游等行业，这些行业也适合采用 B2B 的私域流量运营模式。

在传统时代，B2B 的深度运营常常是销售人员或者呼叫中心（Call Center）通过电话语音完成的，而在数字时代，潜在客户会在企业的各种触点上留下痕迹，从而为销售人员提供更多可用的信息。同时，数字化程度的加深也使部分营销策略能够利用机器去做自动化的响应和执行，这是数字化的消费者深度运营在 to B 行业上的最典型应用。自动化营销相关内容，后面会做介绍。

6.3　消费者深度运营的数据解决方案

看到消费者源源不断地涌入你的触点，你可能未必只是会觉得高兴，毕竟，消费者不是你流量池中的一潭死水，他们随时可能会走，而他们在来的时候所留下的数字痕迹，是你能够将他们挽留下来的重要武器。如何捕获各种触点上的数据，2.6 节已经介绍过了，本节介绍如何应用这些你捕获的数据。

6.3.1　CDP

数字化的消费者深度运营必须以数据为武器，而这个武器的常见形态是 CDP。

图 6.18 展示了 CDP 的功能逻辑架构，你可能会发现它看起来与 DMP 的逻辑架构类似。

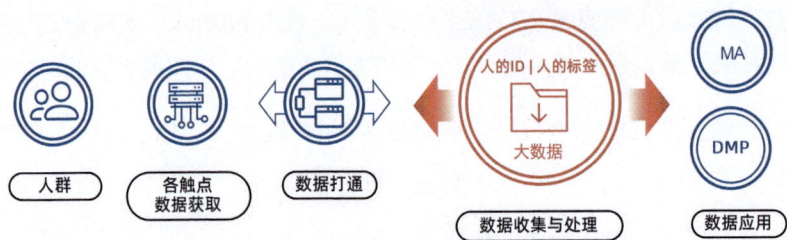

图 6.18　CDP 的功能逻辑架构

对企业的消费者深度运营而言，CDP 具有决定性的意义。私域流量运营不一定是消费者深度运营，如果只是建群、建号、做裂变（6.2.3 节所讲的第一、第二种形态），那么它与消费者深度运营还是有区别的。消费者深度运营的核心是在更深入地了解消费者的基础之上的运营，是基于消费者数据的运营。另外，消费者深度运营中非常重要的部分——会员运营，也显然必须基于深度的消费者数据。

CDP 中的核心数据

CDP 是关于人的数据,但并不是关于人的全部数据。

我们所期望的消费者的 360° 画像这种说法实际上是很"幼稚"的。无论是 DMP 还是 CDP,都不可能对一个消费者进行完整、精确的描述,即使在技术上可以实现,消费者隐私的保护也不允许。

CDP 所包含的关于人的数据,主要是营销后端的数据。由于营销后端主要是指广告主在自有触点(第一方触点)上与消费者沟通的环节,因此 CDP 中存储的数据也是企业的私域数据。

由于 CDP 存储的是企业自有的关于消费者的数据,因此很多人误认为 CDP 就是 CRM。

随着时间的推移,CRM 到底应该如何定义,已经开始与经典说法相去甚远。CDP 与 CRM 中的 C,虽然都是 Customer(消费者),但 CDP 中的 C 的含义更广泛一些:无论这些消费者是否是潜在客户或者客户,只要跟企业的第一方触点发生接触的消费者都算 CDP 中的消费者。经典的 CRM 强调 C 是潜在客户(进入 Pipeline 的),以及客户(完成购买的)。

另外,CRM 是一套管理体系,而 CDP 的外延没有那么大,它就是一个关于 C 的数据系统。

但你会发现,近几年 CDP 的热度显著升高,原因很简单,因为近几年广告主的大趋势是自建触点、自组"私域流量"、自留数据,而 CDP 正好是在广告主自建的触点上收集数据,而且是帮助运营私域流量的企业自有数据系统,这使它开始受到更多的重视。

CDP vs DMP vs CRM

回溯历史,CRM 是最先出现的,然后是 DMP,之后才是 CDP。CRM 和 DMP 没有演变关系,CDP 跟 DMP 却很有渊源。

CRM 出现得很早,可以追溯到 20 世纪,企业需要了解自己的客户和潜在客户,从而让销售和客服人员能够更好地进行营销或者为他们服务,所以 CRM 的核心是客户的数据。

但是,客户的数据随着时间的推移和技术的进步,其包含的类型是在不断扩展的，这就造成了如今的 CRM 及各个数据系统之间界限的模糊。

最初，客户的数据只不过类似于下面这些。

- 姓名、年龄、住址、家庭成员之类的人口统计信息的数据。
- 购买的产品、次数、购买时间、金额等订单方面的数据。
- 促销、折扣的使用等数据。
- 售后服务、投诉等记录。
- 销售人员是谁、沟通记录等。
- 呼叫中心的记录。

这些数据及 CRM 对这些数据的应用，给人相当刻板的印象：CRM 中的数据是客户的数据，并且以离线数据为主，缺乏实时数据的处理，因此基本上都是静态数据，这也决定了这些数据不能用于建立客户的属性标签。

但是，世界不是一成不变的，消费者的数字体验高速拓展，技术也突飞猛进，因此能抓取的客户的数据在变多。这时，CRM 的概念迅速被加入更多的内涵，与 CDP 和 DMP 这两个新生事物的边界也开始模糊。

首先，客户的数据的类型开始增加。除了上面的数据，客户还在各种数字媒体或平台上留下痕迹——各种行为数据，这些行为数据中有不少是企业可以获取的。例如，客户看到了企业的广告或者点击了企业的广告，或者在企业的网站或公众号上进行了浏览，或者在小程序或者 App 上与企业发生了互动，所有这些行为都留下了可供企业获取的数据。

其次，客户的含义也开始变得模糊。发生购买的客户的含义并没有变化，但潜在客户的含义大大拓展了。对传统的 CRM 而言，潜在客户主要是明确表现出购买可能性的客户，而现在的潜在客户则是在数字世界中跟企业发生了各种互动的人，这些人不会出现在 CRM 中，但他们都表现出了与产品或者品牌相关的兴趣或需求。对于这些人及围绕这些人的数据（尤其是行为数据）的管理，在一开始并不被认为跟 CRM 有关。

显然，那时大家都非常清楚：客户或者潜在客户在广告端的行为数据，属于广告投放和监播系统负责的范畴；客户或者潜在客户在网站、App、小程序上的行为，属于各种用户行为分析工具负责的范畴。这些数据既不会进入 CRM，又没有必要进入 CRM，因为这些数据不仅是匿名的，还是统计数据，并非聚焦于个体。

因此，在几年前，CRM、广告数据、用户行为数据都在各自的世界中精彩，几无交会的可能。

程序化广告在 2013 年左右在中国落地生根，并带来了"第一次"数据整合。

程序化广告，尤其是当时的 RTB 广告，需要对一个受众个体进行比较持久的追踪，这个问题很快被移动化浪潮解决。传统的追踪技术加上稳定、持续且唯一的移动端硬件标识（ID），很快使曾经只是作为统计数据出现的个体的数据被打通、整合并与每个具体的个体关联起来。

于是，DMP 出现了。

最初，DMP 中的数据基本上都是由广告交换平台提供的。因为国内主要的广告交换平台基本上都是由互联网巨擘（当时的 BAT）建立的，它们只有提供数据给广告主（实际上是在 DSP 竞价的时候回传的数据）才能让程序化广告正常运转。关于这些内容，我们在 3.2 节中已经学过。

因此，DMP 最初有且只有一个任务——服务于程序化广告的投放。至于其他的功能，都是人们后来发现它还可以做其他事情而给它附加上去的。

数据打通的脚步没有停止。

技术的进步很快，人们发现移动端硬件的标识（ID）能够容易地与电话号码一对一打通，并进而能够通过电话号码串联起更多的数据源头。

于是，量变引发了质变：DMP 有了新的数据来源——来自企业自身的一些数据（企业各种自有媒体或平台上监测的数据，如企业自己的网站、App 及企业自建的 CRM 中的数据等）。

不过，由于 DMP 的目的是投放广告，来自企业自身的这些数据，很多 DMP 用不上，而且打通这些来自企业自身的数据很麻烦，因此 DMP 只是有选择性地应用了少量来自企业自身的数据，最典型的是将企业自己的网站或者 App 上的数据作为种子数据用于再营销，或者用于寻找相似人群。

此时，DMP 和 CRM 井水不犯河水，而 CDP 根本还没有出现。

这基本上是 2017 年之前的历史，那个时候让企业着迷的事物是 DMP。由于 DMP 跟数字广告投放的关系如此紧密，并且没有很多企业能把大把的预算投向数字广告，因此没有太多企业真正建立了 DMP。

从 2017 年开始，随着 CDP 的出现，情况开始发生变化。

CDP 出现的大背景是中国和美国几乎同时出现的"流量荒"。流量并没有真的"荒"，但流量红利确实越来越少，企业开始意识到精细地运营流量的重要性。

为了精细地运营流量，企业需要数据。于是，很多企业开始向 DMP 寻求帮助。但那时中国的 DMP 还不能很好地解决这个问题，原因有两个。

其一，DMP 提供的数据以广告投放为主，但企业想做的精细化的流量运营并不在引流阶段，而是在引流完成之后跟这些流量在企业自有媒体或平台上进一步做深入互动。这类场景需要的数据量并不大，但却更要有深度，而且大多数数据需要企业自己抓取。当时的 DMP 提供的是海量的受众数据，且主要来自企业之外。

其二，在精细化的流量运营商，数据的应用场景主要不是用在广告投放上，而是给运营部门用于发短信、发微信、发私信、打电话、做促销等，但 DMP 最初不是为这个目的设计的。

为了解决企业的问题，企业可以采用以下 3 种解决方法。

第一种，建立新的专用工具——CDP。

第二种，对 DMP 进行改良。

第三种，对 CRM 进行改良。

这 3 种解决方法都有不少企业在尝试。在第一种解决方法之下诞生了 CDP，第二种解决方法创造了更加复杂、包容性更强的 DMP，第三种解决方法赋予 CRM 更多原本它不需要承担的功能。

无论是 CDP，还是改良后的 DMP 和 CRM，都必然需要能够实现过去网站用户行为分析工具、App 用户行为分析工具或者新的小程序用户行为监测工具所做的，在各个企业自有媒体或平台上抓取数据的功能。此外，它们还需要将这些抓取到的数据附着在每个个体上，并且具备自定义人群标签的功能。

然后，这些抓取到的数据，以及通过一定规则或者标签组合找出的人群，被一起用来跟各种各样的营销工具对接（这些营销工具不一定是营销自动化工具，靠人力执行的营销活动也用得上这些数据和人群）。

这些抓取到的数据和人群被用在以微信和微博为主要阵地的用户/客户运营场

景上，被中国人称为 SCRM（Social CRM）。尽管 SCRM 这个概念在 2009 年的美国已经被提出，但美国的 SCRM 与我们的 SCRM 有很大区别。我简单地评论一下这 3 种方法。

第一种，建立新的专用工具——CDP。它显然是很有针对性的方法。不过，CDP 只能用来做流量深度运营，不具备广告投放的功能。

第二种，对 DMP 进行改良。这种方法也不错，但实现起来挑战很大，主要是 DMP 的数据逻辑和企业自有流量数据的逻辑并不相同，功能上也就有了不少区别。再加上数据本身涉及大量不同形态、不同格式的第一方数据，因此对 DMP 的改良，甚至要比单独建立一个 CDP 更加复杂。

第三种，对 CRM 进行改良。这种方法的难度不小，最大的挑战在于，传统 CRM 以静态数据为主，但流量运营的数据都是动态的，这使数据逻辑与 CRM 原有的数据逻辑有巨大的差异。而且，CRM 并非数据系统，而是基于数据库（数据仓库）的应用系统，但 CDP 是一个复杂异构数据系统。这也增加了对 CRM 进行改良的难度。

由于对 DMP 和 CRM 进行改良的方法的存在，如果你问我 CDP 和 DMP 是同一个事物，还是两个不同的事物，我只能说，也许这两种说法都对，因为要回答这个问题，只能具体看某个 DMP 是过去的那种经典的只面向广告投放的 DMP，还是如今的包含面向企业做流量深度运营相关功能的 DMP。

如果你说 CRM 跟 CDP 是同一个事物，我也能勉强地略表赞同，只要你能证明这个 CRM 是改良过的，能够抓取、处理、打通流量和人群的动态数据，并能输出细分人群给运营工具。

但是，如果你说 CRM 跟 DMP 是同一个事物，我就难以苟同了。因为 DMP 的主页毕竟是用来投放广告的，而 CRM 跟 DMP 的主要工作则并无相似之处。

但是，无论怎样，你都可以看到，如今这些系统的称谓和内涵比较杂乱，它们彼此区分的边界也确实变得模糊。这当然不是 CDP 造成的，而是人们为了顺应企业的需求，不断在既有的系统上所做的改良所致。

反正，给汽车装上了翅膀，也把汽车的发动机改成了涡轮风扇发动机，还把汽车的底盘做成了船——它可以在地上走，也能在天上飞，还能在水上跑。它应该叫汽车、飞机、小船，还是该起一个新的名字？这就是如今 CDP、DMP、CRM 还有 SCRM 的各种命名和概念异常混乱的原因。

图 6.19 展示了企业的受众与客户（含潜在客户、用户）的数据系统的发展历史。

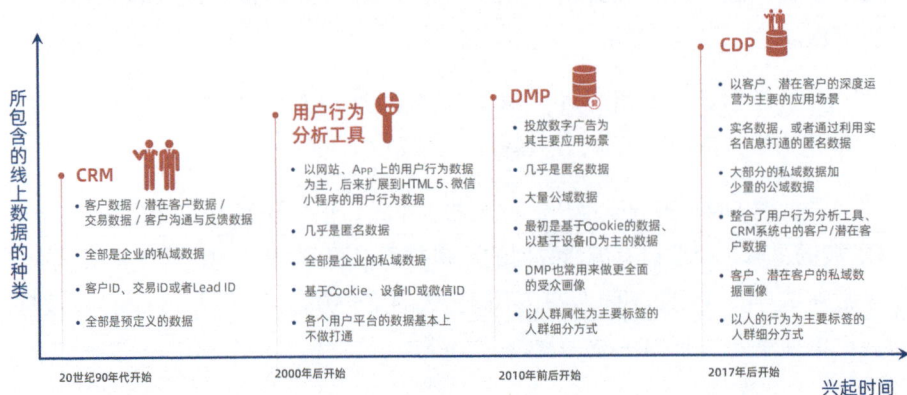

图 6.19　企业的受众与客户（含潜在客户、用户）的数据系统的发展历史

关于 CRM、CDP、DMP 的名称和含义的争论还没有停止。是否要争出结论、分出谁更权威并无意义，真正的意义是认识到企业对于流量环境变化所产生的心态的改变、所关注的重心的迁移，以及所采用的方法的调整——更重视运营，而非流量本身。而这样的调整正是众多 to B 营销与运营技术及服务厂商追逐的热点——在同一片土地上各方人马旌旗招展，仿佛预示着下一场激烈而持久的鏖战。

CDP 无法独立存在

CDP 是一个数据系统，但它显然不是类似数据库的事物，它并不能独立存在。或者更准确地说，如果它是独立存在的，那么它的价值很低。因为 CDP 是一个数据系统，也是一个数据应用系统。

我确实看到了一些企业要求建立 CDP，而且仅仅只是建立 CDP，我有些丈二和尚摸不着头脑。"先建一个 CDP 再说，我们需要先存储数据，这些数据是宝贵的资产。"这种想法存在极大的风险。简单地讲，数据有保质期，而且 CDP 的数据的核心应用场景是营销，营销对数据的实时性要求较高。如果没有考虑清楚 CDP 的数据要用在哪里，那么先建立 CDP 不是不可以，但是本质上你并没有建立 CDP，你只是建立了一个存放消费者数据的数据库。

CDP 不能独立存在，它应该与营销应用系统组队存在。拥有数据，应用数据，发挥价值，才是王道。常与 CDP 组队的最典型的营销应用系统是营销自动化系统。

CDP 的最佳拍档

作为一个数据应用系统，CDP 的应用方式是输出数据。

应用 CDP 输出的数据主要是细分的人群包。不同的人群的情况不同，CDP 的数据用于描述这些情况，并且提供操作界面让营销从业者"任意"构建规则选择各类人群。

CDP 对消费者的描述以标签化的方式存在，可分为三类。

- 基于单一事件或属性的描述（事实标签）。
- 基于组合事件或属性的描述（规则标签）。
- 基于既有事件或属性，通过算法得出未来发生某种事件的概率的描述（预测标签）。

关于如何利用 CDP 构建消费者的标签，我在后面会专门介绍，在这里大家只需要知道这些标签是 CDP 得以应用的基础——选人，实际上就是在选标签。而在选人之后，这些人群数据会被输送到使用这些人群数据的系统，就像一条流水线。

使用这些人群数据的系统是 CDP 的下游，它们可以分为两类：一类是投放广告的；另一类是在企业的触点上与其上的消费者进行沟通的。

对投放广告而言，CDP 将人群数据输送给 DMP，然后在 DMP 中进行 Look-alike，放大之后的人群的数据会被交给广告系统（DSP/ 程序化合约广告 /Trading Desk/ 广告交换平台等）完成广告的投放。

对在企业的触点上与其上的消费者进行沟通而言，CDP 会将人群数据输送给营销自动化系统，然后营销自动化系统会根据这些人群数据进行相应的营销执行，如针对不同的人群展示不同的界面（不同的着陆页、不同的推荐商品等），或者给不同的人群推送不同的信息（微信、短信、E-mail、弹窗、智能电话等）。

简单地讲，CDP 的下游如下。

- CDP → DMP → Look-alike → DSP/ 程序化合约广告 /Trading Desk/ 广告交换平台 → 投放广告。
- CDP → MA 系统 → 各触点 → 展示或推送。

由于营销前端的投放广告有很多种方式，用 CDP 的数据做 Look-alike 只是一种方式，因此 CDP 在营销前端的应用总体来说比较少有人关注。

注意：CDP 的数据较少有人关注的另外一个原因是人们觉得 CDP 的数据不能拿到 CDP 之外。不过，一般而言，利用 CDP 的数据在 DMP 中做 Look-alike 之后的投放效果是能有显著提升的，这在 3.4.4 节中已经介绍过。

由于 CDP 收集的是企业自有触点上的数据，营销自动化系统又是将这些数据用在企业的自有触点上，因此 CDP 的最佳拍档是营销自动化系统。

另外，营销自动化系统必须依赖 CDP 才能发挥功能，如果没有 CDP，营销自动化系统的自动化就不能实现。

因此，CDP 为营销自动化系统提供人群数据，营销自动化系统又利用这些人群数据对这些人群在企业的自有触点上进行自动化的沟通和营销。

可以这么说，如果要进行消费者深度运营，就需要经常用到营销自动化系统，也就必然需要 CDP 作为支撑。

6.3.2 利用 CDP 进行消费者数据的管理和应用

为 CDP 获取数据

我们需要明确一点，CDP 的数据主要来自企业的各种触点，尤其是自有触点。CDP 的数据结构与我在 2.4 节中介绍的数据结构没有差异，但我需要特别强调的是，在 CDP 的数据结构中，ID 部分较为强调要尽量包含实名 ID。实名 ID 对于打通消费者的数据具有非常重要的意义。

如果消费者确实提供了自己的实名 ID，如在注册表单中填写了自己的电话号码，那么这个数据是如何连同这个消费者的行为数据一同进入 CDP 的呢？

答案是，需要利用事件监测（埋点）的方法实现。消费者在注册表单中填写的实名 ID 对事件监测（埋点）而言，就是它的一个属性。以消费者在注册表单中填写电话号码为例，一旦消费者点击"提交"按钮，点击按钮这个行为，连同这个行为的属性——电话号码，就会通过事件监测（埋点）上传至 CDP 的服务器，从而被企业捕获。

除了消费者的实名 ID，其他的匿名 ID，以及与这些 ID 对应的在各类触点上的行为所产生的数据，其获取方法与我在 2.6 节中介绍的方法完全一致，这里不再重复。

除了通过添加监测脚本代码或 SDK 等方法获取数据，CDP 还可以通过数据接口（如 API、Server to Server 功能、FTP 上传）的方法从外部导入数据，如从 CRM 系统中导入数据。CDP 也可以接收企业之外的数据源提供的数据，尤其是与第三方社交平台及电商平台的数据接入，通常利用第三方提供的公共 API，如利用微信提供的 API，获取消费者在微信上的相关 ID 与数据，这也是 CDP 非常重要的数据来源。

CDP 工具都会提供数据获取模块。某 CDP 工具的数据获取模块如图 6.20 所示，点击"营销触点"模块中的各个按钮，进入相应界面，就可以看到各触点数据获取的配置方法说明。

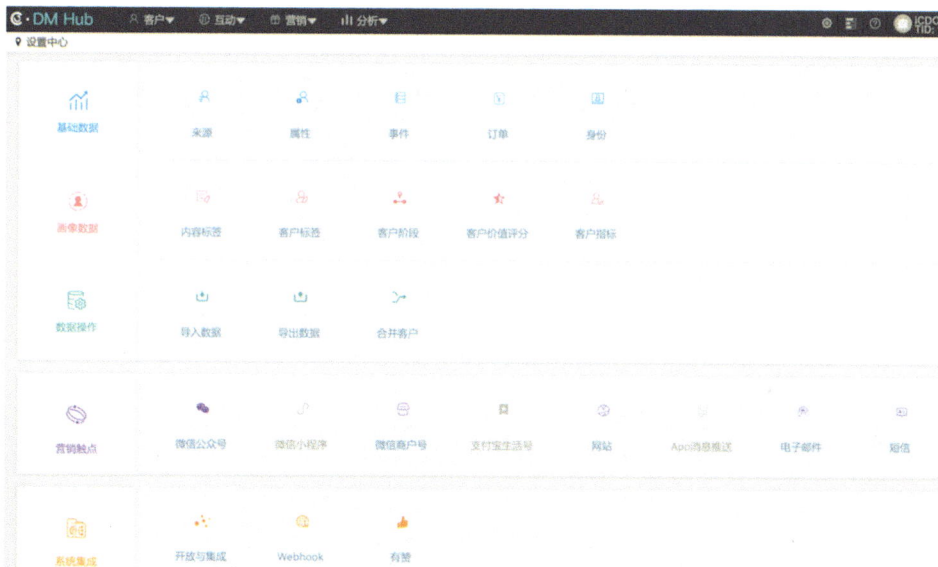

图 6.20　某 CDP 工具的数据获取模块

例如，点击"网站"按钮，进入网站监测脚本代码生成与配置界面，如图 6.21 所示。

对于公众号，则需要按照要求进行微信授权，然后进行绑定，之后微信端的数据（仅限微信 API 能够提供的数据）才能够被 CDP 获取，如图 6.22 所示。

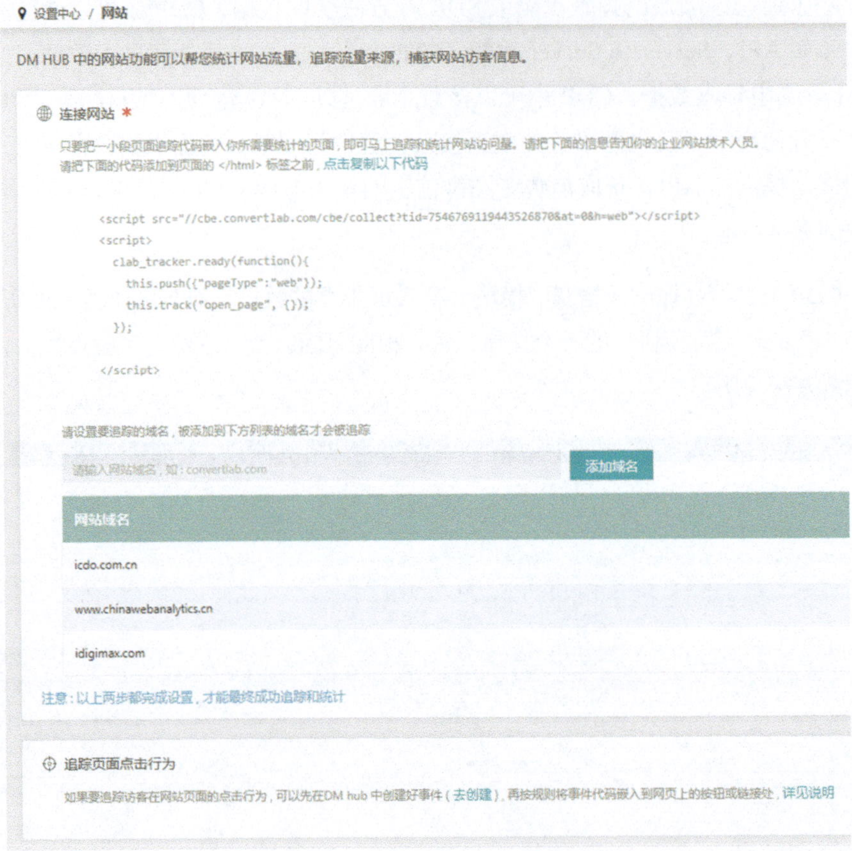

图 6.21　网站监测脚本代码生成与配置界面

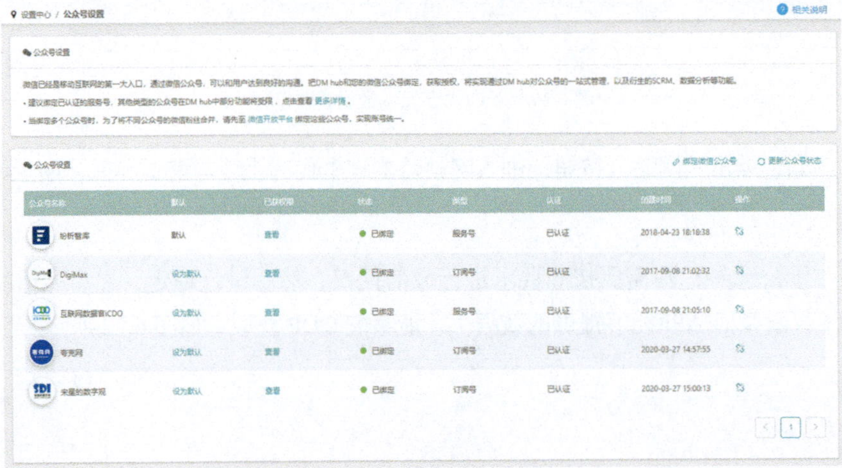

图 6.22　公众号设置界面

　　一旦数据进入 CDP，CDP 对于每个个体（以 CDP ID 区分的个体）都会建立一个数据视图。个体数据视图示例如图 6.23 所示，在这个数据视图中存放了这个个体的各种 ID，以及他的各种行为数据。

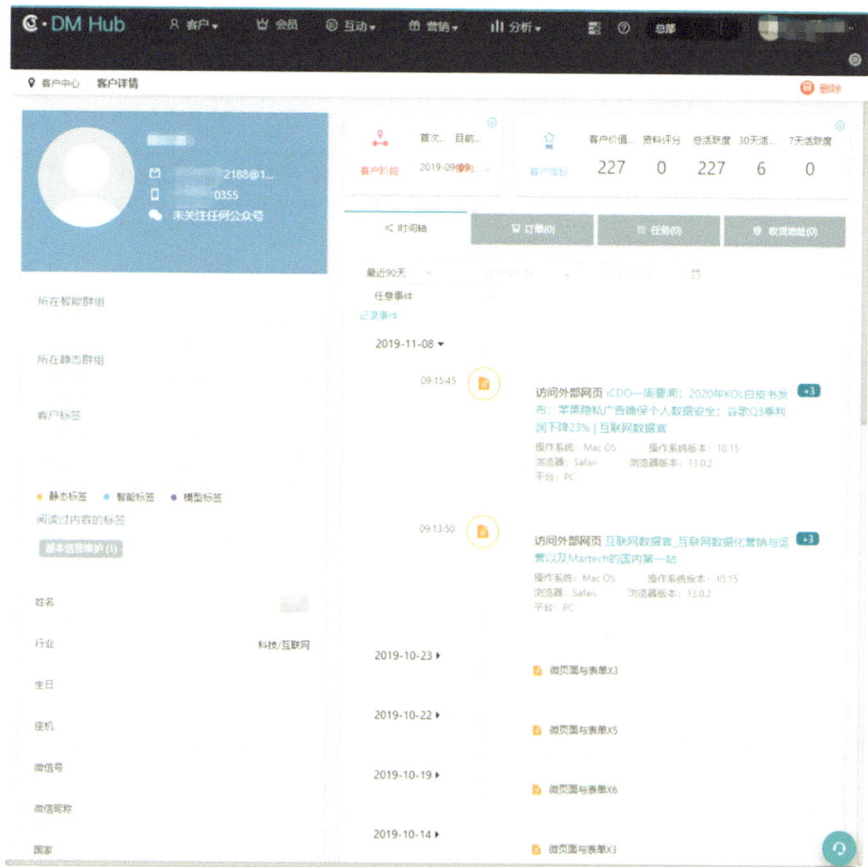

图 6.23　个体数据视图示例

　　在 CDP 中应该存放了成千上万的这样的个体的数据。尽管如此，与 DMP 中存放的数据量相比，CDP 中的数据量还是小巫见大巫，因为 DMP 为了进行广告投放，会存放海量的数据。

数据打通

　　在完成数据的获取后，我们可以要求 CDP 进行身份识别和合并，主要是根据企业定义的身份信息进行数据合并。例如，在企业拥有多个子品牌，或者每个销售渠道都分别拥有单独的公众号的情况下，我们可以通过消费者唯一的 UnionID 进行同一个消费者在多个公众号上的数据的合并。我们也可以按照消费者的实名信息，如电话号码进行数据的合并。这里所谓的合并，实际上就是我们所说的数据打通。

有些 CDP 会根据 ID 的情况进行自动合并，在找到不同数据条目之间有共同的 ID 时，CDP 会主动询问我们是否按照某个 ID 进行合并。另外一些 CDP 则具备手动合并的功能，即我们自己指定将哪些数据进行合并。一般而言，CDP 对每个数据项目都会建立一个专用 ID，在合并两个数据项目之后，就会舍弃其中一个数据项目的 CDP ID，而保留另外一个，这样，所有的与消费者相关的数据（无论是消费者在各触点上的 ID 数据、实名数据，还是其行为数据），都会附属在 CDP ID 之上，类似于数据表的主键（这里就是 CDP ID）及其数据项（其他的 ID，以及消费者的行为相关数据）所构成的二元结构。

在数据打通上，我需要额外做一些介绍。请大家记住一个原则：在一个生态内的数据打通，靠生态内共有的 ID；跨生态的数据打通，靠实名信息，简单地讲，就是靠电话号码。

例如，在微信生态内，无论是公众号、小程序，还是 HTML5，同一个消费者的数据都可以靠 UnionID 打通。在阿里生态内，则靠消费者的 UserID 打通。

若是要跨生态了，如要把微信生态内的消费者的行为数据和阿里生态内同一个消费者的购买数据打通，就只能依靠这个消费者的电话号码了。其他技术性的方法虽然在技术上可行，但这些方法要么与如今的个人隐私保护法规越来越不相容，要么精确性欠佳，因此越来越不可用。安全的做法只有一种，那就是征得消费者的同意，让消费者在被我们明确告知的情况下，愿意向我们提供他们的实名信息。

给消费者打标签

在数据进入 CDP 之后，如果我们要利用这些数据，就应该给消费者打上标签。打标签的目的是把具有类似数据表现（不一定是完全一样的数据表现）的消费者找出来，这样，在运营的时候，我们就可以针对这些数据反映出来的情况制定针对性的策略。

很多读者认为给消费者打标签就是为消费者画像。这种理解是不准确的。为消费者画像是一个很模糊的概念，用定性的语言描述一个消费者群体也算为消费者画像。在进行消费者调研之后，也可以给一个消费者群体做一个画像。但这些画像本身具有一定的或然性，接近事实即可，不追求精确。当然，这并不是说，所有的消费者画像都是模糊的、非定量的，因为确实有很多消费者画像不模糊，而且是定量的，但总体来说，消费者画像的模糊程度比 CDP 为消费者打的标签要高一些。

换句话说，标签讲究客观性和准确性。标签一定是要有"证据"，或者说是要有"事实"才能打上的。而 CDP 中的"证据"或者"事实",就是记录消费者具体行为的数据。

利用 CDP 为消费者打的标签与 DMP 中的标签有很大不同。DMP 中的标签是在被提供给企业使用的时候就已经打好了的,标签的更新也不需要企业自己来做,而是由 DMP 服务商来做。但是,CDP 与 DMP 不同,CDP 的数据基本都是企业自己的数据,是时刻都在企业的触点上不断生成的数据,因此 CDP 中的消费者的标签是不可能提前打好的,而需要企业根据自己的需求,自己命名标签,自己建立这个标签背后的规则定义,之后机器才会根据具体的规则定义为符合该标签规则的每个消费者打上对应的标签。

前面已经提到,为消费者打的标签可以分为 3 种类型:事实标签、规则标签及预测标签。我们来看这 3 种标签的区别。

- 事实标签:拥有的属性或发生了的行为即成为标签,而不考虑行为的频次或持续时长所反映的该行为的重要性。事实标签示例如图 6.24 所示。

标签:感冒   标签:抗感染   标签:感冒   标签:感冒

图 6.24   事实标签示例

例如,有一个消费者访问了某个药品电商网站的 3 个与感冒药品相关的页面,1 个与抗感染药品相关的页面,在只考虑给消费者打上品类兴趣标签的情况下,CDP 会为这个消费者打什么样的事实标签呢?答案是,CDP 会为这个消费者打两个标签,一个是"感冒",一个是"抗感染"。这两个标签都是事实,在事实标签的定义下它们没有重要性的差异,哪怕实际情况是消费者对感冒药品可能更感兴趣(因为他看了更多与感冒药品相关的页面)。

至于为什么 CDP 会给这个消费者打"感冒"和"抗感染"的标签,是因为我们做了事实标签的规则定义,即凡是 PageView 中含有感冒药品相关页面 URL 的消费者，都打上"感冒"的标签，而凡是 PageView 中含有抗感染药品相关页面 URL 的消费者，都打上"抗感染"的标签。当消费者进入这些页面后，由于这些页面上有 CDP 的监测脚本代码，因此 CDP 会自动按照上面的规则定义给消费者打上标签。

如果不是给消费者打品类标签，而是给消费者打商品级别的标签，在上面的例子中就会每个页面生成一个以商品名命名的标签给这个消费者，而这个标签的规则定义完全取决于企业自己的要求。

事实标签也包含消费者本身就具有的属性，如性别、年龄等。

规则标签是基于事实标签的更复杂的标签。

> ● 规则标签：满足一定规则的单个行为或多个行为的组合而形成的标签。

例如，在图 6.24 中，如果我们定义的规则是查看某个产品品类的页面等于或大于 3 个 PageView，才建立相应的以该品类命名的标签，那么在这个规则下建立的标签就是规则标签。在这个规则之下，假如这个消费者总共看了这 4 个与产品相关的页面，那么他会被打上一个规则标签，那就是"感冒"，虽然他也访问了与抗感染药品相关的页面，但只有 1 个 PageView，因此不满足规则，他就不会被打上"抗感染"的标签。

规则标签可以说是 CDP 中最为常见的标签，任何一个 CDP，都必然支持规则标签。

在规则标签的定义中，什么叫作"满足一定规则的单个行为"呢？

例如，消费者的平均 Session 时长必须大于 3 分钟，这就是为单一行为制定的规则：Session 时长大于 3 分钟，如果这个规则对应的标签命名是"深度访问者"，那么凡是平均 Session 时长大于 3 分钟的消费者都会被打上"深度访问者"的标签。

那么，什么叫作"多个行为组合而形成的标签"呢？

这个更容易理解。例如，一个标签的规则定义是，看了某个品类的页面大于 3 个（次），并且在每个页面上的平均停留时间都大于 10 秒的，就打上以这个品类名命名的标签。这个规则就是由查看品类页面 PageView 大于 3，以及每个页面平均停留时间大于 10 秒这两类行为组合而成的。

讲到这里，我要多说一句：规则标签背后规则制定的灵活度极为体现一个 CDP 产品的数据挖掘能力，也极为体现一个 CDP 产品的设计水平。有些 CDP 支持自定义建模的数据挖掘，有些 CDP 支持正则表达式，有些 CDP 只能进行简单的交、并、减操作，这就很明显地展示了 CDP 产品的功能水准上的差异——即使它们都声称自己具备自定义标签功能，但功能的内核可能有很大区别。

预测标签是事实标签和规则标签在算法基础上生成的标签。

- **预测标签**：顾名思义，基于历史行为进行预测后推算出的标签。

预测标签并不是 CDP 必须具备的功能，但部分 CDP 具备这项功能。预测标签本质上就是基于消费者的行为进行预测分析后得出的结论。例如，在 5.5.3 节中我们对消费者未来流失可能性所做的分析就是预测分析，如果预测到某个消费者可能要流失，就给他打上"即将流失"的标签，这个标签就是预测标签。

因此，预测标签需要有预测算法的支持，本质上，它就是将预测算法的结论固定打给消费者的标签。

除了事实标签、规则标签、预测标签 3 种标签的分类方法，还有工具有不同的标签分类方法，如分为静态标签、智能标签及模型标签。

静态标签即企业手动给消费者添加一个企业自己命名的标签，标签背后没有算法，也没有规则，这个标签是一个手写的标签。智能标签是企业根据消费者的属性和行为数据按照自定义规则创造的标签。在其他工具中，类似的标签类型也可能被称为动态标签，它在本质上与规则标签是一样的。模型标签用于弥补智能标签的只有简单的交、并、减等基础规则的不足，因此我们可以把模型标签理解为更为强大的规则标签（更为强大的规则就变成了模型）。当然，模型标签也仍然基于消费者的基础属性和行为数据。

模型标签支持一些常用的预制的模型，如判断消费者的品牌偏好的模型。模型标签的丰富程度取决于其支持的模型的数量。有些 CDP 支持常用的一些消费者建模方式，包括针对品牌偏好、订单、内容及行为（如 RFM 模型）等的建模方式。如果建模方式中包含预测分析的建模，模型标签就能支持预测标签。因此，虽然这几类标签的叫法跟我们前面所说的三类标签的叫法不同，但它们在本质上是相同的。

下面我们来看真实的 CDP 工具中的为消费者打标签的界面是什么样的。

以一个常见的场景为例，某培训机构拥有近百万个粉丝，这个培训机构近期将在上海开设脱口秀表演线下培训课，准备与上海的潜在客户进行一轮沟通。为实现这个目的，需要首先在 CDP 工具中新建一个群组"上海线下课兴趣"；其次，设置对应的人群条件，如客户属性－城市－上海，再加上客户事件－微信回复－向公众号回复－脱口秀，满足条件的人群自动进入该群组；最后，将该群组的人群数据输出给营销自动化系统或者其他投放系统进行相应的触达和投放。这是一个典型的利用规则区分的人群群组，如果为这个群组中的消费者打上"上海脱口秀兴趣"的标签，那么这个标签会出现在这个群组中每个个体的数据项中。这是一个典型的规则标签。规则标签的设定如图 6.25 所示。

图 6.25 规则标签的设定

图 6.26 设定的也是一个规则标签，不过已经预定好了模型参数，因此在这个工具中也被称为模型标签。符合设置规则的消费者将被打上对某品牌有偏好的标签。

图 6.26 创建模型标签

从上述例子中可以看到，企业利用 CDP 给消费者打标签是非常灵活的，是完全基于自己的业务需求的，没有一个所谓的通用的模式。

图 6.27 展示了为某品牌打印机有购买兴趣但犹豫不决的人群打标签的规则。这个例子是两个规则的并集。运营人员认为这两种情形都反映了消费者的犹豫。第一个规则是看了很多次（至少 5 次）这个品牌打印机的详情页但还没有成为客户（尚没有被打上某打印机客户的标签）的消费者。第二个规则是将产品加入购物车，但在 30 天内没有下单的消费者。凡是满足这两个规则中的任何一个，都被认为是犹豫型人群，该人群中的每个个体都会被打上对这个品牌打印机感兴趣但犹豫不决的标签。

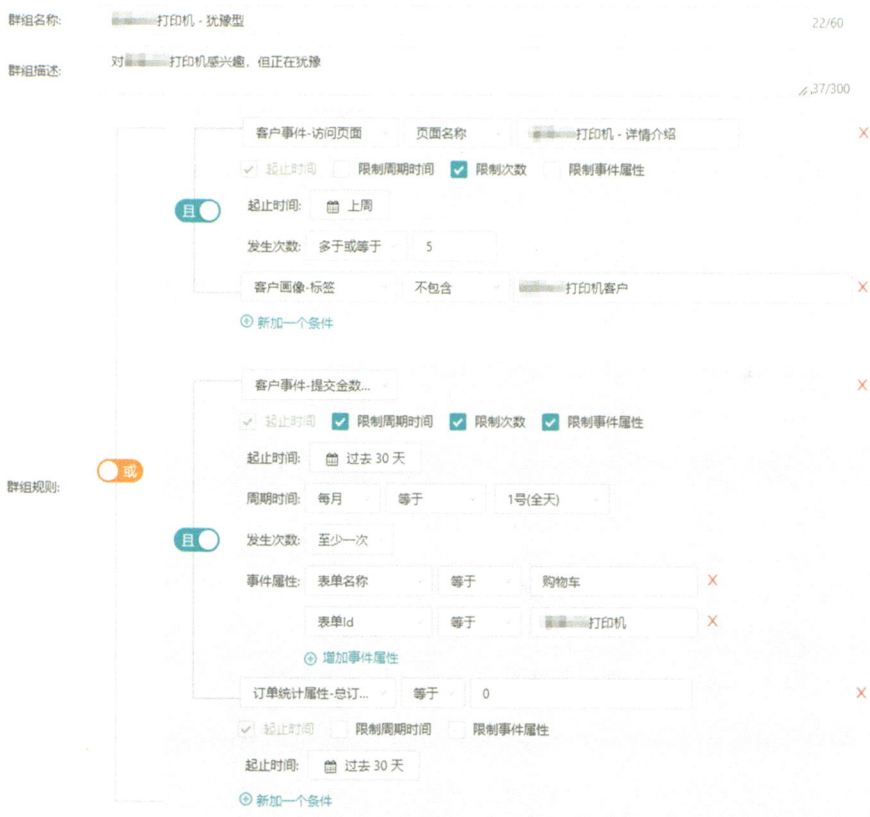

图 6.27　某品牌打印机有购买兴趣但犹豫不决的人群打标签的规则

静态标签与动态标签

静态标签与动态标签是另一种标签分类方法，也是我们必须了解的标签类型。

前面已经介绍过静态标签，不过这里的静态标签跟前面介绍的不是一个概念体系，所以二者的含义不同。这里的静态和动态的意思是，消费者的标签会不会动态变化。

为什么存在这个问题呢？原因很简单。因为消费者的数据不是静态的，而是动态的。一个消费者会在企业的触点上做出各种各样的行为，导致他时而满足一些规则，时而又不满足。例如，某个消费者上个月的行为满足"感冒药兴趣"标签的规则，因为他上个月浏览了十几次感冒药品类的相关页面，但在这个月，他没有浏览过感冒药品类的相关页面，他还属于感冒药兴趣人群吗？他的"感冒药兴趣"标签还应该被保留吗？

如果他的"感冒药兴趣"标签是静态标签，那么他的"感冒药兴趣"标签会被保留，直到运营人员手动帮他删除这个标签。如果他的"感冒药兴趣"标签是动态标签，那么在这个月他的"感冒药兴趣"会被删除。

至于在什么时候选择静态标签，在什么时候选择动态标签，完全取决于你的业务需求。

有些工具还提供半静态标签，也就是说运营人员可以手动更新标签。如果运营人员手动更新标签，消费者的标签就会被重新打一次，那些过去满足，但是在更新时不满足规则的消费者会失去原有的标签，而新的满足规则的消费者会增加标签。但是，如果运营人员不做手动更新，那么即使消费者的行为已经发生了巨大的变化，消费者原有的标签也会保持不变。

给消费者打标签是消费者深度运营的核心工作之一

给消费者打标签是消费者深度运营的核心工作之一。这项工作显然需要人（运营人员）来设置规则，而不太可能由机器自动完成规则的设置。机器只是在人设置好规则之后才自动执行规则，给不同的消费者打上不同的标签。

而且，消费者的标签也不是一次性就打好了的。消费者的数据会不断被抓取，所以数据实际上是无时无刻不在动态变化的。业务的情况也在变化，因此之前打的标签不可能自动适应未来的业务情况。因此，CDP 中的标签是"随用随打"的，一旦业务有需求，就会立即制定相应规则，给消费者打上标签。

因此，一个企业在利用 DMP 和 CDP 的方式上存在显著的不同。利用 DMP 的主要目的是进行广告投放，主要的工作是按照标签选择人群，做 Look-alike 等。而 DMP 中的标签基本上是 DMP 已经预先定义好的，因此 DMP 的一个常用场景就是企业通过第三方海量的数据为自己的第一方人群打标签，如企业上传自己的私有人群数据至 DMP 中，然后 DMP 把这些人群数据连 ID 带标签一起返回来，这种用法在 2.7.2 节的数据增强部分中已经介绍过。

CDP 需要自己根据业务需求来制定规则，再为满足不同规则的人群打标签。这是一项需要人力才参与能完成的工作，尤其是在消费者运营的频次和强度都很高的行业。如果没有人力的参与，CDP 本身就没有太大的价值了。因此，这给了我们一个提醒，上马 CDP 解决方案，不能只是做购入软件、抓取数据这些技术工作，还需要做相当比例的人力参与的策略策划与运营工作。

应用 CDP 的数据

如前文所述，CDP 无法独立存在，它不仅需要人力参与，还需要与发挥数据价值的系统一起协同工作。

CDP 的最佳拍档是营销自动化系统，营销自动化系统会针对不同的人群（具有相同或者相似标签的人群）定义针对性的营销策略，并自动执行这些策略。CDP 的数据也能够提供给运营人员使用，如供运营人员生成报告或者下载人群数据包，然后手动进行人群触达和沟通，如通过呼叫中心与选中的消费者直接进行语音沟通。

除此之外，CDP 的数据还可以输出（上传）给 DMP，并在 DMP 中做 Look-alike 之后进行广告投放（相关方法已经在 3.6.1 节中介绍过）。

6.3.3 如何衡量 CDP 的价值

CDP 的应用场景跟 DMP 不同，CDP 主要用在营销后端场景上。

因此，如果你想拥有 CDP，但是又没有太多后端营销与运营的业务场景，你就需要掂量一下你是否真的需要 CDP。

例如，如果你在投放了广告或者做了引流之后，需要马上让这些流量变成销售线索（特别是电话号码），然后立即转交给呼叫中心，那么在这样的场景中你基本不需要 CDP。或者你引来流量是为了让这些流量背后的消费者下单购物，那么你也不太需要 CDP。因为要满足这些需求，DMP 比 CDP 更合适。

事实上，DMP 比 CDP 更有普适性，需要用到 DMP 的企业，远远比需要用到 CDP 的企业多。因为几乎所有企业都需要引流获客，但不是所有的企业都要做消费者深度运营。

CDP 并不是用来直接帮助企业在投放广告时甄选人群的，而是直接帮助企业做精细化的消费者运营的。因此，用短期内的 ROAS（ROI）的提升作为指标去考核 CDP 并不合适。那么，在上马 CDP 之后，我们应该用什么来衡量它的效果和价值呢？

短期效果衡量：覆盖能力

覆盖能力是指 CDP 能覆盖多少个触点，以及能吸引多少个消费者进入这些触点。这一方面取决于 CDP 本身的技术能力，更具体地说，是 CDP 抓取数据的技术能够覆盖多少个触点；另一方面取决于企业建设自己的触点的水平，以及企业自己的运营团队的智慧与汗水。这两个指标实实在在地影响 CDP 效果的发挥。因为企业有多少个触点，又有多少个消费者会用这些触点，决定了 CDP 的价值有多大。

如果一个企业几乎没有什么消费者触点，或者一个触点上只有一两千个消费者，那这个企业建立 CDP 的价值并不大。

能够覆盖企业的自有触点，并能捕捉这些触点上消费者的行为数据［主要通过事件监测（埋点），或者与其他系统进行数据打通获得］，这是 CDP 最基本的功能。从理论上来说，无论企业有多少个触点，触点上有多少个消费者，CDP 都能实现对消费者的追踪和数据记录。如果企业的 CDP 做不到，就说明企业的 CDP 有问题，企业的消费者深度运营也就无从谈起。因此，我有两个简单的建议。

- 建议 1：企业在决定建立 CDP 之前，要考虑好自己的触点策略和触点引流策略。
- 建议 2：企业在建立 CDP 之后，考核自己内部团队的第一个指标，是企业自有触点上的消费者数量的增量。

短期效果衡量：活跃消费者数和比例的增加

活跃消费者数和比例的增加及本节之后的衡量指标，都与 CDP 直接相关。

触点上的消费者增量或者流量增量，属于引流部门的工作范畴，但其中所包含的活跃消费者数和比例的增加，跟 CDP 有关。

什么是活跃消费者？不同的企业有不同的定义。在消费者深度运营中，我们一般将在一定时间内发生了至少一次交互行为的消费者称为活跃消费者。

进入触点却不发生交互行为的消费者大概率没有太大的价值。运营的价值在于激活进入触点的消费者，让他们与企业发生交互。

那么，在这其中 CDP 的价值是什么？

- 提供不同的人群属性数据（对于新进入触点的人群，主要数据是人群的来源数据），如来自不同关键词的、来自不同信息流创意的、来自不同 KOL 的等。这样可以对这些属性不同的人群做针对性运营，从而提升这些人群发生交互的可能性。

- 记录消费者的行为，区分哪些消费者做出了行为、哪些消费者没有做出行为，从而为进一步的运营提供优化策略。

- 帮助判断哪些触点上的互动设置（如互动元素）更能够吸引消费者发生交互行为。

因此，所有消费者中发生交互行为的消费者的比例的提高，是衡量 CDP 效果的指标之一。而让 CDP 在这一领域中发挥价值的很多工作同样需要人来完成。

短期效果衡量：消费者交互度的提升

消费者交互度是指平均每个消费者在触点上发生交互的程度。与活跃消费者数和比例的增加相比，消费者交互度的提升与 CDP 的关系更加直接。

在利用 CDP 之后，消费者交互度应该越来越高。

- 在利用 CDP 之后，平均每个消费者在触点上的总行为数量增加。
- 那些更有价值的标志性行为（Action）的数量增加。
- 有价值的标志性行为在总行为中所占的比例提升。

CDP 的价值在于提升运营能力，而运营能力提升的最直接的表现指标就是消费者愿意在触点上发生更多的交互行为。

中期效果衡量：消费者转化的提升

CDP 一定是要促进转化和成交的。

在评价 CDP 的转化能力时需要注意，CDP 的转化能力的评价与 DMP 的转化能力的评价有显著的不同。

- DMP 的转化能力的评价的目的是找到好的流量（人群），所以需要控制营销后端保持不变，才能够衡量 DMP 使用前后的区别，从而了解 DMP 是否有效。

- CDP 的转化能力的评价是通过消费者运营实现的。因此，在衡量 CDP 的效果时，要控制的是营销前端保持不变，而比较使用 CDP 之后同样流量的转化情况的差异。

- 由于运营需要经过一定的时间才能看出效果，运营依赖具体的营销与运营的策划与执行不是立竿见影的，因此 CDP 带来的转化提升的效果需要经过一定的时间才能看出。

中期效果衡量：消费者留存的提升

转化并不是 CDP 的唯一核心指标，消费者留存也非常重要。留存指标包括唤回率和留存率。

- 唤回率：唤回老客户重新进入触点的比率。
- 留存率：老客户继续保持转化的比率。

中期效果衡量：消费者增殖

消费者增殖不一定是所有 CDP 的衡量指标，但是对采用老客户拉新客户这种模式的企业来说，CDP 应该能够显著提升其消费者裂变和增殖的能力。

消费者增殖指标主要包括两个。

- 平均每个老客户能够带来新客户的数量的提升。
- 新客户中来自老客户推荐比例的提升。

长期效果衡量：ROAS 的提升

CDP 不追求短期的 ROAS，但并不代表 CDP 不重视 ROAS。CDP 的最终目的与 DMP 是一致的，只是它们的发力角度不同罢了。

CDP 在 ROAS 上的提升需要相对长的时间，因为无论是转化、留存还是增殖，都不是立即发生的，而必然需要一个过程，这使利用 ROAS 来衡量 CDP 需要以较长的周期来观察，而不追求立即的变化。

总体来讲，衡量 DMP 的效果是可以立即验证的，而 CDP 的短期效果则只能通过相对过程的指标（消费者活跃度、消费者交互度等）来衡量。但最终，二者都必须提升企业的 ROAS，否则就不能算真正实现了它们的价值。

6.4 消费者深度运营的常用解决方案

有了数据武器，我们就可以对消费者有更深入的了解。在对消费者有了更深入的了解之后，我们就可以对不同的消费者进行针对性的运营，甚至实现行业中所宣称的一对一（One on One）的运营。当然，尽管在技术上确实可以实现一对一运营，但是实际上一对一运营方式缺乏实际执行的效率，绝大部分时候，我们都是基于数据进行细分人群的运营的，对同样类型的消费者采用同样或相近的策略，从而实现既有针对性，又有效率的深度运营。

为了实现细分人群的深度运营，我们需要有能落地的具体解决方案，但这个话题显然是一个巨大的话题，在不同的场景、不同的触点、不同的技术和数据条件的限制之下，如何落地具体的运营，无论是策略还是方法都不相同。显然，本节不可能也无必要穷尽所有的可能性，但是，如果我们把在不同触点情况之下的各种常用的"元运营"方案弄清楚，在具体面对自己的场景时，我们就可以利用或者组合这些方案，形成自己的应对型方案。因此，我希望阅读本节的读者不要追求看到一切问题的答案，而是看到解决自己问题的可能方法。

6.4.1　单一触点上的自动化运营

提到消费者深度运营，可能很多读者会想到非常多的复杂场景，尤其是串联起很多触点的场景，统一指挥协作，如同各集团军共同作战般的场景。实际上，无论是对大企业还是小企业来说，消费者深度运营最常应用的场景始终是在单一触点上的。原因很简单，单一触点上的运营是构成更复杂运营的基础元素，它本身就称得上是"元运营"。而且在单一触点上也更容易实现自动执行、自动反馈的运营方案，再加上单一触点本身就是一个从获取数据到应用数据的"小闭环"，运营效果的好坏立竿见影，所以单一触点上的运营被广泛采用。

微信相关

与微信相关的单一触点包括个人号（聊天）、群、企业微信、朋友圈、公众号、小程序。

个人号的自动化运营主要是第三方外挂工具，能够实现的功能主要是自动群发（无论是对个人还是对微信群）、自动回复、自动为好友建标签等。不过，这些工具现在已经不被微信所允许，不建议读者朋友们使用。

与个人微信（个人号）相比，企业微信所具备的功能可能让它更适合进行深度的群运营和客户运营。企业微信有企业认证的信息，客户信任感更好，并且企业微信具备个人微信不具备的官方自动化功能，如群活码功能。另外，企业微信的上限比个人微信高，如好友数量的上限最高可达 25 万人。企业微信也支持客户群群发（见图 6.28），一次最多可以将同一条消息发送给 200 个最近活跃的客户群。

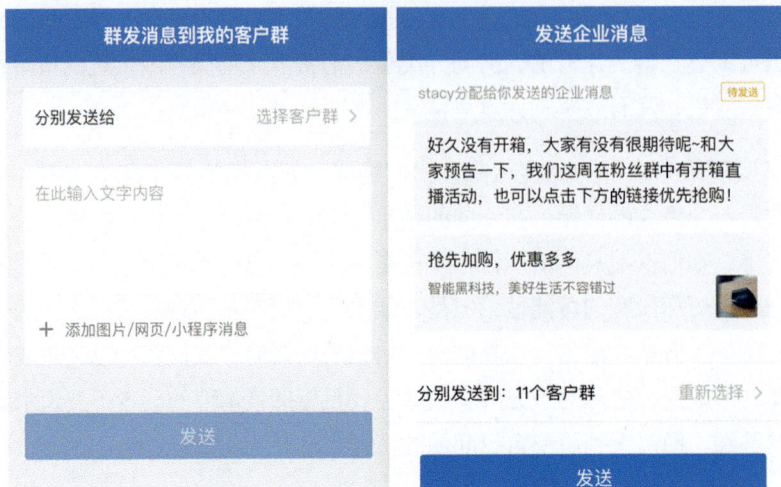

图 6.28 企业微信的客户群群发功能

公众号也是一个常用自动化运营的重要触点，因为公众号对企业而言，是内容及其传播的核心载体。自动化运营在公众号上的基本应用场景是细分人群的微信群发，即按照预先自定义的模板对选定的公众号粉丝进行群发，如图 6.29 所示。

图 6.29 按照预先自定义的模板对选定的公众号粉丝进行群发

公众号的自动化运营功能也包括自动回复功能，尽管微信提供的官方公众号后台能够实现自动回复，但回复的内容形式有限，而第三方外挂工具可以扩展回复的形式，可以回复菜单、页面（微页面）、小程序（见图 6.30）。

图 6.30　公众号的第三方外挂工具中的自动回复设置

微页面是可在微信中传播的 HTML5 页面的俗称。微信单触点运营工具中很常见的一类就是帮企业生成 HTML5 页面的工具，如图 6.31 所示。

公众号上还有一个重要的自动化运营场景——裂变。不过，考虑到裂变往往是跨多触点才能实现的，因此我将它放到 6.4.2 节中进行介绍。

小程序的自动化运营与个人号、群、公众号都不一样，因为小程序本质上是运行在微信中的一个网站，因此它的自动化运营方式与网站更类似，请读者继续往下看。

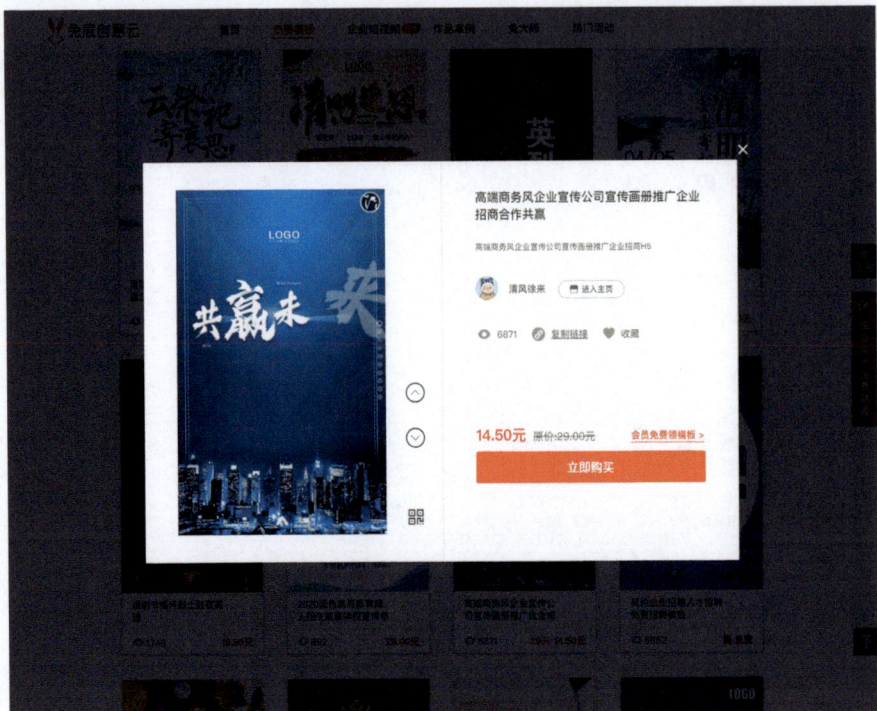

图 6.31　微信单触点运营工具的 HTML5 页面生成工具示例

网站、小程序和 App 相关

网站、小程序和 App 有一个共同的巨大的优势，即可以充分与 CDP 打通，从而实现极为灵活的细分人群的针对性运营。下面以网站的单触点上的自动化运营为例，小程序和 App 在单触点上的自动化运营上的原理与网站的没有太大区别。

网站的单触点上的自动化运营解决方案主要是三类：弹窗、站内信息、动态页面。

弹窗，很容易理解，其主要解决方案是针对不同的细分人群，弹出不同内容的弹窗。CDP 可以针对消费者的行为建立标签，营销自动化工具可以设置针对不同标签的消费者弹出不同弹窗的规则，并在拥有这些标签的消费者在使用这个网站的时候弹出相应的弹窗。这种方法对于电子商务网站（包括电子商务小程序）都很有价值，尤其是针对添加购物车但未生成订单，或者生成订单但未支付的购物车放弃与支付放弃人群（参见 5.4.4 节）。

站内信息包括站内信和推荐产品（或推荐内容）等，对 App 来说则还包括推送通知，其自动化运营的实现方式与弹窗方式在原理上没有区别。推荐产品（或推荐内容）也常常通过推荐算法实现，有些具备预测标签功能的 CDP 也具备推荐算法功能，以便为消费者打上以他可能购买产品的品类命名的预测标签。推荐算法中的一类——以消费者相似度进行产品或内容的推荐的算法与 Look-alike 算法类似，读者可以回看 3.4.5 节的相关内容。

动态页面是更为先进的一种网站端运营方式。它并不是一个新鲜事物，但它经历了几次进化，尤其是在 CDP 出现之后。

最初，动态页面主要用在着陆页上。在没有动态页面的时候，企业会根据不同的流量来源设置不同的着陆页，典型的如为不同的搜索引擎竞价排名关键词设置不同的着陆页。在有了动态页面之后，企业就可以让不同流量进入同一个着陆页（URL 相同），而内容则根据流量的来源情况做自动化的调整。这样做的好处是能够减少冗余页面，增加 SEO 的友好度，并在很大程度上减少页面设计和制作的重复劳动。

一种常见的方法是调整着陆页中内容的顺序。例如，一次促销活动的页面上陈列了很多品牌的产品：ASUS、Dell、HP、ThinkPad 等品牌的计算机。如果消费者在搜索引擎上搜索关键词"ASUS 促销"进入着陆页，那么搜索引擎自动将 ASUS 的产品放在着陆页的第一屏，将其他品牌的产品后移；如果消费者在搜索引擎上搜索关键词"ThinkPad"进入着陆页，那么搜索引擎自动将 ThinkPad 的产品放在着陆页的第一屏，将其他品牌的产品后移。这样，尽管仍然是同一个页面、同一个 URL，但能够照顾到来自不同流量来源的消费者。

后来，这种方法又拓展到信息流广告对不同产品投放时自动生成的着陆页上，即根据产品库自动组成的动态着陆页。例如，广告投放的是某个产品，着陆页就自动调换为针对这个产品的着陆页。

在 CDP 和消费者的数据更加丰富之后，这种方法得到了进一步的改进。企业对于消费者的认知，不仅来自消费者的流量来源，还来自基于消费者的更多行为所积累起来的标签，并且这些行为也不仅来自这个网站，还来自消费者访问过的其他触点（如公众号、小程序、App 等）。之后，在 CDP 中我们可以通过选择标签构建人群数据（ID+ 标签），并通过 API 提供给网站端的动态页面工具（一般由专门的工具实现这项功能，也可以自行开发，但是对技术能力有一定的要求），而运营人员在动态页面工具中根据不同的标签构建或配置不同的页面，当符合某个标签的 ID 其背后的消费者进入这个动态页面时，页面就会按照标签的情况为这个消费者显示针对性的内容。

这种方法仍然在改进。新的页面策略将页面上的元素做了更进一步的细化，每个元素都有很多个版本，当一个消费者进入页面之后，机器会自动通过这个消费者的标签、这个消费者在网站上的其他行为数据及历史类似数据的转化情况，监督学习判断哪一种页面内各个元素、各个版本的组合方式最能促进这个消费者的转化，从而直接提供一个机器认为的最适合这个消费者的页面呈现（关于智能着陆页的内容，请大家回看 5.1.6 节。关于监督学习的介绍，请大家回看 3.5.2 节）。

这种方法同样适用于小程序和 App，只是自动页面生成的技术不同，但是原理没有差异，并且都需要 CDP 的支持。

微博相关

一般认为，微博的价值是积攒粉丝并深度运营粉丝。但是，不要忘了，微博有上亿个用户，如果我们能够在这些用户中找到虽然不是我们的粉丝，但是对我们的产品或者服务感兴趣的人，我们就能通过营销实现大规模的拉新。

在微博上找人的核心思路是，通过关键词搜索，对微博上的所有信息进行筛选，然后从中找到高相关性博文，并跟踪博文中的高价值评论以寻找潜在客户。但这个过程不可能靠人力完成，而需要利用第三方工具。

首先，我们通过官方提供的 API 把微博数据接入支持监测跟踪功能的第三方微博运营后台。其次，我们利用第三方工具的内容分析功能，找出说过某些与我们的生意相关的关键词的微博用户。最后，我们根据微博用户产生的内容筛选潜在客户。检索出的博文信息相当庞杂，甚至会有很多僵尸号信息，因此我们需要在利用第三方工具排除僵尸号后再判断哪些是潜在客户，第三方工具选定的潜在客户会被进一步打上标签，如哪些可能只是感兴趣的人群、哪些是要购买的潜在客户，如图 6.32 中的第一位微博用户可能是即将购买相关产品的潜在客户。

在第三方工具筛选出潜在客户之后，运营人员会再进行一次人工检查，这样就能基本上筛选出有价值的潜在客户。

在找到潜在客户后，与潜在客户的初次互动至关重要，因为与潜在客户的初次互动效果关系到我们给潜在客户的第一印象，是否能获得潜在客户的好感，对有效跟进转化起关键作用。经验表明，第一时间对潜在客户的需求做出反应，能有效提高潜在客户的转化率，48 小时内的互动有较高的转化率。反过来，互动不及时极有可能让潜在客户被竞争对手带走，如果我们超过一周不跟进潜在客户，潜在客户就基本流失了。既然如此，我们就需要做针对性的微博上的触达，我们要做的事情是针对不同客户的情况制定不同的触达策略，这时我们需要建立细分的客户群组。

图 6.32   微博用户的留言

　　细分的客户群组要能明确反映出当前客户所处的阶段与客户的需求。还以摄影业为例，我们可对其做两个层级的客户群组划分：第一层级为潜在客户、意向客户、签单客户；第二层级为按兴趣划分的 A、B、C 组，如 A 组为婚纱摄影，B 组为韩风摄影，C 组为古装摄影，从而构建出 9 个细分的客户群组，如表 6.2 所示。

表 6.2   细分的客户群组

第二层级	第一层级		
	潜在客户	意向客户	签单客户
A：婚纱摄影	微博用户ID列表	微博用户ID列表	微博用户ID列表
B：韩风摄影	微博用户ID列表	微博用户ID列表	微博用户ID列表
C：古装摄影	微博用户ID列表	微博用户ID列表	微博用户ID列表

对于不同的客户群组，我们利用第三方工具设置不同的私信（或回复）方式与内容，并将这些内容以私信或者回复的方式触达这些客户（见图 6.33）就非常容易了。

图 6.33　第三方工具对微博用户的自动应答的设置界面

当然，发送私信的方式有一点需要注意，如果微博用户设置了陌生人不可以私信，那么我们发送的私信他收不到。不过，这对微博营销而言，不是太大的问题。

除了私信给潜在客户，对于任何微博用户的任何行为，我们也都可以利用第三方工具提前设置好针对性的自动回复，如图 6.34 所示。

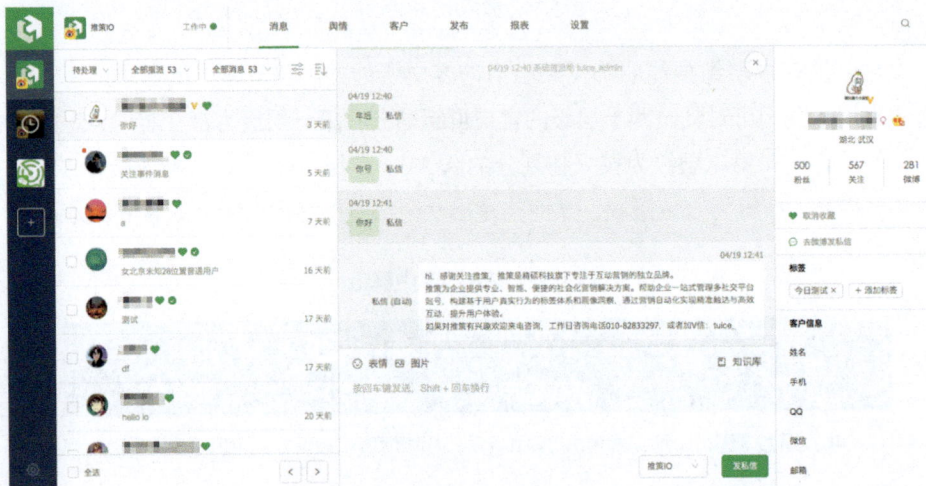

图 6.34　利用第三方工具设置对微博用户的自动应答的呈现示例

信息流相关

信息流（图文和短视频）也是重要的触点，但因为它的作用集中在营销前端引流上，所以它与运营相关的场景丰富程度有限。

在信息流上的自动化消费者运营主要集中在流量的落地端——着陆页和网站。但与前面所讲的着陆页和网站的概念略有不同，这里的着陆页和网站是指企业在信息流广告媒体上建立的着陆页和网站。例如，企业在今日头条上投放信息流广告，消费者点击信息流广告之后进入的着陆页并不一定是企业在自己服务器上建立的，而可能是直接在今日头条的后台生成，然后 host（网站存储、托管的意思）在今日头条的服务器上，页面的一级域名也是 toutiao.com。

这么做的目的是什么？这与消费者深度运营有关系吗？

我在 3.5.4 节中已经讲过，信息流广告投放是通过机器学习（尤其是监督学习）实现的优化，投放后的转化结果的准确性对于机器学习的效果有着根本性的意义。信息流广告投放的转化结果都是发生在着陆页或者网站更深的页面上的，而这些页面如果直接托管在信息流广告投放媒体的平台上，信息流广告投放媒体就能对流量的到达率、数据的抓取、异常情况的排查等有更好的控制和把握，反过来也就更能保证转化结果数据的有效性和准确性，更能让机器学得更好，让最终的投放效果更好。

当然，这么做也有不好的地方，主要是对企业不利，如果企业用了在信息流广告投放媒体上托管的着陆页和网站，企业自己的监测脚本代码就不能添加进去，企业也就不能获得大量能进入自己数据库的消费者行为数据，就无法使用功能可能更强大、更客观的第三方工具。

那么，这与消费者深度运营有关系吗？有，因为信息流广告投放媒体托管的着陆页和网站正在逐步具备"智能化"能力。例如，今日头条自 2020 年 3 月 5 日起对普通建站站点仅做维护，不再支持其在广告后台的使用（复制计划、新建计划），而新的建站都将迁移至智能建站系统。智能建站的一项重要功能就是其上的页面能够根据流量背后消费者的数据及机器学习的结果，对不同消费者进行智能化、动态化的展示。当然，前提是企业要提前建好页面上各个元素的多个版本，这与我们在本节的"网站、小程序和 App 相关"中所讲到的方式一样。

除了今日头条，百度的信息流等也支持类似的方式。

淘系相关

与淘系相关的微淘、类似于微信群的淘宝群等，都有相应的营销自动化工具，这些营销自动化工具的功能、效果与上面介绍的类似，因此这里不再多做介绍。

6.4.2　单一生态内的数据化运营

与单一触点仅指某个具体的触点不同，单一生态包含多个触点，即某个媒体生态内的多个触点。单一生态在数据的利用上也有优势——虽然触点不一样，但因为属于同一个媒体生态，所以往往存在可以共用的消费者 ID（如在微信生态内共用的 UnionID），从而也能够较好地实现在数据打通基础上的消费者深度运营。

微信生态内的裂变

微信生态内的消费者深度运营的能力来自微信开放平台。微信开放平台的功能很多，但归根结底这些功能要实现两件事情：其一，开放微信端的诸多功能给第三方，包括微信登录、分享、支付等相关权限和服务等；其二，开放微信内的数据给第三方，包括建立以 UnionID 为消费者唯一识别的 ID，以及其他可共享的数据等。

基于微信开放平台，尤其是基于其数据的开放性，微信生态特别适用于一个重要的消费者深度运营场景——消费者裂变。消费者裂变是一个典型的在微信生态内利用第三方工具实现的消费者深度运营场景。

考虑到微信服务号和小程序的开放性更强（提供更多 API 和具有功能开放性），消费者裂变更适合用服务号和小程序，但如果必须使用订阅号进行裂变，那么也有解决方法。我们先来看服务号裂变。

服务号裂变

裂变的玩法是诱饵、触点与规则方法典型的体现，其中诱饵和规则是裂变成败的关键。诱饵是裂变的灵魂。足够吸引人的诱饵，显然是直接给钱，或者直接让人赚钱，但是这种方法并不是最好的方法，这种方法容易违规，而且并不能真正给我们带来高质量的粉丝。在正常情况下，我们还是应该在深入洞察消费者的基础上，在诱饵的创意性上下功夫，不要搞一些引诱人原始欲望的东西。

规则是裂变的根基。裂变的规则要包含两个至关重要的规则：第一，要传播给规定数量的人；第二，要能够证明传播的行为是存在的。第一个规则会直接影响传播的 K 值（K 值是平均每个人能够传播给的人），K 值越大，裂变性越好，K 值如果小于 1，裂变就会很快停止。第一个规则中规定的每个人必须传播给其他人的人数不等于 K 值，但会影响 K 值。规定的传播人数越多，每个参与裂变的人就不得不去传播给他的更多的朋友，这会使 K 值增大。但是，规定的传播人数太多，又会让参与裂变的人觉得门槛很高，导致他放弃参与裂变，这又会使 K 值减小。因此，规定要传播给多少人这件事情，要讲究平衡，一般在 3 个人左右较为合理，不能要求太多。另外，有一些裂变，如基于微信群的裂变，很可能并不要求传播给其他人的数量，而是要求做出分享行为，并保持分享状态一定的时间，在这种情况下，K 值的大小就与规则本身无关了。

另外，裂变很重要的一点是最初发起裂变的这些种子粉丝，或者说我们的铁杆粉丝的质量非常重要。裂变能否成功，不一定取决于我们已有粉丝的数量，因为裂变本身就是要突破圈层的，所以愿意参与裂变的最初的粉丝质量要足够好，裂变才不至于夭折。

以一次真实的裂变为例。在这次裂变中，我们设计的诱饵是高质量的 13 个行业报告资料（但不是绝对稀缺的报告），触点是我们自己的服务号，规则是如果你要下载这 13 个报告，你就必须把海报分享给其他人，并且至少要其他 3 个人通过扫描海报上的二维码关注我们的公众号（满足这个规则的人，我们会把报告的下载地址在服务号上发给他）。

虽然这个诱饵不够出彩，但用来搞清楚服务号裂变的玩法已经足够了。这次裂变所用的海报如图 6.35 所示。请注意，这个海报不仅是传播的诱饵，还是裂变参与者的唯一入口，所以很重要。

我们来看这次裂变的具体玩法。

首先，我们对服务号上的所有粉丝发布我们的初始海报，这样这次裂变的种子粉丝就是这个服务号的粉丝。我们当然也可以让其他人，如行业 KOL 或 KOC 帮我们发布诱饵，或许效果会更好。

如果这些人中间有人开始按照规则分享初始海报，那么我们将开始按照规则分享初始海报的人称为读者 A（请注意，读者 A 不是一个人，而是一群人），他们的下一级看到这个海报的人为读者 B，再下一级为读者 C，以此类推。

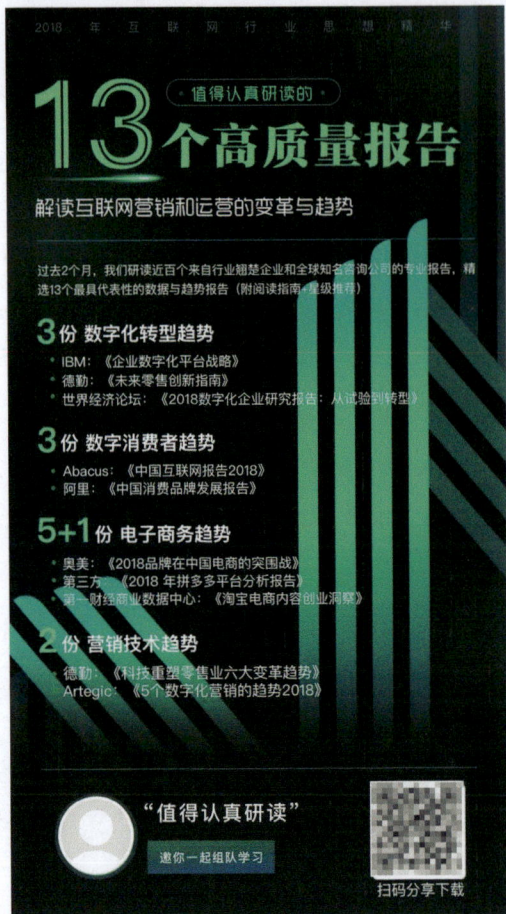

图 6.35　这次裂变所用的海报

　　读者 A 分享了海报，然后读者 B 看到了读者 A 分享的海报，并且读者 B 也想获得海报上所说的报告，那么读者 B 必须扫描读者 A 分享的海报上的二维码，然后关注我们的公众号，成为我们的公众号的粉丝。在成为我们的公众号的粉丝后，读者 B 会收到我们的公众号发给他的问候语：一个与读者 A 分享的海报同样的海报（但二维码不同，它是针对读者 B 的个性化分享海报）和活动规则提示，提示他分享他收到的这个海报，并且他在获得 3 个他的朋友通过他分享的海报成为我们的公众号的粉丝后，就能收到报告的下载地址。在读者 B 分享海报之后，读者 C 将看到海报，如果读者 C 对海报上所说的报告感兴趣，那么读者 C 也需要重复上面的过程才能下载报告。因此，这个裂变的流程得以持续下去。当然，并不是所有人都对海报上所说的报告感兴趣，因此有些人的分享并没有能够吸引到足够的人（3 个人）扫描二维码，从而从这个人引发的裂变就会停止。这次裂变的流程如图 6.36 所示。

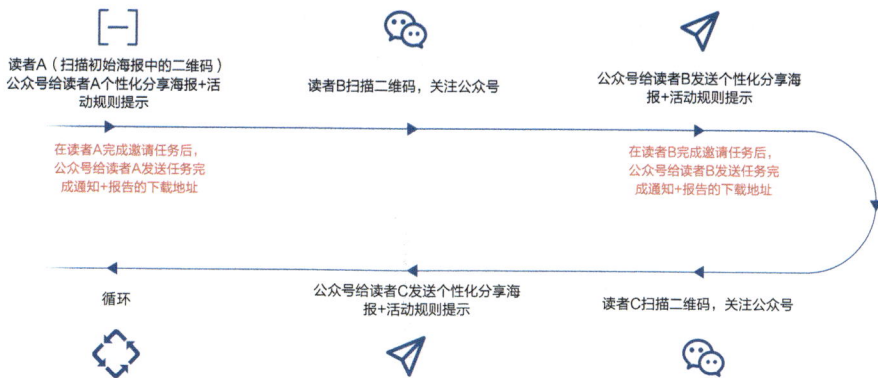

图 6.36　这次裂变的流程

　　要实现如图 6.36 所示的裂变流程，需要利用外部工具，因为微信生态内的裂变的核心点在于辨别哪些 UnionID（或者 OpenID）跟另外一些 UnionID（或者 OpenID）有关联。要实现这一点，需要利用前面所说的海报。

　　这个海报是一个特殊的海报，虽然它看起来只是一个图片文件，但实际上它是在普通海报的基础上由外部工具增加了一些动态元素后生成的，这样生成的海报看起来都一样，但每个人领到的海报下方的头像都是他自己的，海报上的二维码也是与他绑定且独一无二的（一人一码）。读者 A 的海报上的二维码跟读者 B 的海报上的二维码不同，这样，外部工具就能识别不同 UnionID（或者 OpenID）扫描不同二维码的关联关系。例如，由于读者 A 的海报上的二维码是独一无二且与读者 A 绑定的，因此在读者 A 的海报上的二维码被读者 B 扫描之后，我们就能知道读者 A 的海报上的二维码和读者 B 建立了关联关系，而读者 A 的海报上的二维码又跟读者 A 的 UnionID（或者 OpenID）是一一对应的，所以读者 A 和读者 B 的 UnionID（或 OpenID）也就直接关联了起来，并且我们也能确定关联的方向是从读者 A 到读者 B。

　　这个独一无二的二维码实际上暗藏玄机，它是由两部分构成的：第一部分是公众号的地址 URL；第二部分是 URL 后面的尾部参数，用来标记粉丝的 ID（UnionID 或 OpenID），以及其他一些重要的数据信息。因此，当读者 B 扫描了读者 A 的海报上的二维码并关注公众号后，读者 A 的相关 ID 和其他一些数据就在读者 B 的微信上被接收，并且被外部工具捕获，因此外部工具才能知道存在从读者 A 到读者 B 的裂变关系。

　　动态化的裂变海报设置如图 6.37 所示。

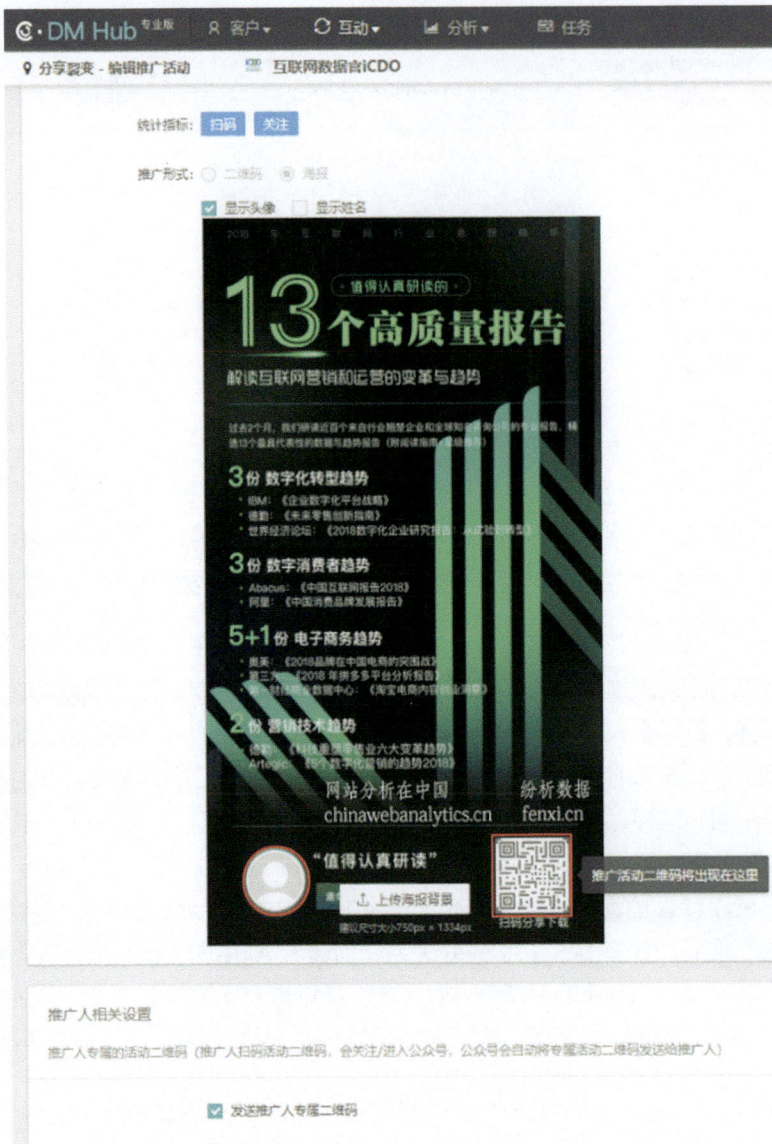

图 6.37　动态化的裂变海报设置

　　在图6.37中，运营人员需要把设计好的海报模板图片上传到外部工具中，之后，在画红圈的地方，利用外部工具定义一个圆形的地方用来放置粉丝的头像，在方框中放置为粉丝生成的独一无二的二维码。

　　通过上面的过程，外部工具能够准确无误地告诉我们，这个二维码被扫描了多少次。同样地，粉丝关注我们的公众号也是通过这个二维码，所以外部工具也能告诉我们有多少人关注了我们的公众号。而最后的报告的下载地址的链接也设置为先跳转到外部工具（这个设置非常简单），再跳转到具体的下载页面（如百度云盘），这样，外部工具就能知道有多少人点击了报告的下载地址的链接。

因此，整个数据收集的过程是很清晰的，也不需要额外添加事件监测代码。

图 6.38 显示了参与的人数和实际成为粉丝的人数。

图 6.38　裂变结果（1）

下载的数据和转化的过程很清晰，如图 6.39 所示。很多人没能下载到作为诱饵的报告，原因很简单——没有吸引到足够的人（3 个人）扫描二维码。因此，如果你是运营者，你可以降低要求，把需要吸引到 3 个人扫描二维码调整为两个人，甚至一个人。

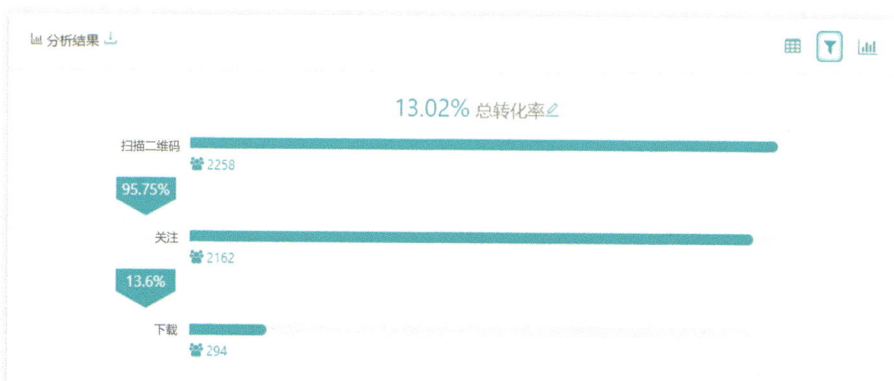

图 6.39　裂变结果（2）

比较有意思的是后面的数据，即我们想看到的传播情况。图 6.40 列举了所有的"影响力中心"人物。

图 6.40　裂变结果（3）

　　另外的报告则展现了裂变的传播路径。图 6.41 中的每个节点都很小，实际上每个节点都是一个粉丝的头像，其旁边有一个数字，它是这个粉丝吸引到的扫描二维码的人数，如果你想查看某个粉丝吸引到的扫描二维码的人，双击这个粉丝的头像即可。

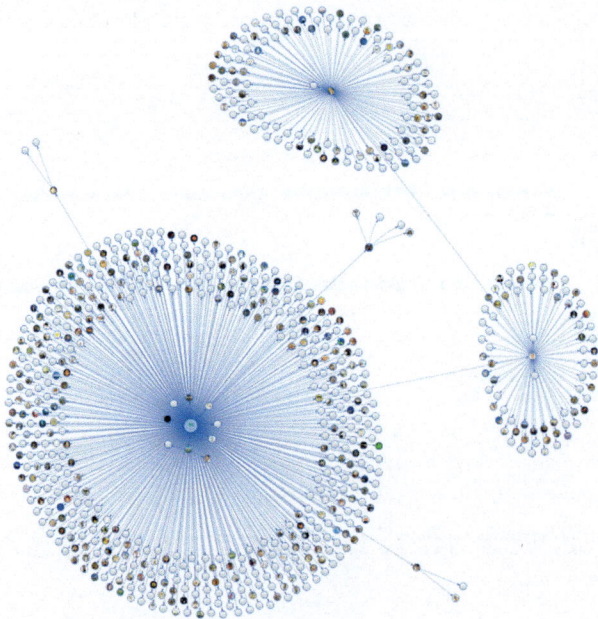

图 6.41　裂变结果（4）

小程序裂变

小程序裂变与服务号裂变类似，但有区别。小程序比较类似于 App，可以以很大的自由度自定义各种功能，而完全不需要受制于类似于公众号的种种后台限制，但又可以利用微信开放平台的所有功能和数据，因此它的裂变功能的实现更加简单，完全不需要用生成海报之类的一人一码的方法，就可以直接捕捉参与者之间的关联关系。拼多多的小程序就是比较常见的小程序裂变。本书不再赘述。

订阅号裂变

订阅号裂变的实现比服务号裂变和小程序裂变的实现复杂，因为订阅号的二维码没有参数功能，无法一人一码，所以它就不能像服务号的裂变一样直接通过一人一码背后的参数来传递数据了。

为了解决这个问题，我们需要外部工具的帮助，参与者也需要多扫描一次二维码（也就是扫描两次二维码）。

与服务号裂变类似，我们仍然需要一个海报，同时其上也仍然有一个一人一码的二维码。如果 A 分享了自己的海报，B 看到 A 的海报并想参与裂变，B 就会扫描 A 的海报上的二维码，由于是一人一码，因此 A 的海报上的二维码中含有以参数形式存在的 A 的 ID 和相关信息。B 在扫描了 A 的海报上的二维码后，不会像在前面所讲的服务号裂变的场景中那样直接跳转到服务号并在加入服务号后看到自动推送的消息让自己接受任务，而是会跳转到外部工具提供的一个第三方页面上。

这里很关键，为什么要让 B 进入第三方页面，而不是直接进入订阅号呢？原因就在于带参数的二维码（一人一码）对订阅号无效，这就需要用这个中间跳转的第三方页面来收集 A 的海报上的二维码中的相关参数信息。

因此，B 在进入第三方页面时，需要选择是否同意提供个人信息（见图 6.42），包括昵称、性别等，如果 B 选择同意提供个人信息，实际上就连自己的 UnionID 和 OpenID 一并提供给了外部工具。外部工具也因此能把 A 和 B 的关系连接起来。

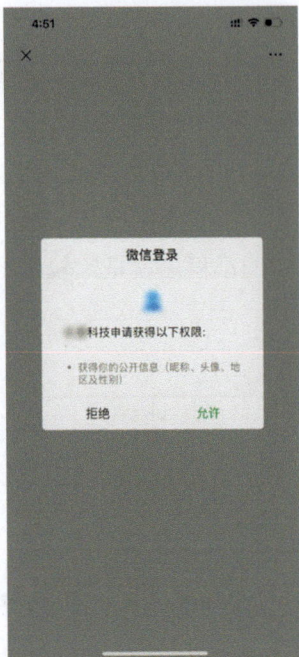

图 6.42　订阅号裂变的授权环节

在选择同意提供个人信息之后，B 会进入第三方页面，在这个页面上有第二个二维码（见图 6.43），要求 B 扫描。这个二维码就没有什么玄妙了，B 在扫描二维码之后就会进入这个订阅号，为了得到诱饵，B 必须关注这个订阅号。不过，在关注了这个订阅号之后，又有一个问题，因为与服务号不同，订阅号不能直接在欢迎文字中推送针对每个人的不同的海报，所以 B 需要在与这个订阅号的对话框中手动输入"参与裂变赢大奖"之类的关键词，才会触发自动回复，拿到含有 B 个人信息的一人一码的海报。然后，B 又需要分享他的海报，让 C 来参与上面同样的流程，才能拿到诱饵。

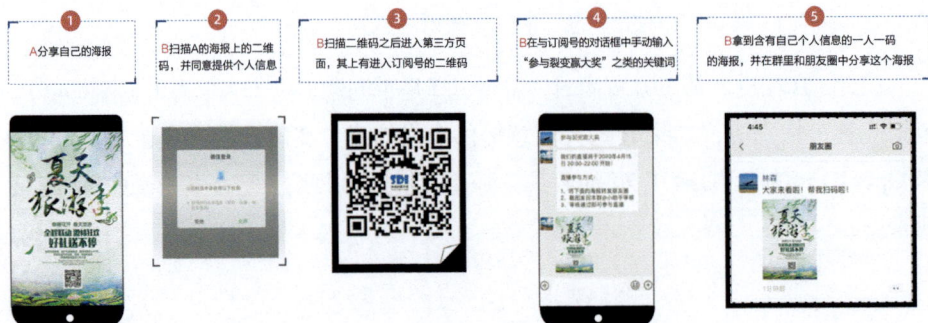

图 6.43　订阅号裂变的简明流程示例

总体而言，与服务号裂变相比，订阅号裂变多了一个第三方页面，参与者需要多扫描一次二维码，这样才能记录裂变关系。另外，参与者还需要主动提交关键词给订阅号，才会触发带有裂变海报的自动回复。因此，订阅号裂变的参与者体验比服务号裂变差。

公众号和小程序的打通

除了裂变，微信生态内的另外一个常见的消费者深度运营场景是公众号和小程序的打通。从本质上来说，这是一种"一个后台，多个应用"的模式，类似地，阿里巴巴也提出"一云多端"的模式（后面会介绍）。

微信生态内，与小程序实现打通的公众号一般是服务号。

服务号和小程序打通的应用，主要是在消费者的体验上。例如，某个消费者在公众号上收藏了某个内容，当他打开小程序时，小程序上的收藏的状态与服务号上的一样，都是最新的。由于同一个消费者在同一个主体下的各种公众号和小程序上都拥有同一个 UnionID，因此实现服务号和小程序的打通并不困难。此外，由于在公众号和小程序上都能添加第三方的监测脚本代码或 SDK，如 CDP 的监测脚本代码或 SDK，因此消费者的 UnionID 和行为数据也能够被 CDP 捕获，从而能够为CDP 实现一对一的运营提供数据资源。

天猫和淘宝生态

阿里生态与微信生态不同，后者是社交平台，更适合承载消费者深度运营，而前者很靠近转化的后端环节，进行数字化的消费者深度运营的空间较小。

基于天猫和淘宝生态的数字化的消费者深度运营，更多的是在与其他生态的共同配合下，在阿里生态内进行数据驱动的运营，主要包括再营销体系与小程序体系。其背后依托于两个极为重要的解决方案：阿里电商数据体系及"一云多端"。

再营销体系

天猫和淘宝的再营销体系包含数据源和投放出口两个部分。数据源主要有以下几个：CRM、数据银行或达摩盘中的购物客户信息（主要是天猫、淘宝、聚划算等购物平台上的客户信息）；对投放推广有反馈行为的消费者在数据银行中的数据；数据银行中的有好货、微淘及直播上的细分消费者的行为数据等。这些数据可以在数据银行或者达摩盘中按照自定义的规则建立细分人群，并可将细分人群的数据导出到各投放出口的广告系统中。

投放出口包括天猫和淘宝生态内的推广渠道，如直通车、智钻、超级推荐、品销宝；也包括阿里生态内的推广资源，如 Unidesk 广告相关资源、优酷土豆广告相关资源、UC 信息流广告相关资源、微博广告等。

基于这些数据的再营销投放，与我在第 3 章中讲到的方法类似。图 6.44 展示了某美妆品牌在"双 11"前后的推广策略，其中多处集中了基于天猫和淘宝生态数据的细分消费者的再营销玩法。

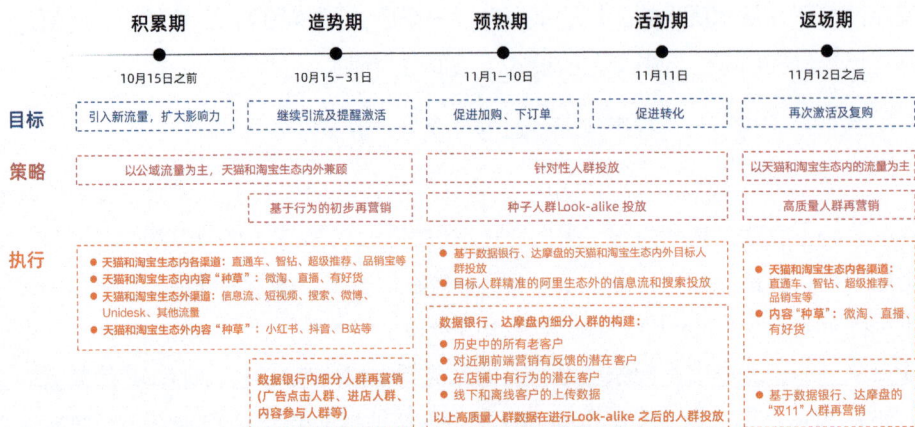

图 6.44　某美妆品牌在"双 11"前后的推广策略

小程序体系

尽管都叫小程序，但是阿里生态内的小程序体系和微信生态内的小程序体系有很大区别。阿里生态内的小程序的设计思想是能让它运行在阿里生态内的多个 App 环境中，包括淘宝、天猫、支付宝、高德地图等，这样就能让阿里生态内的小程序成为一个开放平台。为实现这样的开放平台，阿里巴巴构建了"一云多端"的小程序的支撑体系，简单地讲，它在逻辑上类似于 CS（Client-Server）模式，即一个服务器支撑多个客户端。而"一云多端"与 CS 类似，只是将 S 换成了云服务，将 C 换成了在不同 App 端上运行的同一个小程序。因为小程序背后是同一团云，所以同一个小程序在不同 App 上也是互相打通的。

对企业而言，阿里生态内的小程序体系的好处是小程序实现了在不同的 App 上企业自有触点的一致的体验，如消费者在微博上看到一个酒店的广告，他在点击这个广告之后打开一个小程序，订购了一间客房。当他要去入住的时候，他打开高德地图定位这个酒店的地理位置，并且在高德地图中仍然是在这个酒店的同一个小程序上完成入住手续，这个过程不需要切换回微博。

但进一步,"一云多端"的小程序更是为了能够调用多个 App 的能力。例如,一个小程序,无论它在哪个 App 上,都能调用支付宝的支付功能、高德的地图和导航功能、淘宝的商品展示功能、菜鸟的物流功能等(见图 6.45)。这样,在上例中,实际上已经无须打开高德地图,消费者在小程序上就可以使用导航功能找到酒店了。

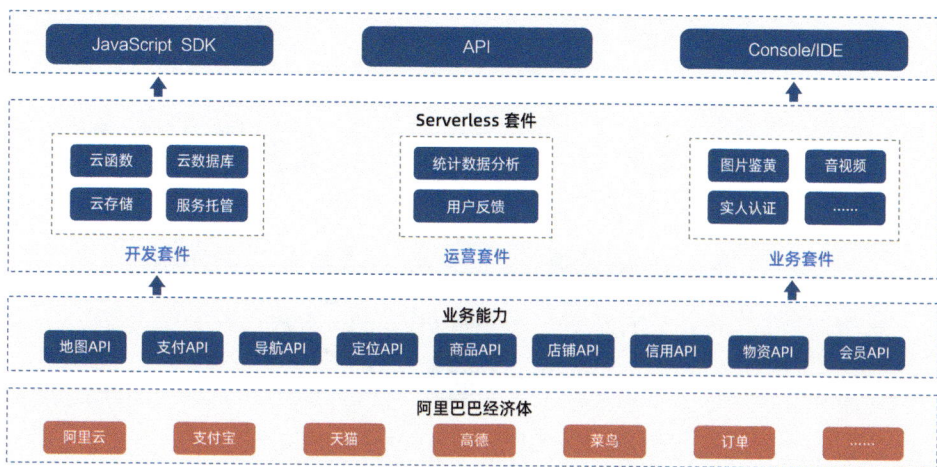

图 6.45 阿里巴巴"一云多端"的小程序的支撑体系

除了小程序,阿里巴巴还正在打通其整个应用生态,以打通在全生态内消费者的数据,从而能够以整个阿里生态内的消费者行为数据构建消费者标签,并以此支撑商家和企业的千人千面的店铺运营能力及针对性的会员运营能力。

6.4.3 跨生态的数据化运营

跨生态的数据化运营是指横跨多个生态体系的运营,既包括类似于微信、阿里巴巴这样的"围墙花园"体系,又包括企业自己的私域触点体系,因此往往涉及多类触点的共同协作。

跨生态数据化运营的执行流程框架

跨生态数据化运营的执行流程框架如图 6.46 所示。跨生态数据化运营的执行流程是一个既讲策略,又重视执行的流程。我们以某新手机的一个推广活动为例来进行介绍。

我们需要先建立这次推广活动的运营目标。6.1.2 节介绍过的产品、市场与消费者的策略矩阵可以帮助我们建立这个推广活动的运营目标。

图 6.46　跨生态数据化运营的执行流程框架

一般而言，运营目标是聚焦的，否则策略就会非常发散，因此这个推广活动的运营目标要么选择现存市场，要么选择新市场。假设这个推广活动的运营目标为将新手机向现存市场推广，也就是面向老客群进行运营。具体的运营目标则是两个：一是让老客户对这个新手机有广泛的认知；二是让超过 5% 的老客户购买这个新手机。

为了实现这两个具体的运营目标，我们需要规划一系列的业务策略，如老客户的触达策略、激活策略、激励策略、交互策略、促成策略等。这些策略会反复体现在围绕实现这两个具体的运营目标的多次具体营销与运营活动中。

运营的业务策略示意如表 6.3 所示。

表 6.3　运营的业务策略示意

活动编号	触达策略	激活策略	激励策略	交互策略	促成策略	……
活动一						
活动二						
……						

我们可以参考6.2.5节中的KOL直播活动,同样采取KOL直播的形式进行推广。这个推广活动是为了让老客户和对新产品感兴趣的潜在客户都参与这次直播,并且在直播中抛出诱饵,引导老客户不仅购买,还帮忙做裂变。

为了做好这个推广活动,我们需要设计对应的业务策略。

- **触达策略**:短信提醒、微信公众号交互、手机信息推送、基于DMP的Look-alike的投放等。注意,要提前估算各渠道大约覆盖的人数,以及建立一个子目标:每个渠道贡献的参与者的数量。另外,触达策略还包括对不同的人群应该通过什么样的渠道进行触达。

- **激活策略**:针对不同的老客户、潜在客户,如何刺激他们的参与意愿。激活策略还包括对不同的人群应该以什么样的话术(内容)吸引他们来参与。

- **激励策略**:激励策略与交互策略是相辅相成的,在参与者报名成功后,要立即激励他们帮忙裂变,诱饵是新手机的优惠券。在直播中释放的诱饵是直接购买的特大折扣和限量抢购。激励策略还包括抽奖,抽奖的规则:分享这个产品的信息才能参与抽奖。在视频回放中再次插入优惠券,以刺激观看视频的消费者购买。

- **交互策略**:参与者点击链接报名。在报名之后,参与者自由选择是否帮忙裂变。KOL在介绍新手机的直播过程中释放诱饵,激励参与者直接购买。KOL在直播结束之前的最后时刻抽奖。在直播结束之后,进行视频回放。

- **促成策略**:如必须在什么时间抢购才能在当天发货,且限前10 000台等。

业务策略有了,触点就能确定下来。例如,裂变是在微信群、小程序还是公众号中,直播是在哪个平台上,购买又是在哪个电商平台上等。触点的选择一方面会影响运营策划的一些细节,另一方面会直接影响如何追踪和获取消费者的ID与数据,以及是需要消费者主动提供电话号码,还是能通过直接授权获取消费者的电话号码。这实际上也构成了这个推广活动中消费者的ID与数据抓取的设计。当然,在这个例子中,对于老客户,获取其ID是不必要的,但对于潜在客户,如果他们进入了一个此前他们没有进入过的触点,我们就需要引导他们留下电话号码。

业务策略的规划如表6.4所示。

表 6.4　业务策略的规划

触点	小程序	直播平台	电商平台	……
ID	UnionID、电话号码	UnionID、电话号码	电话号码、UserID	……
诱饵	需要留下电话号码并授权ID才能参与裂变或购买	需要留下电话号码并授权ID才能参与抽奖	不需要诱饵，平台提供完成购买的消费者的相关ID	……

之后，活动开始进行，数据不断被抓取并被反馈，活动中的触达、激活、裂变等，都将因为数据的源源不断进入，而展现出各自不同的表现，这也就意味着活动进行的过程中，就可能要进行调整优化。

举一个例子，对活动中的触达而言，更深入的做法一定不是对所有老客户都提供同一个话术或创意，而是针对老客户的历史数据，对不同细分人群提供不同的话术或创意。例如，对 3 年都没有换手机的老客户，我们可以提醒他们该换手机了；对追求性价比的老客户，我们可以告诉他们直播有优惠。而在执行中，这些话术会有不同的表现，回收的这些数据能帮助我们做活动执行中的优化。

随着这样一个有多个环节的活动的进行，老客户一定会做出各种不同的行为。这些行为背后的数据又会源源不断地被传递给我们的 CDP 系统（或者类似于 CDP 的系统），从而成为这些老客户的新标签，基于这些新标签，我们就能对他们产生更深入的了解。

在进行下一个活动时，我们可以在更了解这些老客户和潜在客户的情况下进行人群细分，并对不同细分人群以不同的方式进行沟通。如此循环往复。

当然，在活动中不断收集的参与者的行为数据，也构成了活动的效果数据，基于这些效果数据，既可以在执行过程中对活动进行调整和优化，又可以在活动结束后进行复盘。

跨生态的会员运营

数据化的会员运营是跨生态的数据化运营的重要部分。会员运营是传统的 CRM 中重要的一课，而在数字世界中，因为会员运营的数据可以来自更为广泛的数字世界中的会员的行为，所以会员运营的范围得到了扩展。

第一个扩展是触点的扩展。会员一定会留下电话号码作为 ID，所以多触点上会员行为的打通是天然的。这样，会员在更多触点上的行为数据就能被获取，而不只是传统的发生交易才能产生数据记录。

第二个扩展是会员的积分和等级管理不再只是包括购物行为的积累，还包括会员在触点上的各种行为。例如，如果某个会员分享了某个商业信息，他就可以获得积分。积分和等级作为诱饵和规则，又能够"驱使"会员在数字世界中产生更多的行为，为企业创造更多的商业影响力。

图 6.47 展示了对会员积分的管理，可以对会员"提交表单"的数字化行为设定积分。这些数字化行为不仅可以是跨触点的，还可以是跨生态的。例如，某个会员在微信上转发了一个广告主 App 中的文章可以积分，他又在网站上提交了一个调查问卷也可以积分，而且，由于他在不同触点上和不同生态内的数据通过电话号码被打通了，因此他的这些行为的积分都能累积在他的名下。

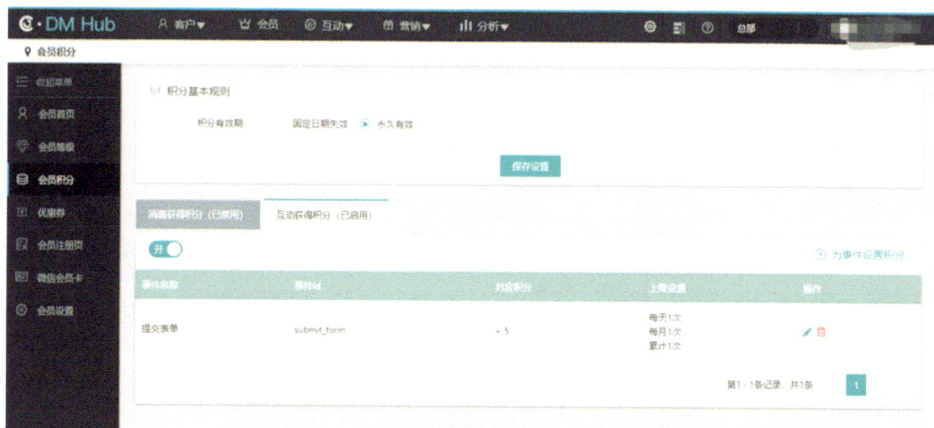

图 6.47　对会员积分的管理

同样，等级的设定也可以基于会员在各触点上和各生态内的行为来进行，如图 6.48 所示。

除了上面两个扩展，还有第三个扩展，即在同一集团之下，多品牌会员的打通。在传统世界中，往往是同一个集团之下的各个品牌自己建立会员体系。在数字世界中，不同的品牌有自己的触点，而打通不同触点上同一个会员的数据通过 CDP 即可完成。因此，集团可以合并多品牌的会员体系，从而建立集团层级的更宏大的会员体系。这可以给会员提供更好的体验，如会员过去的积分只能用在一个品牌上，而现在的积分可以用在集团内所有的品牌上。

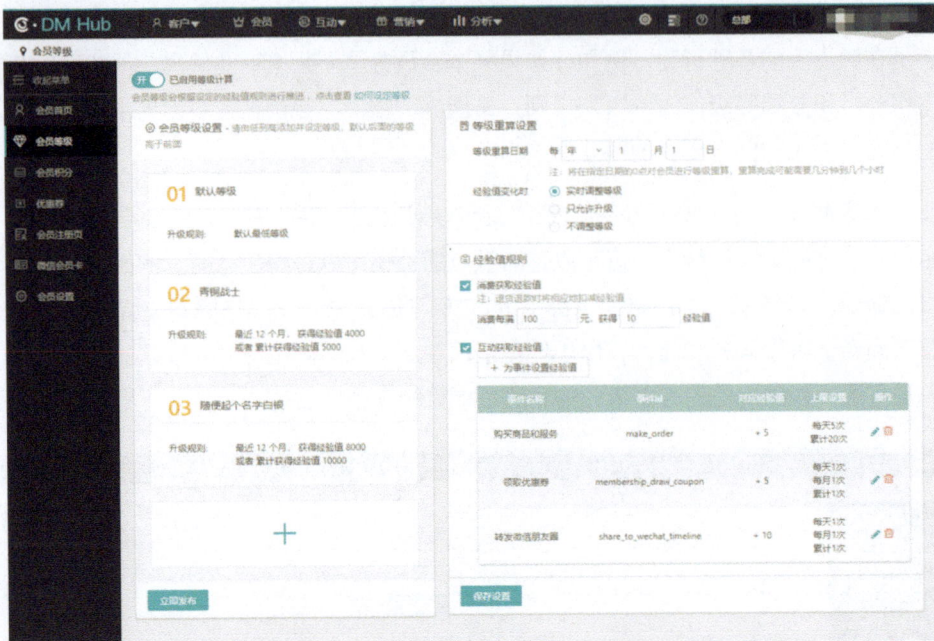

图 6.48　基于会员在各触点上和各生态内的行为设定会员等级

营销画布

在跨生态的数据化运营中，极为常用的一个工具是营销画布。营销画布也被称为营销自动化流程构建器，虽然它的名字中用的是"营销"这个词，但实际上它主要是一个与消费者自动化互动的运营工具。

营销画布的思想是把在不同触点上自动触发的运营工具，对同一个（或者同一群）消费者，按照一定的规则顺序连接起来。例如，当一个消费者进入网站时，网站上的动态页面会自动显示一个给他的二维码（一人一码），然后他扫描这个二维码进入小程序。小程序上自动弹出一个弹窗，是针对他的折扣券，他收下折扣券，但是在之后的 5 天他没有使用折扣券，而折扣券的有效限是 7 天，于是一个短信被推给他，提醒他折扣券即将过期，请他点击短信中的链接使用折扣券。当然，这个短信中的链接上的参数也是针对他的。

这个过程涉及多个生态内的多个触点，完成这个过程的传统方法当然是通过手工用不同的工具完成，营销画布将这些工具集成在一个工具中，并且像编程一样，提前定下与一个消费者交互的所有可能的流程，然后当某个消费者进入这个流程之后，便按照他的标签和他在流程各个节点上所做出的行为，自动触发相应的针对他的交互。

营销画布，简单地讲，是一个提效工具。在要做细分人群的针对性营销时，手工处理的效率极为低下，我们必须依靠营销画布之类的工具的帮助。

营销画布本质上是一套预定的流程（或者智能算法），用于代替人自动执行营销与运营中的具体工作。具体而言，营销画布针对特定人群（由客户模块和会员模块提前定义好），利用不同的触点和素材（在互动模块中定义好），按照预定的程序与算法展示、推送或者投放给特定消费者群体商业信息，从而实现不需要人大量重复劳动的、由机器自动进行的消费者沟通与运营。

一般而言，营销画布包括 3 项重要的可自定义的功能。

第一项功能：可以针对不同人群设计不同的流程，因此在营销画布中设定营销流程的起点即可选择或者设定不同的人群。

第二项功能：可以针对人群的不同状态（情况）设置不同的规则。

第三项功能：可以在各营销环节中选择任意一种触点。

很多营销画布都是营销自动化工具的一个核心组件，而这个组件的功能往往被设计为所见即所得的方式，即通过拖动操作，选择细分人群（需要在 CDP 中提前按照标签或者规则设定好人群），选择触点上的互动与素材（营销自动化工具一般都有互动与素材设计模板和创制工具），按照一定的流程，设计消费者的运营互动过程。

营销画布示例如图 6.49 所示，这是一个典型的微信 48 小时自动流程，我们可以对首次关注公众号的人群推送会员注册信息,并根据反馈持续进行针对性的互动，如对其中完成会员注册的人群推送限时优惠券，再对领取优惠券的人群推送消费提醒等。

为进一步降低企业用户的重复劳动，有些营销自动化工具也提供常用运营场景的自动流程模板，如图 6.50 所示，其中"下单减少预警""下单后通知入会"等模板，企业用户可以直接使用，或者在这些模板的基础上进行调整。

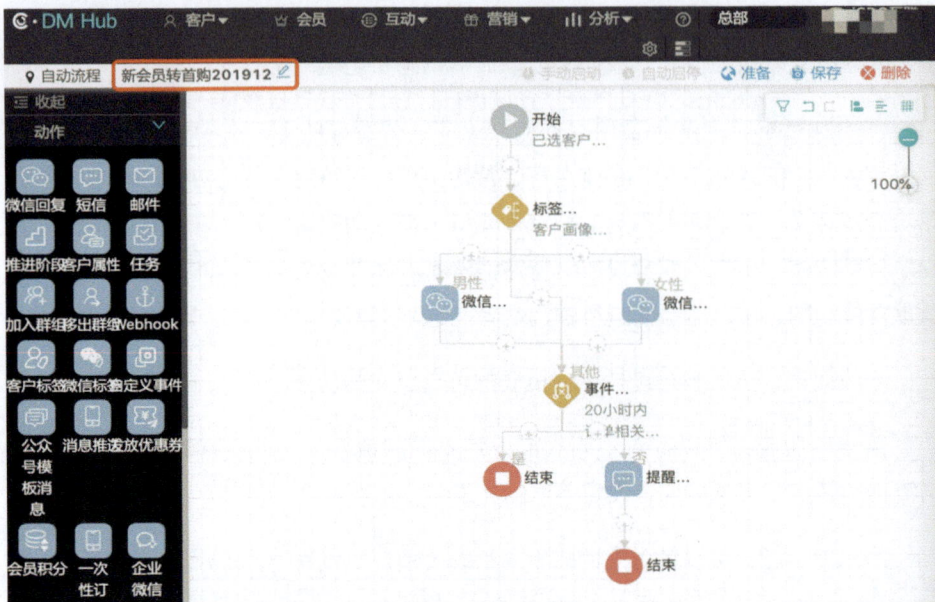

图 6.49　营销画布示例

图 6.50　常用运营场景的自动流程模板

　　如果你的某个细分人群足够多，那么你还可以利用营销画布对这个细分人群进行 A/B 测试。利用营销画布对某个细分人群进行 A/B 测试示例如图 6.51 所示，你需要做的是建立两个不同的流程分支，并且设定好各个分支的流量比例，等最终的转化结果。

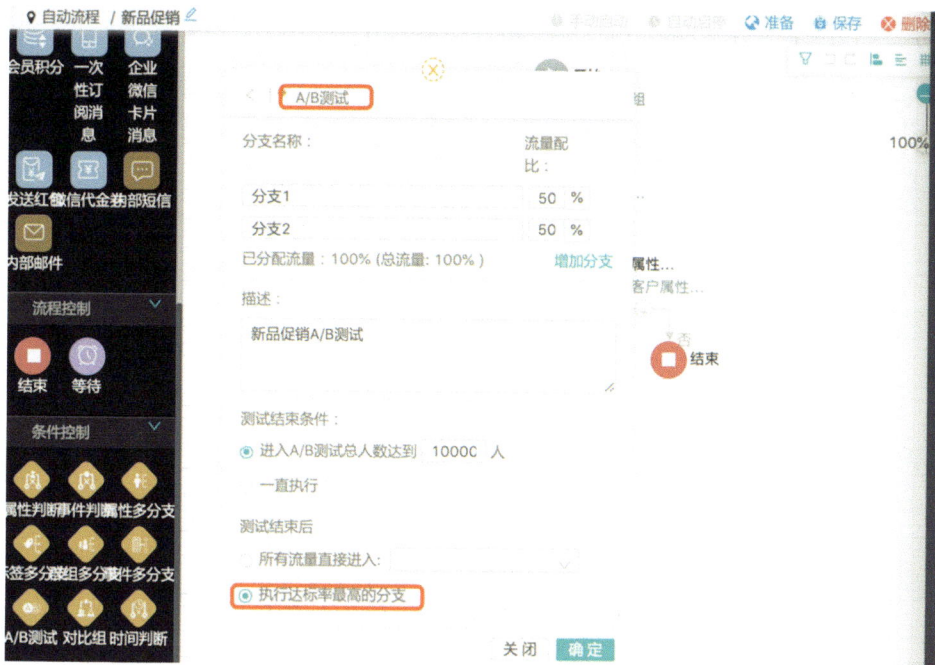

图 6.51　利用营销画布对某个细分人群进行 A/B 测试示例

营销云

单一触点的自动化运营及营销画布都属于营销自动化的一部分。如果把营销自动化的思想，或者更准确地说，让机器帮助我们进行营销与运营的思想扩展到更为广大的范围，就成为俗称的营销云。

不过，对于营销云的范围到底应该有多大，它应该涵盖什么体系，业界并没有一个公认的标准。

营销云究竟要包含多大的营销与运营的范围，从中立的角度来说，它应该至少包含如下部分。

- 消费者的数据体系。毫无疑问，没有消费者的数据，怎么能做好营销与运营，尤其是在没有数据驱动的情况下。因此，消费者的数据体系也可以称为数据驱动部分（关于数据驱动和数据优化的区别，请大家回看 1.1 节）。

- 消费者的数据激活体系。消费者的数据激活体系的主要功能是建立细分人群，以及提供细分人群的数据给营销投放系统与营销自动化系统。这个体系和消费者的数据体系一般都是由 DMP 和 CDP 共同担纲的[请大家参阅 DMP（3.4 节）和 CDP（6.3 节）的相关内容]。

- 营销与运营管理体系。营销与运营管理体系的主要功能是对营销投放与运营的相关媒体资源和工作流程的管理。它分为针对品牌营销与运营的体系，以及针对效果营销与运营的体系（关于这两个体系，我已经在 3.3.7 节与 3.5.5 节中介绍过）。

- 投放渠道体系。投放渠道体系是集中了各种广告投放功能的系统。这些不同的广告投放方式与商业模式，我在第 3 章中做了详细介绍。

- 营销自动化体系。营销自动化体系含有单一触点的自动化运营功能、多触点的自动化运营功能、跨生态的自动化运营功能。

- 监测与分析体系。监测与分析体系是一个直接与数据相关的体系。这个体系不是数据驱动，而是数据分析。在这个体系中，有各类用户行为分析工具和数据分析工具。

- 与企业的生产和经营相关的体系。与企业的生产和经营相关的体系是一个营销云之外的体系，营销云的一些输出可能会被提供给这个"外部"的体系，以帮助这个体系更健壮地运行。

营销云的常见模组如图 6.52 所示。

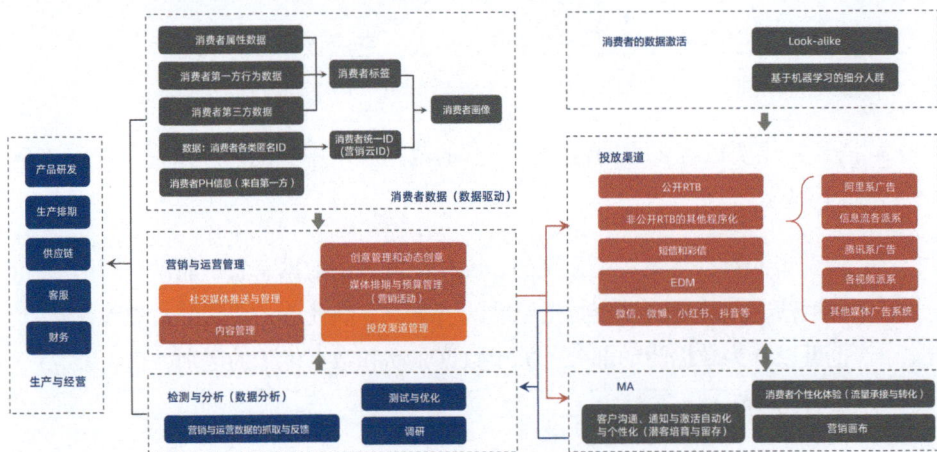

图 6.52　营销云的常见模组

6.5 未来已来

不夸张地说，本书我写了快 10 年。不是因为我字斟句酌，而是我一忙起来就顾不上写，再一下笔，发现之前的知识都已经完全变化了。于是就不得不重新再写。这也从一个侧面说明，在数字营销和运营的领域，发展之快有多么让人难于追赶。

在我写本书的期间，很多我觉得还远在未来的事物似乎不再那么遥远，而将很快走到我们面前。本节作为全书的最后一节，必须稍微向前展望一下，看看与我们只有一两步之遥的前面的事物。

6.5.1 人工智能正在升级数字化运营

人工智能在数字化运营中的作用，在本书中有多处体现，如机器学习在程序化广告投放和反作弊方面的应用、自然语言处理技术在舆情与社交分析中的应用，以及人工智能在智能着陆页和自动创意方面的应用等。

在数据分析中，人工智能也开始发挥作用。这个作用与人工智能在医学中的作用有些类似。例如，人工智能已经协助医生检查肺部 CT 的照片，并按照机器学习的方式找出病灶或潜在病灶。同样地，人工智能也开始主动分析数据，帮助运营人员找到数据中存在的异常，并提示这些异常可能存在的业务问题。例如，如果图 6.53 中的波动超出了正常范围，自动化分析工具就会报警，也会尝试提供"What Happened？"（发生了什么？）和"Why does this matter？"（为什么这个事情值得关注？）的简单分析。

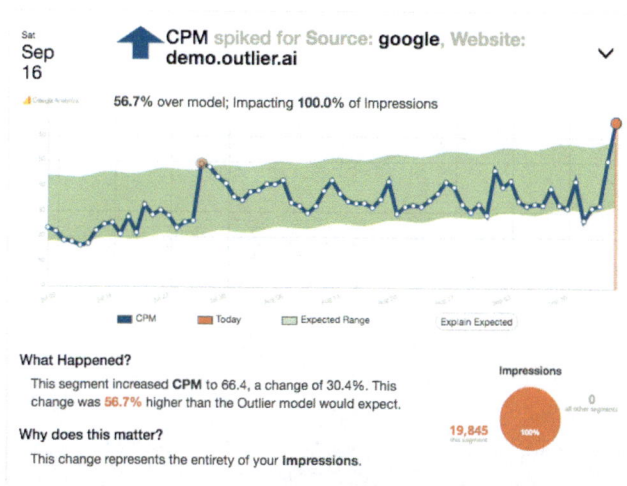

图 6.53　自动化分析工具示例

类似的工具在国外开始如雨后春笋般出现，这些工具大都利用两种办法：第一种，用变化的阈值报警；第二种，在报警之后，人工会参与，并且告诉机器那些警报意味着什么，然后让机器能够在人的指导下学习，从而能够在未来更好地提供数据背后的见解。

机器学习不只是在绩效数据或者仪表板上发挥作用，它还可以在所有追求效果的封闭场景中发挥作用。封闭场景是指能够追踪到最终效果的场景。只要最终效果是可以追踪到的，哪怕与最终效果相关的数据是非结构化的，就可以利用人工智能。

例如，很多依赖销售线索和呼叫中心的沟通才能促成转化的行业，在进行营销的时候非常依赖潜在客户打来的咨询电话。不过，咨询电话能否将潜在客户转化为客户，在很大程度上取决于电话销售人员的水平。在传统方式下，电话销售人员需要进行强化训练，但他们上岗后的表现会参差不齐。

在这方面，人工智能能够提供的帮助是让机器分析电话销售人员的语音通话，帮企业搞清楚什么样的话术、什么样的沟通策略能够带来更好的销售转化，帮助企业建立更好的电销话术策略，从而提升电话销售人员的个人绩效和电话销售团队的整体绩效。

除了具体的场景，人工智能还能对电商评论、问卷、客服对话、E-mail 等各种企业内外的非结构化数据进行处理和分析，为企业提供各种各样的新商业视角和分析建议（见图 6.54 和图 6.55）。例如，根据电商评论和海量问卷，人工智能能够在几分钟之内生成一个内容相当丰富的报告，提供不同类型消费者的观点、好恶及对应的分布情况。如果数据量足够大，那么它甚至可以帮助人们分析这些观点和好恶背后的原因。

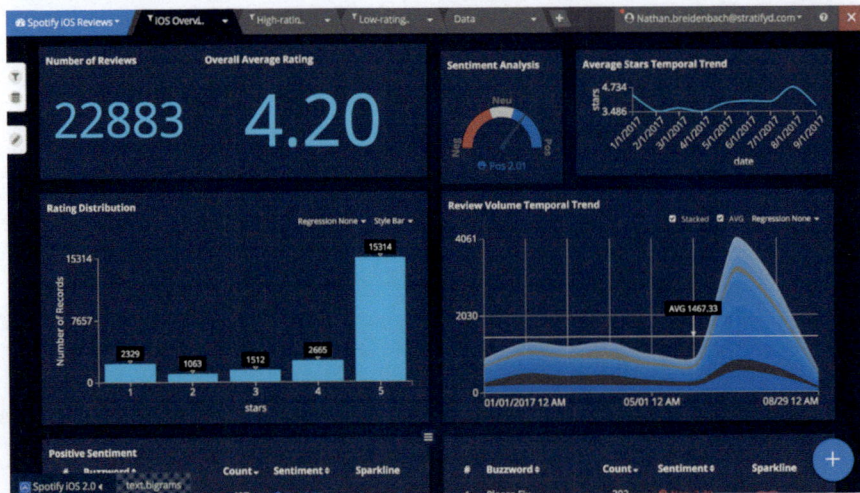

图 6.54 基于人工智能的客服非结构化数据分析系统界面示例（1）

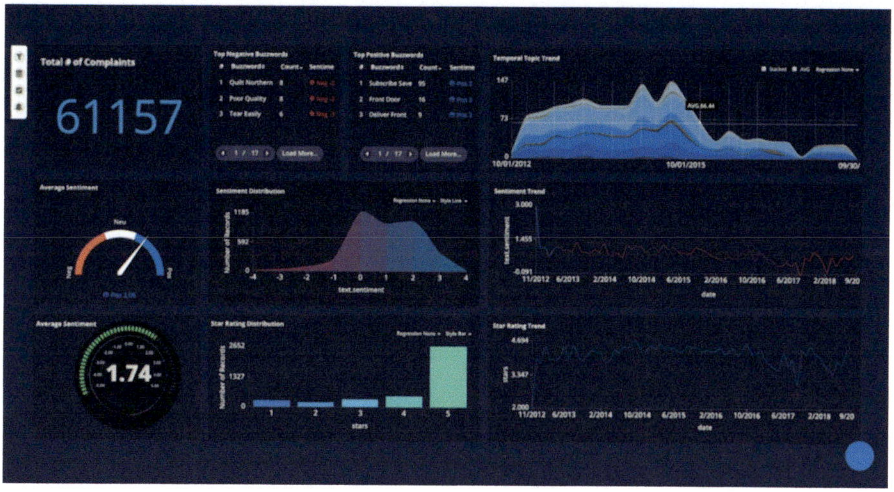

图 6.55　基于人工智能的客服非结构化数据分析系统界面示例（2）

不过，目前人工智能要发挥作用，还有很多的限制。最重要的限制在营销与运营领域，由于人工智能最主要的应用仍然依赖监督学习，因此人工智能基本上只能在效果闭环的场景中发挥作用。换句话说，目前运营的智能化是趋势，但是完全智能化、自主性的运营还做不到。

运营的智能化和智能化的运营，二者有什么区别？

运营的智能化是在人制定好策略的前提下，在部分效果闭环的固定场景中应用人工智能的运营。

智能化的运营不需要机器，它已经类似于人，已经能够读懂运营目标，自己制定并执行运营的策略。这就是高级人工智能了，目前还做不到。

或者可以说，目前人工智能是解决人们思考效率瓶颈的工具，还不是思考本身。

未来会有能够思考的营销与运营人工智能吗？或许只是时间的问题，但发展的速度并没有我们想象中那么快。

6.5.2　5G 也会带来巨大的变化

与人工智能相比，5G 带来的变化会更加立竿见影。

5G 具有很多 4G 没有的特性，并且会改变我们现有的广告模式。请注意，是广告模式的改变，而不只是广告的载入速度变快了，或者填充率[①] 高了之类继承传

---

① 填充率是动态广告中存在的一种概念。因为广告是动态的，广告物料是被实时推送到广告位的，所

统逻辑下的延伸。

在预测 5G 将给广告带来什么变化之前，我们有必要先了解一下 5G 有什么不同。

大部分的资料介绍 5G 的主要特性有 3 个：第一，速度极大地提高——由 EMBB（Enhance Mobile Broadband，增强型移动宽带）带来；第二，万物相互通信的物联网及智联网——由 mMTC（massive Machine Type of Communication，海量机器类通信）带来；第三，高可靠低延迟的通信——由 URLLC（Ultra-reliable and Low Latency Communications）带来。5G 的 3 个重要特性如图 6.56 所示。

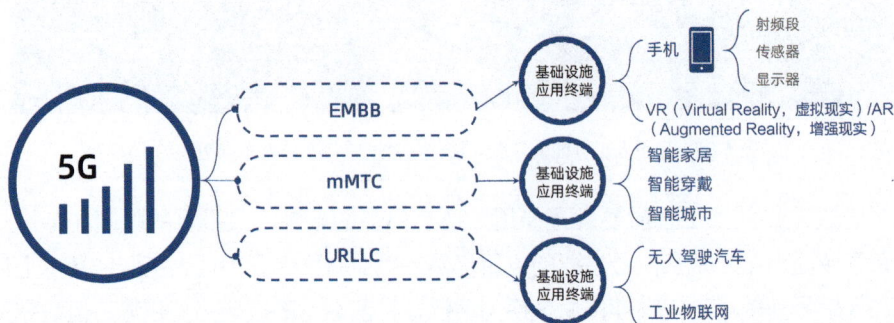

图 6.56　5G 的 3 个重要特性

（资料来源：公众号"宋星的数字观"）

如果我们稍微深究 5G 的 3 个重要特性，我们就会发现更大的不同。万物相互通信极为重要，它的本质绝不只是高精度传感器加上无限制的数据传输，尽管这种模式已经得到了很多验证和应用。万物互联的载体显然不只是这些传感器，它还包括我们手上的这些智能设备，它们将与更多的设备建立更好（更智慧）的连接，从而改变现有的消费者体验方式，尤其是广告的体验方式。

万物互联还意味着传统 Wi-Fi 局域网的网关可能会变得不再重要。但 5G 的不同之处在于，它不需要网关即可建立连接，从而创造一种全新的 CS 模式，并因此能创造更多不依赖头部互联网企业的广告位，这很可能对如今的广告资源垄断格局产生影响。

5G 技术能够使探测器在稳定联网的状态下仅依靠电池就能运转数年之久，如果传感器连入市电，它在理论上就可以永久工作。再加上高可靠低延迟的通信，这

以在种种原因之下，存在一定的概率广告物料最终没有出现在广告位上，而导致广告展示失败。填充率是指广告展示成功的次数与广告位发出广告填充请求次数的比值。

意味着对线下广告的载体和受众（人）的状态追踪可以实现无延迟，因此程序化广告可能不再局限于线上世界，而将全面应用在所有以屏幕为载体的广告中。

以上所列举的 5G 会带来的变化，只是一部分，如果我们进一步探索，就会发现颠覆当前广告、营销与运营，乃至于颠覆消费者如今的数字化生活体验的诸多可能性。

线下广告的全面程序化

5G 带来的第一个可能的进化是线下广告的全面程序化。如果我们以线上广告作为参照，就会发现实现程序化广告的 3 个必要条件：第一，支持实时动态物料展示的广告位；第二，支持实时的受众数据的采用；第三，交易结算方式的改变——从按照时间位置结算改为按照 CPM 结算（见图 6.57）。

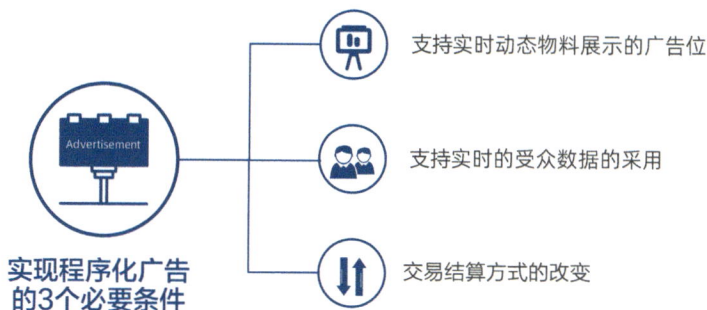

图 6.57　实现程序化广告的 3 个必要条件

（资料来源：公众号"宋星的数字观"）

5G 的高速度能够支持实时的动态物料展示，甚至支持来自云端的视频和动态创意；高可靠低延迟的物联网传感器能够快速识别广告受众的特征与状态（无论是通过人所持的手机从云端获取受众数据，还是人的生物识别）；广告展示次数也可以通过 5G 回传，这样 CPM 结算方式完全没有障碍。因此，与线上的程序化广告一样，线下广告的程序化也可能会迅速普及，并且改变目前的线下广告售卖方式。

线下广告的效果统计革命

5G 会为线下广告带来相当可靠的效果统计。尽管如今的线下广告可以通过扫描二维码来间接了解效果，但是线下广告是否被人注视到才是效果统计的关键问题。以传感器判断人们的注视状态甚至关注程度不是复杂技术，5G 则让传感器的统计数据能够实时回传给广告监播服务器。

线下广告可能会有一个更好的监测指标：查看率（注视了广告的人数除以线下广告展示给的人数）。楼宇广告尤其适合采用这个指标。同理，与曝光给人的频次相关的指标也可能会出现。

如果考虑人脸识别在合规情况下被允许商用（如在加密的情况下），那么线下广告效果的追踪会进一步完善，从理论上来说，通过追踪看到广告的人脸和最终购物结算的人脸，可以轻松判断广告最终购物转化的效果。不过，尽管这种方法在技术上不会成为问题，但我仍然会对它能否真正商用持谨慎和怀疑态度，主要是因为人脸识别涉及隐私，以及数据的匹配涉及多个主体的"围墙花园"效应。但它不是完全不可能的，或许未来某种更被接受的加密技术及更好的数据规范与协议能够解决这些问题。

当然，5G 并不能防止作弊。原因很简单，5G 能够帮助实现对数据的忠实记录和传输，但不能防止别有用心的人对数据做手脚。并且，从理论上来说所有用于防止作弊的技术都可以被绕过，或者被用于作弊。作弊不是技术问题，而是成本问题。

在这个领域中唯一不确定的因素是，消费者个人隐私数据的保护是否会极大地迟滞甚至阻止上述革命的发生。

真正意义上的跨屏广告

跨屏广告是 5G 可能产生的一个全新的广告应用场景，极为值得关注。

设想一下，一个消费者步入了一座购物中心，他看到购物中心一楼的屏幕上正在播放某个店铺的广告，他对这个广告很感兴趣，于是在这座购物中心一楼的屏幕上点击了该广告，并在弹出的菜单中选择"将这条广告的信息发送到我的手机"。这个操作会通过物联网的方式完成，如通过特定的识别方式（如输入自己的电话号码，或者更可能是以更加方便的物联网的某种方式），这条广告信息会出现在他的手机上（无论是短信、微信还是 App 的推送）。于是，他点击手机上这条广告信息中的链接"引导我去这个店铺"，室内导航随之被唤起，然后以极为精确（小于10 米甚至小于 5 米的误差）的导航将他引导到目的店铺（见图 6.58）。

没错，类似的场景可能会在几年之内成为现实。5G 之下的物联网让跨屏广告真正拥有现实的场景。智能设备之间的直接通信是 5G 的典型技术应用领域之一，而室内导航是 5G 技术下的物联网和传感器的一个典型应用。因此，我们的线下购物生活可能会变得前所未有的便利，而跨屏广告也可能会获得更多基于消费者行为的优化数据。

这会是一个巨大的进步。

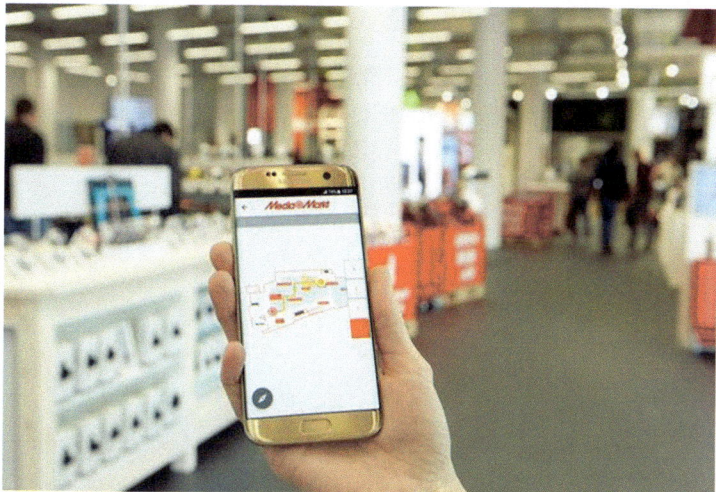

图 6.58　室内导航的应用

高互动性广告和内容

互动广告在目前并不是广告的主流，一方面互动广告让广告的文件体积变大，难以实时完成展示；另一方面，如果以 AIPL 模型来划分消费者旅程，那么广告被紧紧压在认知这个阶段，因此人们并不指望通过增强广告的互动性来延展广告在消费者旅程中的作用。

但是，在 5G 普及之后，这个状况可能会发生改变。

5G 的应用场景经常被提到的是 VR 和 AR，在 VR 和 AR 中的广告可能会极具互动性，如在 VR 中，对某个商品进行虚拟的开箱操作，甚至是虚拟的直接使用。如图 6.59 所示的广告本身已经不再是平面化的一维展示，它会包含现在的网站和 App 都无法承载的互动能力。这样，认知阶段和兴趣阶段可能在一个广告内就完成了，消费者甚至可以直接在广告内完成购买。

内容传播也可能会因此发生改变。利用类似于 iPhone X 的人脸识别解锁的 3D 红外线扫描技术，普通人也可以用手机完成对商品的立体扫描拍摄，从而与他人分享更直观的商品使用感受。尽管数据量会远远大于一张照片，但对 5G 而言，传输这些数据仍然是一瞬间就可以完成的事情。

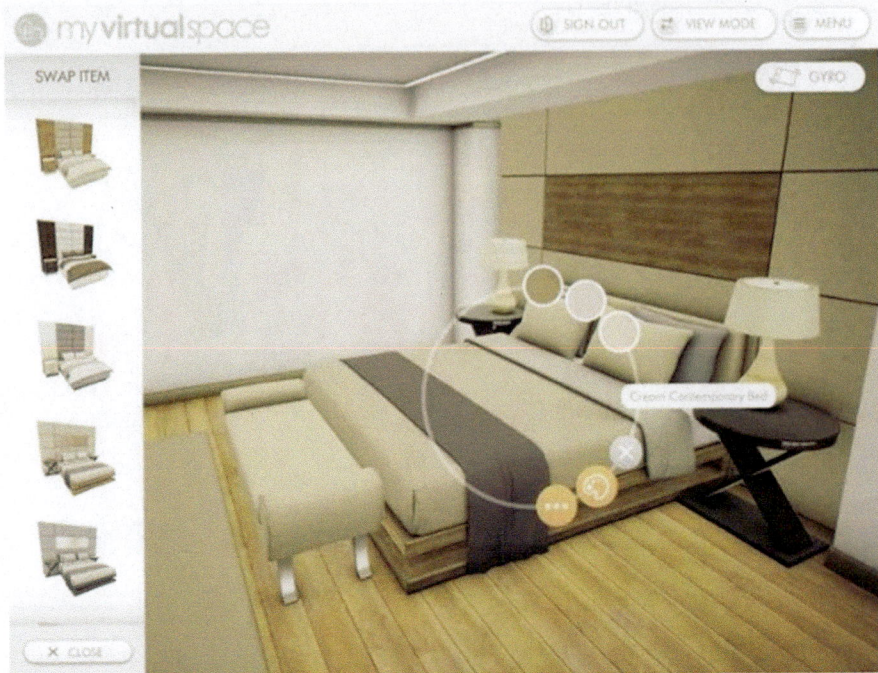

图 6.59　虚拟互动在广告中的应用

事实上，立体化、互动化的广告甚至不需要 VR 和 AR，可以直接在网页或者 App 中呈现，只是不具有 VR 或者 AR 的沉浸感。

高互动性广告还可能在线下场景中大展身手。

例如，你在超市将选好的商品装在购物篮中之后，利用物联网技术，你的手机或超市内的传感器会感应到购物篮中的商品，并为你显示超市的其他相关推荐商品，或者更加有利于你的选择方式（如再买 5 元及以上的商品就可以参与每满 500 元返 20 元的活动）。商场也可以向商品品牌方收取费用，从而在购物者的手机显示的信息中向购物者同时推荐该品牌的商品。

高互动性广告可能会使具有强大的创意和制作能力的公司崛起，但 5G 时代对这些公司的要求可能会更高。

互动广告中特别重要的一类——实景广告尤其值得一提。

实景广告是将具体位置的实际景象以互动方式展示给消费者，消费者利用 VR 或者 3D 技术，可以在实景广告中自由查看实际景象。

房屋、景区、汽车、购物中心、游乐园、酒店等都非常适合采用实景广告，类似于实际地点和情景的"开箱"展示。例如，在虚拟空间中展示精装修房间的情况（见图 6.60）可能会替代简单的图片广告，并在广告上实现让消费者以任意视角和从任意位置查看房间内的情况。

图 6.60　在虚拟空间中展示精装修房间的情况

　　受限于网速，目前实景互动并不能在广告上实现，而只能在网站或者 App 中载入。但 5G 带来的网速大幅度提升，可能会使实景互动立即出现在广告位上，并且可以以程序化的方式定向展示给目标人群。

小程序的重大升级或私有 App 模式

　　5G 可能会给小程序带来重大升级。5G 甚至可能产生新的 App 模式，即私有 App 模式。当然，后者能否出现取决于未来会有什么样的数据协议和与 App 相关的标准，但这种可能性不容忽视。

　　以下面的场景为例，在 5G 时代，消费者对下面的场景可能将习以为常。

　　我们在某海底捞餐厅等待自己的位置时，可以连入这个餐厅的虚拟 App。称其为虚拟 App 的原因是这个 App 很可能只是手机通过物联网与这个餐厅的服务器直接连接后下载在手机上的一个物联网应用平台（这类似于一个安全模式）。

　　打开这个餐厅的虚拟 App，其上会显示当前排队的实时情况和空位流转的情况，这样我们就可以不用一直在这个餐厅旁等待，而可以在安心逛街的同时查看何时轮到自己。

这个餐厅的虚拟 App 也可以提供其他的便利服务，如直接让我们预先点菜、查看自己孩子在餐厅的小朋友游乐区玩耍的实时影像、观看电影，而完全不担心流量的消耗。当我们离开这个餐厅时，这个餐厅的虚拟 App 就被自动删除。

这就是我前面所说的新的 CS 模式，或者更准确地说，是 Cloud to Edge 技术（一种新的云计算技术）带来的变化。服务器不必再是云端的网站服务器或者 App 服务器，也不必再是微信。线下的场地可以自行搭建自己的服务器来提供应用功能或者提供内容，然后通过 5G 技术与消费者的手机实现数据连接。

当然，不一定必须是虚拟 App，小程序也可以实现同样的功能，这就是巨头强推各自的小程序的原因，因为小程序是未来重要的消费者体验载体。

不管是虚拟 App，还是小程序，它们都可以作为广告的载体。

另一个场景也可能会发生。

我们都知道，到购物中心的停车场停车可能是一种非常糟糕的体验。但在 5G 时代，这个体验可能会得到改善。利用虚拟 App，驾驶员的手机会收到停车场的停车引导信息，并且通过类似于 Carplay（苹果手机上与汽车屏幕系统驳接的功能）的技术将停车引导信息投影到汽车屏幕上。通过室内导航，每个进入停车场的汽车都会被引导到一个为它提前准备好的车位上（见图 6.61）。

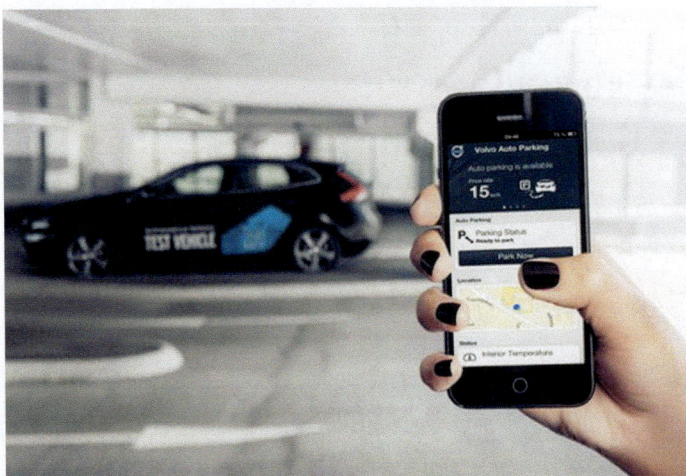

图 6.61　停车场内利用虚拟 App 实现的导航

在购物之后，当驾驶员回到停车场时，虚拟 App 又会同样指引他轻松地找到自己的汽车。

6.5.3　数字化营销与运营从业者的变化与应对

数据和技术的发展，除了带来更多让人憧憬的应用场景，还让数字化营销与运营处在前所未有的变局时代。对数字化营销与运营从业者而言，这意味着机会，也意味着挑战。

流量遽变

本书已经反复提到，流量市场在近些年已经发生了很大的变化，过去我们在流量市场上是投广告、搞搜索，但如今这些行不通了，因为消费者很分散。以搜索为例，很多消费者已经不再专门在搜索引擎上搜索了，而是转向在微信和头条上搜索，如果你只做传统搜索引擎，就可能越来越保不住自己的流量。更何况还有短视频、社交等各种不断涌现出来的新的移动互联网应用分走流量。

因此，引流本身已经不是"采买"那么简单了，它需要有非常深入、细致的规划和策略，这意味着不仅要做精细化运营，还要在流量产生阶段就做细致的运营。

中国的互联网用户基数很大，用户级商品多样化，而且中国的移动化比较彻底，所以中国的流量状况十分复杂。所谓时势造英雄，中国如今的变化——引流的复杂化、Martech（Martech 即技术化的营销，是如今流量运营背后的技术支撑）的变化，甚至广告主心态的变化，都是这个时势造就的。

企业的心态变了——没转化，不营销

企业过去接受品牌的思维，认为互联网与传统的媒体是类似的，但企业如今把互联网当作一个截然不同的营销渠道。

企业的心态变化体现在哪里？主要的变化是，企业越来越追求在互联网上直接产生转化。在电视上做广告，除了电视购物，其他广告不会考核直接转化，但在互联网上不同，企业越来越追求转化，即使是品牌广告主也有这样的心态。

企业为什么会有这样的心态？原因有以下几个：第一，互联网电商极快地发展；第二，互联网上大量的带货、电商销售奇迹、各种转化成功事例也快速"教育"了企业；第三，数据监测在进步。

但是，最根本的原因是，消费者的互联网购物习惯已经养成了。

因此，除了极少部分高端商品还是把互联网作为品牌主要阵地，其他品牌纷纷强调互联网的转化和带货价值，也就不足为奇。

流量和企业的心态的变化让很多过去做品牌的营销人很难适应，因为过去做品牌不用操心做运营，而如今要效果，就必须一同做运营。

不过，问题是，当我们醒悟过来的时候，消费者被转化的难度变大了。

消费者被转化的难度变大了

如今的消费者比过去更加理性，在消费者对于互联网购物的新奇感下降后，消费者变得更加理性，所以真正做线上转化的人都知道，不管什么样的营销方式，降价不降质都是最好的销售方案。

消费者理性化增加了互联网上转化的难度，但企业对互联网上转化的预期大大提高了，这形成了一个巨大的剪刀差。

因此，如今数字化营销很难做，或者说，如果你还按照过去的方法做数字化营销，那么很难取得成功。

转不了型一定会很难受

机会窗口在慢慢关闭，转型成为当务之急。

我们可以参照互联网行业的兴起与衰落的模式来衡量互联网营销的机会窗口。

例如，一些曾经爆红的企业，如美丽说和蘑菇街，从理论上来说它们在合并之后应该有"垄断"之势，但事实并非如此。因为小红书、什么值得买快速崛起；搜索引擎也发现它不再是流量的大入口，而它最大的竞争对手也不是另一个搜索引擎；让微信难受的，也不是另一个"微信"，甚至不是即时通信类型的工具。

它们都想转型，也都在尝试，但是它们过去的成功已经塑造了它们在消费者心目中的形象，所以它们要变成另一个"非它"，着实困难。

所以，你今天成功的原因，可能就是你明天失败的原因；你今天所有的积累，也可能会成为你明天的负担。

这件事情如此辩证，以至于某"互联网大佬"说，公司离破产永远只有 6 个月。

这不是危言耸听。

那么，如今的互联网营销人受到了哪些挑战？

第一，运营能力上的挑战。前面已经讲了，即使是品牌广告主也开始追求在互联网上直接产生转化。所以，如今的互联网营销人不能只懂营销，而不关心运营。

运营不只是指更深入的流量互动，还指以消费者转化为核心目标，以用户（客户）经营为核心内容的更深入、细致的投入。其实，如今营销与运营的界限早已非常模糊了，尤其是在广告主越来越追求最终的转化效果的情况下。

运营能力上的挑战是核心，然后我们发现，即使是过去的传统运营方式也在迅速升级。

第二，技术方面的挑战。技术和数据能力的不断进步已经无法逆转地让数字化营销转变为数字技术化营销。即使是品牌营销，只懂品牌也已经不行，因为触点多样化、流量渠道分化、广告技术（包括程序化广告技术）不断进化，这 3 个因素叠加造成仅依靠人力不可能完成如今复杂的数字化营销。

第三，数据能力上的挑战。因为强调运营和转化，所以如今的数字化营销比过去任何时候都依赖数据，而且所有营销技术的底层也都是数据在做支撑。

这么多年来，我曾经见过甚至亲手做过大规模烧钱圈地的狂欢，也看到过被虚假流量折腾而一无所获的一筹莫展，但那时无人在意流量之后的事情怎么办。

营销终于走到需要精细化运营的一刻，也就终于变得非常实在了。

但这 3 个挑战，每一个都是不容易啃的硬骨头。

怎么转型？

再难啃的硬骨头我们也要啃。

我们要学习的东西很多，而且所有的学习都需要实践。例如，新媒体的玩法、内容的写法、短视频的拍法、效果类广告（如信息流广告）的投法，以及如何把这些东西融合在一起，变成一个完整的营销策略。

这只是在引流阶段我们需要学习的。并且，在这个阶段的每个细分领域中，都有各种技术工具帮助我们实现手工不可能实现的功能，这些工具不只帮助我们提高效率。

之后，当流量进入我们自己的视野之后，我们需要建立一套玩法。例如，我会建议企业利用诱饵、触点与规则模型来清晰化策略和执行计划。在这个过程中，我们会用到多种营销工具，以帮助我们实现规模化的消费者互动与沟通，并且更加重要的是利用这些工具记录和识别不同消费者的需求。有了这些识别，运营的策略就会变得更细分也更具体，我们就可以针对不同的消费者做不同的设计。

如今，经济形势倒逼，流量刺激难以为继，大家发自内心地恐惧和不安，于是大家不再只把注意力放在诱饵之上，也开始关注触点与规则。

很多朋友问我，究竟什么是消费者深度运营？答案很简单，就是诱饵、触点与规则。或者说，深度运营是对消费者的吸引、接触、交流、服务与引导（或者更多的时候是诱导），而且这些事情针对不同的消费者其做法不同。

如今的运营，其内容和过去相比没有本质的区别，但过去无差别触达消费者的手段变成了大规模定制化，平台和触点变成了多平台和多触点，于是玩法完全不同了。

这很难吗？要做到这些，我们必须提前了解如今能够多深入、多持续地追踪一个消费者，也必须知道什么样的追踪是合法、合理的，还必须知道有什么样的技术解决方案能够利用这些追踪到的信息，以及有什么方式能够大规模且个性化地触达消费者。

这样，你才能知道你想出来的策略哪些可以比过去更高效地落地、哪些只能手动实施、哪些无法实现。其实是如今的新技术改变了我们的营销策划，也让过去的不可能变成很多有趣的可能。这也是谈营销领域中的消费者体验变得有意义的原因，此前，消费者体验都是在产品和服务上的。

这个转型，似乎是这么多年来唯一没有办法投机取巧的一次，似乎是第一次将营销变成一个实实在在要精耕细作才能完成的使命。

前路在哪里？

5G 的到来可能会改变当前的数字化营销局面，并带来整个行业所期盼的革命性变化。

5G 可能是颠覆性的，因为所有创新的源头都来自硬件变得更强，如数字化营销的产生是因为计算机和互联网的发展。因此，我们有理由相信 5G 将成为下一代互联网营销最重要的推手。

但是，5G 会如何改变如今的数字化营销是无法精确预测的，就像在 3G 时代无法预测 RTB 和抖音的出现一样。如果 5G 带来的是速度的改变和人与物连接关系的改变，那么我的预测只能是，5G 才是真正打开人工智能全面应用大门的钥匙，再看人工智能如何改变我们的营销。

这已经能够给我们足够多的想象。因为如果人工智能大量地应用于数字化营销中，那么人工智能可能会对过程的控制、效果的达成、数据的使用产生深远的影响，并可能会改变如今的营销交易方式和消费者触达的方式，这样就可能会驱使广告主准备好更多新的广告支出。

当然，考虑到云端到客户端的传输时间或许可以忽略不计，新的承载广告的媒体也一定会诞生，就像现在有信息流和抖音一样。但至于这是一个什么样的媒体，我无法猜想，但一定是腾讯、字节跳动或者阿里正在思考的。

不过，这是否意味着我们对消费者的认知、了解与针对性的运营都能更进一步呢？还很难说。一个问题挡在了我们面前，那就是隐私保护。

互联网创新和隐私保护是一对天生的敌人。保护隐私，就意味着压制互联网；破除灰色，就意味着限制创新。不过，与人的隐私相比，数字化营销也许并不重要。当然，你可能有着和我相反的看法。

是的，数据和隐私仍然让人不安，但总体而言，我们跨出当前困难阶段的时间已经不远了。

我衷心地希望，这本书能够承载我的善意、知识及思考，帮助读者走向转型成功之路。

祝大家好运！

| 索引 |